Uma teoria ovidiana da literatura: os *Tristia* como epitáfio de um poeta-leitor

Júlia Batista Castilho de Avellar

© Relicário Edições, 2023
© Júlia Batista Castilho de Avellar, 2023

Esta obra contou com o apoio do Programa de Pós-Graduação em Letras: Estudos Literários (Pós-Lit/UFMG) para a sua publicação. A tese que deu origem a ela foi realizada com o apoio de bolsa da CAPES.

Dados Internacionais de Catalogação na Publicação (cip) de acordo com isbd

---

A949t   Avellar, Júlia Batista Castilho de

   Uma teoria ovidiana da literatura: os *Tristia* como epitáfio de um poeta-leitor / Júlia Batista Castilho de Avellar. - Belo Horizonte : Relicário, 2023.
   452 p. ; 15,5cm x 22,5cm.

   Inclui bibliografia e índice.
   ISBN: 978-65-89889-64-9

   1. Teoria da literatura. 2. Metaliteratura. 3. Intertextualidade. 4. Poesia lírica latina – Crítica e interpretação. 5. Ovídio. 6. Tristia. I. Título.

2023-710   CDD 809
                                                      CDU 82.09

CONSELHO EDITORIAL
Eduardo Horta Nassif Veras (uftm), Ernani Chaves (ufpa), Guilherme Paoliello (ufop), Gustavo Silveira Ribeiro (ufmg), Luiz Rohden (unisinos), Marco Aurélio Werle (usp), Markus Schäffauer (universität hamburg), Patrícia Lavelle (puc-rio), Pedro Süssekind (uff), Ricardo Barbosa (uerj), Romero Freitas (ufop), Virginia Figueiredo (ufmg)

COORDENAÇÃO EDITORIAL Maíra Nassif Passos
EDITOR-ASSISTENTE Thiago Landi
PROJETO GRÁFICO Ana C. Bahia
CAPA Tamires Mazzo
IMAGEM DA CAPA Detalhe da obra *Ovidiu în exil*, de Ion Theodorescu-Sion (c. 1915)
DIAGRAMAÇÃO Cumbuca Studio
PREPARAÇÃO Lucas Morais
REVISÃO Thiago Landi

RELICÁRIO EDIÇÕES
Rua Machado, 155, casa 1, Colégio Batista | Belo Horizonte, MG, 31110-080
contato@relicarioedicoes.com | www.relicarioedicoes.com
@relicarioedicoes   /relicario.edicoes

*A realidade
sempre é mais ou menos
do que nós queremos.*

Ricardo Reis, *Odes*, "Segue o teu destino".

O mito é o nada que é tudo.

*Assim a lenda se escorre
a entrar na realidade,
e a fecundá-la decorre.*

Fernando Pessoa, *Mensagem*, "Ulysses".

SUMÁRIO

LISTA DE ABREVIATURAS DE NOMES DE AUTORES E OBRAS *9*

PREFÁCIO *13*
Matheus Trevizam

NOTA DA AUTORA *19*

INTRODUÇÃO *25*

PREÂMBULO – Os rastros (e restos) de um nome *43*

CAPÍTULO I – Uma filologia intertextual da recepção literária *63*

CAPÍTULO II – *Epistulae Nasonis*: ausência e exílio nas cartas de um semi-herói *123*

CAPÍTULO III – '*Iste ego sum!*': O mito do poeta e as *metamorphoses* do exílio no espelho de Narciso *243*

CAPÍTULO IV – Uma *ars* poética *amatoria*: *Naso magister* e uma historiografia literária ovidiana no exílio *327*

CONSIDERAÇÕES FINAIS *371*

NOTAS *375*

REFERÊNCIAS *417*

ÍNDICE REMISSIVO *445*

SOBRE A AUTORA *451*

LISTA DE ABREVIATURAS DE NOMES DE AUTORES E OBRAS

Ael. Th. = Aelius Theon (Élio Teón)
Progymn. Progymnasmata.
Anacreont. = Carmina Anacreontea (Anacreônticas)
Apol. = Apollonius Rhodius (Apolônio de Rodes)
Arg. Argonautica.
Apul. = L. Apuleius (Apuleio)
Apol. Apologia siue de Magia.
Archil. = Archilochus (Arquíloco)
Arist. = Aristoteles (Aristóteles)
Et. Nic. Ethica Nicomachea.
HA. Historia Animalium.
Poet. Poetica.
Rhet. Rhetorica.
Aur.-Vict. = Sextus Aurelius Victor Afer (Aurélio Vítor)
Caes. De Caesaribus.
Aus. = Ausonius (Ausônio)
Cent. Cento Nuptialis.
Catul. = C. Valerius Catullus (Catulo)
Carm. Carmina.
CB = Carmina Burana.
Cic. = M. Tullius Cicero (Cícero)
Arch. Pro Archia.
Brut. Brutus.
De or. De oratore.
Inv. De inuentione.
Or. Orator.
Part. or. Partitiones oratoriae.
Tusc. Tusculanae disputationes.
Ver. In Verrem (actio secunda).
Heracl. = Heraclitus (Heráclito)
Hier. = Sophronius Eusebius Hieronymus (São Jerônimo)
Chron. Chronicum.

Hom. = Homerus (Homero)
    Il. Ilias.
    Od. Odyssea.
Hor. = Q. Horatius Flaccus (Horácio)
    Carm. Carmina.
    Ep. Epistulae.
    Ep. Pis. Epistula ad Pisones.
    Serm. Sermones.
Juv. = Decimus Iunius Iuuenalis (Júnio Juvenal)
    Sat. Saturae.
Liv. = Liuius (Tito Lívio)
    Ab Vrbe Condita.
Luc. = M. Annaeus Lucanus (Lucano)
    Bellum Ciuile (Pharsalia)
Macr. = Ambrosius Theodosius Macrobius (Macróbio)
    Sat. Saturnalia.
Mart. = M. Valerius Martialis (Marcial)
    Epigr. Epigrammaton libri.
Ov. = P. Ouidius Naso (Ovídio)
    Am. Amores.
    Ars. Ars amatoria.
    Fast. Fasti.
    Her. Heroides.
    Ib. Ibis.
    Met. Metamorphoseon libri.
    Pont. Epistulae ex Ponto.
    Rem. Am. Remedia amoris.
    Tr. Tristia.
Petr. = Petronius Arbiter (Petrônio)
    Satyr. Satyricon libri.
Phaedr. = Phaedrus (Fedro)
    Fab. Fabulae.
Pl. = Plato (Platão)
    Phd. Phaedo.
    Rep. Respublica.
Plaut. = T. Maecius Plautus (Plauto)
    Mil. Miles Gloriosus.

Plb. = Polybius (Políbio)
Hist. Historiae.
Plin. = 1. C. Plinius Secundus (Plínio, o Velho)
Nat. Naturalis Historia.
= 2. C. Plinius Caecilius Secundus (Plínio, o Jovem)
Ep. Epistulae.
Prisc. = Priscianus (Prisciano)
Gramm. Lat. Grammatica Latina.
Prop. = Sextus Propertius (Propércio)
El. Elegiae.
Quint. = M. Fabius Quintilianus (Quintiliano)
Inst. Institutio oratoria.
Rhet. Her. = Rhetorica ad Herennium.
Sen. = 1. M. Annaeus Seneca (Sêneca, o Velho)
Contr. Controuersiae.
Suas. Suasoriae.
= 2. L. Annaeus Seneca (Sêneca, o Jovem)
Ep. Epistulae.
Epig. Epigrammata.
Helu. Consolatio ad Heluiam.
Polyb. Consolatio ad Polybium.
Sidon. = C. Apollinaris Sidonius (Sidônio Apolinário)
Carm. Carmina.
Stat. = Papinius Statius (Estácio)
Sil. Siluae.
Suet. = C. Suetonius Tranquillus (Suetônio)
Aug. Vita Diui Augusti.
Gram. De Grammaticis.
Nero. Vita Diui Neri.
Vit. Verg. De poetis, Vita Vergilii.
Tac. = P. Cornelius Tacitus (Tácito)
Ann. Annales.
Dial. Dialogus de Oratoribus.
Theoc. = Theocritus (Teócrito)
Idyl. Idyllia.
Ter. = P. Terentius Afer (Terêncio)
An. Andria.
Heau. Heauton Timorumenos.

Virg. = P. Vergilius Maro (Virgílio)
       Aen. Aeneis.
       Buc. Bucolica (Eclogae).
       Georg. Georgica.

PREFÁCIO

Matheus Trevizam
Faculdade de Letras da UFMG-Pós-Lit

Deparar a obra do poeta romano Públio Ovídio Nasão (Sulmona, 43 a.C. – Tomos, 17 ou 18 d.C.) significa sempre, para o leitor de ontem e de hoje, uma oportunidade rara de contato com o que de melhor as Letras antigas produziram. Em sucinta recapitulação de alguns pontos-chave da carreira poética ovidiana,[1] devem-se à casa de seus vinte anos as elegias contidas nos três livros dos *Amores*, obra composta aproximadamente segundo os parâmetros do gênero da elegia erótica romana, cujos maiores expoentes foram, além do próprio Ovídio, Sexto Propércio (43 a.C. – 14 ou 17 a.C.) e Álbio Tibulo (54 a.C. – 19 a.C.).

Nessa coletânea de poemas, o autor de Sulmona empregou, com efeito, elementos formais e significativos em forte evocação daqueles associáveis a seus modelos referidos: na verdade, preenchiam os dísticos elegíacos dos *Amores* as situações e personagens típicas da elegia, ou seja, a figura do eu lírico moldada como poeta e amante infeliz, sua união com uma amada muitas vezes infiel, os desencontros (ou alegrias) desse relacionamento "de papel", os meandros da vida mundana em Roma, efervescente metrópole da Antiguidade... Isso tudo, ressaltamos, já fora desenvolvido com variações e idiossincraticamente nas respectivas coletâneas properciana e de Tibulo.

O que, talvez, não se dá com tanta clareza nos elegíacos "mais velhos", comparados com a arte de Ovídio, seria o pleno desnudamento das engrenagens em operação nessa maquinaria genérica, com a elevação do tom irônico a patamares antes intocados. Um exemplo possível do novo espírito que anima o empreendimento ovidiano dos *Amores* diz respeito ao percurso de "enamoramento" entre o eu lírico dessa obra e *Corinna*, figura de amada contextualmente posta em destaque pelo autor. À diferença de Propércio, que registrara o nome de *Cynthia* como primeira palavra do poema inicial

....
1 Não abordaremos, neste prefácio, por motivos de foco, obras como as *Epistulae Heroidum*, os *Remedia amoris*, os *Medicamina faciei femineae*, os *Fasti*, os *Metamorphoseon libri* etc.

do *Monobiblos* – o primeiro livro de suas elegias –, o nome da análoga amada ovidiana apenas aparece no quinto poema dos *Amores*, depois de o eu lírico revelar que sequer desejou ser poeta elegíaco, tendo-o, todavia, coagido a essa carreira Cupido, que lhe roubou um pé[2] dos épicos hexâmetros com cuja escrita se contentava (*Amores* 1.1.1-4).

A partir desse ponto, sem ter ainda a quem amar, sem dar um nome ou "rosto" ao objeto de seu canto, o eu lírico Nasão passa a inscrever-se no âmbito do universo elegíaco, como demonstram, além do quinto poema referido, aqueles intermediários entre este e o primeiro. Assim, em *Amores* 1.2.7 *et seq.*, lemos as queixas de Nasão por dormir mal durante a noite, pois o atormenta um certo abrasamento que associa, como de praxe na elegia, às dores de estar (vagamente) apaixonado; em 1.3, esse mesmo eu lírico conta estar amando, especificamente, uma "menina" (*puella*, v. 1), bem como introduz o *tópos* elegíaco da exclusiva dedicação a ela de seu ser e poesia (vv. 15-20); em 1.4, mostra-se ao leitor que a mesma "menina" (*puellam*, v. 3) tem um "homem" ou "marido" (*uir*, v. 1) diferente de Nasão, instaurando-se assim a situação, também elegíaca, do triângulo amoroso, com seus desdobramentos típicos (mentiras, traições, cenas de ciúmes...).

Ora, o bom entendedor da estratégia construtiva desse fictício relacionamento na obra ovidiana em pauta não deixaria de notar que, com fins de alguém ser poeta elegíaco – para isso se atendo ao uso métrico dos dísticos, ao estereótipo do amor como chama, à fixidez do olhar masculino sobre a figura da amada e ao contraponto antielegíaco do rival (talvez, até de um marido regularmente casado com a *puella*!) –, não é preciso estar ele amando, pois a arte dessa poesia se sustenta sobre convenções catalogáveis, não sobre "sinceros" sentimentos de indivíduos empíricos. Com isso, abre-se a perspectiva de leitura da obra de Ovídio, desde esses *Amores*, como construto decerto feito em camadas semânticas (alguma "história de amor" é legível na coletânea em jogo etc.), mas sempre metapoético e altamente reflexivo.

Mutatis mutandis, algo semelhante continua ao longo da chamada *erotodidáxis* de Ovídio, sobretudo constituída pelo poema didático-elegíaco da *Ars amatoria* ("Arte de amar").[3] Nessa produção, mantém-se a possibilidade de leitura em camadas, de modo que a mais superficial diz respeito a um

....
2 Os dísticos elegíacos são formados por um hexâmetro e um pentâmetro, de modo que, tirando-se um pé do primeiro tipo de verso, obtém-se o segundo.

3 Nos *Remedia amoris* ("Remédios do amor"), as lições amorosas de Ovídio desdobram-se em sentido inverso daquelas da *Ars amatoria*, pois desta vez se trata de preceitos para ensinar a desfazer (não estabelecer) ligações galantes tornadas, com o tempo, difíceis.

suposto curso de galanteria amorosa dedicado aos jovens (livros 1 e 2) ou às moças (livro 3) de Roma:

> *Siquis in hoc artem populo non nouit amandi,*
> *Hoc legat et lecto carmine doctus amet.*

> Se alguém neste povo desconhece a arte de amar,
> leia este poema e, tendo lido, ame doutamente.
> (*Ars amatoria* 1.1-2 – trad. Matheus Trevizam)

> *Arma dedi Danais in Amazonas; arma supersunt,*
> *Quae tibi dem et turmae, Penthesilea, tuae.*

> Dei armas aos Dânaos contra as Amazonas; sobram armas
> para eu dar a ti e à tua turba, ó Pentesileia.
> (*Ars amatoria* 3.1-2 – trad. Matheus Trevizam)

Ovídio, contudo, ainda convida o público atento a fruí-lo para além das aparências, notando-se a grande instabilidade do terreno em que pisa o leitor apenas superficial da *Ars*. Assim, sendo a preceptística galante de Ovídio sobretudo marcada pelo engano de quem se deseja seduzir, o fato mesmo de o "curso completo" desdobrar-se tanto no sentido dos preceitos aos homens quanto daqueles às mulheres acaba insidiosamente por conceder as armas de um sexo a outro. Além disso, quando o mestre de amor diz ter "experiência" com assuntos eróticos (*Ars amatoria* 1.29-30), mas dissemina, ao longo da obra toda, vários *tópoi*, personagens e situações da elegia erótica romana, muitos deles contidos em seus *Amores*, começa-se a suspeitar de ser o assunto (metapoético) da obra não a biografia galante de qualquer romano coevo, mas antes o imaginário elegíaco.

O estudo que aqui se apresenta ao leitor, de autoria da professora Júlia Batista Castilho de Avellar e originalmente defendido como tese de doutorado no Pós-Lit da FALE/UFMG, tem o mérito de interpretar outra parte da rica produção ovidiana – a saber, os *Tristia*, ou "Tristezas" – além das aparências, em continuidade do esforço crítico geral de entendimento do poeta, desde as últimas décadas até o presente. A obra por ela estudada, vale a pena dizer, apresenta-se sob a forma de cinco livros de poemas "elegíacos" quanto ao emprego métrico e também pelo tom lamentoso, lembrando que os amores focalizados pela elegia erótica romana típica com frequência expunham o eu lírico a dores e angústias diante dos relacionamentos amorosos instáveis com sua *puella*.

Em *Tristia*, no entanto, com um caráter distinto se revestem as supostas dores do eu lírico, o qual expõe, na totalidade dessa obra de madureza, as agruras do próprio exílio. Isso teria sucedido – ao próprio Ovídio, segundo o entendimento de muitos – por volta de 8 d.C. e devido a dois fatores: um *carmen* e um *error* (*Tristia* 2.207). Tradicionalmente, entende-se que o *carmen* se refere à supracitada *Ars amatoria*, pois o delicado momento de sua escrita e publicação, em inícios da Era cristã, coincide com a adoção de medidas moralizantes em Roma por iniciativa de Otaviano Augusto, então imperador.

Aqui, aludimos ao aspecto legal e repressor da vida em Roma Antiga, tendo-se, inclusive, implementado na Cidade a *Lex Iulia de maritandis ordinibus* (18 a.C.) e a *Lex Iulia de adulteriis coercendis* (17 a.C.), a primeira visando a favorecer os casamentos e geração de filhos legítimos pelos cidadãos, a segunda a punir os adúlteros. Evidentemente, a natureza ligeira dos amores tematizados nesse poema didático, os quais poderiam mesmo implicar na abordagem irreverente do adultério, não se coaduna com os ares austeros trazidos pelo mando de Augusto, o qual chegou a desterrar a própria filha na ilha mediterrânea de Pandatária, devido a uma conduta tida como escandalosa (Suetônio, *Vita Augusti* 65). Mas, como o contexto citado de *Tristia* 2 não esclarece o teor do *error*, pairam há séculos dúvidas a respeito disso, sendo numerosas as hipóteses formuladas pelos eruditos.

A prática persistente de assimilar de imediato, na leitura de textos poéticos e outros, a biografia do autor empírico, bem como as "experiências" relatadas em suas obras, por vezes concentrou em excesso a atenção dos críticos na busca do entendimento de "fatos" da vida do poeta a partir da letra dos textos. Ciente disso e sem ir ao extremo de negar por completo a veracidade histórica do exílio ovidiano, Avellar direciona suas leituras para o estudo do que temos de concreto nos *Tristia*, ou seja, o texto e os seus efeitos. Entre eles, destaca-se justamente a questão da reflexividade e da metapoesia, na medida em que Ovídio parece ter-se amiúde servido de tal obra de fim de carreira para comentar a própria produção poética de tempos anteriores.

O exemplo mais gritante, nesse sentido, é o do longo poema que constitui a totalidade do livro 2 dos *Tristia*: assumindo, além do caráter elegíaco associável ao conjunto dessa obra, os contornos híbridos de uma epístola, direciona-se tal texto ao imperador Augusto. Na superfície, portanto, o conteúdo do mesmo livro 2 aponta para os respeitosos pedidos de clemência ao imperador, como se, tendo ele sido o responsável pela desdita que o eu lírico (o autor empírico?) experimenta – o próprio desterro –, também lhe coubesse encerrar esses males por simples revogação da pena. O teor de nossos comentários a respeito de algumas obras prévias de Ovídio, porém, deve ter levado a entender que nada é simples nesse poeta, o que justifica a agregação de mais camadas significativas à epiderme do texto:

> *Crede mihi, distant mores a carmine nostro –*
> *uita uerecunda est Musa iocosa mea –*
> *magnaque pars mendax operum est et ficta meorum:*   355
> *plus sibi permisit compositore suo.*
> *Nec liber indicium est animi, sed honesta uoluptas*
> *plurima mulcendis auribus apta ferens.*

> De meu poema, acredita, distam meus costumes –
> minha vida é moderada, a Musa, jocosa –
> e boa parte de minhas obras é mentira e ficção: 355
> permitiu mais a si que a seu criador.
> Não é o livro expressão do ânimo, mas honrado prazer
> que traz muitos ritmos aptos ao deleite dos ouvidos.
> (*Tristia* 2.353-358 – trad. Júlia Batista Castilho de Avellar)

Como destaca Avellar no quarto capítulo de seu estudo, o eu lírico Nasão oferece ao público e ao específico remetente, nos dísticos acima, uma pequena lição de poética, na medida em que deixa clara a separação necessária entre as instâncias literárias em nexo com o autor empírico e com um eu lírico que, no caso da *Ars amatoria*, é o irreverente mestre de amor. Aqui, sobrepõem-se, portanto, as possibilidades de ler o trecho como mera tentativa de alegação de inocência em sua vida privada e/ou como uma "aula" sobre o modo não linear de construção dos sentidos na poesia.[4] Esse efeito de desdobramento de perspectivas interpretativas continua, é óbvio, ao longo de *Tristia* 2, conforme demonstram as acuradas análises de Avellar, também

....
4 Em *Tristia* 2.251-258, de forma "estranhamente" atual aos leitores de hoje, Ovídio destaca o papel determinante do público para a moldagem dos (múltiplos) sentidos, ou efeitos, de qualquer obra.

se dando sob a forma de leitura do poema em uma clave irônica, como se Augusto fosse dito nas entrelinhas – apesar das palavras "elogiosas" do texto – um tirano e indivíduo pouco perspicaz (*Tristia* 2.27, 55, 128 etc.).

Sendo os *Tristia*, para Avellar, dissemos, uma espécie de decisivo ponto de (auto)reflexão na carreira poética de Ovídio, o poeta não se restringe a comentar, em seus sucessivos livros, a *Ars amatoria*, mais ainda o faz, demonstra a professora, no mínimo em relação às *Epistulae Heroidum* ("Cartas das Heroínas" – capítulo 2) e aos *Metamorphoseon libri* e aos *Fasti* ("Metamorfoses" e "Fastos" – capítulo 3). Sustentam as análises do trabalho que se lê sólido conhecimento, além dos autores antigos, de vasta bibliografia secundária sobre a teoria literária, a cultura antiga ou mesmo a retórica. Além disso, contribui sobremaneira para sua densidade o veio de sensível leitora de Ovídio de que desfruta a autora, fazendo-a selecionar e expor com limpidez ao público os pontos mais instigantes da (meta)poética do sulmonense.

Tantas qualidades, o excelente nível da escrita e a capacidade de demonstrar ao público que Ovídio, ao contrário do que diziam certas análises precipitadas, não piorou nem, fundamentalmente, alterou-se como poeta na "fase" do exílio tornam o estudo que ora é publicado uma das mais significativas contribuições lusófonas para o conhecimento desse autor antigo. Isso justifica que os méritos dessas análises já tenham sido duplamente laureados, como atestam a atribuição ao estudo do reconhecimento de melhor tese defendida no Pós-Lit da FALE/UFMG em 2019 e a 2ª. menção honrosa no "Prêmio Antonio Candido" de teses da Anpoll (2020).

NOTA DA AUTORA

"Qual a importância dos Estudos Clássicos hoje? O que de novo as obras antigas têm a nos dizer? De que forma elas são ressignificadas diante das produções artísticas mais recentes? Enfim, em que medida a Antiguidade é relevante no universo atual e pode contribuir para o mundo contemporâneo?" Partindo de indagações como essas, o presente livro indica possibilidades de interação entre os Estudos Clássicos e a Teoria da Literatura, mediante a investigação do caráter metaliterário da poesia do escritor latino Públio Ovídio Nasão, que, sobretudo nos *Tristia* ("Tristezas"), sua primeira coletânea de elegias de exílio, apresenta reflexões e teorizações a respeito do estatuto de um texto poético, sua produção e recepção.

Noções como gênero poético, intertextualidade e recepção são discutidas com o objetivo de propor uma abordagem das obras da Antiguidade que, aliando filologia e teoria, seja capaz de compreender tais conceitos teórico-literários nas especificidades do âmbito dos Estudos Clássicos. Para tal, defini a noção de "filologia intertextual da recepção" como possível método para abordar as obras clássicas no mundo contemporâneo, de modo a colocar em destaque a significância da Antiguidade ainda hoje e suas relações e diálogos com o mundo atual.

A poesia de Ovídio foi o exemplo usado para discutir e aprofundar tais questões. As análises basearam-se no diálogo dos *Tristia* com as produções anteriores do poeta, a fim de oferecer uma visão abrangente da Obra ovidiana e destacar o princípio de continuidade que a caracteriza, em oposição à ideia, geralmente difundida, de ruptura em razão do exílio. A retomada, nas elegias de exílio, de obras ovidianas precedentes é aqui compreendida como um processo de (auto)recepção, segundo o qual Ovídio torna-se leitor de suas próprias obras e também da tradição literária. Esse processo manifesta-se de dois modos principais: por um lado, as obras do poeta são referidas junto de comentários críticos e metapoéticos, nos quais Nasão avalia seus escritos anteriores e oferece sua interpretação deles; por outro, Ovídio reemprega e ressignifica diversos procedimentos compositivos antes usados em suas obras, tornando os *Tristia* uma espécie de reescrita das produções anteriores.

Precisamente esse caráter de síntese da produção ovidiana precedente, à maneira de um epitáfio do poeta metaforicamente morto com o exílio, faz emergir dos *Tristia* a trajetória poética e a autobiografia literária de Nasão. Ao instituir um "mito" da vida e do exílio, essa coletânea de elegias se configura como um tipo de literatura reflexiva que, no fazer literário, teoriza sobre si mesma; uma "teoria ovidiana da literatura", fundada num diálogo erótico e metamórfico.

O estudo aqui apresentado foi originalmente defendido como tese de doutorado no Programa de Pós-Graduação em Letras: Estudos Literários da Universidade Federal de Minas Gerais (Pós-Lit/FALE/UFMG), orientado pelo Prof. Dr. Matheus Trevizam e realizado com o apoio de bolsa de estudos da Coordenação de Aperfeiçoamento de Pessoal de Nível Superior (Capes). Defendida em agosto de 2019, a tese recebeu o Prêmio UFMG de Teses (edição de 2020) como a melhor tese defendida no Pós-Lit. Além disso, em 2020, tive a alegria de obter uma menção honrosa no Prêmio Antonio Candido de Teses e Dissertações da ANPOLL (Associação Nacional de Pós-Graduação e Pesquisa em Letras e Linguística).

Originado da mencionada tese, este livro se compõe de uma "Introdução", um "Preâmbulo", quatro capítulos e considerações finais. Todas as traduções de línguas estrangeiras são de minha responsabilidade, salvo indicado o contrário, e são acompanhadas pelo texto de partida usado como base. As passagens citadas dos *Tristia* seguem o texto latino da edição bilíngue *Tristia/Tristezas* que organizei em volume separado, a qual também contém minha tradução completa da obra. Tomando como base o texto estabelecido por R. Ehwald (Teubner, 1884), que está em domínio público, efetuei sua comparação com outras edições a que tive acesso e, quando necessário, foram feitas alterações no texto em latim, realizadas a partir das seguintes edições consultadas: a italiana Garzanti (1991); a Loeb, na primeira edição de Wheeler (1924, reimpressão 1939) e em segunda edição revista por Gold (1996); a francesa Les Belles Lettres (2008); e o texto do "Livro II" estabelecido por Ingleheart (2010). Na tradução dos *Tristia/Tristezas*, publicada em volume separado, o texto latino é acompanhado de notas assinalando as modificações pontuais realizadas.

O "Preâmbulo" discute o estatuto do nome *Naso* na poesia ovidiana, de modo a assinalar os contextos e as implicações de seu uso, bem como sua importância para a construção e a definição de uma personagem-poeta. O nome do poeta constitui um rastro, uma marca ou assinatura que demarca iterativamente sua ausência e instaura no texto um espaço de abertura,[5] um intervalo em que Nasão, simultaneamente, é e não é o poeta, é e não é o texto. O "Capítulo I", de natureza teórica, objetiva discutir a intertextualidade sob o viés da recepção.[6] Ele oferece, primeiramente, um panorama acerca das diferentes abordagens que foram feitas sobre o fenômeno da "intertextualidade" no âmbito dos Estudos Clássicos, de modo a discuti-las e problematizá-las com base em algumas contribuições da Teoria da Literatura. Em seguida, são apresentadas e comentadas abordagens dos "estudos intertextuais" representativas de uma vertente mais recente, que buscou incorporar os desenvolvimentos da Teoria e, com isso, propor novos entendimentos acerca da intertextualidade. Na esteira dessa vertente, expomos, na última seção do "Capítulo I", nossa proposta para a abordagem dos textos antigos, a "filologia intertextual da recepção", que coloca em diálogo tanto as contribuições da filologia mais tradicional quanto os avanços da teoria literária. É importante destacar que as discussões do "Capítulo I" se relacionam fortemente com as questões teóricas que perpassam a poesia ovidiana e que acabam por constituir, conforme será evidenciado, aquilo que denominamos uma "teoria ovidiana da literatura". Em razão disso, para uma adequada compreensão de alguns pontos teóricos discutidos no mencionado capítulo, recomenda-se vivamente a leitura de pelo menos um dos capítulos de análise presentes na sequência do livro, na medida em que nossa abordagem da poesia ovidiana coloca em relevo justamente as noções de diálogo e recepção que orientam a proposta teórica desenvolvida.

No "Capítulo II", são abordados os diálogos entre os *Tristia* e as *Heroides*; no "Capítulo III", entre os *Tristia*, os *Fasti* e as *Metamorphoses*; no "Capítulo IV", por fim, entre os *Tristia* e a *Ars amatoria*. Em todos esses capítulos, a intertextualidade é enfocada sob o viés da recepção e compreendida, portanto, como um fenômeno multidirecional, questão discutida no capítulo teórico inicial. Com base nesses diálogos entre as obras ovidianas, foi construída, ao longo do estudo, uma "teoria ovidiana da literatura" e uma autobiografia literária da personagem-poeta Nasão, que encontra sua súmula na poesia de exílio dos *Tristia*.

....
[5] Para uma discussão sobre esses conceitos, ver Derrida (1991, p. 349-373).
[6] Empregamos o termo "recepção" para designar o fenômeno referente ao momento de leitura (ou releitura) de um texto, e não para fazer referência à vertente teórica da Estética da Recepção. Nesse sentido, recorde-se a expressão "recepção clássica" (ou "recepção dos clássicos"), cada vez mais frequente no âmbito dos Estudos Clássicos (cf. Martindale, 2013; Hardie, 2013).

Tendo-se completado o bimilenário da morte de Ovídio em 2017, buscamos destacar que ele permanece vivo não só nos versos que nos legou, mas em toda a tradição artística e literária a que deu origem. Nos *Tristia*, o poeta exilado nos confins do Império, afastado da pátria e dos entes queridos, encontra na poesia um modo de permanecer em Roma. Ao enviar para a Urbe versos em forma de carta, ele suspende o isolamento e, por meio da poesia, transforma a solidão em diálogo.

Analogamente, este livro propõe o diálogo como modo de abordar a Antiguidade: diálogo entre áreas, ao relacionar os Estudos Clássicos com as contribuições da Teoria da Literatura e do pós-estruturalismo; diálogo entre tempos, ao mostrar que passado e presente se iluminam mutuamente. Enfim, diálogo com o outro, pois é na tensão imposta pela diferença que reconhecemos a nós mesmos e que nasce o aprendizado. Estudam-se os clássicos para preservar aquilo que merece ser lembrado, divulgar o que os antigos nos deixaram e colocar esse conhecimento em movimento, fazendo-o dialogar com o presente, que o ressignifica.

*****

A existência deste livro só foi possível graças ao inestimável auxílio do Programa de Pós-Graduação em Letras: Estudos Literários (Pós-Lit) da Faculdade de Letras da Universidade Federal de Minas Gerais, que concedeu apoio financeiro integral para a publicação tanto do presente estudo quanto da tradução completa dos *Tristia/Tristezas* para o português, tradução que originalmente fazia parte da minha tese e foi lançada em volume separado. Meus profundos agradecimentos ao Pós-Lit, no nome dos professores Georg Otte e Antonio Orlando Dourado Lopes, que compunham a Coordenação à época da concessão do auxílio, e à Secretaria do Programa, no nome dos funcionários Camila, Fabrício, Giane, Letícia, Leise e também Bianca, que negociou os trâmites burocráticos para a publicação. Agradeço ainda aos professores pareceristas anônimos que fizeram parte da Comissão de Melhor Tese do Pós-Lit, responsável por eleger meu trabalho em 2019 e possibilitar, com isso, a publicação.

O nascimento de uma tese resulta de muito mais do que do seu período de escrita ou do tempo do doutorado. Por isso, agradeço a todos aqueles que participaram da minha formação, independentemente do momento, pois deixaram suas marcas e sementes para florescer. Agradeço aos que amenizaram meu exílio na solidão da escrita – e que tiveram paciência e compreensão para aceitar os momentos em que essa solidão foi necessária; e aos que se dispuseram a partilhar do meu exílio com o diálogo.

Agradeço a Deus, pelo auxílio e confiança neste percurso que Ele soube ser o melhor para mim. Agradeço à minha família, pela presença e suporte sempre. À minha mãe e ao meu pai, por todos os ensinamentos que me formaram como pessoa, pelo zelo e pela compreensão nesta longa trajetória de estudos e pelo apoio e acolhimento sempre. Ao meu avô e à minha avó, pelo carinho imenso e por tornarem, com a simplicidade da sabedoria, cada momento mais leve. À Marcela e à Natália, pela paciência e pela amizade divertida. Ao Samuel, que acrescentou à minha visão uma nova paleta de cores, por ser capaz de desvelar, a cada dia, o que há de melhor em mim.

Merece um agradecimento especial o Prof. Matheus Trevizam, *summo magistri et duci optimo*, que, desde a graduação, quando primeiro me apresentou o riquíssimo universo ovidiano, me enveredou na pesquisa: agradeço pela confiança no meu trabalho, pela orientação sempre atenciosa, dedicada e impecável, pela generosidade na partilha do saber e das bibliografias mais recentes, pelo estímulo ao crescimento e ao aperfeiçoamento acadêmicos, pela liberdade concedida a meu pensamento e, especialmente, por ser um grande modelo de pesquisador e orientador.

Agradeço aos professores da Faculdade de Letras da UFMG (e são muitos!) que participaram da minha trajetória acadêmica desde a graduação e cujos ensinamentos contribuíram para que eu erguesse cada tijolinho da tese que deu origem a este livro. Agradeço especialmente a todos os professores da área de clássicas, que, com suas aulas inspiradoras, forneceram as bases para a minha formação. Agradeço ainda àqueles a cujas aulas ou cursos pude assistir durante o período do doutorado – Prof. Matheus Trevizam, Prof. Teodoro Assunção, Prof.ª Viviane Cunha, Prof.ª Sandra Bianchet, Prof. Sérgio Alcides, Prof. Constantino Medeiros –, os quais me conduziram por veredas para além da minha pesquisa.

Agradeço também ao Prof. Antônio Martinez de Rezende, *aeterno magistro*, pelo enorme incentivo sempre e pelas indicações e sugestões de leitura; à Prof.ª Heloísa Penna, pelos Festivais de Cultura e pela abordagem que une latim e criatividade; à Prof.ª Patricia Prata e ao Prof. Wellington Lima, pelas ricas indicações bibliográficas; à Prof.ª Tereza Virgínia Barbosa, pelos comentários perspicazes e pelas sugestões de leitura; e à Prof.ª Maria Cecília de Miranda, pelo estímulo e pelas instigantes oportunidades de aprendizado na organização de congressos, seminários e simpósios. Agradeço aos professores que participaram de minha banca de doutorado, pela disposição, interesse e generosidade em serem os primeiros leitores críticos do trabalho que deu origem a este livro: Prof.ª Heloísa Penna, Prof.ª Patricia Prata, Prof.ª Sandra Bianchet, Prof.ª Tereza Virgínia Barbosa e Prof. Wellington Lima; e àqueles que aceitaram ser membros suplentes da banca, Prof. Alexandre Agnolon e Prof. Olimar Flores. Agradeço aos colegas do Pós-Lit, especialmente ao Rafael Silva e à Marina Palmieri, pela amizade, pelas trocas bibliográficas e pela parceria no fortalecimento do Estudos Clássicos.

Agradeço ainda à Coordenação de Aperfeiçoamento de Pessoal de Ensino Superior (Capes), pela bolsa que me foi concedida durante o doutorado e que permitiu minha verdadeira imersão na pesquisa e escrita da tese que originou este livro.

Por fim, gostaria de agradecer à equipe da Relicário Edições, nos nomes de Maíra e Thiago, pelo profissionalismo, pela lida atenciosa com os textos e pelo processo de revisão dialogada tão cuidadoso e atento às particularidades da publicação.

INTRODUÇÃO

Ovídio (43 a.C. – 17/18 d.C.) fixou-se na tradição literária como "poeta exilado". Muito embora não haja registros oficiais ou documentos contemporâneos do autor que mencionem sua *relegatio*,[1] supostamente ordenada em 8 d.C. pelo imperador Augusto, para a longínqua cidade de Tomos, situada nos limites orientais do Império Romano e às margens do Ponto Euxino (atual "Mar Negro"), já na Antiguidade difundiu-se e consolidou-se a imagem do poeta como expulso de Roma e condenado ao desterro. Proveniente das próprias obras ovidianas em que o eu poético Nasão, homônimo do autor, adota uma *persona* de "relegado" (*Naso relegatus*), essa imagem se reforça também *a posteriori*, na recepção que foi feita dos versos de Ovídio por outros autores. Evidências disso são as menções posteriores ao poeta fazendo referência ao exílio[2] – Plínio, o Velho (I d.C.),[3] Estácio (I d.C.),[4] Aurélio Vítor (IV d.C.),[5] São Jerônimo (IV d.C.)[6] e Sidônio Apolinário (V d.C.)[7] –, bem como o surgimento de uma tradição da lírica de exílio, da qual Ovídio é considerado o precursor no Ocidente.

Ainda que a temática do exílio figure em âmbito literário desde a poesia de Homero, com a representação de Odisseu errante, e se faça presente também na poesia de Alceu, na prosa consolatória helenística e nas cartas de Cícero (Ingleheart, 2011, p. 1), Ovídio foi o primeiro autor a elaborar poemas sobre o tema de forma sistemática, nos *Tristia* (*Tristezas*) e *Epistulae ex Ponto* (*Cartas do Ponto*), coletâneas de elegias em primeira pessoa nas quais a figura de poeta/autor se apresenta como exilado. Ovídio assume, segundo Ingleheart (2011, p. 2), o papel de exilado arquetípico e contempla em seus versos *tópoi* e elementos que passarão a definir a literatura de exílio.[8] Ainda que vários dos traços já pudessem ser identificados na correspondência de exílio de Cícero, Ovídio tem primazia no que diz respeito à exploração desses elementos em âmbito marcadamente poético (trata-se de elegias, e não de cartas em prosa), fazendo coincidir a figura de exilado com a de poeta. Essa tradição inaugurada por ele ecoará na posteridade como terreno fértil para inúmeros escritores, que a retomam e ressignificam em novos contextos. Alguns exemplos são Sêneca, Dante, Petrarca, Joachim du Bellay, os autores de poesia neolatina do humanismo português (Henrique Caiado, António de Gouveia e Diogo Pires), Milton, Camões, Cláudio Manuel da Costa, Madame de Staël, Victor Hugo, Pushkin, Rousseau, Nabokov, Brodsky...[9]

No entanto, a recepção e a fortuna crítica da poesia ovidiana de exílio não costumam ser um assunto pacífico. Durante muito tempo, ela foi alvo de leituras biografistas, que buscavam reconstruir a vida do autor empírico a partir dos poemas, aos quais se atribuía um caráter principalmente documental. Esse tipo de recepção não foi exclusividade da poesia de Ovídio, mas incidiu também sobre boa parte dos autores antigos,[10] dada a escassez de fontes extraliterárias sobre a vida desses escritores. Isso é perceptível especialmente nas interpretações de obras em primeira pessoa, que favorecem uma confusão entre as instâncias de "narrador/eu poético" e "autor empírico". Com efeito, as abordagens da poesia lírico-elegíaca (Catulo, Propércio, Tibulo, Ovídio) ou do romance latino (Apuleio) são, ainda nos estudos da primeira metade do século XX, de teor predominantemente biografista.

Esse tipo de entendimento, porém, é de longa data e remonta à Antiguidade, tendo inclusive coexistido com o viés oposto, baseado na compreensão da poesia como ficção.[11] A título de exemplo, basta recordar que Apuleio foi acusado de praticar magia pelo fato de o protagonista de suas *Metamorphoses* (ou *Asinus aureus*), romance em primeira pessoa, se envolver com essa arte, e que, em sua *Apologia*, o autor defende-se das leituras biografistas sofridas, mas adota, ele próprio, uma interpretação biografista dos versos de outros poetas, ao associar os nomes (ou pseudônimos) das amadas elegíacas a mulheres reais da sociedade romana. Nas palavras de Apuleio (Apul. *Apol.* X, 3): "Que acusem de mesma atitude, portanto, G. Catulo, pois usou o nome Lésbia em vez de Clódia; e, igualmente, o Ticida, pois escreveu Perila quando era Metela; e Propércio, que diz Cíntia para ocultar Hóstia; e Tibulo, pois tem Plânia no ânimo, mas Délia no verso."[12] Embora alguns estudiosos considerem que a interpretação biografista tenha surgido somente no Romantismo, com o suposto estabelecimento de um novo paradigma literário em substituição ao sistema retórico até então dominante,[13] há vários registros de leituras biografistas já na Antiguidade.[14]

Não obstante, a particularidade que problematiza acentuadamente as leituras biografistas da poesia de exílio ovidiana repousa no fato de elas terem impulsionado julgamentos e valorações negativos dos aspectos literários dessas obras por parte da crítica, pelo menos até meados do século passado. Os poemas tematizando o exílio tornaram-se fonte para assegurar a ocorrência de uma suposta relegação do autor empírico, que passa não só a integrar sua biografia, mas ainda se apresenta como motivo causador da "decadência" de sua produção poética, como se a situação de desterro se refletisse de forma direta no valor poético dessas obras. Além disso, tais leituras associaram-se também a abordagens historicistas ou psicologizantes.[15] Isso foi reforçado pela interpretação literal que vários críticos[16] realizaram a partir das afirmações do eu poético Nasão, que, nas obras de exílio, considera seus versos rudes e desprovidos de arte e de engenho. A avaliação negativa reproduzida por tais críticos apaga o caráter autoirônico das asserções de Nasão, que adota nos versos de exílio uma "pose de declínio poético" (Williams, 1994, p. 50) fundada num fingimento poético-retórico.[17]

No extremo oposto das leituras biografistas, que tentaram preencher a carência de registros sobre o exílio com dados presentes nos poemas ovidianos, alguns estudos recentes, impulsionados por um célebre artigo de Fitton Brown (1985), passaram a duvidar da real ocorrência da relegação do autor empírico. Para eles, a ausência de informações coetâneas sobre o banimento do poeta, registrado apenas nos próprios versos ovidianos, seria uma evidência do caráter meramente literário e ficcional do exílio, corroborado ainda pelo fato de várias das descrições da região e dos povos de Tomos nas elegias provirem de fontes literárias. Nessa perspectiva, as menções posteriores ao exílio de Ovídio não corresponderiam à realidade biográfica do autor empírico, mas resultariam das próprias obras de exílio.

Essa ausência de registros coetâneos contrasta, por exemplo, com a situação de Sêneca. Além de suas próprias produções mencionando ou tematizando o exílio – *Consolatio ad Polybium*, *Consolatio ad Heluiam* e os epigramas que lhe são atribuídos –,[18] o episódio é referido também pelos *Anais*, de Tácito. O historiador o denomina *exul Seneca* ("Sêneca exilado", *Ann.* XIII, 14) e menciona que o exílio foi suspenso graças à interferência de Agripina, que lhe encarregara da instrução e educação de seu filho, o futuro imperador Nero.[19] A existência de registros históricos sobre Sêneca não elimina, porém, a presença de jogos literários ou a exploração de diferentes tons em suas obras de exílio, que resultam antes de escolhas literárias conscientes do que de uma expressão direta de lamentos ou emoções. A esse respeito, Rosenmeyer (1997, p. 52) esclarece que Sêneca exilado constrói para si uma imagem na *Consolatio ad Polybium* e outra, bastante distinta, na *Consolatio ad Heluiam*. No primeiro caso, sua imagem é deferente e desesperada, a fim de obter a clemência de Cláudio; no segundo, ela é alegre e otimista, afinal, pretende mitigar a dor de sua mãe.

Nossa presente investigação, na medida em que não se volta para uma pesquisa de fontes históricas, mas enfoca textos literários, não pretende discutir a veracidade ou não da relegação do autor empírico Públio Ovídio Nasão. Igualmente, não é nosso objetivo averiguar se os sentimentos, lamentos e queixas expostos pelo eu poético nos versos foram verdadeiramente experienciados pelo autor empírico, ou são apenas construções retóricas ou poéticas. Sem dúvida, a questão do exílio é intrigante e, por mais de dois milênios, tem suscitado a curiosidade dos estudiosos. Todavia, sua real ocorrência e seu estatuto histórico são indiferentes à abordagem aqui proposta, que busca refletir sobre a construção da imagem de exilado a partir do texto dos *Tristia*, primeira coletânea de exílio, e sua repercussão na recepção posterior da obra ovidiana e na imagem do autor. Nesse sentido, o que há é uma personagem-poeta,[20] que figura nas elegias expressando-se em primeira pessoa sob o nome "Nasão" e que se encontra, sem dúvida alguma, exilada, independentemente da situação do autor empírico. Não só na própria obra, mas também em sua recepção, essa personagem-poeta acabou por ser incorporada e assimilada à imagem de autor de Ovídio, que se celebrizou, assim, como "poeta exilado".

Trata-se, porém, de um exílio cuja existência é, acima de tudo, literária (mesmo no caso de a relegação do autor empírico ter de fato ocorrido), dado que o acesso a ele ocorre por meio do filtro e das informações presentes nas obras ovidianas,[21] ou seja, por meio de um construto literário. Este, por sua vez, é permeado pelas interpretações que ocorrem no momento de sua recepção, a partir da interação entre texto e leitores, geradora de sentidos que independem de sensações ou impressões do autor empírico no instante de produção das elegias. De fato, compreendemos que os momentos de produção e recepção de uma obra literária são instâncias distintas, dotadas, cada uma, de suas particularidades; não podendo, pois, ser abordadas ou analisadas segundo os mesmos critérios. O momento de produção das elegias de exílio ovidianas já passou e é algo irrecuperável, uma vez que diz respeito ao tempo do autor empírico. Em relação a isso, o máximo que podemos fazer são reconstruções daquilo que tal tempo teria sido, mas tendo sempre a consciência de que elas não correspondem necessariamente aos fatos ocorridos e foram engendradas no âmbito da recepção da obra.

Assim, assumindo-se que as circunstâncias do instante de produção não são inteiramente acessíveis, nossas leituras de obras da Antiguidade hoje não são capazes de abarcar os elementos históricos e biográficos referentes ao autor empírico, mas partem invariavelmente do ponto da recepção, neste novo contexto histórico no qual nos situamos, e de nossa interação com o texto que nos chegou. Isso não significa que o entendimento do contexto histórico-cultural da Antiguidade e de seus valores seja desprezível ou dispensável, mas sim que, ao enfocá-lo, é necessário ter clareza sobre nossa parcialidade enquanto leitores situados em outro contexto.[22]

Não obstante, alguém poderia argumentar que a ocorrência ou não do exílio ovidiano acaba por interferir na recepção dos *Tristia*, que seria diferente dependendo da situação do autor empírico. Na verdade, essa dupla possibilidade se aplica apenas ao momento de recepção contemporâneo do autor, quando se tinha conhecimento seguro das circunstâncias do exílio. Certamente, a recepção de elegias de um poeta de fato exilado (algo doloroso e lastimável) seria bastante diferente da recepção de elegias descrevendo o exílio de um poeta que não se encontra minimamente desterrado (algo irônico beirando o cômico). Todavia, não remanesceram registros da recepção das obras de exílio ovidianas por parte dos coetâneos do autor, de modo que também isso seria uma espécie de reconstrução de nossa parte enquanto leitores atuais.

Diante disso, uma abordagem mais proveitosa da questão é enfocar o texto em sua relação com os leitores e com o momento da recepção. De acordo com as elegias ovidianas, Nasão, personagem-poeta, encontra-se exilado, e foi exatamente assim que a história da recepção da obra o caracterizou, de modo a fixar uma imagem de "poeta exilado" que vigora ainda hoje. Portanto, nosso trabalho se propõe a discutir as obras e o exílio ovidianos sob o viés da recepção, entendida aqui como o fenômeno que diz respeito ao momento de leitura (ou releitura) de um texto, e não especificamente à vertente teórica da Estética da Recepção; sob o viés daquilo que o nosso tempo pode oferecer para seu entendimento e daquilo que essas obras passam a significar em nosso mundo atual.

Os *Tristia* compõem-se de cinco livros de elegias tematizando o exílio. A datação individual de cada elegia é incerta, mas a composição da obra como um todo é geralmente datada entre 8 e 12 d.C.[23] O primeiro livro versa sobre a partida de Roma e a viagem marítima até Tomos, que são aproximadas dos episódios épicos da tomada de Troia e da fuga e viagem de Eneias até os litorais latinos (cf. Prata, 2007).[24] O segundo livro, endereçado a Augusto, é uma primorosa construção retórica em que Nasão, defendendo a inocência de seus versos e discutindo sobre poesia, busca aplacar o ânimo do imperador a fim de obter o término do exílio e o retorno a Roma (cf. Carrara, 2005; Ingleheart, 2010). Os outros três livros são compostos por elegias que abordam mais diretamente as vivências de Nasão no local de exílio, com descrições do lugar e seus habitantes, meditações sobre o abandono dos amigos e a fidelidade da esposa diante das dificuldades, lamentos pela distância de Roma, presente apenas em imaginação, e reflexões sobre a própria poesia e a escrita no exílio.

Nasão atribui sua relegação a um "poema" e a um "erro" – *carmen et error* (Ov. *Tr.* II, 207). O *carmen* é geralmente associado à *Ars amatoria* (todo o livro II dos *Tristia* é uma defesa dessa obra anterior), poema didático em versos elegíacos que, ironicamente, contém ensinamentos sobre a arte da conquista e da sedução, inclusive com diversos exemplos de adultério. Uma obra dessa natureza não se coadunava com a política augustana de estímulo de casamentos e de coibição do adultério por leis – *Lex Iulia de maritandis ordinibus* (18 a.C.) e *Lex Iulia de adulteriis coercendis* (17 a.C.) –, sendo compreensível o fato de ela ter sido uma das razões de punição. O *error*, todavia, não é esclarecido pelo eu poético, dando margem à confabulação dos estudiosos e à formulação de hipóteses as mais fantasiosas.[25]

A despeito da ausência de registros oficiais sobre a relegação do autor, as próprias obras ovidianas e sua recepção posterior foram responsáveis por fundar um "mito" do exílio do poeta, como dissemos, de fundamentação literária.[26] Claassen (1988, p. 169) assinala que a criação desse "mito" é um triunfo poético. De fato, ele evidencia a capacidade de a poesia produzir efeitos no mundo real, na medida em que teve o poder de interferir na formação da imagem de seu autor e na constituição de narrativas de sua "vida". Independentemente do banimento do autor empírico Públio Ovídio Nasão, a imagem do poeta Ovídio que foi propagada e, inclusive, nos chegou até hoje, é a figura de um exilado.

Esse poder de a ficção produzir efeitos sobre a realidade e de a obra ser capaz de construir novos universos evidencia a potência da poesia em intervir e atuar no mundo. Isso fica exemplificado por um evento recente envolvendo a figura de Ovídio. Em dezembro de 2017, foi unanimemente aprovada pela Assembleia Capitolina de Roma uma moção, proposta pelo partido italiano M5S (*Movimento 5 Stelle*), visando à revogação da relegação de Ovídio.[27] Mais de dois mil anos depois da condenação imposta pelo imperador Augusto, o poeta foi readmitido em Roma e teve seu exílio suspenso. O fato não deixa de suscitar um riso suave, especialmente diante da ausência de registros oficiais do exílio para além da própria obra do poeta. Ora, se Fitton Brown (1985) estiver correto quanto ao caráter ficcional da relegação do autor empírico, a moção aprovada terá revogado um exílio inexistente!

Independentemente dos fatos históricos, a que não temos acesso seguro, essa moção é uma prova concreta da influência da poesia ovidiana na construção da imagem e da "vida" do autor. Isso remete a reflexões mais amplas sobre o texto poético e sua recepção, sobre as relações entre criação ficcional e realidade e, especialmente, sobre a releitura dos clássicos no mundo de hoje, que confere a eles novos sentidos. Nessa perspectiva, o discurso de Luca Bergamo, vice-prefeito de Roma à época da aprovação da moção para a revogação do exílio ovidiano, destaca o poder dos objetos artísticos em engendrar novas realidades. Para ele, Ovídio teria um papel simbólico no que diz respeito à questão da liberdade de expressão artística no contexto atual:

> Os símbolos são construídos. [...] Eu li comentários estúpidos sobre essas coisas nas páginas dos jornais dos últimos dias; [...] comentários de quem não entende o quanto os símbolos são elementos que transformam o modo como observamos a realidade. A realidade não é feita apenas de objetos físicos [...]. Este [a revogação da relegação de Ovídio] é um símbolo importante hoje porque fala do direito fundamental dos artistas de se exprimirem livremente em uma sociedade mundial em que a liberdade de expressão artística é cada vez mais controlada, e fala do reconhecimento do papel que a expressão artística e a cultura têm no desenvolvimento da convivência humana. (Bergamo, 2017)[28]

Essa moção é uma evidência de que o "mito" do exílio ovidiano persiste ainda hoje, e de que a literatura é capaz de fundar histórias que vigoram no mundo real. Enquanto símbolo, a figura de Ovídio exilado é uma construção que modifica nossa percepção da realidade e contribui para o estabelecimento de uma narrativa sobre a "vida" de seu autor. Diante disso, nosso trabalho, impulsionado por um interesse em questões teóricas da literatura presentes na obra de Ovídio, investiga a construção do "mito" do poeta exilado a partir de sua autobiografia literária e carreira poética, ambas forjadas ao longo de seus textos, mas também a partir da recepção posterior que delas foi feita, a qual interpreta, modifica e interfere na imagem do autor e de seu exílio.

A noção de autobiografia literária diz respeito a uma construção interna ao texto, que não se confunde – ainda que possa ter pontos de contato – com a biografia factual do autor empírico. Dialogamos aqui com a perspectiva de Brandão (2015b, p. 20-21), que, ao analisar as obras de Luciano, define a "biografia literária" com base em dois critérios principais: trata-se de "uma construção textual", "independentemente de quanto de 'biográfico' haja nos textos"; e as informações "biográficas" são transmitidas no texto por um "'eu' que se apresenta como o do próprio 'escritor' (*syngrapheús*), não como suas personagens". Contudo, diferentemente de Brandão (2015b, p. 14-15), consideramos proveitosa, ao menos no que diz respeito às obras da literatura latina, a distinção entre as instâncias da personagem-poeta, do eu poético e daquela do autor empírico.[29] Ainda que não se pretenda abordar a categoria "autor empírico", distingui-la das outras duas instâncias sublinha a natureza de construto literário destas. Já a diferenciação entre a voz em primeira pessoa expressa no texto (eu poético) e a personagem do poeta (tal como se apresenta no interior dos poemas), muito embora elas possam por vezes se sobrepor, possibilita enfoques que destacam a complexidade de jogos discursivos resultantes de sucessivos desdobramentos do "eu", como se observa, por exemplo, em poemas em que o eu poético refere-se a si mesmo como personagem por meio de uma segunda ou terceira pessoa.[30]

A ideia de carreira poética,[31] por sua vez, vincula-se à constituição de uma trajetória estritamente literária do poeta por meio de suas obras, de modo a enfocar sua organização e as relações entre o todo de sua produção. Hardie & Moore (2010, p. 1) destacam que "a crítica de carreiras tem como ponto de partida a totalidade da produção textual de um autor e investiga como sua obra, como um todo, se modela, tanto nas relações intratextuais, quanto nas afirmações que ela faz para refletir ou moldar condições de produção extratextuais".[32] Nesse sentido, pode-se compreender a carreira poética como a parte específica da autobiografia literária que versa sobre a imagem do autor enquanto poeta.

Esse enfoque dialoga com as ideias desenvolvidas por Lipking (1984) acerca da noção de "vida do poeta". O autor propõe, como alternativa ao fechamento exclusivo no texto, bastante frequente na abordagem do *New Criticism*, uma concepção que tenha em consideração a "vida", não no sentido ingênuo da biografia de valor causal, vista como um meio para investigar a obra e explicar suas particularidades, mas a "vida" do poeta enquanto poeta (Lipking, 1984, p. VIII). O estudioso se volta para a investigação daquilo que os poetas dizem sobre suas obras e, igualmente, daquilo que elas podem dizer sobre os poetas. Com isso, pretende investigar como um poema é capaz de construir a experiência de uma "vida", com base na autoprojeção do poeta na obra, e como os próprios poetas abordam sua trajetória poética (Lipking, 1984, p. IX). Para ele, o modo com que os poetas se expõem em suas obras se vincula ao modo com que modelam uma imagem de si mesmos. Esse enfoque, ainda que traga contribuições, tem como limitação o fato de compreender as "vidas" dos poetas como algo a-histórico, sempre com uma mesma estrutura, composta por três fases (iniciação, *harmonium* e *tombeau*), independentemente do poeta a que se refiram.

Essa limitação é minimizada na abordagem proposta por Boym (1991), que acrescenta à discussão a noção de uma personagem cultural de poeta, buscando traçar seus vínculos e limites em relação às instâncias da *persona* literária e do autor empírico, todas elas distintas entre si. De acordo com a estudiosa (1991, p. 2), "morte" e "vida" de poetas são construções e, nesse sentido, o fazer poético é também um fazer do "eu", uma "automodelagem" (*self-fashioning*) poética. A partir de uma imagem cultural amplamente difusa e em vigor em sua época, o poeta cria para si uma "vida" e um "eu", resultantes de um processo de escrita autoconsciente. Tal proposta, portanto, leva em conta as particularidades históricas de cada época na formação dessa imagem cultural, que tem fortes significações na constituição de um "mito" da vida do poeta e, consequentemente, nos processos de produção e recepção literária.

Com base nessas contribuições, abordaremos a autobiografia literária e a carreira poética de Ovídio como resultantes da autoestilização (ou automodelagem) do "eu" realizada em seus versos. Embora as duas noções não sejam sinônimas, observa-se que, de modo geral, parece haver uma coincidência entre elas no caso dos poetas latinos do período augustano. Isso se justifica pela imagem cultural de poeta existente à época em âmbito romano, que equiparava a trajetória do poeta ao *cursus honorum* do homem público.

Sobre isso, Farrell (2002, p. 26) assinala uma diferença fundamental nos modos de representação da experiência do poeta entre gregos e romanos: os gregos possuíam *uitae*, gênero característico da Antiguidade, ao passo que os romanos modelavam suas experiências na forma de uma "carreira". Segundo o estudioso, essa particularidade da cultura literária latina resultaria da "conjunção entre a teoria de gêneros helenística e os interesses sociais da classe de patronos romanos".[33] No período helenístico, observa-se uma profissionalização do poeta, que, em razão disso, torna-se apto a explorar variados gêneros literários. Ademais, os romanos herdam deles também a hierarquização dos gêneros em mais ou menos elevados. Porém, conforme sublinha Farrell (2002, p. 34), entre os poetas helenísticos vigorava ainda a noção de *uita*, e é apenas com a transposição da cultura literária helenística para Roma que os poetas passam a modelar sua vida em termos de uma carreira. A mudança, segundo Farrell (2002, p. 34), pode ser atribuída a três fatores principais: a posição ocupada pelo poeta na sociedade romana, as relações de *patrocinium* e *clientela* e os hábitos de autoestilização da classe de patronos. Modelando-se no exemplo da aristocracia romana, os poetas traçam nas obras uma trajetória poética moldada no *cursus honorum* aristocrático.[34]

Desse modo, entendemos que a obra não é um relato da vida empírica, mas uma nova "vida", construída a partir do processo de "automodelagem" executado pelo poeta. Nesse sentido, a "automodelagem" poética pode ser aproximada do conceito de "autoficção" abordado por Lejeune (2014, p. 21-37) e Doubrovsky (2014, p. 111-125). Ao discutir sobre tentativas de definição do conceito, Lejeune, remetendo à visão de Vicent Colonna, assinala que "uma autoficção é uma obra literária através da qual um escritor inventa para si uma personalidade e uma existência, embora conservando sua identidade real (seu nome verdadeiro)" (Lejeune, 2014, p. 26, trad. J. Noronha & M. I. Guedes). A personalidade e a existência inventadas são responsáveis por constituir, a partir do texto, uma "vida" para o escritor. Essa noção é expressa por Doubrovsky (1979, p. 105, *apud* Lejeune, 2014, p. 34, trad. J. Noronha & M. I. Guedes) num trecho sobre autobiografia: "Para o autobiógrafo, como para qualquer escritor, nada, nem mesmo sua própria vida, existe *antes de* seu texto; mas a vida de seu texto é sua vida *dentro* de seu texto". Com efeito, Doubrovsky (2014, p. 124) considera que, ao rememorar a vida, ela acaba sendo reinventada, de modo que a narrativa de si, autobiografia ou autoficção, "é sempre modelagem, roteirização romanesca da própria vida" (trad. J. Noronha & M. I. Guedes).

Sob esse aspecto, Ovídio revela-se um *self-fashioning poet* em múltiplos níveis, pois, à automodelagem do "eu", acrescenta uma automodelagem da tradição, segundo a qual atribui novas significações às obras da tradição, e, ainda, uma automodelagem da intertextualidade. Nesse último caso, a riqueza de referências intertextuais nos *Tristia* deixa entrever, na obra, uma dinâmica do funcionamento intertextual e, com isso, as elegias de exílio acabam por teorizar a intertextualidade sob uma perspectiva ovidiana, esboçando, na própria prática poética, formas de compreender o fenômeno.

Nasão, ao assumir um papel de leitor (seja da tradição, seja das suas obras) propõe uma poética da intertextualidade sob o viés da recepção.

Além disso, a nosso ver, a imagem e a "vida" do autor resultam não apenas desse universo interno ao texto, estritamente literário, ou de uma imagem cultural do poeta, mas também de sua recepção posterior, que lhes confere novos sentidos. Nesse contexto, o exílio ovidiano tem tanto um valor literário, por se apresentar como um marco na "vida" do poeta, que introduz um olhar retrospectivo para sua carreira e promove a criação de sua autobiografia literária, quanto um valor histórico. Todavia, este não diz respeito à historicidade ou ao caráter histórico do exílio do autor empírico, mas à história da recepção de sua poesia de exílio. Ao fundar uma imagem de "poeta exilado", a poesia ovidiana inaugura uma tradição da lírica de exílio, a ser reinterpretada e desenvolvida por diversos poetas posteriores, que, retomando Ovídio, também remodelam sua imagem de poeta.

Em continuidade às reflexões que desenvolvemos em outro trabalho (Avellar, 2015a), este estudo alinha-se às recentes investigações sobre a poesia ovidiana, as quais têm enfocado a intertextualidade e a autoconsciência literária manifestadas em passagens metapoéticas das obras de Ovídio.[35] Essas questões são aqui abordadas sob a perspectiva dos fenômenos da recepção e da autorrecepção,[36] que ganham destaque nos versos dos *Tristia* pelo fato de a obra instaurar reflexões de natureza crítico-teórica e suscitar discussões literárias. Na esteira de Myers (2014), que inaugura uma noção de "autorrecepção ovidiana" (*Ovid's self-reception*), julgamos pertinente diferenciar o conceito de "recepção", que engloba toda a história e a tradição de leituras e interpretações que são feitas de uma obra *a posteriori*, da ideia de autorrecepção, uma vertente da recepção que diz respeito às releituras e reinterpretações que o próprio poeta, assumindo um papel de leitor, realiza acerca de sua produção anterior.[37] Partindo precisamente das reflexões teóricas presentes ao longo da obra ovidiana (ou por ela suscitadas) e tendo como fundamento também as recentes contribuições no âmbito da Teoria e dos "estudos intertextuais", desenvolvemos, neste livro, uma proposta teórica e metodológica – a "filologia intertextual da recepção" literária – que busca colocar em diálogo os Estudos Clássicos e a Teoria da Literatura, tendo como base as teorizações ovidianas acerca da literatura.

A autorrecepção ovidiana dos versos de exílio é bastante negativa. Em inúmeros trechos, Nasão declara a mudança sofrida por sua poesia após a relegação, ao afirmar que perdeu as habilidades literárias (Ov. *Tr.* V, 12,

21-22 e 31-32) e até mesmo desaprendeu a língua latina, em razão da convivência com povos bárbaros (Ov. *Tr.* III, 14, 45-50). Afirmações dessa natureza, no entanto, revelam-se autoirônicas no contexto geral da obra, uma vez que o texto dos *Tristia* não apresenta verdadeiros sinais de deterioração em relação às obras anteriores.[38] Trata-se, antes, de um procedimento retórico para amplificar as desgraças do eu poético exilado e, com isso, angariar a benevolência de seus leitores. Porém, mais do que um *tópos* de modéstia afetada, esse tipo de manifestação, ao perpassar os cinco livros dos *Tristia*, acaba por fundar na obra uma poética de autodepreciação irônica, que se torna um de seus elementos estruturais.

Não obstante, foi e ainda é comum atribuir ao exílio um papel de divisor de águas (ou mesmo ruptura) na produção ovidiana: antes, sua poesia era jocosa e sofisticada, perpassada pelo humor e pela ironia; depois, tornou-se monótono e entediante lamento de um poeta sem arte e engenho. Mesmo entre estudos que buscaram a revalorização da poesia ovidiana de exílio e questionaram percepções negativas como essas, ainda assim são frequentes aqueles que a compreendem como uma ruptura em relação às obras anteriores, como Labate (1987), Videau-Delibes (1991) e Santos (2015, p. 12, 67, 71, 76). A nosso ver, trata-se de uma mudança apenas em superfície. Com efeito, os *Tristia* inauguram um novo tipo de poesia elegíaca no contexto da literatura latina, dado que a temática deixa de ser predominantemente amorosa e se volta para os lamentos do exílio. Contudo, ao mesmo tempo, a obra instaura um diálogo com as principais obras ovidianas anteriores, tanto no âmbito do conteúdo quanto em sua estrutura composicional, de modo a revelar não propriamente uma ruptura, mas um princípio de continuidade e até mesmo de síntese da produção anterior do poeta.

A esse respeito, Rosati (1979, p. 107) destaca que, em Ovídio, é possível reconstruir uma verdadeira teoria da poesia: "como para outros aspectos de sua obra, também para sua poética pode-se individuar, para além das aparentes rupturas, uma substancial continuidade ao longo de toda sua produção".[39] Para ele, a poética ovidiana seria caracterizada pelo relevo dado à ilusão e à ficção. Mais do que a permanência de um "estilo" ovidiano, acreditamos que essa "continuidade" repousa na reutilização, na poesia de exílio, de procedimentos compositivos das obras anteriores, que, aliados a afirmações de caráter metaliterário, traçam a trajetória de um poeta. Assim, na medida em que se voltam para o passado, retomando as obras ovidianas pregressas e aludindo a elas, os *Tristia* constituem uma súmula da produção anterior do poeta e sintetizam sua autobiografia literária. Ao mesmo tempo, a transferência, para o contexto de exílio, de procedimentos compositivos anteriormente explorados faz com que a nova obra apresente-se como uma espécie de continuação das obras pregressas, posto que figuraria como uma "repetição" do mesmo na "diferença" instaurada pelo exílio. Sob esse aspecto, os *Tristia* apontam também para o futuro, enquanto proposta de novos desenvolvimentos de procedimentos anteriores usados pelo poeta. Ora, ainda que tais características possam se estender às *Epistulae ex Ponto*, elas adquirem um sentido especial nos *Tristia*, dado que se trata da primeira coletânea de elegias composta após a "morte" metafórica do poeta representada pelo exílio, o que fica reforçado pelo próprio título da obra.

Nesse contexto, um ponto merecedor de destaque é o fato de o eu poético dos *Tristia*, além de se apresentar como personagem-autor (isto é, poeta), assumir também um papel de leitor e "crítico literário" das próprias obras, de modo a reinterpretá-las e ressignificá-las sob a perspectiva do exílio. Sob esse aspecto, Ingleheart (2011, p. 12) afirma que "Ovídio age como o primeiro 'leitor' de seu próprio 'mito de exílio'";[40] e Hardie (2006, p. 3) assinala que "a história da recepção de Ovídio principia com o próprio Ovídio".[41] Enquanto poeta, ele menciona, em diversos trechos dos *Tristia*, as obras que escreveu, o que contribui para a construção de uma imagem de autor e constituição de uma autobiografia literária: por meio da apresentação de suas produções poéticas, o eu poético dos *Tristia* estabelece uma espécie de trajetória profissional, registrando a vida e a carreira literária de Nasão, imagem de autor construída no próprio texto. A esse respeito, Rosenmeyer (1997, p. 29) assinala que "igualmente cruciais para a autorrepresentação de Ovídio são as alusões às suas próprias obras anteriores".[42]

Por sua vez, enquanto leitor,[43] ele apresenta modos de recepção não só dos versos de exílio, mas também de suas obras anteriores e da tradição literária. Por meio de comentários críticos e metapoéticos, reavalia suas produções e, com isso, faz dos *Tristia* uma espécie de releitura das obras pregressas, evidenciando que, na base da poesia de exílio, repousa um mecanismo de diálogo intertextual, altamente interessado em teorizações sobre a poesia e a literatura. Em razão disso, nosso trabalho também propõe uma teoria e uma metodologia para abordagem de textos da Antiguidade, criadas a partir da identificação daquilo de contemporâneo que existe em Ovídio e daquilo de tradicional que há nas concepções da teoria literária contemporânea.

Tendo nascido do diálogo possível entre esses dois âmbitos, nossa proposta se configura como uma "teoria ovidiana da literatura".

Os papéis de "autor" e "leitor" assumidos nas elegias dos *Tristia* são explicitados pelo próprio eu poético, ao descrever sua situação de exílio numa terra inóspita de povos bárbaros: "A mim mesmo – o que fazer? – escrevo e leio,/ e minha letra é absolvida por seu juízo." – *Ipse mihi – quid enim faciam? – scriboque legoque,/ tutaque iudicio littera nostra suo est* (Ov. Tr. IV, 1, 91-92). Autor e leitor das próprias obras, é ele que as julga e avalia. Nasão escreve para si mesmo nos versos de exílio e acaba por figurar como o próprio destinatário de suas cartas. Mesmo naqueles poemas nominalmente endereçados a alguma personalidade – o imperador, amigos ou a esposa do poeta –, há uma ficcionalização da figura do leitor,[44] cujo papel é desempenhado por Nasão. Ao mesmo tempo, ocorre a ficcionalização da figura do autor, que é representado nos *Tristia* sob as mais variadas *personae*, a ponto de Nasão se metamorfosear até mesmo em seu próprio livro.[45] Com isso, ele ocupa, ao longo dos *Tristia*, as instâncias de "autor", "texto" e "leitor", de modo a colocar em destaque os processos de produção, transmissão e recepção poética e, assim, suscitar reflexões que evidenciam o matiz teórico passível de ser assumido por um texto literário.

Este estudo, portanto, centra-se na investigação dos comentários e reflexões presentes nos *Tristia* acerca das obras ovidianas, com o objetivo de empreender uma releitura da poesia ovidiana anterior (e também da tradição literária) com base nas interpretações de Nasão. É importante ressaltar que as interpretações por ele oferecidas são apenas uma leitura possível, e não necessariamente melhor do que as outras. Não acreditamos nem pretendemos defender que a interpretação do próprio "autor" seja mais válida ou superior às demais, pois isso se fundamentaria numa postura de atribuição do sentido do texto a seu autor, como se ele detivesse uma suposta "verdade" unívoca, quando, parece-nos, os sentidos de um texto literário podem ser múltiplos, posto que são construídos na relação do texto com seus leitores. Essa investigação dos comentários de Nasão sobre suas obras mostra-se produtiva não propriamente pelas avaliações feitas, mas por evidenciar a possibilidade de um texto literário analisar e discutir questões pertinentes à própria literatura. Assim, os *Tristia* oferecem verdadeiras discussões sobre o estatuto de um texto literário e sua recepção, de modo a constituir uma obra poética que problematiza e reflete sobre a própria poesia – ou seja, discute literatura no e pelo próprio fazer literário.

Na verdade, esse caráter metaliterário não é exclusivo dos *Tristia*, mas perpassa toda a obra ovidiana, marcada por um intenso jogo ficcional e pela manipulação das fronteiras entre os gêneros, de forma a colocar em discussão a própria natureza do texto poético. Um modo de funcionamento bem semelhante vai se manifestar, cerca de meio século depois, no *Satyricon*, de Petrônio, que estende o hábil manejo dos gêneros e os procedimentos ficcionais ovidianos para o âmbito da prosa. Com efeito, Bianchet (2012, p. 112) assinala que "Petrônio efetua, a todo o momento, o que pode ser chamado de transgressão dos limites genéricos; o autor usa sua narrativa para falar sobre os gêneros e através deles, discute literatura fazendo literatura". Além disso, a obra de Petrônio aprofunda os efeitos irônicos e paródicos explorados por Ovídio, buscando conduzi-los ao extremo, e, com isso, instaura um novo gênero – o romance latino –, que pode ser incluído entre as heranças da poesia ovidiana.[46]

O diálogo entre as obras ovidianas não é unilateral, mas constitui uma rede de mútuas relações. Assim, ao mesmo tempo em que os comentários metapoéticos presentes nos *Tristia* iluminam leituras das obras anteriores e discussões sobre literatura, também é possível ler e compreender os *Tristia* com base nas produções ovidianas passadas. Sob esse aspecto, além de comentar explicitamente sobre as obras ovidianas pregressas, os *Tristia* retomam e reempregam diversos procedimentos compositivos anteriormente usados por Ovídio. Farrell (2009, p. 379), enfocando a mistura de gêneros, destaca que, na poesia de exílio, "o metro elegíaco dos *Amores* e da poesia erotodidática, a forma epistolar das *Heroides*, as narrativas etiológicas dos *Fasti* e a sensibilidade do caleidoscópio de mitos das *Metamorphoses* se combinam todos para produzir algo novo em termos de gênero".[47] Na verdade, mais do que simplesmente uma retomada de gêneros, os *Tristia* recuperam procedimentos compositivos[48] das obras anteriores, ressignificando-os e adaptando-os ao contexto de exílio, de modo a sintetizar a história de um poeta, à maneira de um epitáfio.

Entretanto, é bastante usual a identificação de três "momentos" distintos na poesia ovidiana – as produções de elegia amorosa, as obras mais elevadas (*Metamorphoses*[49] e *Fasti*) e a poesia de exílio –,[50] que são compreendidos como mudanças de rumo na produção do poeta, ou mesmo como rupturas. Por mais que essas distinções tenham função didática e organizacional, elas se fundamentam na assimilação da autobiografia literária de Ovídio, construída a partir de suas obras, com a biografia do autor empírico, mediante a aplicação das afirmações do eu poético ao autor empírico. Assim, a despeito das transições e mudanças que Nasão atribui à sua autobiografia literária, o conjunto de suas obras repousa, conforme demonstramos nos capítulos seguintes, sobre um princípio de continuidade, que deixa entrever a constituição de um projeto literário, do qual o exílio, inclusive, já fazia parte.

Desse modo, ao operar uma "síntese" da produção ovidiana anterior, os *Tristia*, como um todo (e não apenas a elegia IV, 10, usualmente denominada "autobiográfica"), podem ser compreendidos como autobiografia literária e testamento do poeta, à maneira de um epitáfio ou *sphragis*.[51] Isso é bastante significativo na medida em que, na obra, a principal metáfora para o exílio é precisamente a morte: ao ser exilado, Nasão diz ter morrido. A associação entre exílio e morte tem ainda o precedente, destacado por Ingleheart (2015, p. 288), do vínculo entre as palavras *exitium* ("ruína", "destruição", "morte") e *exilium* ("exílio"). Não por acaso, Nasão elabora, em uma das elegias, um epitáfio para si mesmo (Ov. *Tr.* III, 3, 73-76) e, logo em seguida, atribui a seus livrinhos o valor de monumento, concedendo aos versos o papel de manutenção da memória do poeta: "Isso basta no epitáfio. Pois meus livrinhos/ são meus maiores e mais duradouros monumentos" – *Hoc satis in titulo est. Etenim maiora libelli/ et diuturna magis sunt monumenta mihi* (Ov. *Tr.* III, 3, 77-78). A passagem remete à tradição do *tópos* da imortalidade conferida pela poesia – que inclui, por exemplo, a ode III, 30 de Horácio e o fecho das *Metamorphoses* (Ov. *Met.* XV, 871-879) –, segundo o qual a obra poética torna-se metaforicamente um "monumento" que mantém viva a memória de seu autor, mesmo após a morte.[52]

A identificação da obra como um epitáfio é assinalada já no título da coletânea, visto que o adjetivo *tristis* pode significar não apenas "triste", mas também "fúnebre" ou "lúgubre". Assim, enquanto *sphragis* ou epitáfio, que aponta para o passado, a primeira coletânea de poemas do exílio oferece uma recapitulação da carreira e da autobiografia literária da personagem-poeta. Ao mesmo tempo, seus versos são aquilo que o poeta lega aos futuros leitores, de modo que a obra se aproxima também de um testamento literário, que dá continuação ao conjunto de sua obra. Nessa perspectiva, os *Tristia* podem ser considerados não uma ruptura em relação às produções anteriores de Ovídio, mas sim o ápice do projeto literário ovidiano, mediante a síntese das obras passadas, garantia de sua permanência na literatura mesmo após a "morte" e testamento do poeta para a posteridade.

Esse projeto literário pode ser depreendido tanto das insinuações ao exílio nas obras ovidianas anteriores a ele, em irônica prefiguração, quanto das reformulações e reinterpretações, nos versos dos *Tristia*, da produção ovidiana pregressa. Assim, cada capítulo deste livro, partindo da proposta teórica apresentada no "Capítulo I", investiga e analisa as ocorrências da "antecipação" do banimento em obras ovidianas compostas antes dos *Tristia* e, igualmente, as relê e reinterpreta sob a perspectiva do exílio.

O exílio constitui um ponto da carreira e da autobiografia literária ovidianas que promove uma visão retrospectiva sobre a obra do poeta e impulsiona reflexões de natureza teórica e literária. Além disso, ele adquire ainda sentido metafórico e metaliterário, pois o ato de escrever pode ser entendido como uma espécie de exílio: a composição escrita exige reclusão, é um exilar-se em si mesmo. Diferentemente da composição oral, predominante na Grécia arcaica e clássica, o contexto literário latino, influenciado pelas transformações do período helenístico, testemunha uma cultura livresca, com a gradual transferência da oralidade para a escrita.[53] A poesia ovidiana registra essa nova realidade, cada vez mais presente, e, diante dela, o exílio é, também, uma metáfora para a criação e o fazer poético.

A solidão da escrita, essa experiência individual em que o autor temporariamente se autoexila e se volta para si mesmo, marca a produção final ovidiana e figura nas elegias dos *Tristia* representada como uma aflição contínua, que perturba, inquieta e indispõe a personagem-poeta. A fim de superar o solitário exílio, Nasão, utilizando-se da poesia, cria espaços virtuais por meio dos quais as distâncias são abolidas e as ausências fazem-se presentes graças à sua imaginação. Assim, o poeta exilado desenvolve meios para, virtualmente, superar seu desterro. Esse sentido metafórico do exílio ovidiano encontra fortes paralelos com o mundo contemporâneo e com as angústias da modernidade. No atual império da individualidade, cada um exila-se em si mesmo e frui, à distância, a realidade recriada por discursos ou por palavras trocadas no mundo digital da internet e dos meios de comunicação instantâneos. A concretude das vivências e as experiências diretas pulverizam-se em proximidades virtuais que, ao construírem realidades de existência meramente discursiva, revelam-se mais distantes que o próprio afastamento, amplificando a consciência da solidão contemporânea que impele ao autoexílio.

Diante disso, nosso estudo pretende identificar os sentidos do exílio no conjunto da produção ovidiana, com base especialmente no diálogo entre os *Tristia* e as obras anteriores do poeta, mas também tendo em conta sua recepção posterior pela tradição da lírica de exílio e as novas significações que suas obras adquirem no contexto de recepção atual. Ovídio confere um valor teórico e metacrítico à sua poesia, por meio do qual oferece modos de leitura e interpretação do texto literário que dialogam com as propostas teóricas contemporâneas. Com isso, ele ilumina novas possibilidades de abordagem do texto da Antiguidade, fundadas na intertextualidade, na diferença e na recepção, e abre espaço para uma discussão contemporânea dos clássicos; ele propõe uma teoria ovidiana da literatura, fundada no erotismo e na metamorfose. Desse diálogo entre modernos e antigos, nasce uma possibilidade de troca e de abertura capazes de pôr fim ao exílio.

PREÂMBULO

OS RASTROS (E RESTOS) DE UM NOME

Em praticamente todas as obras ovidianas, encontra-se registrado, como uma espécie de assinatura, o nome do autor, que, transferido para o âmbito literário e nele inserido, passa a designar uma personagem-poeta interna ao texto. Conforme comenta Brandão (2015b, p. 40), ao discutir sobre "biografia literária", a "assinatura implica que um 'eu' se trate como terceira pessoa, chamando-se por um nome". Lima (2016, p. 96) associa a presença do nome do autor à constituição de um "espaço biográfico",[54] e destaca que "nenhum autor foi tão direto na construção deste espaço quanto Ovídio. Ovídio faz referência frequente e inequívoca às suas demais obras em cada livro".

O eu poético ovidiano se autonomeia *Naso* ("Nasão")[55] e, ao se referir ao próprio fazer poético, aplica esse nome também à personagem-poeta construída ao longo de suas obras. Thorsen (2014, p. 39) assinala que "um gesto comum para Virgílio, Horácio e outros poetas augustanos era adicionar seu nome a pelo menos uma de suas obras"[56] e que, embora Ovídio empregue seu *cognomen* (*Naso*), e não o *nomen gentile* ("nome de família") como outros poetas augustanos, ele se insere nessa mesma tradição. A estudiosa aponta, conforme sugestão de Asztalos, que o nome *Ouidius* é preterido por razões métricas, já que tem as três primeiras sílabas breves e, por isso, não encaixaria no pé dátilo do dístico elegíaco.

De fato, a poesia ovidiana revela interesse em relação às questões métricas e suas implicações. Evidência disso é uma das cartas das *Epistulae ex Ponto* (IV, 12), na qual Nasão afirma não ter inserido o nome do amigo Tuticano em seus poemas por causa das coerções da "lei do metro" (*lex pedis*) e do "revés do nome" (*fortuna nominis*). A sequência de longas e breves no termo *Tŭtĭcānŭs* não permite sua inserção no pé dátilo sem que se violente a forma da palavra, alterando-se a quantidade das sílabas. Embora destaque essa inadequação do nome ao metro, informando que qualquer alteração nas sílabas seria risível, o eu poético ironicamente toma a liberdade de inseri-lo em seu poema, sob duas formas diferentes:

> *Quo minus in nostris ponaris, amice, libellis,*
> *   nominis efficitur condicione tui,*
> *aut ego non alium prius hoc dignarer honore*
> *   est aliquis nostrum si modo carmen honor.*
> *Lex pedis officio fortunaque nominis obstat,*   5
> *   quaque meos adeas est uia nulla modos.*
> *Nam pudet in geminos ita nomen scindere uersus,*
> *   desinat ut prior hoc incipiatque minor.*
> *Et pudeat, si te, qua syllaba parte moratur,*
> *   artius adpellem **Tuticanum**que uocem.*   10
> *Nec potes in uersum **Tuticani** more uenire,*
> *   fiat ut e longa syllaba prima breuis,*
> *aut producatur, quae nunc correptius exit*
> *   et sit porrecta longa secunda mora.*
> *His ego si uitiis ausim corrumpere nomen,*   15
> *   ridear et merito pectus habere neger.*
> (Ov. *Pont.* IV, 12, 1-16, grifos nossos)

Não seres posto, amigo, em meus livrinhos,
   resulta da natureza do teu nome;
ao menos, ninguém mais eu julgaria digno desta honra,
   se é que meu poema é alguma honra.
A lei do metro e o revés do nome obstam a homenagem,   5
   e não há meio de entrares em meus ritmos.
Pois me envergonha partir teu nome em dois versos,
   de tal modo a finalizar o primeiro e principiar este menor.
E me envergonharia se, onde a sílaba é longa,
   eu pronunciasse mais breve e te chamasse *Tuticano*.   10
Nem podes comparecer no verso como *Tuticano*,
   de modo tal que a primeira sílaba, longa, se torne breve,
ou se alongue a que agora sai mais abreviada
   e a segunda seja estendida por longa demora.
Se eu ousar, com tais erros, desfigurar teu nome,   15
   rirão de mim e, com razão, contestarão meu senso.

Daí se observa que, embora consciente das coerções métricas, Ovídio não se furta de explorar jocosamente a questão e brincar com a prosódia da palavra em seus versos. A passagem exemplifica, no âmbito formal, precisamente aquilo que é abordado no conteúdo, mas revela, ao mesmo tempo, uma jocosidade irônica, uma vez que foi feito na métrica o contrário do que é apresentado no poema como conveniente.

Essa licença métrica abre precedente para outras possibilidades de liberdade métrica na obra ovidiana. Assim, a opção pelo nome *Naso* (e não *Ouidius*) para se autodesignar nas elegias não se justificaria, a nosso ver, apenas por um imperativo métrico, dado que essa razão não impediu o uso do termo *Tuticanus* pelo poeta, por exemplo. Além disso, o termo *Ouidius*, graças ao encontro vocálico final, guarda uma alternativa de licença poética que é inexistente no caso de *Tuticanus*: a possibilidade de sinérese (*synaíresis*), isto é, a junção em uma mesma sílaba de duas vogais consecutivas que pertencem originalmente a sílabas distintas.⁵⁷ De acordo com essa licença, o nome *Ŏuĭdĭus* poderia ser pronunciado como *Ŏuīdjŭs* ou como *Ŏuīdjūs* (se seguido de palavra iniciada por consoante), o que possibilitaria encaixá-lo no dístico elegíaco. Esse procedimento da sinérese, chamado de *complexio* entre os latinos, foi descrito por Quintiliano como uma das licenças possíveis em poesia:

> *Plus exigunt subtilitatis quae accidunt in dicendo uitia, quia exempla eorum tradi scripto non possunt, nisi cum in uersus inciderunt, ut diuisio 'Europai' 'Asiai', et ei contrarium uitium, quod συναίρεσιν et συναλοιφὴν Graeci uocant, nos complexionem dicamus, qualis est apud P. Varronem: 'tum te flagranti deiectum fulmine Phaethon.' Nam si esset prosa oratio, easdem litteras enuntiare ueris syllabis licebat.*
> (Quint. *Inst.* I, V, 17-18)

> Os erros que acontecem na fala exigem mais atenção, pois não se podem mencionar exemplos deles na escrita, exceto quando ocorrem na poesia, como a divisão [do ditongo] de '*Europai*' '*Asiai*', e o erro contrário a esse, que os gregos denominam sinérese ou sinalefa, e nós chamamos de *complexio*, como está em P. Varrão: '*tum te flagranti deiectum fulmine Phaethon*'. De fato, se fosse um discurso em prosa, seria possível pronunciar as mesmas letras em suas sílabas originais.

Com base nesse testemunho, observa-se que um uso considerado incorreto em outros âmbitos da língua pode ser aceitável como recurso poético.

O procedimento, no entanto, parece ter sido pouco usado por Ovídio, de acordo com Guildenhard & Zissos (2016, p. 231): "Ovídio tende a evitar isso [a sinérese] (Um raro exemplo ocorre em *Met.* XV, 718, em que *Antium* deve ser lido como *Antjum*, isto é, dissílabo)."[58] Carey (1830, p. 168) ainda cita outra ocorrência, em *Met.* XV, 709 (*Inde legit Capreas, promontōriumque Mineruae*), em que se lê *prōmōntōrjūm*. Apesar de essas ocorrências abrirem precedente para a presença da forma *Ŏuīdjŭs* na elegias ovidianas, a frequência elevada com que o eu poético se autonomeia ao longo de suas obras acabaria tornando a licença poética um uso exaustivo – algo pouco provável, especialmente considerando-se o emprego escasso do procedimento pelo poeta. A isso ainda se soma a maior facilidade métrica do nome *Naso*, que pode ser um pé espondeu (*Nāsō*) ou um pé troqueu (*Nāsŏ*), ao passo que *Ouidius* constitui um pé anfíbraco (*Ŏuīdjŭs*) ou anapéstico (*Ŏuīdjūs*), caracterizados por menor prestígio poético.

Na verdade, para além das discussões métricas, o uso do nome *Naso* como assinatura e rastro do autor implica suplementos de sentido que não estariam presentes no caso do termo *Ouidius*. *Naso* significa "nariz grande", "narigão" (Ernout & Meillet, 1951, p. 764) e deriva do substantivo *nasus*, cujos sentidos iniciais são "nariz" e "olfato", mas que também pode significar, figurativamente, "refinamento", "argúcia", "mordacidade" e "agudeza" (Campanini & Carboni, 2007), ou ainda "caráter zombeteiro", "mofa", "motejo" (Saraiva, 2006, p. 767), isto é, *sharp wit* (Glare et al., 1968, p. 1157). Não é nada desprezível o fato de que o nome que serve para designar a personagem-poeta tenha, como um de seus sentidos, precisamente aspectos que evocam características da elegia ovidiana, como o gracejo, a ironia, a agudeza carregada de chiste. Desde o nome, a personagem-poeta *Naso* define-se como zombeteira.

A isso, ainda se soma o sentido erótico que pode ser atribuído ao "nariz grande", que vai ao encontro do marcado erotismo da poesia ovidiana. Conforme esclarece Adams (1982, p. 35) em seu *The Latin Sexual Vocabulary*, há registro de usos assinalando a similaridade entre o membro sexual masculino e o nariz,[59] bem como caricaturas antigas que atribuem uma aparência fálica a essa parte do corpo. Nessa mesma linha, Catulo, no poema 13, fornece evidência da conotação erótica que pode ser conferida ao nariz. Numa irônica exploração da tópica do convite para jantar, o eu poético convida seu amigo Fabulo, mas solicita que ele leve a comida, a bebida e também a namorada. Tudo que o anfitrião se dispõe a oferecer é o "perfume" de sua amada, para tornar Fabulo todo nariz:

nam unguentum dabo, quod meae puellae
donarunt Veneres Cupidinesque,
quod tu cum olfacies, deos rogabis,
totum ut te faciant, Fabulle, nasum.
(Catul. *Carm.* XIII, 11-14)

pois te darei o unguento que à minha amada
Vênus e Cupido concederam,
e quando o sentires, rogarás aos deuses
para te tornarem, Fabulo, todo nariz.

Oliva Neto (1996, p. 185), em suas notas aos poemas de Catulo, comenta que, entre os romanos, o perfume é não apenas um sinal de refinamento, mas também "integra os rituais do ato amoroso, e sua menção participa da tópica amorosa". A relação entre perfume e erotismo fica ainda reforçada pelo sentido figurado que pode ser atribuído a *unguentum* nesse poema. De acordo com Littman (1977), o perfume dado por Vênus e Cupido à amada do eu poético poderia ser interpretado como o odor de suas "secreções sexuais",[60] que, estimulantes, fariam Fabulo desejar ser todo nariz. Butler (2015, p. 82), por sua vez, considera que o termo poderia designar simplesmente um perfume, mas usado pela referida *puella* nas suas partes íntimas. Independentemente da definição de *unguentum* no poema, seu sentido erótico é iluminado especialmente pela recepção que dele foi feita por Marcial (*Epigr.* III, 12), ao elaborar uma nova versão em que é explorado o sentido sexual dos verbos *scidisti* ("talhar") e *esurire* ("passar fome").[61] Ora, considerando-se o desejo que o *unguentum* metafórico gera na personagem do poema catuliano, o *nasum* mencionado, também metaforicamente, poderia apontar para outro membro do corpo masculino,[62] que se mobiliza inteiramente na preparação para o ato amoroso. Assim, tornar-se *totum nasum* poderia ser, figuradamente, tornar-se, na linguagem catuliana, *totum mentulam*.

Observa-se, com isso, que o cognome *Naso* está impregnado de significações suplementares, que dialogam com a poesia ovidiana ao colocar em destaque alguns de seus traços distintivos, como o erotismo, o gracejo e a ironia. Sob esse aspecto, é como se a personagem-poeta fosse – metonimicamente, pois a partir de seu nome – uma representação da própria poesia ovidiana, de forma que o nome inserido no texto figura duplamente como marca autoral: é literalmente seu nome e é, figuradamente, alusão à sua poesia. O emprego do nome *Naso* (e não do *nomen gentile Ouidius*, como esperado), ademais, estabelece uma clivagem responsável por distinguir Nasão nitidamente como personagem, na medida em que o nome marca a existência deste "outro" construído ao longo das elegias, o qual é e não é, ao mesmo tempo, Ovídio.

Thorsen (2014, p. 39) associa a identificação do autor por meio de seu próprio nome ao procedimento poético da *sphragis*. O termo originalmente fazia referência a selos de cera ou argila, aplicados por meio de sinetes ou gemas de anéis, com o objetivo de garantir a autenticidade de um texto. Segundo Peirano (2014, p. 224), trata-se do procedimento mais comum com que os romanos assinalavam um texto como completo e, ao mesmo tempo, atestavam seu autor, fazendo com que os estudiosos estabelecessem uma equivalência funcional entre a *sphragis* física e a assinatura literária. Isso fica evidente, por exemplo, no verbete da *Enciclopedia Virgiliana*, em que Richardson (1991, p. 997 *apud* Juliani, 2016, p. 111) define a *sphragis* como "uma breve passagem, normalmente introdutória ou conclusiva, na qual o poeta se afasta do assunto que está tratando para revelar sua própria identidade ao leitor".[63]

Talvez um dos mais célebres exemplos de *sphragis* seja aquela presente no fim do livro IV das *Geórgicas*. Nela, Virgílio menciona a obra que está sendo finalizada e também os poemas das *Bucólicas*, que escrevera anteriormente:

> *Haec super aruorum cultu pecorumque canebam*
> *et super arboribus, Caesar dum magnus ad altum*   560
> *fulminat Euphraten bello uictorque uolentis*
> *per populos dat iura uiamque adfectat Olympo.*
> *Illo Vergilium me tempore dulcis alebat*
> *Parthenope studiis florentem ignobilis oti,*
> *carmina qui lusi pastorum audaxque iuuenta,*   565
> *Tityre, te patulae cecini sub tegmine fagi.*
> (Virg. *Georg.* IV, 559-566)

> Isso eu cantava sobre o cultivo dos campos e dos rebanhos
> e sobre as árvores, enquanto o grande César fulmina   560
> o profundo Eufrates na guerra e, vencedor, dá leis
> aos povos favoráveis e aspira ao caminho rumo ao Olimpo.

> Naquele tempo, a doce Parténope nutria a mim, Virgílio,
> que florescia pelos esforços de um ócio humilde;
> a mim, que compus versos pastoris e, na audácia da juventude, 565
> cantei-te, Títiro, sob a sombra de ampla faia.

Por sua vez, esse mesmo livro IV das *Geórgicas*, ao narrar a catábase de Orfeu, constitui um prenúncio da catábase a ser realizada por Eneias, numa espécie de prefiguração da *Eneida*.[64] Sob esse aspecto, a *sphragis* do fim das *Geórgicas* sintetiza uma autobiografia literária de Virgílio e delineia sua carreira poética, que se define como um desenvolvimento da poesia mais leve rumo à poesia épica. Essa estrutura da carreira poética virgiliana acabou por se tornar, segundo Hardie & Moore (2010, p. 5), um modelo e desafio para os poetas posteriores, entre eles, Ovídio.[65]

Enquanto procedimento poético, a *sphragis* se caracteriza por combinar "motivos autobiográficos, como o nome do poeta, sua família e local de nascimento, e comentários sobre a imortalidade e a recepção futura do autor e suas obras" (Peirano, 2014, p. 224).[66] Assim, a temática autobiográfica, acompanhada do nome do autor, se inscreve no texto e o assinala à maneira de um selo. Além disso, situada nos limites, inicial ou final, do texto, a *sphragis* tem caráter epigramático e por vezes incorpora a linguagem e temas característicos de epitáfios,[67] de modo a igualar, metaforicamente, o fim do livro com o fim da vida do poeta. Nessa perspectiva, Peirano (2014, p. 241) sugere que a *sphragis* funciona como um paratexto, que demarca o espaço liminar do texto e congrega em sua estrutura uma imagética capaz de vincular selo, epitáfio e autobiografia.[68]

Nesse sentido, *Naso* figura nas obras ovidianas como uma assinatura do autor, um rastro que ele inscreve em seus poemas para demarcá-los como seus. Thorsen (2014, p. 39) comenta que nas obras amorosas "Ovídio adiciona a seu *cognomen* uma palavra funcionando como um epíteto que captura sua postura particular em cada composição poética, muito similar a uma assinatura".[69] A estudiosa identifica, por exemplo, as expressões *Naso poeta* (*Am.* II, 1, 2; "Nasão poeta"); *Naso magister* (*Ars* II, 744; III, 812; "Nasão mestre"); e *Naso legendus* (*Rem. Am.* 71–72; "Nasão que deve ser lido").[70]

As aparições do nome do poeta, porém, não são aleatórias, mas ocorrem em contextos específicos das obras.[71] Ele é usado, em geral, em três tipos principais de circunstâncias, os quais podem aparecer combinados: na fala reportada de alguma personagem, em que Nasão momentaneamente deixa de possuir a voz poética e figura como terceira pessoa; em inscrições de Nasão que são citadas em meio ao poema (epitáfio e ex-voto, por exemplo); e, por fim, em contextos em que Nasão reivindica a autoria de seus escritos e insere o nome para assinalá-la.

Nos *Amores*, o nome *Naso* aparece quatro vezes, sendo a primeira delas no epigrama de abertura da obra, quando o eu poético Nasão transfere a voz para seus próprios livrinhos, que o identificam como seu autor:

*Qui modo **Nasonis** fueramus quinque libelli,*
  *tres sumus; hoc illi praetulit **auctor** opus;*
ut iam nulla tibi nos sit legisse uoluptas,
  at leuior demptis poena duobus erit.
  (Ov. *Am*. Epigramma ipsius, grifos nossos)

Nós, que há pouco fôramos cinco livrinhos de *Nasão*,
  somos três; o *autor* preferiu esta àquela obra;
embora já não tenhas prazer algum em nos ler,
  ao menos, retirados dois, o tormento será mais leve.

O epigrama sugere que a versão dos *Amores* que nos chegou, em três livros, seria uma segunda "edição"[72] da obra, reduzida a partir dos cinco livros iniciais, a fim de tornar a leitura menos aborrecida. Embora essa seja a interpretação mais imediata do trecho, Ingleheart (2010, p. 278) argumenta que a versão anterior dos *Amores* mencionada no epigrama, assim como algumas das obras cuja autoria é reivindicada nos poemas ovidianos sem qualquer outra evidência externa, seriam, na verdade, ficções literárias. A identificação desses textos como "ficcionalizações" se sustenta não tanto por sua inexistência material,[73] mas, principalmente, pelo complexo jogo irônico que reveste os trechos em que são mencionados e perpassa as obras ovidianas no âmbito das *recusationes*. Por sua vez, considerando o epigrama como uma "nota editorial", Oliensis (2014, p. 210) defende que ela produz efeitos de gênero autorais, ao apresentar um Ovídio que detém controle total sobre sua própria obra, pois, já na primeira coletânea de elegias, se identifica como autor e cria para si uma pré-história autoral. Isso é ainda mais significativo pelo emprego do termo *auctor* para designar Nasão, vocábulo que se relaciona à noção jurídica de *auctoritas* e, portanto, implica uma ideia de poder. Nesse sentido, a ocorrência do nome *Naso* deve-se não apenas à atribuição da voz aos livrinhos, fazendo com que o eu poético Nasão se torne uma terceira pessoa, mas também a uma estreita vinculação entre a inscrição do nome e a reivindicação de um *status* de autor.

Essa autorrepresentação como autor se manifesta ainda quando o nome *Naso* é citado no poema de abertura do segundo livro dos *Amores*: "Também isto compus, nascido nas terras pelignas ricas em água,/ eu, aquele *Nasão, poeta* de minhas malícias" – *Hoc quoque conposui Paelignis natus aquosis,/ ille ego nequitiae **Naso poeta** meae* (Ov. Am. II, 1, 1-2, grifos nossos). Os versos incorporam informações autobiográficas, como nome e local de nascimento, e confirmam o estatuto de "poeta" reivindicado por Nasão.[74] Especificam, ainda, o tipo de poesia por ele praticada, evocada pelo termo *nequitia*.[75] Além disso, nos dois trechos, o nome *Naso* ocorre em espaços liminares da obra – o epigrama de abertura e o poema inicial de um dos livros dos *Amores* –, o que lhes confere um caráter paratextual e os aproxima da *sphragis*.

As duas outras ocorrências do nome *Naso* nos *Amores* consistem em inscrições votivas do eu poético citadas no interior dos poemas. Em I, 11, Nasão imagina-se consagrando a Vênus as tabuinhas que enviara para sua amada, caso ela lhe respondesse com uma mensagem positiva nessas mesmas tabuinhas: "gravarei: A VÊNUS, *NASÃO DEDICA ESTAS SUAS SERVAS FIÉIS,/ MAS HÁ POUCO FOSTES MADEIRA ORDINÁRIA*" – *subscribam: VENERI FIDAS SIBI **NASO** MINISTRAS/ DEDICAT, AT NVPER VILE FVISTIS ACER* (Ov. Am. I, 11, 27-28, grifos nossos). Em II, 13 também figura uma inscrição de Nasão, semelhante a um ex-voto, na qual o eu poético agradece pela recuperação de sua amada após a realização de um aborto: "acrescentarei a inscrição: '*Nasão*, pela salvação de Corina'./ Tu, apenas acha ocasião para a inscrição e as oferendas" – *adiciam titulum: 'seruata **Naso** Corinna'./ Tu modo fac titulo muneribusque locum* (Ov. Am. II, 13, 25-26, grifos nossos). A presença do nome em inscrições chama a atenção para a materialidade do texto e seu suporte,[76] de modo a colocar em destaque a capacidade de a escrita registrar e fixar para a posteridade o nome do autor.

Na *Ars amatoria*, as duas menções do nome *Naso* ocorrem em posições de limite da obra, no fim do segundo e do terceiro livros, o que as aproxima de *sphragides*. No livro II, o eu poético afirma ter auxiliado os moços com seus ensinamentos amorosos (merecendo, por isso, que seu nome seja gravado) e anuncia que, no livro seguinte da obra, oferecerá preceitos eróticos às mulheres. Por sua vez, ao fim do livro III, Nasão novamente conclama que seu nome seja gravado, visto que ensinara tanto os moços quanto as moças:

> Sed quicumque meo superarit Amazona ferro,
> inscribat spoliis **NASO** MAGISTER ERAT.
> Ecce, rogant tenerae sibi dem praecepta puellae: 745
> uos eritis chartae proxima cura meae.
> (Ov. Ars II, 743-746, grifo nosso)

> Mas quem quer que supere uma Amazona com meu ferro,
> inscreva nos espólios *NASÃO* ERA MEU MESTRE.
> Eis que as tenras moças rogam que eu lhes dê preceitos: 745
> de meu papiro, vós sereis o próximo cuidado.

> Vt quondam iuuenes, ita nunc, mea turba, puellae
> inscribant spoliis **NASO** MAGISTER ERAT.
> (Ov. Ars III, 811-812, grifo nosso)

> Como outrora os jovens, agora as moças, minha turba,
> inscrevam nos espólios *NASÃO* ERA MEU MESTRE.

Em ambos os casos, o eu poético se apresenta como "mestre" (*magister*), de modo a salientar não só seu estatuto de autor, mas de autor de poesia didático-amorosa. Além disso, a ocorrência de seu nome em inscrição destaca o poder de fixação da escrita, como nos ex-votos dos *Amores*. Aqui, no entanto, a inscrição registra precisamente a autorrepresentação de Nasão como autor, visando a uma permanência de seu nome enquanto nome de poeta. Isso se reforça pelo efeito de "simultaneidade poética"[77] resultante da menção explícita do "papiro" (*chartae*, II, 746) em referência à escrita do próximo livro da *Ars amatoria*, com preceitos destinados às mulheres. Igualmente, nos *Remedia amoris*, o nome *Naso* é associado à figura do poeta que escreve obras de cunho didático-amoroso. Uma de suas ocorrências é na fala do Amor do Letes (*Lethaeus Amor*, v. 551), aquele que cura o coração ao trazer esquecimento, o qual aparece ao eu poético e dialoga com ele:

*Is mihi sic dixit (dubito, uerusne Cupido,   555
an somnus fuerit: sed puto, somnus erat).
'O qui sollicitos modo das, modo demis amores,
adice praeceptis hoc quoque, **Naso**, tuis.*
(Ov. Rem. Am. 555-558, grifo nosso)

Ele me disse assim (não sei se foi o verdadeiro Cupido   555
ou um sonho: mas julgo que era um sonho).
'Ó tu, que ora dás, ora coíbes atribulados amores,
acresce também isto, *Nasão*, a teus preceitos'.

Nasão é referido por Cupido como autor de poesia didática, mediante a menção de "teus preceitos" (*praeceptis tuis*, v. 558). Além disso, são aludidos no trecho dois de seus poemas didáticos: um em que ele oferece os modos de amar (*Ars amatoria*), outro em que ele os coíbe (*Remedia amoris*). Assim, o nome *Naso* ocorre tanto em um contexto de fala reportada quanto de reafirmação da autoria de obras poéticas. A outra menção do nome "Nasão" nos *Remedia amoris* sublinha igualmente seu estatuto de autor, mas colocando em destaque o imperativo da leitura de suas obras, marcado pelo uso do gerundivo: "*Nasão devia ser lido* antes, quando aprendestes a amar:/ também agora *Nasão deverá ser lido* por vós" – ***Naso legendus erat** tum, cum didicistis amare:/ idem nunc uobis **Naso legendus erit*** (Ov. Rem. Am. 71-72, grifo nosso). A referência à leitura dá relevo ao processo de recepção, que, na verdade, é a instância principal para a fixação de um nome. Na passagem citada, o autor já se confunde com suas próprias obras (observe-se que o verbo "ler" é aplicado a "Nasão"), sugerindo que a permanência do poeta é atingida graças a seus escritos, registro não só dos versos, mas também de seu próprio nome.

Já nos *Fasti*, a ocorrência do nome *Naso* se dá apenas uma única vez, no contexto das celebrações em honra da deusa Flora, com a qual o eu poético dialoga, pedindo explicações sobre as práticas rituais que a envolvem. Logo depois que a deusa se esvai com a brisa, deixando apenas seu perfume, o nome do poeta aparece no poema: "Para o canto de *Nasão* florescer por todo o tempo,/ derrama, rogo, em meu peito, os teus dons" – *floreat ut toto carmen **Nasonis** in aeuo,/ sparge, precor, donis pectora nostra tuis* (Ov. Fast. V, 377-378, grifos nossos). Essa menção do nome revela um nítido desejo de permanência para a posteridade, *in toto aeuo* ("por todo o tempo", v. 377), por meio da poesia. Isso se reforça pelo jogo semântico com o emprego do verbo *floreo*, que tem o sentido mais concreto de "florescer" – numa clara reminiscência à deusa *Flora* –, mas também pode significar "ser famoso". Nasão roga que seu poema se torne célebre, o que, em última instância, é uma forma de fixação de seu nome como poeta.

Sua autorrepresentação como autor (mais especificamente, poeta elegíaco) ainda fica metapoeticamente sugerida pela presença do nome *Naso* junto ao episódio de Flora. Nos *Fasti*, a deusa e seus ritos são qualificados com os mesmos termos programaticamente atribuídos à poesia elegíaca pelos próprios poetas (como "leve", "suave", "lasciva"), em oposição aos gêneros mais elevados da épica e da tragédia:[78]

> *Quarere conabar, quare **lasciuia** maior*
>   *his foret in ludis **liberior**que iocus,*
> *sed mihi succurrit numen non esse **seuerum***
>   *aptaque **deliciis** munera ferre deam.*
> [...]
> *ebrius ad durum formosae limen amicae*
>   *cantat, habent unctae **mollia** serta comae.340*
> *Nulla coronata peraguntur **seria** fronte,*
>   *nec liquidae uinctis flore bibuntur aquae;*
> [...]
> *Scaena **leuis** decet hanc: non est, mihi credite, non est*
>   *illa **cothurnatas** inter habenda deas.*
>   (Ov. *Fast.* V, 331-334; 339-342; 347-348, grifos nossos)

Ia perguntar por que a *lascívia* era maior
    e os gracejos mais *licenciosos* nos seus jogos,
mas me ocorreu que a deusa não é *grave*
    e traz dons dotados de *delícias*.
[...]
O ébrio canta diante da soleira austera da amada,
    os perfumados cabelos detêm grinaldas *delicadas*.   340
Seriedades não se exprimem na fronte coroada,
    e quem se cinge de flor não bebe pura água.
[...]
A ela convém cena *leve*: não deve, acredita, não deve
    ser posta entre as deusas de *coturno*.

Preâmbulo – Os rastros (e restos) de um nome

O trecho, fortemente metapoético, usa vocábulos tipicamente elegíacos (*lasciuia, liberior, deliciis, mollia, leuis*) para descrever Flora e suas celebrações, ao mesmo tempo em que nega a ambas aspectos que poderiam remeter a uma poesia mais grave e séria (*seuerum, seria, cothurnatas*). Inclusive, é incorporada ao episódio uma das cenas características da elegia, o lamento do amado diante da porta fechada da amada, que configura o *tópos* do *paraklausithyron*. Ora, esse caráter elegíaco presente na passagem ganha maior significância considerando-se que, ao final do episódio de Flora, o eu poético roga os dons da deusa para seu canto. Ao assimilá-la à poesia elegíaca e, em seguida, associar-se à divindade, o eu poético reafirma, metapoeticamente, sua opção pela elegia. Assim, a menção de *Naso* nesse contexto demarca não só a reivindicação de um estatuto de autor, mas, especialmente, de uma figuração como poeta elegíaco.

A presença do nome de Nasão aumenta significativamente nas obras ovidianas com a temática do exílio. Nos *Tristia*, contam-se mais de dez ocorrências,[79] nas mais variadas circunstâncias. Um primeiro tipo de ocorrência, já mencionada antes para as produções amorosas, consiste na fala reportada de outras personagens, quando o eu poético é nomeado *Naso* por elas e referido em terceira pessoa. Em I, 7, ele reporta a suposta fala de um amigo que lamenta sua distância e ausência de Roma.[80] A transferência da voz para outra personagem, fazendo de Nasão, momentaneamente, uma terceira pessoa, é imediatamente seguida no poema pela referência à escrita das *Metamorphoses*, o que coloca em destaque seu estatuto de autor. Algo bem similar acontece em V, 1, quando é reportada a fala de outro amigo, que nomeia Nasão e também comenta sobre os poemas por ele escritos no exílio,[81] de modo a representá-lo como autor. Essa figuração do nome *Naso* em fala reportada ocorre ainda em V, 3, acrescida da particularidade do emprego também do substantivo *nomen*:[82]

> *Atque aliquis uestrum, **Nasonis nomine** dicto,*
>   *apponat lacrimis pocula mixta suis,*   50
> *admonitusque mei, cum circumspexerit omnes,*
>   *dicat: 'Vbi est nostri pars modo **Naso** chori?'*
> (Ov. *Tr.* V, 3, 49-52, grifos nossos)

> E, pronunciando o *nome de Nasão*, algum de vós
>   erga o copo misturado com suas lágrimas   50

e, lembrando-se de mim ao olhar todos em torno,
    diga: 'Onde está *Nasão*, há pouco parte de nosso coro?'

Apesar de o poeta estar exilado, a menção de seu nome em Roma constitui uma forma de presença. Assim, mesmo com a ausência corporal do autor, suas obras e seu *nomen* garantem sua permanência na Urbe. Nesse sentido, convém destacar que o termo *nomen* não tem o sentido de "nome" simplesmente, mas também pode significar "fama" ou "renome". Essa associação dos termos *nomen* e *Naso* constitui um segundo tipo de ocorrência do nome "Nasão" nos *Tristia*, que coloca em destaque sua materialidade, ao permitir ao poeta estar presente para além do aspecto físico. Isso se manifesta pelo fato de que, diferentemente do autor exilado, seu nome pôde perdurar em Roma: "e ama o *nome* de teu *Nasão*, única parte/ ainda não exilada; o resto, detém-no o Mar cítico" – **Nasonis**que tui, quod adhuc non exulat unum,/ **nomen** ama; Scythicus cetera Pontus habet (Ov. Tr. III, 4a, 45-46, grifos nossos).[83]

A associação entre "nome" e "renome" é expressa mais nitidamente numa passagem em que o eu poético se refere às suas produções amorosas passadas, que, apesar de agora, no contexto do exílio, serem consideradas um uso jovial e inconsequente do engenho, foram, antes, motivo de fama e celebridade de seu autor:

> *Quo uidear quamuis nimium iuuenaliter usus,*
>   *grande tamen toto **nomen** ab orbe fero,*
> *turbaque doctorum **Nasonem** nouit et audet*
>   *non fastiditis adnumerare uiris.*   120
> (Ov. Tr. II, 117-120, grifos nossos)

> Embora eu pareça tê-lo usado com excessiva inconsequência,
>   grande *renome* trago de todo o mundo,
> e a turba de doutos conhece *Nasão* e ousa
>   contá-lo entre os homens não desdenháveis.   120

Nasão pode ser contado entre os homens importantes, assim como seu nome pode ser contado nos versos por ele legados, de modo a tornar o autor conhecido por todo o mundo. A presença do termo *Naso*, além de servir como assinatura reivindicadora de autoria, é também a garantia de permanência da memória do autor.

Um terceiro tipo de ocorrência do nome *Naso* nos *Tristia* diz respeito a uma autocitação responsável por gerar o desdobramento da personagem-poeta. Nesse caso, o eu poético refere-se a si mesmo em terceira pessoa e se fragmenta em um outro: "Ai de mim, acaso agora a casa de *Nasão* fica no mundo cítico?/ E a pena já me dá o seu local como Lar?" – *Ei mihi, iamne domus Scythico **Nasonis** in orbe est?/ Iamque suum mihi dat pro Lare poena locum?* (Ov. *Tr.* III, 12, 51-52, grifos nossos); "perto de minha terra há ritos funestos,/ se é que *Nasão* tem como sua uma terra bárbara" – *atque meam terram prope sunt funebria sacra,/ si modo **Nasoni** barbara terra sua est* (Ov. *Tr.* IV, 4, 85-86, grifos nossos). Em ambos os exemplos, o eu poético se vê dividido entre sua origem romana e o caráter bárbaro que adquire pela convivência com os povos bárbaros do local de exílio. Enquanto o emprego do nome *Naso*, em terceira pessoa, faz referência ao "Nasão" cidadão romano, a primeira pessoa que se expressa nos versos remete à figura do bárbaro, na medida em que a terra de exílio passa a ser considerada o lar do eu poético – "minha terra" (*mea terra*).[84]

Uma das ocorrências mais significativas do nome *Naso* na obra de exílio consiste naquela presente no epitáfio que o eu poético elabora para si mesmo:

'Hic ego qui iaceo tenerorum lusor amorum
    ingenio perii **Naso poeta** meo.
At tibi qui transis ne sit graue quisquis amasti,   75
    dicere: **Nasonis** molliter ossa cubent'.
(Ov. *Tr.* III, 3, 73-76, grifos nossos)

'Eu aqui jacente, versejador de tenros amores,
    sou o *poeta Nasão* e pereci por meu engenho.
Mas a ti que passas, seja quem fores, se amaste,   75
    não pese dizer: repousem em paz os ossos de *Nasão*'.

Além da dupla menção do nome do autor, o epitáfio reafirma seu estatuto de poeta (*poeta*) e, mais especificamente, poeta elegíaco ("versejador de tenros amores", *tenerorum lusor amorum*). O caráter epigramático e a presença de informações autobiográficas no trecho aproximam-no de uma *sphragis*, e a inserção do nome de "Nasão" assegura sua permanência, por meio da poesia, mesmo após a morte.[85]

Finalmente, um último tipo de ocorrência do termo *Naso* vincula-se a fórmulas de saudação típicas do gênero epistolar, nas quais é usual a menção do nome do remetente logo no princípio do texto: "Teu *Nasão* envia-te "Saúde!' desde a terra gética,/ se é que alguém pode enviar aquilo de que carece" – *Hanc tuus e Getico mittit tibi* **Naso** *salutem,/ mittere si quisquam, quo caret ipse, potest* (Ov. *Tr.* V, 13, 1-2, grifos nossos). De modo semelhante, quando a carta assume a voz poética, ela se identifica já no início do poema e, além disso, assinala sua proveniência de Nasão, o que reafirma seu estatuto autoral: "Carta de *Nasão*, vim das margens do Euxino,/ cansada do mar, cansada do caminho" – *Litore ab Euxino* **Nasonis** *epistula ueni,/ lassaque facta mari lassaque facta uia* (Ov. *Tr.* V, 4, 1-2, grifos nossos).

Nas *Epistulae ex Ponto*, por sua vez, o nome *Naso* é mencionado 21 vezes,[86] e em boa parte das elegias integra fórmulas epistolares de cumprimento, conforme esperado de uma coletânea de poemas em forma de carta. De maneira similar, no poema *Ibis*, a única menção do nome *Naso* acompanha a referência à escrita de cartas, de modo a realçar o estatuto autoral de Nasão: "Entre tantas mil cartas *escritas*, não há nenhuma carta/ sanguinária de *Nasão* para *ser lida*"– *Nullaque, quae possit,* **scriptis** *tot milibus, extat/ littera* **Nasonis** *sanguinolenta* **legi** (Ov. *Ib.* 3-4, grifos nossos). Além disso, merece destaque o uso do verbo *lego* (no infinitivo passivo *legi*), que dá ênfase ao processo de recepção dos textos inerente à atividade da leitura, processo este que envolve também o próprio autor, como leitor de si mesmo.

As únicas obras ovidianas em que o nome Nasão não ocorre são os *Medicamina faciei femineae* (obra que, a propósito, nos chegou fragmentária), as *Heroides* e as *Metamorphoses*. Nas *Heroides*, isso é facilmente justificável pelo fato de não haver uma identificação entre o eu poético das epístolas e a instância da personagem-poeta Nasão. Ele transfere sua voz para personagens da tradição mitológica (ou literária), que falam em primeira pessoa e se apresentam como autores das cartas escritas. Todavia, conforme destaca Thorsen (2014, p. 40), todas as heroínas (com exceção de Ariadne) adotam o modo de assinatura ovidiano, incluindo em suas cartas o próprio nome junto a um epíteto.[87] Assim, embora o nome *Naso* não compareça (até por uma questão de coerência), persiste o procedimento da assinatura.

No caso das *Metamorphoses*, a obra escapa ao âmbito estritamente elegíaco (ainda que possua diversos traços desse gênero), tendo sido escrita em hexâmetros, metro tipicamente épico. Nas vezes em que se manifesta na narrativa a voz em primeira pessoa do narrador "épico"[88] – não se trata, aqui, da primeira pessoa transferida para personagens que desempenham a função de narradores de histórias encaixadas na trama maior –, não há qualquer menção do nome *Naso* ou exploração de conteúdos autobiográficos. Essa primeira pessoa diz respeito à figura de um poeta, mas seu nome não é explicitado nem usado como assinatura. Ademais, o espaço restrito reservado ao uso da primeira pessoa, bem como o conteúdo mitológico do poema, naturalmente distinto da matéria elegíaca centrada no eu poético, minimizam a participação explícita da personagem-poeta. Todavia, conforme destacaremos no "Capítulo III", a personagem-poeta é evocada de modo indireto, por meio, por exemplo, das histórias de personagens artistas narradas nas *Metamorphoses*, das alusões a passagens de outras obras ovidianas ou de insinuações ao exílio. A isso, soma-se ainda o fato de que tanto as *Heroides* quanto as *Metamorphoses*, quando mencionadas pelo eu poético em outros poemas ovidianos, são apresentadas como produções de sua autoria e, portanto, atribuídas a Nasão.[89]

Com base nas ocorrências de *Naso* nas obras ovidianas, acima reunidas e discutidas, pode-se atribuir ao nome "Nasão" um caráter triplo. Por um lado, ele é o nome que o eu poético das obras elegíacas aplica a si mesmo, servindo para designar a voz que se expressa em primeira pessoa. Abarca, portanto, o nível textual da enunciação ficcional do poeta. Por outro, ele é também o nome da personagem assumida pelo eu poético específico de cada obra elegíaca, cujo epíteto varia de uma para outra: Nasão *amator* ("amante") nos *Amores*; Nasão *magister* ("professor") na *Ars amatoria* e nos *Remedia amoris*; Nasão *antiquarius* ou *mythologus* ("antiquário", "mitólogo") nos *Fasti*; Nasão *relegatus* ("exilado") nos *Tristia* e nas *Epistulae ex Ponto*.[90] Nesse sentido, enquanto personagem-ator – *actor* – de cada uma das obras, ele adquire matizes específicos e distintos, de acordo com a *persona* (ou as *personae*) que adota. Ademais, por se inserir no texto, suas ações são narradas no âmbito do enunciado. Ressalte-se ainda que, como esclarece Tarrant (2006, p. 27), essas metamorfoses nas *personae* do poeta estão intimamente associadas à sua atividade de revisão das próprias obras, o que culmina, na poesia de exílio, em sua metamorfose em poeta exilado.[91]

O terceiro aspecto do nome *Naso* se relaciona com os contextos em que ele ocorre, geralmente caracterizados por um desejo de permanência e de fixação: o nome é gravado, inscrito, escrito, citado por outrem. A esse sentido concreto, soma-se ainda um desejo de permanência metafórico, do nome que sobrevive graças à poesia. Nessa perspectiva, as obras ovidianas registram para a posteridade o nome de seu autor e, assim, "Nasão" é também o nome atribuído, no interior de suas produções, a uma personagem-poeta identificada como o autor de várias obras literárias. Trata-se do nome que ele atribui a si mesmo enquanto poeta, não só de cada uma das obras específicas, mas de sua produção poética em geral; é o nome de uma personagem-poeta em sentido amplo, de um *auctor* cuja autobiografia literária vai sendo constituída ao longo de seus versos. Essa instância, pelo fato de situar-se no interior dos textos ovidianos e ser depreendida a partir deles, também figura no âmbito do enunciado e diz respeito a uma personagem literária.

Em outro nível, porém, pode-se construir uma imagem de poeta a partir do conjunto das obras ovidianas, que funciona como um macrotexto. Ela não está explicitada em textos individuais, mas se manifesta na própria feitura dos poemas, a partir do estilo, da ironia, da metapoesia, enfim, de traços poéticos que dão unidade à produção do autor e, portanto, poderiam ser denominados "ovidianos". Essa imagem de poeta provém não só dos poemas – situação em que pode coincidir com a terceira instância designada sob o nome de "Nasão" (aquela do *auctor*) –, mas se constitui também a partir da recepção feita das obras ovidianas e de sua tradição crítica, tanto nas releituras do próprio poeta[92] quanto em sua fortuna posterior. Em razão disso, empregaremos o nome "Ovídio" (e o respectivo adjetivo "ovidiano") para fazer referência a essa instância mais geral, imagem de "autor" e "poeta" que ultrapassa o plano textual dos poemas de Ovídio e se constitui também com base em outros textos e discursos a eles vinculados.

Já num estudo anterior (Avellar, 2015a), havíamos optado por uma distinção entre diferentes instâncias: "Nasão", que designava a personagem no âmbito do enunciado ("sujeito do enunciado") e o eu poético ("sujeito da enunciação"); "Ovídio", que se referia a um autor implícito, identificado como uma imagem de poeta; e o autor empírico ("Públio Ovídio Nasão"), que não foi e continua não sendo objeto de nossos estudos.[93] Preferimos agora, no entanto, evitar a expressão "autor implícito" para remeter à imagem de poeta construída nas obras ovidianas, pois essa denominação sugere uma instância pré-existente no texto, pronta para ser apenas identificada ou decodificada pelo leitor.[94] Assim, como categoria presente no texto, o conceito de "autor implícito" é uma manifestação, textual e interna à obra, dos desígnios do autor, que seria responsável por orientar as leituras e interpretações. Ora, a noção serve apenas para deslocar o controle autoral para uma nova categoria, de modo a não proporcionar grandes contribuições no tipo de abordagem aqui realizada. Diferentemente, o que denominamos imagem de poeta diz respeito a uma instância resultante tanto da matéria textual quanto das construções e interpretações do leitor ao abordar o texto. Sem dúvida, o Ovídio apresentado neste trabalho será naturalmente distinto dos vários "Ovídios" construídos por outros estudiosos, muito embora tenham pontos em comum. E cada um desses "Ovídios" resulta não apenas dos próprios poemas ovidianos, mas também da ampla história de sua recepção ao longo dos séculos, da tradição literária e das ideias teóricas e filosóficas que se desenvolveram depois dele e, é claro, da participação interpretativa e criadora do leitor.

Tudo isso coloca em destaque a importância da recepção na constituição dos sentidos de uma obra literária, algo que se torna ainda mais marcante no contexto dos estudos sobre a Antiguidade, devido à grande distância temporal, cultural e ideológica que nos aparta dos antigos. É precisamente com a consciência desse distanciamento que este trabalho aborda a constituição de uma personagem-poeta *Naso* ("Nasão") e de uma imagem de autor "Ovídio" a partir das obras ovidianas e sua recepção, e, além disso, enfoca o processo de autorrecepção ovidiana, que interfere não só na formação dessas imagens, como também ressalta a possibilidade de a personagem-poeta desempenhar, ela própria, o papel de leitor de suas produções poéticas. Nasão, autor de poesia e leitor das próprias obras, inscreve-se no texto, deixando seu nome como rastro. Porém, conforme comenta Peirano (2014, p. 242), ao mesmo tempo em que a assinatura e o selo demarcam o nome do escritor, eles também sugerem sua ausência, pois a presença é apenas nominal.

A esse respeito, ao discutir o signo escrito, Derrida (1991, p. 358, trad. J. Costa e A. Magalhães) o define como uma "marca que permanece", responsável por "dar lugar a uma iteração na ausência e para além da presença do sujeito empiricamente determinado". Para ele (1991, p. 356-358), o signo escrito funda-se tanto na ausência daquele que o inscreve quanto na ausência do destinatário; mas, por ser "repetível" e "iterável" mesmo mediante essas ausências, é capaz de manter sua legibilidade. Ou seja, a escrita se inscreve em uma lógica de repetição e alteridade: o signo, repetível e, por isso, passível de ser lido, é também, a cada leitura, um outro. Desse modo, o nome de Nasão (e tudo aquilo que ele evoca e implica) constitui o rastro que supre a ausência do autor empírico e se inscreve no texto como abertura a ser suplementada no momento de leitura. Portanto, em última instância, essas marcas autorais na poesia ovidiana, enquanto marcadores de ausências, insinuam a possibilidade da morte, a partir da qual o poeta só perdura por meio de uma "vida" escrita, vivo em nome e em versos, ao se metamorfosear em sua própria obra, que é, simultaneamente, autobiografia e epitáfio.

Nesse sentido, o nome *Naso* constitui-se como o ponto de interseção e contato entre ficção e realidade. A poesia, com sua capacidade de conferir existência por meio do discurso, cria novos mundos e confere "vidas" a seus poetas. Os *Tristia* sintetizam a "vida" ovidiana, uma "vida" de existência literária (a única a que temos acesso), que se vincula, no entanto, a uma vida real, de um autor empírico. O nome *Naso*, enquanto resquício autobiográfico, é o lastro que não permite que o poeta se esvaia em palavras ou se apague como obra. Ele é aquilo que preserva e perpetua a certeza de que, outrora, Nasão existiu para além do texto.

CAPÍTULO I
UMA FILOLOGIA INTERTEXTUAL DA RECEPÇÃO LITERÁRIA

O papel de "leitor" adotado pelo eu poético Nasão nos *Tristia*, ao mencionar suas obras anteriores, comentá-las e reinterpretá-las, bem como ao retomar, nas elegias de exílio, vários dos procedimentos antes usados, numa espécie de reescrita das obras pregressas, suscita discussões sobre o processo de recepção (ou mesmo autorrecepção) de um texto e sobre o fenômeno da intertextualidade. Em diversos sentidos, essas duas noções estão estreitamente conectadas, a começar pelo fato de que todo poeta/escritor é, também e antes de tudo, um leitor. Esse aspecto parece ser concorde entre os estudiosos, por mais variadas que sejam suas orientações teóricas em relação à intertextualidade. Conte & Barchiesi (2010, p. 87, trad. D. Carrara e F. Moura), por exemplo, salientam que "o escritor, graças à arte alusiva, apresenta-se como leitor que ama certos textos". Hinds (1998, p. 103) destaca que o "próprio poeta que alude" é "o primeiro leitor de qualquer instância da incorporação alusiva, um leitor não isento do caráter inevitável da tendenciosidade";[95] e Edmunds (2001, p. 104-105) assinala que os "poetas romanos descrevem a si mesmos como dependentes da leitura tanto como um estímulo imediato para a escrita, quanto como uma fonte de modelos para a composição".[96]

Assim, a intertextualidade, seja enfocada sob o momento da produção de um texto, seja sob o momento de sua recepção, envolve, necessariamente, um ato de leitura, que, em sentido amplo, é também um ato de interpretação. Segundo Martindale (1993, p. 18), não é possível traçar uma nítida distinção entre ler um poema e fazer uma leitura (crítica) dele. Mais do que isso, "interpretação não é algo que podemos escolher fazer ou não; *ler é interpretar*, e ler de um modo é inevitavelmente não ler de outro(s)" (Martindale, 1993, p. 73).[97]

Desse modo, este capítulo pretende discutir questões teóricas relacionadas às noções de "intertextualidade" e "recepção", enfocadas sob as especificidades do âmbito dos Estudos Clássicos. Desde já, convém ressaltar e esclarecer dois aspectos fundamentais e de suma importância referentes a essas noções e ao modo como pretendemos abordá-las. Primeiro, que a concepção de "intertextualidade" não é algo unívoco, e que os "estudos intertextuais" não constituem um todo homogêneo. Na verdade, assim como outros conceitos do âmbito literário, a noção de "intertextualidade" e suas implicações variaram ao longo do tempo, a depender das concepções teóricas vigentes, de modo a ser possível identificar diferentes vertentes teóricas subjacentes nos "estudos intertextuais", cada uma delas partindo de diferentes premissas e oferecendo compreensões distintas da "intertextualidade". Por isso, diferentemente de Prata (2007; 2017), não enfocamos a "intertextualidade" ou os "estudos intertextuais" como uma teoria, mas sim como um fenômeno ou conceito literário que pode ser compreendido de acordo com diferentes teorias ou vertentes teóricas.

Em segundo lugar, ao discutir "recepção", referimo-nos ao fenômeno que designa o momento de leitura (ou releitura) de um texto, e não especificamente à vertente teórica da Estética da Recepção. Ainda que, por vezes, mencionemos várias contribuições dessa área, nossa proposta não é, de modo algum, aplicar as formas ou percursos de leitura descritos por Iser, Jauss ou qualquer outro teórico à nossa abordagem da obra ovidiana, pois entendemos que tentar encaixar a obra no funcionamento de determinada teoria acaba por se configurar como algo limitador ou restritivo. Parece-nos bem mais produtivo considerar as contribuições que cada vertente de pensamento teórico pode oferecer e combiná-las na realização de nossas interpretações.

Nesse sentido, não partilhamos inteiramente da opinião de Compagnon (2006, p. 26), quando considera a teoria da literatura "uma lição de relativismo, não de pluralismo":

> [...] várias respostas são possíveis, não compossíveis, aceitáveis, não compatíveis; ao invés de se somarem numa visão total e mais completa, elas se excluem mutuamente, porque não chamam de literatura, não qualificam como literária a mesma coisa; não visam a diferentes aspectos do mesmo objeto, mas a diferentes objetos. (Compagnon, 2006, p. 26, trad. C. Mourão e C. Santiago)

De fato, várias respostas são possíveis, a depender do tipo de abordagem e da perspectiva teórica subjacente. Todavia, mesmo que algumas vertentes teóricas se oponham ou se contradigam, não consideramos que sejam incompatíveis: a impossibilidade de coexistência geralmente só ocorre quando tais perspectivas teóricas são contrapostas considerando-se seu caráter integral. O que propomos aqui é colocar em diálogo diferentes formas de pensamento acerca da intertextualidade e buscar tirar proveito daquilo que cada uma delas traz de produtivo e enriquecedor; levando em conta, dessa forma, pontos particulares ou específicos de cada perspectiva, e não cada uma delas em sua totalidade. Compreendemos que nenhuma vertente teórica seja completamente descartável ou inutilizável, assim como nenhuma delas é inteiramente completa e solucionadora. Em razão disso, nossa proposta é acolher a coexistência do diferente por meio do diálogo.

Diante disso, no presente capítulo, depois de apresentar as várias conceitualizações realizadas por estudiosos de literatura greco-latina acerca do processo intertextual, acrescidas de nossos comentários e problematizações, abordamos algumas teorizações e implicações envolvendo o processo de recepção de um texto literário, buscando destacar sua relevância nos estudos da Antiguidade. Por fim, com base nas contribuições discutidas ao longo do capítulo, propomos, na última seção, um modelo teórico-metodológico para a abordagem dos textos antigos que seja capaz de aliar as minúcias de uma análise filológica com algumas ideias desenvolvidas no âmbito da Teoria e da Literatura Comparada. Trata-se de uma proposta nascida da conjunção entre leituras teóricas sobre o assunto e, sobretudo, do exercício de análise efetuado nos três capítulos seguintes. Embora a proposição teórica se situe neste primeiro capítulo do livro, ela resultou, na verdade, das análises a serem apresentadas na sequência.

Breve história da intertextualidade nos Estudos Clássicos

Apesar de o termo "intertextualidade" ter sido cunhado apenas em 1969, por Julia Kristeva (na esteira das ideias de Bakhtin),[98] e ter adquirido, a partir daí, diferentes usos e significações, o fenômeno a que ele se refere existiu desde sempre, inclusive na Antiguidade. Em âmbito latino, isso fica evidente na noção de *imitatio*,[99] procedimento inicialmente usado no campo da retórica, mas logo incorporado ao domínio literário. O termo designa um processo segundo o qual o escritor/poeta, a partir da "imitação" de produções mais antigas, tidas como modelos, compunha uma nova obra, retomando a tradição e, ao mesmo tempo, criando algo novo.

O conceito de *imitatio* abrange ainda algumas variantes: a *aemulatio* diz respeito a uma imitação que busca rivalizar com o modelo e superá-lo;[100] a *contaminatio* designa a imitação de vários modelos distintos com a combinação de seus traços, mas é um termo que ocorre não propriamente entre os retóricos, mas no âmbito da comédia, nas autodefesas que Terêncio apresenta em seus prólogos contra as acusações de *furtum* de que fora incriminado (Ter. *An.* 16; *Heau.* 17). Não obstante, a ideia de combinação de várias fontes para compor uma nova obra pode ser observada, por exemplo, em Quintiliano, que aconselha ao orador não se entregar a um único modelo, mas combinar traços de diferentes proveniências;[101] ou mesmo em Sêneca, que reflete sobre o assunto por meio de um símile com a abelha e o mel: assim como as abelhas voam de flor em flor e escolhem as mais aptas para produzirem mel, de modo similar, é preciso colher elementos de várias leituras para elaborar uma obra própria.[102]

Observa-se, portanto, que a *imitatio* é um processo que se dá no momento de produção da obra, envolvendo uma relação unidirecional (do modelo para a nova obra), em que o escritor que "imita" tem consciência de seu ato. O procedimento, inclusive, foi descrito e comentado por escritores latinos: Horácio, em várias de suas epístolas (em especial na *Epistula ad Pisones*, ou *Arte poética*, conforme a designou Quintiliano),[103] recomenda o conhecimento dos autores antigos e salienta que o escritor louvável não se limita a uma imitação fiel, mas, apropriando-se do que já é conhecido, cria algo próprio (Hor. *Ep. Pis.* 128-135). De modo semelhante, Quintiliano (*Inst.* X, II, 4 e 10) orienta que o bom orador conheça e siga seus predecessores, mas não se restrinja a pisar sobre as mesmas pegadas.[104]

A *imitatio* perpassa a história da literatura latina desde as origens; basta recordar que uma das versões mais difundidas dessa história coloca como suas obras inaugurais a tradução da *Odisseia* feita por Lívio Andronico e a encenação de suas traduções latinas de peças gregas.[105] Essa versão, todavia, tem sido cada vez mais problematizada pelos estudiosos, visto que, ao colocar Lívio Andronico como fundador da literatura romana, ela desconsidera a existência de manifestações autóctones anteriores, como os *carmina conuiuialia* e o teatro dos mimos e atelanas.[106] Ora, independentemente de qual tenha sido a origem da literatura latina, pode-se afirmar seguramente que, em seu desenvolvimento, marcado por um processo de helenização, ela

I – Uma filologia intertextual da recepção literária

se constituiu com base na *imitatio* de obras da tradição grega, considerada seu principal paradigma. Isso fica ilustrado em um famoso trecho de Horácio, que contrasta o poderio romano nas armas com o domínio grego nas artes: "A Grécia capturada capturou o feroz vencedor e levou/ as artes ao rude Lácio (...)" – *Graecia capta ferum uictorem cepit et artis/ intulit agresti Latio* (...) (Hor. *Ep.* II, 1, 156-157). Assim, Glinatsis (2012, p. 2) situa a "imitação" como natural e intrínseca à literatura latina, remetendo a uma ponderação de Thill:

> A imitação literária em Roma é inseparável da helenização. Ela constitui, do ponto de vista da história das ideias e da arte, a mais importante forma de apropriação pelos romanos dos bens culturais gregos; ela é, em princípio, uma condição de existência que se torna posteriormente uma tradição. (Thill, 1979, p. 11 *apud* Glinatsis, 2012, p. 11)[107]

Sob uma perspectiva bem semelhante, Vasconcellos assinala a acentuação das relações entre literatura latina e literatura grega no período helenístico. A retomada de obras de predecessores caracterizava a prática literária helenística e foi incorporada também em Roma:

> Roma estreita seu contato com esta última [a literatura grega] no período helenístico, em que se praticava a atividade literária com amplo recurso às alusões intertextuais; de fato, sobretudo na poesia, desenvolve-se então a arte da intertextualidade, que se torna parte integrante do fazer literário. (Vasconcellos, 2001, p. 23)

É interessante notar que Vasconcellos acaba por vincular, implicitamente, o fenômeno da *imitatio* à intertextualidade, na medida em que caracteriza a prática literária romana como uma "arte da intertextualidade", fundada em "alusões intertextuais". Ele ainda acrescenta que "toda a história da literatura latina pode e deve ser refeita sob o ponto de vista da intertextualidade" (2001, p. 25). Ora, parece-nos que ambas as noções, na verdade, referem-se a um mesmo evento, mas abordado em momentos distintos do processo. O que os latinos denominaram *imitatio* diz respeito, em âmbito poético, especificamente ao momento de produção da obra. Isso se comprova pelo fato de os autores latinos (como Horácio e Quintiliano, anteriormente citados) discutirem a *imitatio* em textos contendo ensinamentos e instruções sobre o fazer literário (ou a atividade oratória), visando a oferecer diretrizes para a composição de um poema (ou discurso). A intertextualidade, por sua vez, tem um sentido mais amplo e se volta para o momento da recepção de um texto, de modo a envolver, geralmente, a figura de um "leitor" ou "crítico". Não obstante, mesmo situando-se no momento da recepção, a noção pode receber diferentes enfoques e também diferentes nomenclaturas em razão disso (por exemplo, *Quellenforschung*, alusão, intertextualidade).

Conforme destacaremos na sequência, cada um desses nomes manifesta um posicionamento teórico distinto acerca do fenômeno e das relações entre autor, texto e leitor. Nesse sentido, esses termos mostram-se eivados de historicidade – eles variam segundo o contexto teórico e ideológico – e ilustram variadas formas de conceber e interpretar um mesmo evento. Exatamente por isso, não há sentido em querer avaliar uma forma de abordagem como superior a outra; cada enfoque esteve adequado à sua época e é capaz de oferecer suas contribuições. Naturalmente, uma prática teórica ou analítica que pode ter sido útil no passado não necessariamente demonstrará o mesmo desempenho num contexto em que já se efetuaram novos desdobramentos teóricos. Nessas circunstâncias, a preferência por determinado posicionamento teórico resulta, pura e simplesmente, de uma escolha.[108]

No fim do século XIX e início do século XX, por exemplo, floresceu a chamada *Quellenforschung*, técnica característica dos estudos filológicos, que teve destaque sobretudo entre filólogos alemães. Enquanto "pesquisa de fontes", baseava-se num esforço para identificar, mediante uma análise atenta e minuciosa, as "fontes" literárias de uma obra. Esse tipo de abordagem, definido como uma "caça de semelhanças" (Achcar, 2015, p. 13), manifestava os ideais de um projeto crítico positivista, fundado em noções como precisão, exatidão e autenticidade dos textos. Segundo Vasconcellos (2001, p. 25-26), um precedente dessa atitude de investigação poderia ser identificado já na Antiguidade, com Quinto Otávio Avito, um dos detratores de Virgílio. Para comprovar os "plágios" do poeta, ele teria escrito uma compilação em oito livros indicando os versos da *Eneida* que provinham de outros textos,[109] num trabalho de pesquisa e identificação que se aproxima do método de investigação da *Quellenforschung*.

Apesar de envolver um trabalho cuidadoso, exigindo amplo e profundo conhecimento dos textos para a percepção de suas semelhanças, as contribuições da *Quellenforschung* restringiram-se à identificação de passos em comum entre as obras, sem investigar as implicações semânticas das relações entre

I – Uma filologia intertextual da recepção literária

elas. A superação dessa limitação foi favorecida pelo artigo "Arte Allusiva", de Giorgio Pasquali, publicado originalmente em 1942. Nele, o estudioso define a "alusão" como objeto de suas investigações:[110]

> [...] na poesia culta, douta, busco aquilo que, de alguns anos para cá, não chamo mais de reminiscências, mas de alusões, e de bom grado diria evocações e, em certos casos, citações. As reminiscências podem ser inconscientes; as imitações, o poeta pode desejar que escapem ao público; *as alusões não produzem o efeito desejado senão sobre um leitor que se recorde claramente do texto a que se referem.* (Pasquali, 1968, p. 275, grifos nossos)[111]

Em sua definição de "alusão", Pasquali assinala dois aspectos que, até então, não tinham recebido o devido destaque: a produção de efeitos a partir da arte alusiva e o papel desempenhado pelo leitor no processo. A respeito do primeiro ponto, Vasconcellos (2001, p. 29) comenta que, para o filólogo italiano, a alusão "não é mero adorno, mas integra a significação". Assim, a criação de sentido consiste em um elemento fundamental da "arte alusiva". Quanto ao segundo ponto, Pasquali ressalta a necessidade de um leitor douto, capaz de identificar a alusão, para que haja produção de sentidos. Ora, apesar de o leitor ser incluído no processo e possuir um papel ativo, ele é entendido como um mero decodificador de alusões previamente engendradas por um "autor intencional e consciente" (Prata, 2007, p. 21).

Nessa perspectiva de Pasquali, os efeitos e sentidos da alusão não resultariam da atividade interpretativa do leitor, mas teriam sido criados intencionalmente pelo autor, cabendo ao leitor apenas identificá-los e decodificá-los. O fenômeno pressupõe, portanto, uma centralidade na figura do autor, cujos usos alusivos hão de ser explicitados por um leitor apto. Essa definição de "arte alusiva", segundo Conte & Barchiesi (2010, p. 93, trad. D. Carrara e F. Moura), "insiste muito na cooperação interpretativa do leitor". Ora, esse breve comentário dos autores italianos já revela bastante sobre seu ponto de vista conservador em relação ao fenômeno da recepção no texto em questão.[112] Ao atribuir ao leitor envolvido na arte alusiva uma atitude "interpretativa", Conte & Barchiesi igualam a interpretação a uma decifração dos desígnios do autor, desprovendo-a de qualquer possibilidade de construção de novos sentidos no instante da recepção.

Diante da problemática envolvida no conceito de "alusão", surge a alternativa de uma "arte intertextual". De acordo com Prata (2007, p. 23), ela coloca em foco "o texto e o leitor, que, através de suas leituras, multiplica as possibilidades interpretativas de um dado texto, descartando a subjetividade que carrega o termo alusão, por pressupor a intenção do autor". A noção de intertextualidade, portanto, surge para a abordagem das relações entre textos como uma contrapartida ao viés centrado nos desígnios do autor, manifesto até então pela ideia de alusão. Todavia, o próprio conceito de intertextualidade varia ao longo do tempo, a depender das perspectivas teóricas sob as quais passa a ser enfocado. Assim, embora o termo tenha permanecido o mesmo, a intertextualidade entendida sob um viés estruturalista ou sob um viés semiológico distingue-se da intertextualidade sob a visão pós-estruturalista tanto quanto se distingue também da noção de "alusão". Tendo isso em mente, discutimos na sequência aquilo que poderíamos considerar diferentes vertentes ou fases dos "estudos intertextuais", a fim de esclarecer alguns dos pressupostos teóricos subjacentes a cada uma delas.

Uma dessas vertentes buscou definir intertextualidade em contraste com a noção de alusão, propondo uma formulação estruturalista do fenômeno. Fowler (1997, p. 14-15 e p. 24), conforme ele próprio afirma e esclarece em seu artigo,[113] refere-se justamente a uma perspectiva estruturalista da intertextualidade ao sintetizar em elucidativa tabela as diferenças em relação à alusão:

Alusão	**Intertextualidade**
na mente do autor	no (sistema do) texto
privada	pública
única	múltipla
acréscimo adicional	elemento inescapável
traço específico da 'literatura'	traço geral da linguagem e outros sistemas semióticos
diferenças em relação ao modelo	diferenças e similaridades ('rastros') em relação ao modelo
ato extratextual	ato intratextual

(Fowler, 1997, p. 15)[114]

Diferentemente da alusão, essa vertente da abordagem intertextual não se volta para possíveis intenções autorais, mas sim para a materialidade textual, pois compreende que os sentidos se produzem no interior do texto. Fowler (1997, p. 14-15) esclarece que, nesse enfoque estruturalista

I – Uma filologia intertextual da recepção literária

da intertextualidade, o sentido é produzido em um sistema, e não em isolamento. Assim, passa-se a considerar que as relações intertextuais são determinadas pelo sistema, e não pelos desejos do autor, como ocorria na alusão. Tal sistema se caracteriza pela unidade e pela estabilidade; nele, estão situadas as relações intertextuais, apenas aguardando para ser ativadas por um eventual leitor (Fowler, 1997, p. 24).

O artigo de Fowler (1997, p. 15-24) apresenta uma análise detalhada das implicações dessas diferenças entre "alusão" e "intertextualidade", na qual discute cada um dos pontos de divergência listados na tabela. Essas proposições, além disso, são discutidas em um artigo recente de Prata (2017), que as coloca em paralelo com as ideias do texto de Barchiesi (1997) publicado na mesma edição. Em razão disso, não pretendemos expor aqui um comentário aprofundado sobre a tabela, mas utilizá-la como registro das características da intertextualidade sob um viés que o próprio Fowler identificou como "estruturalista". A nosso ver, essa perspectiva poderia facilmente ser considerada um viés textualista.

A centralidade conferida ao texto, assinalada no primeiro tópico da tabela de Fowler, é ressaltada, por exemplo, quando Prata (2007, p. 26) afirma que a intertextualidade "é entendida como a presença em um texto de outros (e vice-versa) e não pressupõe a noção de sujeito, pois *o que está em jogo é o diálogo textual*" (grifo nosso). É interessante notar que essa perspectiva tipicamente estruturalista, voltada para a imanência do texto, em diversos momentos se esforça para integrar a seu enfoque o processo de recepção e a figura do leitor enquanto gerador de sentidos. Essa mescla de posicionamentos, que pretende conferir um viés interpretativo à prática estruturalista, pode ser observada no comentário de Prata sobre o papel do leitor diante do texto e do mecanismo intertextual:

> [...] ao intérprete cabe ler sua *estrutura intertextual* (a qual é uma *propriedade constitutiva do texto*), não as intenções do autor. Uma análise intertextual que leve isso em conta 'desestabiliza' não apenas a noção de Verdade do texto imitante, mas a de Verdade latente e unívoca do texto imitado; *coloca a ênfase na recepção*, com suas complexidades e imponderabilidades. (Prata, 2007, p. 34, grifos nossos)

Desse modo, ao mesmo tempo em que a estudiosa atribui à intertextualidade uma "ênfase na recepção", o fenômeno é definido como uma propriedade estritamente do texto. Com efeito, essa perspectiva, nova em relação à alusão, problematiza a noção de uma "verdade" centrada na intenção do autor. Não obstante, parece que, implicitamente, a "verdade" é transferida do autor para a instância do texto, mudança respaldada por uma suposta objetividade atribuída a esse tipo de enfoque. Nesse contexto, a figura do leitor perde espaço, e o mencionado destaque dado à recepção consiste mais em uma forma de afirmação do novo discurso da intertextualidade enquanto oposição à perspectiva alusiva do que em uma real importância concedida ao leitor para a interpretação e construção de sentidos. Isso é ratificado por outra passagem, em que a estudiosa novamente sublinha o caráter textual da intertextualidade e define o leitor apenas como um elemento responsável por acionar a intertextualidade, considerada uma propriedade do texto: "Como observamos, *a intertextualidade é uma propriedade do texto* (bem como da linguagem em geral, como temos insistido), faz parte de seu *sistema* e seu mecanismo só é *acionado* pelo leitor, no momento da leitura e em conformidade com ela" (Prata, 2007, p. 47, grifos nossos).

Com efeito, a centralidade no texto confere a esse tipo de abordagem uma impressão de objetividade. É como se o texto, absoluto em si mesmo e independente de influências externas, guardasse em si um sentido original, que não se confunde nem com as intenções do autor, nem com possíveis construções de leitores empíricos, mas se encontra inscrito na matéria textual, uma vez que "a intertextualidade é uma propriedade do texto". Diferentemente da perspectiva alusiva, a proposta intertextual textualista de Prata tem a vantagem de não vincular o mecanismo intertextual aos desígnios do autor, nem atribuir à instância autoral o controle sobre os sentidos de um texto. A seleção lexical do trecho acima citado ("propriedade do texto", "sistema") deixa ecoar uma visão tipicamente estruturalista do fenômeno intertextual. No entanto, nessa perspectiva, o poder interpretativo conferido ao leitor ainda é, de certa forma, débil e limitado. Mesmo que se mencionem as instâncias da leitura e da recepção como variadas e dinâmicas, mesmo que a estudiosa, na esteira de Barchiesi (1997, p. 210), advogue que a intertextualidade constitui um evento fluido e instável, e não um objeto, o emprego de um verbo como "acionar" para designar a participação do leitor traz consigo um pressuposto: o fato de que a intertextualidade já está no texto, apenas à espera de tal atitude do leitor. Sob esse aspecto, embora Prata afirme conceder ao leitor um papel participativo no processo, os implícitos de seu discurso apontam para um leitor ainda submisso a sentidos pré-existentes no texto, e não para um leitor que constrói ativamente esses sentidos. O leitor é visto como condição *sine qua non* da leitura intertextual, mas como uma figura que a aciona, e não como aquele que a cria ou constrói.

O sentido (e a intertextualidade) como algo pré-existente no texto, alheio às contingências históricas, seria responsável por tornar a interpretação de um texto algo atemporal: por mais que o tempo passe, o sentido permaneceria estável, dado que o texto persiste o "mesmo". Ora, esse tipo de raciocínio exemplifica aquilo que Martindale (1993, p. 4) identifica como uma perspectiva do "texto reificado em si mesmo, com o sentido situado para além da contingência".[115] Bastante frequente entre os estudiosos da área de clássicas, essa posição é definida como um "discurso do 'natural'":

> [...] um leitor competente, pressupõe-se, chegaria, 'naturalmente' e sem grande dificuldade, ao sentido original correspondente à 'forma verdadeira' dos poemas, não fossem as barreiras postas entre leitor e texto pela história, tradição e más interpretações críticas. (Martindale, 1993, p. 4-5)[116]

A proposta, no entanto, de se considerar o contato entre um texto e um leitor como "pura" (*naked*) é, nas palavras de Martindale (1993, p. 5), "absurda" (*absurd*), pois "todos nós iniciamos a leitura de textos com a bagagem de nossos valores e nossa experiência, com certas categorias, suposições, preconceitos e 'pré-concepções'. Possuir essa bagagem é ser um ser humano na história; *sem ela, não poderíamos sequer ler*".[117] Desse modo, mesmo a perspectiva fortemente centrada no texto consiste em um tipo de abordagem historicamente marcada, fundada em um pressuposto de "metafísica do texto" e de um "sentido imanente nos signos" (Martindale, 1993, p. 5).[118] Ela evidencia um pensamento estruturalista e, nesse sentido, é historicamente marcada.

Outro exemplo da intertextualidade, segundo um enfoque estruturalista voltado para a semiologia, manifesta-se nas colocações de Vasconcellos (2001, p. 33), para quem os "efeitos intertextuais (...) fazem parte do universo semiótico do texto". Essa centralidade no texto, como posição que busca rebater o controle autoral pressuposto na "arte alusiva", acaba por conferir ao leitor um papel secundário no processo:

> [...] devemos interrogar-nos quanto aos *efeitos intertextuais* possíveis, renunciando a qualquer indagação sobre seu aspecto voluntário ou involuntário; [...]

não se trata de saber o que Virgílio *quis* dizer no intertexto, mas que efeitos podemos identificar a partir de uma leitura que leve em conta o jogo alusivo, os contextos confrontados, a coerência de nossa análise com o conjunto da obra. O *leitor implícito* se torna *decifrador ativo* não de uma fórmula matemática, mas de sentidos tênues que vêm revestir a *leitura linear* [...]. (Vasconcellos, 2001, p. 32, grifos nossos)

Sob a perspectiva apresentada por Vasconcellos, os efeitos intertextuais constituem algo presente no texto, devendo ser decifrados pelo leitor. Nesse sentido, convém que ele seja perspicaz e possua um amplo conhecimento literário, a fim de ser capaz de identificar os elementos intertextuais existentes.[119] Além disso, o estudioso lança mão do conceito de "leitor implícito", uma noção do leitor como categoria projetada pelo próprio texto, a qual todo leitor-empírico, no ato de leitura, deveria preencher a fim de que se efetue a produção de sentidos. Ora, esse conceito deixa transparecer um controle da interpretação e do processo de recepção, na medida em que o leitor não desempenha de fato um papel hermenêutico/interpretativo, já que os sentidos estão pressupostos no texto, apenas esperando a figura do leitor para acioná-los. Assim, o que se observa nesse tipo de enfoque é uma transferência do núcleo de verdade, antes centrado na figura autoral, para o texto. Ao optar pela noção de "leitor implícito", Vasconcellos sujeita-se aos mesmos tipos de questionamentos pelos quais Iser fora criticado.[120]

Com efeito, a noção de "leitor implícito", definida com base na instância de "autor implícito" primeiramente introduzida por Booth (1983), em livro originalmente publicado em 1961, foi explorada de forma ampla na estética da recepção de Iser. Conforme assinala Compagnon (2006, p. 151, trad. C. Mourão e C. Santiago), o leitor implícito, para Iser, "é uma construção textual percebida como uma imposição pelo leitor real; corresponde ao papel atribuído ao leitor real pelas instruções do texto". Se suas raízes se encontram na estrutura do texto, a noção de "leitor implícito" a ele se sujeita e obedece às suas instruções. Com isso, enquanto estrutura textual, ele constitui a faceta passiva do papel do leitor real, cuja faceta ativa é identificada com um ato estruturado, ou seja, a própria leitura real (Compagnon, 2006, p. 151).

A proposta de Iser recebeu críticas severas por duas razões principais. Uma delas, indicada por Eagleton (2006, p. 122), consiste no fato de ele prever um leitor ideal, com um nível de conhecimentos extremamente elevado, que dificilmente poderia se encaixar na realidade da maior parte dos leitores empíricos. Sua teoria de leitura, nesse sentido, seria capaz de descrever apenas um grupo seleto e restrito de leitores, de modo que, ao estabelecer um circuito fechado entre leitor e obra, acabaria por refletir, na opinião de Eagleton (2006, p. 122, trad. W. Dutra), "a condição fechada da instituição acadêmica da Literatura". O segundo motivo de críticas consistiu na liberdade restrita atribuída à figura do leitor, visto que o leitor implícito tem sua atividade limitada por um controle autoral. A esse respeito, Compagnon (2006, p. 153) destaca que, sob uma aparência de maior tolerância, o leitor implícito encontra-se, na verdade, fadado a seguir as instruções do autor implícito. Sob esse aspecto, a estética da recepção, segundo Compagnon (2006, 155-156), acabaria por voltar, de forma sub-reptícia, à figura do autor como norma:

> A liberdade concedida ao leitor está na verdade restrita aos pontos de indeterminação do texto, entre os lugares plenos que o autor determinou. Assim, o autor continua, apesar da aparência, dono efetivo do jogo: ele continua a determinar o que é determinado e o que não o é. (Compagnon, 2006, p. 155, trad. C. Mourão e C. Santiago).

Apesar dessas questões discutíveis da teoria de Iser, que acabam por resultar na problemática do controle autoral, sua proposta tem o mérito de sugerir um equilíbrio na relação estabelecida entre texto e leitor. Nas palavras de Compagnon (2006, p. 154, trad. C. Mourão e C. Santiago) a esse respeito, "a leitura faz parte da estrutura do texto e da interpretação do leitor, da indeterminação relativa e da participação controlada (da imposição e da liberdade)". No entanto, o "leitor implícito" proposto por Vasconcellos (2001) na passagem citada parece um pouco mais limitado que o de Iser, na medida em que é considerado um "decifrador" e realiza uma "leitura linear", elementos que o aproximam das perspectivas textualistas.

Também numa postura teórica textualista, porém bem mais radical e fechada, Conte & Barchiesi (2010), em texto originalmente publicado em 1989, partilham da perspectiva estruturalista para abordar a intertextualidade, mas, por vezes, expressam posicionamentos contraditórios entre si, visto que misturam o enfoque centrado no texto a uma postura filológica contendo resquícios de intenção autoral e a uma tentativa de dar destaque para o leitor e a recepção. Hinds (1998, p. 20-21) já apontara uma "tensão não resolvida" (*unresolved tension*) nas formulações de Conte, que, em outros estudos, aproxima filologia tradicional e semiologia em sua abordagem da intertextualidade. Para Hinds (1998, p. 21), porém, essa tensão é considerada proveitosa, e não uma evidência de fraqueza metodológica. Não partilhamos totalmente dessa opinião. A nosso ver, as tensões entre posicionamentos teóricos distintos são, em geral, produtivas (conforme será discutido na última seção deste capítulo), desde que não seja adotada uma postura dogmática e essencialista, que atribua aos textos "verdades" a serem decodificadas, como fazem Conte & Barchiesi no estudo citado. O dogmatismo não deixa espaço para a existência de tensões, mas sim para a manifestação de contradições.

Ainda que Barchiesi (1997) tenha reformulado, em publicações posteriores, diversas ideias então apresentadas, inclusive discutindo os principais pontos de vulnerabilidade dos "estudos intertextuais", optamos por fazer uma análise mais detalhada do estudo em coautoria com Conte (2010), pois o tomamos como representante extremo dos principais problemas e pontos questionáveis da vertente estruturalista dos estudos de intertextualidade. Com isso, será possível evidenciar de modo mais claro as diferenças entre a concepção de intertextualidade nessa primeira fase dos "estudos intertextuais" e a noção que se desenvolve posteriormente sob o viés de uma perspectiva teórica pós-estruturalista[121] acerca do fenômeno, que, à época do artigo de Fowler (1997, p. 24), constituía-se como uma inovadora direção de desenvolvimento para os estudos sobre intertextualidade. Diante disso, após apresentar os elementos discutíveis na abordagem da intertextualidade proposta por Conte & Barchiesi (2010), comentaremos sobre aquilo que poderíamos considerar outra vertente dos "estudos intertextuais", representada pelas contribuições de, entre outros, Martindale (1993), Fowler (1997, p. 24-32), Hinds (1998) e Edmunds (2001).

Em seu estudo, Conte & Barchiesi (2010, p. 93-94) salientam a maior abrangência da noção de intertextualidade em relação à ideia de "arte alusiva" e consideram que todo texto literário fundamenta-se na "absorção e assimilação de outros textos, sobretudo como transformações daqueles" (Conte & Barchiesi, 2010, p. 94, trad. D. Carrara e F. Moura). Nesse sentido, propõem-se a uma abordagem da intertextualidade como fenômeno concernente ao texto, ainda que façam referência, em diversos momentos, à figura do leitor. Isso pode ser notado em vários de seus comentários sobre as relações intertextuais: "efeito sobre o leitor" (p. 90); "orientações prévias inscritas no texto" (p. 91); "significado resulta do contexto em que as citações são inseridas" (p. 92); "efeitos que a alusividade produz" (p. 102); "leitores que colhem a intertextualidade como efeito, como resultado oferecido pelo texto a quem o lê" (p. 115).

Para eles, portanto, o leitor é concebido como uma figura passiva em termos interpretativos. Os sentidos, previamente inscritos no texto (ou nos contextos textuais em que as alusões estão inseridas), manifestam seus efeitos sobre o leitor. Este não produz nenhuma interpretação, apenas decifra e decodifica a pluralidade de sentidos já presentes no texto. De fato, conforme assinalam Conte & Barchiesi (2010, p. 95), um texto guarda em si uma pluralidade de outros textos, que está escondida e deve ser decifrada pelo leitor, detentor de uma "'competência' na decodificação da linguagem literária". Diante disso, eles definem a intertextualidade como a "dimensão em que se atravessa da 'produção do texto por meio de textos' à *recepção orientada*" (2010, p. 94, trad. D. Carrara e F. Moura, grifo nosso).

Muito embora destaquem a posição antibiografista da crítica moderna, que se voltou frequentemente para a investigação de códigos, gêneros e *tópoi* (2010, p. 96-97), e, exatamente por isso, defendam uma noção de "intencionalidade",[122] em lugar das intenções autorais, a abordagem dos dois estudiosos italianos revela uma postura essencialista em relação ao texto, a ponto de se falar em "recepção orientada". Surge daí uma pergunta: orientada por quem (ou pelo quê)? A resposta de Conte & Barchiesi, muito provavelmente, seria: "orientada pelo texto". A partir disso, coloca-se uma questão fundamental: mas o que é o texto? A ideia de que a intertextualidade já está prevista no texto, e que o leitor, orientado em sua leitura, deva decifrá-la pressupõe indiretamente que o autor a construiu intencionalmente. Suas intenções, porém, ficam camufladas por uma ideia abstrata de intencionalidade do texto.

Nesse contexto, uma noção como "recepção orientada" parece evocar a noção de "leitor implícito" discutida anteriormente, que, a nosso ver, consiste em uma categoria dispensável para fins interpretativos. Em última instância, a construção dos sentidos de um texto resulta da ação do leitor empírico,[123] tanto que leitores diferentes farão também interpretações distintas de uma mesma obra. Naturalmente, haverá elementos textuais que favoreçam ou mesmo apontem para determinadas leituras; trata-se, porém, de elementos do próprio texto, sendo pouco produtiva a postulação de uma categoria "leitor implícito". Na verdade, essa categoria mais parece uma projeção de supostas "intenções autorais", como se esse leitor ideal, projetado no texto (e esperado pelo autor), fosse capaz de alcançar a totalidade da interpretação e apreender as alusões em toda sua completude.

Não obstante, a interação entre texto e leitor é algo múltiplo, infinito e imprevisível:[124] não é possível haver um leitor capaz de construir todas as possibilidades semânticas do texto, e a crença em alguém que possa abarcá-las todas consiste em uma ilusão de controle que é, em última instância, outro tipo de manifestação da ideia de controle do autor sobre sua obra. A esse respeito, Martindale (1993, p. 15) assinala que "construções como a de um 'leitor competente' (quem decide isso?) ou um 'leitor implícito' (sempre uma questão já de interpretação) parecem acrescentar pouco mais que o próprio crítico, sob outra roupagem".[125]

O papel ativo do leitor, como elemento que constrói interpretações, e o caráter múltiplo e aberto de todo texto são aspectos destacados por estudiosos que vinculamos à vertente teórica da intertextualidade que leva em conta as contribuições posteriores ao estruturalismo, como Martindale (1993), Fowler (1997), um outro Barchiesi (1997) e Hinds (1998). Porém, esses elementos não parecem ser princípios aceitos por Conte & Barchiesi (2010) no estudo em análise. Após um breve elogio, eles criticam as ideias desenvolvidas pela estética da recepção (Jauss e a escola de Constança):

> É uma tendência que possui méritos notáveis, porque reintegra ao leitor um papel ativo no processo de comunicação entre autor e público [...]. Não gostaríamos porém que, para derrubar demasiado mecanicamente as estéticas fundadas sobre a intenção, se chegasse a substituir a *intencionalidade única do autor pela pluralidade indiscriminada das intenções dos leitores*. Devem sempre ser mantidos presentes os *vínculos* [...] *que regulam a produção de qualquer texto: é assim que tem lugar uma combinação virtualmente infinita, mas sempre fechada* dentro daqueles vínculos; de sua parte, o leitor se constitui como *leitor competente* somente na medida em que aceita (em paridade com o autor que produziu o texto) a ação orientadora daqueles vínculos. (Conte & Barchiesi, 2010, p. 97, trad. D. Carrara e F. Moura, grifos nossos)

Nessa passagem, os autores deixam explícita sua posição favorável ao controle autoral sobre o sentido de um texto; eles defendem a preservação da "intencionalidade única do autor", que estaria sendo ameaçada, diante das noções da estética da recepção, por uma "pluralidade indiscriminada" de interpretações dos leitores. Para eles, o autor detém mais autoridade sobre o sentido (pelo fato de ser o criador do texto), ao passo que os leitores só são considerados competentes e capazes de oferecer interpretações válidas se estiverem alinhados às intenções do autor. Do contrário, estariam alterando indiscriminadamente os sentidos do texto. Com esse enfoque para o momento de produção, compreendido como um regulador das possibilidades de sentido, Conte & Barchiesi (2010) atribuem ao texto um caráter unívoco e fechado. Por mais que afirmem ser infinita a combinação de sentidos possíveis, eles a limitam aos vínculos autorais, o que acaba por constituir um direcionamento limitador das interpretações, inteiramente dependentes de supostas intenções autorais.

Esse tipo de abordagem dos filólogos italianos apresenta uma série de problemas. O mais evidente deles consiste no fato de o momento de produção de um texto ser irrecuperável. Enquanto leitores e críticos de uma obra, situamo-nos no contexto da recepção, que pode, no máximo, oferecer uma reconstrução do que poderia ter sido o instante de produção. A esse respeito, Hinds (1998, p. 46) destaca que "o ideal de um leitor que vê exatamente as mesmas pistas que o autor (...) será sempre, em última análise, algo inatingível",[126] mesmo se se tratasse do próprio autor como leitor. Esse distanciamento fica ainda mais evidente em relação às obras da Antiguidade, uma vez que muitos dos textos da tradição que existiam à época dos autores antigos (e que eles provavelmente leram) foram perdidos e não chegaram até os dias de hoje, de modo que jamais os poderemos ler e, necessariamente, o universo de leitura dos antigos será diferente do nosso. Além disso, a tentativa de impor vínculos e limites que possam regular as interpretações de um texto, a fim de que não sejam "indiscriminadas", é algo apenas ilusório, na medida em que nem o autor, nem o texto, nem os críticos literários detêm qualquer controle real sobre o processo de recepção (o que não significa que não tenham tentado controlá-lo).[127]

Diante das limitações apresentadas tanto em relação ao viés de recepção centrado em supostas intenções autorais, exemplificado pela noção de alusão, quanto em relação ao viés centralizado no próprio texto, representado pela perspectiva estruturalista na abordagem da intertextualidade, descrita na tabela de Fowler (1997, p. 15) e por nós identificada como uma das vertentes dos "estudos intertextuais", foram desenvolvidas possibilidades interpretativas acerca do fenômeno intertextual buscando ressaltar o papel ativo do leitor e a historicidade do ato de leitura. Já em seu artigo, Fowler

(1997, p. 24-32) assinala os desdobramentos teóricos na abordagem da intertextualidade como "possíveis direções que o trabalho futuro sobre intertextualidade pode tomar" e "como o trabalho em clássicas pode se conectar com as práticas mais amplas e audazes de outras comunidades interpretativas" (1997, p. 24).[128]

No âmbito da estética da recepção, a intertextualidade passa a ser compreendida como uma construção feita pelo leitor. Com isso, a interpretação de uma obra envolveria, necessariamente, aquilo que Gadamer denominou uma "fusão de horizontes",[129] pois, ao horizonte da obra, soma-se ainda o horizonte do leitor. De modo semelhante, sob a perspectiva pós-estruturalista, "a intertextualidade, como todos os aspectos da recepção literária, está em última instância situada na prática da leitura, não em um sistema textual: o sentido é percebido no ponto da recepção, e o que conta como intertexto, e o que se faz com ele, depende do leitor" (Fowler, 1997, p. 24).[130] Além disso, o estudioso (1997, p. 25) destaca que, segundo um entendimento desconstrucionista da intertextualidade, existe uma "infinitude de elos intertextuais, que torna qualquer ponto de parada arbitrário".[131] No entanto, como é necessário ao leitor e crítico literário findar, em algum momento, sua interpretação de um texto, o ponto de parada dos elos intertextuais passa a ser "uma escolha nossa, e carrega em si implicações ideológicas", de modo que a leitura intertextual "é essencialmente ideológica" (Fowler, 1997, p. 25).[132]

Conte & Barchiesi (2010), como defensores de uma perspectiva centrada estritamente no texto e de um conservadorismo filológico eivado de "intencionalidades", atacam não só as ideias da estética da recepção, mas também problematizam e negam as contribuições de uma das vertentes do pensamento pós-estruturalista, o desconstrucionismo:

> Mas no clima atual, alimentado pelas fortunas 'desconstrutivistas', tende-se sobretudo a ver nos fenômenos intertextuais uma cifra de *autorreflexão do poeta*; do poeta não como indivíduo mas como *sujeito que reflete e 'desfaz' na obra a sua prática literária*. Parece-nos, em suma, que se caminha rumo à *perigosa presunção de que toda alusão deva ser sempre metaliterária*, deva remeter a um conteúdo primeiro que não é nada além da obra mesma. Há que se temer uma geração de críticos para quem a literatura [...] acaba sempre, mais cedo ou mais tarde, por falar somente de si. (Conte & Barchiesi, 2010, p. 99-100, trad. D. Carrara e F. Moura, grifos nossos)

Esse trecho de Conte & Barchiesi constitui uma crítica à abordagem pós-estruturalista,[133] na vertente de ideias que Fowler (1997, p. 17) definiu como um "pan-textualismo derridiano":[134] "se nada está fora do texto, no sentido de que só podemos falar e pensar em algo dentro da linguagem, então a intertextualidade não é simplesmente sobre a relação entre esta ou aquela produção literária, mas um traço central da vida humana".[135] Os estudiosos italianos problematizam uma concepção da intertextualidade que estenda a tal ponto o destaque conferido à linguagem que as interpretações sempre remetam à própria obra, naquilo que eles consideram um "excesso" metaliterário.

A crítica moderna, por outro lado, frequentemente se volta, segundo Fowler (1997, p. 27), para as questões da intertextualidade como tematizadas no interior do texto, de forma que referências a temas como "tecelagem", "mistura", "hibridização" ou "contaminação" (*weaving, mixing, hybridisation, or contamination*) são entendidas como alusões à intertextualidade. Com isso, textos antigos passam a incorporar, nas análises dos leitores modernos, elementos característicos do discurso teórico de sua própria época. A esse respeito, Fowler (1997, p. 27) salienta que "os rastros da teoria moderna não estiveram presentes aí o tempo inteiro esperando por nós, mas aparecem apenas após termos formulado a teoria".[136]

Diante disso, pode-se dizer que a crítica efetuada por Conte & Barchiesi (2010) parte de uma premissa que parece não se sustentar. A impressão que se tem a partir do comentário dos estudiosos italianos é de que o aspecto metaliterário e o conteúdo da obra como se referindo a si mesma constituiriam a "finalidade" de uma abordagem desconstrucionista. Com isso, eles atribuem uma espécie de "metafísica" metaliterária a um posicionamento teórico que visa precisamente à desconstrução de qualquer "metafísica" (seja do autor, seja do texto, seja do próprio leitor), conferindo ao texto possibilidades infinitas de sentido. Ademais, a ideia derridiana de que tudo existe dentro da linguagem não é uma presunção metaliterária, mas sim uma entre várias outras possibilidades de interpretação dos fenômenos.

Conforme sublinha Fowler (1997, p. 18), segundo a perspectiva pós-estruturalista, também a história só seria acessível no discurso: "Textos não podem se referir a eventos históricos ou instituições, mas apenas a narrativas sobre esses eventos e instituições, contadas seja pelos antigos, seja pelos modernos".[137] Esse posicionamento dialoga fortemente com alguns comentários de Hayden White (1986), historiador norte-americano que buscou incorporar noções da Teoria da Literatura à análise historiográfica, uma vez que entendia que tanto a história quanto a literatura se aproximam enquanto narrativas construídas:

> [...] se observarmos a teoria e a prática histórica contemporânea, devemos admitir que existem tantas perspectivas sobre a história quantos são os modos de prática crítica nos estudos literários. E isso devido a uma boa razão: o referente do termo 'história' é tão indeterminável, é tanto uma questão de contestação de princípios, quanto o próprio termo 'literatura' (ou, para aquele assunto, 'filosofia' ou 'ciência'). (White, 1986, p. 482)[138]

No entanto, conforme assinala Martindale (1993, p. 21-22), pelo fato de considerar que as histórias são "ficções de representação factual" (*fictions of factual representation*), White foi acusado pela crítica de introduzir um relativismo desestabilizador, que enfraquece as noções de "fato" e "realidade" e, com isso, mina a verdade em seu próprio discurso meta-histórico. Ora, esse mesmo tipo de crítica a uma postura "relativista" costumou ser feita igualmente às abordagens pós-estruturalistas, como o já mencionado "pan-textualismo" desconstrucionista. Conforme esclarece White, sobre esse tipo de enfoque na história,

> para o pan-textualista, a história aparece ou como um texto sujeito a várias leituras diferentes (como um romance, poema ou peça), ou como uma presença ausente cuja natureza só é perceptível por meio de textualizações anteriores (documentos ou relatos históricos) que devem ser lidos e reescritos em resposta a interesses, preocupações, desejos e aspirações atuais [...]. (White, 1986, p. 485)[139]

White dirige-se às críticas que ele próprio recebera quanto a um suposto "relativismo" com uma poderosa justificativa. Mesmo que seu posicionamento de certa forma se fundamente na afirmação da existência de uma "verdade" (e, nesse sentido, se distinga do desconstrucionismo), sua resposta coloca em destaque o caráter discursivo da "verdade" e dos "fatos", de modo a salientar o pluralismo de interpretações inerente tanto à história quanto à literatura. Nas palavras de Martindale (1993, p. 22), White "responde não ter abandonado a 'verdade' e os 'fatos', mas os ter reconceitualizado: a questão não é que todas as narrativas históricas sejam igualmente válidas, mas sim que todas elas são igualmente retóricas".[140] A "reconceitualização" dessas noções a partir de uma perspectiva retórica – e, por consequência, discursiva, de forma a dialogar com a ideia de que tudo é linguagem – baseia-se exatamente numa redefinição de conceitos e na apresentação de novas narrativas. Essas novas narrativas não são medidas por uma validade fundada em critérios verídicos, mas sim por seu potencial retórico, isto é, sua natureza de construção textual.

Na presente seção do capítulo, buscamos apresentar uma narrativa acerca da presença da noção de "intertextualidade" no âmbito dos Estudos Clássicos e sua modificação e "reconceitualização" ao longo do tempo devido às diferentes abordagens teóricas. O percurso traçado envolveu desde um enfoque centrado no momento da produção de um texto, exemplificado pela noção de *imitatio* dos antigos, até abordagens voltadas para o momento da recepção, que variavam entre perspectivas centradas no autor, no texto ou no leitor. Por fim, expusemos brevemente uma postura pós-estruturalista, que visa à desconstrução de centralismos, cujas implicações serão retomadas com mais detalhes na próxima seção. O enfoque centrado no texto e aquele centrado no leitor são considerados por Vasconcellos como extremos cujo equilíbrio é mister encontrar, a fim de fornecer ao estudioso de clássicas uma abordagem teórica em conformidade com sua atividade:

> Entre uma teoria que vê no *sistema do texto* uma espécie de mapeamento de virtualidades interpretativas (não se apagando, portanto, o controle do produtor do texto sobre a recepção, mas apenas transferindo-o para o sistema do texto, que, ainda assim, prevê e controla, aceita e rejeita interpretações) e teorias da recepção que enfocam a obra como resultado da *operação interpretativa do leitor*, de tal forma que seria inútil pensar num leitor ideal, num leitor implícito, no horizonte de expectativas do leitor da época, etc., pois cada uma dessas abstrações não se realizaria senão na concretude da diferença imponderável de leituras de toda comunidade de leitores – entre esses dois extremos, pensamos que possa haver um meio-termo que não é evocado apenas por comodidade. [...] *Entre os filólogos, as leituras deverão estar amparadas na solidez da leitura da língua antiga em que o texto é escrito, no conhecimento de convenções genéricas, etc., de tal forma que uma interpretação que nesse campo pretenda ter aprovação deverá montar um percurso crítico de tipo bem definido* (utilizando, inclusive, certo tipo de discurso metalinguístico, o amparo de textos trazidos para confronto, etc.).

Assim, o leitor pode realizar – como de fato ocorre – a operação interpretativa que desejar, mas *socialmente sua leitura terá maior ou menor aprovação, maior ou menor prestígio*, se convencer de que, longe de ser aleatória, rearranja elementos do texto de forma tal que passemos a ver nele aquela mesma teia de sentidos explicitada pela interpretação. (Vasconcellos, 2007, p. 244-245, grifos nossos)

Vasconcellos busca definir um meio-termo entre uma perspectiva centrada no "sistema do texto" e outra centrada na "operação interpretativa do leitor", ambas consideradas posições extremas. Para ele, o equilíbrio estaria na adoção de uma abordagem que se alinhe ao discurso filológico característico da área de Estudos Clássicos, baseado no profundo conhecimento das línguas clássicas e nas convenções de gêneros dos textos antigos. Tal discurso manifestaria uma leitura mais aceita e aprovada na comunidade leitora formada pelos estudiosos da área, porque mais persuasiva nessa comunidade interpretativa.

Partilhamos da perspectiva conciliatória proposta por Vasconcellos, que se propõe a alinhar as contribuições das teorias textuais com aquelas das teorias da recepção por meio da filologia, apresentada pelo estudioso como uma possibilidade de meio-termo. No entanto, discordamos no que diz respeito à motivação e à justificativa para seu posicionamento. Vasconcellos opta pela via da filologia por ser uma forma de interpretação de prestígio no âmbito dos Estudos Clássicos e, portanto, mais aceita e digna de aprovação no interior dessa comunidade interpretativa.

Sem dúvida, julgamos importante um entendimento da intertextualidade que possa ressaltar as particularidades dos conhecimentos dos Estudos Clássicos, mas tal postura, em alguns casos, pode acarretar uma espécie de "fechamento" em relação a outros discursos teórico-metodológicos possíveis, como demonstramos no exemplo de Conte & Barchiesi (2010). A nosso ver, justificar um tipo de leitura pelo simples fato de ser a de maior prestígio e aprovação na área acaba por reafirmar um julgamento social que se preocupa principalmente com a aceitação acadêmica, de modo a estimular uma postura de isolamento dos Estudos Clássicos (remetendo, inclusive, ao sentido etimológico de "estudos de classe"),[141] que limita possibilidades de diálogo produtivo e restringe o alcance da área.[142] Vasconcellos, bem esclarecido e consciente da utilidade do diálogo teórico na compreensão da intertextualidade, evidentemente não despreza em seu texto as contribuições de outras áreas (mesmo as que não venha a aderir), nem adota uma postura

I – Uma filologia intertextual da recepção literária

de "fechamento". Porém, sua motivação para a escolha de uma abordagem filológica serviria de justificativa para qualquer acadêmico menos tolerante que buscasse defender uma perspectiva fechada exclusivamente nos Estudos Clássicos, uma vez que considera como pontos definidores da área um "percurso crítico bem definido" ("solidez da leitura da língua antiga em que o texto é escrito", "conhecimento de convenções genéricas, etc."). Ora, se esse é o viés de maior aprovação e prestígio na área, significa exatamente que boa parte dos estudiosos de clássicas ainda tendem a se fixar no discurso crítico filológico e desconsiderar outros avanços teóricos que extrapolem tal perspectiva.

As duas instâncias opostas e extremas assinaladas por Vasconcellos na passagem citada correspondem, respectivamente, àquilo que Hinds (1998, p. 19 e 48) designou por "fundamentalismo filológico" (*philological fundamentalism*) e por "fundamentalismo intertextual" (*intertextualist fundamentalism*). O estudioso (1998, p. 17-19) identifica o primeiro tipo de posicionamento como uma "visão de túnel filológico" (*philological tunnel vision*, p. 20), que pode ser exemplificada pelas práticas de R. Thomas. A abordagem baseia-se na ideia de que o texto possui os sentidos autorizados pelo autor e envolve a noção de um "controle alusivo" (*allusive control*, p. 18) por parte do poeta que alude. Hinds (1998, p. 10) problematiza esse tipo de enfoque como vulnerável e propõe a transferência do domínio do autor para o leitor: "Eu poderia (...) argumentar que, para todo intenso controle autoral que pressupõe, a anotação alusiva, como qualquer outro aspecto do sentido poético, é sempre, na prática, algo (re)construído pelo leitor no momento da recepção".[143]

No outro extremo, o "fundamentalismo intertextual", de acordo com Hinds (1998, p. 48), privilegia a recepção do leitor tão demasiadamente a ponto de acabar com a existência de um "poeta que alude" (*alluding poet*). Na opinião do estudioso, tal posicionamento, por tratar o "autor que alude" como um termo não passível de interpretação, acaba por empobrecer o vocabulário crítico para discutir vários fenômenos. Nesse contexto, uma conciliação possível, proposta por Hinds (1998, p. 49-50), consiste na manutenção de uma figura autoral que lemos nos textos, mas com a plena consciência de que ela é uma (re)construção operada pelos leitores; podendo, inclusive, ter conotações variadas de um leitor para outro.

Ao abordar a intertextualidade, Edmunds (2001, p. 40-43) também distingue duas figuras opostas: o "leitor-filólogo" (*reader-philologist*) e o "leitor-intérprete" (*reader-interpreter*). Ele exemplifica o primeiro caso com o enfoque característico da crítica textual, que busca restaurar os textos, a fim de estabelecer aquilo que o autor teria originalmente escrito. De acordo com Edmunds (2001, p. 3-4), que remete a J. McGann (1983, p. 89-90), a consideração da intenção autoral como ferramenta crítica é um projeto com várias limitações, na medida em que o texto definitivo e as intenções finais do autor podem não existir, nem nunca ter existido. Por sua vez, o "leitor-intérprete" é definido por Edmunds (2001, p. 43-44) a partir de ideias da Estética da Recepção, mais especificamente, da teoria de Jauss baseada em uma série de leituras – a primeira, estética; a segunda, interpretativa; a terceira, historicista.[144]

Diante dessas colocações, comentamos, na próxima seção, algumas abordagens da intertextualidade centradas no papel ativo e interpretativo do leitor e em perspectivas teóricas que colocam em diálogo ideias da Estética da Recepção e o pensamento pós-estruturalista, a fim de delinear a figura de "leitor" e as concepções acerca da recepção que se instauraram nos Estudos Literários e fazem contraste à figura do "leitor-filólogo". À guisa de uma revisão bibliográfica, centrada especialmente em acadêmicos da área de Estudos Clássicos interessados nos desenvolvimentos da Teoria, ela tem como objetivo expor as contribuições teóricas no âmbito dos "estudos intertextuais" com que nossa proposta teórico-metodológica, a ser apresentada na última seção deste capítulo, dialoga fortemente.

As faces do texto para múltiplos leitores

Uma perspectiva da intertextualidade que leve em conta o papel ativo do leitor na geração de sentidos compreende que a interpretação se dá também na cadeia de recepção de um texto e se constrói a partir do leitor e do contexto em que ele está inserido. Os estudiosos que partilham dessa opinião tendem a concordar quanto ao fato de cada leitura ser necessariamente diferente de quaisquer outras, mesmo quando se trata do próprio autor desempenhando um papel de leitor: "dois leitores jamais irão construir um conjunto de pistas do mesmo modo; nenhum leitor, nem mesmo o autor, jamais irá construir um conjunto de pistas duas vezes do mesmo modo" (Hinds, 1998, p. 47).[145] Nesse ponto, fica claro que a intertextualidade não se restringe apenas à tradição literária, mas permeia também o âmbito teórico, dado que a própria teoria torna-se palco para o diálogo intertextual. Com efeito, nosso objetivo neste capítulo é exatamente colocar em relação diferentes perspectivas teóricas acerca da intertextualidade, a fim de, combinando aquilo que cada uma delas oferece de melhor, construir nossa proposta teórico-metodológica, que se funda, portanto, no diálogo (intertextual) em âmbito teórico.

A figura de leitor descrita por Hinds, caracterizada por não construir as pistas duas vezes do mesmo modo, evoca o fragmento 91 de Heráclito: "Não se pode entrar duas vezes no mesmo rio" (trad. E. Leão, 1980, p. 113). Não só o rio muda, como também aquele que nele ingressa. De forma semelhante, o contexto de recepção de qualquer obra se modifica – ele é um rio em constante movimento –, e também os leitores se transformam, pois, a cada leitura realizada, sua bagagem de experiências e conhecimentos é diferente. Assim, as eventuais "alusões" efetuadas de forma autoconsciente pelo autor no instante de produção de um texto não necessariamente vão corresponder aos elementos de intertextualidade construídos por determinado leitor. Nem mesmo o próprio autor, ao reconstruir os sentidos de seu texto, terá a mesma percepção que teve no momento de produção da obra: não só o contexto é outro, mas também o próprio sujeito que compôs a obra, que terá agregado novas experiências.[146] De acordo com essa perspectiva, as possibilidades de diálogo intertextual em uma obra são potencialmente infinitas.

Ora, diante dessa natureza múltipla e infinita da intertextualidade que passa a caracterizar as abordagens pós-estruturalistas do fenômeno, a realização de uma interpretação implica uma escolha, uma tomada de decisão. Em razão disso, toda alusão será necessariamente tendenciosa, na medida em que resulta, como afirma Fowler (1997, p. 25), de uma escolha ideológica do leitor. A esse respeito, Hinds (1998, p. 52) sublinha "a parcialidade de qualquer narrativa contada por qualquer leitor ou escritor sobre as relações alusivas ou intertextuais na história literária".[147] Essa parcialidade resulta do fato de o sentido sempre se dar no momento da recepção, de modo que, segundo Martindale, a interpretação de um texto torna-se inseparável da história de sua recepção:

> O sentido, podemos dizer, é sempre percebido no momento da recepção; se é assim, não podemos assumir que uma 'intenção' é efetivamente comunicada em qualquer texto. Ademais, parece, um escritor nunca pode controlar a recepção de sua obra, seja em relação ao caráter do público leitor, seja em relação a qualquer uso que é feito da obra. (Martindale, 1993, p. 3-4)[148]

O estudioso discute e coloca em prática, no seu livro, uma perspectiva baseada (1) na teoria da recepção sob o enfoque desenvolvido por Jauss; (2) no desconstrucionismo derridiano; e (3) nas teorias de diálogo e interpretação associadas a Gadamer. Conforme ele próprio esclarece, sua abordagem teórica explora

> [...] uma versão historicizada da teoria da recepção, associada principalmente a Jauss; mas ela será de natureza menos positivista, pois fará, bem mais do que ele, concessões às operações de *différance*, termo-chave de Derrida, que combina a ideia de *diferença* (o sentido é um efeito do contraste entre signos) e *diferimento* (o sentido sempre resiste ao fechamento, a um sentido final ou originário, pois os signos nunca se cristalizam). (Martindale, 1993, p. 7, grifos nossos)[149]

O caráter historicizado da abordagem diz respeito ao fato de Martindale (1993, p. 35) defender que toda leitura realizada é historicamente situada. Na esteira de Gadamer, ele compreende que o sentido de uma obra de arte é contingente, uma vez que varia dependendo do público pelo qual ela for interpretada. De acordo com esse ponto de vista, o sentido, então, é entendido como algo que se constitui dentro da história:

> Na perspectiva de Gadamer, 'a verdade das obras de arte é contingente: o que elas revelam depende das vidas, das circunstâncias e dos pontos de vista do público para o qual elas revelam isso'. Nas palavras de Gadamer, 'Faz parte da finitude histórica da nossa existência estarmos conscientes de que, depois de nós, outros vão entender de modo diferente'. (Martindale, 1993, p. 7)[150]

Essas reflexões, transferidas para o âmbito da Teoria, levam à observação de que o sentido de um texto varia de acordo com as orientações teóricas assumidas (consciente ou inconscientemente) por seu leitor. Portanto, assim como mudam os tipos de abordagem teórica, igualmente, também os sentidos construídos a partir de cada uma delas mudará. Essa consciência acerca da historicidade das ideias e da não imanência dos fatos e dos textos é algo que perpassa todo pensamento teórico, independentemente da área de conhecimento. A esse respeito, lembremo-nos de uma das epígrafes de abertura do livro de Martindale, proveniente de uma carta de Albert Einstein a Heisenberg: "O fato de se poder observar ou não algo depende da teoria que se utiliza. É a teoria que decide o que pode ser observado" (Einstein *apud* Martindale, 1993, p. 1).[151]

O pensamento teórico, como modo de ler, compreender e interpretar o mundo, está fadado à historicidade. Cada nova teoria proposta sempre se constitui em diálogo com as teorias anteriores, mas instaurando elementos de diferença que só foram possíveis de se desenvolver em razão da existência de um novo contexto (novas descobertas, novos dados, novas experiências...). Ora, não seria assim também com o funcionamento da poesia e da literatura? Cada nova obra literária que surge se insere em uma tradição já existente, a retoma e, ao mesmo tempo, a modifica. A nova obra, por sua vez, carregará consigo a história de sua recepção: seu sentido irá variar e se renovar à medida que novos leitores, com diferentes bagagens e inseridos nos mais variados contextos, a interpretarem.

Uma das consequências da historicidade de qualquer teoria, leitura ou interpretação consiste no seu caráter transitório. Essa questão é argutamente destacada por Lima (2016, p. 57-58), ao afirmar que "as tentativas de o pensamento articular-se com a literatura são apenas configurações históricas, qualquer pretensão à verdade está fadada à contestação, à medida que as próprias relações entre o pensamento humano e o mundo são, também, transitórias". Pode parecer paradoxal, mas é exatamente essa historicidade das leituras e interpretações que, de certo modo, garante a natureza aberta e instável dos textos, cujos sentidos poderão ser infinitamente renovados. Diante disso, pode-se dizer que cada leitura consiste apenas em uma pequena parte da história da recepção de um texto.

É exatamente em relação a esse ponto que Martindale reivindica o caráter menos positivista de sua abordagem em comparação com a de Gadamer. O filósofo alemão, embora reconheça a historicidade das obras de arte e a variação de seus sentidos de acordo com o público, ainda pressupõe a existência de uma "verdade", mesmo que contingente. Essa, a seu ver, seria experienciada por meio da arte. Martindale, por sua vez, buscando romper com a "metafísica" do texto, combina à ideia de historicidade proveniente de Gadamer a noção de *différance* proposta por Derrida. Dessa forma, cada nova leitura não apenas se relaciona com as leituras anteriores e em contraste a elas, mas também se configura, de certo modo, como incompleta, na medida em que não é possível abarcar os infinitos sentidos potenciais de um texto. Levar em conta a *différance* é assumir a resistência do texto ao fechamento sobre um único sentido, é compreendê-lo como construto e no espaço de sua indecidibilidade.

Essa perspectiva remete à definição de intertextualidade apresentada por Fowler (1997, p. 31), que se funda em "uma visão do texto como inerentemente aberto, múltiplo e instável, em oposição às noções de um sentido fechado, univalente e contido em si mesmo".[152] Esse tipo de enfoque permite, inclusive, que um texto da Antiguidade adquira novas leituras e interpretações diante dos textos e contextos atuais. Fowler (1997, p. 26) já havia destacado que as histórias modernas afetam nossas construções da Antiguidade e que as teorias atuais deixam rastros nos textos antigos quando os lemos.

De modo semelhante, Edmunds (2001, p. 23) definiu essa possibilidade como uma "intertextualidade retroativa" (*retroactive intertextuality*), segundo a qual a repetição intertextual torna-se capaz de gerar novas leituras também do "texto-fonte". De acordo com o estudioso, nosso mundo de referência inclui vários textos que não poderiam ter sido antecipados por um poeta antigo, e é essa diferença entre os mundos de referência antigo e atual que permite que nós, hoje, reinterpretemos os antigos a partir, também, do conjunto da produção intelectual posterior.

Essa perspectiva de inversão do direcionamento intertextual é algo que já estava sugerido no famoso ensaio "Tradition and the Individual Talent" ("Tradição e talento individual"), de T. S. Eliot, originalmente publicado em 1917. Ainda que Eliot (1934, p. 18) em geral se vincule à corrente do *New Criticism*, por defender uma abordagem de poesia centrada no próprio texto, baseada numa "teoria impessoal da poesia",[153] em reação às abordagens biografistas frequentes à sua época, suas considerações a respeito da tradição, no mencionado ensaio, deixam entrever um pensamento consciente do senso histórico e das mútuas interferências entre passado e presente. Para ele (1934, p. 14), a tradição consiste em muito mais do que mera repetição – "novidade é melhor do que repetição" – e "o senso histórico envolve uma percepção não apenas do caráter passado do passado, mas de sua presença".[154] Ainda que considere a tradição uma espécie de "ordem ideal" e completa, Eliot (1934, p. 15) admite que, mediante a inserção de uma nova obra na tradição, toda a conformação dessa ordem existente deve ser alterada e reajustada. Em suas palavras, "qualquer um que tenha aprovado essa ideia de ordem (...) não irá considerar absurdo que o passado deveria ser alterado pelo presente tanto quanto o presente é direcionado pelo passado".[155] Assim, na perspectiva eliotiana da tradição, o presente ilumina a literatura do passado e vice-versa.

A ideia de uma "intertextualidade retroativa" também é enfocada no conto "Kafka e seus precursores", de Borges, originalmente publicado em 1951. Borges identifica uma série de textos que conteriam alguma idiossincrasia de Kafka (mesmo que Kafka jamais tivesse tido qualquer contato com eles) – e, por isso, poderiam ser considerados seus precursores –, mas ressalta que, se Kafka jamais tivesse escrito, tais idiossincrasias nunca teriam sido perceptíveis. Em suma, para Borges (2007, p. 130, trad. D. Arrigucci Jr.), "o fato é que cada escritor cria seus precursores. Seu trabalho modifica nossa concepção de passado, assim como há de modificar o futuro".

Assim, na medida em que a intertextualidade se situa no leitor, abre-se a possibilidade de reverter o direcionamento da referência intertextual (Fowler, 1997, p. 27). Com isso, segundo o estudioso, torna-se concebível que um "texto-fonte" seja dois mil anos posterior, como no já mencionado exemplo das teorias modernas deixando seus rastros nos textos antigos quando os lemos. Outro exemplo disso é a leitura comparativa que Hinds (1998, p. 8-10; 100) realiza da *Farsália*, de Lucano, e da *Eneida* virgiliana, na qual ele sugere a possibilidade de inversão intertextual.

Hinds compara o episódio da morte de Príamo, decapitado, na *Eneida* (Virg. *Aen.* II, 557-558) com o episódio da morte de Pompeu na *Farsália* (Luc. I, 685-686).[156] O estudioso evidencia a complexidade da questão ao indagar qual seria o "texto-fonte" da alusão de Lucano: a morte histórica de Pompeu ou a morte de Príamo na obra virgiliana? O questionamento surge pelo fato de, curiosamente, a morte de Príamo na *Eneida* ter sido amiúde entendida, conforme evidencia a interpretação de Sérvio (século IV), como uma alusão à morte de Pompeu. Nesse sentido, a presença do verbo *agnosco* ("reconheço") na *Farsália*, referindo-se ao reconhecimento da cabeça de Pompeu, poderia ser considerada aquilo que Hinds (1998, p. 9) denomina "anotação reflexiva" (*reflexive annotation*), isto é, a sinalização da presença de uma alusão no texto por meio de sua metaforização como um ato de reconhecimento. Em meio a esse imbróglio, Hinds indaga: seria a morte de Príamo na *Eneida* invocada como modelo para interpretar a morte de Pompeu na *Farsália*, ou a morte de Pompeu narrada por Lucano se torna, através de uma reapropriação retrospectiva, um modelo para se interpretar a morte de Príamo em Virgílio como uma alusão histórica à morte de Pompeu?

Sob essa perspectiva, não faz mais sentido pensar em um "texto-fonte", origem do sentido e direcionador das alusões de sua "imitação" posterior, uma vez que a relação intertextual entre duas obras pode ser enfocada tanto no sentido cronológico do passado para o presente, quanto no sentido contrário, do presente para o passado. Ou melhor, mais do que uma relação bidirecional, a intertextualidade pode ser compreendida como uma rede multidirecional, pois envolve necessariamente também a tradição interpretativa e a história da recepção de ambos os textos. Martindale (1993, p. 94), por exemplo, designa o fenômeno como uma "reciprocidade intertextual": "Estamos envolvidos em uma elucidação *multidirecional* de textos, em uma relação que pode ser nomeada de '*reciprocidade intertextual*'" (grifos nossos).[157] O estudioso ainda propõe que um termo chave para discutir intertextualidade e interpretação, no que diz respeito às negociações necessárias entre o mesmo e a diferença, consiste em tradução. Com efeito, para ele, toda leitura é uma tradução:

> Os signos – mesmo eles mudam de forma – devem ser lidos, e toda leitura, mesmo aquela (ou aquelas) do autor, é um ato de tradução. Então, não há um 'texto final', mas antes uma gama sempre crescente de 'traduções', que pode ser sempre *suplementada* por outra tradução. Se a tradução [...] pode ser conceitualizada *não como um processo unidirecional*, mas antes como um *processo dialógico de reciprocidade intertextual*, tem-se uma situação em que 'textos' que são sempre já traduções falam a outros textos, inclusive com os leitores enquanto sujeitos textualmente-constituídos. (Martindale, 1993, p. 100, grifos nossos)[158]

Uma concepção da intertextualidade que se propõe a reverter o direcionamento do fenômeno e compreendê-lo como multidirecional elimina, assim, a necessidade de se pensar em um "texto-fonte", bem como o centralismo em uma das partes do evento. Isso exige a compreensão de que o sentido de um texto não é estável ou fechado, mas está em permanente construção e admite sempre um suplemento. Não obstante, esse tipo de posicionamento nem sempre é de todo aceito pelos estudiosos, conforme evidencia o comentário de Prata ao discutir o artigo de Fowler (1997):

> Ao traçar comparações, ele [o leitor] estabelece seu próprio caminho: parte do agora para o que veio antes e/ou vice-versa, por mais que ao caracterizar e apresentar sua(s) leitura(s) aos outros parta do passado para o presente, uma vez que *a lógica científica não admite que algo que foi escrito depois deixe marcas, rastros no que foi produzido anteriormente*. Assim, podemos dizer que o mecanismo intertextual é ativado de várias formas: do passado para o presente ou

I – Uma filologia intertextual da recepção literária

mesmo do presente para o passado, por mais que isto seja *inconcebível para nosso raciocínio lógico*. (Prata, 2007, p. 50, grifos nossos)

Embora assinale a possibilidade de inversão intertextual, com a consequente interferência do presente no passado, Prata a considera sem fundamento lógico, na medida em que contraria a cronologia dos fatos. Essa opinião demonstra que seu ponto de vista, apesar de todas as concessões que faz à figura do leitor e à recepção, ainda se baseia na ideia do texto como um objeto, cujo sentido é nele inscrito no momento e no contexto de sua produção. Contrariamente, a inversão da referência intertextual pressupõe que o texto seja compreendido como um evento (ou acontecimento) que se refaz a cada leitura e cujo sentido permanece sempre em aberto.

Ademais, reverter o direcionamento intertextual é uma "construção" que se efetua no momento da recepção e que busca precisamente asseverar a consciência, por parte do leitor, de sua condição de leitor, marcada pela possibilidade de construir interpretações, mas também fadada a uma percepção limitada do texto, por ser impossível apreendê-lo em sua totalidade, visto que há sempre espaço para um novo suplemento de sentido. Todavia, também a tentativa de produzir uma história literária linear e unidirecional, que parece mais natural por seguir uma "lógica científica", é igualmente uma "construção" do leitor. Ela se baseia na construção de uma "ficção" de objetividade na abordagem da história literária, que utiliza a cronologia como argumento a seu favor. Porém, para se sustentar, essa ficção, paradoxalmente, precisa se basear na não atuação do leitor sobre os sentidos de um texto, pois, do contrário, seu contexto e sua leitura, posteriores ao instante de produção do texto, iriam deixar marcas na interpretação realizada.

Assim, qualquer que seja a perspectiva adotada para abordar o fenômeno da intertextualidade, ela será necessariamente tendenciosa, pois já se configura como uma posição, uma escolha interpretativa do leitor. Um enfoque produtivo para abordar essas questões é entender, como sugere Hinds (1998, p. 124), que o poeta não se inscreve em uma tradição dada, mas constrói sua própria tradição. O estudioso (1998, p. 52-98) discute isso brilhantemente ao apresentar diferentes narrativas da história literária latina, de acordo com as versões construídas por cada poeta, que sempre tenta reivindicar sua primazia e ineditismo em comparação a seus antecessores. Da mesma forma, os leitores constroem suas versões da história literária. A esse respeito, não nos esqueçamos de que os poetas abordados por

Hinds são também leitores da tradição, e que as versões que apresentam são suas leituras. É nesse sentido que Fowler (1997, p. 31) alerta para a necessidade de se desconfiar das nossas construções de histórias literárias.

A importância de se ter consciência acerca da inescapabilidade do lugar histórico em que estamos inseridos e da bagagem cultural e intelectual que nos separa da Antiguidade é que isso nos permite entender que qualquer interpretação feita será sempre uma "construção", mesmo aquela que reivindica uma limitação ao próprio texto. Por isso, Lima considera fundamental

> [...] o reconhecimento de que a busca do texto em sua ipseidade é um trabalho de circunscrição que tem como perímetro externo todo um supratexto produzido *a posteriori* pelos leitores do texto *ab origine*, um supratexto do qual estamos todos, em medidas diversas, impregnados. [...] esses autores [os autores da Roma Clássica] fazem parte de uma *reconstituição* feita pelo presente de uma construção recebida em ruínas de diversas camadas estratigráficas. Invertendo a lógica mais óbvia, não é o passado que nos constrói, mas *nós construímos o passado* a partir do ponto em que nos colocamos a observá-lo. (Lima, 2016, p. 116, grifos nossos)

O "supratexto" mencionado é identificado pelo estudioso com a história da recepção do texto produzida por seus leitores, mas a isso ainda se soma toda a história de mais de dois mil anos (e os textos nela produzidos) que nos separam dos antigos. Por esse motivo, Lima (2016, p. 117) chama a atenção para o fato de imperar sobre a obra a "falácia de que temos o mesmo objeto produzido há dois mil anos em sua materialidade fundamental, i.e., o verbal, esquecendo-nos que o constituinte verbal da linguagem é apenas um dos elementos que participam do sistema da significação". Com efeito, um texto não existe em estado de imanência, mas sim em diálogo com outros textos, o que inclui o leitor, que, perpassado por textos, constitui-se ele próprio como um "sujeito textualmente-constituído", conforme destacado na última passagem de Martindale citada.

O exemplo mais ilustrativo disso talvez seja o conto "Pierre Menard, autor do Quixote", de Borges, originalmente escrito em 1939. Ele discute sobre a tentativa de Pierre Menard de compor um *Quixote* que fosse idêntico ao de Cervantes: "Sua admirável ambição era produzir páginas que coincidissem – palavra por palavra, linha por linha – com as de Miguel de

Cervantes" (Borges, 2008, p. 38, trad. D. Arrigucci Jr.). Todavia, como o próprio Menard confessa mais à frente no conto, sua empresa era praticamente impossível:

> [...] compor o *Quixote* em princípios do século XVII era uma empreitada razoável, necessária, quem sabe fatal; em princípios do século XX, é quase impossível. Trezentos séculos (*sic*) não transcorreram em vão, carregados como foram de complexíssimos fatos. Entre eles, para apenas mencionar um: o próprio *Quixote*. (Borges, 2008, p. 41, trad. D. Arrigucci Jr.)

Menard percebe que o intervalo de três séculos que o separa de Cervantes e toda a história decorrida nesse período não podem ser desprezados na sua escrita do *Quixote*. A reflexão suscitada a partir disso é que os sentidos de um texto não se limitam à sua dimensão verbal, mas dependem também daquilo que Lima designou por "supratexto". Isso é explicitado também em uma afirmação do narrador do conto de Borges (2008, p. 42, trad. D. Arrigucci Jr.): "O texto de Cervantes e o de Menard são verbalmente idênticos, mas o segundo é quase infinitamente mais rico. (Mais ambíguo, dirão seus detratores; mas a ambiguidade é uma riqueza.)". Com efeito, ao escrever um *Quixote* no século XX, mesmo que *ipsis litteris*, Menard constrói uma obra diferente da de Cervantes, na qual se instala a diferença proveniente do intervalo temporal entre elas.

No que concerne às obras da Antiguidade, Hinds (1998, p. 119-122) sugere uma discussão da (mini)*Eneida* presente nos livros XIII e XIV das *Metamorphoses*, de Ovídio, a partir de uma conjectura borgiana: e se Ovídio tivesse composto uma *Eneida* que citasse, palavra por palavra, toda a *Eneida* virgiliana dentro das *Metamorphoses*? De acordo com o estudioso, ainda que a nova obra consistisse em uma completa repetição, as duas obras seriam diferentes, pois se inscrevem em contextos distintos. Em razão disso, Hinds (1998, p. 121) defende que a "repetição, é claro, *sempre* implica alguma alteração".[159]

Desse modo, quando hoje fazemos nossas leituras das obras da Antiguidade, estamos, ao mesmo tempo, as reconstruindo. Embora verbalmente idênticas (considerando-se, na melhor das hipóteses, que o texto chegou sem perdas materiais e não fragmentado), as obras a que temos acesso jamais serão idênticas àquilo que foram no instante de sua produção: elas resvalam por um espaço de ambiguidade entre a semelhança e a diferença. Essa condição que caracteriza a interpretação está presente também no fenômeno intertextual e, especialmente, na tradução, espaço em que é levada ao extremo:

> [...] a tradução, como a interpretação, torna-se um dizer em outras palavras, uma constante renegociação do mesmo-na-diferença e da diferença-no--mesmo. Aqueles em busca da tradução 'correta' são frustrados pela diferença linguística e pela história sempre em movimento. (Martindale, 1993, p. 86)[160]

Igualmente, aqueles em busca da interpretação "correta" ou da totalidade de alusões presentes num texto também se frustram, pois sempre será possível acrescentar um novo elemento (ou um suplemento) capaz de distinguir uma nova leitura (ou uma nova referência intertextual), num movimento de interpretação que é tanto retrospectivo, por estabelecer diálogos com obras passadas, quanto prospectivo, uma vez que deixa em aberto um potencial de diálogos futuros. Segundo esse ponto de vista, a tradição literária pode ser entrevista não como uma linearidade evolutiva, pautada em critérios cronológicos, mas antes como um processo, no mínimo, (a) multilateral, em que presente e passado se afetam mutuamente e são perpassados por outros textos; (b) fragmentário, posto que não é possível abarcar os textos em sua totalidade e permanece sempre uma "lacuna"; e (c) tendencioso, pois qualquer compreensão dos clássicos é construída a partir de nossa posição de leitores atuais.

Uma filologia intertextual da recepção

Se, como vimos, não há como nos furtarmos de nosso lugar enquanto leitores contemporâneos, convém refletir sobre as implicações disso e levá-las em conta ao propor uma abordagem das obras da Antiguidade. Ora, o estudo de qualquer texto pressupõe a retirada da obra de um contexto "original", considerado irrecuperável, e sua transferência para o novo contexto que constitui o ponto da recepção, no qual se situam os leitores e se efetua o processo de interpretação. No caso dos textos antigos, essa transferência fica mais acentuada em razão, especialmente, da distância temporal, mas também cultural e histórico-social.

A história de Roma contém diversas ocasiões de transferência cultural, artística ou poética, a começar pela tradução que supostamente teria

I – Uma filologia intertextual da recepção literária

inaugurado as letras latinas,[161] impulsionando o estabelecimento da *imitatio*, sob cuja égide floresceu e se desenvolveu a literatura latina. De modo mais concreto, pode-se pensar também nas várias ocasiões em que os romanos conduziram para a Urbe obras de arte de outras proveniências, muitas vezes como butim de guerra. A título de exemplo, recorde-se que M. Fulvius Nobilior, cônsul em 189 a.C., fez um cerco a Ambrácia e levou da cidade diversas obras, como estátuas, imagens de culto e pinturas. Pouco depois de seu retorno a Roma, em 187 a.C., ou durante o período em que foi censor em 179 a.C., Nobilior celebrou seu triunfo dedicando um templo a *Hercules Musarum*, no qual colocou as estátuas das Musas que havia capturado em espólio.[162] Lima (2016, p. 169-170) relata eventos semelhantes: segundo Plínio, o Velho (*Nat*. XXXV, 8), o general L. Múmio, no século II a.C., teria enviado para Roma, como espólio, uma pintura de Baco feita por Aristides, após ter recebido do rei Átalo uma oferta vultosa em troca da pintura; Cícero, por sua vez, concentra o quarto livro de seu segundo discurso contra Verres (*Ver*. II, 4) no fato de o réu ter tomado para si diversas estátuas situadas em local sagrado da casa de um certo Messana, deixando ainda evidente que ele era colecionador de obras de arte.

Essas narrativas colocam em destaque a questão da transferência de uma obra para um novo contexto, diferente de seu contexto "original". Nos termos de Lima (2016, p. 169), "elas foram arrancadas de seu lugar e trazidas para um outro espaço em que adquirem um sentido diverso. Mas (...) a obra não perde seu valor de arte *per se*, pelo contrário, é neste contexto que ele se amplifica". Nesse sentido, essas narrativas podem ser entendidas como uma metáfora para o fenômeno da intertextualidade e, em última instância, para o próprio fenômeno de interpretação de textos antigos, pois ela pressupõe tanto a transferência de uma obra da Antiguidade para o contexto atual quanto a transferência de reflexões, conhecimentos e teorias modernas para a obra antiga, cujos sentidos são construídos no instante da leitura. Sob esse aspecto, os Estudos Clássicos são, necessariamente, um exercício de literatura comparada; sendo, portanto, muito bem-vindo o comentário de Carvalhal sobre interpretação:

> A noção de 'fusão de horizontes', emprestada a H. G. Gadamer, quando diz que o horizonte contemporâneo é resultante da fusão do horizonte da história com o do intérprete, ganha uma dupla configuração em literatura comparada: a equação hermenêutica passa a levar em conta o fato de que há uma nova 'fusão

de horizontes', isto é, à do horizonte primeiro se acrescenta a do horizonte de uma cultura diferente daquela a que a obra pertencia. Nesse contexto é preciso sublinhar que a obra literária em estudo sofreu um deslocamento, ela 'migrou' da tradição original onde surgiu para incluir-se em uma outra contemporaneidade, que se fundamenta em uma tradição diferente e onde ganha outras conotações linguísticas. Nesse caso, a interpretação deve ser verdadeiramente 'construída', permitindo a compreensão do meio literário no qual a obra agora se inscreve. (Carvalhal, 2006, p. 72)

Diante disso, na esteira dos pensamentos apresentados na seção anterior, especialmente Martindale (1993), Fowler (1997, p. 24-32) e Hinds (1998), nosso trabalho busca desenvolver possibilidades de diálogo entre a área de Estudos Clássicos e as reflexões mais contemporâneas da Teoria da Literatura. A necessidade desse diálogo é motivada por duas realidades acadêmicas, resultantes da extrema especialização de saberes, que acabam por dificultar o avanço dos conhecimentos e o proveito das pesquisas. A primeira diz respeito às simplificações e generalizações geralmente atribuídas às obras da Antiguidade quando elas são abordadas por não classicistas.

A segunda se refere à postura em geral conservadora dos estudiosos da área de Estudos Clássicos e seu relativo isolamento em relação aos desenvolvimentos intelectuais da Teoria da Literatura. Esta última realidade, na visão de Martindale (1993, p. 65), impediu a exploração de novos contextos de recepção dos textos antigos. No Brasil, por sua vez, é bem significativo o fato de os Estudos Clássicos terem incorporado predominantemente os desenvolvimentos de uma área como a Linguística, mas não terem se aventurado tanto (ou de forma explícita) nos desenvolvimentos oferecidos pela Teoria, de modo a se concentrarem, em geral, em vertentes teóricas estruturalistas ou semiológicas, que são perspectivas da Teoria bem datadas. Essas duas questões serão abordadas e discutidas nas próximas subseções e, ao fim do capítulo, apresentaremos nossa proposta teórico-metodológica, fundada no diálogo entre as contribuições oferecidas por cada uma dessas duas áreas.

Querela entre clássicos e teóricos[163]

Predomina no discurso teórico uma tendência a caracterizar a produção literária da Antiguidade com base nas interpretações dos retóricos e filósofos antigos, ou na recepção que deles foi feita no século XVII, especialmente no contexto do neoclassicismo francês. Assim, ao longo do século XX, por exemplo, difundiram-se pelo menos duas principais posturas em relação a isso. A primeira delas foi uma reação às interpretações biografistas vigentes, que, entendidas como uma especificidade do período romântico, seriam uma noção inadequada (e "anacrônica", no sentido negativo) para abordar a Antiguidade.[164] Em lugar do biografismo, propôs-se um enfoque estritamente textual, segundo um paradigma retórico baseado na ideia de *tópos*, por exemplo, ou então no conceito de "imitação" (*mímesis/ imitatio*).[165] Esse enfoque buscava ler os antigos de acordo com o que se julgava terem sido as interpretações dos filósofos e retóricos da Antiguidade.

A respeito dos filósofos, foram feitas leituras difundindo a ideia de que *mímesis* designa a relação entre arte e mundo, considerando-se a arte – e aí incluída a poesia – uma imitação da natureza. De fato, Platão e Aristóteles, apesar de seus posicionamentos e valorações distintos acerca do conceito, expressam a ideia de imitação da natureza,[166] mas não se restringem a ela. Diferentemente da visão mais negativa de Platão, a imitação é vista, na *Poética* aristotélica, como uma forma de conhecimento e autoconhecimento, responsável por distinguir o ser humano de outros animais e por ser fonte de constante aprendizado (Arist. *Poet*. 1448b 5; 15-20). Aristóteles, com isso, assinala que a *mímesis* não está constrangida à imitação da natureza, mas pode admitir, por exemplo, a modificação da ordem natural, caso assim os poetas desejem.[167] Para ele, a imitação não precisa ser verdadeira, e sim verossímil: "não ter representado a verdade como é mas <como> deveria ser" (Arist. *Poet.* 1460b 32-33, trad. A. M. Valente).[168] Além disso, mais de uma vez, Aristóteles insinua a possibilidade de imitação não da natureza, mas de outro poeta ou obra.[169]

No contexto dos retóricos, por sua vez, ganha força a especialização do termo, que servirá para designar principalmente a relação entre obras literárias. Nessa perspectiva, o conceito de "imitação" se constitui a partir de um vínculo estreito com a tradição. Ou seja, as produções já realizadas tornam-se modelos para a composição de novas obras, resultantes do uso individual que é feito da matéria comum tradicional. Isso ocorre, por exemplo, com o emprego de *tópoi* comumente conhecidos.

Essa dupla concepção da *mímesis*, com sentido filosófico e sentido retórico, permite a diferenciação, destacada por Bompaire (2000, p. 21), entre uma "doutrina filosófica da *mímesis*", na qual o objeto de imitação é a realidade e o imitador é um escritor, e uma "doutrina literária da *mímesis*", em que o objeto de imitação não é a realidade, mas outra obra ou a própria tradição literária. Apesar de ter ganhado muita força e influenciar, ainda hoje, as interpretações da poesia antiga, essa tradição retórico-filosófica tende a ser problematizada, já na Antiguidade, pelas percepções e concepções dos próprios poetas, ao dialogarem com ela.

A segunda postura que se difundiu nas discussões sobre os antigos vincula-se à recepção posterior, sobretudo neoclássica, que foi feita dos autores da Antiguidade. De acordo com ela, prevaleceu uma abordagem prescritiva e normativa de algo que, em contexto clássico, era geralmente descritivo. Assim, a *Poética* aristotélica e a *Epistula ad Pisones* horaciana (ou *Ars poetica*, na denominação de Quintiliano),[170] por exemplo, foram entendidas como compilações de normas a serem seguidas para a composição poética. Com relação a essa problemática, Brandão (2007, p. 4) assinala que os manuais de Poética e Retórica do século XIX representam uma tendência de ver no material clássico um "preceituário de soluções práticas que deviam orientar a criação e a avaliação das obras". Lima (2016, p. 47) ainda destaca uma "tendência renascentista em observar nas poéticas antigas não apenas propedêuticas à poesia, mas prescrições rígidas, como coleções de receitas". Ou seja, os tratados renascentistas ou neoclássicos sobre poética, dos quais *L'art poétique* de Boileau (1674) talvez seja o mais célebre exemplo, reformularam as ideias das poéticas antigas, interpretando-as normativamente, e não como descrições do fenômeno artístico. Dessa forma, enquanto "receitas" para a composição ou avaliação das obras produzidas, essas novas poéticas retomam os antigos de modo extremamente dogmático.

Outro exemplo dessa postura pode ser observado nos comentários de Compagnon (2006, p. 19) acerca de Platão e Aristóteles. Embora o estudioso afirme que ambos os filósofos fizessem teoria, já que se interessavam por categorias gerais e constantes literárias, ele não considera que fizessem teoria literária. No viés de Compagnon (2006, p. 19, trad. C. Mourão e C. Santiago), Platão e Aristóteles "procuravam formular gramáticas prescritivas da literatura, tão normativas que Platão queria expulsar os poetas da cidade". Diante disso, ele caracteriza a tradição antiga e clássica como normativa, ao passo que a Teoria da Literatura é definida como descritiva e moderna: "Embora trate da retórica e da poética, e revalorize sua tradição antiga e clássica, a teoria da literatura não é, em princípio, normativa" (Compagnon, 2006, p. 19, trad. C. Mourão e C. Santiago). Além disso, Compagnon (2006, p. 32) opõe um "sentido moderno de literatura" àquilo que ele denomina

I – Uma filologia intertextual da recepção literária

uma "doutrina clássica da eternidade e da universidade do cânone estético", que diria respeito às produções anteriores ao Romantismo. Ao promover tal distinção, o estudioso acaba por igualar e reduzir ao mesmo, sob a etiqueta do "clássico", "estável" e "normativo", um conjunto que não é, de modo algum, homogêneo.

Esse tipo de interpretação impulsionou a história literária a estabelecer uma narrativa de ruptura entre a perspectiva clássica, descrita como fundamentalmente "mimética" ou "retórica", no sentido simplificador de ambos os termos,[171] e a "modernidade", à qual se atribui a inauguração de novas formas de pensamento acerca da produção artística. De acordo com esse ponto de vista, retórica e filosofia antigas são consideradas massas de pensamento uniformes, um todo homogêneo[172] capaz de fornecer "chaves" de leitura para a poesia antiga.

Todavia, a homogeneidade propagada é apenas aparente. Considere-se, por exemplo, a noção de *éthos* no contexto da retórica. Conforme problematiza Guérin (2009, p. 10-11), o conceito foi retomado no século XX pelas ciências da comunicação – por teóricos como Perelman e Ducrot – como uma noção atemporal e desvinculada de seu contexto histórico e, com isso, procedeu-se a uma generalização e unificação de questões que, na retórica antiga, eram bastante complexas. Guérin (2009, p. 11) questiona, por exemplo, o fato de a noção aristotélica de *éthos* ser empregada na análise das produções de Cícero, quando, na verdade, esse termo está completamente ausente, segundo ele, do *corpus* retórico romano do século I a.C. É esse tipo de abordagem generalizadora e uniformizante que o estudioso problematiza.

Igualmente, a noção de *persona* no âmbito da oratória romana não era simples e unívoca. A partir de dados reunidos por Vasconcellos (2014), observa-se que, por um lado, alguns trechos de tratados retóricos romanos (em especial o *Orator* e o *De oratore*, de Cícero, e a *Institutio oratoria*, de Quintiliano) demonstram uma distinção entre a *persona* do locutor e o autor histórico do discurso. Embora tal distinção não seja feita claramente, era recomendável aos oradores criar (ou mesmo fingir) uma imagem (*persona*) positiva de si, mesmo que isso não correspondesse à realidade. Todavia, outras passagens evidenciam o contrário: a ideia de que o orador deveria manifestar suas reais qualidades no discurso (noção do *uir bonus* presente em Quintiliano, por exemplo), ou mesmo a importância conferida por Cícero a uma espécie de caráter prévio do orador, fundado em seus *mores* (o que se aplicaria ao autor histórico do discurso, e não a uma *persona*). Esse exemplo ilustra como, no âmbito específico da retórica, um conceito pode ser empregado de modos distintos e revelar diferentes concepções, mostrando que o pensamento dos antigos não era tão homogêneo.

Apesar da existência de toda essa variedade, acabou por se difundir uma espécie de "senso comum" sobre as literaturas antigas, segundo o qual suas obras são abordadas com um simplismo generalizador e vistas apenas como contraponto das concepções que ganham vigor especialmente a partir do século XIX. Esse tipo de abordagem perpassou também o pensamento do século XX e permanece, talvez, no discurso teórico ainda hoje.

A título de breve ilustração, basta lembrar, por exemplo, a célebre oposição que Bakhtin (1988, p. 397-428), num texto escrito originalmente em 1941, estabelece entre *épos* e romance, ao caracterizar a poesia épica como monológica e o romance como polifônico. Esse enfoque considera os gêneros clássicos como algo fechado, estável, acabado e pronto, marcados pela rigidez, por certo envelhecimento e por um caráter não crítico. No entanto, segundo Farrell (2003, p. 391), essa oposição é antes um tropo para a autodefinição moderna, cuja base repousa no contraste entre épica e romance como meio de ilustrar a maior diferença entre a Antiguidade e o período moderno. Com efeito, a visão dos próprios poetas antigos não corrobora essa perspectiva teórica mais amplamente difundida.

Conforme tem sido destacado por vários estudos, a *Eneida* virgiliana, por exemplo, revela a complexidade de múltiplas vozes perpassando a narrativa. Em meio aos eventos do passado distante, acerca da história mítica de Roma, são feitas referências a elementos históricos contemporâneos do poeta, como a batalha de Ácio e o imperador Augusto, representados na descrição do escudo de Eneias (livro VIII). De forma similar, a fala profética de Anquises, quando Eneias desce ao Mundo Inferior, narra os feitos futuros de grandes personagens da história de Roma (livro VI). Com isso, a obra não se resume a um passado remoto, mas recobre amplo arco temporal.[173] Diversos estudiosos têm destacado também que, além da voz épica supostamente celebratória, a *Eneida* manifesta vozes divergentes e mais pessimistas, das figuras de vencidos, como Dido ou Turno.[174] Essa multiplicidade de vozes perpassando a narrativa fez surgirem diferentes opiniões entre os estudiosos a respeito da relação da obra com a política augustana: para alguns, ela ilustra questões políticas do governo de Augusto, à guisa de afirmação ou propaganda do discurso augustano; para outros, por trás do aparente panegírico, repousa uma visão crítica ou mesmo pessimista acerca das relações entre vencedores e vencidos na *Eneida*.[175]

As *Metamorphoses*, de Ovídio, por sua vez, problematizam as descrições dos gêneros clássicos como estanques e fechados, visto que consistem em um poema híbrido em termos de gênero. Ao narrar as transformações sofridas pelos seres desde a origem do mundo até os tempos do poeta, a obra não só costura inúmeros mitos de metamorfoses, mas também encadeia os mais variados gêneros literários. Em meio ao fluir ininterrupto desse caleidoscópio discursivo, em que um mito se transforma em outro, o poema, escrito no hexâmetro, metro característico da épica, incorpora elementos dos mais variados gêneros literários, revelando coloração elegíaca, cômica, trágica, filosófica etc.[176] Isso chama a atenção para um procedimento de cruzamento de gêneros, tido como um dos aspectos principais da habilidade poética nos períodos helenístico e romano (Farrell, 2003, p. 392).

A abordagem simplificada feita das obras da Antiguidade por estudos de Teoria da Literatura pode ser observada também em algumas colocações de Compagnon (2006). Além de generalizar as obras de Platão e Aristóteles, caracterizando-as como normativas, em oposição ao viés descritivo e moderno da Teoria da Literatura (Compagnon, 2006, p. 19-20), o estudioso também elenca uma série de traços que seriam características definidoras da Teoria na modernidade. Ao caracterizá-la como "crítica da crítica" ou "metacrítica", Compagnon (2006, p. 21, trad. C. Mourão e C. Santiago) define a teoria como "uma consciência crítica (uma crítica da ideologia literária), uma reflexão literária (uma dobra crítica, uma *self-consciousness*, ou uma autorreferencialidade), traços esses que se referem, na realidade, à modernidade, desde Baudelaire e, sobretudo, desde Mallarmé".

Ora, os traços de reflexão literária mencionados por Compagnon são elementos que perpassam, por exemplo, a poesia ovidiana, de modo a lhe atribuir, conforme evidenciaremos ao longo deste livro, um caráter teórico. Ao restringir tais características a uma noção de Teoria da Literatura estritamente vinculada à modernidade, Compagnon desconsidera a existência desses traços já em alguns âmbitos na Antiguidade. Com isso, ele empreende uma leitura homogeneizante e simplificadora dos antigos, e não reconhece diversas de suas complexidades, a fim de fazê-los um contraponto à modernidade e, assim, autoafirmar o discurso moderno.

Os exemplos aqui apresentados assinalam um descompasso entre o que geralmente se diz sobre a poesia clássica e aquilo que de fato constitui a prática dos poetas antigos. Em esclarecedor artigo, Farrell (2003) já havia ressaltado o contraste entre a teoria clássica dos gêneros, elaborada pelos teóricos antigos a partir de leituras literais das afirmações dos poetas, e a própria prática dos poetas (sobretudo a partir do período helenístico). Enquanto o discurso "teórico" tende a enrijecer e normatizar a produção artística da Antiguidade, a prática dos poetas acaba por evidenciar não só a grande complexidade e sofisticação das obras, mas, especialmente, a sutileza das reflexões presentes nos versos, que discutem o próprio fazer poético e o estatuto atribuído à poesia. Assim, inúmeras obras da Antiguidade revelam elevado grau de autoconsciência literária, expressa nas discussões de natureza metapoética.

Brandão (2015a, p. 29), investigando a poesia de Homero e Hesíodo, assinala que, já em âmbito grego, verificava-se a expressão de poéticas implícitas nos próprios textos: "por meio desses enunciados metalinguísticos, o que o poeta faz é refletir sobre seu fazer (seu *poieîn*, sua poética) explicitando o que tacitamente se pressupõe". Em contexto latino, essa tendência fica bem marcada na poesia de Ovídio, que realiza refinados jogos ficcionais, problematiza o lugar da poesia em relação aos âmbitos da realidade e da ficção e, por meio de uma rede de autorreferências, atua como leitor e crítico de suas próprias obras, conforme será discutido ao longo deste livro.

O que a teoria tem a dizer aos clássicos?

Se, por um lado, os Estudos Clássicos podem contribuir com uma visão menos simplista ou generalizadora acerca da produção artística da Antiguidade, de modo a destacar as várias nuances de pensamento presentes nas obras clássicas, por outro, a Teoria é capaz de possibilitar mais autoconsciência na abordagem do fenômeno literário, pois parte do pressuposto de que seu objeto de análise é um construto.[177] Cada corrente ou paradigma teórico conforma, a partir do que seria um "mesmo" texto, um objeto literário distinto. Nos termos de Souza (2006, p. 339), "não há literatura *fora* ou *antes* da leitura, não havendo leitura que não seja necessariamente *construção de um objeto de leitura por um dado sujeito-em-leitura*". Assim, a leitura confere novos sentidos em cada ato de interpretação que é feito de um texto. Este, por poder variar segundo o lugar histórico de seus leitores, configura-se como algo instável e aberto a uma cadeia infinita de interpretações e de sentidos. Com base nessa autoconsciência teórica, é possível problematizar aquilo que foi dado como "autoevidente" na abordagem da literatura clássica.

De fato, a área de Teoria fornece um conjunto de reflexões e maior autoconsciência não só sobre o fenômeno literário, mas, especialmente, sobre a própria história da Teoria e das mudanças de paradigmas teóricos. Essa perspectiva mais ampla, que leva em conta a história da recepção de uma obra e as variações em sua interpretação, permite perceber que o sentido não é algo imanente, mas um construto que se modifica de acordo com contextos e leitores. Isso fica perceptível na investigação da seção inicial deste capítulo, que buscou oferecer um panorama das principais variações no conceito de alusão/intertextualidade no âmbito dos Estudos Clássicos ao longo do tempo.

Esse caráter múltiplo que tanto a interpretação, em sentido mais geral, quanto a intertextualidade assumem, em razão da variação dos contextos, vai ao encontro da ideia de um contínuo processo de "*re*contextualização" (r*econtextualization*), referida por Martindale (1993, p. 17). Na esteira de Derrida, o estudioso atribui a permanência de legibilidade dos textos à capacidade de eles sempre se "*re*contextualizarem", processo que garante sua continuada infinitude de sentidos:

> Textos, podemos dizer (seguindo Derrida), têm uma capacidade de se redesenhar em novos contextos e, portanto, permanecer legíveis. Conforme Derrida: 'Todo signo, linguístico ou não-linguístico, falado ou escrito (no sentido corrente da oposição), numa unidade grande ou pequena, pode ser *citado*, posto entre aspas; ao fazer isso, ele pode *romper com todo contexto dado, engendrando uma infinidade de novos contextos de um modo que é absolutamente ilimitado*'. Dessa forma, os textos asseguram sua 'iterabilidade' [...] num processo de 'disseminação'. (Martindale, 1993, p. 16, grifos nossos)[178]

Outra contribuição fundamental da Teoria para a área de Clássicas consiste em permitir uma "autoconsciência sobre o (nosso) lugar na história da recepção" (Edmunds, 2001, p. XIX).[179] Ao abordar textos antigos, é preciso lembrar que estamos separados deles por pelo menos dois mil anos: não apenas temporalmente, mas também em história, tradição literária e ideias filosóficas.[180] O contexto e o local em que nos situamos, com valores e conceitos distintos, deixam marcas em nossas leituras dos textos antigos, que jamais serão objetivas. As interpretações que fazemos não são passíveis de uma desvinculação ou "purificação" de nossa própria visão de mundo ou das contribuições teóricas atuais.

Isso, no entanto, não constitui um anacronismo (no sentido negativo do termo) – é simplesmente nosso estatuto de leitores de textos clássicos situados em um lugar histórico-cultural distinto. Na verdade, qualquer leitura que se faça da Antiguidade será necessariamente "anacrônica", se tomarmos como base a noção de anacronismo proposta por Didi-Huberman (2019, p. 15-68). Mesmo uma tentativa de analisar os antigos exclusivamente segundo seu instrumental e conceitos retóricos, ainda seria "anacrônica", pois consistiria na nossa interpretação, enquanto leitores contemporâneos, do que seria esse instrumental retórico – uma construção nossa, portanto. A esse respeito, Edmunds (2001, p. 52), citando Fowler (1993, p. 88), destaca que o "acesso ao 'horizonte de expectativas do público original' não é mais direto que o texto que se tenta interpretar",[181] de modo que nenhuma tentativa de reconstrução poderá ser inteiramente objetiva. Isso não nos desobriga, porém, de buscar entender e iluminar o contexto histórico e a visão de mundo dos antigos. Ainda segundo Edmunds (2001, p. 52), "embora o horizonte reconstruído possa não ser objetivo, ele é, em primeiro lugar, inevitavelmente diferente do meu próprio horizonte de expectativa (...)".[182]

Assim, além de aceitar a impossibilidade de recuperação completa e isenta do passado, já que essa relação será sempre mediada por textos (e textos têm seus sentidos construídos a partir da abordagem e das interpretações que deles são feitas), é fundamental reconhecer também a inevitável *diferença* que nos separa da Antiguidade. Admitir isso é atentar para o fato de que as leituras que fazemos dos antigos, mesmo que levem as marcas de nosso contexto contemporâneo de leitores, contêm em si "rastros" de alteridade, pois se voltam para obras que tiveram um contexto outro de produção, com valores culturais distintos. A isso ainda se soma a longa história da recepção que nos separa do momento de produção desses textos, a qual também foi atribuindo novos sentidos e interpretações a eles. Desse modo, a abordagem de obras da Antiguidade leva ao extremo e coloca em destaque o caráter necessariamente intertextual (e "intercontextual") de qualquer leitura. Nessas circunstâncias, o estudo dos textos antigos pode se tornar mais proveitoso ao colocar passado e presente em diálogo, buscando "*negociar* as possíveis conexões passíveis de ser construídas entre textos, mas com a *consciência* de que isso envolve uma *'fusão de horizontes'* em *constante movimento*" (Martindale, 1993, p. 16, grifos nossos).[183]

Nessa perspectiva, partilhamos da noção de "anacronismo" proposta por Didi-Huberman (2019, p. 23, trad. V. Casa Nova e M. Arbex), que compreende o passado como "um objeto de tempo complexo, de tempo impuro", que existe enquanto "montagem de tempos heterogêneos formando anacronismos". Para o estudioso, as noções de "época" e "estilo" são fundamentalmente plásticas, e o presente do leitor é responsável por interferir no passado do objeto artístico. Isso, porém, não significa abrir mão do passado ou de suas particularidades, mas sim saber colocá-lo em diálogo com o presente. Conforme assinala Didi-Huberman (2019, p. 28, trad. V. Casa Nova e M. Arbex), a respeito da distância que separa passado e presente: "Nem é preciso pretender fixar, nem pretender eliminar essa distância: é preciso fazê-la trabalhar no tempo diferencial dos momentos de proximidades empáticas, intempestivas e inverificáveis com os momentos de recuos críticos, escrupulosos e verificadores".

Desse modo, o estudioso propõe uma forma conciliatória de relacionar presente e passado, a qual se fundamentaria precisamente em uma postura de meio-termo, posto que, "muito no presente, o objeto se arrisca em ser somente um suporte de fantasmas; muito distante no passado, ele corre o risco de ser somente mais um resíduo positivo, trespassado, morto, em sua própria objetividade (outro fantasma)" (Didi-Huberman, 2019, p. 27-28, trad. V. Casa Nova e M. Arbex). Embora aborde mais especificamente exemplos da História da Arte, as colocações de Didi-Huberman são pertinentes também para a História Literária, bem como para qualquer âmbito do saber que pretenda colocar passado e presente em diálogo. Sob sua perspectiva, passado e presente não são fixos e estanques, mas estão continuamente se reconfigurando.[184]

O estudo da Antiguidade, portanto, exige a consciência de nossa situação de "defasagem" (sem qualquer matiz pejorativo), a fim de que estejamos cientes de que a crença de ser possível ler os antigos do modo como eles próprios se liam fundamenta-se no (problemático) pressuposto de que os textos contêm uma única verdade a ser decifrada. Conforme esclarecem Beard & Henderson (1998, p. 20, trad. M. Penchel, grifo nosso):

> A Antiguidade clássica é um tema que existe na *defasagem* entre nós e o mundo dos gregos e romanos. As questões levantadas pelos clássicos são as questões levantadas pela distância que nos separa do mundo 'deles' e, ao mesmo tempo,

pela proximidade e familiaridade desse mundo para nós – em nossos museus, em nossa literatura, em nossas línguas, cultura e modos de pensar.

A consciência dessa "defasagem" confere poderosas potencialidades para a investigação dos clássicos. A variação dos paradigmas teóricos ao longo do tempo abre múltiplas possibilidades de leitura das obras antigas, tendo permitido e havendo de ainda permitir a contínua renovação dos textos, num processo infinito e ilimitado, que se baseia num movimento constante de sentidos.[185] E, assim como agora podemos oferecer novas possibilidades interpretativas, sabemos que, no futuro, outras e diferentes leituras desses mesmos textos serão possíveis. A esse respeito, ao discutir ideias de P. de Man, Souza afirma que a crítica literária funda-se no

> [...] interminável processo pelo qual leituras prévias de uma obra determinada, necessariamente cegas em relação à natureza retórica dessa mesma obra, vêm a ser progressivamente retificadas por leituras críticas posteriores, que se instituem, na verdade, sobretudo como *metacríticas*, a serem, supostamente, também elas, futuramente retificadas por outras leituras. (Souza, 2006, p. 310)

As leituras e interpretações de um texto, portanto, estão sempre em movimento, abrindo-se para novas e infinitas possibilidades. Dessa forma, a "defasagem" que nos separa – e continuará separando, mas num constante movimento de seus limites – dos antigos garante a preservação da memória do antigo e, ao mesmo tempo, a ressignificação e releitura segundo novos pontos de vista. Essa ideia se vincula fortemente ao conceito derrideano de "suplementaridade":

> [...] o sentido de uma palavra ou um texto nunca é completado, mas sempre contém um suplemento. O significante está de tal modo investido com um excesso de energia, que ele gera mais ficções, ficções que servem para responder questões não respondidas, preencher 'lacunas', explicar 'contradições' percebidas, fornecer sequências e possibilitar apropriações em vista de novas circunstâncias. (Martindale, 1993, p. 37)[186]

O "excesso de energia" de que estão investidos os clássicos é potencializado pela "defasagem" que deles nos separa. É ela que assegura a "diferença" entre nós e os antigos; é ela que, em contínuo processo de distanciamento, permite que nossa relação com os clássicos jamais se cristalize ou estabilize, mas seja fundada sobre um constante "diferimento". É ela, enfim, que amplifica as possibilidades de "suplemento" de sentido desses textos.

Isso nos leva a indagar: qual a importância dos estudos clássicos hoje? O que de novo as obras antigas têm a nos dizer? De que forma elas são ressignificadas diante das produções artísticas mais recentes? Enfim, em que medida a Antiguidade é relevante no universo atual e pode contribuir para o mundo contemporâneo? Diante desses questionamentos, inescapáveis (e inquietantes) ao estudioso da Antiguidade, apresentamos, na subseção seguinte, nossa própria proposta teórico-metodológica para a abordagem dos clássicos, uma "filologia intertextual da recepção", que busca levar em conta nossa posição de leitores contemporâneos dos clássicos. Por sua vez, ao longo dos capítulos seguintes, tentaremos responder a essas questões a partir da análise das obras ovidianas.

Desconstruindo (pre)conceitos em busca de diálogos

Com base nas ideias discutidas ao longo do capítulo, nas contribuições teóricas mais recentes e tendo consciência da história do conceito de "intertextualidade" no âmbito dos Estudos Clássicos, esta seção apresenta as principais noções que nos nortearam no desenvolvimento de uma proposta teórico-metodológica para a abordagem de textos da Antiguidade, além de discutir e descrever essa proposta, aqui designada sob o nome de "filologia intertextual da recepção". Embora essa nomenclatura pareça demasiado longa ou pouco prática, ela busca ilustrar no âmbito dos significantes a ideia principal em que se sustenta nossa proposta, o diálogo entre os Estudos Clássicos e a Teoria. Por isso, à esquerda colocamos o termo "filologia", à direita o termo "recepção" e, *inter*ligando ambos, o termo "intertextualidade".[187]

Julgamos pertinente e proveitoso esse desenvolvimento em razão das várias especificidades da área de clássicas, responsáveis por gerar um diálogo *sui generis* com a tradição teórica da literatura: por exemplo, a forte tradição de leitura filológica, a grande distância temporal que nos separa da Antiguidade, a necessidade de estabelecimento dos textos a partir de manuscritos, os complexos processos de cópia e transmissão textual a que foram submetidas essas obras, muitas vezes acarretando perdas totais ou parciais... Esses e outros aspectos devem ser levados em conta a fim de proporcionar um enfoque que possa aliar, ao mesmo tempo, traços de semelhança e de diferença em relação à leitura de uma obra moderna ou contemporânea. Sob esse aspecto, discordamos parcialmente de Martindale (2013, p. 174) quando afirma que a recepção clássica não é diferente dos demais tipos de recepção. De fato, enquanto fenômeno, ela não se distingue da recepção que pode ser feita de outras obras. Todavia, enquanto prática de leitura da área de Estudos Clássicos, ela tem a particularidade de poder incorporar aspectos metodológicos da filologia, o que representa, a nosso ver, um tipo de leitura enriquecedor que geralmente não é praticado por outras áreas.

Assim, a "filologia intertextual da recepção" funda-se em um estímulo ao diálogo entre as áreas de Estudos Clássicos e de Teoria, com o objetivo de mitigar os preconceitos de uma área em relação à outra, os quais foram comentados nas duas seções anteriores e podem ser sintetizados em: (1) as simplificações e generalizações que a Teoria muitas vezes faz em relação às obras clássicas, fato evidenciado pelos exemplos que apresentamos de Bakhtin (1988, p. 397-428) e Compagnon (2006, p. 19-21, 32, 38); (2) uma história de certo isolamento e alheamento dos Estudos Clássicos em relação ao pensamento teórico contemporâneo, que engloba as ideias pós-estruturalistas e os desenvolvimentos teóricos e filosóficos a partir da segunda metade do século XX. Essa situação começou a ser problematizada por acadêmicos como Martindale (1993) e Fowler (1997), mas ainda parece ser recorrente na área.

Nossa abordagem busca uma conciliação entre esses dois modos distintos de pensamento. Para tal, propõe a adoção de um instrumental de análise filológico, no que diz respeito à minúcia e ao rigor na lida com o texto e sua materialidade, mas tendo como fundamento um enfoque teórico baseado nas contribuições contemporâneas que colocam em destaque a figura do leitor e as ideias pós-estruturalistas. Daí a designação como "filologia da recepção", pois se volta para a realização de uma leitura do texto segundo a metodologia "filológica", mas tendo como foco o momento da recepção e toda a bagagem semântica que ele contempla. Por sua vez, a caracterização "intertextual" deve-se ao fato de entendermos a intertextualidade como premissa e pressuposto básico do processo de recepção de um texto (e vice-versa), e isso fica mais evidente no caso das obras clássicas, devido à sua "defasagem". Com efeito, o movimento interpretativo no instante da recepção pressupõe o diálogo com outros textos (seja da tradição, seja do acervo intelectual do leitor); por sua vez, o processo da intertextualidade apenas se efetua e ganha sentido a partir do ato interpretativo do leitor. Por isso, pode-se falar em uma relação mútua e inseparável entre recepção e intertextualidade.

Convém destacar, ainda, que compreendemos a "intertextualidade" na esteira da vertente teórica descrita na seção "As faces do texto para múltiplos leitores", ou seja, de acordo com uma perspectiva voltada para um leitor ativo e construtor de sentidos, bem como para o instante da recepção (cf. Martindale, 1993; Fowler, 1997, p. 24-32; Hinds, 1998; Edmunds, 2001). Tendo explicitado nosso posicionamento em relação ao fenômeno intertextual, ao longo do livro utilizamos os termos "intertextualidade" e "alusão" indistintamente, já que partimos do princípio de que ambos dizem respeito a algo que se dá no âmbito da recepção. Ademais, considerando-se a intertextualidade sob o viés de Fowler (1997) e Martindale (1993), ela será compreendida como um processo "fragmentário", "tendencioso/ideológico" e, especialmente, "multidirecional".

Assim, desde já destacamos que nossas interpretações da poesia de Ovídio não vão se restringir a uma abordagem dos textos voltada para sua cronologia linear. Além desse tipo de enfoque, também será por vezes explorada uma inversão do direcionamento intertextual dentro da produção do poeta. Isso se justifica, primeiro, pelo fato de que, a partir do ponto da cadeia de recepção em que nos situamos hoje, torna-se possível ler as obras ovidianas segundo diferentes cronologias. Não há um imperativo cronológico que nos obrigue a ler a elegia amorosa ovidiana antes da poesia de exílio, por exemplo; o acesso às obras pode ser simultâneo, ou mesmo invertido, sob o ponto de vista do leitor. Em segundo lugar, isso se justifica pelo fato de que, mesmo seguindo uma leitura cronológica da obra ovidiana, as leituras posteriores são capazes de afetar as leituras anteriores e mudar a percepção que temos delas.

Esse tipo de postura, também partilhada por Fowler (1997) e Martindale (1993), não é consensual entre os estudiosos da área, conforme evidenciamos anteriormente a partir de observações de Prata (2007) e conforme demonstram estes comentários de Vasconcellos (2007) a respeito da proposta borgiana de interpretação em "Kafka e seus precursores":

> Na prática, não há como escamotear a *história em que os textos estão ancorados*, e certamente ninguém os lê como se eles existissem numa sincronicidade, num *continuum* transcorrível em qualquer direção. (Vasconcellos, 2007, p. 242, grifos nossos)

> Nesse sentido, julgamos que é impossível descartar a *história em que os produtores dos textos estão como que ancorados*. (Vasconcellos, 2007, p. 243, grifos nossos)

> Mas nos parece lícito fazer como sempre se fez e *descartar*, na análise dos textos antigos, *elementos que provêm de um horizonte de expectativas que não era o deles*, preservando-se, assim, a história e a alteridade. (Vasconcellos, 2007, p. 246, grifos nossos)

Em todos os trechos citados, Vasconcellos confere uma primazia ao momento histórico de produção do texto, no qual, segundo ele, estão ancorados o autor e o próprio texto. Sua abordagem fundamenta-se, assim, em uma noção de "controle autoral", seja por se centrar no produtor do texto como sua fonte e parâmetro de sentido, seja por se centrar no texto, para o qual, diante do desenvolvimento de posicionamentos antibiografistas, esse controle é transferido para se obter um efeito de objetividade. Com relação à primeira passagem citada, há de se considerar ser, sim, possível uma leitura que localiza os textos em uma sincronicidade ou que transcorra em diferentes direções. Isso é possível, conforme assinalamos anteriormente, pela nossa posição na história da recepção dos textos clássicos. Todos eles nos estão igualmente disponíveis para a leitura. É bem provável, por exemplo, que um latinista, mesmo consciente da anterioridade cronológica da literatura grega clássica e arcaica, tenha tido seu primeiro contato com a Antiguidade a partir das obras (posteriores) dos escritores latinos. Diante disso, ao se voltar para o estudo da literatura grega, como ler Calímaco sem se lembrar de Ovídio? Como ler Homero sem se recordar de Virgílio e, antes dele, de Ênio ou de Lívio Andronico? Ainda que as obras possuam uma sequência cronológica em sua produção, o processo de recepção é capaz de reverter essa linearidade e se apresentar como uma rede de relações recíprocas e multidirecionais.

A inversão do direcionamento intertextual, discutida, entre outros, por Fowler (1997), na verdade se baseia em uma premissa da Estética da Recepção acerca do processo de leitura. Conforme esclarece Eagleton (2006, p. 117-118), ao comentar sobre essa vertente teórica,

> [...] a leitura não é um movimento linear progressivo, uma questão meramente cumulativa: nossas especulações iniciais geram um quadro de referências para a interpretação do que vem a seguir, mas o que vem a seguir pode transformar

retrospectivamente o nosso entendimento original, ressaltando certos aspectos e colocando outros em segundo plano. [...] Lemos simultaneamente para trás e para a frente, prevendo e recordando, talvez conscientes de outras concretizações possíveis do texto que a nossa leitura negou. (Eagleton, 2006, p. 117-118, trad. W. Dutra)

Ora, esse processo que caracteriza a leitura de uma obra particular serve para descrever também o processo de leitura em termos gerais no que diz respeito aos diálogos intertextuais entre obras. Nesse sentido, uma obra que lemos antes pode ter sua compreensão modificada em razão de uma leitura posterior. Mais do que isso, como propõe a ideia de inversão do direcionamento intertextual antes comentada, uma obra cronologicamente anterior pode ser relida e reinterpretada a partir de obras posteriores.

Além disso, diferentemente do receio de Vasconcellos quanto ao risco de esse tipo de abordagem promover uma espécie de "apagamento" de matizes históricos, na verdade, uma proveitosa inversão do direcionamento intertextual apenas é possível quando há consciência acerca da historicidade de todo texto. Essa consciência não diz respeito a um enfoque centrado no momento histórico de produção do texto, que gera a ilusão de acesso "direto" ao contexto de surgimento e, portanto, constituiria uma leitura mais autorizada e comprovada historicamente. Trata-se, antes, de uma consciência da contingência histórica a que toda interpretação está submetida, de modo que um "mesmo" texto jamais será o mesmo em contextos diferentes (como bem demonstrou o "Pierre Menard", de Borges). Sob esse aspecto, nenhum elemento, mesmo que pertença a um horizonte de expectativas distinto daquele do momento de produção do texto, há de ser descartado, uma vez que faz parte da história de recepção do texto e contribui para a geração de novos sentidos.

Nesse ponto, é preciso destacar a importância de se respeitar também a alteridade do momento de recepção, que, inevitavelmente, deixa seus rastros nas interpretações que são feitas. A tentativa de preservar o passado isolando-o ou mesmo purificando-o de uma "contaminação" do presente funda-se na ilusão de uma leitura objetiva. A nosso ver, um tipo proveitoso de abordagem cuidará de respeitar a alteridade tanto do passado em relação ao presente quanto do presente em relação ao passado, em busca de uma conciliação dentro da diferença por meio, por exemplo, da fusão dos dois horizontes de expectativa diferentes ao se realizar uma leitura.

De toda forma, qualquer um dos posicionamentos adotados pelo leitor se fundamenta sempre na construção daquilo que Martindale designa como "ficções interpretativas" ou "ficções heurísticas", tidas como necessárias para a realização de qualquer leitura:

> As molduras em que a leitura ocorre, e deve ocorrer, tornam-se, sob esse aspecto, maneiras provisórias, pragmáticas, heurísticas e contingentes de controlar as indeterminações textuais estabelecendo procedimentos e objetivos acordados. Não podemos agir sem eles, mas podemos constantemente os (re)construir e desconstruir, bem como as possibilidades que eles abrem ou fecham. (Martindale, 1993, p. 14)[188]

Com efeito, a realização de uma interpretação impõe que o movimento constante dos sentidos de um texto seja momentaneamente fixado.[189] Do contrário, o texto permaneceria em um estado de contínua abertura e de múltipla potência de significação, imergindo qualquer leitura na indecidibilidade. Ora, diante dos dois posicionamentos contrastados mais acima, um deles nos parece ser uma "ficção heurística" mais produtiva. A compreensão da intertextualidade a partir do ponto de vista do leitor, admitindo a possibilidade de inversão intertextual, envolve a consciência da interpretação como um construto; isto é, ela pressupõe um reconhecimento do caráter de construto de qualquer narrativa. Opostamente, a perspectiva que se concentra na história em que o texto ou os seus produtores estão ancorados consiste em uma tentativa de apagar as marcas do construto empreendido, a fim de gerar a ilusão de um acesso direto à Antiguidade, que seria, por conseguinte, mais autorizado. A nosso ver, é o posicionamento confessadamente autoconsciente que irá permitir o diálogo e a conciliação de posições distintas numa abordagem que busca aliar os Estudos Clássicos e a Teoria, as produções literárias do passado e as reflexões teóricas que as fazem presentes.

Assim, levando em conta a noção de que toda leitura é uma construção, este livro se volta para a construção empreendida pela presente leitora acerca do conjunto da poesia ovidiana. Fazendo jus à ideia de reversão do direcionamento intertextual, o ponto de observação a partir do qual são realizadas as leituras consiste precisamente em uma das obras finais (na categorização cronológica) de Ovídio, os *Tristia*, na qual o eu poético Nasão assume uma posição de leitor, de modo a reavaliar e reinterpretar suas obras anteriores de acordo com a perspectiva do exílio. Ao mesmo tempo, porém, em que reconstrói os sentidos de suas obras pregressas, Nasão também compõe versos (as elegias dos *Tristia*) em que se revela um "imitador" de si mesmo,[190] na medida em que reemprega diversos procedimentos presentes em seus escritos anteriores. Dessa forma, Ovídio explora a multidirecionalidade das relações intertextuais e sublinha, nessa sua obra, a importância do leitor na constituição dos sentidos no momento da interpretação de um texto.

Uma possível objeção à nossa proposta de abordagem seria dizer que as leituras e interpretações apresentadas como atribuídas à figura de Ovídio ou ao eu poético Nasão constituem, na verdade, leituras e interpretações da autora do presente livro. Nesse sentido, essa leitura seria tão contingente e historicamente situada quanto qualquer outra abordagem; não tendo, em razão disso, nada de significante, por ser apenas mais uma dentre várias narrativas passíveis de serem construídas e existentes na história de recepção da obra ovidiana. Um questionamento de natureza semelhante é suscitado por Martindale, e o estudioso apresenta uma brilhante justificativa para que, ainda assim, cada interpretação seja mantida e estimulada:

> Se a literatura pode ser descrita como um sistema de diferenças, a adição de um elemento extra sempre abre novas possibilidades interpretativas. Ou, mais pragmaticamente, pode-se dizer que as leituras resultantes contêm 'novidades', e podemos considerá-las [...] mais adequadas ao nosso sentido de 'texto'. (Martindale, 1993, p. 54)[191]

Dessa forma, a interpretação que aqui apresentamos da obra ovidiana – por mais que seja uma construção nossa, marcada pelo presente contexto histórico-teórico, ao mesmo tempo fadada às suas limitações, mas agraciada por uma defasagem de mais de dois mil anos – acrescenta algo de novidade à cadeia de recepções que a precedeu. Nesse sentido, cada leitura (inclusive esta aqui apresentada) constitui uma pequena parte da história maior da recepção de um texto. E, depois de nossa leitura, outras a complementarão ou substituirão, dando continuidade ao movimento interpretativo que sustenta o texto e permite que os clássicos sejam lidos, relidos, interpretados e ressignificados ainda hoje.

Essa abertura a novas teorias e abordagens interpretativas, que foram pensadas muito depois do surgimento dos textos antigos, não nos isenta, porém, de buscar compreender os antigos e reconstruir sua história (tendo consciência, é claro, de que se trata de uma construção). É exatamente por causa disso que nossa proposta se baseia no uso de uma metodologia e de um instrumental filológicos, caracterizados pelo rigor e centramento em elementos textuais,[192] mas tem, por outro lado, como pano de fundo teórico, a construção dos sentidos no instante da recepção e a autoconsciência proporcionada pelas ideias desconstrucionistas. Isso garante a ausência de um sentido final que poderia constituir um fechamento do texto ou reafirmar qualquer tipo de metafísica textual. Assim, como consequência desse posicionamento, ocorre uma reconceitualização das noções de "filologia" e "abordagem filológica", resultante exatamente da autoconsciência acerca do fenômeno.

Tradicionalmente, o nascimento da filologia é atribuído aos estudos desenvolvidos na Biblioteca de Alexandria, fundada no Egito pelos Ptolomeus, em torno de 300 a.C., com o objetivo de ter um caráter público e abrangente. Segundo Casson (2018, p. 43-60),[193] a criação da biblioteca resultou da política de incentivo cultural implantada pela dinastia egípcia e dava prosseguimento à proposta de atrair intelectuais para Alexandria. Ptolomeu I já havia fundado o Museu, templo dedicado às musas e ao cultivo de suas artes, no qual se reuniam diversos intelectuais para realizar estudos, pesquisas e reflexões. Concebida por ele, mas concretizada apenas no governo de seu filho, a Biblioteca de Alexandria foi então criada com o objetivo de ser um repositório do máximo de textos possível, de modo a servir como instrumento de pesquisa.

Esse modelo de biblioteca almejado pelos Ptolomeus buscava reunir uma grande variedade de obras, especialmente os clássicos da literatura grega, a fim de estabelecer versões fidedignas dos textos. Nesse sentido, merece destaque a atuação de Zenódoto, primeiro diretor da biblioteca, responsável por ser o pioneiro em estabelecer um texto para os poemas de Homero e, com isso, instituir uma "versão oficial" deles. De acordo com Casson (2018, p. 48-49, trad. C. Antunes), "tais repositórios tornaram possível a realização de uma das primeiras empreitadas da erudição alexandrina, o estabelecimento de um texto padrão para estas que são as mais estimadas obras da literatura grega". O estudioso (2018, p. 58) ainda assinala que a erudição alexandrina contribuiu na produção de ferramentas importantes para o aprendizado, como o estabelecimento de um texto autorizado, o comentário, o glossário e

I – Uma filologia intertextual da recepção literária

até mesmo a gramática. A designação desses estudos praticados na Biblioteca de Alexandria sob o nome de "filologia" encontra testemunho em Suetônio:

> *De eodem Asinius Pollio in libro, quo Sallustii scripta reprehendit ut nimia priscorum uerborum affectatione oblita, ita tradit: 'In eam rem adiutorium ei fecit maxime quidem Ateius Praetextatus nobilis grammaticus Latinus, declamantium deinde auditor atque praeceptor, ad summam Philologus ab semet nominatus'.* [...] *Philologi appellationem assumpsisse uidetur, quia sic ut Eratosthenes, qui primus hoc cognomen sibi uindicauit, multiplici uariaque doctrina censebatur.* (Suet. *Gram.* 10)

> A respeito dele [Ateio], Asínio Polião, no livro em que critica os escritos de Salústio como manchados por uma excessiva mania de arcaísmos, de tal modo conta: 'Com relação a isso, decerto deu-lhe imensa ajuda Ateio Pretextato, nobre gramático latino, depois ouvinte e preceptor de declamadores, em suma, nomeado por si mesmo de Filólogo'. [...] Parece ter assumido a denominação de filólogo, pois, assim como Eratóstenes, que primeiro reivindicou para si essa alcunha, era qualificado por um saber múltiplo e variado.

O gramático latino Ateio se autodenomina "filólogo" a partir do precedente de Eratóstenes, diretor da Biblioteca de Alexandria entre 245-205 a.C., que, segundo Suetônio, teria sido o primeiro a reclamar para si tal denominação. Além de Zenódoto e Eratóstenes, outros importantes eruditos diretores da biblioteca foram Aristófanes de Bizâncio (entre 205-185 a.C.) e Aristarco (entre 175-145 a.C.), que estabeleceram o texto de outros poetas gregos, como Hesíodo, Píndaro e os líricos. Essa tradição de estudo inaugurada pelos alexandrinos contribuiu para consolidar um tipo de abordagem de textos que foi identificada como filológica e adquiriu especial prestígio na área de Estudos Clássicos (basta observar que ela vigora ainda hoje). Caracterizada por um enfoque nitidamente centrado no texto, que se torna objeto de uma análise precisa e rigorosa, ela ganha apreço entre os estudiosos de Clássicas pelo fato de ter sido um modo de leitura e interpretação praticado na própria Antiguidade, autorizado pela prática dos eruditos alexandrinos.

No entanto, os termos "filologia" e "filólogo", desde seu emprego para designar os intelectuais alexandrinos e sua atividade, sofreram diversos deslocamentos semânticos ao longo do tempo. Cambraia (2005, p. 14-18) oferece um rico panorama dessas várias significações e apresenta, ao final, sua própria definição do termo, segundo a qual "filologia" serve "para designar o *estudo global de um texto*, ou seja, a exploração *exaustiva* e *conjunta* dos mais variados aspectos de um texto: linguístico, literário, crítico-textual, sócio-histórico etc." (Cambraia, 2005, p. 18, grifos nossos). Abarcar o texto sob diferentes perspectivas, visando a uma espécie de completude na interpretação e apreensão exaustiva de todos os seus sentidos, faz dos estudos filológicos uma empresa grandiosa, mas, no fim das contas, inexecutável, posto que é infinita. Qualquer leitura mostra-se incapaz de abranger a totalidade de um texto, tornando inexistente uma interpretação completa, visto que os sentidos estão sempre em movimento, abertos para suplementos e ressignificações.

Desse modo, a abordagem filológica em sentido puro e estrito apresenta alguns problemas e insuficiências, se confrontada com os desenvolvimentos teóricos disponíveis hoje, principalmente por pretender alcançar um controle sobre o texto, ao estabelecer sua versão mais "fidedigna" e, portanto, mais "correta". Sem dúvida, o estabelecimento textual continua sendo uma tarefa de suma importância para dar forma a obras fragmentárias e organizar o conhecimento. São as implicações por trás desse estabelecimento que tornam-se problemáticas, pois pressupõem a existência de uma versão melhor e mais autorizada do texto, diante da qual as divergências de outras versões são consideradas erros que o afastam de sua forma "original" e "verdadeira".

Todavia, essa suposta versão "original" consiste, na verdade, em uma "ficção heurística", pois resulta da construção do crítico textual. Ou seja, não há um texto "original" em si mesmo, mas reconstruções do que possivelmente seria sua forma primeira. Além disso, as versões supostamente divergentes fazem parte da história do texto, registram sua historicidade, são a evidência concreta da mobilidade e da abertura textual. Diante da problemática dos estudos filológicos compreendidos enquanto prática essencialista em busca da imanência do texto, a filologia hoje só se faz produtiva se carregar consigo a consciência de seu lugar e de suas limitações. Assim, torna-se possível tirar proveito da precisão e do rigor filológicos, sem que isso implique a pretensão de se estabelecer uma versão "original" do texto ou abarcá-lo em sua totalidade.

Com efeito, uma abordagem mais moderna da "filologia" tem-se expandido gradualmente, e o estabelecimento de textos passou a ser visto, cada vez mais, como uma construção e interpretação do editor.[194] Tais questões têm sido discutidas, por exemplo, por um campo como a Teoria da Filologia. É

I – Uma filologia intertextual da recepção literária

preciso destacar, porém, que se trata de um campo ainda pouco explorado, e que as concepções mais modernas acerca da filologia, presentes em publicações e centros de pesquisa internacionais, está pouco difundida no âmbito de estudos filológicos no Brasil, restringindo-se a alguns núcleos universitários, como o Centro de Teoria da Filologia, com sede no IEL-Unicamp e na Universidade de Heidelberg.[195] A difusão ainda limitada desses estudos (pelo menos no Brasil) pode ser observada pelo fato de boa parte da bibliografia estar em língua alemã.[196]

A isso ainda se soma o fato de a amplitude de interesses envolvidos na noção de filologia, que contempla aspectos de variadas áreas, lhe conferir potencialidade interdisciplinar e a definir, portanto, com base também no diálogo. Numa perspectiva semelhante, Hinds considera que a autoconsciência, de certa maneira, redime o emprego dos procedimentos filológicos de caráter mais tradicional:

> Como filólogos, não precisamos parar de oferecer descrições organizadas e controladas das alusões que os próprios poetas teriam frequentemente tentado tornar organizadas e controladas, desde que não confundamos essa aspiração a organização com o absolutismo do rigor filológico. Não precisamos parar de reificar *tópoi*, desde que entendamos o caráter provisório de qualquer reificação, igualmente para autor e leitor. Podemos até mesmo continuar usando o insosso 'cf.' quando necessário, desde que o tratemos antes como um convite à interpretação do que como o fim da interpretação. (Hinds, 1998, p. 51)[197]

Além disso, uma das mais produtivas ficções heurísticas passíveis de gerar significação para um texto, na perspectiva de Hinds (1998, p. 144), consistiria na construção de uma imagem de poeta como modelador de sentidos: "O poeta automodelador e detentor de intenção é uma figura que nós próprios depreendemos do texto para testar nossas leituras, em um movimento interpretativo que é necessariamente circular: mas a energia gerada por essa circulação interpretativa é bem real."[198] Esse movimento de aparente abandono e posterior retorno a um enfoque centrado na figura do "autor"/"poeta" poderia ser considerado uma circularidade desnecessária. No entanto, entendemos que a abordagem sugerida por Hinds distingue-se de um enfoque ingênuo ou voltado para a noção de um controle autoral, exatamente devido à sua consciência (confessa) em relação ao fenômeno. Desse modo, pode-se considerar que a figura de "poeta" proposta constitui uma "ficção interpretativa", uma construção feita pelo leitor no momento da interpretação (e não uma referência a um autor empírico). Assim, a mudança de perspectiva na abordagem do fenômeno revela uma trajetória completamente diferente, que promove um movimento interpretativo capaz de gerar discussões e reflexões sobre o funcionamento do processo de recepção do texto.

Nesse contexto, nossa definição de "filologia intertextual da recepção" propõe-se a gerar energia no movimento interpretativo a partir da desconstrução e redefinição da noção tradicional de "filologia", tendo como base o pensamento teórico mais recente. Isso se fundamenta, como dissemos, numa busca de conciliação entre as áreas de Estudos Clássicos e Teoria. Para tal, nossa proposta busca colocar em diálogo (intertextual) o que a filologia tradicional oferece de proveitoso e as contribuições teóricas do âmbito da Teoria. Nesse sentido, dialogamos com a vertente de estudos sobre a intertextualidade que vem sendo explorada por teóricos como Martindale (1993; 2013), Fowler (1997), Hinds (1998) e Edmunds (2001). Desse modo, a "filologia intertextual da recepção" constitui-se, metateoricamente, como uma proposta intertextual.

No entanto, devido às particularidades e especificidades de cada área e tipo de abordagem, a conciliação ou coexistência de ambas as posições jamais será pacífica. Trata-se, antes, de uma conciliação baseada na tensão, que é exatamente o que garante o movimento e a não naturalização das ideias. É, portanto, uma tensão enriquecedora, visto que se baseia no reconhecimento das diferenças existentes e no esforço em negociá-las, sem, todavia, eliminá-las. Sob esse aspecto, nosso enfoque se aproxima da descrição de Martindale sobre o diálogo:

> O *diálogo*, como o *amor*, requer ao menos dois participantes; a semelhança completa pode reduzir dois para um e, portanto, colapsar o diálogo. Deve-se pensar diálogo, esquematicamente, como a sobreposição parcial, às vezes maior, às vezes menor, de dois campos semióticos, ou dois ou mais campos de consciência. Ele envolve uma *negociação entre diferenças*, muitas das quais podem não estar claras nem mesmo para os comunicadores. (Martindale, 1993, p. 91, grifos nossos)[199]

Diante de tudo o que discutimos até então, a relação que o estudioso estabelece entre "diálogo" e "amor" não poderia deixar de nos fazer recordar e resgatar a etimologia de um termo chave neste trabalho e, especialmente,

I – Uma filologia intertextual da recepção literária

na área de Estudos Clássicos: "filologia". O vocábulo φιλολογία combina exatamente a ideia de "amor" à de "palavra", "discurso". Segundo Chantraine (1974, p. 1205), φιλ(ο) confere a seus compostos a ideia de "a quem [algo] é caro"; no caso, a quem o λόγος ("discurso", "palavra", "narrativa") é caro. Essa associação permanece no termo latino *philologia*, definido como "amor pelo aprendizado" (Lewis & Short, 1987, p. 1370, *love of learning*); "estudo literário", "ânsia por aprendizado" (Glare et al., 1968, p. 1374, *literary study, the pursuit of learning*); "amor às letras, aplicação aos estudos" (Gaffiot, 2000, p. 1189, *amour des lettres, application aux études*). Em suma, amor pelo texto e pela literatura. Com efeito, Cambraia (2005, p. 15) define o termo como "amor à palavra" e oferece um percurso mapeando vários significados que ele adquiriu ao longo do tempo.

Martindale ainda complementa a ideia de "negociação entre diferenças" com a de uma "simultaneidade de comunhão e diferença", que, segundo ele, irá caracterizar o discurso do amor, mas também o da arte:

> Algo digno de ser chamado 'um encontro de mentes' pode em geral ser uma coisa mais rara e mais preciosa do que geralmente nos importamos de reconhecer, e poderia ser visto precisamente como uma *simultaneidade de comunhão e diferença*. Há talvez três discursos em que tais assuntos foram tradicionalmente discutidos: o discurso da religião, o discurso do *eros* e o discurso da *arte*. (Martindale, 1993, p. 106, grifos nossos)[200]

Mais do que um "encontro de mentes", trata-se aqui de um encontro de textos, de um encontro de tempos, de um encontro de áreas de conhecimento afins. O encontro envolve diálogo e trocas mútuas, mas sem apagar os traços de diferença entre as partes envolvidas. O reconhecimento da alteridade e sua manutenção é sinal de respeito, permite a preservação das especificidades de cada um. Ao mesmo tempo, as diferenças em diálogo tornam-se comunhão. Mas comunhão não é equalização das duas partes, e sim a criação de um novo e terceiro elemento, partilhado por ambos, mas que com eles não se confunde. Nesse sentido, o texto do presente trabalho constitui-se como a terceira parte de uma relação de diálogo (e, por que não?, de amor) resultante do encontro de uma leitora com um poeta-leitor.

CAPÍTULO II

EPISTULAE NASONIS: AUSÊNCIA E EXÍLIO NAS CARTAS DE UM SEMI-HERÓI

Com base nos aspectos teóricos desenvolvidos no capítulo anterior, este capítulo apresenta uma leitura das *Heroides*[201] e dos *Tristia* fundada no mútuo diálogo entre as duas obras. Compreendendo a intertextualidade sob a perspectiva do leitor, como um fenômeno que se constrói no momento da recepção e que se manifesta em rede (e não de forma linear), propomos interpretações que valorizem as múltiplas vias de diálogo entre ambas as obras. Para tal, nossa discussão busca assinalar não só os elementos das *Heroides* que, retomados e reempregados nos *Tristia*, aludem àquela obra anterior e fazem da poesia de exílio uma espécie de reescrita dela, mas também os elementos dos *Tristia* que possibilitam, mediante a inversão do direcionamento intertextual, uma releitura das *Heroides* à luz do exílio, segundo a qual as epístolas das heroínas manifestariam prefigurações do eu poético exilado.

A retomada de elementos das *Heroides* na poesia dos *Tristia*, para além das aproximações estruturais e composicionais, torna-se perceptível, bastante curiosamente, na recepção semelhante – em geral uma apreciação negativa – que as duas obras tiveram entre os estudiosos até meados do século XX. As *Heroides* foram amiúde consideradas uma obra homogênea, monótona e entediante, sendo-lhes atribuído um baixo valor literário ou assinalado o caráter de mero exercício retórico, superficial e frívolo.[202] Conforme destaca Jolivet (2001, p. 2), "a reputação da obra era maculada por condenações sublinhando sua monotonia, a semelhança das queixas das epistológrafas, a repetição de motivos, a lancinante *uariatio* sobre um tema, uma retórica considerada invasora e estéril".[203] Fulkerson (2002, p. 145) comenta que a obra foi vista como uma "massa indiferenciada de sofrimento feminino, cansativa de se ler e partilhando os constantes vícios de Ovídio",[204] e Videau-Delibes (2007, p. 189) ainda esclarece que foi frequentemente lida a partir do esquema da *suasoria* declamatória, como um exercício de escrita que buscava persuadir seus destinatários.

De modo similar, durante muito tempo, os comentários acerca da poesia de exílio ovidiana, tomando as afirmações do eu poético Nasão ao pé da letra, tenderam a criticar as repetições e imperfeições dos poemas, de modo a vinculá-las, numa perspectiva altamente biografista, à situação hostil enfrentada pelo autor exilado. O tom dos escritos foi considerado monótono e cansativo, e as súplicas ao imperador Augusto vistas como bajulação e retórica vazia.[205] Wheeler (1996, p. XXXIII) afirma que as obras de exílio, "por causa da monotonia de seu conteúdo e tom, e pela intrusão quase constante de meros truques retóricos, jamais terão popularidade";[206] Darcos (2009, p. 52-53) comenta que "a fixação de Ovídio no fracasso e na morte o conduziu a repetições, a um estilo de litania frequentemente cansativo, mas cuja sinceridade não nos pode escapar".[207] Williams destaca que a desvalorização dos versos de exílio pela crítica fundamenta-se nos julgamentos do próprio Nasão:

> [...] seu tom monotonamente queixoso, sua repetição aparentemente entediante de procedimentos padrão, como *adunata* e *exempla* mitológicos comuns, suas constantes súplicas por auxílio em versos que não reivindicavam qualquer mérito ou ambição artística – a evidência da perda literária de Ovídio no exílio falou por si mesma. (Williams, 1994, p. 1)[208]

Embora as afirmações do eu poético sejam frequentemente irônicas, conforme defende Williams (1994) em seu livro, elas foram lidas literalmente por vários estudiosos, resultando em apreciações negativas, como a reportada acima. Esse tipo de recepção negativa tanto das *Heroides* quanto dos *Tristia*, na verdade, evidencia uma série de aproximações estruturais e de paralelos entre as duas obras, responsáveis por gerar impressões semelhantes. Não por acaso, Myers (2014, p. 13) afirma que a poesia de exílio ovidiana compartilha mais em conteúdo, tom e forma com as *Heroides*. O caráter epistolar, evidente nas *Heroides*, manifesta-se em diversas elegias dos *Tristia*, especialmente (mas não apenas) naquelas compostas em forma de cartas, destinadas aos amigos, à esposa ou mesmo ao próprio imperador. Nesse sentido, a associação do gênero elegíaco com o epistolar é traço não só das cartas das heroínas, mas também da poesia de exílio como um todo. Conforme comenta Kennedy (2006, p. 220), o caráter epistolar "aplica-se não só a obras que formalmente se identificam como cartas (como as *Heroides* e as *Epistulae ex Ponto*), mas também àquelas

II – *Epistulae Nasonis*: ausência e exílio nas cartas de um semi-herói

(como os *Tristia*) que possuem algumas características de cartas".[209] De fato, Rosenmeyer considera a reutilização da forma epistolar nos *Tristia* como um modo de identificação com as *Heroides*, num esclarecedor artigo[210] que explora diversos pontos de contato entre as duas obras:

> As *Heroides* podem ser lidas como cartas do exílio, [...] nas quais Ovídio persegue sua fascinação pelo gênero epistolar e o tema do abandono a partir de personagens literárias; os *Tristia* levam essa fascinação um passo além, na medida em que o próprio autor, em cartas a pessoas queridas, escreve da posição de um herói abandonado.[211] (Rosenmeyer, 1997, p. 29)

Conte (1999, p. 358) assinala que as duas principais obras ovidianas do exílio aproximam-se das *Heroides* por redescobrirem a ideia da elegia como poesia de pranto e de lamento. Fulkerson (2005, p. 145-146) ainda destaca que Ovídio, na poesia de exílio, representa a si mesmo como várias das heroínas abandonadas, já que a *persona* do poeta compartilha com elas um sentimento de frustração e abandono, uma consciência sobre seu lugar na tradição literária e um interesse obsessivo pela literatura. Videau-Delibes (2007, p. 177), por sua vez, afirma que a fisiologia das afecções das heroínas ecoa em outras obras ovidianas, como as *Metamorphoses* e os *Tristia*, na medida em que a expressão da paixão amorosa e das dores do exílio ocorre por meio de lágrimas ou da palavra.

Em concordância com as ideias apresentadas por esses estudiosos, o presente capítulo analisa o reemprego, nos *Tristia*, do "novo gênero" – *ignotum opus* (*Ars* III, 345-346) – que o eu poético reclama ter inventado ao compor as *Heroides*, a fim de destacar os aspectos elegíacos, epistolares e mitológicos que aproximam as duas obras. Para tal, nossa abordagem estará centrada nas cartas simples das *Heroides* (I a XV), uma vez que elas não têm respostas, assim como as elegias epistolares dos *Tristia*.[212] Primeiramente, será abordado o papel de leitor da tradição literária que Ovídio assume na elaboração das *Heroides* e, em seguida, será evidenciado como, nos *Tristia*, empreende-se uma releitura/reescrita das cartas das heroínas no contexto de exílio do eu poético. Nasão dá sequência às *Heroides* e acrescenta a essa obra anterior suas próprias elegias epistolares de exílio; assumindo, assim, o papel de um semi-herói exilado. Ademais, será destacada a importância da reivindicação da autoria e do papel de poeta em ambas as obras, na medida em que, tanto as heroínas quanto o eu poético Nasão, ao constituírem autobiografias nos poemas que escrevem, buscam registrar suas histórias e, com isso, imortalizar-se por meio da literatura.

Ovídio leitor da tradição nas *Heroides*

Ao longo das produções ovidianas, a personagem-poeta Nasão frequentemente faz referência às obras que compôs, listando-as, comentando-as ou discutindo seu processo de composição e escrita. Com isso, ele assume o papel de primeiro leitor e crítico de seus próprios versos. Na *Ars amatoria*, por exemplo, o *magister amoris* ("mestre do amor") apresenta um catálogo de poetas que devem ser conhecidos e recitados pelas mulheres, a fim de conquistar o homem desejado. Nasão conclui a lista com a inserção de seu nome junto aos demais autores e com a menção de três de suas obras – *Ars amatoria*, *Amores* e *Heroides*:

> *Forsitan et nostrum nomen miscebitur istis,*
>   *nec mea Lethaeis scripta dabuntur aquis,*   340
> *atque aliquis dicet 'Nostri lege culta magistri*
>   *carmina, quis partes instruit ille duas,*
> *deue tribus libris, titulo quos signat Amorum,*
>   *elige, quod docili molliter ore legas,*
> *uel tibi conposita cantetur Epistula uoce;*   345
>   ***ignotum*** *hoc aliis ille* ***nouauit opus'.***
> (Ov. *Ars* III, 339-346, grifos nossos)

> Talvez também unirás a eles o meu nome,
>   e meus escritos não serão entregues às águas do Letes,   340
> e alguém dirá 'Lê os cultos poemas de nosso
>   mestre, com os quais ele instruiu as duas partes,
> ou, dentre os três livros que intitulou *Amores*,
>   escolhe o que ler brandamente, com fala suave,
> ou por ti, com voz ornada, seja cantada uma epístola;   345
>   esta *obra*, de outros *desconhecida*, ele *inventou*'.

No trecho, merece destaque a reivindicação da personagem-poeta de ter inventado, nas epístolas das *Heroides*, um novo gênero, antes desconhecido.

II – *Epistulae Nasonis*: ausência e exílio nas cartas de um semi-herói

À primeira vista, a inovação poderia ser o caráter híbrido da obra em termos de gênero, um de seus traços mais marcantes, dado que mescla elegia e epístola. Não obstante, o procedimento já se faz presente na elegia IV, 3 de Propércio e, embora não seja possível datar com precisão qual das duas obras seria anterior, os estudiosos em geral tendem a considerar o poema de Propércio como o precursor das *Heroides* ovidianas.[213] Trata-se de uma elegia em forma de carta, na qual um eu poético feminino, Aretusa, dirige-se a seu amado, Licotas, que partirá para a guerra; ela lamenta sua ausência, rogando-lhe o retorno. De fato, Harrison (2006, p. 82) esclarece que podem ser anteriormente encontradas, nessa elegia de Propércio, três características definidoras das *Heroides*: o lamento de mulheres abandonadas (embora o gênero elegíaco usualmente possua um eu poético masculino),[214] o elemento de persuasão retórica e a estrutura epistolar.

Nesse contexto, a inovação que Nasão reclama nas *Heroides* tornou-se objeto de discussão entre os estudiosos, de modo a suscitar diferentes entendimentos do que constituiria a novidade do *opus ignotum* (v. 345). Cunningham (1949, p. 100) menciona a interpretação de Otto Ribbeck, para quem a novidade estaria na adoção de situações e personagens provenientes da mitologia; e de Puser, que defende que a obra reproduz em verso a forma da *suasoria* das escolas de retores. Em seguida, ele formula sua própria hipótese, de que as *Heroides* teriam sido originalmente escritas como monólogos lírico-dramáticos, cujo objetivo era serem apresentados no palco com música e dança, o que conferiria à elegia uma forma voltada para um novo tipo de performance teatral (Cunningham, 1949, p. 100).[215] Segundo Jacobson (1974, p. 6-7), por sua vez, a novidade ovidiana foi incorporar a elegia amorosa ao mundo do mito, que deixa de ser mero *exemplum*, e Tarrant (2006, p. 20) acrescenta que Ovídio transformou a ficção pura (presente na elegia properciana) em um exercício de retomada: Aretusa e Licotas não têm uma história externa ao poema, ao passo que as heroínas ovidianas têm. Com efeito, Knox (2002, p. 126) atribui a inovação ao fato de Ovídio ter ampliado a experiência properciana à representação de personagens da literatura na forma epistolar, e Holzberg (2002, p. 72) destaca a duplicidade entre irrealidade elegíaca e "realidade" mítica que perpassa a obra.

Desse modo, o que Ovídio faz nas *Heroides* é realizar uma releitura e uma reinterpretação da tradição literária, de modo a "erotizá-la" e "elegizá-la", mediante a transferência de personagens da tradição (especialmente épica e trágica, mas também lírica, na carta de Safo) para o contexto de elegia amorosa. Esse aspecto, aliado à forma epistolar, pode ser considerado um dos elementos de novidade da obra. Outro ponto inovador consiste no procedimento de ficcionalização do "eu", segundo o qual se estabelece uma nítida diferenciação entre eu poético e imagem de poeta, que se cindem em figuras diferentes (respectivamente, as heroínas e Ovídio). Com isso, o "eu" que fala em primeira pessoa nos versos elegíacos se distingue explícita e nominalmente da figura do poeta, proclamando-se abertamente como uma ficcionalização. Por não fazer essas duas instâncias coincidirem nas *Heroides* sob um mesmo nome, em geral o nome do poeta, Ovídio aponta para a possibilidade de essa cisão insinuar-se no restante de sua produção elegíaca, mesmo que nela o eu poético apresente-se com o mesmo nome do poeta, Nasão. É nessas circunstâncias que se revela extremamente produtiva a distinção que propusemos inicialmente entre "Nasão" e "Ovídio".

Por sua vez, no que concerne à releitura da tradição realizada nas *Heroides*, o próprio eu poético explicita o procedimento compositivo adotado para a escrita da obra, por meio de uma *recusatio* da escrita de poesia trágica presente nos *Amores*:[216]

> **Sceptra** tamen sumpsi curaque **tragoedia** nostra
>   creuit et huic operi quamlibet **aptus eram**.
> Risit Amor **pallam**que meam pictosque **cothurnos**   15
>   **sceptra**que priuata tam cito sumpta manu.
> Hinc quoque me dominae numen deduxit iniquae.
>   Deque **cothurnato** uate triumphat Amor.
> Quod licet, aut artes teneri profitemur Amoris,
>   (ei mihi, praeceptis urgeor ipse meis!)   20
> aut quod Penelopes uerbis reddatur Vlixi
>   scribimus et lacrimas, Phylli relicta, tuas,
> quod Paris et Macareus et quod male gratus Iason
>   Hippolytique parens Hippolytusque legant,
> quodque tenens Dido **strictum** miserabilis **ensem**   25
>   dicat et **Aoniae** Lesbis amata **lyram**.
> (Ov. *Am.* II, 18, 13-26, grifos nossos)

> Mas assumi os *cetros*, e com o zelo minha *tragédia*
>   cresceu; eu *estava pronto* o bastante para esta obra.

Riu-se o Amor de meu *manto*, dos *coturnos* pintados   15
   e dos *cetros* tão depressa assumidos por mão comum.
Também para cá o poder da cruel senhora me desviou.
   Ao vate de *coturno* triunfa o Amor.
Já que é lícito, ou professo as artes do tenro Amor
   (ai de mim! importunam-me os próprios preceitos!),   20
ou escrevo as palavras que Penélope envia a Ulisses,
   e tuas lágrimas, ó Fílis abandonada,
o que Páris, Macareu e o ingrato Jasão,
   o pai de Hipólito e Hipólito leem,
o que Dido, deplorável, com a *espada em riste*,   25
   e a poeta de Lesbos, amante da *lira aônia*, dizem.

Nasão pretendia escrever uma tragédia (*sceptra, tragoedia, pallam, cothurnos*) e se autorrepresenta como poeta trágico, apto à realização da tarefa (*sceptra sumpsi*, v. 13; *aptus eram*, v. 14; *cothurnato uate*, v. 18). Thorsen (2014, p. 24) defende que a tragédia mencionada seria a célebre *Medea* ovidiana que se perdeu.[217] Não obstante, parece-nos que a simples menção da escrita de uma tragédia não configura por si só uma referência à *Medea* ovidiana; representa, antes, apenas uma exploração do *tópos* da *recusatio*, a fim de justificar a composição das *Heroides* em detrimento dos versos trágicos. Nasão estaria se referindo a uma "ficção literária", ou seja, a um poema que jamais teria sido realmente composto e cuja escrita é ficcionalizada. Trata-se de um procedimento bastante empregado por Ovídio, e Ingleheart (2010, p. 278) lista vários exemplos de poemas mencionados nas obras ovidianas cuja escrita seria ficção literária típica de uma *recusatio*.[218]

Tópica bastante empregada pelos poetas elegíacos latinos, a *recusatio* dos gêneros elevados em prol da temática amorosa configura-se como *tópos* já na poesia grega. O trecho ovidiano, por exemplo, encontra precedente numa ode dos *Carmina Anacreontea*, sobre a lira que insiste em cantar amores, mesmo a contragosto do poeta:

De gosto cantara Atridas,
E a Cadmo erguera louvor;
Porém as cordas da lira
Só sabem dizer amor.

> Há pouco, mudando-a toda,
> Novas cordas lhe assentava,
> E de Alcides os trabalhos
> A cantar principiava;
>
> Mas, contra as minhas tenções
> Em vez de marciais furores,
> De teimosa e como a acinte,
> Sempre vai soando amores.
>
> Adeus, heróis! Adeus, glória!
> Adeus, guerreiro furor!
> As cordas da minha lira
> Só sabem dizer amor.
> (Anacreont. 23 West, trad. A. Garrett)

Em termos de gênero, a lira anacreôntica constitui uma oposição à tragédia e à épica e, mesmo que o poeta tenha tentado dedicar-se a gêneros mais elevados, seu instrumento ecoa apenas o amor. Essa concepção de poesia lírica em muito coincide com a definição da elegia amorosa romana, centrada no tema do amor. O diálogo entre a poesia grega arcaica e a elegia romana foi bastante facilitado em âmbito latino pela poesia de Horácio. Na ode IV, 9, 5-12, por exemplo, ele lista vários poetas que consagraram a lírica grega: Píndaro, Simônides de Ceos, Alceu, Estesícoro e, como não poderiam faltar, Safo e Anacreonte, descritos como poetas do amor.[219] Além disso, Horácio também explorou a tópica da *recusatio*, conforme se observa nas odes I, 6 e II, 12, que constituem *recusationes* à poesia épica.

No trecho citado dos *Amores*, Nasão apresenta-se como autor trágico e ficcionaliza a escrita de uma tragédia. Porém, desviado pelo amor por sua *domina*, logo recusa a nobre empresa para se dedicar à poesia elegíaca. Com efeito, ele não só se apaixona, mas ainda passa a escrever poesia amorosa. Uma vez que o verbo *deduxit* (v. 17), empregado no trecho para indicar que a amada desviou o poeta, também pode significar "fiar" e "tecer", ele adquire sentido metapoético[220] e constitui uma metáfora para o próprio ato de escrita – trata-se de um desvio para a composição de versos amorosos.

Essa transformação operada sobre o eu poético dos *Amores*, de poeta trágico para elegíaco, ilustra o mesmo processo que será explorado de forma mais ampla nas *Heroides*, mediante a transferência de personagens da tradição literária e mitológica vinculadas aos gêneros trágico, épico ou lírico para o âmbito elegíaco. A recepção, nas elegias das heroínas, de elementos provenientes de gêneros variados fica sugerida já na passagem acima citada de *Am.* II, 18: além das referências à tragédia no início do trecho, ainda são mencionadas nominalmente personagens da tradição épica e lírica. O gênero lírico é evocado pelo sintagma *Aoniae lyram* (v. 26), que remete à poesia e à lira de Safo. Por sua vez, a presença do gênero épico nas *Heroides* fica sugerida pela expressão *strictum ensem* (v. 25), referência à arma de combate que, no contexto da *Eneida* (e, consequentemente, na epístola VII das *Heroides*, que dialoga com ela), fora usada para o suicídio de Dido, de modo a representar, na obra virgiliana, a morte metafórica da elegia em prol da poesia épica.

Isso põe em destaque o procedimento tipicamente ovidiano de reler a tradição e reformulá-la com base em sua própria interpretação,[221] centrada na elegia amorosa e no contexto romano de sua época. De fato, na obra, opera-se não só uma transposição em termos de gênero, mas também uma "romanização" das personagens, conforme destaca Bianchet (2016).[222] Enquanto leitor da tradição, Ovídio dá primazia ao âmbito da recepção e assinala o poder interpretativo possuído pelo leitor, capaz de atribuir novos sentidos às obras precedentes e remodelá-las de acordo com seu próprio lugar de leitura. Desse modo, as *Heroides*, ao apresentar novas recepções de mitos da tradição, estabelecem um programa literário que orientará as obras ovidianas futuras, o qual se baseia na interpretação de que toda poesia seria passível de se tornar elegia amorosa.[223]

Além disso, embora haja uma transferência da voz poética para as heroínas mitológicas, as *Heroides* mantêm o estilo elegíaco característico de Ovídio, como se o poeta falasse por trás dessas mulheres. Knox (2002, p. 134) ressalta que Ovídio dota as heroínas de uma nova voz, modelada a partir de sua própria experiência como elegíaco. Assim, cada uma das personagens femininas que atua como eu poético se comporta como uma *puella*, mas o universo da obra é o do mito. Isso confere às personagens um caráter duplo e ambíguo: apesar de assimiladas e incorporadas ao novo contexto da elegia amorosa, elas guardam alguns de seus traços da tradição literária, visto que pertencem a histórias previamente existentes. Esse aspecto fica bem marcado pelo fato de as cartas serem inseridas em momentos precisos e identificáveis das histórias épicas e trágicas, como se motivadas pelo próprio enredo do mito, ou mesmo previstas nas epopeias ou dramas da tradição.[224]

Nesse sentido, a carta de Penélope a Ulisses, que abre a coleção, é considerada programática (Farrell, 1998, p. 323; Kennedy, 2006, p. 217). Ela evidencia a adoção da forma epistolar, define um eu poético feminino e já apresenta os principais temas e *tópoi* elegíacos que serão retomados nas demais epístolas. Ademais, ela exemplifica perfeitamente o procedimento ovidiano de inserir a carta em meio ao enredo do mito. Segundo Kennedy (1984, p. 417), o momento de escrita da carta de Penélope seria a véspera do dia em que os pretendentes são mortos por Ulisses, isto é, pouco antes de se unir novamente ao marido.[225] Nessas circunstâncias, Ulisses já se encontrava em Ítaca, mas disfarçado de mendigo e tendo-se apresentado como proveniente de Creta. Esse fato adquire coloração especial caso se considere que a heroína afirma entregar a cada estrangeiro que chega a Ítaca uma carta, com a esperança de que em suas andanças ele possa encontrar Ulisses e transmitir-lhe a epístola.[226] Ora, o estrangeiro que, no momento da escrita, está em Ítaca é o próprio Ulisses disfarçado, e Penélope supostamente entregaria a carta a seu destinatário, mas sem o saber. Essa insciência da heroína sobre os eventos instaura saborosas ironias em sua carta. A queixa de não saber onde está seu marido (v. 57-58) e o pedido para que ele não responda à carta, mas retorne (v. 2), põem em destaque o desconhecimento de Penélope sobre o fato de Ulisses já estar de volta.

De acordo com vários estudiosos, um elemento comum às epístolas é precisamente a ironia instaurada pelas divergências entre a versão exposta pelas heroínas e a versão tradicional do mito. Jolivet (2001, p. 4) considera-a uma ironia dramática, resultante da contradição entre a visão restrita das personagens, limitada a um instante preciso do mito, e a visão ampla do público leitor. Holzberg (2002, p. 91) propõe que a obra convida os leitores a um jogo, no qual as heroínas confundem aparência com realidade, pois não se mostram capazes de distinguir seus sonhos e desejos elegíacos da realidade de sua história mítica. Já Casali (2009, p. 346) discute sobre a presença, nas *Heroides*, de uma técnica ovidiana de prefiguração irônica, fundamentada na antecipação intertextual: as personagens, sem o saber, antecipam fatos futuros ao empregar palavras ou termos presentes na sequência de sua história conforme descrita em versões anteriores do mito.

Ora, a ironia da obra provém de um aparente descompasso entre as informações que as heroínas possuem acerca de sua própria história no momento em que escrevem e o conhecimento mais amplo possuído pelos leitores e por Ovídio. Desse modo, destaca Rosati (1998, p. 10), o poeta

II – *Epistulae Nasonis*: ausência e exílio nas cartas de um semi-herói

estabelece um canal de comunicação com o leitor situado acima da consciência das personagens, o que resulta no efeito irônico. Com efeito, as *Heroides* são a obra ovidiana em que se pode distinguir com mais nitidez as instâncias do "eu" e os níveis de autoria. Kennedy (2006, p. 222), por exemplo, propõe a distinção de dois níveis de autoria na obra: o das heroínas e o de Ovídio. Parece-nos, porém, ser possível identificar três níveis diferentes: um extratextual (autor empírico) e dois intratextuais (o eu poético, enquanto personagem e poeta, e a imagem de autor construída na obra). Ou seja, há a instância de Públio Ovídio Nasão, pessoa física; há, para cada epístola, um eu poético diferente, uma voz feminina que desempenha o papel de personagem-poeta (Penélope, Fílis, Briseida, Fedra, Enone, Hipsípile, Dido, Hermíone, Dejanira, Ariadne, Cânace, Medeia, Laodâmia, Hipermnestra e Safo); e, entre essas duas instâncias, insere-se a figura de Ovídio, elemento coesivo e organizador de todas as epístolas, que permite que elas sejam reunidas em uma mesma coletânea, que as caracteriza estilisticamente e que as identifica como possuidoras do mesmo autor. Essa instância "Ovídio" é a responsável por se insinuar em meio à voz das heroínas e, assim, fazer alusões a eventos ainda vindouros, conhecidos por fazerem parte do enredo dos mitos.

O jogo irônico foi, na maior parte das vezes, analisado sob a perspectiva da impossibilidade de as heroínas, enquanto personagens, terem conhecimento da completude de sua história, em oposição à visão mais ampla e acertada dos leitores e do poeta. Não obstante, o fenômeno também pode ser compreendido sem que se limite a visão das heroínas, nem se considerem suas versões como desviantes ou contraditórias. A esse respeito, Fulkerson (2005) propõe um enfoque voltado para o poder e a autoridade do discurso feminino na obra. De acordo com a estudiosa (2005, p. 4-5), as heroínas fundamentam seu discurso nas interpretações que fazem das histórias de outras mulheres abandonadas, de modo a ler a tradição com base em uma postura de resistência, segundo a qual são postas em relevo informações que a poesia canônica não oferece. Com isso, suas narrativas femininas apresentam o outro lado da história, numa postura provocativa, que desafia os relatos tradicionais de autoria masculina. Nesse sentido, Fulkerson (2005, p. 6) defende que, nos aspectos em que divergem da versão tradicional, não se deve assumir que as narrativas das heroínas estejam erradas (nem que Ovídio esteja aproveitando a oportunidade para depreciá-las). Pelo contrário, essas divergências despertam, segundo a autora (2005, p. 7), precisamente um questionamento: por que a versão da história apresentada por Penélope, por exemplo, não poderia ser considerada mais confiável que a de Homero?

Desse modo, a estudiosa se opõe às abordagens de diversos críticos, que tendem a desautorizar os discursos das heroínas e privar a voz feminina de poder. Kennedy (1984, p. 421), por exemplo, afirma que as contradições presentes na carta de Penélope são uma pista deixada por Ovídio para que nós, conhecendo pela *Odisseia* aquilo que "objetivamente" ocorreu, possamos problematizar o estado de espírito de Penélope. Farrell (1998, p. 327), por sua vez, afirma que o texto coloca a seguinte questão: "Acreditamos na história de Penélope, uma mulher que escreve, como testemunha e participante, sobre suas próprias experiências em uma narrativa pessoal em primeira pessoa; ou a declaramos falsa, em favor do relato de mais autoridade, em terceira pessoa e masculino, de Homero?"[227] O crítico prefere não optar por nenhum julgamento.

Na verdade, parece-nos desnecessário ter de optar por uma das versões. O texto de Penélope de fato contém divergências em relação ao de Homero,[228] e a questão não é tentar descobrir qual versão é a verdadeira, mas investigar os sentidos e os efeitos dessas variações. A modificação de Homero na narrativa de Penélope pode ser vista como uma forma de questionar e pôr em xeque a voz de autoridade do relato masculino. Ademais, é possível pensar as heroínas como dotadas de poder graças à possibilidade de escrita, em oposição à imagem de fragilidade que geralmente lhes é atribuída.

Farrell (1998, p. 323), por exemplo, evidencia que as figuras masculinas nas cartas são caracterizadas pela fala "enganosa e dúbia", ao passo que as personagens femininas se expressam por meio de uma escrita "sincera e confiável". No caso de Penélope, a heroína ovidiana, segundo o estudioso (1998, p. 326), é diferente do protótipo homérico: embora apareçam justapostos no poema os motivos do fiar e do engano (Ov. *Her.* I, 9-10; 77-80), em momento algum é mencionado o estratagema para enganar os pretendentes e, diferentemente da astuciosa Penélope homérica, a personagem ovidiana apresenta-se como sincera e verdadeira.

Ora, parece-nos, na verdade, que o silêncio de Penélope sobre o estratagema é uma astuciosa estratégia para esconder sua astúcia. Metapoeticamente, a própria epístola escrita pela heroína poderia ser vista como uma espécie de engano: Penélope é astuta ao fiar as palavras e criar uma imagem positiva de si. Assim, no plano do enunciado do poema, ela assume um tom de sinceridade e expressa sua fragilidade e insegurança diante da demora do marido em retornar. Porém, o que sua escrita revela é sagacidade na seleção do que narra e na imagem que constrói. Desse modo, a personagem mantém seu traço tradicional da astúcia, mas o encobre com uma máscara elegíaca.

Na carta de Medeia, a ambiguidade da personagem fica ainda mais perceptível.[229] A fim de manter sua imagem de ingênua *puella*, que fora enganada pelas falaciosas palavras de Jasão, a heroína não menciona abertamente em sua epístola os crimes que cometeu ou que irá cometer (o dilaceramento do irmão Absirto, o envenenamento de Creúsa, o incêndio do palácio de Corinto e o assassinato dos filhos), mas apenas os sugere.[230] No entanto, a própria sugestão já aponta indiretamente para a versão tradicional da narrativa, deixando transparecer traços em geral atribuídos à personagem, como a crueldade, a insensibilidade e a feitiçaria.[231]

Essa duplicidade entre a imagem que as heroínas constroem de si mesmas no enunciado e aquilo que revelam em seu discurso enquanto escritoras de cartas (isto é, no âmbito da enunciação e das relações intertextuais) segue um funcionamento semelhante ao que ocorre com Nasão nos *Tristia*. Nas elegias de exílio, o "eu" nomeado Nasão também envolve diferentes níveis. Ele é uma personagem-ator, que age no plano do enunciado, sendo descrito como um exilado que lamenta a distância da pátria e que perdeu suas habilidades e talento poético. No nível da enunciação ficcional, por sua vez, Nasão é o eu poético que se expressa em primeira pessoa e se apresenta como poeta, escritor de versos. Enfim, acima dessas instâncias, situa-se, em ambas as obras, a imagem de poeta (aqui nomeada "Ovídio") construída com base nas ironias, alusões, estilo, aspectos que permitem que as *Heroides* e os *Tristia* sejam considerados produções de um mesmo autor.

Diante disso, as versões "divergentes" nas cartas das *Heroides* são, na verdade, uma reafirmação da voz das personagens femininas, em detrimento da narrativa preponderante masculina da versão tradicional. Nessa perspectiva, as variações podem ser consideradas um modo de as heroínas assegurarem seu poder por meio das palavras e do discurso.[232] Os estudiosos, porém, assinalaram algumas contradições na obra, não tanto resultantes da divergência de versões, mas vinculadas a uma espécie de verossimilhança epistolar. Jolivet (2001, p. 237) afirma que as epístolas das *Heroides* têm destinatários, mas não possuem quem as receba. Trata-se, segundo o estudioso (2001, p. 240-242), de cartas sem esperança de resposta, dada a frequente impossibilidade de que elas atinjam seus destinatários.[233] Myers (2014, p. 14) considera as epístolas das heroínas inefetivas e sublinha que a falha em obter retorno as aproxima das cartas de exílio de Nasão.

Fulkerson (2005, p. 2) problematiza e refuta a ideia de ineficácia nas cartas das *Heroides*, propondo que as próprias heroínas, numa perspectiva intratextual, seriam leitoras das cartas umas das outras, de modo a formarem uma espécie de comunidade ficcional resultante de sua presença partilhada em um mesmo livro de poemas. Ou seja, para a estudiosa (2005, p. 13), trata-se de mulheres ávidas por literatura, que constroem sua *persona* e baseiam sua história não tanto em versões dos poetas anteriores, mas nos relatos de outras heroínas presentes nas *Heroides*, segundo um complexo processo de autorrevisão e autorreferência. Assim, as epístolas teriam como potenciais leitores internos não só seus destinatários nomeados, mas as próprias heroínas da coletânea, que se moldam umas nas outras para construir suas narrativas.[234] Quanto ao poder de eficácia das cartas, Farrell (1998, p. 338) ainda destaca que tanto as epístolas das heroínas quanto as de Nasão exilado estão fundadas no tema da escrita como resposta a uma tentativa de impor silêncio; e constituem, portanto, aquilo que poderá permanecer ao longo do tempo sem ser destruído: a própria obra.

Diante disso, propomos a compreensão da eficiência dessas cartas--poema não segundo seu caráter epistolar, mas segundo sua natureza poética. Embora possam até falhar no quesito de atingir seus destinatários designados nos versos, elas certamente não fracassaram, enquanto obra literária, em alcançar leitores, ainda hoje. Além disso, as epístolas das heroínas e as elegias de Nasão exilado são efetivas por garantir a permanência de suas personagens-autores por meio da escrita, fixando suas histórias para a posteridade.

Ovídio leitor das *Heroides* nos *Tristia*

A releitura que Ovídio faz das *Heroides* nas elegias dos *Tristia* ocorre em dois níveis distintos. Em um nível mais imediato, os versos de exílio mencionam diretamente a obra anterior e as heroínas autoras de epístolas, ou então reempregam *tópoi* antes usados, mas em um novo contexto. A título de exemplo, considere-se o *tópos* da crueldade ou *duritia* do amante. Na carta de Fílis, a heroína afirma que Demofoonte supera o ferro, o diamante e a si mesmo em dureza – *duritia **ferrum** ut superes **adamanta**que teque* (Ov. *Her.* II, 137, grifos nossos). Também na carta de Dido, a insensibilidade de Eneias é posta em destaque:

II – *Epistulae Nasonis*: ausência e exílio nas cartas de um semi-herói

*Te **lapis** et montes innataque **rupibus** altis*
  *robora, te **saeuae** progenuere **ferae**,*
aut mare, quale uides agitari nunc quoque uentis:
  qua tamen aduersis fluctibus ire paras?   40
  (Ov. *Her.* VII, 37-40, grifos nossos)

A ti uma *rocha*, os montes, os carvalhos nascidos
  nos altos *rochedos*, a ti geraram as *feras cruéis*,
ou o mar, como agora o vês ser agitado pelos ventos:
  mas para onde, contrárias as ondas, te preparas para ir?   40

A dureza dos amantes que abandonam as heroínas é referida por imagens associadas a minerais – pedras, rochas, ferro, diamante (*lapis*, *rupes*, *ferrum*, *adamanta*) –, ou então à ideia de ascendência selvagem, segundo a qual a insensibilidade desses homens só se justificaria pela filiação a animais cruéis. Esses mesmos elementos fazem-se presentes nas elegias dos *Tristia*, mas transpostos para o contexto de exílio. As queixas do eu poético contra seu interlocutor pertencem não mais a um contexto amoroso, mas ao da amizade. Nasão dirige-se a algum antigo amigo que, após a relegação, o abandonara e não lhe prestara auxílio, ou aos detratores que se ocupavam de difamar sua imagem em Roma:

Siquis es, insultes qui casibus, improbe, nostris
  meque reum dempto fine cruentus agas,
*natus es e **scopulis** et pastus **lacte ferino**,*
  *et dicam **silices** pectus habere tuum.*
  (Ov. *Tr.* III, 11, 1-4, grifos nossos)

Quem quer que sejas, ó perverso, que ultrajas meu infortúnio,
  e, sangrento, sem fim me fazes réu,
foste gerado de *escolhos* e nutrido com *leite selvagem*,
  e eu diria haver *pedras* em teu peito.

Defendendo-se contra as ofensas de um difamador, o eu poético o caracteriza por meio de imagens de *duritia* – "escolhos" (*scopulis*) e "pedras" (*silices*) – e ainda lhe atribui a crueldade das feras, ao descrevê-lo como alimentado com "leite selvagem" (*lacte ferino*). A desumanização do destinatário e sua transferência para o âmbito animal adquirem, além disso, um sentido de incivilidade que se aproxima da barbárie. De fato, no universo dos *Tristia*, a animalização é um traço frequente nas descrições feitas por Nasão dos povos bárbaros que habitam a região do Ponto, os quais são comparados, por exemplo, a animais como "lobos" ou "ursos" e são identificados por sua pilosidade e aspecto feroz.[235] Assim, a natureza dos detratores e inimigos do eu poético é igualada à dos bárbaros.

Em outra elegia (I, 8), ao dirigir-se a um amigo que passa a desprezá-lo em razão do exílio, Nasão também emprega as imagens de minerais – "escolhos" (*scopulis*), "veias de pedra" (*silicis uenae*), "férreas sementes" (*ferri semina*) – e afirma que o destinatário teria sido amamentado por úberes de tigre. O mais marcante, porém, é que o eu poético nega a origem romana, urbana e civilizada, de seu interlocutor e lhe atribui nascimento bárbaro, entre os povos cítios e sármatas. Isso soa bastante irônico, pois Nasão – que se encontra exilado e distante de Roma – faz seu interlocutor, situado na Urbe, compartilhar a insensibilidade e a crueldade precisamente dos bárbaros que vivem no Ponto:

> *Non ego te genitum placida reor urbe Quirini,*
> *urbe meo quae iam non adeunda pede est,*
> *sed **scopulis**, Ponti quos haec habet ora sinistri,*
> *inque feris Scythiae Sarmaticisque iugis:*   40
> *et tua sunt **silicis** circum praecordia **uenae**,*
> *et rigidum **ferri semina** pectus habet;*
> *quaeque tibi tenero quondam ducenda palato*
> *plena dedit nutrix ubera, **tigris** erat.*
> (Ov. *Tr.* I, 8, 37-44, grifos nossos)

> Não creio que nasceste na plácida urbe de Quirino,
> na urbe já interdita aos meus pés,
> mas nos *escolhos* desta margem do Ponto sinistro
> e nas serras ferozes da Cítia e da Sarmácia: 40
> há *veias de pedra* ao redor de teu coração,
> e teu rijo peito tem *férreas sementes*;
> a ama que outrora deu úberes cheios
> para teu tenro palato sugar era *tigre*.

Essa coincidência de imagens nas *Heroides* e nos *Tristia* constitui paralelos na superfície do texto. Já em outro nível, que podemos considerar estrutural, as aproximações ocorrem em termos de gênero e autoria. Quanto ao gênero, os *Tristia* retomam traços do "novo gênero" inaugurado pelas cartas das heroínas, como a temática lamentosa, a forma epistolar e a poética de ausência. No que diz respeito à autoria, em ambas as obras, o eu poético elabora autobiografias literárias nos versos, de modo a deixar registrados os acontecimentos principais de sua "vida" e, assim, essas personagens fixam-se, por meio da escrita, como poetas, garantindo para si o estatuto de "autores".

Desse modo, a intertextualidade entre as duas obras revela, ao mesmo tempo, um processo de recepção e um procedimento de reescrita. O diálogo estabelecido com as *Heroides*, por meio das alusões, concede a Nasão, nos *Tristia*, uma posição de leitor e crítico de sua obra pregressa, pondo em destaque a noção de (auto)recepção. Por sua vez, o reemprego de diversos traços das epístolas das heroínas faz dos *Tristia* uma nova versão (ou uma continuação) das *Heroides*, mas sob a perspectiva do exílio. O principal efeito desses dois processos é instaurar profundas reflexões metaliterárias. Ao explorar amplamente em seus poemas o jogo intertextual e assumir o papel de leitor das próprias obras, Ovídio faz da literatura um lugar para a realização de teoria e crítica.

Nas *Heroides*, essa reflexão se dá em relação à tradição literária. Jolivet (2001, p. 4) afirma que "as *Heroides* não são apenas obras de ficção, mas revelam, através de sua própria feitura e do jogo de repetições, uma abordagem mitográfica da *fabula* e uma análise crítica quase formalista da mitologia".[236] Segundo Farrell (1998, p. 309), a obra "comenta sobre questões de leitura e escrita, de edição e tradução – em suma, de interpretação sob todas as suas formas".[237] Ora, nos *Tristia*, esse mesmo procedimento está presente, não apenas em relação à tradição, mas, especialmente, em relação às obras anteriores de Ovídio. Nesse sentido, a retomada das *Heroides* nas elegias de exílio é, também, uma teorização, por meio da literatura, tanto do "novo gênero" criado pelo poeta nessa sua obra anterior mediante a fusão de elementos épicos, trágicos, líricos e elegíacos sob a forma epistolar quanto dos mecanismos de autorreferenciação e autoalusão amplamente explorados.

A esposa de Nasão como heroína

Em 2009, a autora norte-americana Benita Kane Jaro publicou *Betray the night*, um romance de ficção histórica que discorre sobre o exílio ovidiano. Construída como uma narrativa de mistério, a trama tem como protagonista a esposa de Nasão, que, após a partida do marido para Tomos, permanece em Roma e tenta descobrir os reais motivos pelos quais ele fora condenado. A mescla de informações históricas e dados literários ao longo do livro gera uma narrativa ficcional extremamente verossímil, que tem o mérito de incorporar, de modo indireto (e sem que seja minimamente enfadonho), as contribuições de estudos sobre a cultura romana e a poesia de Ovídio. Além disso, em vários momentos, são citados trechos dos próprios poemas ovidianos, que, contextualizados na trama ficcional, adquirem novos sentidos para a constituição de uma "biografia" do poeta.

O mais sugestivo disso tudo, porém, é a epígrafe do livro, retirada da primeira epístola das *Heroides* (I, 7-10), da qual provém o título do romance:

> *Non ego deserto iacuissem frigida lecto,*
> *nec quererer tardos ire relicta dies;*
> *nec mihi quaerenti spatiosam **fallere noctem***
> *lassaret uiduas pendula tela manus.*[238]

> *Then I would not lie down alone in a cold bed*
> *Nor complain how slowly the day passed*
> *Nor would I **betray the** endless **night***
> *With warp hanging from widowed hands....*
> (grifos nossos)

Ora, por meio dessa escolha de título e de epígrafe, Jaro sugere uma aproximação entre a esposa de Nasão e as mulheres das *Heroides*. Essa leitura e esse modo de recepção, que a autora desenvolve em uma narrativa ficcional, contribuem, por um lado, para iluminar as interpretações da poesia ovidiana, num processo retroativo segundo o qual se inverte o sentido do direcionamento intertextual. Por outro, evidenciam que as similaridades entre as heroínas mitológicas e a esposa de Nasão já figuravam na própria poesia dos *Tristia*.

Com efeito, as menções nominais às *Heroides* e suas heroínas nos versos dos *Tristia* ocorrem, não por acaso, em elegias dedicadas à esposa de Nasão, cujo nome não é mencionado na obra. Nesses poemas, ela é geralmente comparada a heroínas mitológicas, seja por compartilhar das virtudes dessas

II – *Epistulae Nasonis*: ausência e exílio nas cartas de um semi-herói

mulheres, seja por lamentar a ausência e distância de seu amado. Na elegia V, 5, que celebra o aniversário da esposa e deseja-lhe bons votos, há uma referência direta "àquelas heroínas" (*illis heroisin*, v. 43) e, no verso seguinte, a citação de duas personagens mitológicas – a filha de Eécion (Andrômaca, esposa de Heitor) e a filha de Icário (Penélope, esposa de Ulisses):

> *Haec ergo lux est, quae si non orta fuisset,*
>   *nulla fuit misero festa uidenda mihi.*
> *Edidit haec mores **illis heroisin** aequos,*
>   *quis erat Eetion Icariusque pater.*
> *Nata pudicitia est, uirtus probitasque fidesque,*   45
>   *at non sunt ista gaudia nata die,*
> *sed labor et curae fortunaque moribus impar,*
>   *iustaque de **uiduo paene** querella **toro**.*
> (Ov. *Tr.* V, 5, 41-48, grifos nossos)

> Este então é o dia que, se não tivesse raiado,
>   festa alguma seria vista por mim, infeliz.
> Ele rendeu parelho caráter *àquelas heroínas*
>   de que Eécion e Icário eram pais.
> Nasceram o pudor, o caráter, a retidão e a lealdade,   45
>   mas neste dia não nasceram alegrias,
> e sim esforço, aflições e destino desigual ao caráter,
>   um justo pranto sobre o *leito quase viúvo*.

Se, a princípio, a expressão *illis heroisin* poderia servir para designar qualquer heroína da tradição mitológica, é bastante significativo que o termo *herois* constitua precisamente o título de uma obra ovidiana anterior (*Heroides*). Nesse sentido, a referência poderia ser especificamente "àquelas heroínas" que figuram nas *Heroides*. Ainda que Andrômaca não esteja entre elas, a menção de Penélope (filha de Icário), na sequência, é marcante, já que sua carta abre a coletânea de epístolas. Além disso, o último verso do trecho citado aproxima em muito a esposa de Nasão da Penélope ovidiana.[239] Ambas lamentam a ausência do marido e se encontram em uma situação de quase viuvez: Penélope, por desconhecer o paradeiro de Ulisses ou se ele está vivo; a esposa de Nasão, por estar casada com um exilado, para quem a partida de Roma foi uma morte em vida.

Em ambas as obras, a distância estabelece uma experiência de amor virtual, que se define por compensar a ausência por meio da imaginação ou da fantasia. A pessoa amada ocupa a mente do eu poético, e este elabora, em pensamento, vivências e experiências amorosas conjuntas, para, em seguida, registrá-las nas elegias que escreve. A escrita é a forma de materialização dessas imagens mentais, responsável por lhes conferir existência a partir da atividade criativa.

Além disso, por vezes Nasão atribui à sua esposa, que se encontra distante, um comportamento similar ao das mulheres das *Heroides*. Nasão a imagina sofrendo por seu afastamento, com a face lacerada e com os cabelos desgrenhados (Ov. *Tr.* III, 3, 47-51). Na elegia IV, 3, ele até mesmo recomenda que ela lamente a separação e derrame lágrimas; ou seja, Nasão a aconselha a agir como as personagens das *Heroides*:

Tu uero tua damna dole, mitissima coniunx. 35
  Tempus et a nostris exige triste malis
fleque meos casus! Est quaedam flere uoluptas;
  expletur lacrimis egeriturque dolor.
(Ov. *Tr.* IV, 3, 35-38)

Em verdade, lamenta tuas perdas, dulcíssima esposa!   35
  Vive um tempo triste por causa de meus males,
chora meu infortúnio! Algum prazer há em chorar;
  com lágrimas, a dor se sacia e se esvai.

A comparação da esposa com as heroínas mitológicas também é explicitada na última elegia dos *Tristia*. Nasão, prometendo-lhe fama imorredoura por meio de seus versos, louva as qualidades da esposa e lista exemplos de mulheres que permaneceram na memória devido às suas virtudes e dedicação aos maridos:

Aspicis ut longo teneat laudabilis aeuo 35
  nomen inextinctum Penelopea fides?
Cernis ut Admeti cantetur et Hectoris uxor
  ausaque in accensos Iphias ire rogos?
Vt uiuat fama coniunx Phylaceia, cuius
  Iliacam celeri uir pede pressit humum?
(Ov. *Tr.* V, 14, 35-40)

II – *Epistulae Nasonis*: ausência e exílio nas cartas de um semi-herói

> Vês como ao longo do tempo a louvável lealdade   35
>   de Penélope mantém inapagável renome?
> Vês como se celebram a esposa de Admeto e a de Heitor,
>   e a Ífiade que ousou entrar em abrasadas piras?
> Como vive na fama a esposa filaceia, cujo marido
>   fincou o pé veloz em solo ilíaco?

Nem todas as heroínas mencionadas no trecho são personagens das *Heroides* – Alceste (esposa de Admeto), Andrômaca (esposa de Heitor) e Evadne (filha de Ífis e esposa de Capaneu), que ocupam todas um único dístico, não figuram no rol das escritoras de epístolas.[240] Não obstante, Penélope e Laodâmia ("esposa filaceia"), que escrevem, respectivamente, as cartas I e XIII das *Heroides*, detêm posição de destaque: além de ocuparem, sozinhas, um dístico inteiro, ainda se situam nos dísticos que emolduram a passagem.

Na verdade, mais do que apenas comparar sua esposa a heroínas mitológicas variadas, o eu poético lhe confere um lugar entre as mulheres das *Heroides*. Essa associação com a obra anterior fica mais evidente na elegia I, 6, primeiro poema em que Nasão dirige-se diretamente à esposa, embora já a tivesse mencionado em I, 3, ao descrever a noite da partida de Roma. Os versos iniciais da elegia mencionam Lide e Bítis, amadas dos poetas Antímaco de Cólofon e Filetas de Cós, às quais a esposa de Nasão é aproximada pelo fato de também ser louvada por meio da poesia. Mais à frente, no mesmo poema, são citadas heroínas mitológicas – Andrômaca, Laodâmia e Penélope –, às quais a esposa de Nasão superaria em virtudes:

> *Nec probitate tua prior est aut Hectoris uxor,*
>   *aut comes extincto Laodamia uiro.*   20
> *Tu si Maeonium uatem sortita fuisses,*
>   *Penelopes esset fama secunda tuae.*
> (Ov. *Tr.* I, 6, 19-22)

> Não excede tua honradez nem a esposa de Heitor,
>   nem Laodâmia companheira do marido morto.   20
> Se a sorte te tivesse dado o vate meônio,
>   a fama de Penélope viria após a tua.

Segundo argumenta Hinds (1985, p. 27), a última referência, a Penélope, sutilmente alia as duas comparações – a das mulheres amadas pelos poetas e a das nobres esposas da tradição mitológica. Todavia, embora sua esposa supere as personagens do mito, o eu poético não se considera à altura de Homero, o poeta meônio. Pelo contrário, ao fim da elegia, Nasão lamenta ter habilidades poéticas insuficientes para cantar as qualidades de sua esposa e ter perdido, em meio aos males e sofrimentos do exílio, o talento que possuíra:

> Ei mihi, non magnas quod habent mea carmina uires,
>   nostraque sunt meritis ora minora tuis!   30
> Siquid et in nobis uiui fuit ante uigoris,
>   extinctum longis occidit omne malis!
> Prima locum sanctas **heroidas** inter haberes,
>   prima bonis animi conspicerere tui.
> (Ov. Tr. I, 6, 29-34, grifo nosso)

> Ai de mim! Meus poemas não têm grandes forças,
>   minha boca é menor que teus méritos!   30
> Se também em mim houve algum vivo vigor,
>   todo acabou-se, extinto por males infindos!
> Primeira, terias lugar entre as santas *heroínas*,
>   primeira serias considerada pelos dons de teu espírito.

Hinds (1985, p. 28) propõe uma interpretação bastante perspicaz do trecho, com base na consideração de que o termo *heroidas* (v. 33) possa ser uma alusão à obra das *Heroides*. Nesse sentido, o que Nasão assegura é que, se ainda possuísse vigor poético, sua esposa seria a primeira dentre as heroínas da obra anterior. Por um lado, isso significa que sua esposa teria mais méritos que as personagens mitológicas e, por isso, as superaria, podendo ser considerada "primeira". Por outro, a afirmação também tem um sentido mais concreto, especialmente se se levar em conta a materialidade da obra das *Heroides*: ocupar o primeiro lugar entre as heroínas é figurar na primeira carta da coletânea, papel originalmente desempenhado por Penélope. Ora, conforme esclarece Hinds (1985, p. 28), se a esposa de Nasão ocupasse o primeiro lugar, Penélope ficaria em segundo, e Ovídio estaria fazendo exatamente aquilo que, no v. 22, afirmou que Homero faria: "a fama de Penélope viria após a tua" – *Penelopes esset fama secunda tuae*.

II – *Epistulae Nasonis*: ausência e exílio nas cartas de um semi-herói

Diante disso, a autodepreciação de Nasão enquanto poeta – ele se apresenta como inferior a Homero e insuficientemente hábil para cantar as qualidades de sua esposa – soa fortemente irônica. Na verdade, por meio das menções nominais das *Heroides* e da retomada de elementos dessa obra nos *Tristia*, as elegias de exílio constituem uma espécie de reescrita das epístolas das heroínas. Nessa nova versão das *Heroides*, a esposa do eu poético passa a ocupar o primeiro lugar: "Mesmo se a esposa de Ovídio não obteve a primeira posição entre as mulheres das *Heroides*, ela certamente, em poemas como esse [I, 6], obtém a primeira posição entre as mulheres dos *Tristia*. E o que são os *Tristia*, senão uma reescrita das *Heroides* no exílio?" (Hinds, 1985, p. 28).[241]

Apesar dos vários paralelos, a esposa de Nasão não atende a um elemento fundamental das mulheres das *Heroides*: ela não figura como escritora ou autora das cartas, e nenhuma das elegias dos *Tristia* é atribuída a ela. Observa-se, assim, que, embora ela seja explicitamente comparada a diversas heroínas, é Nasão que desempenha o papel das mulheres escritoras das *Heroides*.[242] É ele que, nos *Tristia*, frequentemente lamenta a ausência e a distância da pátria; é ele que escreve elegias em forma de cartas; é ele, enfim, que se assume como autor e se fixa por meio da poesia. As próximas seções discutem cada um desses aspectos (que constituem elementos estruturais de aproximação entre as duas obras), a fim de assinalar as semelhanças entre Nasão e as heroínas e evidenciar a adoção do "novo gênero" das *Heroides* nos *Tristia*.

Elegia como poesia de lamento

Na Antiguidade greco-romana, o termo "elegia" servia para denominar um leque bastante variado de poemas, que, embora diferissem em conteúdo, extensão ou contexto de produção/recepção, tinham em comum o metro do dístico elegíaco.[243] Em âmbito grego, segundo West (1974, p. 2), três palavras podiam designar a elegia: ὁ ἔλεγος, ἡ ἐλεγεία, τὸ ἐλεγεῖον. O termo ἐλεγεῖον diz respeito ao "dístico elegíaco" e, no plural (ἐλεγεῖα), significa "conjunto de dísticos elegíacos". De modo semelhante, ἡ ἐλεγεία identifica um "poema composto de dísticos elegíacos". Já ἔλεγος, termo de que os demais supostamente teriam derivado, envolve um problema: em diversos testemunhos supérstites (todos posteriores ao século V a.C.), tem o sentido de "canto ou poema de lamento".[244] Não obstante, há registro de produções elegíacas bem anteriores, como os poemas de Calino e Tirteu (VII a.C.), e nenhum dos testemunhos arcaicos remanescentes enquadra-se na temática nitidamente lamentosa; possuem, antes, assunto guerreiro-militar.[245] Diante disso, a atribuição de um sentido originalmente de lamento à elegia grega e a asserção da existência de um gênero de elegia lamentativa no período arcaico parecem não se sustentar pelos fragmentos restantes, como destacam Rosenmeyer (1968, p. 229) e Bowie (1986, p. 23).

Bowie (1986, p. 24-25) esclarece que ἔλεγος com o sentido de "lamento cantado" remonta apenas ao século V a.C. e difunde-se nos períodos helenístico e greco-romano, juntamente com a associação da elegia a inscrições e epigramas fúnebres. Em decorrência desses novos sentidos adquiridos, a elegia, em contexto latino, teve uma recepção que a relacionou ao lamento, mesmo que isso não correspondesse à realidade grega arcaica.

Essa vinculação foi explicitamente assinalada pelos próprios poetas latinos. Ovídio caracteriza a Elegia, personificando-a, como "chorosa", devido a seu caráter lamentoso (*Am.* III, 9, 3, ***flebilis*** *Elegeia*); denomina a elegia, na epístola de Safo, de "poema choroso" (*Her.* XV, 7, *elegi **flebile** carmen*); e, nos *Tristia*, considera que, no exílio, seu estado é choroso, assim como seus versos, a propósito, elegíacos (*Tr.* V, 1, 5, ***flebilis*** *ut noster status est, ita **flebile** carmen*). De forma semelhante, Horácio, nas odes, define a elegia como um canto infeliz (*Carm.* I, 33, 2-3, "nem cantes repetidamente *infelizes versos elegíacos*", *neu **miserabilis** decantes **elegos***); como ritmos chorosos relacionados a alguma perda (*Carm.* II, 9, 9-10, "tu sempre insistes, com *metros chorosos*, na perda de Mistes", *tu semper urges **flebilibus modis** Mysten ademptum*); enfim, como "queixas frouxas" (*Carm.* II, 9, 17-18, *mollium querellarum*), postas em nítida oposição aos poemas que louvam os feitos do imperador (*Carm.* II, 9, 18-20, "cantemos os novos triunfos de César Augusto", *noua cantemus Augusti tropaea Caesaris*).

Ademais, Horácio (*Ep. Pis.* 75), referindo-se ao emprego do dístico, considera que "versos desigualmente unidos primeiramente [encerraram] *lamentos*" – *uersibus impariter iunctis **querimonia** primum* (grifos nossos). Além de assimilar o tema lamentoso à elegia, ele ainda reinterpreta as origens do gênero, ao considerar as queixas como sua temática originária. Embora isso não se verifique nas elegias gregas arcaicas, essa foi amiúde a leitura que escritores antigos posteriores (como Horácio e Pausânias) fizeram, de modo a instaurar uma confusão interpretativa que perdura ainda hoje, na medida em que diversos estudiosos, partindo de testemunhos como esses, reproduzem a ideia de que a temática de lamento, característica da elegia romana, era um traço originário da elegia grega.[246]

Assim, se, no contexto da Grécia arcaica, as associações entre elegia e lamento não são historicamente aplicáveis, no âmbito latino, diferentemente, o gênero elegíaco caracteriza-se por essa temática. Na elegia amorosa romana, as queixas do eu poético constituem a matéria de seus versos, e o amor é apresentado como um sofrimento (ou *dolor*). Segundo Fedeli (1991, p. 108-109), o amor não pode ter êxito feliz, e o poeta sofre por um amor não correspondido, que o leva a servir e submeter-se à sua *domina*. Giangrande (1991, p. 88), por sua vez, lista entre os *tópoi* característicos da elegia amorosa o lamento do poeta atormentado pelo Amor. A isso se acresce ainda o *tópos* do *paraklausithyron*, definido como o canto do poeta diante da porta da amada. Além da frustração amorosa, também se observa nas elegias latinas a vinculação dos lamentos à temática da morte. Nos *Amores*, de Ovídio, por exemplo, toda a elegia III, 9 constitui um pranto pela morte de Tibulo. Nas elegias dos *Tristia*, por sua vez, as queixas tipicamente amorosas são reinterpretadas, e passam a ter como causa o exílio, metaforicamente identificado como a morte do eu poético.

Assim, pode-se considerar o lamento um dos temas definidores do gênero elegia latina. Especificamente nas *Heroides* e na poesia de exílio ovidiana, a grande recorrência das queixas e sua associação à ausência (seja do amado, seja da pátria) faz com que, mais do que um tema repetitivo, a lamentação possa ser considerada um elemento estrutural, especialmente por se aliar ao gênero epistolar. Com efeito, Kennedy (2006, p. 220) define a forma epistolar como uma "escrita da ausência", realizada no isolamento e que tem em seu âmago um lamento.

Na carta de Penélope, por exemplo, a heroína lamenta a solidão dos dias e das noites passados na ausência de Ulisses (*Her*. I, 7-10); ela se queixa por desconhecer o paradeiro do marido após o término da guerra de Troia e afirma preferir que a guerra ainda perdurasse, pois assim seus lamentos se uniriam aos de outras mulheres: "e minha *queixa* estaria unida a muitas outras./ O que temo, ignoro; mas, louca, a tudo temo,/ e se abre vasto espaço às minhas *aflições*." – *et mea cum multis iuncta* **querela** *foret./ Quid timeam, ignoro; timeo tamen omnia demens,/ et patet in* **curas** *area lata meas* (*Her*. I, 70-72, grifos nossos).

O termo *querela* e o verbo *queror* são empregados com bastante frequência nas epístolas para explicitar o lamento das heroínas, bem à maneira do sofrimento (*cura*) elegíaco. Fílis queixa-se a Demofoonte por ele se ausentar mais tempo do que havia prometido;[247] Briseida lamenta ter sido entregue a Agamêmnon sem que Aquiles a reivindicasse de volta;[248] Enone reclama Páris como marido e se queixa por ter sido trocada por Helena;[249] Hipsípile, que se apresenta como esposa de Jasão e estava grávida de gêmeos quando ele partiu de Lemnos, queixa-se do abandono do marido, o qual descumpre seus deveres conjugais e se une a Medeia;[250] Dejanira lamenta pelo fato de seu marido Hércules, apesar de ter conquistado a Ecália, ter sido dominado de amor pela princesa Íole.[251] Nota-se, assim, que as cartas constituem, elas próprias, uma longa queixa das heroínas a seus amados: o lamento deixa de ser apenas um dos temas elegíacos e passa a figurar como elemento essencial nas *Heroides*.

Também na poesia de exílio ovidiana, os queixumes do eu poético exilado desempenham um papel de destaque. Ainda que, em superfície, as causas e o tipo de lamento sejam diferentes nas duas obras, elas possuem o mesmo esqueleto estrutural. Enquanto, nas *Heroides*, o eu poético feminino queixa-se do abandono e da ausência de seu amado, nos *Tristia*, verifica-se uma transferência dos lamentos amorosos tão característicos da elegia romana para o contexto de exílio da personagem-poeta. Nasão se queixa pela ausência da pátria e dos amigos e por estar cercado por povos bárbaros,[252] pelo fato de a ira de César não lhe ter custado a vida, mas sim um penoso exílio, mais sofrível que a própria morte.[253] Além disso, os versos de exílio são por vezes descritos por adjetivos como *infelix* ("infeliz"), *lacrimosus* ("lacrimoso") e *flebilis* ("choroso"), que destacam sua natureza queixosa e triste. Por exemplo, ao projetar na elegia V, 1 um diálogo imaginário com um interlocutor amigo, Nasão, respondendo-lhe sobre quando deixará de compor poemas chorosos, diz que apenas quando findarem também os males e sofrimentos do exílio:

> '*Quis tibi, Naso, modus **lacrimosi carminis**?*' *inquis.*   35
>   *Idem, fortunae qui modus huius erit.*
> *Quod **querar**, illa mihi pleno de fonte ministrat,*
>   *nec mea sunt, fati uerba sed ista mei.*
> (Ov. *Tr.* V, 1, 35-38, grifos nossos)

> 'Quando, Nasão, cessarás os *lacrimosos poemas*?',   35
>   perguntas. 'Quando cessar também minha sina'.
> Ela me fornece em fonte cheia o que *chorar*,
>   e não são minhas, mas de meu fado essas palavras.

II – *Epistulae Nasonis*: ausência e exílio nas cartas de um semi-herói

É notável, no trecho acima, que o verbo usado para designar a atividade poética de Nasão seja *querar* (v. 37). Ao instaurar uma equivalência entre a composição de poemas e a atitude de queixa, o eu poético assinala explicitamente que os versos de exílio são lamentos. Essa ideia é reforçada pelas constantes referências às lágrimas derramadas pelo exilado, abundantes diante de tantas dificuldades sofridas: "Tal meu estado, tal agora é minha fortuna/ que limite algum deve haver às *lágrimas*." – *Is status, haec rerum nunc est fortuna mearum/ debeat ut* **lacrimis** *nullus adesse modus* (Ov. *Tr.* I, 9, 37-38, grifo nosso). Em V, 6, Nasão ainda esclarece que, em face do número imenso de males sofridos no exílio, seu lamento é menor do que conviria:

Quam multa madidae celantur harundine fossae,
    florida quam multas Hybla tuetur apes,
quam multae gracili terrena sub horrea ferre
    limite formicae grana reperta solent,   40
tam me circumstant densorum turba malorum.
    Crede mihi, uero est nostra **querella** *minor.*
(Ov. *Tr.* V, 6, 37-42, grifo nosso)

Quantas são as canas que ocultam as fossas úmidas,
    quantas as abelhas que o Hibla florido nutre,
quantas as formigas que em fila estreita carregam
    para galerias subterrâneas os grãos encontrados,   40
tanta é a turba de múltiplos males que estão em torno.
    Acredita: meu *lamento* é menor que a verdade.

A comparação crescente com diversos elementos da natureza – canas, abelhas e formigas – é responsável por amplificar gradativamente as adversidades que cercam o exilado e multiplicá-las até se tornarem quase que incontáveis. Ora, o exagero de sofrimentos que Nasão atribui a si mesmo, notadamente hiperbólico, põe em xeque a veracidade de suas afirmações, que beiram a irrealidade. Diante disso, a enumeração finaliza com um verso reclamando o crédito do leitor – *crede mihi* – e, mais do que isso, argumentando que, apesar de serem muitos os lamentos nas elegias de exílio, eles ainda são menos numerosos que todos os infortúnios tolerados. Assim, o eu poético não só justifica a grande recorrência de queixas em sua poesia, mas também iguala seu canto dos *Tristia* a um lamento pelo exílio.

No contexto amplo da obra ovidiana, é interessante que essa construção comparativa ocorre também em duas passagens da *Ars amatoria*. Em *Ars* II, 517-519,[254] os elementos da natureza são elencados para expressar o grande número de sofrimentos – mas não do exilado, e sim do amante elegíaco. Esse diálogo intertextual entre os trechos reforça a similaridade de gênero que repousa por trás da diferença temática das duas obras. Sejam dores de exílio, sejam dores de amor, um dos traços que aproximam essas produções, definindo-as como elegia, é precisamente o *tópos* do lamento.

Por sua vez, em *Ars* III, 149-152,[255] a mesma estrutura enumerativa é usada para fazer referência ao grande número de penteados que as mulheres podem adotar para atrair e conquistar os homens. Além do caráter hiperbólico, que por seu exagero já gera um efeito de humor, o emprego da mesma construção para falar de dores e de penteados possui também coloração cômica. Se, a princípio, a inumerável quantidade de dores suscitaria pena e compaixão em relação àquele que sofre, o excesso dos sofrimentos já beira o caricatural e, com isso, às vezes confere uma imagem risível de Nasão exilado ou do amante elegíaco fracassado. Por sua vez, a utilização do mesmo recurso para designar um modo de adorno dos cabelos femininos, assunto considerado mais supérfluo, acaba por interferir na própria interpretação das outras passagens citadas. Assim, ironicamente e com um efeito autoderrisório, a grande quantidade de dores teria uma importância semelhante aos incontáveis modos com que uma mulher pode arrumar seus cabelos. Desse modo, o diálogo entre os trechos sugere a natureza jocosa e não séria do gênero elegíaco, que, por trás do tom queixoso e lamentativo, explora a ironia e o humor.

O caráter epistolar: elegias em forma de carta

A forma epistolar constitui outro elemento estrutural de aproximação entre as *Heroides* e a poesia de exílio ovidiana. Ainda que apenas nas *Epistulae ex Ponto* o seu emprego seja integral e recorrente, vários poemas dos *Tristia* apresentam traços de cartas. Na verdade, a primeira coletânea de exílio demonstra uma ambiguidade entre seu caráter epistolar, que estabelece um destinatário específico para algumas das elegias, e o caráter poético, marcado pela referência a um leitor geral (*lector*) em outros poemas. Ademais, a própria natureza ficcional das cartas que compõem as três obras mencionadas já contribui, evidentemente, para ressaltar seu caráter literário. Segundo Rosenmeyer (2001, p. 35), as cartas ficcionais compartilham alguns elementos invariáveis, como "uma consciência das convenções estilísticas da 'real' troca epistolar; uma apreciação da tensão entre a primeira leitura privada e um público secundário mais amplo; e uma preocupação em sustentar a verossimilhança epistolar no contexto da narrativa ficcional".[256]

Foi bastante comum, por parte da crítica, considerar como elemento distintivo entre os *Tristia* e as *Epistolae ex Ponto* o fato de os destinatários serem ou não explicitamente identificados.[257] Não obstante, a diferença principal entre essas duas obras do exílio parece repousar antes no fato de os *Tristia* consistirem em uma espécie de narrativa, podendo ser aproximados, segundo Holzberg (2002, p. 178), de um "romance epistolar". De acordo com ele (2002, p. 189), a estrutura das *Epistulae ex Ponto* é orientada para os destinatários, sendo difícil de esperar que a coleção conte uma história, como nos *Tristia*. Apesar de o estudioso aproximar as *Heroides* das *Epistulae ex Ponto*, afirmando que cada carta permanece como um todo independente nessas obras, parece-nos que há também uma forte ligação com os *Tristia*: mesmo que o elemento epistolar seja, sem dúvida, mais presente nas *Heroides*, cada carta individual das heroínas constitui uma narrativa, assim como o conjunto das elegias dos *Tristia*. Diante disso, propõe-se aqui uma investigação da presença da forma epistolar nas *Heroides* e sua posterior incorporação na primeira coletânea de exílio, a fim de analisar os paralelos e diferenças existentes.

Nossa opção por nomear os textos das duas obras como "elegias em forma de carta" (e não como "cartas em forma de elegia") funda-se em dois motivos principais. A primeira expressão, ao dar primazia à elegia, corrobora a imagem que Nasão constrói e veicula de si mesmo como um *tenerorum lusor amorum* ("versejador de tenros amores", *Tr.* III, 3, 73; *Tr.* IV, 10, 1), ou seja, como um poeta, acima de tudo, de elegia amorosa. Nesse sentido, é a elegia que incorpora traços epistolares – e não o contrário –, num processo de "erotização" ou "elegização" que é usual na poesia ovidiana. Além disso, ao se conferir prioridade à elegia, fica destacado já, desde o início, o caráter ficcional e poético desses textos, ao passo que designá-los *a priori* como cartas não necessariamente implicaria tais particularizações.

Uma característica marcante da forma epistolar é sua grande maleabilidade. Segundo Jolivet (2001, p. 231), ao comentar sobre as *Heroides*, esse aspecto maleável permite às cartas "reunir as possibilidades do monólogo e do diálogo, concentrar ao extremo a matéria mítica, brincar com a mistura de presente, passado e futuro e não levar em conta as fronteiras entre os gêneros, ou seja, poder misturar os gêneros e os tons (...)".[258] Precisamente essa flexibilidade possibilita a associação entre epístola, elegia e matéria mitológica proveniente da épica ou da tragédia no "novo gênero" ovidiano.

Assim, a inovação do *opus ignotum* caracteriza-se por não estabelecer limites estanques nas fronteiras entre os gêneros, mas explorar seu caráter fluido mediante a fusão de elementos de proveniências distintas. As obras e a prática poética ovidianas desestabilizam conceitos prontos ou pré-dados, e delas se depreende uma ideia de gênero poético como algo em aberto e apto para receber novos matizes. Inclusive, precisamente essa abertura possibilita a Ovídio agregar tamanha variedade de traços (a *poikilía* tão ao gosto dos poetas helenísticos) no interior do "supergênero"[259] em que a elegia se transforma em suas obras. Ao mesmo tempo, ao deixar indefinidas as fronteiras, essa abertura transfere para o leitor a função de defini-las momentaneamente para o estabelecimento de sua interpretação, que, em última instância, é uma tomada de decisão em relação ao texto. Nesse sentido, conforme discutido em nosso "Capítulo I", a poesia ovidiana suscita questões teóricas vinculadas à obra poética, dando destaque para a construção de sentidos e para a recepção.

Conforme exposto na subseção anterior, tanto as *Heroides* quanto os *Tristia* exploram amplamente a temática do lamento, um dos elementos definidores do gênero elegíaco em contexto romano. No que diz respeito ao gênero carta, há, em ambas as obras, referências explícitas à forma epistolar,[260] além do emprego de diversos *tópoi* epistolares. Uma síntese das características gerais da forma epistolar foi apresentada por Trapp, que oferece a seguinte definição para o gênero:

> Carta é uma mensagem de uma pessoa (ou conjunto de pessoas) para outra, a qual requer ser posta em um meio tangível, que será fisicamente enviado do remetente para o destinatário. Formalmente, é um fragmento de escrita que é abertamente endereçado do remetente para o destinatário, pelo uso, no princípio e no fim, de um limitado número de *formulae* convencionais de saudação (ou uma variação alusiva delas) que especificam ambas as partes da troca. [...] a necessidade de uma carta como meio de comunicação surge normalmente porque as duas partes estão fisicamente distantes (separadas) uma da outra e, portanto, incapazes de se comunicar por gesto ou voz imediata; espera-se que uma carta seja de extensão relativamente limitada.[261] (Trapp, 2003, p. 1)

II – *Epistulae Nasonis*: ausência e exílio nas cartas de um semi-herói

O estudioso (Trapp, 2003, p. 38-40) ainda identifica três principais aspectos relacionados ao gênero epistolar: o distanciamento entre os dois correspondentes; a ideia da carta como fragmento de um diálogo, que substitui o discurso ao vivo e a presença dos falantes; e a conexão entre cartas e amizade. Esse último traço, todavia, merece ser ampliado para abranger também o contexto amoroso. Ainda que parte significativa dos escritos epistolares vincule-se a relações de amizade – por exemplo, as cartas de Cícero, de Sêneca e de Plínio, o Jovem, as elegias epistolares de Ovídio nos *Tristia* e nas *Epistulae ex Ponto* –, a produção literária antiga contempla ainda epístolas de natureza amorosa. Nítido exemplo disso são as *Heroides* e a tradição literária que elas retomam, cujas obras já envolviam a possibilidade de troca epistolar amorosa.

Além disso, a *Ars amatoria* ovidiana contém diversas recomendações a respeito da escrita de cartas visando à conquista e à sedução. O eu poético, *magister amoris*, propõe-se a ensinar sobre a eloquência erótica e aconselha que a primeira aproximação da *puella* a ser cortejada seja feita por meio de uma epístola repleta de *blanditiae* e de promessas (Ov. *Ars* I, 437-486). Nesse contexto, destaca Farrell (1998, p. 312), a carta faz o papel de um presente (mas sem ter custo algum ao pretendente) ou funciona como uma arma de engano, posto que faz promessas que muito provavelmente não serão cumpridas. Nasão, porém, recomenda o disfarce da eloquência pelo uso de palavras usuais, que gerem um efeito de sinceridade:

Quis, nisi mentis inops, tenerae declamat amicae?   465
    Saepe ualens odii littera causa fuit.
Sit tibi credibilis sermo consuetaque uerba,
    blanda tamen, praesens ut uideare loqui.
(Ov. *Ars* I, 465-468)

Quem, senão desvairado, discursa à tenra amada?   465
    Amiúde uma carta foi forte motivo de ódio.
Que tenhas uma fala crível e palavras usuais,
    mas brandas, para pareceres falar pessoalmente.

De modo similar, nos preceitos destinados às mulheres, Nasão também aconselha o uso de uma linguagem comum e habitual: "Palavras elegantes, mas comuns e costumeiras, ó moças,/ escrevei: a fala corrente agrada"

– *Munda sed e medio consuetaque uerba, puellae,/ scribite: sermonis publica forma placet* (Ov. *Ars* III, 479-480). Ora, todas essas recomendações ovidianas estão em concordância com a simplicidade e o estilo casual característicos da forma epistolar, que pretende dar a impressão de uma conversa *in praesentia*. Nesse sentido, Rosati (1998, p. 34) assinala que a carta envolve uma relação privada e consiste em um diálogo de intimidade entre remetente e destinatário, sendo frequente o uso de um registro afetivo e uma linguagem não-heroica e cotidiana. Igualmente, Morello & Morrison (2007, p. VI) destacam como traços epistolares o estilo conversacional, casual e improvisado e a repetição de expressões marcadas.

Não obstante, o elemento básico e essencial que impulsiona a escrita epistolar é a separação entre escritor e destinatário, a qual instaura uma poética de solidão e ausência. Nas obras ovidianas, essa poética se potencializa com a associação ao gênero elegíaco, que, como vimos, tem o lamento como um de seus aspectos principais em contexto romano. A carta, sob essa perspectiva, consiste em um meio para superar a distância física. Segundo Trapp (2003, p. 39), os correspondentes podem abolir a lacuna que os separa por meio da memória ou da antecipação. A isso se acresce, ainda, a materialidade da própria carta como forma de eliminação da distância, na medida em que, muitas vezes, a epístola representa metaforicamente o corpo de seu escritor.

No primeiro caso, a memória ou a antecipação do reencontro evocam, por meio de palavras, a presença daquilo que está ausente, e pode-se observar a ocorrência do *tópos* epistolar da "visão mental", caracterizado por uma ação de "ver com a mente", ou seja, imaginar. O procedimento relaciona-se com dois termos-chave – *enargeia* e *euidentia* – bastante explorados no âmbito da retórica, seja para despertar emoções e paixões, seja para gerar prazer estético, seja para reforçar o crédito daquilo que se afirma.

A *enargeia* ("claridade", "brilho", "vivacidade") consiste em uma descrição vívida, que objetiva trazer para diante dos olhos algo ausente.[262] De acordo com Hardie (2002, p. 5), o termo é "definido por Dionísio de Halicarnasso (*Sobre Lísias* 7) como 'o poder de trazer o que é dito para diante dos sentidos', de modo que o público 'se associe às personagens trazidas pelo orador como se elas estivessem presentes'".[263] Frias (2009, p. 33) ainda destaca que o adjetivo *enarges* nos poemas homéricos designa a qualidade de dar a ver o invisível, aplicando-se à manifestação dos deuses, à memória e à antecipação, ao sonho e à aparição. Desse modo, o conceito de *enargeia* ultrapassa o âmbito retórico e pode ser vinculado também à vivacidade pictórica nos textos poéticos.

Entre os autores latinos, o conceito foi designado por termos variados, todos eles em alguma medida relacionados à visão: *euidentia, demonstratio, illustratio, repraesentatio*. A tradução do termo e seu caráter visual são esclarecidos na definição de Quintiliano: "Segue-se a *enargeia*, que é denominada por Cícero *illustratio* e *euidentia*, a qual não parece dizer tanto quanto mostrar." – *Insequitur ἐνάργεια, quae a Cicerone illustratio et euidentia nominatur, quae non tam dicere uidetur quam ostendere* (Quint. *Inst.* VI, 2, 32). Com efeito, Cícero define uma linguagem vívida (*illustris*) como "a parte do discurso que dispõe algo quase diante dos olhos" – *pars orationis quae rem constituat paene ante oculos* (Cic. *Part. or.* 20), e, nas discussões sobre o assunto, são frequentes as expressões que destacam a ação de lançar ou colocar algo sob os olhos.[264] Nessa mesma perspectiva, a *Rhetorica ad Herennium*, de autoria incerta, mas tradicionalmente atribuída a Cícero, associa a *demonstratio* à vivacidade produzida pela descrição pictórica de uma sequência de eventos:

> *Demonstratio est cum ita uerbis res exprimitur ut geri negotium et res ante oculos esse uideatur. Id fieri poterit si quae ante et post et in ipsa re facta erunt, comprehendemus aut a rebus consequentibus aut circumstantibus non recedemus.* (Rhet. Her. IV, 55, 68)

Há 'demonstração' quando de tal modo algo é expresso por palavras que o evento parece ser executado, e a ação, estar diante dos olhos. Isso poderá realizar-se se compreendermos o que acontece antes, depois e durante a própria realização da ação, ou se não nos desviarmos de suas consequências ou circunstâncias.

Nas *Heroides*, a distância que separa as heroínas de seus amados desperta a imaginação das epistológrafas e torna frequentes as "visões mentais". Em algumas cartas, ocorre a retomada de eventos passados, e a vívida descrição das lembranças faz com que os acontecimentos sejam fixados na mente ou postos diante dos olhos. Assim, busca-se minimizar a ausência por meio da memória, como se o simples recordar pudesse tornar o amado novamente presente. Fílis, por exemplo, relembra em sua epístola o momento de partida de Demofoonte:

*Illa **meis oculis species** abeuntis inhaeret,*
   cum premeret portus classis itura meos.
Ausus es amplecti colloque infusus amantis
   oscula per longas iungere pressa moras,
cumque tuis lacrimis lacrimas confundere nostras,   95
   quodque foret uelis aura secunda queri,
et mihi discedens suprema dicere uoce:
   'Phylli, fac expectes Demophoonta tuum!'
   (Ov. Her. II, 91-98, grifos nossos)

Em *meus olhos* se fixa tua *imagem* ao partir,
   quando a frota prestes a zarpar se ancorava em meu porto.
Ousaste me abraçar e, inclinado no colo que te ama,
   premir meus lábios em longas demoras,
e misturar com tuas lágrimas as minhas,   95
   e queixar-te de a brisa ser propícia às velas,
e, afastando, dizer-me tuas últimas palavras:
   'Fílis, espera por teu Demofoonte!'

O trecho, que contém detalhada descrição da despedida dos amantes, mencionando os abraços, beijos, lágrimas e palavras trocadas, é introduzido por termos do campo semântico da visão (*oculis* e *species*, v. 91). A separação, marcada pelo particípio *abeuntis* (v. 91), é minimizada pelas lembranças de Fílis expostas na sequência. Nesse sentido, a imagem que se fixa na mente da heroína é um modo de tornar presente o amante que partiu.

De modo similar, também a carta de Safo opera um efeito de presentificação de algo ausente por meio de descrições bem desenvolvidas. Neste caso, não se trata especificamente de lembranças, mas de imagens de sonhos da heroína (fundamentados, porém, nos momentos vividos com seu amado). Apesar da separação dos amantes, os sonhos de Safo são responsáveis por abolir a distância e trazer Fáon de volta, ao menos em imaginação:

*Tu mihi cura, Phaon; te **somnia** nostra reducunt,*
   ***somnia** formoso candidiora die.*
Illic te inuenio, quamuis regionibus absis;   125
   sed non longa satis gaudia somnus habet.

II – *Epistulae Nasonis*: ausência e exílio nas cartas de um semi-herói

Saepe tuos nostra ceruice onerare lacertos,
  *saepe tuae **uideor** supposuisse meos;*
*oscula **cognosco**, quae tu committere lingua*
  aptaque consueras accipere, apta dare.   130
Blandior interdum uerisque simillima uerba
  eloquor, et uigilant sensibus ora meis.
Vlteriora pudet narrare, sed omnia fiunt,
  *et iuuat, et **siccae** non licet **esse** mihi.*
(Ov. *Her.* XV, 123-134, grifos nossos)

Tu és meu cuidado, Fáon; meus *sonhos* te trazem de volta,
  sonhos mais luminosos que um dia radiante.
Aí te encontro, embora estejas em regiões distantes;   125
  mas o sono não tem alegrias longas o bastante.
Amiúde pousar minha cabeça em teus braços,
  amiúde *pareço* sustentar a tua com os meus;
reconheço os beijos que costumavas enlaçar com a língua,
  e que, unidos, costumavas dar e receber.   130
Às vezes te acaricio e digo palavras que parecem reais,
  e meus lábios despertam com meus sentidos.
Envergonha narrar além, mas tudo acontece
  e apraz, e não me permite *ficar seca*.

A passagem apresenta uma minuciosa descrição dos amores de Safo e Fáon, responsável por criar uma vívida imagem da cena. São referidos os abraços, beijos, carícias e sussurros trocados entre os amantes, num crescente que culmina no próprio ato amoroso. Embora o eu poético afirme que se envergonha de narrar o restante, o último dístico citado confirma e reitera "tudo" o que acontece e que, em consequência, gera prazer e a satisfaz. Apesar da ausência do amado, por meio das imagens dos sonhos, que são visões de sua mente, Safo é capaz de reviver os amores, e, a tal ponto sua imaginação os torna reais, que ela experimenta até mesmo os efeitos físicos da paixão sobre seu corpo. De fato, o último verso citado explicita a excitação que os sonhos eróticos provocam em Safo, que afirma não lhe ser permitido "ficar seca" (*siccae esse*, v. 134). Essa caracterização, no contexto, tem fortes conotações sexuais, pois o uso do adjetivo *uda* (ou, no caso, *non sicca*, que tem o mesmo sentido) faz referência, segundo Ingleheart (2010, p. 382), que comenta sobre seu uso em *Tristia* II, a "estar 'molhada' e, portanto, pronta para o ato sexual".[265]

Essa autorrepresentação e autocaracterização da poeta na obra ovidiana remetem à poesia da própria Safo. Nesse sentido, o emprego do verbo *cognosco* (v. 129), que implica um vínculo com algo já conhecido e que é recordado, pode ser considerado aquilo que Hinds (1998, p. 9) definiu como "anotação reflexiva", uma marca no texto que sinaliza uma alusão. Isso fica evidente se considerarmos os diálogos do trecho das *Heroides* com o fragmento 31 (Voigt) de Safo. De acordo com a interpretação de Barbosa (2018), o fragmento de Safo descreve a exaltação sensorial e a excitação da enunciadora diante da visão de um par amoroso. Assim, merece destaque no fragmento a potência da visão como estímulo ao ímpeto erótico, como uma espécie de voyeurismo responsável por desencadear o gozo do eu poético (Barbosa, 2018, p. 234).

De modo semelhante, na epístola de Safo nas *Heroides*, há uma materialização do amado ausente por meio das visões presentes em sonhos, algo enfatizado pelo verbo *uideor* (v. 128), que tem a mesma raiz de *uideo* e, portanto, remete ao âmbito da visão. Assim como a Safo enunciadora do fragmento 31 – "autossuficiente no prazer, capaz de se satisfazer mesmo sem a concretude de um parceiro no amor" (Barbosa, 2018, p. 234) –, a Safo ovidiana alcança o prazer por meio de memórias retomadas em imagens mentais. Esse percurso de crescente excitação até atingir o ápice fica marcado na já mencionada caracterização do eu poético como *non siccae esse* (v. 134), o que encontra uma interessante correspondência na perspicaz tradução proposta por Barbosa (2018, p. 237-238) de χλωροτέρα como "orvalhada", de modo a remeter precisamente aos "fluidos, secreções e suor" envolvidos no ato amoroso.[266]

Outra forma de manifestação da "visão mental" diz respeito não a lembranças, mas à imaginação de acontecimentos que se desenvolvem a distância, os quais o eu poético (re)constrói em sua mente. Na carta de Penélope, a heroína imagina cenas da guerra de Troia e das dificuldades enfrentadas por Ulisses com base nos relatos que ouvira acerca da guerra:

> In te **fingebam** uiolentos Troas ituros,
>   nomine in Hectoreo pallida semper eram.
> Siue quis Antilochum narrabat ab Hectore uictum,   15
>   Antilochus nostri causa timoris erat;

II – *Epistulae Nasonis*: ausência e exílio nas cartas de um semi-herói

siue Menoetiaden falsis cecidisse sub armis,
   flebam successu posse carere dolos.
   (Ov. *Her.* I, 13-18, grifos nossos)

Eu *imaginava* violentos troianos prestes a se lançar contra ti,
   sempre empalidecia diante do nome de Heitor.
Se alguém narrava sobre Antíloco vencido por Heitor,   15
   Antíloco me era causa de temor;
ou se sobre o menecíada derrotado sob falsas armas,
   eu chorava que os dolos pudessem carecer de êxito.

Merece destaque, no trecho, o emprego do verbo *fingo* (*fingebam*, v. 13) para designar os pensamentos de Penélope acerca da guerra de Troia. O termo tem como sentido inicial as ideias de "moldar" e "modelar", mas passou a significar também "inventar" ou "imaginar" (Saraiva, 2006, p. 487). Além de ser geralmente usado para fazer referência a obras artísticas de escultura, o verbo ainda se aplica às criações de natureza literária, tendo dado origem, inclusive, ao termo "ficção". Nesse sentido, ao imaginar as cenas da guerra, Penélope as recria em sua mente, tornando-as presentes. Ademais, ao materializá-las por meio da escrita, a heroína efetua precisamente o ato criador atribuído aos poetas, que, por meio da linguagem, concretizam aquilo que é ou está ausente.

Esse aspecto "criador" das heroínas, que se firmam como poetas/escritoras graças a suas cartas, é explorado de forma notável na epístola de Ariadne. Nesse caso, a "visão mental" parece ocorrer de modo inverso: a heroína, em vez de descrever e imaginar eventos relacionados ao amado distante, projeta no texto o que julga ser a imaginação de seu amado. Assim, Ariadne apresenta uma possível "visão mental" tida por Teseu:

*Di facerent, ut me summa de puppe **uideres**!*
   Mouisset uultus maesta figura tuos.
*Nunc quoque non **oculis**, sed, qua potes, **aspice mente***
   haerentem scopulo, quem uaga pulsat aqua.
***Aspice** demissos lugentis more capillos,*
   et tunicas lacrimis sicut ab imbre grauis.
   (Ov. *Her.* X, 133-138, grifos nossos)

> Quisessem os deuses que da popa me *visses*!
>   Meu aspecto triste comoveria tuas feições.
> Agora, não *com os olhos*, mas, como podes, *com a mente, observa*-me
>   fixa no escolho que a onda com a água golpeia.
> *Observa* os cabelos soltos, ao modo de quem chora,
>   e as vestes banhadas de lágrimas como sob a chuva.

Diante da impossibilidade de Teseu observar a heroína com os olhos, em razão da distância que os separa, ela roga que ele a veja na imaginação. O caráter visual é assinalado ao longo do trecho, com o uso do verbo *uideo* (v. 133, *uideres*), a referência aos olhos (v. 135, *oculis*) e a repetição do verbo *aspicio* (v. 135 e v. 137, *aspice*). Essa reiteração da visão contribui para tornar presente a cena de Ariadne em sofrimento, cuja descrição corresponde à das mulheres em luto, conforme se nota pelos cabelos soltos, pelas lágrimas abundantes e pelo pranto incontido. Ao descrever sua própria imagem na epístola a ser enviada, a "visão mental" desenvolve-se num sentido contrário ao dos exemplos anteriores. Nesse caso, não é a heroína que, por meio de descrições vívidas, traz para si e torna presente o amado distante. Inversamente, é ela que se coloca na suposta "visão mental" de Teseu e faz-se presente junto dele. O resultado disso, além da materialização de uma presença ausente, é um forte efeito retórico, uma vez que, a partir de sua descrição como uma mulher desolada, Ariadne objetiva comover o coração de Teseu e convencê-lo a retornar.

Diante disso, nota-se que, nas *Heroides*, a ocorrência de "visões mentais" é uma das alternativas à superação do afastamento entre os amantes, uma vez que a escrita é capaz de criar realidades e conferir existências. Nesse sentido, Spentzou (2003, p. 133) afirma que as heroínas vivem através da escrita e que, na obra, a narrativa não se constrói em torno de um centro ou de grandes momentos, mas baseia-se apenas em memórias retrospectivas de marcos do passado ou na ansiosa antecipação de eventos que ainda acontecerão. Essa recapitulação do passado e também a construção do futuro por meio da escrita se fundamentam na criação de espaços mentais, responsáveis por presentificar ausências. Eles abrigam existências virtuais, de forma a oferecer uma experiência alternativa à própria realidade.

De modo semelhante, nos *Tristia*, Nasão, ausente de Roma, também faz uso do procedimento da *enargeia*, de modo a criar, em suas elegias, espaços

II – *Epistulae Nasonis*: ausência e exílio nas cartas de um semi-herói

virtuais e projetar "visões mentais", sobretudo da Urbe e dos acontecimentos que lá se desenrolam. Assim, a separação dos amantes na elegia amorosa torna-se, no contexto de exílio, separação da pátria. Como nas *Heroides*, as detalhadas descrições, capazes de conferir presença por meio da palavra e pôr os fatos diante dos olhos, podem estar associadas tanto a lembranças do passado em Roma quanto a eventos imaginados pelo eu poético distante da Urbe. O primeiro caso fica evidente na elegia I, 3, em que Nasão recorda a noite da partida de Roma rumo às regiões do exílio:

> *Cum **subit** illius tristissima noctis **imago**,*
> *qua mihi supremum tempus in Vrbe fuit,*
> *cum **repeto** noctem, qua tot mihi cara reliqui,*
> *labitur ex **oculis** nunc quoque gutta meis.*
> (Ov. *Tr.* I, 3, 1-4, grifos nossos)

> Quando me *vem à mente* a tristíssima *visão* daquela noite,
>   que foi meu último instante em Roma,
> quando *recordo* a noite em que deixei tantas coisas queridas,
>   ainda agora lágrimas escorrem de meus *olhos*.

O poema se inicia com referências à memória (*repeto*, "recordo", v. 3) e a imagens de eventos já passados (*subit*, "vem à mente", v. 1), que se impõem diante dos olhos do eu poético como uma "visão" (*imago*, v. 1). À memória de sua última noite em Roma, ajunta-se ainda uma memória de natureza literária, pois o trecho (e toda a elegia I, 3) evoca o episódio da fuga de Eneias e sua partida de Troia, numa rememoração do livro II da *Eneida* que estabelece uma série de diálogos intertextuais.[267]

Nesse contexto da elegia ovidiana, em que são postos em destaque o aspecto visual e as "visões mentais", os olhos são mencionados (*oculis*, v. 4), ironicamente, não por sua capacidade de ver ou observar, mas por serem a sede das lágrimas do eu poético. De fato, os olhos de Nasão estão afastados de Roma e seus eventos, e a única forma de trazê-los novamente a lume é por meio da recordação, que, no entanto, é causa de sofrimento. Nesse sentido, toda a elegia, na sequência, constitui uma vívida descrição dos acontecimentos na noite da partida de Nasão: a agitação em sua casa, com os prantos dos servos e amigos; a desolação da esposa, com os cabelos desgrenhados e a dor estampada no rosto ao despedir-se do marido e assumir uma postura de luto; as últimas palavras do exilado antes de partir e suas preces aos deuses. Com isso, a lembrança da noite derradeira faz Nasão reviver os fatos e tornar presentes alguns elementos de Roma que lhe são familiares, mas estão distantes, perpassados pela saudade.

A tentativa de presentificar o que está temporal ou espacialmente distante é tema recorrente nos versos de exílio e se manifesta também na elegia III, 4b, em que o eu poético lamenta sua condição de exilado e busca consolar as ausências que lhe são impostas por meio da imaginação e recordação do que lhe é caro. A ênfase recai sobre o afastamento de Nasão (note-se a repetição de *longe*, v. 7), que é destacado e amplificado de modo a conferir maior dramaticidade à sua situação de exilado. Assim, na impossibilidade de experimentar fisicamente aquilo de que sente falta, ele tenta alcançá-lo por meio da forma que lhe é permitida, por meio dos "olhos" de sua mente:

> At **longe** *patria est,* **longe** *carissima coniunx,*
>   *quicquid et haec nobis post duo dulce fuit.*
> *Sic tamen haec* **adsunt**, *ut quae contingere non est*
>   *corpore,* **sunt animo** *cuncta* **uidenda meo.*   10
> **Ante oculos** *errant domus Vrbsque et forma locorum,*
>   *acceduntque suis singula facta locis.*
> *Coniugis* **ante oculos** *sicut* **praesentis**, **imago** *est.*
>   *Illa meos casus ingrauat, illa leuat:*
> *ingrauat hoc, quod abest; leuat hoc, quod praestat amorem*   15
>   *impositumque sibi firma tuetur onus.*
>   (Ov. *Tr.* III, 4b, 7-16, grifos nossos)

> Mas *longe* está a pátria, *longe* a caríssima esposa,
>   e o que quer que depois delas me foi doce.
> Estas coisas, que não posso tocar com o corpo,
>   estão tão *presentes* que todas *são visíveis* em *minha mente*.   10
> *Diante dos olhos*, vagueiam a casa, Roma, o contorno dos locais,
>   e fatos específicos sobrevêm a cada local.
> *Diante dos olhos*, a *imagem* da esposa é como que *presente*.
>   Ela agrava minhas desgraças, ela as alivia:
> agrava pois está ausente; alivia pois dá amor   15
>   e, firme, sustenta o fardo imposto a si.

II – *Epistulae Nasonis*: ausência e exílio nas cartas de um semi-herói

Imaginar Roma e a esposa, a fim de torná-los presentes em espírito, é o modo de Nasão aliviar as inquietações e sofrimentos enfrentados no exílio. Sua situação é ambígua: por um lado, a lembrança do que está ausente é dolorosa, pois permeada de saudade; por outro, ela vivifica o que está afastado e o torna presente, ao menos em imaginação. Ao discorrer sobre o processo, o eu poético explora termos e elementos visuais, importantes para se obter o efeito de presentificação: "são visíveis em minha mente" (*sunt animo uidenda meo*, v. 10); a anáfora de "diante dos olhos" (*ante oculos*, v. 11 e 13) e a eloquente sequência *praesentis imago* (v. 13). Ainda que o genitivo *praesentis* refira-se a *coniugis*, o posicionamento adjacente a *imago* constitui uma sugestiva combinação antitética – a imagem ou visão, representação de algo ausente, torna-se ela própria um índice de presença.

Nessa perspectiva, o uso de diversos termos e expressões típicos das definições retóricas de *enargeia/euidentia* torna a passagem uma espécie de teorização poética das "visões mentais". Nasão não apenas descreve as circunstâncias em que se encontra; mas, ao empregar em seus versos um léxico que alude aos termos que nos tratados retóricos caracterizam a *enargeia* e a *euidentia*, ele reflete e discute, por meio da poesia, sobre o próprio conceito de "visão mental".

Mais do que "visões" da mente, a reconstrução de fatos por meio de lembranças ou da imaginação cria espaços mentais, lugares que abrigam existências virtuais e as tornam de tal modo acessíveis, que é como se fossem reais. A materialização dessas ausências imaginadas por meio de um espaço virtual, situado na própria mente, será sistematizada e exemplificada por Quintiliano, ao abordar a memória na formação do orador. Ele propõe que a memória seja metaforicamente entendida como um espaço (uma casa, por exemplo), cujas partes (os cômodos) serão ocupadas por objetos que evoquem as ideias que se deseja lembrar. Assim, ao se percorrer o espaço virtual da casa, percorre-se a memória e as ideias nela guardadas:

[18] *Loca deligunt quam maxime spatiosa, multa uarietate signata, domum forte magnam et in multos diductam recessus. In ea quidquid notabile est, animo diligenter adfigunt, ut sine cunctatione ac mora partes eius omnes cogitatio possit percurrere. Et primus hic labor est non haerere in occursu; plus enim quam firma debet esse memoria, quae aliam memoriam adiuuet.* [19] *Tum, quae scripserunt uel cogitatione complexi sunt, aliquo signo, quo moneantur, notant;* [...]. [20] *Primum sensum uestibulo quasi adsignant, secundum, puta, atrio, tum impluuia circumeunt, nec cubiculis modo aut*

exedris, sed statuis etiam similibusque per ordinem committunt. Hoc facto, cum est repetenda memoria, incipiunt ab initio loca haec recensere, et quod cuique crediderunt reposcunt, ut eorum imagine admonentur. Ita, quamlibet multa sint, quorum meminisse oporteat, fiunt singula conexa quodam choro, nec errant coniungentes prioribus consequentia solo ediscendi labore. [21] Quod de domo dixi, et in operibus publicis et in itinere longo et urbium ambitu et picturis fieri potest. Etiam fingere sibi has imagines licet. Opus est ergo locis, quae uel finguntur uel sumuntur, et imaginibus uel simulacris, quae utique fingenda sunt. (Quint. *Inst.* XI, 2, 17-21).

[18] Escolhem locais o mais espaçosos possível, marcados por muita variedade; por exemplo, uma casa ampla e dividida em muitos cômodos. Fixam cuidadosamente na mente tudo que nela chama a atenção, a fim de que sem delonga e demora o pensamento possa percorrer todas as suas partes. E a primeira tarefa aqui é não hesitar diante do que se encontra; pois mais que sólida deve ser a memória que evoca outra memória. [19] Em seguida, o que escreveram ou abarcaram no pensamento eles representam com sinal diferente, por meio do qual possam se lembrar; [...]. [20] O primeiro pensamento, posicionam-no como que no vestíbulo; o segundo, imagina, no átrio; depois, circundam o implúvio e os colocam em ordem não apenas nos quartos ou salas, mas também nas estátuas e similares. Feito isso, quando é necessário repassar a memória, começam desde o princípio a revisar esses locais e atribuem aquilo que creem a cada um, a fim de que, pela imagem deles, possam se lembrar. Então, ainda que sejam muitos os que convenha lembrar, cada um deles se liga numa espécie de dança circular, e não erram os que unem os seguintes aos primeiros, num único esforço de memorização. [21] O que eu disse a respeito da casa pode ser aplicado às construções públicas, a uma viagem longa, ao perímetro das cidades e aos quadros. Também é lícito inventar para si essas imagens. Há necessidade, portanto, de locais, que são imaginados ou reais, e de imagens e representações, que devem ser absolutamente inventados.

O procedimento de criação de um espaço virtual no interior da mente aplica-se não só à memória, como exemplificado por Quintiliano, mas também à imaginação. Os espaços ocupados pelas ideias e objetos imaginados, embora existam apenas mentalmente, acabam por conferir existência àquilo que se imagina, de modo a reduzir distâncias e a simular presenças. No contexto da poesia ovidiana de exílio, essa capacidade de a mente construir imagens e posteriormente presentificá-las diante dos olhos, criando

II – *Epistulae Nasonis*: ausência e exílio nas cartas de um semi-herói

espaços mentais alternativos, torna-se uma forma de resistência e de afirmação do poder de Nasão.

A elegia IV, 2, por exemplo, versa sobre uma cerimônia de triunfo romano, à qual o eu poético está ausente, e contém descrições detalhadas sobre todo o aparato da celebração e do desfile em meio ao povo, de modo a oferecer cenas bastante nítidas do evento – a comemoração da vitória sobre a Germânia. Porém, o triunfo abordado na elegia só veio a ocorrer, segundo Bonvicini (1999, p. 361), em 17 d.C., o que faz do poema uma espécie de prefiguração ovidiana da vitória.[268] Por meio da imaginação, o eu poético traz para perto de si, por meio da escrita, não só um acontecimento espacialmente distante – já que os triunfos são comemorados em Roma –, mas também temporalmente deslocado, pois ainda não ocorrera. Dessa forma, a celebração descrita resulta inteiramente da capacidade criadora de Nasão, conforme esclarece o uso do verbo *fingo* para designar sua atitude: "Mas eu, apenas com o *imaginar* e os ouvidos/ distantes, poderei colher este fruto." – *At mihi **fingendo** tantum longeque remotis/ auribus hic fructus percipiendus erit* (Ov. *Tr.* IV, 2, 67-68, grifos nossos).

A princípio, o poema parece configurar uma espécie de panegírico da vitória romana: tornar a cena de triunfo presente por meio de vívida descrição é um modo de difundir o poderio do imperador e reafirmar o domínio sobre os povos considerados bárbaros, apresentados como derrotados e subjugados. Todavia, por trás desse poder fundado na força e na guerra, a elegia revela outra forma de poder, mais sutil e discreta, da qual lança mão o eu poético. Maior que o poder do domínio bélico romano, é o poder do domínio da palavra, pois é capaz de criar realidades e superar obstáculos e oposições por meio da imaginação. Nesse sentido, ao descrever um triunfo que não presencia, Nasão reafirma seu poder enquanto poeta:

> *Haec ego summotus qua possum **mente uidebo**:*
> *erepti nobis ius habet illa loci.*
> *Illa per inmensas spatiatur libera terras,*
> *in caelum celeri peruenit illa uia;*   60
> *illa **meos oculos** mediam deducit in Vrbem,*
> *immunes tanti nec sinit esse boni;*
> *inuenietque animus, qua currus spectet eburnos;*
> *sic certe **in patria** per breue tempus **ero**.*
> (Ov. *Tr.* IV, 2, 57-64, grifos nossos)

> E eu, exilado, *verei* isso como posso, *com a mente*:
> ela tem direito ao local que me foi arrebatado.
> Ela vagueia livre por imensas terras,
> ela alcança o céu em rápida via;   60
> ela conduz *meus olhos* para o meio da Urbe,
> e não os deixa isentos de tamanha ventura;
> a *mente* encontrará como *observar* os carros de marfim:
> assim, por breve tempo, decerto *estarei na pátria*.

Apesar do exílio, a imaginação do eu poético preserva sua liberdade e não se sujeita às imposições imperiais: Augusto pode ter expulsado o poeta de Roma, mas não tem qualquer direito sobre seu pensamento ou sua poesia. Assim, Nasão explora o poder da palavra para trazer para si imagens da pátria. Mais que isso, graças às "visões mentais", ele se transporta até a Urbe e, por um instante e em imaginação, supera a condição de exilado. Transferido do local de exílio para um lugar mental, Nasão cria espaços virtuais em que assegura sua presença e minimiza a distância. Sob esse aspecto, a descrição do triunfo, antes de ser um elogio ao poderio romano, constitui uma sutil demonstração do poder do poeta e de sua resistência, por meio da poesia, à situação de exílio.

No entanto, a eliminação da distância na escrita epistolar não ocorre apenas por meio da memória, da antecipação ou das visões mentais, mas também através da materialidade do objeto carta. Nessa perspectiva, o texto se transforma em um representante ou substituto do corpo do próprio escritor, que está afastado daquilo que deseja (o amado, nas *Heroides*; a pátria, nos *Tristia*). Assim, a escrita epistolar concede ao epistológrafo uma presença metafórica, por meio da carta. Nas *Heroides*, no dístico final das epístolas de Leandro e de Hero, a carta é apresentada como substituta de seu autor:

> ***Interea*** *pro me pernoctet epistula tecum,*
> *quam precor ut minima prosequar ipse* ***mora****.*
> (Ov. *Her.* XVIII, 217-218, grifos nossos)

> *Enquanto isso*, uma epístola pernoite contigo em meu lugar,
> a qual desejo eu próprio seguir sem *demora*.

II – *Epistulae Nasonis*: ausência e exílio nas cartas de um semi-herói

> ***Interea**, quoniam nanti freta peruia non sunt,*
> *leniat inuisas littera missa **moras**.*
> (Ov. *Her.* XIX, 209-210, grifos nossos)

> *Enquanto isso*, pois o estreito não pode ser atravessado a nado,
> que uma carta enviada abrande a odiosa *demora*.

As cartas duplas das *Heroides* explicitam o diálogo epistolar, não apenas pelo fato de uma ser escrita em resposta à outra, mas também devido aos ecos intertextuais entre elas. De fato, as passagens acima parecem aludir-se mutuamente: ambas abordam o tema da missiva como substituta de seu escritor; ambas têm a mesma localização (são o dístico final, que fecha o poema); ambas são introduzidas pelo termo *interea* ("enquanto isso") e terminam com o vocábulo *mora* ("demora"), que, inclusive, resume o grande motivo de lamento dos amantes: a espera pelo reencontro, que depende da melhora das condições climáticas no estreito que Leandro atravessa a nado. Diante da impossibilidade de os amantes estarem juntos, a carta adquire um papel vicário: é a epístola de Leandro que pernoita com Hero no lugar do herói. Nesse sentido, o aspecto material da carta é um modo de dar corpo ao escritor ausente, permitindo-lhe metaforicamente estar próximo de sua amada.

Esse mesmo procedimento é explorado nas elegias de exílio, quando Nasão envia o primeiro livro dos *Tristia* para Roma, proibida ao autor exilado:

> *Parue – nec inuideo – sine me, liber, ibis in Vrbem.*
> *Ei mihi, quod domino non licet ire tuo!* [...]
> *Vade, liber, uerbisque meis loca grata saluta:* 15
> *contingam certe quo licet illa pede.* [...]
> *Tu tamen **i pro me**, tu, cui licet, aspice Romam.*
> ***Di facerent, possem nunc meus esse liber!***
> (Ov. *Tr.* I, 1, 1-2; 15-16; 57-58, grifos nossos)

> Livrinho – não te invejo – sem mim irás a Roma.
> Ai de mim, pois não é lícito ao teu amo ir! [...]
> Parte, livro, e saúda em meu nome os locais queridos: 15
> decerto irei tocá-los ao menos com o pé permitido. [...]
> Tu, porém, *vai em meu lugar*, tu, a quem é lícito, contempla Roma.
> *Permitissem os deuses que eu pudesse ser agora o meu livro!*

O papel substituto do livro em relação a seu autor fica evidente no trecho: é o livro que vai saudar, tocar e contemplar Roma, é o livro que vai à Urbe em lugar de seu autor, que permanece exilado. Ao mesmo tempo, porém, em que é assinalada a diferença entre obra e autor, ao longo dessa mesma elegia I, 1, observa-se também uma identificação entre eles. Nasão exclama "Permitissem os deuses que eu pudesse ser agora o meu livro!" – *Di facerent, possem nunc meus esse liber!* (Ov. *Tr.* I, 1, 58) – e, de fato, ele se metamorfoseia em sua obra para estar presente em Roma, conforme se percebe pelo fato de o livro enviado ser descrito na elegia de acordo com as características do próprio poeta exilado (Ov. *Tr.* I, 1, 3-14). A transformação de tal modo se efetua, que, como uma espécie de paralelo à elegia I, 1 (em que o autor se dirige ao livro enviado), a elegia III, 1 tem o próprio livro como eu poético, o qual já se encontra em Roma, narra e expõe tudo aquilo que vê na Urbe.[269] Ele apresenta seu itinerário em Roma e, à maneira de uma *ékphrasis*, descreve os monumentos e construções que observa. Assim, por um lado, as vívidas descrições constituem um modo de Nasão, distante no exílio, reviver e tornar presentes, em imaginação, elementos da cidade de que foi expulso. Por outro, o envio do livro representa, metaforicamente, o retorno de seu autor à Urbe e, portanto, uma eliminação da distância por meio da escrita.

A superação do afastamento por meio do envio de cartas (ou do próprio livro de elegias) é explicitamente referido também em *Tr.* V, 1. Todo o poema busca apresentar uma justificativa para o fato de Nasão, na situação de exílio, escrever versos tristes e chorosos. Por meio de um procedimento de ficcionalização do leitor, Nasão projeta na elegia perguntas e comentários de um possível leitor, de modo a estabelecer no texto uma espécie de diálogo:

> '*Quis tibi, Naso, modus lacrimosi carminis?*' inquis.   35
>   *Idem, fortunae qui modus huius erit.* [...]
> '*At poteras*', inquis, '*melius mala ferre silendo,*
>   *et tacitus casus dissimulare tuos.*' [...]   50
> '*At mala sunt.*' *Fateor. Quis te mala sumere cogit?*
>   *Aut quis deceptum ponere sumpta uetat?*   70
>   (Ov. *Tr.* V, 1, 35-36; 49-50; 69-70)

> '*Quando, Nasão, cessarás os lacrimosos poemas?*',   35
>   perguntas. '*Quando cessar também minha sina*'. [...]

II – *Epistulae Nasonis*: ausência e exílio nas cartas de um semi-herói

'Mas podias', dizes, 'em silêncio suportar melhor
  os males, e disfarçar tua queda calado'. [...]   50
'São, porém, ruins'. Confesso. Quem te obriga a lê-los?
  Ou quem proíbe que, enganado, os largues?   70

Ora, após explicar que seus versos são tristes devido à situação de exilado e que a escrita de elegias é uma forma de aliviar as aflições e consolar a si mesmo por meio da poesia, Nasão conclui o poema esclarecendo o motivo por que, além de escrever, também envia a Roma seus escritos. A justificativa é que, ao enviá-los, o poeta pode fazer-se presente na Urbe: "Por que escrevo, já o disse. Indagais por que vos envio?/ Pois quero estar convosco, de qualquer modo." – *Cur scribam, docui. Cur mittam, quaeritis, isto?/ Vobiscum cupio quolibet esse modo* (Ov. *Tr.* V, 1, 79-80).

Outra característica do gênero carta é o uso de fórmulas de cumprimento no início e no fim. São usuais, além disso, a menção dos nomes do escritor ou do destinatário e a referência à situação de escrita ou ao envio da carta. Nas *Heroides*, os dísticos de abertura e fechamento dos poemas constituem saudações e despedidas elaboradas com base nessas fórmulas epistolares. Penélope, por exemplo, identifica a si mesma e ao marido pelo nome e assinala o envio da epístola: "Tua **Penélope** envia-te esta carta, moroso *Ulisses*;/ nada me respondas: vem tu próprio!" – *Haec tua **Penelope** lento tibi **mittit**, **Vlixe**;/ nil mihi rescribas attinet: ipse ueni!* (Ov. *Her.* I, 1-2, grifos nossos).

Assim, elementos que constituem *tópoi* epistolares, como o emprego do verbo *mitto* ("envio"), a referência ao ato de leitura do destinatário (*legis/ perlegis*, "lês/lês completamente") e a própria menção da carta, podem ser observados nas *Heroides*. Vejam-se, respectivamente, as epístolas de Enone, Dejanira e Ariadne:

>[**Nympha** suo **Paridi**, quamuis suus esse recuset,
> **mittit** ab Idaeis uerba legenda iugis.][270]
>**Perlegis**? an coniunx prohibet noua? **perlege**: non est
> ista Mycenaea **littera** facta manu.
> (Ov. *Her.* V, 0a-0b; 1-2, grifos nossos)

>[Uma *ninfa*, a seu *Páris*, embora recuse ser seu,
> *envia*, desde os cumes do Ida, palavras para se ler.]

Lês tudo? Ou a nova esposa proíbe? *Lê tudo*: essa
carta não foi escrita por mão micênica.

[**Mittor** ad **Alciden** *a coniuge conscia mentis*
***littera**, si coniunx **Deianira** tua est.*]
(Ov. *Her.* IX, 0a-0b, grifos nossos)

[*Carta* confidente de ideias, *sou enviada* ao *Alcides*
pela esposa, se *Dejanira* ainda é tua esposa.]

Quae legis, ex illo, **Theseu**, *tibi litore* **mitto**,
unde tuam sine me uela tulere ratem.
(Ov. *Her.* X, 3-4, grifos nossos)

Essa que lês, *Teseu, envio*-te desde aquela praia
de onde as velas levaram teu barco sem mim.

Além disso, a tópica da saúde é um dos traços mais característicos do gênero (Morello & Morrison, 2007, p. VIII). Ela se manifesta não só como assunto da carta, mas também na fórmula cristalizada de saudação epistolar, que envolve o verbo *ualeo* ("estar bem", "ter saúde"). Sêneca comenta sobre esse uso: "Foi um costume antigo, conservado até minha época, acrescentar à epístola, como palavras iniciais: 'Se *passas bem*, é bom, eu *passo bem*.'" – *Mos antiquis fuit usque ad meam seruatus aetatem, primis epistulae uerbis adicere: 'si* **uales** *bene est, ego* **ualeo**' (Sen. *Ep.* XV, 1, grifos nossos). Também pode ocorrer uma variação da fórmula, mais enxuta, com o emprego do termo *salus* ("saudação", "saúde"). Na coletânea de Sêneca, por exemplo, as cartas são introduzidas pela expressão *Seneca Lucilio suo salutem* ("Sêneca envia saudação/saúde a seu Lucílio"), que consiste, simultaneamente, em uma saudação e em um desejo de boa saúde.

Várias cartas das *Heroides* são iniciadas exatamente com paráfrases ou adaptações dessa fórmula de cumprimento, que pode ainda vir acompanhada pela referência à epístola e ao ato de leitura, como no caso de Fedra:

Qua nisi tu dederis, caritura est ipsa, **salutem**
mittit **Amazonio Cressa puella uiro**.

II – *Epistulae Nasonis*: ausência e exílio nas cartas de um semi-herói

> ***Perlege**, quodcumque est: quid **epistula lecta** nocebit?*
> *Te quoque in hac aliquid quod iuuet esse potest.*
> (Ov. Her. IV, 1-4, grifos nossos)

> Ao *jovem amazônio*, a *moça cretense* envia '*Saúde!*',
> da qual ela própria carecerá se não a deres.
> *Lê tudo*, o que quer que seja: em que prejudicará a *epístola lida*?
> Nela pode haver algo que agrade até a ti.

A heroína se identifica como "moça cretense" (*Cressa puella*, v. 2) e envia a Hipólito, referido como "jovem amazônio" (*Amazonio uiro*, v. 2), saúde ou saudação (*salutem*, v. 1). Logo no dístico seguinte, é mencionada explicitamente a natureza epistolar dos escritos (*epistula*, v. 3), junto com a referência à leitura por parte do destinatário (*perlege*; *lecta*, v. 3). Ora, esse emprego de expressões formulares ou o desejo de boa saúde não se limitam à posição inicial das cartas, mas também podem estar presentes nos versos finais, como forma de despedida:

> *Mittit et optat amans, quo mittitur, ire **salutem***
> *Haemonis Haemonio Laodamia uiro.* [...]
> *Vltima mandato claudetur **epistula** paruo:*   165
> *si tibi **cura** mei, sit tibi **cura** tui!*
> (Ov. Her. XIII, 1-2; 165-166, grifos nossos)

> Laodâmia hemônia ao marido hemônio envia '*Saúde!*'
> e, com amor, deseja que chegue a quem é enviada. [...]
> Um pequeno pedido fechará o fim da *epístola*:   165
> se sou teu *cuidado*, *cuida* de ti!

No princípio e no fim da carta de Laodâmia a seu marido Protesilau, há saudações que exploram a tópica da saúde – usa-se o termo *salutem* (v. 1) – e que põem em evidência o caráter epistolar – o verbo *mitto* (*mittit*; *mittitur*, v. 1), na abertura, e a menção explícita à *epistula* (v. 165), no dístico final. O tema da saúde é retomado também no último verso, num hábil jogo de palavras com a repetição de *cura* ("cuidado", v. 166) em cada um dos hemistíquios do pentâmetro, que apresentam certo paralelismo. A cesura, dividindo o verso ao meio, contribui para expressar formalmente a separação entre os amantes, ao passo que a relação de hipotaxe das duas orações ilustra a mútua dependência entre eles.

Já nos versos citados do início da epístola (v. 2), a relação ambígua de separação espacial e codependência entre os amantes fica assinalada formalmente. A separação do núcleo do sintagma e seu determinante (*Laodamia* e *Haemonis*; *uiro* e *Haemonio*), situados cada um em um dos hemistíquios do pentâmetro e separados pela cesura, sugere o afastamento das personagens. Por outro lado, a posição adjacente ocupada pelos dois determinantes (*Haemonis Haemonio*) e pelos dois núcleos (*Laodamia uiro*) ilustra o desejo de reencontro dos amantes. Com essas construções, a carta dá destaque à sua abertura e também a seu fechamento, um voto de bem-estar que não deixa de soar irônico no contexto da história mitológica: Laodâmia roga ao marido que ele se cuide e fique a salvo, mas ele será o primeiro guerreiro grego morto em Troia.

Nas *Heroides*, há uma apropriação e adaptação de fórmulas epistolares ao contexto poético, por meio de jogos de palavra ou de sentido. A expressão *uale* ("passa bem") é uma forma de despedida tipicamente usada para fechar as cartas, conforme revela seu emprego recorrente no fim das epístolas de Sêneca a Lucílio. Nas cartas de Acôncio e Cidipe, o uso da expressão suscita novos efeitos ao se considerar o contexto da história mitológica – a saber, o fato de Cidipe estar doente quando recebe a carta de Acôncio e quando escreve sua epístola:

> *Longior infirmum ne lasset **epistula** corpus*
> *clausaque **consueto** sit sibi **fine, uale**!*
> (Ov. Her. XX, 241-242, grifos nossos)

> Que a *epístola* muito longa não exaura teu corpo fraco
> e seja fechada com o *fim costumeiro, passa bem*!

> *Iam satis inualidos calamo lassauimus artus,* 245
> *et **manus** officium longius **aegra** negat.*
> *Quid, nisi quod cupio mihi iam contingere tecum,*
> *restat, ut adscribat **littera** nostra: **uale**?*
> (Ov. Her. XXI, 245-248, grifos nossos)

> Com o cálamo, já exauri bastante os braços sem força,   245
> e a *mão doente* nega tarefa mais longa.
> O que resta, senão o que desejo alcançar contigo:
> que minha *carta* acrescente: *passa bem*?

Em ambos os trechos, o final com a fórmula *uale*, juntamente com a própria menção da carta (*epistula*, v. 241; *littera*, v. 248), assinala a natureza epistolar dos textos. Na primeira passagem, Acôncio inclusive esclarece que o "fim costumeiro" (*consueto fine*, v. 242) das epístolas é o termo *uale*, por ele empregado. Não obstante, mais do que mera despedida, a expressão é um voto real de melhoras na saúde da amada, que está fraca e doente. Isso fica reforçado também no fim da carta de Cidipe, que termina com a mesma expressão, mas em oração interrogativa: a heroína pergunta o que lhe resta, na condição de doente, senão tentar alcançar a saúde; por isso, deseja, para Acôncio e para si mesma, o "passar bem". Conforme já comentado anteriormente, as cartas duplas caracterizam-se exatamente pelos ecos intertextuais estabelecidos entre elas, o que reforça a essência de diálogo que subsiste na troca epistolar. No presente exemplo, as mútuas alusões são evocadas pelo verbo *lasso* (*lasset*, v. 241; *lassauimus*, v. 245), pelo adjetivo *longus* (*longior*, v. 241; *longius*, v. 246) e, é claro, pela expressão *uale* fechando as cartas (v. 242; v. 248).

Todos esses *tópoi* epistolares identificados nas *Heroides* – menção do remetente e do destinatário, referência à situação de escrita e à mão que escreve, fórmulas de saudação e despedida, assunto da saúde – também se manifestam nas elegias dos *Tristia* que têm forma de carta. Nasão escreve para a esposa, o imperador Augusto, sua discípula Perila, alguns amigos que permaneceram fiéis, amigos que abandonaram o exilado, inimigos que o ofendem. Todavia, nem todos os poemas que possuem destinatários exploram outros traços epistolares, de modo que a simples menção do interlocutor não torna o texto uma carta. Na verdade, o primeiro poema na coletânea que se identifica explicitamente como epístola e combina vários *tópoi* do gênero é a elegia III, 3, endereçada à esposa:

> *Haec mea si casu miraris **epistula** quare*
>   ***alterius digitis** scripta sit, **aeger** eram.*
> ***Aeger** in extremis ignoti partibus orbis,*
>   *incertusque meae paene salutis eram.*
> *Quem mihi nunc animum dira regione iacenti   5*
>   *inter Sauromatas esse Getasque putes?*
> *Nec caelum patior, nec aquis adsueuimus istis,*
>   *terraque nescio quo non placet ipsa modo.*
>   (Ov. *Tr.* III, 3, 1-8, grifos nossos)

Uma teoria ovidiana da literatura

> Se acaso te admiras que esta minha *epístola*
> por *mão alheia* tenha sido escrita, *doente* eu estava.
> *Doente* nos extremos do mundo desconhecido
> e quase duvidoso de minha cura.
> Imaginas qual o meu ânimo agora, jacente   5
> em terrível região entre getas e sármatas?
> Não tolero os ares nem me habituei a essas águas,
> e a terra, não sei por quê, tampouco me agrada.

Já na abertura, o texto se denomina uma *epistula* (v. 1) e menciona a mão que o escreve, referida como "mão alheia" (*alterius digitis*, v. 2). Essa particularidade revela um emprego espirituoso do *tópos*, uma vez que a escritura na carta não funciona como um índice de identificação de seu remetente, mas assinala a caligrafia de outrem, apresentada como motivo de surpresa para a destinatária – "se acaso te admiras" (*si casu miraris*, v. 1). A justificativa de Nasão para esse aspecto pouco usual de sua carta é o fato de estar doente (*aeger*, v. 2 e 3), e isso introduz no texto a tópica da saúde. A sequência é um detalhamento das condições hostis da região de exílio, cujas características naturais são impróprias à boa saúde corporal, enquanto a solidão e o afastamento a que o eu poético está submetido são prejudiciais à mente e ao espírito.

A identificação da destinatária ocorre apenas no v. 15, por meio do vocativo *coniux* ("esposa"), mas, ao longo da carta, Nasão frequentemente se dirige a ela – de modo a assinalar o diálogo, típico do gênero – por meio de termos afetuosos: *carissima* ("querida", v. 27), *lux mea* ("minha vida", v. 52), *optima coniunx* ("ótima esposa", v. 55). Os versos finais também evidenciam traços epistolares: a referência à escrita (*scribere*, v. 85) e ao envio (*mittit*, v. 88) da carta, o emprego da saudação de despedida usual ao fim (*uale*, v. 88):

> **Scribere** plura libet, sed uox mihi fessa loquendo   85
> dictandi uires siccaque lingua negat.
> Accipe supremo dictum mihi forsitan ore,
> quod tibi qui **mittit** non habet ipse '**uale!**'
> (Ov. Tr. III, 3, 85-88, grifos nossos)

> Apraz *escrever* mais, mas minha voz exausta de falar   85
> e a língua seca negam-me as forças para ditar.

II – *Epistulae Nasonis*: ausência e exílio nas cartas de um semi-herói

> Recebe a palavra, talvez a última de meus lábios,
> que quem te *envia* mesmo não tem: 'Passa bem'!

Embora finalize a epístola com a despedida habitual, Nasão dá novos contornos a seu emprego: mais do que desejar o bem-estar da esposa, o uso da fórmula põe em destaque a situação de carência de saúde do eu poético. A descrição de sua fraqueza e a consideração da morte como iminente – posto que a despedida pode ser sua última palavra – reforçam a imagem de Nasão como infeliz e desditoso, aspecto amplamente explorado na coletânea. Ademais, essa apresentação hiperbólica dos males contribui para despertar no leitor compaixão e pena em relação ao exilado e, em última instância, revela-se uma estratégia retórica, centrada no *pathos*, por meio da qual a personagem busca obter o retorno a Roma, mesmo que após a morte (assim, conforme afirma o próprio Nasão, ao menos suas cinzas repousariam na pátria).

No entanto, ao enviar à esposa a saúde que ele próprio não possui, o eu poético adota uma postura de autoderrisão em relação à sua condição. O caráter irônico da passagem repousa ainda na dupla possibilidade de interpretação do termo *supremo* (v. 87): se a elegia sugere que o *uale* seria a derradeira palavra do eu poético devido à situação de doença e proximidade da morte, por outro lado, trata-se, literalmente, da última palavra da carta ditada por Nasão, com a qual se encerra o poema. Nesse sentido, a ambiguidade do trecho possibilita também uma interpretação irônica, que jocosamente desconstrói a imagem de exilado sofredor com que Nasão caracteriza a si mesmo.

A elegia V, 13, endereçada a um amigo,[271] também se estrutura em forma de carta. A abertura identifica o remetente (*Naso*, v. 1), faz referência ao envio e explora jocosamente o emprego do termo – característico da saudação epistolar – *salutem* (v. 1), dado que o eu poético deseja ao amigo aquilo que ele próprio não possui:

> *Hanc tuus e Getico **mittit** tibi **Naso salutem**,*
>   *mittere si quisquam, quo caret ipse, potest.*
> ***Aeger** enim traxi contagia corpore mentis,*
>   *libera tormento pars mihi ne qua uacet;*
> *perque dies multos lateris cruciatibus uror,*   5
>   *saeua quod inmodico frigore laesit hiems.*

Si tamen ipse uales, aliqua nos parte ualemus:
quippe mea est umeris fulta ruina tuis.
(Ov. *Tr.* V, 13, 1-8, grifos nossos)

Teu *Nasão envia-te 'Saúde!'* desde a terra gética,
se é que alguém pode *enviar* aquilo de que carece.
Doente na mente, contagiei também o corpo,
para nenhuma parte minha se isentar de tormento;
por muitos dias ardo de dor no flanco,   5
pois, cruel, com excessivo frio o inverno feriu.
Mas se tu passas bem, passo bem, em alguma medida:
de fato, minha ruína apoiou-se em teus ombros.

Como na carta à esposa, anteriormente analisada, também aqui Nasão introduz a epístola com a tópica da saúde, de modo a descrever a doença que o acomete, tanto no corpo quanto na mente, em razão das péssimas condições experimentadas na região do exílio.[272] A exploração irônica e jocosa das fórmulas epistolares não se restringe ao uso do termo *salutem* no dístico inicial, mas ainda se verifica no trecho **Si** *tamen ipse* **uales**, *aliqua* **nos** *parte* **ualemus** ("Mas *se* tu *passas bem, passo bem*, em alguma medida", v. 7, grifos nossos). O verso retoma uma das frases típicas usadas no começo das cartas em latim: *Si uales, bene est. Ego ualeo* ("Se passas bem, está bem. Eu passo bem"). Não obstante, Nasão reelabora sutilmente a fórmula usual e brinca com seu sentido ao acrescentar a expressão *aliqua parte* ("em alguma medida"). Com ela, o eu poético relativiza a situação de "passar bem" e, numa espécie de autoderrisão irônica, ainda caracteriza seu estado como *ruina* ("ruína", v. 8).

Além disso, ao longo do texto, fazem-se presentes outros *tópoi* epistolares, como a referência ao diálogo *in absentia*, nomeado como "vozes silentes" (*tacitas uoces*, v. 29), e a menção à mão que escreve (*manus*, v. 30) e ao material de escrita (*charta*, v. 30) como substitutos da conversa em presença.[273] Ao fim da carta, Nasão reafirma a natureza epistolar de seu texto e finaliza com a típica expressão de despedida: "recebe o dito que sempre encerra a *carta*/ e, para teu fado distar do meu, *passa bem*!" – *accipe quo semper finitur* **epistula** *uerbo,/ atque, meis distent ut tua fata,* **uale**!(Ov. *Tr.* V, 13, 33-34, grifos nossos).

II – *Epistulae Nasonis*: ausência e exílio nas cartas de um semi-herói

Assim, ao longo dos *Tristia*, observa-se uma gradação crescente na ocorrência das elegias com forma epistolar, que se tornam mais numerosas no livro V,[274] quase que numa espécie de transição para a obra ovidiana seguinte, as *Epistulae ex Ponto*, inteiramente composta por cartas. No livro I dos *Tristia*, algumas elegias possuem um destinatário, que Nasão interpela por meio de epítetos ou qualificativos,[275] mas elas não apresentam outros traços epistolares, nem se identificam como cartas. Pelo contrário, são designadas por termos que as inserem no âmbito literário, como *carmen*, *opus* e *libellus*, além de o destinatário, em alguns poemas, ser denominado *lector*,[276] figura indefinida que lê a obra e passa a integrar uma espécie de público leitor. No livro V, por sua vez, seis das catorze elegias[277] são explicitamente referidas, no próprio texto, como cartas (ou participantes de uma troca epistolar). Não cessam, porém, os poemas que se autodenominam com termos literários. Na verdade, os aspectos epistolar e literário se misturam, na medida em que Nasão constrói para si uma imagem de "autor", mesmo ao escrever cartas. Isso pode ser observado na elegia V, 7:

> *Quam legis, ex illa tibi uenit **epistula** terra,*
>   *latus ubi aequoreis additur Hister aquis.*
> *Si tibi contingit cum dulci uita **salute**,*
>   *candida fortunae pars manet una meae.*
> *Scilicet, ut semper, quid agam, **carissime**, quaeris,*   5
>   *quamuis hoc uel me scire tacente potes.*
> *Sum miser; haec breuis est nostrorum summa malorum;*
>   *quisquis et offenso Caesare uiuit, erit.*
> (Ov. *Tr.* V, 7, 1-8, grifos nossos)

A *carta* que lês chega a ti desde a terra
    onde o largo Istro se une às águas do mar.
Se estás vivo em doce *saúde*, ao menos uma parte
    de minha fortuna permanece propícia.
Decerto, como sempre, ó *querido*, perguntas o que faço,   5
    mas podes sabê-lo mesmo que eu me cale.
Sou infeliz; esta é a breve soma de meus males;
    ofendido César, quem quer que viver também o será.

O poema principia identificando-se explicitamente como carta (*epistula*, v. 1) e aborda a tópica da saúde (v. 3-4). Além disso, o eu poético apostrofa o amigo muito querido (*carissime*, v. 5) e faz referência à troca epistolar, visto que reportar perguntas ou comentários de seu interlocutor pressupõe o recebimento de uma carta à qual agora responde: "perguntas o que faço" (*quid agam quaeris*, v. 5); "escreves que, em teatro cheio, se dançam meus poemas/ e que aplaudem, ó amigo, meus versos" (*carmina quod pleno saltari nostra theatro,/ uersibus et plaudi scribis, amice, meis*, v. 25-26). Apesar de todos esses traços tipicamente epistolares, já próximo ao fim da elegia, Nasão se autodenomina "vate romano" (*Romanus uates*, v. 55) e se desculpa pelo aspecto rude e bárbaro dos versos de exílio, numa autodepreciação irônica de suas capacidades poéticas que muito se aproxima de uma falsa modéstia. É nesse contexto que ele se refere a seus escritos por meio do termo *libello* (v. 59), de modo a atribuir-lhes um estatuto literário: "Envergonha, mas confesso: por longo desuso,/ a custo restam, mesmo a mim, palavras latinas./ Não duvido haver também neste *livrinho* não poucas/ palavras bárbaras: culpa não do homem, mas do lugar." – *Et pudet et fateor, iam desuetudine longa/ uix subeunt ipsi uerba Latina mihi./ Nec dubito quin sint et in hoc non pauca **libello**/ barbara: non hominis culpa, sed ista loci* (Ov. *Tr.* V, 7, 57-60, grifos nossos). Ora, ao empregar vocábulos do âmbito literário para designar as missivas que envia, Nasão ressalta seu caráter ficcional. Ele confere àquilo que escreve o valor de obra e, assim, reafirma para si o papel de "poeta". Isso instaura, nas elegias, reflexões sobre o próprio ato de composição e a natureza poética de um texto.

Essa ambiguidade entre forma de poema e forma epistolar se manifesta também no emprego de outra convenção, que, segundo Jolivet (2001, p. 238), é característica das cartas: a referência aos aspectos físicos, como os borrões ou rasuras, e às lágrimas que caem durante a escrita. Nessa perspectiva, Rosenmeyer (2001, p. 22) também afirma ser comum as ficções epistolares aludirem à natureza física da carta e às dificuldades para garantir sua entrega segura; ou então que os escritores desculpem-se pela grafia trêmula, falem das lágrimas derramadas na página ou se preocupem com o próximo barco que parte.

Esses sinais deixados sobre o papel constituem, na visão de Hinds (1985, p. 15), uma espécie de "marca de troca" das epístolas elegíacas, e sua presença na elegia IV, 3 de Propércio, nas *Heroides* e nos *Tristia* ovidianos determina um alinhamento literário. O estudioso assinala a existência de ecos alusivos entre essas três obras, relacionados à menção das *liturae* ("borrões"/ "rasuras") e das *lacrimae* ("lágrimas") do escritor.

Na elegia de abertura dos *Tristia*, de caráter programático, Nasão, dirigindo-se ao livro que envia a Roma, apresenta-lhe uma série de recomendações (à maneira de um *propemptikon*) e descreve a aparência física do volume, de modo a destacar características que evidenciam sua pertença a um exilado. Entre elas, são citados os borrões e as lágrimas que os causaram: "Nem te envergonhes das *rasuras*. Quem as vir/ perceberá que resultam de minhas lágrimas." – *Neue* **liturarum** *pudeat. Qui uiderit illas,/ de* **lacrimis** *factas sentiet esse meis* (Ov. *Tr.* I, 1, 13-14, grifos nossos). De forma semelhante, na elegia III, 1, o livro recém-chegado à Urbe é a tal ponto personificado que assume o papel de eu poético e descreve tudo aquilo que vê em Roma e está interdito a seu autor. A similaridade estrutural entre as duas elegias fica marcada já no início dos poemas, pois, também em *Tr.* III, 1, há uma descrição dos aspectos físicos do livro, entre os quais se observam os borrões e as lágrimas: "A *escritura* manchada acumula *rasuras*:/ o próprio poeta com *lágrimas* marcou sua obra." – **Littera** *suffusas quod habet maculosa* **lituras***,/ laesit opus* **lacrimis** *ipse poeta suum* (Ov. *Tr.* III, 1, 15-16, grifos nossos).

Hinds (1985, p. 30) assinala um detalhe engenhoso a respeito dessa última passagem: Ovídio marca com suas lágrimas a *littera* que está escrevendo, e o que resultará disso é uma *litura*. Esse jogo de paronomásia entre as duas palavras pode ser considerado, segundo o estudioso, uma realização concreta da relação que elas descrevem, pois, se uma das lágrimas cair sobre o meio da própria palavra *li**tt**era*, o borrão resultante fará com que, visualmente, ela se torne indistinguível da palavra *li**tu**ra*.[278] Além disso, cabe acrescentar que as lágrimas marcando o texto fisicamente representam não só a tristeza do exilado, mas também ilustram a natureza chorosa do conteúdo dos escritos de exílio, e por isso são frequentemente mencionadas nas elegias da coletânea. Por exemplo, em *Tr.* V, 4, a carta de Nasão vinda do Ponto (*litore ab Euxino Nasonis epistula*, v. 1) assume o papel de eu poético e informa que o poeta a escreveu chorando e a selou com as próprias lágrimas;[279] em IV, 1, Nasão afirma derramar lágrimas enquanto escreve, manchando as letras, e compara seu pranto à chuva.[280]

Segundo Hinds (1985, p. 15), os poemas de exílio, queixas elegíacas enviadas por Ovídio, ecoam em tom geral e em detalhes particulares os lamentos enviados pelas heroínas abandonadas das *Heroides*. O eco intertextual fica evidente na carta de Briseida a Aquiles, em que igualmente ocorrem a menção às lágrimas e o jogo poético com *littera* e *litura*:

> *Quam legis, a rapta Briseide **littera** uenit,*
> *uix bene barbarica Graeca notata manu.*
> *Quascumque aspicies, **lacrimae** fecere **lituras**;*
> *sed tamen et **lacrimae** pondera uocis habent.*
> (Ov. *Her.* III, 1-4, grifos nossos)

> A *carta* que lês vem de Briseida raptada,
> a custo escrita em grego por mão bárbara.
> As *rasuras* que observarás, fizeram-nas as *lágrimas*;
> mas mesmo as *lágrimas* têm peso de palavras.

Hinds (1985, p. 15) ainda assinala que esse trecho aludiria à elegia epistolar de Propércio[281] que teria inspirado a escrita das *Heroides*, e que Ovídio transferiu para o âmbito do amor mitológico aquilo que era um relato do amor conjugal de um casal romano contemporâneo. Por sua vez, na passagem dos *Tristia* primeiramente citada, Ovídio reaplica os motivos mitológicos das *Heroides* a outro casal do contexto contemporâneo romano (ele próprio e sua esposa), o que, de acordo com o estudioso (1985, p. 15), constituiria uma dupla alusão, evocando simultaneamente Propércio e as *Heroides*. Além disso, um aspecto que perpassa a poesia de exílio e já figurava na carta de Briseida consiste na referência a dificuldades linguísticas enfrentadas pelo escritor. A heroína das *Heroides* apresenta a si mesma como bárbara e expressa sua deficiência na elaboração da epístola, "a custo escrita em grego por *mão bárbara*" – *uix bene **barbarica** Graeca notata **manu*** (Ov. *Her.* III, 2, grifos nossos). Nos *Tristia*, Nasão constantemente destaca, num procedimento de autodepreciação irônica, sua dificuldade em escrever versos em latim por estar rodeado de línguas bárbaras:

> *Omnia **barbariae** loca sunt **uocisque ferinae**,*   55
> *omnia sunt Getici plena timore soni.*
> *Ipse mihi uideor iam **dedidicisse Latine**:*
> *iam didici Getice Sarmaticeque loqui.*
> (Ov. *Tr.* V, 12, 55-58, grifos nossos)

II – *Epistulae Nasonis*: ausência e exílio nas cartas de um semi-herói

> Todos os locais são *barbárie e línguas selvagens,*   55
>   todos estão cheios com o medo dos ruídos getas.
> Eu mesmo pareço que *desaprendi o latim*:
>   falar aprendi já em gético e sarmático.

O verso final, cacofônico, explora poeticamente o balbuciar linguístico de Nasão exilado, que diz esquecer a língua latina devido ao contato constante com as línguas dos bárbaros, como se submetido a um processo de barbarização.[282] Por outro lado, o estatuto romano do eu poético o torna um bárbaro sob o ponto de vista dos povos de Tomos, uma vez que ele não se faz entender por meio das palavras latinas: "*Bárbaro* aqui sou eu, que ninguém entende,/ e os getas estúpidos riem das palavras latinas" – ***Barbarus*** *hic ego sum, qui non intellegor ulli,/ et rident stolidi uerba Latina Getae* (Ov. Tr. V, 10, 37-38, grifo nosso).

As afirmações de Nasão sobre a perda de domínio da língua latina no contexto de exílio soam fortemente irônicas caso se considerem a sofisticação e os jogos alusivos e ficcionais presentes nos *Tristia*. Embora o eu poético, no enunciado dos poemas, destaque a má qualidade de seus versos e o emprego de termos dos idiomas geta ou sármata, no âmbito da enunciação não é possível identificar as "falhas" mencionadas. Assim, a qualidade de bárbaro que reclama para si pressupõe um recurso de dissimulação, que fundamenta o jogo ficcional de *personae* existente na obra.

Na epístola de Briseida, por sua vez, a heroína se queixa da dificuldade de escrever em grego a Aquiles, quando, na verdade, toda sua carta está em latim. Diante disso, Farrell (1998, p. 335) assinala a necessidade de haver um intermediário tradutor entre a escritora da epístola e os leitores, responsável por ter vertido um texto originalmente em grego para o latim. Além disso, ele (1998, p. 335) comenta sobre a existência de uma "falácia documental": no âmbito da materialidade do texto, embora Briseida mencione os borrões que apagavam parte das palavras, a carta que nos chegou não está desfigurada nem incompleta devido a rasuras. Desse modo, Farrell propõe que, entre a escritora e os leitores, deve estar, além do tradutor, a figura de um "editor", a cargo de restaurar as manchas e borrões que impossibilitariam a leitura. Ora, ao introduzir na carta considerações dessa natureza, Ovídio instiga reflexões a respeito do processo de transmissão dos textos e sua materialidade. Ele problematiza questões como a tradução e a preparação dos originais e, com isso, suscita uma discussão sobre os mecanismos de autoria e recepção da obra, aspectos que abordamos na próxima seção deste capítulo.

Isso se aplica igualmente às elegias dos *Tristia* em que Nasão descreve seus escritos como marcados pelos borrões das lágrimas. Nas elegias I, 1 e III, 1, há detalhadas descrições materiais do livrinho enviado a Roma, as quais, no entanto, não corresponderiam propriamente ao volume nas mãos do leitor (e menos ainda às edições que possuímos hoje). Assim, além de exigir a existência de uma figura que regularize a apresentação material do texto, a menção dos aspectos físicos do volume evoca significações múltiplas. De acordo com Farrell (1998, p. 335), os fluidos mencionados nas cartas das heroínas – como o sangue, as lágrimas e a tinta – são carregados de simbolismo, e isso se estende também às elegias dos *Tristia*. Eles marcam a página e deixam traços das dores sentidas pelo escritor; eles têm o mesmo valor das palavras para fixar no texto a memória de quem escreve. Assim, tanto as heroínas quanto Nasão se inscrevem materialmente no suporte físico de seus textos e, com isso, reafirmam seu estatuto enquanto autores.

Autoria e autoridade: as heroínas poetas e o poeta herói

Ao compor cartas para os amados que estão distantes, as personagens mitológicas das *Heroides* não assumem apenas uma função de "escritoras", por praticar a ação de escrever, mas desempenham também um papel de "autoras", na medida em que exercem uma atividade de criação e invenção poética.[283] Elas reconstroem as versões – ditas tradicionais – das narrativas mitológicas de que participam, mas segundo um novo ponto de vista, marcadamente feminino.[284] Com isso, se opõem e problematizam as versões mais difundidas do mito, que veiculam, em geral, uma perspectiva masculina dos fatos, e, simultaneamente, reafirmam a autoridade de seus discursos enquanto mulheres. Além disso, os versos das heroínas renunciam à grandiosidade trágica ou épica e põem em foco suas histórias de amor, seus sentimentos e sofrimentos, de modo a constituírem uma espécie de autobiografia amorosa dessas personagens.

O estatuto de "autor" também se manifesta na capacidade imaginativa das heroínas, que, com frequência, criam narrativas em sua mente e as registram pela escrita. O melhor exemplo disso talvez seja a carta de Fílis, que

II – *Epistulae Nasonis*: ausência e exílio nas cartas de um semi-herói

inventa histórias ficcionais com motivos que possam justificar a demora de seu amado Demofoonte para retornar:

> *Spes quoque lenta fuit; tarde, quae **credita** laedunt,*
>   ***credimus**: inuita nunc es amante nocens.*   10
> *Saepe fui **mendax** pro te mihi, saepe putaui*
>   *alba procellosos uela referre Notos.*
> *Thesea deuoui, quia te dimittere nollet;*
>   *nec tenuit cursus forsitan ille tuos.*
> *Interdum timui, ne, dum uada tendis ad Hebri,*   15
>   *mersa foret cana naufraga puppis aqua.*
> *Saepe deos supplex, ut tu, scelerate, ualeres,*
>   *cum prece turicremis sum uenerata sacris;*
> *saepe, uidens uentos caelo pelagoque fauentes,*
>   *ipsa mihi dixi: 'si ualet ille, uenit.'*   20
> *Denique fidus amor, quidquid properantibus obstat,*
>   ***finxit**, et ad causas **ingeniosa** fui.*
> (Ov. Her. II, 9-22, grifos nossos)

Longa também a esperança; tarde *acreditei* no que, *acreditado*,
    fere: agora és culpado, contra a vontade da amante.   10
Amiúde *menti* a mim mesma por tua causa, amiúde julguei
    que Notos tempestuosos levassem as brancas velas.
Amaldiçoei Teseu, por não querer te enviar;
    talvez ele nem tenha detido tua viagem.
Às vezes temi que, indo rumo aos vaus do Hebro,   15
    tua popa, náufraga, submergisse às espumosas águas.
Amiúde supliquei aos deuses que tu, seu bandido, passasses bem,
    venerando-os com prece e ritos de incenso;
amiúde vendo ventos favoráveis no céu e no mar,
    disse a mim mesma: 'se ele passa bem, vem'.   20
Enfim, o amor fiel *inventou* qualquer coisa para obstar
    quem se apressa, e *engendrei* muitos motivos.

Fílis caracteriza-se por ser demasiado crédula (*credita*, v. 9; *credimus*, v. 10) e, ingenuamente, imagina vários possíveis pretextos para o atraso de Demofoonte: ventos tempestuosos estariam impedindo o retorno;

seu pai Teseu o estaria atrasando; ou mesmo um naufrágio poderia ter atingido o navio do herói. Ao inventar essas histórias, ela procede a uma ficcionalização da realidade, que se revela uma estratégia para negar a si mesma as temidas causas da demora do amado (o abandono e as falsas juras). Segundo Fulkerson (2002, p. 146), Fílis cria uma história derivada, a partir de sua leitura e reescrita da tradição poética prévia. Ao longo da carta, ela modela suas ações e sua história com base nas narrativas de outras heroínas (especialmente Dido, Medeia e Ariadne), de modo a acreditar ter sido de fato abandonada por Demofoonte, assim como essas personagens o foram por seus amados.[285] Na perspectiva de Fulkerson (2002, p. 146), Fílis torna-se vítima não do amor de Demofoonte, mas de sua própria crença no potencial de a poesia servir de modelo para a vida. Em última instância, são a incapacidade de desvencilhar-se do âmbito literário e a crença excessiva nas narrativas da literatura prévia que motivam o suicídio da heroína, que segue o modelo fixado por Dido. Portanto, o estatuto de Fílis enquanto leitora ativa causa sua própria destruição, uma vez que ela é seduzida para o mundo ficcional (Fulkerson, 2005, p. 26).

Ao mesmo tempo em que Fílis é conhecedora e leitora da tradição literária, ela também cria ficções a partir dessa matéria prévia, de forma a se apropriar do que está disponível. Nesse sentido, a heroína adota os mesmos princípios compositivos que os autores augustanos (inclusive Ovídio), fundados nas noções retórico-poéticas de *imitatio/aemulatio* e de um repertório tradicional compartilhado.[286] Ela segue o exemplo das histórias de outras heroínas, consideradas modelos a se imitar, detentores de autoridade por constituírem parte da tradição;[287] ela seleciona traços de várias personagens diferentes e os combina para compor sua própria imagem;[288] ela recria e recombina esses elementos tradicionais, e, apropriando-se deles, transforma-os em algo novo, adaptado à sua situação.[289] Não obstante, Fílis a tal ponto imerge na tradição literária e se mistura a ela, que deixa de distinguir aquilo que constitui criação ficcional, baseada nas vivências de outras heroínas, e aquilo que compõe a realidade de sua própria história. Ela ficcionaliza as experiências que vive e até a si mesma.

A capacidade criativa, que confere a Fílis o estatuto de autora, evidencia-se no trecho por meio do uso de vocábulos característicos do campo semântico da criação poética. A heroína se diz *mendax* ("mentirosa", v. 11) e designa sua atitude de inventar pretextos por meio do verbo *fingo* ("moldar", "modelar", "inventar", v. 22), além de se descrever como *ingeniosa* ("talentosa", "habilidosa", v. 22). Ora, *fingo* relaciona-se estreitamente com a atividade artística, seja no "modelar" uma escultura, seja no "inventar" uma narrativa, e, não por acaso, vincula-se etimologicamente com o termo "ficção", um dos aspectos definidores da obra literária. Essa noção de algo inventado, ou mesmo imaginário, também se associa a *mendax*, que corresponde, em âmbito latino, às ideias veiculadas pelo termo grego *pseûdos* ("falsidade", "engano", "fabulação" ou mesmo "ficção"), que, convém lembrar, Platão emprega frequentemente na *República* para designar o mito e a poesia.[290]

Além disso, o adjetivo *ingeniosa*, que Fílis atribui a si mesma, remete imediatamente a *ingenium* ("engenho", "talento"), um dos atributos fundamentais – juntamente com a *ars* ("arte", "técnica") – ao bom poeta, segundo os valores literários correntes em Roma.[291] Basta lembrar, nesse sentido, a célebre passagem de Horácio:

> *Natura fieret laudabile carmen an **arte**,*
> *quaesitum est; ego nec studium sine diuite uena*
> *nec rude quid prosit uideo **ingenium**; alterius sic*   410
> *altera poscit opem res et coniurat amice.*
> (Hor. *Ep. Pis.* 408-411, grifos nossos)
>
> Se um poema se faz louvável pela natureza ou pela *arte*,
> já se indagou; não vejo de que serve o empenho sem rica veia poética,
> nem o *engenho* rude; um pede auxílio   410
> do outro, e, amigos, se unem.

O *ingenium* se define como uma característica inata, uma disposição natural do espírito (Ernout & Meillet, 1951, p. 483), e, no contexto poético, designa as habilidades naturais do artista, diferentemente da *ars*, que diz respeito às habilidades adquiridas. O termo deriva da combinação do prevérbio *in-*, que tem como um de seus sentidos a ideia de "movimento para dentro, penetração" (Romanelli, 1964, p. 69), e do substantivo *genius* ("gênio", "divindade tutelar"), formado a partir do verbo *geno*, que tem o sentido de "engendrar" e, por extensão, "produzir, causar" (Ernout & Meillet, 1951, p. 480). Assim, *ingenium* diz respeito ao gênio interior, àquilo que se cria a partir de dentro, e, por conseguinte, o adjetivo *ingeniosus* significa etimologicamente "aquele que produz, que engendra" e, enfim, "aquele que cria" a partir de dentro.

O sentido de criação poética depreendido da carta de Fílis é reforçado por outra passagem ovidiana, dos *Tristia*, em que ocorrem os mesmos termos de natureza literária:

> *Crede mihi, distant mores a carmine nostro –*
> *uita uerecunda est Musa iocosa mea –*
> *magnaque pars **mendax** operum est et **ficta** meorum:*   *355*
> *plus sibi permisit compositore suo.*
> (Ov. *Tr.* II, 353-356, grifos nossos)

> De meu poema, acredita, distam meus costumes –
> minha vida é moderada, a Musa, jocosa –
> e boa parte de minhas obras é *mentira* e *ficção*:   355
> permitiu mais a si que a seu criador.

O trecho faz parte do longo excurso metapoético presente no livro II dos *Tristia*, no qual Nasão busca defender sua *Ars amatoria*, o poema possivelmente motivador do exílio, usando o argumento de que sua poesia tem caráter ficcional; não podendo, portanto, ser usada para incriminar a vida do autor. Com isso, ele constitui uma verdadeira discussão sobre o estatuto da poesia e as relações entre vida e arte. Ao inserir esse tipo de temática em seus versos, Nasão desenvolve uma espécie de teorização sobre a poesia e faz do texto poético também um espaço de reflexão e discussão a respeito da própria literatura.

Mesmo nas elegias de exílio, em que reclama constantemente a veracidade dos males e sofrimentos vivenciados em Tomos,[292] Nasão empreende uma atividade de criação ficcional por meio da escrita. Ele descreve o local de exílio e os povos que o habitam segundo *tópoi* da tradição literária, amplifica suas dificuldades com o emprego de hipérboles e *adynata* e, acima de tudo, representa a si mesmo como um herói, ao comparar-se a Ulisses, Eneias e outras personagens mitológicas.

Assim, tanto o exemplo de Fílis quanto o de Nasão suscitam considerações acerca da relação entre vida e literatura. A ambiguidade das relações entre a vida do poeta e sua poesia é um dos traços característicos do gênero da elegia romana, que se fundamenta precisamente em um complexo jogo ficcional, pois mistura dados convencionais, como os *tópoi*, e referências a personagens e fatos históricos – a começar pela personagem criada a partir

II – *Epistulae Nasonis*: ausência e exílio nas cartas de um semi-herói

do próprio nome do autor.²⁹³ Embora o eu poético dos *Tristia* diferencie explicitamente esses dois âmbitos – a Musa se opõe à vida; esta é moderada, aquela é jocosa –, ao longo de suas obras, o que se observa é uma mútua interferência entre eles.

Não se trata, aqui, simplesmente de uma influência biografista, segundo a qual a obra consiste em um espelho da vida e da interioridade de seu autor, mas antes da possibilidade de a poesia criar realidades capazes de afetar a vida do poeta. No caso de Fílis, a literatura interfere em sua vida e passa a regê-la, de forma a orientar as atitudes e ações da heroína. Essa influência se manifesta a tal ponto, que a leva a cometer suicídio, seguindo os modelos literários de heroínas. De modo similar, a poesia amorosa de Nasão (mais especificamente, a *Ars amatoria*) interferiu em sua vida ao causar o exílio do autor. Desse modo, o potencial criativo dos poetas é responsável por inseri--los no grupo de *auctores* e vinculá-los à produção de ficções.

Um meio mais concreto de se fixar como autor consiste em inserir o próprio nome na obra que está sendo escrita, como uma espécie de assinatura. Esse procedimento, conforme discutido no "Preâmbulo", é amplamente explorado nas obras elegíacas de Ovídio, que as registra sob a assinatura de *Naso*. Thorsen (2014, p. 5) afirma que "Ovídio resume sua própria imagem em cada uma de suas obras amatórias por meio de uma assinatura particular, que consiste em seu próprio *cognomen* (*Naso*) mais um 'epíteto'".²⁹⁴

Dentre as obras ovidianas escritas em primeira pessoa, as *Heroides* são a única obra completa em que não figura, em momento algum, o nome *Naso*. De fato, nas epístolas, a voz poética é transferida para as heroínas mitológicas, de modo que o eu poético não pode ser identificado com Nasão. No entanto, as heroínas que enunciam em primeira pessoa inscrevem nas cartas o seu nome e, conforme esclarece Thorsen (2014, p. 5), seguem, em geral, o mesmo padrão da assinatura ovidiana – o nome seguido de um epíteto.

Thorsen (2014, 40-46) lista as assinaturas empregadas e comenta cada um dos epítetos que as acompanham: *Penelope coniunx* ("Penélope esposa", *Her.* I, 84); *hospita Phyllis* ("Fílis anfitriã", *Her.* II, 1); *rapta Briseis* ("Briseida raptada", *Her.* III, 1); *Phaedra iudex* ("Fedra juíza", *Her.* IV, 74); *Oenone laesa* ("Enone ofendida", *Her.* V, 3-4) e *Oenone uxor* ("Enone esposa", *Her.* V, 80); *Hypsipyle digna* ("Hipsípile valorosa", *Her.* VI, 8); *misera Dido* ("Dido infeliz", *Her.* VII, 7); *inclusa Hermione* ("Hermíone trancafiada", *Her.* VIII, 4 e 58); *impia Deianira* ("ímpia Dejanira", *Her.* IX, 146; 152; 158; 164);²⁹⁵ *Aeolidos scribentis imago* ("imagem da filha de Éolo que escreve", *Her.* XI, 5); *regina* ("rainha", *Her.* XI, 5) e *Medea* (*Her.* XI, 5); *amans Laodamia* ("Laodâmia apaixonada", *Her.* XIII, 1-2); *Hypermestra pia* ("Hipermnestra virtuosa", *Her.* XIV, 1 e 14); *auctor Sappho* ("Safo autora", *Her.* XV, 3) e *Sappho poetria* ("Safo poeta", *Her.* XV, 183).

Os epítetos usados remetem a características das heroínas ou de suas histórias.[296] Desse modo, servem para descrevê-las e deixar gravado no texto um traço significativo de sua imagem. A inscrição do nome próprio, por sua vez, individualiza cada uma das epístolas e traz consigo toda a tradição mitológica e literária associada à personagem, uma espécie de "vida prévia". Sua inserção, portanto, é dotada de força, especialmente por figurar em versos em primeira pessoa, pois suscita a interpretação daquilo que é exposto como um relato da "vida" da personagem nomeada. Nesse sentido, a adoção desse tipo de assinatura pelas mulheres das *Heroides* as aproxima de Nasão e confere a elas o mesmo estatuto de poeta que registra sua autoria nos próprios escritos.

Além disso, os fluidos que mancham a superfície material da carta, já mencionados na seção anterior, constituem outro modo de as heroínas (e também Nasão, herói exilado) assinarem suas epístolas. As marcas deixadas pelas lágrimas ou pelo sangue se equiparam à tinta normalmente usada na escrita, mas com a particularidade de serem fluidos originários do próprio corpo das mulheres. Assim, é como se elas marcassem a obra com uma parte de si mesmas, e isso expressa um desejo de permanência ou sobrevivência através da materialidade das cartas. Esse aspecto ganha significação especial se se considerar que o anúncio de inscrições dessa natureza precede a morte da heroína no caso de Dido e de Cânace:

> *Aspicias utinam quae sit scribentis imago!*
> *Scribimus, et gremio Troicus **ensis** adest,*
> *perque genas **lacrimae** strictum labuntur in **ensem**,*   185
> *qui iam pro **lacrimis sanguine** tinctus erit.*
> (Ov. *Her.* VII, 183-186, grifos nossos)

> Oxalá observes a imagem da que escreve!
> Escrevo, e está em meu seio a *espada* troiana,
> nas faces, correm *lágrimas* rumo à *espada* em riste,   185
> que logo se tingirá de *sangue*, em vez de *lágrimas*.

> *Siqua tamen caecis errabunt scripta lituris,*
> *oblitus a dominae **caede** libellus erit.*

II – *Epistulae Nasonis*: ausência e exílio nas cartas de um semi-herói

*Dextra tenet **calamum**, strictum tenet altera **ferrum**,*
et iacet in gremio charta soluta meo.
(Ov. *Her*. XI, 1-4, grifos nossos)

Mas se algumas letras perderem-se em rasuras incógnitas,
 o *sangue* da amante terá marcado a carta.
A destra detém o *cálamo*, a esquerda, o *ferro* em riste,
 e o papiro jaz aberto em meu seio.

Em ambos os trechos, a ação de escrever aparece relacionada à morte. Farrell (1998, p. 336), inclusive, considera a escrita como um ato de suicídio e assinala o paralelo entre os instrumentos do cálamo e da espada, já que, ao mesmo tempo em que escreve, a heroína empunha a espada e se prepara para a morte. A redação da epístola, portanto, constitui a última manifestação dessas personagens em vida e registra suas palavras finais. Nesse sentido, as cartas adquirem um valor, simultaneamente, de epitáfio e de testamento. Enquanto epitáfio, são uma súmula da vida das personagens, uma espécie de relato autobiográfico centrado em eventos amorosos. Enquanto testamento, são o registro de uma "vida" que, por meio da poesia, é legada aos pósteros.

Na carta de Dido, a associação entre morte e poesia ainda ganha relevo por meio da imagem do canto do cisne, ave tradicionalmente caracterizada por cantar melancolicamente às vésperas da morte, segundo o *tópos* que se difunde na tradição literária. Sua ocorrência mais antiga remanescente remonta, segundo Arnott (1977, p. 149), ao *Agamêmnon* de Ésquilo (458 a.C.), quando Clitemnestra afirma que Cassandra, como um cisne, cantou seu último lamento e jaz morta (v. 1444). Presente também em Platão (*Phd*. 84e-85a) e Aristóteles (*HA*. 615b 2-5), o relato logo se transforma em *tópos* literário e é observado em várias obras.[297]

Apesar da ampla difusão da imagem do cisne que canta diante da morte, em termos biológicos o cisne não canta, mas grasna.[298] Já na Antiguidade, havia escritores que problematizavam a questão, como, por exemplo, Plínio, o Velho: "Narra-se que, na morte, há um canto de lamento dos cisnes; é falso, conforme julgo por algumas experiências." – *Olorum morte narratur flebilis cantus, falso, ut arbitror, aliquot experimentis* (Plin. *Nat*. X, 32). Arnott (1977, p. 150) também menciona o trabalho ornitológico de Alexandre de Minos (I d.C.), que afirma ter observado vários cisnes no momento da morte, mas nunca os ter escutado cantar.

Ainda de acordo com Arnott (1977, p. 150), duas espécies de cisne – hoje denominadas *Cygnus olor* (*mute swan*) e *Cygnus cygnus* (*whooper swan*) – teriam existido na Grécia antiga, mas, provavelmente, a imagem difundida pelo *tópos* refere-se ao *Cygnus cygnus*. A primeira espécie, o "cisne mudo", como o próprio nome indica, não canta, mas pode emitir sons semelhantes a roncos ou assobios no momento da reprodução. A segunda, o "cisne bravo", emite notas similares ao som de uma corneta e, pelo fato de possuir uma traqueia de forma particular e retorcida dentro do esterno, ao morrer, emite uma expiração final que, lenta, assemelha-se ao som de uma flauta.[299]

Independentemente do estatuto biológico da ave e do seu canto, o fato é que o *tópos* se fixou e foi empregado também em contexto romano. Na carta VII das *Heroides*, o canto do cisne é referido no início, como um presságio programático acerca da morte da heroína:

[*Accipe, Dardanide,* **moriturae carmen** *Elissae;*
    quae legis, a nobis ultima uerba legis.]
Sic *ubi fata uocant, udis abiectus in herbis*
    ad uada Maeandri **concinit albus olor**.
(Ov. *Her.* VII, 0a-0b; 1-2, grifos nossos)

[Recebe, Dardânida, o *canto* da *moribunda* Elisa;
    as palavras que lês são minhas últimas.]
Quando os fados chamam, *assim canta o branco cisne*,
    caído na relva úmida junto aos vaus do Meandro.

A comparação introduzida por *sic* (v. 1) estabelece um paralelo entre os versos de Dido e o "canto" do cisne branco. Trata-se, em ambos os casos, de uma manifestação que precede a morte: a heroína é caracterizada como *moriturae* ("aquela que há de morrer", v. 0a), e o momento em que o cisne canta é "quando os fados chamam" (*ubi fata uocant*, v. 1). A ocorrência do termo *moritura* na descrição de Dido não é acidental. No livro IV da *Eneida*, os epítetos da heroína são precisamente vocábulos vinculados à morte: *moritura* (v. 308, 415, 519, 604), *moribunda* (v. 323) e *moriens* (v. 610, 674, 678). A presença de *moritura* na abertura da carta das *Heroides* evoca, portanto, desde o princípio, a versão virgiliana da história da heroína, de modo a assinalar o diálogo intertextual a ser estabelecido ao longo da epístola. Ovídio retoma, incorpora e recria a figura de Dido, num processo que põe em destaque os aspectos metapoéticos e as relações entre os gêneros épico e elegíaco.[300]

Em *Heroides* VII, além da temática da morte, a aproximação entre Dido e o cisne fica bem marcada pelo uso do vocábulo *carmen* (v. 0a), para identificar as palavras da heroína, e *concino* (v. 2), para descrever a ação do cisne, posto que os termos possuem a mesma raiz, formados a partir do verbo *cano*. *Concino* provém da união de *com-* (< *cum*), cujo valor semântico é de "junção"/"reunião" ou "simultaneidade" (Romanelli, 1964, p. 45), ao verbo *cano*, mediante a apofonia do *-a* breve (*cum-cano* > *concino*).[301] Já o acréscimo do sufixo *-men*, formador de substantivos neutros, ao verbo *cano* teria resultado em *carmen*, proveniente de *canmen por dissimilação (Ernout & Meillet, 1951, p. 179). Nesse contexto, é bem significativo o fato de Dido identificar sua epístola como *carmen*. Tendo originalmente servido para nomear o canto ou fórmulas mágicas de encantamento, o termo ampliou seu sentido e passou a remeter especialmente ao âmbito literário. O verbo *concino*, por sua vez, que significa "cantar" ou "cantar junto", pode ainda ter o sentido de "anunciar", "prognosticar", "agourar pelo canto", especialmente quando diz respeito a aves (Saraiva, 2006, p. 268). Ao denominar sua carta de *carmen*, a heroína lhe atribui um estatuto poético e fixa sua imagem como autora/poeta. Ao mesmo tempo, tal como o suposto canto do cisne, os versos iniciais da missiva seriam um prenúncio de Dido acerca de sua própria morte.

A identificação do cisne à figura do poeta já havia sido explorada antes em âmbito poético, por exemplo, com Horácio. Em uma das odes, ele se refere a Píndaro como *Dircaeum cycnum*, "cisne de Tebas" (Hor. *Carm.* IV, 2, 25). Na ode de fechamento do segundo livro, o eu poético horaciano se caracteriza como *biformis uates*, "poeta biforme" (Hor. *Carm.* II, 20, v. 2-3), que se metamorfoseia em cisne – *album alitem*, "branca ave" (v. 10); *canorus ales*, "ave melodiosa" (v. 15-16) – para escapar à morte. O poema descreve a transformação,[302] considerando-a uma forma de o poeta permanecer vivo mesmo após a morte corporal.[303]

Essa mesma imagética do cisne cantando como uma representação do poeta diante da morte está presente nos *Tristia*.[304] Também pelo emprego de um símile (*ut... sic*, v. 11 e 13), Nasão exilado se equipara ao cisne moribundo, referido por meio da perífrase *Caystrius ales* ("ave do Caístro", v. 11), douta referência ao fato de bandos de aves selvagens, especialmente cisnes, costumarem se reunir às margens do rio Caístro, na Lídia:

> *Vtque iacens ripa deflere **Caystrius ales**
> dicitur ore suam deficiente necem,
> sic ego, Sarmaticas longe proiectus in oras,
> efficio tacitum ne mihi **funus** eat.*
> (Ov. *Tr.* V, 1, 11-14, grifos nossos)

> Como a *ave do Caístro*, à margem estirada –
> dizem – chora sua morte com falho canto,
> eu, lançado ao longe nos litorais sármatas,
> faço com que meu *funeral* não passe tácito.

O canto do cisne antes da morte é um canto de lamento, conforme se observa pelo uso do verbo *deflere* ("chorar", v. 11). De modo similar, a poesia de Nasão relegado chora as dores do exílio, que é caracterizado pelo poeta como uma morte em vida. Com efeito, a identificação entre exílio e morte é amplamente explorada nas elegias dos *Tristia*[305] e, no trecho acima citado, a metáfora da morte se configura claramente pela referência ao funeral (*funus*, v. 14) de Nasão. Morto metaforicamente ao ser expulso de Roma, ele faz de seus poemas enviados desde o exílio epitáfio e testamento, de modo semelhante ao que ocorre nas epístolas das *Heroides*. Nessa obra que parecia ser sua última, Nasão apresenta, por um lado, um epítome de sua vida, uma autobiografia literária em que retoma sua carreira de poeta e reafirma sua imagem de autor. Por outro, oferece seus versos como uma espécie de herança à posteridade, o que lhe garantiu fama imorredoura e permanência até nossos dias.

Ainda nesse contexto de relações entre morte e poesia, outro modo de assinatura da obra e reivindicação de autoria consiste na elaboração de epitáfios (em seu sentido estrito) no interior das elegias, inspirados nos epitáfios reais correntes à época e seguindo sua estrutura. As inscrições funerárias latinas em geral apresentavam o nome do defunto, sua idade e condição enquanto cidadão romano (nascido livre, liberto, escravo), sua região de origem, profissão e honras obtidas, enfim, informações biográficas variadas, incluindo o *cursus honorum* do morto. Além disso, elas podiam conter reflexões sobre a morte, imprecações contra possíveis violadores do sepulcro, indicações sobre o túmulo ou o testamento e, muito frequentemente, fórmulas cristalizadas.[306] Alguns exemplos usuais são *Dis Manibus* ("aos deuses Manes"); *sit tibi terra leuis* ("a terra te seja leve"); *pax tecum aeterna* ("a paz eterna esteja contigo"); fórmulas indicando o repouso do morto no túmulo, como *hic iacet* ("aqui jaz"), *hic situs* [*sepultus*] *est* ("aqui está posto [sepultado]"), *ossa hic sita sunt* ("aqui estão postos os ossos"), *hic quiescit* ("aqui descansa"); *ossa tua bene quiescant* ("que teus ossos descansem em paz"); e fórmulas do morto dirigindo-se aos vivos que passam: *salue, uale uiator* ("olá, adeus, viajante"), *tu qui legis ualeas* ("tu, que lês, passes bem") (Cagnat, 1898, p. 253-262; Limentani, 1991, p. 182).

Nas *Heroides*, os epitáfios são introduzidos, em geral, mediante a imaginação ou a ocorrência de fatos que potencialmente causariam a morte do eu poético. Apenas três personagens inscrevem epitáfios em suas cartas: Fílis, Dido e Hipermnestra. Nos exemplos de Fílis e Dido, ele é um esclarecimento dos motivos que levaram as heroínas a cometer suicídio:

Inscribere meo causa inuidiosa sepulcro;   145
   aut hoc aut simili **carmine** *notus eris:*
PHYLLIDA DEMOPHOON LETO DEDIT HOSPES AMANTEM;
ILLE **NECIS CAVSAM PRAEBVIT**, IPSA **MANVM**.
(Ov. Her. II, 145-148, grifos nossos)

Serás inscrito em meu sepulcro como odioso motivo;   145
   por este ou por *verso* similar serás conhecido:
DEMOFOONTE, HÓSPEDE, FOI LETAL A FÍLIS, APAIXONADA;
ELE OFERECEU A CAUSA DA MORTE, ELA, A MÃO.

Nec consumpta rogis inscribar ELISSA SYCHAEI,
   hoc tamen in tumuli marmore **carmen** *erit:*
PRAEBVIT *AENEAS ET* **CAVSAM MORTIS** *ET ENSEM;*   195
IPSA SVA DIDO CONCIDIT VSA **MANV**.
(Ov. Her. VII, 193-196, grifos nossos)

Consumida pela pira, não me inscrevam ELISA DE SIQUEU,
   é este *verso* que estará no mármore do epitáfio:
ENEIAS OFERECEU A CAUSA DA MORTE E A ESPADA;   195
DIDO TOMBOU USANDO SUA PRÓPRIA MÃO.

São nítidos os mútuos ecos entre esses epitáfios: o nome do amado é inscrito no texto – *Demofoon* (II, 147) e *Aeneas* (VII, 195); ele é apresentado como causa da morte da heroína – *necis causam praebuit* (II, 148) e *praebuit causam mortis* (VII, 195); há referência à mão das heroínas, com a qual elas executam o suicídio – *manum* (II, 148) e *manu* (VII, 196). Jacobson (1974, p. 65) menciona as semelhanças na construção dessas passagens e ressalta que as epístolas II e VII das *Heroides* são as únicas que terminam com epitáfios autocompostos,[307] o que confirmaria os fortes vínculos entre ambas. Para ele, Ovídio teria conectado essas cartas de forma deliberada, convidando o leitor a enxergar um jogo calculado entre elas. De fato, o estudioso (1974, p. 62-65) assinala uma série de elementos da história de Dido que foram incorporados por Ovídio à de Fílis e, com isso, evidencia como a imagem da heroína cartaginesa teria inspirado a imagem da outra personagem.

Nessa mesma linha de investigação, Fulkerson (2005, p. 26-29) também defende que a história de Fílis foi moldada na de Dido e afirma que "Fílis não se assemelha a Dido apenas porque Ovídio a vê dessa forma, mas porque Ovídio construiu uma Fílis que vê a si mesma dessa forma" (Fulkerson, 2005, p. 29).[308] Diante disso, a estudiosa propõe que Fílis seja compreendida como uma segunda Dido. Para ela, a afirmação *habenda est altera Dido*, "segunda Dido há de ser tida" (*Her.* VII, 17), na epístola da rainha cartaginesa faria parte do douto jogo de alusões entre *Her.* II e VII. Dido já estaria anunciando em sua carta o fato de Fílis moldar-se na imagem dela e identificar as ações de Demofoonte com as de Eneias.

No entanto, a aproximação mais significativa entre as epístolas II e VII, no que diz respeito à afirmação de autoria e consolidação de imagens de poeta, é que, em ambas, as heroínas denominam seus escritos de *carmen* (*Her.* II, 146; VII, 194). Fulkerson (2005, p. 154) ainda corrobora que, além de Safo, "Fílis e Dido são as únicas outras heroínas que assumem para si a capacidade de escrever *carmina*".[309] Nesse sentido, seus epitáfios adquirem o valor de uma assinatura literária: além de registrarem o nome das personagens, eles também colocam em destaque sua atividade autoral e seu papel de poetas ao escrever.

Embora a carta de Hipermnestra não se autodenomine *carmen*, também ela contém versos para seu epitáfio. A heroína não pretende suicidar-se, mas acredita que será condenada à morte por ter descumprido a ordem paterna de assassinar o marido na noite de núpcias:

> *Sculptaque sint titulo nostra sepulcra breui:*
> *EXVL HYPERMESTRA, PRETIVM PIETATIS INIQVVM,*
> *QVAM* **MORTEM** *FRATRI DEPVLIT, IPSA* **TVLIT**.
> (Ov. *Her.* XIV, 128-130, grifos nossos)

II – *Epistulae Nasonis*: ausência e exílio nas cartas de um semi-herói

Que meu sepulcro seja insculpido por breve epitáfio:
HIPERMNESTRA, EXILADA, COMO INJUSTA PAGA DA LEALDADE,
ASSUMIU ELA PRÓPRIA *A MORTE* QUE DESVIOU DO PRIMO.

Os epitáfios das heroínas sintetizam a imagem que elas criaram de si e, nesse sentido, têm forte teor autobiográfico. Não sem motivo, Rosenmeyer (1997, p. 41) afirma que "escrever o próprio epitáfio é uma extensão lógica de escrever uma autobiografia".[310] Neles, a heroína assina seu nome, que pode vir acompanhado de um epíteto remetendo a algum aspecto de sua história: *Phyllida amantem*, "Fílis apaixonada" (*Her.* II, 147); *Dido* (*Her.* VII, 196) e *exul Hypermestra*, "Hipermnestra exilada" (*Her.* XIV, 129). Assim como nos epitáfios "reais" estudados pela epigrafia, os das heroínas apresentam os feitos por elas realizados em vida. Trata-se, porém, de realizações centradas no âmbito amoroso, que se vinculam com os motivos da morte.

Na carta de Dido, estranhamente, lê-se a expressão *Elissa Sychaei*, "Elisa de Siqueu" (*Her.* VII, 193), numa autoidentificação da heroína a partir de seu primeiro marido, ao qual ela tinha jurado fidelidade pelo resto de sua vida.[311] Não obstante, a presença do nome de Siqueu ocorre apenas para se negar sua inscrição nos versos do epitáfio. Essa negação reforça a quebra de promessa da heroína, que acaba por ser registrada no epitáfio (*Her.* VII, 195-196): Dido pretende ser lembrada não por ter sido esposa de Siqueu, mas sim pelo fato de o abandono de Eneias ter-lhe causado o suicídio, executado com a própria espada do herói.

A imagem da Dido ovidiana e os elementos de seu epitáfio dialogam fortemente com a versão da personagem na *Eneida*. As últimas palavras que a heroína pronuncia na obra virgiliana, antes de lançar-se sobre a espada de Eneias, figuram ao modo de um epitáfio tanto por seu estatuto de discurso ao fim da vida quanto pelo caráter autobiográfico. Dido expõe seus principais feitos em vida, por meio de uma sequência de verbos no *perfectum* (*uixi, statui, uidi, recepi*), e anuncia o suicídio (*moriemur, moriamur*), motivado pela partida e abandono de Eneias:

incubuitque toro dixitque nouissima uerba: 650
'Dulces exuuiae, dum fata deusque sinebat,
accipite hanc animam meque his exsoluite curis.
***Vixi** et quem dederat cursum fortuna peregi,*
*et nunc magna mei sub terras ibit **imago**.*

*Vrbem praeclaram **statui**, mea moenia **uidi**,* 655
*ulta uirum poenas inimico a fratre **recepi**,*
felix, heu nimium felix, si litora tantum
numquam Dardaniae tetigissent nostra carinae.'
*Dixit, et os impressa toro '**Moriemur** inultae,*
*sed **moriamur**' ait. 'Sic, sic iuuat ire sub umbras.* 660
Hauriat hunc oculis ignem crudelis ab alto
Dardanus, et nostrae secum ferat omina mortis.'
Dixerat, atque illam media inter talia ferro
*conlapsam aspiciunt comites, **ensem**que cruore*
*spumantem sparsasque **manus**. [...]* 665
(Virg. Aen. IV, 650-665, grifos nossos)

atirou-se sobre o leito e disse suas derradeiras palavras: 650
'Doces despojos, enquanto o permitiram os fados e o deus,
recebei minha alma e libertai-me destas aflições.
Vivi e completei o curso que a fortuna tinha me dado,
e agora, grandiosa, minha *sombra* irá para baixo das terras.
Ergui ilustre cidade, *vi* minhas muralhas, 655
vingando o marido, *puni* o irmão inimigo;
feliz, ai!, feliz demais apenas se os navios dardânios
jamais tivessem tocado nossas praias.'
Disse e, premendo o leito com a boca, '*Morreremos* sem vingança,
mas *morramos*', fala. 'Assim, assim agrada ir às sombras. 660
Que o dárdano cruel absorva com os olhos, desde o alto mar,
esta chama, e leve consigo os agouros de minha morte'.
Dissera, e as companheiras observam-na cair sobre o ferro
enquanto fala, a *espada* espumando
e as *mãos* regadas de sangue. [...] 665

Em suas derradeiras palavras, Dido destaca não só elementos amorosos, mas também sua atuação política, aspecto que é minimizado, ou mesmo apagado, na carta ovidiana. Nas *Heroides*, o epitáfio incorpora do trecho da *Eneida* apenas o que diz respeito à paixão por Eneias e à morte da heroína, de modo a se estabelecer um contraste na configuração da personagem em cada uma das obras, apesar da existência de semelhanças.

II – *Epistulae Nasonis*: ausência e exílio nas cartas de um semi-herói

Nas *Heroides*, Dido destaca, em seu epitáfio, o papel de Eneias como motivador de sua morte, inserindo nos versos referências àquilo que, na versão de Virgílio, servia de moldura à sua fala, como a menção da "espada" (*ensem*, Virg. *Aen.* IV, 665) e das "mãos" da heroína (*manus*, Virg. *Aen.* IV, 666). O epitáfio de Fílis, por sua vez, a define com base na paixão por Demofoonte, cuja ausência motivou, como no caso de Dido, o suicídio da heroína. Já o epitáfio de Hipermnestra coloca em destaque o dever moral da personagem, sua *pietas* (*Her.* XIV, 129) em relação ao marido, que ela recusara matar.

Desse modo, além da assinatura do nome das heroínas, os epitáfios também encerram os traços de personalidade e os fatos de suas vidas que elas consideram mais marcantes e desejam imortalizar por meio das cartas. Eles constituem a síntese dos aspectos desenvolvidos ao longo da epístola, são uma súmula da história das personagens; enfim, registram a imagem que as heroínas pretendem transmitir de si mesmas por meio da escrita.

Todas essas características os aproximam de *sphragides*. Segundo Peirano (2014, p. 224), as afirmações autorais usadas no fechamento dos livros como uma espécie de selo (daí o nome *sphragis*) caracterizam-se por conter motivos autobiográficos (por exemplo, nome do poeta, sua família e local de nascimento), podendo ser consideradas uma assinatura literária, e por ocupar a posição limítrofe dos textos. Ora, nas três epístolas em questão, os epitáfios ocupam precisamente a posição final (ou quase final, no caso de Hipermnestra), o que reforça sua proximidade com *sphragides*. O mesmo se passa em relação ao último discurso de Dido antes de sua morte, que ocorre no fim do quarto livro da *Eneida* (IV, 651-662).

Também Nasão elabora um epitáfio para si. Ocorrência única na produção do poeta,[312] ele figura na elegia III, 3 dos *Tristia*, em que o eu poético dirige-se à esposa e lhe informa sobre seu estado débil e doente em meio às inóspitas condições do local de exílio. Por duvidar de sua recuperação e a morte lhe parecer próxima, Nasão é levado a inserir um epitáfio nessa elegia em forma de carta:

quosque legat uersus oculo properante uiator,
    grandibus in tituli marmore caede notis:
*HIC EGO QVI IACEO **TENERORVM LVSOR AMORVM***
    *INGENIO PERII **NASO POETA** MEO.*
AT TIBI QVI TRANSIS NE SIT GRAVE QVISQVIS AMASTI,   75

> DICERE: **NASONIS MOLLITER** OSSA CVBENT.
> Hoc satis in titulo est. Etenim **maiora libelli**
> **et diuturna magis sunt monumenta** mihi,
> quos ego confido, quamuis nocuere, daturos
> nomen et auctori tempora longa suo.   80
> (Ov. Tr. III, 3, 71-80, grifos nossos)

> e, para o viajante ler os versos com olhar apressado,
> com grandes letras grava-os no mármore do epitáfio:
> EU AQUI JACENTE, *VERSEJADOR DE TENROS AMORES*,
> SOU O *POETA NASÃO* E PERECI POR MEU ENGENHO.
> MAS A TI QUE PASSAS, SEJA QUEM FORES, SE AMASTE,   75
> NÃO PESE DIZER: REPOUSEM *EM PAZ* OS OSSOS DE *NASÃO*.
> Isso basta no epitáfio. Pois meus *livrinhos*
> são meus *maiores e mais duradouros monumentos*,
> os quais, ainda que o tenham prejudicado, confio
> que darão nome e vida longa a seu autor.   80

Nasão não apenas assina seu nome no epitáfio, como também emprega epítetos que ressaltam seu estatuto de autor. Ele se apresenta como *Naso poeta*, "poeta Nasão" (v. 74), e *tenerorum lusor amorum*, "versejador de tenros amores" (v. 73), de modo a identificar sua atividade poética com a escrita de um tipo específico de poesia: a elegia amorosa. Conforme destacado no "Preâmbulo", o termo *tener* (v. 73) é um dos adjetivos programáticos para descrever a poesia elegíaca, e o verbo *ludo*, a partir do qual se forma *lusor* (v. 73), designa a escrita de versos leves, concebida como um gracejo ou brincadeira.[313] Também o advérbio usado para fazer referência ao descanso póstumo de Nasão, *molliter* (v. 76), remete ao âmbito elegíaco, uma vez que se forma a partir de outro adjetivo programático no gênero (*mollis*). Além da assinatura do nome e da autorrepresentação de Nasão como poeta elegíaco, o epitáfio ainda alude ao exílio do autor, mencionado metaforicamente como seu perecimento. Por figurar no epitáfio, esse dado adquire o estatuto de marco significativo de sua "vida", constituindo um traço "biográfico" definidor da personagem. Ora, a menção de uma "morte" (a relegação) por razões literárias – Nasão afirma ter perecido por seu *ingenium*, "engenho" (v. 74) – apenas reforça a imagem de poeta que é construída no trecho. Ao selecionar precisamente um fato literário para compor o epitáfio, ele elabora para si uma autobiografia de caráter literário. Nesse sentido, a "vida" de Nasão é, acima de tudo, uma vida de poeta.

Isso fica evidente no dístico seguinte, quando Nasão afirma que seus livrinhos são um monumento maior e mais duradouro do que qualquer epitáfio. O emprego do termo *monumenta* (v. 78) para definir suas obras revela um perspicaz jogo semântico. *Monumentum* tem o sentido inicial de "recordação" e "memória", mas também pode significar "monumento sepulcral", "túmulo" e, no contexto literário, "obra" ou "livro" (Campanini & Carboni, 2007). Formado a partir do verbo *moneo* ("fazer pensar", "lembrar"), que tem a mesma raiz de *mens* ("pensamento", "mente"), segundo Ernout & Meillet (1951, p. 732), "*monumentum* (*moni-*) é tudo aquilo que faz lembrar a memória (...), e particularmente que faz lembrar a memória de um morto: túmulo, estátua, inscrição etc.".[314]

Assim, o uso desse termo na elegia ovidiana, por um lado, remete à tradição poética fundada no *tópos* da imortalidade concedida pela poesia e da sobrevivência do autor após a morte por meio de seus versos, que são recordação e memória do poeta.[315] Em âmbito latino, talvez o exemplo mais célebre a esse respeito seja a ode III, 30 de Horácio, em que ele denomina sua obra um *monumentum* (v. 1) e afirma que não morrerá de todo, pois esse "monumento" é perene e indestrutível.[316] Por outro lado, dado o significado de *monumentum* como "monumento sepulcral", observa-se que Nasão identifica seus livros como o próprio túmulo do autor e, nesse sentido, seus escritos corresponderiam àquilo que se inscreve nos sepulcros, ou seja, a um epitáfio. Essas relações entre exílio, morte, epitáfio e monumento são abordadas por Ingleheart (2015) sob uma perspectiva política, em interessante artigo sobre o epitáfio de Ovídio em *Tr*. III, 3. A estudiosa (2015, p. 287) defende que o túmulo e o epitáfio que o poeta descreve para si seriam uma alternativa elegíaca e erótica aos túmulos grandiosos e engrandecedores dos governantes, cujo principal exemplo na Roma ovidiana seria o Mausoléu do imperador Augusto, aludido no poema em irônico contraste com o túmulo imaginado pelo poeta.

Apesar de o epitáfio figurar na elegia III, 3, os *Tristia* como um todo, a nosso ver, podem ser compreendidos como um epitáfio de Nasão. Além de o eu poético identificar seus livrinhos do exílio como *monumenta*, essa ideia é reforçada pelo fato de as elegias dos *Tristia* serem compostas mediante a morte metafórica do autor, representada pela relegação a Tomos. Agora que Nasão está "morto", seus versos só podem ser aquilo que é escrito para identificar um morto, ou seja, um epitáfio. Ademais, por conter elementos autobiográficos e situar-se no fim da carreira poética ovidiana, os *Tristia* podem ser interpretados como uma espécie de selo de fechamento,[317] uma *sphragis* do conjunto da produção ovidiana; enfim, uma autobiografia literária com a qual o poeta se fixa por meio da escrita.

De modo similar, as mulheres das *Heroides* também formulam autobiografias em suas cartas. Porém, diferentemente da de Nasão, não são de natureza literária, mas constituem o que poderíamos denominar autobiografias amorosas. Mais do que narrar fatos gerais de sua história de vida ou sua carreira poética, as heroínas expõem os acontecimentos vinculados a seus romances, as lembranças de suas histórias de amor e o princípio e o desenvolvimento de seus relacionamentos amorosos, até o momento de separação. Um exemplo esclarecedor é a carta de Fílis, em que a heroína, temendo ter sido esquecida, se apresenta a partir de seus feitos em prol de Demofoonte; definindo-se, portanto, a partir de seu objeto de amor:

[...]
    ei mihi, si, quae sim Phyllis et unde, rogas!
Quae tibi, Demophoon, longis erroribus acto
    Threicios portus hospitiumque dedi,
cuius opes auxere meae, cui diues egenti
    munera multa dedi, multa datura fui;   110
quae tibi subieci latissima regna Lycurgi,
    nomine femineo uix satis apta regi,
qua patet umbrosum Rhodope glacialis ad Haemum,
    et sacer admissas exigit Hebrus aquas,
cui mea uirginitas auibus libata sinistris   115
    castaque fallaci zona recincta manu.
(Ov. *Her.* II, 106-116)

[...]
    ai de mim, se indagas quem é Fílis e de onde!
Aquela que a ti, Demofoonte, lançado em longas andanças,
    concedi os portos e abrigo trácios,
que com meus bens ampliei os teus, e, rica, a ti, pobre,
    dei muitos presentes, muitos ainda daria;   110
que a ti ofereci os vastíssimos reinos de Licurgo,

       a custo bastante aptos ao comando por nome de mulher,
    por onde se estende o Ródope glacial até o umbroso Hemo,
       e o Hebro sagrado impele as águas velozes,
    a ti, sob auspícios funestos, sagrei a virgindade,   115
       e mão falaz despiu minha casta cinta.

A menção dos favores e benefícios concedidos a Demofoonte tem, seguramente, uma função retórica e pode ser compreendida como um argumento para obter o retorno do amado. Ao mesmo tempo, porém, ela assinala como a heroína resume sua vida e sua imagem na figura do amado. Autobiografias amorosas, como a de Fílis, ocorrem em várias das cartas. Fedra narra a história de sua linhagem, desde a união de Júpiter e Europa até sua paixão por Hipólito, pondo em relevo os amores impetuosos e/ou ilícitos que marcaram sua estirpe e foram por ela considerados uma espécie de lei do destino que se impôs à sua família (Ov. *Her.* IV, 53-74). Enone relata seus encontros amorosos com Páris em meio à natureza, conta como eles se conheceram e cita as juras de amor que Páris lhe inscrevera na casca de um choupo (Ov. *Her.* V, 9-32). Dido aborda seu primeiro encontro com Eneias e o nascimento do amor, sua união com o herói no interior de uma gruta e o descumprimento da promessa de amar para sempre seu marido morto, Siqueu (Ov. *Her.* VII, 89-106). Além disso, perseguida pelo irmão, ela menciona ter fugido de Tiro, o que a levou a fundar a cidade de Cartago e, nesse contexto, ressalta que eram vários os seus pretendentes (Ov. *Her.* VII, 113-124).[318]

Ariadne narra todos os auxílios fornecidos a Teseu para que ele pudesse escapar do labirinto e matar o Minotauro, destacando como o colocara à frente da pátria, do pai e do irmão. Além disso, ainda cita as falsas juras do amado (Ov. *Her.* X, 67-76). Cânace descreve minuciosamente os efeitos da paixão sobre si, relata seus amores ilícitos com o irmão e aborda o nascimento da criança fruto desse amor (Ov. *Her.* XI, 23-74). Medeia narra a chegada de Jasão à Cólquida e o momento em que se apaixona por ele (Ov. *Her.* XII, 23-32), e ainda lista todos os auxílios dados ao herói para que ele sobrevivesse às provas impostas e obtivesse o velocino de ouro (Ov. *Her.* XII, 105-112).

Essa concentração de eventos amorosos nas epístolas – muitas vezes por meio do recurso da ἀνάληψις/ *análepsis* (ou *flashback*), já que as heroínas recordam vivências passadas com seus amados – associa-se fortemente aos traços definidores do gênero elegíaco. Uma vez que as personagens trágicas e épicas (ou lírica, no caso de Safo) são transferidas para o universo da elegia, suas vidas passam a se resumir em amor. Desse modo, os feitos por meio dos quais elas pretendem fixar-se através da escrita e imortalizar-se como poetas são sobretudo de natureza amorosa, e isso estabelece uma proximidade da imagem que constroem para si nas epístolas com as imagens construídas pelos poetas elegíacos da época de Augusto em seus versos. A esse respeito, Fulkerson (2005, p. 1) afirma que "as mulheres das *Heroides* obtêm o mesmo sucesso que os poetas elegíacos augustanos – elas podem nunca 'obter seu homem' de volta, mas criam intrincadas *personae* e poesia que sobrevive".[319] Essa poesia perdura e contribui para preservar a memória das heroínas enquanto mulheres apaixonadas cuja escrita foi motivada pelo sentimento amoroso. Trata-se precisamente da mesma motivação para a escrita que rege os poetas elegíacos, segundo eles afirmam em seus versos. Nesse sentido, há uma espécie de "erotização"/ "elegização" das autobiografias das heroínas, o que as aproxima da descrição que Nasão fizera de si mesmo ao caracterizar-se, acima de tudo, como um poeta do amor, *tenerorum lusor amorum* (*Tr.* III, 3, 73; *Tr.* IV, 10, 1).

Dupla autoria: a voz ovidiana nas *Heroides* e as antecipações do exílio

Nas epístolas que escrevem, as heroínas criam para si a imagem de autoras e expõem suas autobiografias amorosas. No entanto, apesar de construir uma imagem com vários traços particulares, conforme suas características fixadas pela tradição literária, ao assumirem o papel de poeta nas *Heroides*, elas deixam entrever em seus discursos a voz de Ovídio. Assim, embora o eu poético não seja Nasão, e sequer figure na obra o nome *Naso* (como em todas as outras obras elegíacas ovidianas), é possível identificar uma espécie de "assinatura autoral", que se manifesta no estilo de Ovídio, no diálogo com outras de suas obras, na expressão marcadamente elegíaca e na imagem ovidiana que as heroínas constroem para si nas cartas.

Fulkerson (2005, p. 147), por exemplo, afirma que detalhes da autobiografia literária de Ovídio coincidem com o mundo das heroínas. Conte (1999, p. 349) esclarece haver nas *Heroides* uma divisão da voz da personagem em dois, de modo que, por meio da ironia, Ovídio se insere na voz da heroína.[320]

II – *Epistulae Nasonis*: ausência e exílio nas cartas de um semi-herói

Thorsen (2014, p. 66-68), por sua vez, propõe a existência de uma "autoria conjunta" nas cartas simples da obra, que se deixa entrever pelo emprego do verbo *scribimus* na primeira pessoa do plural. Essa construção ocorre na epístola de Dido – ***scribimus**, et gremio Troicus ensis adest*, "escrevo/ escrevemos, e está em meu seio a espada troiana" (Ov. *Her.* VII, 184, grifo nosso); e na carta de Safo – ***scribimus**, et lacrimis oculi rorantur obortis*, "escrevo/ escrevemos, e os olhos se banham com as lágrimas derramadas" (Ov. *Her.* XV, 97, grifo nosso). Isso já havia sido sutilmente anunciado nos *Amores*, quando Nasão refere-se às *Heroides* e apresenta um catálogo com o nome de algumas das heroínas: "ou escrevo/ escrevemos as palavras que Penélope envia a Ulisses,/ e tuas lágrimas, ó Fílis abandonada" – *aut quod Penelopes uerbis reddatur Vlixi/ **scribimus** et lacrimas, Phylli relicta, tuas* (Ov. *Am.* II, 18, 21-22, grifo nosso).

Segundo Thorsen (2014, p. 10), embora a primeira pessoa do plural faça referência convencionalmente a um enunciador único, nos exemplos apresentados, ela mantém algo do sentido plural, posto que a voz de Ovídio se manifesta conjuntamente com a das heroínas.[321] Nesse sentido, é digno de nota que, nas *Heroides*, o verbo no plural, a princípio, remete ao singular do eu poético feminino (a heroína), ao passo que, no trecho dos *Amores*, ele remete, inicialmente, ao singular do eu poético Nasão. Essa reversibilidade em seu emprego para mencionar a escrita de uma mesma obra reforça precisamente a "dupla autoria" das epístolas.

O fenômeno fica mais claramente perceptível na carta de Safo, a única em que a enunciadora é uma personagem histórica já conhecida como poeta (diferentemente das outras mulheres da coletânea, personagens mitológicas que assumem o papel de poetas), especialmente porque ela escreve uma epístola marcada por comentários e reflexões metapoéticas. Desse modo, Thorsen (2014, p. 46) acredita que Safo é a heroína que mais se aproxima de Ovídio, e seu nome seria como um pseudônimo para o próprio poeta. Na mesma perspectiva, Juliani (2016, p. 64) esclarece que, na epístola de Safo, a enunciadora adota uma postura de autora – mais especificamente, de autora elegíaca.[322]

A abertura da carta já apresenta a enunciadora como poeta e instaura uma reflexão de natureza metaliterária, a respeito dos motivos que a levaram à composição de versos elegíacos quando, na verdade, é poeta lírica:

> *Ecquid, ut aspecta est studiosae littera dextrae,*
> *protinus est oculis cognita nostra tuis?*

> *An, nisi legisses **auctoris nomina Sapphus**,*
> *hoc **breue** nescires unde ueniret **opus**?*
> *Forsitan et quare mea sint **alterna** requiras   5*
> ***carmina**, cum **lyricis** sim magis apta **modis**.*
> ***Flendus** amor meus est: **elegi** quoque **flebile** carmen;*
> *non facit ad lacrimas **barbitos** ulla meas.*
> (Ov. *Her.* XV, 1-8, grifos nossos)

> Acaso, observada a carta de zelosa destra,
> tão logo teus olhos a reconheceram minha?
> Se não tivesses lido o *nome da autora Safo*,
> ignorarias a origem dessa *breve obra*?
> Talvez ainda perguntes por que estão meus *versos*   5
> *alternados*, se sou mais hábil em *metros líricos*.
> *Chorável* é meu amor: verso *choroso*, a *elegia*;
> *bárbito* algum convém às minhas lágrimas.

Já no terceiro verso, o eu poético identifica-se como "autora" e assina nominalmente a epístola (*auctoris Sapphus*, v. 3). Essa combinação do nome "Safo" com um epíteto que remete à atividade poética ocorre em mais uma passagem da carta, no dístico votivo a Apolo: "*Safo poeta*, grata dedico-te a lira, ó Febo:/ ela convém a mim, ela convém a ti." – *Grata **lyram** posui tibi, Phoebe, **poetria Sappho**:/ conuenit illa mihi, conuenit illa tibi* (Ov. *Her.* XV, 183-184, grifos nossos). Além de afirmar-se como poeta em ambos os trechos citados, a heroína também assinala diversos elementos do universo lírico que compõem sua imagem tradicional: "hábil em metros líricos" (*lyricis apta modis*, v. 6), "bárbito" (*barbitos*, v. 8) e "lira" (*lyram*, v. 183).[323] No entanto, essa imagem tradicional é contraposta pela imagem de uma Safo elegíaca, que descreve sua atividade poética com termos referentes a esse gênero: "obra breve" (*breue opus*, v. 4), "versos alternados" (*alterna carmina*, v. 5-6) e, mais explicitamente, "elegia" (*elegi*, v. 7).

Diante dessa mudança, que poderia causar estranhamento, a heroína, logo no princípio da carta, justifica que o motivo para escrever versos elegíacos é simplesmente o decoro poético. Seu amor malfadado é digno de choro e, portanto, adequado aos chorosos poemas da elegia: "*Chorável* é meu amor: verso *choroso*, a elegia;/ bárbito algum convém às minhas lágrimas" – ***Flendus*** *amor meus est: elegi quoque **flebile** carmen;/ non facit ad lacrimas* *barbitos ulla meas* (v. 7-8, grifos nossos). O trecho faz lembrar dois versos dos *Tristia*, quando, em contexto de exílio, Nasão explica a causa de seus poemas serem repletos de lamentos: "*Choroso* é meu estado, *choroso* é meu poema,/ os escritos convêm à sua matéria" – **Flebilis** *ut noster status est, ita* ***flebile*** *carmen,/ materiae scripto conueniente suae* (Ov. *Tr.* V, 1, 5-6, grifos nossos). Ora, a presença desses elementos elegíacos no discurso de Safo, na verdade, deixa entrever a voz de Ovídio, poeta elegíaco por trás da voz da heroína.

A esse respeito, Juliani (2016, p. 70) propõe que a imagem de Safo na carta XV das *Heroides* seria "triplamente 'dividida' entre: as representações de sua imagem de poetisa que de fato existiu, a que emerge para nós na elegia de Ovídio e a imagem do próprio autor romano". A fim de aprofundar essa divisão, pode-se compreender a primeira imagem proposta (de Safo enquanto poeta que existiu) como uma espécie de "imagem cultural", formada a partir dos próprios poemas de Safo e dos relatos dos comentadores antigos, que acabaram por constituir "biografias" da poeta. Por sua vez, a imagem de Safo presente na epístola das *Heroides* mescla elementos da tradição vinculados à sua "vida" ou provenientes de seus poemas com a típica imagem de um poeta elegíaco. Desse modo, a voz da heroína é perpassada pela voz de Ovídio, o que possibilita a depreensão de um estilo ovidiano e de uma imagem de autor concorde com a imagem de Nasão nas outras obras elegíacas de Ovídio.

Numa perspectiva semelhante, Juliani (2016, p. 71) explica que, ao falar sobre o fazer poético e se representar como autora, Safo, na epístola XV das *Heroides*, apresenta um retrato muito parecido com o que Ovídio constrói para si mesmo nos *Amores* e na *Ars*. Com efeito, Thorsen (2014, p. 147-193) analisa detidamente uma série de aproximações entre *Her.* XV e as obras anteriores ovidianas e sugere que a epístola da heroína sintetiza aspectos explorados nos *Amores*, na *Ars* e nos *Remedia amoris*, de forma a constituir uma súmula da produção amorosa ovidiana:

> Ovídio e Safo emergem como duas faces do mesmo ser, nomeadamente o poeta de amor, em perfeita concordância com o desígnio artístico da poesia inicial de Ovídio, cuja tendência em direção à igualdade de gênero sem dúvida se estende para além da primeira parte de sua carreira. (Thorsen, 2014, p. 194)[324]

Assim, nos versos de Safo (a única das heroínas originalmente poeta), ecoa a voz de Ovídio, de modo a se instaurarem reflexões e discussões de natureza metaliterária, que resumem, na figura da autora grega, a carreira de Nasão enquanto poeta do amor. Todavia, mais do que a aproximação de *Her.* XV às obras amorosas de Ovídio, aspecto abordado por Thorsen (2014) e Juliani (2016), observa-se, além disso, um forte diálogo entre a imagem da Safo elegíaca e a imagem de Nasão exilado. As semelhanças se manifestam nas reflexões sobre escrita poética, na imagem do enunciador como personagem elegíaca e até mesmo na autodepreciação do eu poético.

A princípio, poderia soar estranho pensar na presença de traços dos *Tristia*, obra posterior, em uma das epístolas das *Heroides*. Essa incompatibilidade temporal poderia ser facilmente desfeita caso considerássemos, como alguns estudiosos, que a carta de Safo é inautêntica, tendo sido composta após a poesia de exílio ovidiana, conforme defendem Tarrant (1981 *apud* Knox, 1995, p. 13) e Knox (1995, p. 13-14). Seus principais argumentos para a negação da autenticidade da carta são a presença de traços divergentes em relação à produção restante do autor, como questões métricas e vocabulário não ovidiano, e o fato de que o texto foi transmitido em uma tradição de manuscritos diferente daquela das outras epístolas – ela não constava na coleção medieval das *Heroides* e foi descoberta apenas no século XV (Knox, 1995, p. 12-13). Fulkerson (2005, p. 152-158) compartilha da opinião, porém fundamenta-se em argumentos diferentes. A estudiosa lista elementos "internos" da carta de Safo que são divergentes em relação às epístolas das demais heroínas da coleção e afirma que, independentemente de Ovídio a ter escrito ou não, a carta é inautêntica, pois a personagem Safo, enquanto poeta lírica, não se adapta às regras elegíacas.[325]

Esses argumentos, no entanto, não solucionam a questão em definitivo e são passíveis de questionamentos. A ausência da epístola XV nos manuscritos medievais pode ser facilmente explicada por ela conter passagens fortemente eróticas, inadequadas ao pensamento religioso da época e, naturalmente, sujeitas a censura. Thorsen (2014, p. 15-16) propõe essa possibilidade e assinala que o trecho erótico da carta, além de explicitar os efeitos físicos da excitação sexual, é "especialmente perturbador (...): primeiro, a heroína fala explicitamente de sua satisfação sexual e, em segundo lugar, ela obviamente experimenta essa satisfação por conta própria".[326] Por sua vez, os elementos "internos" da epístola, que, de acordo com Fulkerson, tornam Safo (diferentemente das outras heroínas) inadequada às regras elegíacas, podem-se explicar pelo fato de ela se apresentar antes como poeta lírica. Ainda que esteja em contexto elegíaco e tenha incorporado aspectos desse gênero, ela é originalmente escritora de versos líricos. Partilhando desse posicionamento, Thorsen (2014, p. 96-122) oferece um panorama histórico das discussões envolvendo o poema e acaba por se manifestar a favor da autoria ovidiana, na medida em que a carta de Safo, conforme demonstra a estudiosa, sintetiza elementos tipicamente ovidianos presentes nos *Amores* e na *Ars amatoria*.

O impasse da questão é reforçado pelo fato de a carta de Safo ser citada no catálogo de epístolas das *Heroides* presente em *Am*. II, 18, o que constitui um elemento em favor de sua autenticidade. Para os estudiosos que a consideram inautêntica, todavia, esses versos dos *Amores* poderiam ser uma interpolação. E ainda há quem julgue que foi a menção de Safo junto às heroínas nos *Amores* que teria impulsionado a escrita da epístola por algum imitador de Ovídio. Portanto, a questão não é consensual e envolve os mais distintos posicionamentos. Não pretendemos discutir aqui a autenticidade da epístola XV, aspecto já bastante abordado pelos mencionados estudiosos, mas evidenciar os elementos de aproximação entre a imagem de Safo em sua epístola e a imagem de Nasão enquanto personagem-poeta, o que tornará possível examinar a construção de ambas as personagens como autores.

Assim, independentemente da autenticidade ou da datação do texto, o certo é que há forte diálogo entre as duas obras analisadas, de modo a ficar clara a adoção de uma *persona* ovidiana na carta de Safo. A heroína usa a máscara de Nasão enquanto amante elegíaco, poeta fracassado e exilado, e os versos ecoam o estilo, os *tópoi* e as ironias tipicamente ovidianas. Com isso, a imagem de poeta/autor que emerge da carta é a de uma Safo marcada por elementos da poética de Ovídio e de sua autorrepresentação como autor através da personagem-poeta Nasão. Na impossibilidade de assegurar a real autenticidade da epístola, é possível ao menos atribuir-lhe uma autoria segundo a imagem de autor que nela se manifesta e a recepção que dela foi feita. Ou seja, distinguimos aqui a noção de "autenticidade", compreendida como a veracidade da atribuição de um texto a determinado autor empírico, e a "autoria", entendida como uma representação de uma imagem de autor no interior do texto. Sob esse aspecto, Safo e Nasão expressam imagens autorais semelhantes, conforme exemplificaremos na sequência. Além disso, no âmbito da recepção, a epístola XV foi recebida como produção ovidiana e passou a integrar a tradição de obras de Ovídio, de modo que a história do texto fez com que ele fosse identificado como ovidiano.

Entretanto, a abordagem aqui proposta não se volta para a resolução da questão da autenticidade. Com base nas discussões teóricas empreendidas no capítulo anterior, nossa proposta de análise das obras ovidianas não se centra na cronologia de sua composição/produção, mas situa-se no local de sua recepção hoje, que permite múltiplas possibilidades de ordenamento e sequência de leitura das obras. Portanto, se em uma abordagem cronológica Safo precederia Nasão exilado, uma abordagem voltada para a recepção não se restringe ao aspecto cronológico, mas explora as potencialidades da inversão do direcionamento intertextual, tornando possível a realização de leituras no sentido oposto, com a *persona* de Nasão exilado interferindo na interpretação e na construção que o leitor faz da personagem Safo.

No princípio da carta, Safo expõe seu estado de ardorosa paixão e expressa a impossibilidade de compor versos com a mente inquieta e atormentada pelo amor, pois a atividade poética resulta da tranquilidade e do ócio. Em passagem bastante similar, Nasão, nos *Tristia*, comenta sobre a dificuldade em escrever poemas na situação de exílio, que não oferece repouso ou sossego ao escritor, mas é marcada por males e desgraças, como as tempestades na viagem marítima ou as contínuas guerras dos povos bárbaros habitantes da região de Tomos. O diálogo entre os trechos se evidencia no tema comum das condições para composição poética e ainda fica marcado verbalmente pelo emprego da mesma sequência *carmina proueniunt*:

> *Nec mihi, dispositis quae iungam* **carmina** *neruis,*
>   ***proueniunt;** uacuae* **carmina** *mentis opus.*
> (Ov. *Her.* XV, 13-14, grifos nossos)

Não me *fluem poemas* para unir às cordas dispostas;
   poemas são obra da mente ociosa.

> ***Carmina proueniunt** animo deducta sereno:*
>   *nubila sunt subitis tempora nostra malis.*   40
> ***Carmina** secessum scribentis et otia quaerunt:*
>   *me mare, me uenti, me fera iactat hiems.*
> (Ov. *Tr.* I, 1, 39-42, grifos nossos)

Poemas fluem fiados por ânimo sereno:
   tempestuosos são meus dias, por inesperados males.   40

II – *Epistulae Nasonis*: ausência e exílio nas cartas de um semi-herói

Poemas exigem retiro e repouso ao escritor:
arremessam-me o mar e os ventos e um feroz temporal.

Ambas as personagens atribuem sua incapacidade de fazer poemas como antes às condições inapropriadas em que se encontram – Safo, inflamada por uma paixão que lhe tolhe a tranquilidade de espírito; Nasão, invadido pelas ameaças e inseguranças da situação de exílio. Assim, nos dois trechos, o eu poético faz reflexões de natureza metaliterária e elabora uma espécie de "micro" *ars poetica* para expressar as circunstâncias propícias à composição de versos, que exige *uacua mens* ("mente ociosa", *Her.* XV, 14), *animus serenus* ("ânimo sereno", *Tr.* I, 1, 39), *secessus et otium* ("retiro e repouso", *Tr.* I, 1, 41). O caráter metapoético das passagens também fica fortemente assinalado pela repetição do termo *carmina* exatamente em um contexto que discorre sobre a própria poesia.

Além da inadequação das situações enfrentadas por Safo e Nasão, a inviabilidade de produzir poemas ainda é justificada com um segundo motivo: a perda de *ingenium*. Safo afirma que sua dor impede a atividade poética, e os males vivenciados por causa do amor acabaram com seu *ingenium*, isto é, seu talento inato e sua capacidade criativa. Desse modo, a lira e o plectro da poeta grega silenciam:

> *Nunc uellem facunda forem; dolor artibus obstat,*   195
>   ***ingenium****que meis substitit **omne malis**.*
> *Non mihi respondent ueteres in **carmina uires**:*
>   *plectra dolore tacent, muta dolore lyra est.*
> (Ov. *Her.* XV, 195-198, grifos nossos)

> Quisera agora ser eloquente; a dor impede as artes,   195
>   e *todo o engenho* cessa com meus *males*.
> O antigo *ímpeto* a *poemas* não mais me responde:
>   com a dor, calam-se os plectros, faz-se muda a lira.

O emudecimento do plectro e da lira, objetos típicos da poesia lírica, pode ser facilmente compreendido pela recusa e abandono desse gênero por parte de Safo, que, já no início da epístola, havia indicado sua adesão à elegia, mais adequada às lágrimas e lamentos. No entanto, a afirmação do término de seu engenho soa extremamente irônica, visto que a heroína não apenas continua compondo versos, mas ainda reflete sobre sua feitura poética no próprio poema composto – a carta escrita a Fáon é o exemplo concreto disso. Sob esse aspecto, Safo assume uma máscara de poeta fracassada, de modo semelhante ao que Nasão efetua nos *Tristia*.[327] A heroína adota aquilo que, nos versos ovidianos de exílio, Williams (1994, p. 50) denomina uma "pose de declínio poético" (*pose of poetic decline*). Suas declarações sobre a decadência do *ingenium* e a perda das forças ou vigor poético reiteram a mencionada incapacidade de compor versos, mas, ao mesmo tempo, revelam-se pura ironia, visto que sua carta demonstra o oposto.

O fenômeno foi identificado nos *Tristia* como um "*tópos* de autodepreciação poética" (Williams, 1994, p. 53). Segundo o estudioso (1994, p. 54), esse *tópos* não configura apenas um ornamento ocasional, mas é essencial na composição da *persona* de Nasão exilado, na medida em que adapta o motivo da *recusatio* do poeta enfraquecido quanto às *uires* e ao *ingenium* a uma representação de declínio da atividade poética aparentemente irreversível. Nessa perspectiva, pode-se dizer que Safo adota, em *Her*. XV, uma *persona* ovidiana (ou, mais especificamente, uma *persona* de Nasão exilado). Isso fica nítido não apenas pela presença do referido *tópos*, mas também pelos inúmeros vínculos alusivos que remetem uma obra à outra. O trecho de Safo anteriormente citado, por exemplo, aproxima-se de duas passagens dos *Tristia*:

Da mihi Maeoniden et tot circumice casus,
    ingenium *tantis excidet* **omne malis***.*
(Ov. *Tr.* I, 1, 47-48, grifos nossos)

Dá-me o Meônio e põe em volta tantos infortúnios,
    todo o engenho sucumbirá em meio a tamanhos *males*.

Ei mihi, non magnas quod habent mea **carmina uires***,*
    nostraque sunt meritis ora minora tuis.   30
Si quid et in nobis uiui fuit ante uigoris,
    extinctum longis occidit **omne malis***!*
(Ov. *Tr.* I, 6, 29-32, grifos nossos)

Ai de mim! Meus *poemas* não têm grandes *forças*,
    minha boca é menor que teus méritos.   30
Se também em mim houve algum vivo vigor,
    todo acabou-se, extinto por *males* infindos!

II – *Epistulae Nasonis*: ausência e exílio nas cartas de um semi-herói

Na primeira passagem, Nasão esclarece que, se Homero fosse obrigado a suportar as mesmas dificuldades que ele enfrenta no exílio, também o talento do poeta meônio acabaria. Na segunda, o eu poético assinala a impossibilidade de cantar os méritos de sua esposa por ter perdido suas forças e seu engenho diante dos sofrimentos do exílio. Ora, além da presença do *tópos* da autodepreciação poética, carregado de ironia, os versos dos *Tristia*, assim como a epístola de Safo, atribuem a perda do talento poético aos *malis*, sejam eles de natureza amorosa, sejam resultantes do exílio. Isso fica bastante evidente pelo fato de os três trechos aqui citados apresentarem, em fim de verso (posição de destaque, como o início de verso), a mesma sequência *omne malis* – *Her.* XV, 196; *Tr.* I, 1, 48 e *Tr.* I, 6, 32. São ainda marcas alusivas o emprego, nesse contexto, do termo *ingenium* (*Her.* XV, 196 e *Tr.* I, 1, 48) e da sequência *carmina uires* (*Her.* XV, 197 e *Tr.* I, 6, 29), também em fim de verso.

As aproximações se estendem à imagem que o eu poético constrói de si mesmo, já que em ambas as obras ele se define como uma personagem elegíaca. Safo destaca estar sempre entregue ao amor e emprega, em sua carta, uma série de adjetivos programáticos do gênero elegíaco para descrever a si mesma e à sua vida, como *mollis* ("frouxo", v. 79), *leuis* ("ligeiro", v. 79) e *nec seuerus* ("não austero", v. 82):

> **Molle** meum **leuibus**que **cor** est uiolabile **telis**,
> et semper causa est, cur ego semper amem.   80
> **Siue** ita **nascenti** legem dixere **Sorores**
> **nec** data sunt uitae fila **seuera** meae,
> **siue** abeunt studia in mores, artisque magistra
> ingenium nobis **molle** Thalia facit.
> (Ov. *Her.* XV, 79-84, grifos nossos)

> *Frouxo* é meu *peito* e vulnerável às *flechas ligeiras*,
> e há sempre motivo para eu sempre amar.   80
> *Ou* porque as *Irmãs* ditaram essa lei *quando nasci*,
> e minha vida *não* recebeu fios *austeros*,
> *ou* porque os gostos moldam os costumes, e Tália,
> mestra da arte, fez-me *frouxo* o engenho.

Mais do que construir uma imagem de personagem elegíaca, Safo cria para si um retrato ovidiano. Seus versos ecoam passagens de outras obras de Ovídio, e a heroína compõe em sua carta uma autobiografia, enquanto amante elegíaca e poeta de amor, que bastante se assemelha à autobiografia literária de Nasão e sua representação como poeta na poesia de exílio dos *Tristia*. O trecho acima citado apresenta claros vínculos com a descrição que Nasão faz de si mesmo na elegia IV, 10 dos *Tristia*, tradicionalmente denominada autobiográfica:

> **Molle** *Cupidineis nec inexpugnabile* **telis**   65
>   **cor** *mihi, quodque* **leuis** *causa moueret, erat.*
> *Cum tamen hic essem minimoque accenderer igni,*
>   *nomine sub nostro fabula nulla fuit.*
> (Ov. *Tr.* IV, 10, 65-68, grifos nossos)

> *Frouxo* e não invencível às *flechas* de Cupido   65
>   era-me o *peito*, e *leve* motivo o moveria.
> Embora eu fosse assim e me abrasasse com o menor fogo,
>   sob meu nome, nenhuma invenção houve.

Tanto Safo quanto Nasão são caracterizados como suscetíveis à paixão e facilmente movidos por ela. Mais do que a afinidade temática, os trechos contêm diversos vocábulos em comum, responsáveis por fazê-los se remeter mutuamente. No primeiro verso de ambas as passagens, a semelhança fica patente pelo emprego das mesmas palavras em posição inicial e final: *molle* e *telis* (*Her.* XV, 79; *Tr.* IV, 10, 65). Ademais, nos dois casos se observa a transferência do termo *telus* ("flecha"), arma comumente mencionada no gênero épico, para um contexto amoroso. Além disso, repetem-se os termos *cor* e *leuis* (*Her.* XV, 79; *Tr.* IV, 10, 66) e, em idêntica posição do verso, são inseridos adjetivos com o mesmo sufixo formador -*ibilis*: *uiolabile* (*Her.* XV, 79) e *inexpugnabile* (*Tr.* IV, 10, 65). Por sua vez, o segundo verso da passagem citada de Safo – *et semper causa est, cur ego semper amem* (*Her.* XV, 80) – ecoa nitidamente um verso dos *Amores*, em que o eu poético expressa seu estatuto de amante e poeta do amor: "são cem os motivos para eu sempre amar" – *centum sunt causae, cur ego semper amem* (Ov. *Am.* II, 4,10).

Na sequência da passagem citada da carta de Safo, a heroína apresenta a determinação do destino em seu nascimento como uma das possíveis causas de sua personalidade voltada para o amor. A descrição dos fios de sua vida pela negação da austeridade (*nec... seuera*, v. 82) pode, inclusive, ser metapoeticamente compreendida. O adjetivo *seuerus* ("sério", "severo", "austero") é programaticamente usado para fazer referência aos gêneros mais elevados, como a poesia épica ou a tragédia. Sua negação na caracterização da vida da heroína a identifica como uma personagem elegíaca, previamente destinada ao amor, aspecto que, na carta, se mistura à imagem tradicional de Safo como poeta lírica. Em interessante paralelo, a poesia dos *Tristia* esclarece que Nasão, desde o nascimento, já estava destinado ao exílio (referido no trecho pelo demonstrativo *hoc*): "*Se ou o destino, ou a ira dos deuses deu-me isso,/ ou a Parca era sombria quando nasci (...)*" – **Siue** *mihi casus* **siue** *hoc dedit ira deorum,/ nubila* **nascenti seu** *mihi* **Parca** *fuit (...)* (Ov. *Tr.* V, 3, 13-14, grifos nossos).

As semelhanças temáticas, estruturais e vocabulares entre os trechos são dignas de nota: ambos se constroem com a repetição da conjunção *siue*, que introduz diferentes possibilidades; há referência ao nascimento do eu poético por meio do particípio *nascenti* (*Her.* XV, 81; *Tr.* V, 3, 14); e são citadas as figuras mitológicas responsáveis pelo controle das leis do fado e dos fios da vida – as "Irmãs" (*Sorores*, *Her.* XV, 81), que nada mais são do que um termo eufemístico para designar as Parcas, e a própria "Parca" (*Parca*, *Tr.* V, 3, 14). Desse modo, amor e exílio, considerados os motivos da dor e da perda de engenho e capacidade poética, já haviam sido previstos, segundo as personagens, em seu próprio nascimento. Todavia, numa tentativa de recuperar o estado anterior a essas mudanças, também a solução proposta pelas personagens se assemelha: Safo recuperaria o engenho com o retorno do amante que a abandonou;[328] Nasão voltaria a escrever alegres elegias amorosas mediante o fim do exílio e o retorno à pátria.[329]

Embora as aproximações com a poesia de exílio ovidiana sejam mais nítidas na carta de Safo, especialmente devido às reflexões de natureza metaliterária, não se trata de algo exclusivo dela. Outras heroínas expressam uma imagem próxima da imagem de Nasão presente na poesia dos *Tristia*. Um interessante exemplo, nesse sentido, é a carta de Ariadne, uma vez que ela se autodenomina "exilada" nos versos que escreve:

> **Vt** *rate felici pacata per aequora labar,*   65
> *temperet* **ut** *uentos Aeolus,* **exul ero**.
> **Non ego te**, *Crete centum digesta per* **urbes**,
> *aspiciam, puero cognita terra Ioui.*
>   (Ov. *Her.* X, 65-68, grifos nossos)

> *Mesmo que* eu singre, em barco ditoso, um mar calmo,   65
>   *mesmo que* Éolo modere os ventos, *serei uma exilada*.
> *Não te* verei, Creta, espalhada em cem *cidades*,
>   terra conhecida por Júpiter criança.

Além de Ariadne se autorrepresentar como exilada, cada um dos dísticos acima dialoga temática e estruturalmente com trechos de elegias dos *Tristia*. O primeiro dístico versa sobre condições climáticas favoráveis para a navegação, a fim de esclarecer que ventos propícios em nada diminuem a condição de exilada da heroína. Estruturalmente, ele se compõe de duas orações concessivas introduzidas por *ut* (V. 65-66) e, em posição enfática ao fim do pentâmetro, apresenta a expressão *exul ero* (v. 66). O segundo dístico citado, que tematiza a impossibilidade de Ariadne rever a pátria, inicia-se com a sequência *non ego te* (v. 67) e, além de designar a terra natal pelo próprio nome (*Crete*, v. 67), ainda faz uso do termo *urbes* para descrevê-la.

Ora, essas mesmas estruturas sintáticas, bem como a ocorrência do vocábulo *urbs* e das sequências *exul ero* (no fim do pentâmetro) e *non ego te* (no princípio do hexâmetro) se verificam em duas passagens dos *Tristia* que também discorrem sobre os temas da condição de exilado e da interdição do retorno à pátria:

> **Vt** *mare considat uentisque ferentibus utar,*
>   **ut** *mihi parcatis, non minus* **exul ero***!*
>   (Ov. *Tr.* I, 2, 73-74, grifos nossos)

> *Mesmo que* o mar se acalme e eu me sirva de ventos favoráveis,
>   *mesmo que* me poupeis, não *serei* menos *exilado*!

> **Non ego te** *genitum placida reor* **urbe** *Quirini,*
>   *urbe meo quae iam non adeunda pede est.*
>   (Ov. *Tr.* I, 8, 37-38, grifos nossos)

> *Não* creio que nasceste na plácida *urbe* de Quirino,
>   na urbe já interdita aos meus pés.

II – *Epistulae Nasonis*: ausência e exílio nas cartas de um semi-herói

As notáveis semelhanças entre as passagens deixam entrever, por trás da voz da heroína, a voz de Nasão exilado. Nesse sentido, é possível dizer que Ariadne se expressa por meio de uma *persona* ovidiana. Isso é reforçado pela proximidade de outros trechos da carta que dialogam com a poesia dos *Tristia*. Um dos temas referidos pela heroína, por exemplo, é o risco de morte no ambiente hostil da ilha em que fora abandonada:

*Occurrunt animo **pereundi mille figurae**,*
    morsque minus poenae quam mora mortis habet.
Iam iam uenturos aut hac aut suspicor illac,
    *qui lanient auido uiscera dente, **lupos**.*
*Quis scit an et fuluos tellus alat ista **leones**?*   85
    *Forsitan et **saeuas tigridas** insula habet.*
*Et freta dicuntur magnas expellere **phocas**;*
    *quis uetat et gladios per **latus** ire **meum**?*
(Ov. *Her.* X, 81-88, grifos nossos)

Vêm-me à mente *mil formas de morrer*,
    e a morte é pena menor que a espera da morte.
Já imagino *lobos* vindo daqui ou dali
    para rasgar com dente ávido minhas vísceras.
Quem sabe se essa terra nutre ainda fulvos *leões*?   85
    Talvez a ilha ainda tenha *tigres cruéis*.
Dizem que o mar expele enormes *focas*;
    quem impede que espadas perfurem *meu flanco*?

Ariadne traz à mente inúmeras imagens de morte, identificadas de modo bastante concreto por meio do termo *figurae* (v. 81), e sua imaginação acaba por gerar temor. São mencionados diversos animais selvagens – lobos, leões, tigres e, até mesmo, focas – que poderiam ameaçar sua vida, bem como um possível golpe de espada no flanco. O sentimento de medo e constante ameaça de morte também se faz presente nos poemas ovidianos dos *Tristia*. As *pereundi mille figurae* (v. 81) da carta da heroína correspondem à *mortis imago* que amedronta Nasão no contexto do exílio: "Para onde quer que eu olhe, nada há, só o *espectro da morte,/* que indeciso temo e, temendo, imploro." – *Quocumque aspexi, nihil est nisi **mortis imago**,/ quam dubia timeo mente, timensque precor* (Ov. *Tr.* I, 11, 23-24, grifos nossos). Além disso, nas elegias dos *Tristia* são bem comuns os símiles que aproximam os povos bárbaros de feras selvagens, como lobos e ursos:

> *Nulla mihi cum gente fera commercia linguae:*
> *   omnia solliciti sunt loca plena metus.*   10
> *Vtque fugax auidis ceruus deprensus ab **ursis**,*
> *   cinctaque montanis ut pauet agna **lupis**,*
> *sic ego belligeris a gentibus undique saeptus*
> *   terreor, hoste **meum** paene premente **latus**.*
> (Ov. *Tr.* III, 11, 9-14, grifos nossos)

> Não compartilho a língua do povo feroz:
>   todos os lugares estão repletos de inquieto medo.   10
> Como o cervo veloz capturado por ávidos *ursos*,
>   e a ovelha cercada por *lobos* monteses teme,
> assim eu, rodeado por povos belicosos de todos os lados,
>   aterrorizo-me com o inimigo que quase fere *meu flanco*.

A menção de animais ferozes e a referência ao perigo de ter o flanco ferido por inimigos aproximam os riscos imaginados por Ariadne na ilha em que fora abandonada e os riscos enfrentados por Nasão no local de exílio. A possibilidade iminente da morte, em ambos os casos, além de ser fonte de medo e terror para as personagens, também as conduz a lamentos por estarem fadadas a morrer longe da pátria e dos entes queridos:

> *Ergo ego nec **lacrimas** matris moritura uidebo,*
> *   nec, mea qui **digitis lumina condat**, erit?*   120
> ***Spiritus** infelix **peregrinas ibit in auras**,*
> *   nec positos artus unguet amica manus?*
> *Ossa superstabunt uolucres inhumata marinae?*
> *   Haec sunt officiis digna sepulcra meis?*
> (Ov. *Her.* X, 119-124, grifos nossos)

> Então, moribunda, não verei as *lágrimas* maternas,
>   nem haverá quem *feche meus olhos com os dedos*?   120
> Meu *espírito*, infeliz, *irá por ares estrangeiros*,
>   e mão amiga não ungirá os membros dispostos?

II – *Epistulae Nasonis*: ausência e exílio nas cartas de um semi-herói

Aves marinhas pousarão sobre ossos insepultos?
É este o sepulcro digno de meus favores?

Ariadne deplora sua situação solitária e, ao imaginar a morte, queixa-se, por meio de uma série de indagações, do fato de não haver ninguém para lhe derramar lágrimas ou fechar seus olhos depois de morta. A representação da heroína como exilada se evidencia por seu espírito ser descrito vagando por ares estrangeiros. Nasão, por sua vez, imagina como seria sua morte se não estivesse exilado e, por meio de uma sequência de orações com o verbo no subjuntivo,[330] descreve as honras fúnebres que receberia junto da esposa:

> **Spiritus** *hic per te patrias exisset in auras,*
>   *sparsissent* **lacrimae** *corpora nostra piae,*
> *supremoque die notum spectantia caelum*
>   **texissent digiti lumina** *nostra tui.*
> *Et cinis in tumulo positus iacuisset auito,*   45
>   *tactaque nascenti corpus haberet humus.*
>   (Ov. *Tr.* IV, 3, 41-46, grifos nossos)

Junto a ti meu *espírito* teria se esvaído aos ares pátrios,
  lágrimas leais teriam espargido meu corpo,
no dia derradeiro, teus *dedos teriam coberto*
  meus olhos voltados para um céu conhecido.
Minhas cinzas teriam jazido no túmulo dos ancestrais,   45
  e a terra que toquei ao nascer conteria meu corpo.

As similaridades temáticas e vocabulares nos trechos citados evidenciam forte diálogo entre a carta de Ariadne e as elegias dos *Tristia*. Com efeito, a *persona* que a heroína manifesta em seus versos corresponde, em diversos aspectos, à *persona* de Nasão exilado: a autonomeação como *exul*, a descrição do ambiente como hostil e repleto de ameaças à vida e à segurança do eu poético, a imaginação da morte e o lamento por, estando afastado da pátria, possivelmente não receber as devidas honras fúnebres.

Ora, a aparente "incoerência" na presença de elementos dos *Tristia* nas epístolas das *Heroides* poderia ser explicada por inúmeras razões, desde a inautenticidade de alguns trechos até a possibilidade de o autor ter realizado uma revisão das *Heroides* após a condenação ao exílio. E há também a hipótese de posterior interpolação de versos nas obras ovidianas, a fim de assinalar a ocorrência da relegação do poeta e, portanto, identificá-lo como exilado mesmo na produção que antecedeu sua condenação.

Não obstante, parece-nos uma alternativa interpretativa muito mais poderosa a compreensão da carreira ovidiana como um projeto poético amplo e autoconsciente. Assim como, por um lado, as obras ovidianas anteriores são retomadas na poesia dos *Tristia*, por outro, a poesia de exílio, enquanto parte de um projeto literário completo, também já figuraria (em potência) nas produções precedentes do poeta. Nesse sentido, os vínculos intertextuais entre as obras não seriam de caráter unilateral (em que uma obra mais recente retoma outra mais antiga), mas constituiriam relações mútuas, dado que ambas se interinfluenciam sob a perspectiva do leitor. De acordo com essa linha de pensamento, não só os *Tristia* remetem às *Heroides*, mas também as *Heroides*, num redirecionamento do processo intertextual, remeteriam aos *Tristia*. Assim, é como se o exílio existisse na obra e na carreira de Nasão como uma prefiguração irônica, antes mesmo de a personagem-poeta ter sido exilada.

Reescrita das *Heroides* nos *Tristia*

A poesia dos *Tristia* retoma inúmeros elementos das epístolas das *Heroides* e, ao dialogar com esses poemas anteriores, promove novas interpretações a respeito deles. Assim, Ovídio empreende, nos versos de exílio, releituras daquela sua obra anterior e, ao mesmo tempo, propõe-se, enquanto poeta, a reescrever (ou completar) as *Heroides* segundo a perspectiva de seu exílio (aspecto que não estava, conforme vimos, de todo ausente nas próprias cartas das heroínas).[331] Nesse sentido, Nasão faz das elegias dos *Tristia* uma espécie de continuação das cartas elegíacas das heroínas e, para isso, representa a si mesmo como um poeta-herói. Agora, é o próprio Nasão que sofre as dores da distância e lamenta, é ele que escreve cartas para Roma, é ele que cria para si vivências em um universo mitológico e fixa sua imagem como herói. Para Mariotti (2000, p. 151), Ovídio se torna uma "personagem" da própria poesia, como as dolentes heroínas da epístola amorosa.

De fato, além das semelhanças em termos de gênero, os *Tristia* e as *Heroides* fundamentam-se em um mesmo princípio compositivo, a transferência de personagens de seu contexto original para um novo contexto. No entanto, essa transferência se opera em sentido inverso nas duas obras. Nas *Heroides*, as heroínas mitológicas da tradição épica ou trágica e a heroína-poeta Safo, representante da lírica, são transpostas para o contexto da elegia amorosa. Por sua vez, nos *Tristia*, Nasão, personagem tipicamente elegíaca, é inserido em um universo mitológico com traços épicos e trágicos. Apesar dessa mudança, ainda assim as personagens mantêm seus traços originários, conforme já comentamos nos exemplos de mulheres das *Heroides*, que preservam várias de suas características transmitidas pela tradição literária. De modo similar, também Nasão, originalmente amante e poeta elegíaco, manterá suas características ao ser transferido para um contexto épico ou trágico.

Desse modo, as personagens adquirem uma espécie de autonomia, na medida em que carregam consigo toda uma história literária precedente. Com efeito, Rosati (1979, p. 135) destaca que o espaço da ficção, que existe no universo literário, adquire uma identidade própria nas obras ovidianas: as personagens mitológicas são conscientes de sua identidade, de um passado pelo qual se sentem responsáveis, de uma existência literária já vivida em outros inúmeros textos. Ora, isso se aplica não só às personagens mitológicas, mas à própria figura de Nasão, que também possui uma história registrada ao longo das obras ovidianas, a qual é retomada nos *Tristia* ao modo de uma autobiografia literária com função de *sphragis*.

Assim, nas *Heroides*, as personagens mitológicas, com identidades ficcionais bem definidas, ganham autonomia para criar "vidas" para si e fixar-se por meio das autobiografias que constroem em suas cartas. Em processo inverso, Nasão ficcionaliza sua "vida" na poesia de exílio ao transportar-se para o âmbito mitológico dos gêneros literários mais elevados. Diante disso, serão discutidos, a seguir, elementos épicos ou trágicos que orientam a estrutura dos *Tristia*, de modo a constituir um universo distinto do elegíaco e afirmar a figura de Nasão como protagonista de um poema épico ou de uma tragédia.

A "semi-épica" de Nasão

A vinculação dos *Tristia* à poesia épica resulta de uma série de traços desse gênero presentes nas elegias da obra. No âmbito da constituição da *persona* do eu poético, uma das facetas assumidas por Nasão é precisamente aquela do herói épico.[332] Ele frequentemente se compara (explicitamente ou por meio de alusões) a heróis importantes, como Ulisses e Eneias, e aproxima seus infortúnios no exílio aos sofrimentos enfrentados por personagens literárias.

Os paralelos com o herói e a obra virgilianos foram amplamente explorados por Prata (2002 e 2007), que considera como principal marcador alusivo estabelecedor da relação entre as duas obras a comparação da noite da partida de Nasão de Roma com a noite da fuga de Eneias de Troia: "Se é lícito usar grandes exemplos em coisas pequenas,/ tal era o aspecto de Troia capturada." – *Si licet exemplis in paruis grandibus uti,/ haec facies Troiae, cum caperetur, erat* (Ov. *Tr.* I, 3, 25-26). Dessa forma, destacando os vários elementos intertextuais entre os *Tristia* e a *Eneida*, a estudiosa (2007, p. 58) conclui que Ovídio é retratado nos *Tristia* como um *alter Aeneas*.[333]

A comparação com Ulisses, por sua vez, é assinalada explicitamente em um trecho de *sýnkrisis* bastante longo (Ov. *Tr.* I, 5, 57-80), introduzido por um dístico que anuncia as personagens cotejadas: "Em vez do chefe Nerício, doutos poetas, os meus males/ escrevei: pois mais males que o Nerício suportei." – *Pro duce Neritio, docti, mala nostra, poetae/ scribite: Neritio nam mala plura tuli* (Ov. *Tr.* I, 5, 57-58). Ao aconselhar os poetas a escrever seus males em lugar das peripécias de Ulisses, referido pelo epíteto "chefe Nerício", Nasão insere-se no âmbito épico e considera a si mesmo como mais merecedor que o herói homérico, na medida em que sofreu mais e maiores provações do que ele. Não obstante, a sequência da passagem estabelece nítido contraste entre Ulisses e Nasão. O herói homérico tem seus feitos e atributos apresentados nos hexâmetros (verso tipicamente épico), ao passo que, nos pentâmetros (verso que particulariza a elegia), o eu poético expõe suas desventuras no exílio, mas descreve a si mesmo em oposição a Ulisses. Embora imerso no mesmo contexto de dificuldades, Nasão foi privado das características heroicas, afinal de contas, é um herói elegíaco. Ou seja, ao ser transferido para um universo épico e assumir roupagem e armas épicas, ele acaba por reafirmar seu estatuto de poeta elegíaco, na medida em que, fracassado nas empresas grandiosas, constitui-se, antes, como o oposto de herói.[334]

Além das comparações de Nasão com heróis épicos, manifestas no âmbito da constituição da personagem, também no âmbito do texto, na organização estrutural dos *Tristia*, identificam-se inúmeras aproximações com o gênero épico. Por trás do conjunto de elegias aparentemente

II – *Epistulae Nasonis*: ausência e exílio nas cartas de um semi-herói

independentes, é possível identificar uma linha narrativa que perpassa a obra e se estrutura com base em dois temas principais (tipicamente épicos): a narrativa da viagem marítima de Nasão rumo ao local de exílio e a narrativa das desventuras de Nasão nesse local, com especial destaque para as guerras constantes dos povos bárbaros.

Ora, a viagem marítima e a guerra são os dois temas tradicionais das mais célebres épicas greco-romanas, conforme se observa pelo exemplo da *Ilíada*, da *Odisseia* e da *Eneida*. A *Ilíada* versa sobre a ira de Aquiles e suas consequências para a guerra de Troia, concentrando-se especialmente na temática bélica.[335] A *Odisseia*, por sua vez, propõe-se a contar as perambulações e percalços enfrentados por Odisseu na viagem de volta para Ítaca, após a vitória sobre os troianos.[336] A *Eneida*, enfim, seria uma espécie de síntese, em doze livros, dos dois poemas de Homero: os seis primeiros cantos, das viagens de Eneias até a chegada ao Lácio, constituiriam uma *Odisseia*; os seis últimos, sobre as guerras em território itálico, corresponderiam a uma *Ilíada*. Na proposição do poema virgiliano, esses dois eixos temáticos são apresentados, e a alusão às obras homéricas se efetua por meio das palavras *arma* (referência às guerras, tema principal da *Ilíada*) e *uirum* (referência ao herói, tema principal da *Odisseia*):

> **Arma uirum**que cano, Troiae qui primus ab oris
> Italiam fato profugus Lauiniaque uenit
> litora, **multum ille et terris iactatus et alto**
> ui superum saeuae memorem Iunonis ob iram;
> **multa quoque et bello passus**, dum conderet urbem
> inferretque deos Latio, genus unde Latinum,
> Albanique patres, atque altae moenia Romae.
> (Virg. *Aen*. I, 1-7, grifos nossos)

Canto as *armas* e o *varão* que, pelo fado desterrado,
primeiro chegou das praias troianas à Itália e aos litorais
de Lavínio. Ele, *muito lançado por terras e por mar*,
pela força dos deuses e pela memorável ira de Juno cruel;
muito ainda sofreu também na guerra, até que fundasse uma cidade
e trouxesse os deuses ao Lácio, de onde vieram a estirpe latina,
os ancestrais albanos e as muralhas da alta Roma.

A proposta de bipartição da épica virgiliana remonta já à Antiguidade. Evidência disso são passagens de Sérvio Honorato, comentador de Virgílio (IV d.C.),[337] e de Macróbio (V d.C.),[338] identificadas e discutidas por Vasconcellos (2001, p. 191-192). Embora não seja um posicionamento unânime dos estudiosos da *Eneida*,[339] a organização bipartida é, sem dúvida, a interpretação mais difundida a esse respeito. Vasconcellos (2001, p. 191-207) elenca uma série de elementos textuais e estruturais que corroboram essa visão e associam, já na proposição da obra, cada uma das metades da *Eneida* a um dos poemas homéricos, numa clara retomada da temática da viagem e da temática bélica.

Na estrutura organizacional dos *Tristia*, esses dois temas épicos são reempregados, ainda que não seja de modo equivalente. O primeiro livro da obra centra-se no tema da viagem marítima e descreve a trajetória de Nasão de Roma até Tomos. No entanto, diferentemente das viagens de Odisseu e de Eneias, que eram viagens de retorno ao lar – Odisseu volta para Ítaca; Eneias retorna à terra dos ancestrais troianos (Dárdano, ascendente mítico de sua linhagem, partira da Itália para a Ásia), onde deveria fundar uma nova pátria –, a viagem de Nasão, ao contrário, é uma viagem de partida do lar e sem grandes esperanças de retorno (ainda que não lhe faltasse o desejo de retornar). Por sua vez, os livros III, IV e V dos *Tristia*[340] centram-se na temática bélica e enfocam a ameaça contínua dos povos bárbaros que habitam a região do exílio e oferecem inúmeros perigos com suas armas e sua ferocidade.

Assim, no livro I dos *Tristia*, o tema da viagem remete tanto à *Odisseia* quanto à primeira metade da *Eneida*. Com efeito, a comparação explícita com Ulisses, já discutida, figura precisamente em *Tr.* I, 5. Além disso, tal como essas duas épicas, também a épica de Nasão se inicia, conforme destacou Prata (2002, p. 49), da forma usual no gênero, isto é, *in medias res*.[341] A linha narrativa começa quando o eu poético já se encontra em meio a uma tempestade marítima, fazendo da elegia *Tr.* I, 2[342] uma súplica aos deuses em pedido de auxílio. Na elegia seguinte, *Tr.* I, 3, Nasão recorda, por meio de um *flashback*, da noite de sua partida de Roma e dos últimos momentos na Urbe. Em *Tr.* I, 4, por fim, é novamente abordado o tema da tempestade, que coloca a vida do eu poético em risco.

Também a *Eneida* principia com uma tempestade marítima que acomete a frota de Eneias. De modo semelhante, o livro II do poema virgiliano versa sobre a última noite de Troia, o incêndio da cidade e a partida

II – *Epistulae Nasonis*: ausência e exílio nas cartas de um semi-herói

dos sobreviventes, e o livro III narra as perambulações de Eneias, entre as quais se menciona um desvio de rota devido às más condições climáticas e à formação de uma tempestade no mar (Virg. *Aen.* III, 194-202). Diante disso, Prata (2007, p. 74) assinala um nítido paralelo estrutural entre as elegias I, 2; I, 3 e I, 4 dos *Tristia* e os três primeiros livros da *Eneida*.[343] Para ela, a sequência dessas elegias funciona como um marcador alusivo que retoma a cronologia da epopeia de Virgílio, na medida em que os eventos nelas narrados correspondem, respectivamente, àqueles dos livros I, II e III da *Eneida*. Desse modo, Nasão insere-se em um universo épico graças à estruturação fortemente intertextual dos *Tristia*.

Na "odisseia" de Nasão, o *tópos* épico mais evidente consiste na tempestade marítima, assunto de três elegias: *Tr.* I, 2; I, 4 e I, 11.[344] Como usual, a borrasca se impõe como um obstáculo à trajetória do herói, e todos os três poemas deixam entrever, em alguma medida, traços característicos desse *tópos*,[345] que era frequentemente empregado na Antiguidade também como exercício retórico e tema de declamações. Com efeito, a descrição de tempestade era um exemplo de *descriptio* (ou *ékphrasis*), um dos exercícios que integravam a lista de *progymnasmata* para a formação do orador. Élio Teón (*Progymn.* 118), por exemplo, a categoriza como écfrase de eventos, junto com as descrições de guerra, paz, fome, praga e terremoto. Sêneca, o Velho, por sua vez, apresenta alguns exemplos de descrições de tempestade (Sen. *Contr.* VII, 1, 1-4; *Suas.* I, 4; III, 2).

Dada a ênfase retórica da educação latina, não surpreende que Ovídio empregue largamente em suas obras elementos de exercícios como a *ékphrasis* (*descriptio*) ou a *ethopoeia* (*prosopopoeia*), uma vez que o poeta teve formação retórica e estudara em Roma com os retóricos Aurélio Fusco e Pórcio Latrão.[346] Nos *Tristia*, a descrição da tormenta é marcada pela hipérbole e pelo descontrole dos elementos da natureza, que se manifestam nos raios e relâmpagos que invadem o céu e recaem sobre o mar,[347] na força e na altura descomedida das ondas e na violência dos ventos, geralmente identificados por seus nomes:

> *Me miserum! Quanti* **montes** *uoluuntur* **aquarum**!
> *Iam iam tacturos sidera summa putes.*   20
> *Quantae diducto subsidunt aequore ualles!*
> *Iam iam tacturas Tartara nigra putes.*
> (Ov. *Tr.* I, 2, 19-22, grifos nossos)

Ai de mim! Quantas *montanhas de água* se revolvem!
    Já já, pensar-se-á, tocarão os astros supremos.   20
Quantos vales afundam apartando as ondas!
    Já já, pensar-se-á, tocarão o negro Tártaro.

*Inter utrumque **fremunt** inmani murmure **uenti**.*   *25*
    Nescit, cui domino pareat, unda maris.
*Nam modo purpureo uires capit **Eurus** ab ortu,*
    *nunc **Zephyrus** sero uespere missus adest,*
*nunc sicca gelidus **Boreas** bacchatur ab Arcto,*
    *nunc **Notus** aduersa proelia fronte gerit. 30*
    (Ov. *Tr.* I, 2, 25-30, grifos nossos)

Entre eles *rugem os ventos* com brutal murmúrio.   25
    A água do mar não sabe a que amo obedecer.
Pois ora o *Euro* se aviva desde o purpúreo oriente,
    ora o *Zéfiro* vem enviado do tardio ocidente,
ora o gélido *Bóreas* se enfurece desde a seca Ursa,
    ora o *Noto* combate com face contrária.[348]   30

Além disso, na elegia I, 4, o eu poético assinala as partes de seu barco golpeadas pelas ondas e ventos, de modo a descrever os ruídos causados pela procela e pela destruição como lamentos em razão de seu exílio: "Ressoa o madeirame de pinho, os cabos batidos com estridor,/ e até a quilha deplora os meus males." – *Pinea texta sonant, pulsi stridore rudentes,/ ingemit et nostris ipsa carina malis* (Ov. *Tr.* I, 4, 9-10). Assim, o navio, por inteiro, sofre os males do eu poético; e a tempestade, nesta elegia, parece refletir a interioridade de Nasão, atormentado pela condenação ao exílio. Nessa perspectiva, o *tópos* tipicamente épico é adaptado para o contexto elegíaco como uma forma de expressar a agitação interior da personagem, que teme e padece, infeliz, as agruras de ter sido enviada a Tomos.[349]

Por sua vez, o efeito da tempestade sobre os tripulantes é de completo desnorteamento. O piloto não consegue reger o barco e, tomado de medo, perde suas habilidades e torna-se incapaz de exercer o ofício: "O piloto, pálido de gélido temor, vencido,/ agora obedece, não guia o barco com arte" – *Nauita confessus gelidum pallore timorem,/ iam sequitur uictus, non regit arte ratem* (Ov. *Tr.* I, 4, 11-12).[350] Nessas circunstâncias, ao modo de outros heróis, também Nasão dirige súplicas aos deuses em pedido de auxílio. Para Ingleheart (2006, p. 74), inclusive, toda a elegia I, 2 consistiria em uma versão expandida das preces feitas por Odisseu e Eneias diante das tempestades que enfrentaram.[351] Conforme destaca a estudiosa, esses dois heróis épicos, célebres por terem singrado os mares após a Guerra de Troia como "exilados", teriam um papel programático na elegia I, 2 dos *Tristia*. Isso contribui para aproximar Nasão dessas personagens e, assim, ampliar os limites da elegia rumo à épica.

É interessante notar que as descrições da tempestade (cena tipicamente épica) nessas elegias dos *Tristia* têm um forte caráter metapoético. Por vezes, os termos empregados para caracterizar a borrasca e seus elementos são adjetivos programáticos para designar o gênero épico (como *grauis*), ou então a negação de adjetivos que identificam o gênero elegíaco (como *leuis*):

Verba miser frustra non proficientia perdo.
　　*Ipsa **graues** spargunt ora loquentis aquae* [...]
Quocumque aspicio, nihil est nisi pontus et aer,
　　*fluctibus hic **tumidus**, nubibus ille minax.* [...]
***Nec leuius** tabulae laterum feriuntur ab undis,*
　　*quam **graue** balistae moenia pulsat **onus**.*
(Ov. *Tr.* I, 2, 13-14; 23-24; 47-48, grifos nossos)

Infeliz, em vão gasto inúteis palavras.
　　Ao falar, *volumosas* ondas inundam-me a face [...]
Para onde quer que eu olhe, nada há senão mar e ar,
　　um *inchado* de ondas, o outro minaz pelas nuvens. [...]
O costado é golpeado por ondas *não mais suaves*
　　que o *enorme peso* com que a balista bate as muralhas.

As ondas que atingem o barco e se lançam contra o eu poético são *graues* (v. 14) e *nec leuius* (v. 47); o próprio mar é *tumidus* (v. 24). Por um lado, esses adjetivos podem ser compreendidos literalmente, servindo para assinalar a violência e a força da tempestade. Todavia, sob uma perspectiva metapoética, eles remetem à poesia épica, de tom grandioso, elevado ou mesmo empolado. Portanto, ao serem descritos por esses termos, tanto o mar quanto as ondas são identificados como aspectos pertencentes à épica, o que ainda é reforçado pelo símile final com a balista, de teor nitidamente bélico. Assim, Nasão se vê não apenas confrontado com a borrasca, mas, especialmente, com o gênero épico, cujos elementos invadem o poema do mesmo modo que as ondas inundam sua embarcação. Embora seja poeta elegíaco e escreva dísticos, ele elabora um poema de aspecto marcadamente épico e anuncia, de certa forma, uma adesão (ainda que parcial, posto que permanecem os dísticos) a esse gênero.

O caráter metapoético das elegias tematizando a tempestade também se manifesta no emprego feito do vocábulo *corpus*. Como frequentemente ocorre na poesia ovidiana, termos como *corpus* ou *pes* adquirem duplo sentido. Por um lado, designam o corpo físico da personagem; por outro, têm sentido literário e se referem ao corpo de poemas ou ao pé métrico do verso. Esse uso ambíguo ocorre no seguinte trecho: "Não sabe que meu *corpo* é lançado pelo imenso mar,/ nem que é levado pelos ventos, nem que vem vindo a morte." – *Nescit in inmenso iactari* **corpora** *ponto,/ nescit agi uentis, nescit adesse necem* (Ov. *Tr.* I, 2, 39-40, grifos nossos). O "corpo" que é lançado em meio à tempestade, à primeira vista, é o do próprio poeta, que navega rumo ao local de exílio e é submetido às intempéries marítimas. Ao mesmo tempo, porém, o termo pode ser atribuído ao *corpus* poético de Nasão, ao conjunto dos poemas que compõem esse primeiro livro dos *Tristia*. Nessa perspectiva, a imagem predominante é a das folhas de papiro sendo espalhadas pelo vento e caindo no mar. A ambiguidade de *corpus* fica ainda mais patente na última elegia do livro I, que tematiza a escrita de versos em meio à tempestade:

> *Non haec in nostris, ut quondam, scripsimus hortis,*
>   *nec, consuete, **meum**, lectule, **corpus** habes.*
> ***Iactor** in indomito, brumali luce, profundo;*
>   ***ipsa**que caeruleis **charta** feritur aquis.*   40
>   (Ov. *Tr.* I, 11, 37-40, grifos nossos)

> Não os escrevi, como outrora, em meus jardins,
>   nem tens, costumeiro leito, *meu corpo*.
> Sob a luz brumal, a indômitos abismos *sou lançado*,
>   e *o próprio papiro* por águas azuis é golpeado.   40

Nasão esclarece que as circunstâncias de sua escrita poética não são as mesmas, e que a relegação afetou diretamente seu processo de composição.

II – *Epistulae Nasonis*: ausência e exílio nas cartas de um semi-herói

Se antes ele possuía a tranquilidade dos jardins e podia recostar o corpo em seu leito, agora ele se encontra em meio aos perigos e ameaças de violenta borrasca. Considerando-se a ambiguidade do termo *corpus* (corpo físico da personagem, mas também seu "corpo" poético), o "leito" que costumava abrigá-lo poderia ser entendido como a poesia elegíaca habitualmente praticada pelo poeta. Porém, diante dos percalços de uma tempestade marítima, o gênero elegíaco, como tradicionalmente definido, torna-se incapaz de encerrar os versos de Nasão, que se direcionam agora ao gênero épico. O último dístico citado ilustra bem o duplo sentido de *corpus*: ele designa o corpo do eu poético, como bem assinala o verbo em primeira pessoa (*iactor*, v. 39), cujo sujeito é Nasão; mas remete também à própria obra (o *corpus* poético), na medida em que, no pentâmetro, é o "próprio papiro" (*ipsa charta*, v. 40) que é golpeado pelas águas e desempenha a função de sujeito do verbo.

A metapoesia marca também os versos finais dessa elegia, que termina junto com a tempestade: "A procela vença o homem! Contudo, a um só tempo,/ rogo, ponha eu fim ao poema, e ela cesse." – *Vincat hiems hominem! Sed eodem tempore, quaeso,/ ipse modum statuam carminis, illa sui* (Ov. *Tr.* I, 11, 43-44). O fim da tempestade coincide não só com o fim do poema, mas também com o fim do primeiro livro de elegias, que é precisamente aquele que enfoca as viagens de Nasão. Na sequência dos livros III, IV e V, a temática é majoritariamente bélica e corresponde a uma espécie de "ilíada" (ou à segunda metade da *Eneida* virgiliana). Esses dois temas épicos predominantes – viagem e guerra – são explicitamente apresentados na última elegia do livro I, como se já a anunciar a mudança da épica de viagem para a épica de guerra:

Attigero portum, portu terrebor ab ipso: 25
  *plus habet infesta **terra** timoris **aqua**.*
*Nam simul insidiis **hominum pelagique** laboro,*
  *et faciunt geminos **ensis** et **unda** metus:*
ille meo uereor ne speret sanguine praedam,
  haec titulum nostrae mortis habere uelit. 30
Barbara pars laeua est auidaeque adsueta rapinae,
  *quam **cruor** et **caedes bella**que semper habent.*
*Cumque sit hibernis **agitatum fluctibus aequor**,*
  pectora sunt ipso turbidiora mari.
  (Ov. *Tr.* I, 11, 25-34, grifos nossos)

Alcançando o porto, até o porto será meu terror: 25
    mais que a *água* hostil, a *terra* contém temor.
Pois sofro ardis de *homens* e do *mar* a um só tempo,
    e *espada* e *onda* causam duplo medo:
uma, receio, espera a presa de meu sangue,
    a outra quer ter a glória de minha morte.   30
Bárbara é a terra a oeste, afeita à ávida rapina,
    sempre *sangue, matança* e *guerras* a dominam.
Embora por *ondas* invernais *se agite* o *mar*,
    meu peito é mais revolto do que o mar.

Nasão, aproximando-se do destino de seu exílio, situa-se entre os perigos do mar e as ameaças de uma terra hostil. Ao longo do trecho, esses dois temas épicos são evocados em pares: *terra* e *aqua* (v. 26); *hominum* e *pelagi* (v. 27); *ensis* e *unda* (v. 28); *cruor, caedes, bella* (v. 32) e *agitatum fluctibus aequor* (v. 33). Com isso, fica sugerida a transição da temática de viagem no mar, centrada no livro I, para a temática da guerra, que é foco dos livros III, IV, e V.[352] A "ilíada" de Nasão aborda as guerras e os ataques promovidos pelos povos bárbaros que habitam a região de Tomos e ameaçam constantemente a cidade. São abundantes as descrições desses povos como inimigos ferozes e os símiles que os aproximam de animais selvagens, como os lobos ou ursos. Além disso, são mencionadas suas armas e seus instrumentos de guerra e os frágeis meios de defesa empregados por Nasão.

A esse respeito, Barchiesi (1997, p. 24) comenta que a poesia de exílio ovidiana representa um *uir* cercado por *arma*, e que o destino colocou o poeta em uma posição ideal para testar sua relação com a épica augustana. Conforme o estudioso (1997, p. 34) esclarece, as armas que os bárbaros às margens do Mar Negro portam são características do tipo de poesia que Ovídio evitou durante toda a sua vida, instaurando-se um contraste entre os traços épicos dos *Tristia* e a poética elegíaca anterior.

Não obstante, a "ilíada" de Nasão incorpora sutilmente, por meio de estratégias metapoéticas, elementos do âmbito elegíaco. Com isso, a usual oposição entre poesia épica e elegia é momentaneamente suspensa, e Ovídio parece sugerir a possibilidade de os versos elegíacos abrigarem, ainda que com certa tensão, assuntos heroicos. Essa ampliação das fronteiras do gênero, que passa a agregar elementos de outras proveniências,

II – *Epistulae Nasonis*: ausência e exílio nas cartas de um semi-herói

confere às elegias dos *Tristia* um caráter híbrido. Isso, porém, não é novidade da poesia de exílio.

Já nos *Amores*, Nasão pretendera estender os limites do gênero para além do amor, anunciando sua tentativa de compor uma épica de inspiração virgiliana, iniciada com o mesmo vocábulo (*arma*) de abertura da *Eneida*: "Armas e violentas guerras, em ritmo grave, preparava-me/ para cantar, sendo a matéria conveniente ao metro./ Igual era o verso inferior – Cupido,/ diz-se, riu e surrupiou um pé." – *Arma graui numero uiolentaque bella parabam/ edere, materia conueniente modis./ Par erat inferior uersus – risisse Cupido/ dicitur atque unum surripuisse pedem* (Ov. *Am.* 1-4). Algo semelhante ocorre na elegia que abre o segundo livro dos *Amores*: o eu poético afirma que sua composição de uma Gigantomaquia foi interrompida pela recusa da amada, que lhe fecha a porta e, assim, dá ensejo para a composição de elegia amorosa:

> ***Ausus eram****, memini, caelestia dicere bella*
>   *centimanumque Gyen (et satis oris erat),*
> *cum male se Tellus ulta est, ingestaque Olympo*
>   *ardua deuexum Pelion Ossa tulit;*
> *in manibus nimbos et cum Ioue fulmen habebam,*   15
>   *quod bene pro caelo mitteret ille suo.*
> *Clausit amica fores: ego cum Ioue fulmina misi;*
>   *excidit ingenio Iuppiter ipse meo.* [...]
> ***Blanditias elegosque leuis****, mea tela, resumpsi;*
>   ***mollierunt*** *duras **lenia** uerba fores.*
> (Ov. *Am.* II, 1, 11-18; 21-22, grifos nossos)

> *Eu ousara, bem me lembro, narrar as guerras celestes*
>   *e Giges de cem mãos (e tinha peito o bastante),*
> *como a Terra injustamente se vingou e, posto sobre o Olimpo,*
>   *o elevado Ossa carregou o íngreme Pélion;*
> *nas mãos eu tinha nuvens e, com Júpiter, o raio,*   15
>   *que ele bem lançaria em prol de seu céu.*
> *Fechou-me a porta a amada: com Júpiter, lancei o raio;*
>   *o próprio Júpiter esvaiu-se de meu engenho.* [...]
> *Branduras e leves elegias, meus dardos, reassumi;*
>   *palavras doces amoleceram as duras portas.*

Nasão se apresenta como poeta épico, cantor de assuntos elevados, como a guerra entre os deuses e os Gigantes, que tentaram alcançar e destruir o Olimpo. Todavia, como em *Am.* I, 1, ele é desviado da empresa épica – não por falta de capacidade ou talento para empreendê-la, mas por um elemento externo que interfere sobre sua atividade poética: a amada que lhe fecha a porta é o ensejo para a composição de versos elegíacos. Nesses dois exemplos dos *Amores*, embora haja uma incorporação momentânea da épica pela elegia, especialmente na autorrepresentação do eu poético, ele é coagido a abandonar o gênero mais elevado. Desse modo, Nasão se configura como um semi-herói, participante de uma quase-épica, pois frustrada em meio à sua composição. De forma similar, também no âmbito do exílio, Nasão aspira ao universo épico e incorpora vários de seus traços nas elegias, mas, ainda assim, persiste sendo um poeta elegíaco. Sob esse aspecto, assim como o dístico é quase um par de hexâmetros, Nasão é quase um herói épico.

Nos *Tristia*, a temática bélica é evidente na seguinte passagem, que descreve o ataque dos povos inimigos e apresenta vários termos do universo guerreiro (*fera bella, rapto, defenditur, hostis, praedam, muros, tela*):

> *Innumerae circa gentes **fera bella** minantur,*   15
> *   quae sibi non **rapto** uiuere turpe putant.*
> *Nil extra tutum est: tumulus **defenditur** ipse*
> *   moenibus **exiguis** ingenioque loci.*
> *Cum minime credas, ut aues densissimus **hostis***
> *   aduolat et **praedam** uix bene uisus agit.*   20
> *Saepe intra **muros** clausis uenientia portis*
> *   per medias legimus noxia **tela** uias.*
> (Ov. *Tr.* V, 10, 15-22, grifos nossos)

Inúmeros povos ao redor ameaçam *feras guerras*,   15
   julgam torpe para si viver sem *rapina*.
De fora, nada é seguro: a própria colina *é defendida*
   por *ínfimas* muralhas e pela natureza do lugar.
Embora pouco se creia, o numeroso *inimigo*, como aves,
   voa e, visto a custo, toma a *presa*.   20
Fechadas as portas, amiúde colhemos dentro dos *muros*
   flechas nocivas que chegam pelo meio das ruas.

II – *Epistulae Nasonis*: ausência e exílio nas cartas de um semi-herói

Em meio à ambientação marcadamente épica que cerca o eu poético, com vocábulos que sugerem tanto o ataque dos povos bárbaros quanto a tentativa de defesa da cidade, chama a atenção o emprego de um adjetivo que é programaticamente usado para designar o gênero elegíaco: *exiguis* (v. 18). Algo semelhante ocorre também em outros trechos com temática bélica. O eu poético, cercado pela guerra próxima, metonimicamente identificada com o nome de Marte, protege-se contra os inimigos por meio de um muro *breuis*:

> *Nec me tam cruciat nunquam sine frigore caelum,*   65
>   *glebaque canenti semper obusta gelu,*
> *nesciaque est uocis quod barbara lingua Latinae*
>   *Graecaque quod Getico uicta loquela sono est,*
> *quam quod finitimo cinctus premor undique* **Marte**,
>   *uixque* **breuis** *tutos murus ab* **hoste** *facit.* 70
> (Ov. *Tr.* V, 2, 65-70 [V, 2b, 21-26], grifos nossos)

> Não me flagelam tanto o clima jamais sem frio,   65
>   o solo sempre queimado por branco gelo,
> a bárbara língua que desconhece os sons latinos
>   e os termos gregos vencidos por sotaque gético,
> quanto ser oprimido, de todo cercado por *Marte* vizinho,
>   e a custo *estreito* muro protege-me contra o *inimigo*.   70

Curiosamente, as ocorrências de adjetivos programáticos do gênero elegíaco nas descrições de guerra dos *Tristia* estão sempre vinculadas ao contexto de defesa: as muralhas que defendem a cidade são *exiguis*, o muro que protege contra o inimigo é *breuis*. A intrusão da elegia como meio de defender o eu poético adquire fortes conotações metapoéticas. Isso fica evidente se considerarmos ainda outro trecho de temática bélica, que, embora não contenha nenhum dos adjetivos que caracterizam a elegia, apresenta o verbo *defendo* (v. 7):

> *Me sciat in media uiuere* **barbaria**.
> *Sauromatae cingunt,* **fera gens**, *Bessique Getaeque,*   5
>   *quam non ingenio nomina digna meo!*
> *Dum tamen aura tepet, medio* **defendimur** *Histro:*

> *ille suis liquidis **bella** repellit aquis.*
> (Ov. *Tr.* III, 10, 4-8, grifos nossos).

> Saiba que vivo em meio à *barbárie*.
> Cercam-me os sármatas, *povo feroz*, os bessos e os getas,   5
> nomes quão indignos de meu engenho!
> Enquanto a brisa é morna, *defende-nos* o Istro no meio:
> líquido, ele afasta as *guerras* com suas águas.

Nasão está cercado por povos bárbaros e belicosos, que encarnam os traços da poesia épica; apenas as águas do rio Istro o separam desse universo de guerra. Além de servir como uma defesa contra os bárbaros, o rio tem também uma significação metapoética. Na poesia latina, a imagem da água corrente ou da fonte de águas é frequentemente usada como metáfora para a inspiração poética.[353] Assim, o Istro, enquanto barreira que afasta os guerreiros bárbaros, representa metapoeticamente um afastamento do gênero épico. O rio que flui com águas líquidas constitui uma metáfora para a atividade poética – mais especificamente, uma metáfora para a poesia elegíaca, que afasta e recusa a guerra e os combates dos povos bárbaros, pois não são assuntos adequados para o engenho de Nasão.

Não obstante, nesta mesma elegia III, 10, é descrito o inverno em Tomos e, nessas circunstâncias, o rio congela completamente e permite a passagem dos povos bárbaros. O congelar das águas as paralisa, o que, no âmbito metapoético, corresponderia a um congelamento da atividade poética. Desse modo, enquanto as águas do rio correm líquidas, a guerra se mantém afastada: a capacidade de criação poética flui para Nasão, e ele compõe elegias. Porém, quando o rio se converte em gelo e dá acesso aos povos hostis, predomina o universo bélico, e o próprio talento de Nasão parece congelar-se para a composição elegíaca.

Nesse contexto, resta-lhe apenas escrever sobre as guerras e ensaiar assuntos épicos; por isso, suas elegias adquirem temática guerreira, e os *Tristia* incorporam diversos elementos desse gênero mais elevado. Todavia, a intrusão da elegia no universo bélico e, especialmente, no âmbito da defesa do eu poético constitui uma espécie de resistência do gênero elegíaco: Nasão continua sendo um poeta de elegias, e o uso dos adjetivos programáticos sugere sutilmente uma *recusatio* em se render inteiramente à épica. Portanto, o que se observa é uma ampliação das fronteiras do gênero elegíaco, que, com Ovídio, torna-se capaz de abrigar matérias variadas.

Essa incorporação do épico no dístico elegíaco ilustra a pretensão ovidiana e a ousadia do poeta em se aventurar em um gênero mais elevado. Porém, assim como nas elegias dos *Amores*, também nos *Tristia* a empresa épica de Nasão não se concretiza, e, em meio ao percurso, ele se desvia (ou mesmo se defende) dela por meio da elegia. Não mais um oposto à épica, como é usual no *tópos* da *recusatio*, a poesia ovidiana se configura antes como uma quase épica, fazendo de Nasão um semi-herói.

A "tragédia" de Nasão

Farrell (2009, p. 377), comentando sobre a elegia III, 2 das *Epistulae ex Ponto*, na qual é narrada uma antiga história que se identifica com o enredo da peça *Ifigênia em Táuris*, de Eurípides, afirma que "essa inesperada intrusão transforma o local da relegação de Ovídio em uma paisagem autenticamente 'trágica' e torna sua poesia de exílio, portanto, mais autenticamente trágica que o próprio Eurípides".[354] Diante disso, o estudioso lista algumas ocorrências de relatos de mitos trágicos em elegias de exílio ovidianas. Todavia, mais do que os temas ou figuras trágicas, é possível identificar, na estrutura composicional dos *Tristia*, diversos elementos que definem as condições do trágico, muito embora a obra não contenha o formato estrito do gênero tragédia.[355] Não por acaso, a história de Nasão foi responsável por inspirar, posteriormente, a criação de peças trágicas, como a obra de Sir Aston Cockain, poeta inglês do século XVII, denominada *The tragedy of Ovid*.[356]

Um dos aspectos estruturais característicos da tragédia, segundo a descrição de Aristóteles, é a presença de uma "peripécia" (*peripéteia*). Trata-se, segundo ele, da "mudança dos acontecimentos para o seu reverso, mas isto, como costumamos dizer, de acordo com o princípio da verossimilhança e da necessidade" (Arist. *Poet.* XI. 1452a 20-25, trad. A. Valente, 2008, p. 57). A presença de uma reviravolta na "vida" de Nasão, identificada com a condenação ao exílio, é referida em diversas passagens dos *Tristia*:

> His mando dicas, inter mutata referri
>   **fortunae uultum** corpora posse **meae**.   120
> Namque ea dissimilis subito est effecta priori,

flendaque nunc aliquo tempore laeta fuit.
(Ov. *Tr.* I, 1, 119-122, grifos nossos)

Encarrego-te de lhes dizer que entre os corpos mudados
  pode-se contar o *rosto de minha fortuna*.   120
Pois ela de súbito se fez diversa da anterior,
  lastimável agora, outrora foi próspera.

O eu poético apresenta o exílio como uma brusca modificação de sua fortuna, que passou de próspera, enquanto poeta célebre em Roma, para lastimável, como exilado nos confins do Império. Essa mudança dos acontecimentos para o seu reverso é exatamente o que constitui a peripécia trágica, que, no caso, se explica pela instabilidade da fortuna humana. O tema é recorrente na poesia dos *Tristia*, e Nasão descreve a fortuna por meio de termos e expressões que põem em destaque seu caráter mutável, dúbio e inconstante:

Passibus ambiguis *Fortuna **uolubilis errat**   15*
  et manet in nullo certa tenaxque loco,
*sed **modo** laeta uenit, uultus **modo** sumit acerbos,*
  *et tantum **constans in leuitate** sua est.*
(Ov. *Tr.* V, 8, 15-18, grifos nossos)

Com *passos dúbios* a Fortuna *volúvel vaga*   15
  sem permanecer certa e sólida em lugar nenhum,
mas *ora* vem alegre, *ora* assume feições amargas,
  e é *constante* apenas *em sua inconstância*.

A tópica da fortuna volúvel também pode ser observada nos *Tristia*, muitas vezes sob a forma de máximas ou de conselhos. Nasão alerta um de seus amigos sobre as inversões da sorte humana, que ora ergue, ora rebaixa os homens,[357] numa imagem que será bastante explorada no período medieval por meio da representação da "roda da Fortuna".[358] A ideia da Fortuna que dá e tira é expressa por um axioma,[359] e a própria situação do eu poético é apresentada como um exemplo concreto dessa natureza mutável: quando era venturoso, Nasão possuía inúmeros amigos; porém, tendo sido condenado ao exílio, perdera as amizades.[360] Portanto, a ocorrência de uma

II – *Epistulae Nasonis*: ausência e exílio nas cartas de um semi-herói

reviravolta na "vida" da personagem, atribuída à ação da Fortuna, colore de tons trágicos a história de Nasão.

Além disso, a autobiografia literária constituída nos *Tristia* apresenta as três condições ou componentes do trágico listados por Mafra (2010, p. 73): a *hamartia*, a *hybris* e a *moira* (ou destino). A *hamartia* diz respeito a uma falha trágica, é o erro responsável por desencadear a tragédia. Ao comentar sobre o perfil do herói trágico, Aristóteles explica que ele não deve ser nem inteiramente bom, nem inteiramente mau, mas possuir um estatuto intermediário. Trata-se, ademais, de alguém ilustre, cujo infortúnio resulta de um erro:

> Restam-nos então aqueles que se situam *entre uns e outros*. Essas pessoas são tais que *não se distinguem nem pela sua virtude nem pela justiça*; tão-pouco caem no infortúnio devido à sua maldade ou perversidade, mas em consequência de *um qualquer erro* (*hamartía*), integrando-se no número daqueles que gozam de grande fama e prosperidade, como Édipo e Tiestes, ou outros *homens ilustres* oriundos de famílias com esse mesmo estatuto. (Arist. *Poet.* XIII. 1453a 8-10, trad. A. M. Valente, grifos nossos)

Conforme esclarece Pereira (2012, p. 401), o termo *hamartia* relaciona-se etimologicamente com o verbo *hamartano*, que significa "errar" ou, em sentido figurado, "interpretar erradamente" ou cometer uma falta moral. Analisando a ocorrência do termo e seus correlatos em outras obras de Aristóteles (*Rhet.* I. 1324b 7-9; *Et. Nic.* V. 1135b 16-25), a estudiosa (2012, p. 402) conclui que "*hamartia* ou *hamartema* não é criminoso nem voluntário. Provém de um erro de juízo. Não deverá dar-se-lhe, portanto, uma interpretação moralizante". Desse modo, a tragédia se caracteriza pela passagem da felicidade para a desventura em razão de um erro qualquer.

O segundo componente trágico, a *hybris*, consiste na "falta ou pecado daquele que é excessivo, orgulhoso, insolente etc., qualidades pelas quais um homem entra em conflito com outro homem ou com os deuses, ou com outras forças superiores" (Mafra, 2010, p. 76). De acordo com o estudioso (2010, p. 76-77), esse conceito não está claro na *Poética* de Aristóteles, e a ideia do trágico como desmedida ou transgressão do que é justo proviria da filosofia pré-socrática, conforme evidencia o fragmento 94 de Heráclito: "O sol não ultrapassará as medidas; se o fizer, as Eríneas, ajudantes de Dike, o encontrarão" (trad. E. Leão, 1980, p. 115). Essa ultrapassagem da medida (*metron*) é o que constitui a *hybris*.

Finalmente, a terceira condição trágica mencionada por Mafra (2010, p. 80-81) é a *moira* ("parte" ou "lote"), que designa "aquilo que a cada um cabe em sorte na vida", isto é, o destino ou a fatalidade. Mafra (2010, p. 81) assinala que a *moira* era, para os gregos, uma "força superior e externa", predeterminada e irrevogável, diante da qual o homem se torna impotente. O termo se associa à figura das Erínias (ou das Fúrias, em contexto latino) e está fortemente ligado à noção de *fatum* ("fado").

Ora, todas essas três condições, que podem ser consideradas elementos estruturais ou essenciais do trágico, manifestam-se nos *Tristia*. A noção de *moira* da tragédia grega tem como correspondente, nas elegias ovidianas, a ideia de *fatum*. Segundo afirma o eu poético, a pena de condenação ao exílio diz respeito a algo que já estava previsto e predeterminado por seus *fata*: "Meus *fados* decerto me arrastavam para a pena,/ fecham toda via de bom proveito." – *Sed mea me in poenam nimirum **fata** trahebant:/ omne bonae claudunt utilitatis iter* (Ov. Tr. III, 6, 15-16, grifo nosso). O desígnio dos fados está acima da vontade individual de Nasão e a ele se impõe irremediavelmente, como bem demarca o uso do verbo *traho*: o destino arrasta a personagem para a punição.

O desenlace inevitável, além disso, fundamenta-se em um "erro" (*hamartia*) e em uma "desmedida" (*hybris*) de Nasão. Esses elementos ficam bastante evidentes quando o eu poético menciona os dois crimes que foram a causa de sua condenação ao exílio – um poema e um erro: "Embora dois crimes tenham-me perdido, um *poema* e um *erro*,/ do segundo feito devo silenciar a culpa." – *Perdiderint cum me duo crimina, **carmen** et **error**,/ alterius facti culpa silenda mihi* (Ov. Tr. II, 207-208, grifos nossos). O verbo *perdo* assinala a situação trágica, na qual o *error* tem o valor de falha trágica e o *carmen* expressa a *hybris* do poeta.

Ainda que o *error* de Nasão não seja especificado ou comentado abertamente, ele é considerado um dos motivos para a reviravolta na fortuna da personagem. A mudança brusca instaurada na "vida" do poeta inverteu completamente os acontecimentos, a ponto de Nasão afirmar que duvidaria dos oráculos de Delfos e Dodona caso eles lhe tivessem previsto o exílio junto ao Ponto Euxino.[361] A menção do erro seguida pela referência aos oráculos, que estão com frequência presentes nas tragédias, contribui para reforçar ainda mais a condição trágica da personagem.

Além disso, o eu poético faz questão de assegurar que seu *error* não foi voluntário ou premeditado, mas resultou da insciência: "Sou punido porque

II – *Epistulae Nasonis*: ausência e exílio nas cartas de um semi-herói

olhos inscientes viram um crime,/ e meu *delito* é ter possuído olhos." – **Inscia** *quod crimen uiderunt* **lumina**, *plector,/* **peccatum***que oculos est habuisse meum.* (Ov. *Tr.* III, 5, 49-50, grifos nossos). Assim como a falha trágica, o delito de Nasão é atribuído a um "acaso" (*casu*), que fez seus olhos testemunharem um mal funesto (Ov. *Tr.* III, 6, 27-28). O caráter involuntário do *error* e sua relação com os olhos e visão têm fortes rememorações trágicas. Talvez uma das lembranças mais imediatas seja a figura de Édipo, que cometeu de modo insciente os dois crimes que lhe haviam sido previstos pelo oráculo (o assassinato do pai e o conúbio com a mãe) e, ao dar-se conta de seus atos, cegou os próprios olhos e privou-se da visão. Todavia, é à figura trágica de Acteão que o eu poético dos *Tristia* se compara explicitamente ao lastimar o seu *error*:

> *Cur aliquid uidi? Cur noxia* **lumina** *feci?*
> *Cur* **imprudenti** *cognita culpa mihi?*
> *Inscius* **Actaeon** *uidit sine ueste Dianam:* 105
> *praeda fuit canibus non minus ille suis.*
> (Ov. *Tr.* II, 103-106, grifos nossos)

> Por que vi aquilo? Por que tornei culpados os *olhos*?
> Por que descobri, *desacautelado*, uma culpa?
> Acteão, *insciente*, viu Diana despida: 105
> ele foi não menos que a presa dos próprios cães.

A insciência e a culpa dos olhos aproximam as duas personagens em seu *error*, que, ainda que involuntário, torna-se motivo de punição: Acteão o paga com a morte, dilacerado pelos próprios cães; Nasão, igualmente, é castigado com a morte representada pelo exílio. De fato, simbolicamente, pode-se considerar que também Nasão teve seu corpo dilacerado; ao separar-se da pátria, uma parte de si mesmo permaneceu em Roma, conforme ele próprio adverte: o eu poético considera, por exemplo, que a esposa é sua outra metade e que, apesar de desterrado, ele sobrevive por meio dela (Ov. *Tr.* I, 2, 44), ou então afirma que a única parte de si que figura em Roma, isenta do exílio, é o seu nome (Ov. *Tr.* III, 4, 45-46). Essa dilaceração de Nasão, porém, tem sua melhor representação na imagem dos poemas que ele envia a Roma: os escritos são parte de seu *corpus* (no duplo sentido do termo), que se despedaça para ser enviado à Urbe, enquanto o poeta persiste exilado.

Assim, a citação do *exemplum* de Acteão e sua aproximação da figura de Nasão contribuem para conferir ao eu poético dos *Tristia* o estatuto de herói trágico. Ademais, a descrição que Nasão oferece de si mesmo ao mencionar seu erro em muito equivale ao perfil do herói trágico descrito na *Poética* aristotélica:

> *Illa nostra die, qua me malus abstulit **error**,*
> *parua quidem **periit**, sed sine labe domus,* 110
> *sic quoque parua tamen, patrio dicatur ut aeuo*
> ***clara** nec ullius **nobilitate** minor,*
> *et neque diuitiis nec paupertate notanda,*
> ***unde sit in neutrum conspiciendus eques.***
> *Sit quoque nostra domus uel censu parua uel ortu,* 115
> ***ingenio** certe non latet illa meo.*
> (Ov. *Tr.* II, 109-116, grifos nossos)

Naquele dia em que o maldito *erro* me arrebatou,
 pereceu minha casa, decerto modesta, mas sem mancha; 110
ainda que assim modesta, é dita *ilustre* pelo tempo dos ancestrais,
 e não menor em *nobreza* que qualquer outra,
nem censurável por riqueza nem pobreza,
 donde um cavaleiro não deve destacar-se por uma nem outra.
Seja ainda minha casa modesta pelo censo ou pela origem, 115
 decerto não é obscura por meu *engenho*.

Nasão pode ser considerado um homem ilustre, tanto pela linhagem de seus ancestrais e nobreza de sua casa (v. 111-112) quanto por provir de uma família de cavaleiros (v. 114). De fato, assim como o típico herói trágico, na concepção aristotélica, está no meio termo, também o eu poético se situa numa posição mediana entre a pobreza e riqueza (v. 113) e assinala a importância de não se destacar em um extremo nem em outro. Ademais, pode-se dizer que Nasão gozava de certa fama e prosperidade (como convém ao herói da tragédia grega), especialmente em razão do seu *ingenium*, que o tornara célebre (v. 116).

Ora, é precisamente o *ingenium* de Nasão que o conduz à desmedida. Quintiliano, ao comentar sobre os poetas greco-romanos que devem ser conhecidos pelos oradores, afirma que, além de escrever versos lascivos,

II – *Epistulae Nasonis*: ausência e exílio nas cartas de um semi-herói

"Ovídio também é *excessivamente* amante de seu engenho" – *Ouidius et **nimium** amator ingenii sui* (Quint. *Inst.* X, 1, 88, grifos nossos). O caráter excessivo, assinalado pelo advérbio *nimium*, expressa a *hybris* de Nasão enquanto poeta. De fato, como evidenciam trechos de várias de suas obras, Nasão louva e reverencia a si mesmo e ao seu talento, e seus versos constantemente reafirmam a grandiosidade e a fama de seu nome. Nítido exemplo disso é quando o eu poético, nos *Remedia amoris*, desafia a Inveja[362] e defende o próprio sucesso poético a ponto de se comparar a Virgílio:

> *Rumpere, Liuor edax:* **magnum iam nomen** *habemus;*
>   **maius erit**, *tantum quo pede coepit eat.*   *390*
> *Sed nimium properas: uiuam modo, plura dolebis;*
>   *et capiunt anni carmina multa mei.*
> *Nam iuuat et studium famae mihi creuit honore;*
>   **principio cliui** *noster anhelat equus.*
> *Tantum se nobis elegi debere fatentur,*   *395*
>   *quantum Vergilio nobile debet epos.*
> (Ov. *Rem. Am.* 389-396, grifos nossos)

> Rende-te, Inveja voraz: *já* tenho *nome grandioso*;
>   e *será maior*, tanto mais seguir com o pé que começou.   390
> Demasiado te apressas: tão só viverei, mais sofrerás;
>   e meus anos conquistarão muitos poemas.
> Pois o gosto da fama apraz e me cresceu com a estima;
>   meu cavalo arqueja no *princípio da subida*.
> As elegias confessam dever tanto a mim   395
>   quanto a nobre épica deve a Virgílio.

Nasão coloca-se acima da Inveja e apresenta-se como imune a ela, na medida em que foi capaz de atingir fama e renome já no início de sua carreira poética, como bem expressa a metáfora do cavalo no "princípio da subida" (*principio cliui*, v. 394). Além disso, ao equiparar-se a Virgílio, que era considerado o maior e mais célebre poeta épico até então existente em língua latina (e mesmo comparável a Homero),[363] o eu poético não apenas se reconhece como um grande poeta, mas também se intitula, indiretamente, o maior elegíaco romano. E a *hybris* de Nasão não se limita aos êxitos já obtidos e à pretensão de vangloriar-se de seu talento e suas realizações. Ele ainda anuncia glórias futuras, ao assegurar que seu nome "será maior" (*maius erit*, v. 390) e que haverá de conquistar muitos poemas (v. 392). Sob esse aspecto, Nasão parece já anunciar a escrita futura das *Metamorphoses*, não apenas pela comparação com Virgílio, que é poeta épico, mas, especialmente, pela afirmação de que sua obra "será maior, tanto mais seguir com o pé que começou" (*maius erit, tantum quo pede coepit eat*, v. 390). Ora, seguir com o pé começado significa empregar o hexâmetro, metro que inicia o dístico, ao longo de toda a obra, de modo a se constituir uma obra épica. Assim, a obra que será maior diz respeito às *Metamorphoses*, inteiramente escrita em hexâmetros, ou seja, com o mesmo pé com que começou.

A desmedida do anúncio da futura "obra maior" se junta à desmedida do louvor dos próprios feitos mediante a conclusão dessa obra. Nos versos finais das *Metamorphoses*, o eu poético se orgulha em excesso pela obra finalizada e, em forte diálogo com a ode III, 30 horaciana, diz-se perene graças à sua poesia:[364]

> *Iamque* **opus exegi**, *quod nec Iouis ira nec ignis*
> *nec poterit ferrum nec edax abolere uetustas.*
> *Cum uolet, illa dies, quae nil nisi corporis huius*
> *ius habet, incerti spatium mihi finiat aeui:*
> *parte tamen meliore mei super alta* **perennis**   875
> *astra ferar,* **nomen***que* **erit indelebile nostrum.**
> *Quaque patet domitis Romana potentia terris,*
> **ore legar populi**, *perque omnia saecula fama,*
> **siquid habent ueri uatum praesagia**, *uiuam.*
> (Ov. *Met.* XV, 871-879, grifos nossos).

Ergui agora *uma obra* que nem a ira de Júpiter, nem o fogo,
nem o ferro, nem a velhice voraz poderão apagar.
Quando quiser, aquele dia, que não tem nenhum direito senão
sobre meu corpo, ponha fim ao tempo incerto de minha vida:
porém, em minha melhor parte serei levado, *perene*, para além   875
dos altos astros e *meu nome será indelével*.
E, por onde se estender o poder romano nas terras dominadas,
serei lido pela boca do povo e, por todos os séculos, graças à fama,
se alguma verdade têm os presságios dos vates, viverei.

II – *Epistulae Nasonis*: ausência e exílio nas cartas de um semi-herói

Nasão considera sua obra indestrutível e reclama para si perenidade como poeta e fama imorredoura. Ele se coloca acima da morte e afirma que, mesmo desprovido do corpo, viverá para sempre. Desse modo, o eu poético ultrapassa os limites do humano e tenta igualar-se aos deuses, os únicos seres dotados de imortalidade. Isso constitui a *hybris* de Nasão enquanto poeta; ele se julga imortal devido à sua obra e atribui a si mesmo um estatuto divino. Não obstante, o autoelogio excessivo de Nasão custara-lhe o exílio, juntamente com a *hybris* "erótica" de sua *Ars*, obra que foi além das permissões de Augusto. Como poeta, a *hybris* de Nasão se manifesta na demasiada reverência do próprio talento, para além dos limites do razoável, tendo transformado o motivo de glória em motivo de ruína:

> ***Nominis** et **famae** quondam fulgore trahebar,*
>   *dum tulit antemnas aura secunda meas.*   40
> *Non adeo est bene nunc ut sit mihi **gloria curae**:*
>   *si liceat, nulli cognitus esse uelim.*
> (Ov. *Tr.* V, 12, 39-42, grifos nossos)

> Outrora me impelia a centelha de *fama* e *renome*,
>   quando uma aura propícia soprou minhas velas.   40
> Agora, estou tão mal, que tenho a *glória da aflição*:
>   se possível, queria que ninguém me conhecesse.

A poesia foi uma das causas da relegação que instaurou a reviravolta trágica na "vida" de Nasão. Conforme a elegia IV, 10, tradicionalmente nomeada autobiográfica, destaca, antes, Nasão vivia na ventura e vangloriava-se de sua fama e renome. Todavia, com a expulsão de Roma e os males do exílio, ele afirma que a única glória que lhe resta é a das aflições. A situação a tal ponto se inverteu, que ele passou da ânsia de ser lido em todo o mundo para o desejo de que ninguém o tivesse conhecido. Afinal de contas, se Nasão não tivesse se tornado excessivamente célebre, nem ultrapassado os limites do equilíbrio, sua vida teria permanecido obscura e sem o risco de um infortúnio trágico, pois não teria havido *hybris*. Assim, a tragédia de Nasão nasceu de seu próprio engenho, que, demasiado, superou as fronteiras humanas e arruinou a "vida" do poeta, que passa a integrar o grupo dos heróis trágicos.

No entanto, mesmo após a condenação e o desenlace trágico do exílio, Nasão ainda sustenta sua *hybris*. Muito embora ela seja camuflada, nos *Tristia*, pela constante autodepreciação do eu poético e pela sua pose de declínio, que têm uma função de *captatio beneuolentiae* do leitor, Nasão não renuncia seu valor como poeta e faz da poesia um modo de resistência. Isso é perceptível no fim dessa mesma elegia IV, 10,[365] que estabelece um nítido diálogo com os versos finais das *Metamorphoses*, anteriormente citados. Nela, Nasão reafirma sua fama e esclarece que, graças à poesia, seu nome se tornara ilustre ainda em vida, o que usualmente ocorre após a morte. Ele se equipara a outros poetas de sua época e se diz lido em todo o mundo – trata-se agora não mais de uma previsão, como nas *Metamorphoses*, mas de um fato consumado. E mais: a elegia retoma, quase que na íntegra, o último verso das *Metamorphoses*, ao anunciar o presságio de que, mesmo morto, o poeta não pertencerá à terra, nem desaparecerá por completo: "Então, *se alguma verdade têm os presságios dos vates,/ logo que eu morrer, não serei teu, ó terra." – **Siquid habent igitur uatum praesagia ueri,/** *protinus ut moriar, non ero, terra, tuus* (Ov. *Tr.* IV, 10, 129-130, grifos nossos).

Desse modo, o mesmo excesso que levou à perda de Nasão torna-se, nas elegias de exílio, a desmedida que contrabalanceia sua ruína e lhe possibilita reerguer-se das cinzas, quase que em uma espécie de "apoteose" poética. Com efeito, o poeta que metaforicamente morreu diante da condenação ao exílio, revela-se, graças a seus versos, capaz de superar a condição trágica e acessar o espaço de imortalidade concedido pela poesia.

CAPÍTULO III

'ISTE EGO SUM!': O MITO DO POETA E AS *METAMORPHOSES* DO EXÍLIO NO ESPELHO DE NARCISO

No capítulo anterior, discutimos os diálogos entre os *Tristia* e as epístolas das *Heroides*, de modo a assinalar como Ovídio[366] retoma e reinterpreta essa sua obra anterior nos versos de exílio, conferindo-lhe novas significações a partir da perspectiva de um eu poético exilado. Ao mesmo tempo, a primeira coletânea de exílio incorpora diversos elementos da obra precedente e se apresenta como sua continuação, mas com a particularidade de o próprio Nasão, que lamenta continuamente a expulsão de Roma, desempenhar o papel de herói escritor de missivas, mediante sua transferência para um contexto épico-trágico e mitológico. Ampliam-se, assim, as fronteiras elegíacas, que se estendem e incorporam traços épicos, trágicos e epistolares, conferindo aos *Tristia* um caráter híbrido em termos de gênero.

Esse duplo movimento interpretativo entre as obras, que admite tanto uma leitura dos *Tristia* a partir das *Heroides* quanto das *Heroides* a partir dos *Tristia*, num diálogo mútuo e multidirecional, também pode ser observado nas relações estabelecidas entre a poesia de exílio e as *Metamorphoses*, a monumental obra ovidiana em que o eu poético se propõe a narrar, sob a inspiração dos deuses e ao longo de quinze livros hexamétricos, um poema contínuo e total, a respeito das transformações dos seres em novos corpos, desde a origem do mundo até o seu próprio tempo:

> *In noua fert animus mutatas dicere formas*
> *corpora. Di, coeptis – nam uos mutastis et illas –*
> *adspirate meis, primaque ab origine mundi*
> *ad mea perpetuum deducite tempora carmen!*
> (Ov. *Met.* I, 1-4).

> O ânimo impele a narrar as formas mudadas em novos
> corpos. Ó deuses – pois também vós as mudastes –,
> inspirai minha empresa e, desde a origem primeira
> do mundo até meus tempos, contínuo poema fiai!

Nessa proposição, o poema ovidiano já esclarece sua temática da metamorfose (*formas mutatas in noua corpora*), colocando em realce o amplo arco temporal que pretende abarcar, numa empresa que se mostra, ao mesmo tempo, grandiosa e pretensiosa. A ambição ovidiana seria, segundo Oliva Neto (2017, p. 17), "compor um poema *universal*, um poema *total* sobre tudo, um feito nunca antes realizado por nenhum poeta grego ou romano". Além de englobar um enorme número de histórias mitológicas – mais de duzentos e cinquenta episódios (Alberto, 2007, p. 19) –, postas em sucessão de modo que uma se transfigure em outra, a obra também explora as significações da metamorfose sob uma perspectiva metapoética, voltada para as metamorfoses no próprio texto. A esse respeito, Carvalho (2010, p. 10) considera que o poema atualiza "poeticamente a natureza metamórfica da linguagem", pois se funda em um "princípio metamórfico", que incide sobre sua forma e matéria.

Num plano textual mais imediato, o texto se metamorfoseia no encadeamento dos mitos narrados, mas também na própria metamorfose das palavras. Sobre isso, Oliva Neto (2017, p. 14) assinala que, ao longo das *Metamorphoses*, Ovídio usa verbos "que significam 'transformar' (como *uertere* e o derivado *conuertere*) em formas diferentes, exemplificando na própria língua a mudança que está a narrar". Assim, o emprego, em distintas formas verbais, de um mesmo verbo semanticamente associado à ideia de "metamorfose" contribui para evidenciar na matéria textual do poema aquilo que é narrado em termos de conteúdo.[367]

Já num plano estrutural, a ideia de um poema total não diz respeito apenas à abordagem da totalidade de um assunto ou período temporal, mas envolve, especialmente, a tentativa de abarcar, em um único poema, os mais variados gêneros poéticos, o que se concretiza mediante a metamorfose poética do texto. Nos termos de Alberto (2007, p. 22), a obra se funda na "variedade multifacetada deste fluir ininterrupto", que resulta de uma "invulgar diversidade de gêneros e registros" empregados por Ovídio, "da comédia à elegia erótica, da oratória à tragédia, do hino à epopeia". Segundo Oliva Neto (2017, p. 21), Ovídio foi capaz de "incluir no *épos* os temas mais

III – *'Iste ego sum!'*: o mito do poeta e as *metamorphoses* do exílio no espelho de Narciso

características de outros gêneros poéticos e assim logrou transformar em *épos*, no único metro que lhe é próprio (o hexâmetro datílico), diversos outros gêneros poéticos", fazendo das *Metamorphoses* uma obra que ilustra as "transformações da própria Poesia".

Não obstante, apesar do metro do hexâmetro, as *Metamorphoses* não constituem uma obra propriamente épica, pelo menos não no sentido e nas definições usuais de *épos*. Ao se propor, por exemplo, a narrar as metamorfoses desde a origem do mundo até seu próprio tempo, o eu poético ovidiano coloca em questão o fato de os poemas épicos geralmente se iniciarem *in medias res*, e não no princípio das coisas, conforme Horácio havia aconselhado em sua *Epistola ad Pisones*: "Nem inicia o retorno de Diomedes pela morte de Meleagro,/ nem a guerra de Troia pelo ovo gêmeo" – *Nec reditum Diomedis ab interitu Meleagri,/ nec gemino bellum Troianum orditur ab ouo* (Hor. *Ep. Pis.* 146-147). Ora, ao principiar desde as origens – portanto, desde o "ovo gêmeo" –, o eu poético ovidiano retoma de forma irônica a recomendação horaciana e a subverte já no anúncio feito no proêmio das *Metamorphoses*. Além disso, Ovídio distende ao extremo as fronteiras da épica, combina e incorpora elementos de gêneros variados e, com isso, produz um poema marcado pelo hibridismo e regido pela constante transformação.[368] Esse movimento incessante que recai sobre o texto impede qualquer classificação estanque e definitiva em termos de gênero, deixando em aberto uma série de potencialidades da obra. Processo bastante similar ocorre nos *Tristia* e nas *Heroides*, quando se distendem os limites da elegia, que, igualmente, também passa a englobar em si outros gêneros, conforme discutimos no capítulo anterior.

Diante disso, este capítulo investiga os mútuos diálogos entre os *Tristia* e as *Metamorphoses* (e, em alguns momentos, os *Fasti*), de acordo com nossa proposta da "filologia intertextual da recepção". Numa abordagem que busca combinar o rigor filológico com a infinita abertura de sentidos inerente ao texto, compreendemos a intertextualidade como uma rede de múltiplos direcionamentos, formada no momento da recepção. Com base nisso, discutimos, em primeiro lugar, o papel de Nasão nos *Tristia* enquanto leitor das *Metamorphoses* (e dos *Fasti*) e analisamos as implicações das (re)leituras que ele realiza do poema anterior, ao reavaliá-lo sob um viés retrospectivo. Além disso, destacamos como, à luz dos *Tristia*, alguns episódios das *Metamorphoses* adquirem novos sentidos, podendo ser enfocados como prefigurações do exílio.

Se, por um lado, a poesia de exílio configura reinterpretações das *Metamorphoses*, por outro, estas também oferecem chaves de leitura para os

Tristia, baseadas no mito e na metamorfose. No que diz respeito ao mito, o eu poético dos *Tristia* estabelece uma série de aproximações entre si mesmo e algumas personagens mitológicas de seu poema anterior, de forma a instaurar um processo de automitologização que culmina com a criação de um "mito do exílio" (cf. Claassen, 1988). Por sua vez, a metamorfose constitui uma das principais metáforas estruturadoras dos *Tristia*, na medida em que, como primeira coletânea do exílio, a obra representa, nas palavras de Nasão exilado, uma metamorfose na sina do poeta e em sua poética. Isso culmina com uma incorporação de Ovídio ao âmbito literário e ficcional, de modo a transformar o poeta em personagem de sua própria obra.

Em relação a isso, algumas personagens mitológicas das *Metamorphoses* tornaram-se emblemáticas na poesia de exílio, como os artistas lesados por sua própria arte, punidos e castigados por causa de suas obras, quase que numa espécie de antecipação da pena sofrida pelo poeta devido à sua *Ars amatoria*.[369] A situação de poeta exilado parece, porém, encontrar sua melhor representação na figura de Narciso, muito embora essa personagem não seja nominal ou diretamente mencionada nos *Tristia*. Assim como no caso do jovem apaixonado por si mesmo, que despreza a realidade ao redor para se embeber na beleza de sua imagem virtual refletida na água, o exílio ovidiano pode ser entendido metaforicamente como um exílio em si mesmo, no qual Nasão mergulha a fim de se dedicar à escrita, que é, simultaneamente, sua única forma de diálogo com o outro, mas também um modo de narcisicamente se autocultuar como poeta e criar uma imagem de si mesmo para legar à posteridade. Assim, ao combinar mito, exílio e metamorfose, os *Tristia* exploram metaforicamente os efeitos e a natureza do fazer poético, de modo a suscitar reflexões de rica metapoesia acerca de um exílio que se metamorfoseia em múltiplas significações e se fixa como um mito do poeta que vigora ainda hoje.

Ovídio leitor das *Metamorphoses* (e dos *Fasti*) nos *Tristia*

Ao longo das elegias dos *Tristia*, a personagem-poeta frequentemente evoca aquela que teria sido sua mais grandiosa obra anterior, as *Metamorphoses*. Ela é referida ou por meio da menção direta do nome do poema – identificado pela perífrase *mutatae formae*, presente no verso de abertura (Ov. *Met.* I, 1) –, ou pela referência a personagens cujas histórias mitológicas foram narradas

III – *'Iste ego sum!'*: o mito do poeta e as *metamorphoses* do exílio no espelho de Narciso

nela, ou pela adoção, nos versos de exílio, de procedimentos compositivos característicos das *Metamorphoses*.

No primeiro caso, de citação do nome da obra ou de algum de seus versos a título de identificação, o eu poético dos *Tristia* empreende um ato de demarcação autoral, com o qual reivindica a produção da obra anterior. Ele se apresenta como "autor" e a insere na lista de suas criações:

*Sunt quoque **mutatae**, ter quinque uolumina, **formae**,*
   carmina de domini funere rapta sui. 20
Illud opus potuit, si non prius ipse perissem,
   certius a summa nomen habere manu.
Nunc incorrectum populi peruenit in ora,
   in populi quicquam si tamen ore mei est.
   (Ov. *Tr.* III, 14, 19-24, grifos nossos)

Há ainda os quinze rolos *das formas mudadas*,
   poemas roubados do funeral de seu amo.   20
Essa obra, se eu não tivesse perecido antes,
   teria renome mais firme com a última demão.
Agora incorrigida chega à boca do povo,
   se é que algo meu está na boca do povo.

Esse tipo de reivindicação autoral presente nos *Tristia* é geralmente acompanhado por comentários do eu poético analisando e avaliando seus versos anteriores, como uma espécie de "crítico literário". Com isso, ele assume uma posição de leitor das *Metamorphoses*, que reinterpreta a obra sob a perspectiva do exílio e lhe atribui sentidos mediante uma série de apreciações valorativas. No trecho, ao referir-se a seu "funeral" (*funere*, v. 20), Nasão ressalta a metáfora do exílio como uma morte que teria impossibilitado a "última demão" (*summa manu*, v. 22) das *Metamorphoses* e, portanto, seria responsável pelo fato de a obra chegar aos leitores "incorrigida" (*incorrectum*, v. 23). Os comentários de Nasão são majoritariamente negativos, dado que pretendem assinalar os efeitos prejudiciais do banimento sobre sua produção poética. Por meio deles, o eu poético molda e direciona a recepção de sua obra precedente, constrói uma narrativa para o processo de produção das *Metamorphoses* que busca corroborar a autobiografia literária da personagem-poeta como exilada. Nessa perspectiva, o exílio, por ter interrompido a revisão e o polimento dos versos, torna-se a causa principal do caráter "rude" (*rude, Tr.* I, 7, 22 e 39), "incompleto" (*crescens, Tr.* I, 7, 22) e incorrigido que Nasão atribui às *Metamorphoses*. Não obstante, essas valorações negativas são desmentidas pela própria qualidade e refinamento dos versos ovidianos; constituindo, portanto, uma "máscara de poeta fracassado", resultante de uma "pose de fracasso poético" (Williams, 1994, p. 50)[370] adotada com o intuito de potencializar as desgraças e dificuldades enfrentadas pela personagem-poeta no exílio.

Essa releitura que Nasão efetua das *Metamorphoses* é desenvolvida de forma ampla na elegia I, 7 dos *Tristia*, inteiramente dedicada a comentários críticos sobre essa obra anterior. Nela, o eu poético oferece várias instruções a um amigo, pedindo, entre elas, que ele leia o poema com vênia, pois careceria de revisão e polimento. Nasão atribui o motivo das falhas e defeitos à impossibilidade de concluir devidamente a obra e, ao fim da elegia, escreve seis versos com a função de ser inseridos como epígrafe às *Metamorphoses*, "antepostos no frontispício do livrinho":

> *Hos quoque sex uersus, in prima fronte libelli*
>   *si praeponendos esse putabis, habe:*
> *'Orba parente suo quicumque uolumina tangis,*   35
>   *his saltem uestra detur in urbe locus!*
> *Quoque magis faueas, haec non sunt edita ab ipso,*
>   *sed quasi de domini funere rapta sui.*
> *Quicquid in his igitur uitii rude carmen habebit,*
>   *emendaturus, si licuisset, eram.'*   40
> (Ov. *Tr.* I, 7, 33-40)

Guarda também estes seis versos, se os julgares dignos
   de serem antepostos no frontispício do livrinho:
'Quem quer que sejas, que tocas rolos órfãos de pai,   35
   ao menos lhes dês asilo em tua cidade!
Para melhor os acolher, não foram publicados pelo próprio amo,
   mas como se roubados de seu funeral.
Qualquer defeito, então, que o rude poema possuir,
   se fosse permitido, eu haveria de corrigir'.   40

Essa epígrafe, espécie de *adendo* de Nasão aos livrinhos das *Metamorphoses*, evidencia um processo de revisão e autocorreção da obra anterior efetuado

III – *'Iste ego sum!'*: o mito do poeta e as *metamorphoses* do exílio no espelho de Narciso

pelo eu poético dos *Tristia*, por meio do qual a "voz autoral" adquire um estatuto de "voz editorial",³⁷¹ que faz reconsiderações acerca dos versos já escritos e difundidos, discute a apresentação formal e material da obra e dá instruções a esse respeito. Assim, o eu poético não só relê sua obra pregressa, mas ainda propõe ações de natureza "editorial", como acréscimos, modificações ou revisões, a fim de orientar as futuras leituras e interpretações de seu poema.

Além disso, ao elencar suas produções anteriores e reivindicar sua autoria, Nasão constrói para si, nos *Tristia*, um percurso enquanto personagem-poeta, por meio do qual deixa registrada sua trajetória poética e seu estatuto autoral. O procedimento de apresentar, em meio às elegias de exílio, listas com as obras que compôs ainda evidencia uma função retórica, pois o eu poético busca provar ao imperador Augusto que sua produção poética não se limitara aos poemas amorosos pelos quais fora acusado e condenado ao banimento. Pelo contrário, Nasão argumenta ter-se dedicado também à poesia mais elevada, conforme se observa pela menção à escrita das *Metamorphoses*, dos *Fasti* e de uma tragédia:

> Ne tamen omne meum credas opus esse remissum,
> saepe dedi nostrae grandia uela rati.
> **Sex** ego **Fastorum** scripsi **totidemque libellos**,
> cumque suo finem mense uolumen habet,   550
> idque tuo nuper scriptum sub nomine, Caesar,
> et tibi sacratum sors mea rupit opus.
> Et dedimus **tragicis** scriptum regale **cothurnis**,
> quaeque grauis debet uerba cothurnus habet;
> dictaque sunt nobis, quamuis manus ultima coeptis   555
> defuit, **in facies corpora uersa nouas**.
> (Ov. *Tr.* II, 547-556, grifos nossos)

> Não creias, porém, toda minha obra ser indolente:
> amiúde dei a meu barco grandes velas.
> Eu escrevi os *doze livrinhos dos Fastos*,
> e cada rolo finda com seu mês;   550
> essa obra, há pouco escrita sob teu nome, César,
> e a ti consagrada, minha sorte interrompeu.
> Dei versos sobre reis aos *trágicos coturnos*,
> o coturno sério tem as palavras que reclama;

> cantei, embora falte à empresa a última demão,   555
> *os corpos vertidos em novas formas.*

As três obras cuja escrita é referida na passagem são designadas pelo eu poético como produções de natureza mais elevada – "dei a meu barco grandes velas" (*dedi nostrae grandia uela rati*, v. 548), de modo a se definirem em contraste com as produções ovidianas de elegia amorosa. Os "versos sobre reis" (*scriptum regale*, v. 553) escritos para "trágicos coturnos" (*tragicis coturnis*, v. 553) muito provavelmente fazem referência à composição da tragédia *Medea*, da qual dão testemunho os comentários de Sêneca, o Velho,[372] Tácito[373] e Quintiliano.[374] O fato de essa tragédia ter-se perdido – embora praticamente a totalidade da Obra ovidiana tenha sido preservada e chegado até nós – levou alguns estudiosos a duvidarem de sua autoria ovidiana ou a considerarem-na inautêntica. Holzberg (2002, p. 34-36), por exemplo, sugere que algum escritor anônimo teria composto uma tragédia *Medea* sob o nome de Ovídio, o que justificaria as menções de outros autores antigos à obra, a partir de uma atribuição equivocada. O estudioso ainda acrescenta o argumento de que a inserção de uma obra trágica, mais "elevada", em meio à produção elegíaca ovidiana seria incongruente.

Todavia, conforme expusemos em outra ocasião, a composição de uma tragédia sobre Medeia, na verdade, demonstra plena concordância com o fato de Ovídio ter estruturado suas produções em torno do sistema elegíaco (Avellar, 2018b, p. 175).[375] Em mais de uma ocasião nos *Amores*, o eu poético anuncia sua pretensão de escrever uma tragédia (Ov. *Am.* III, 1; III, 15), empresa que exigiria o abandono dos versos elegíacos amorosos para se dedicar à composição de uma obra mais elevada. Tais afirmações, ao modo de *recusationes*, se somam ainda ao fato de que, ao longo da carreira poética ovidiana, baseada na conformação de uma trajetória elegíaca, a figura de Medeia ocupa lugar de destaque. Ela é uma das heroínas das *Heroides* (*Her.* XII), sua história constitui um dos episódios das *Metamorphoses* (VII, 1-403) e o crime de dilaceração e desmembramento de seu irmão Absirto está registrado na elegia III, 9 dos *Tristia*, como explicação etiológica do nome do local de exílio, Tomos. Nesse contexto, é bastante sugestivo o fato de que, na epístola de Medeia, a heroína designe exatamente com o termo *exilio* o seu abandono da pátria e do pai (Ov. *Her.* XII, 109-110), de modo a definir uma situação que, anos depois, seria incorporada à autobiografia do próprio Nasão. Com efeito, a personagem-poeta constrói para si um percurso de vida e poesia que envolve uma relegação rumo aos confins orientais do Império, num local próximo da exótica Cólquida, terra de Medeia. Mais do que isso, em tais circunstâncias, Nasão diz-se cercado pela barbárie e confessa ter-se barbarizado,[376] assinalando outro ponto de aproximação com a heroína bárbara cuja história ocupou boa parte de sua obra.

Outro dos poemas cuja escrita é reivindicada por Nasão no trecho acima citado diz respeito às *Metamorphoses*, às quais ele se refere com uma nova perífrase descritiva – "os corpos vertidos em novas formas", numa espécie de *uariatio* metamórfica da perífrase usada em *Tr.* I, 7. Mais uma vez, a menção do poema é acompanhada pela ressalva de ele não ter sido revisado pelo autor, faltando-lhe a "última demão". Essa suposta incompletude assinalada pelo eu poético contribui para fundamentar e corroborar sua narrativa autobiográfica, baseada na ocorrência de um exílio que teria impedido a revisão da obra. Porém, mais do que isso, o estado de incompletude que Nasão atribui às *Metamorphoses* reflete, na verdade, a ideia que constitui o cerne dessa obra e a perpassa por completo: a transformação. Na perspectiva ovidiana, mundo e natureza estão em constante movimento, num processo contínuo de modificação; também o poema, metamórfico sob diversos aspectos, tem em seu estado de "não acabamento" uma possibilidade de abertura para a mudança, para a própria metamorfose. Assim como o mundo não está definido e terminado, mas sujeito a inúmeras instabilidades,[377] as *Metamorphoses* apresentam-se como um poema igualmente instável e aberto a múltiplas significações, cuja forma final há de ser modelada em cada ato de leitura e interpretação.

A esse respeito, um dos melhores exemplos para ilustrar o conceito de "metamorfose" está, segundo Oliva Neto (2017, p. 29), no âmbito da escultura, no caráter "não acabado (*non finito*)" de certas obras, que é visto "não mais como um incidente, uma casualidade que impediu concluir a obra, mas como intento do escultor, que desse modo (...) consegue esculpir a própria metamorfose". Nesse sentido, a escultura é capaz de ilustrar o desenrolar da ação, seu vir-a-ser, assim como as descrições de transformações nas *Metamorphoses*. Para Oliva Neto (2017, p. 29), a incompletude da escultura como forma de representação da metamorfose fica anunciada já no próprio poema ovidiano, com o episódio de Deucalião e Pirra narrando o surgimento de seres humanos a partir de pedras:

> *Saxa – quis hoc credat, nisi sit pro teste uetustas? –*
> *ponere duritiem coepere suumque rigorem,*
> *mollirique mora mollitaque ducere **formam**.*
> *Mox ubi creuerunt, naturaque mitior illis*
> *contigit, ut quaedam, sic non manifesta, uideri*
> ***forma** potest hominis, sed uti de marmore coepta*   405
> *non exacta satis **rudibus**que simillima signis.*
> (Ov. Met. I, 400-406, grifos nossos)

> As pedras (quem acreditaria, se a antiguidade não o atestasse?)
> começaram a deixar sua dureza e rigidez,
> a amolecer aos poucos e, moles, a tomar *forma*.
> Sem demora, quando aumentaram e lhes tocou uma natureza
> mais doce, pode-se perceber, embora não evidente, certa   405
> *forma* de homem, mas como se iniciada do mármore,
> não o bastante exata e muito similar a uma estátua *grosseira*.

Essa passagem contém alguns dos termos que se tornam chave no plano geral das *Metamorphoses*, significativos por seu valor metapoético em vários dos episódios da obra. O vocábulo *forma*, por exemplo, além de integrar a própria perífrase que dá título ao poema (*mutatae formae*), designa, em latim, a "aparência exterior", o "aspecto", a "imagem", a "conformação" ou "aparição" de algo (Glare et al., 1968, p. 722; Campanini & Carboni, 2007), em suma, aquilo que é transitório e passível de mudança. Diz respeito ao que pode ser mudado, mas também ao que pode ser moldado num contexto de criação artística.

Outro termo de destaque no trecho citado é o adjetivo *rudis* (v. 406), usado para caracterizar o tipo de escultura a que se assemelhava a primitiva forma humana, gerada a partir das pedras lançadas por Deucalião e Pirra. Trata-se precisamente do mesmo vocábulo que, nos *Tristia* (I, 7, 22 e 39), serve para descrever as *Metamorphoses* como um poema em estado ainda "grosseiro" e "não acabado". Esse uso do vocábulo na poesia de exílio, fazendo referência a um contexto nitidamente vinculado à atividade poética, suscita a releitura e reinterpretação de suas ocorrências anteriores nas *Metamorphoses*, mas sob um viés metapoético. O mais notável a esse respeito é que, do total de onze ocorrências de *rudis* no *carmen perpetuum* ovidiano, sete delas são em passagens relacionadas a objetos ou a atividades artísticas, de

III – 'Iste ego sum!': o mito do poeta e as *metamorphoses* do exílio no espelho de Narciso

modo que, à luz do uso do adjetivo nos *Tristia*, podem ser reinterpretadas com um sentido marcadamente metapoético.

Além da já mencionada descrição dos primitivos corpos humanos como semelhantes a "estátuas grosseiras" (*rudibus signis*, *Met.* I, 406), há mais três ocorrências em que o adjetivo *rudis* é usado em contextos que aludem à arte da escultura. Logo após o relato do surgimento dos homens a partir das pedras lançadas por Deucalião e Pirra, narra-se, nas *Metamorphoses*, sobre os animais gerados da lama, matéria passível de ser modelada dando origem a novas formas. Na descrição do processo de formação desses animais, há um momento em que parte do corpo está viva, ao passo que parte permanece "rude", em estado bruto: "(...) e frequentemente, no mesmo corpo,/ uma parte está viva, a outra é terra grosseira" – (...) *et eodem in corpore saepe/ altera pars uiuit, rudis est pars altera tellus* (Ov. *Met.* I, 428-429). Esse estado inicial das coisas, ainda grosseiro e não trabalhado, opõe-se ao fazer artístico, responsável por polir e burilar a matéria, transformando-a numa obra acabada.

Ademais, o vocábulo *rudis* ocorre duas vezes no episódio inicial do poema, que narra a criação do mundo a partir do caos primordial, definido como uma "massa amorfa e *grosseira*" – *chaos*, **rudis** *indigestaque moles* (*Met.* I, 3, grifos nossos), e a criação dos seres vivos a partir da terra, contexto em que se expõe a primeira antropogonia: "Assim, a terra que há pouco fora *rude* e sem imagem,/ metamorfoseada, assumiu formas de homens até então desconhecidas." – *Sic, modo quae fuerat* **rudis** *et sine imagine, tellus/ induit ignotas hominum conuersa figuras* (*Met.* I, 87-88, grifos nossos). Em ambas as passagens, o surgimento do mundo e dos homens resulta da ação de um artífice, cuja identidade não é em momento algum definida – ele é referido como "um deus e melhor natureza" (*deus et melior natura, Met.* I, 21), "criador do mundo" (*mundi fabricator, Met* I, 57), "o autor das coisas, ou a terra recente" (*siue opifex rerum,* [...] *siue recens terra, Met.* I, 78-80) –, mas que é capaz de transformar a matéria em estado bruto em uma obra bem trabalhada, ao modelar o orbe do mundo ou os corpos de homens. Com isso, ele confere aos dois atos de criação um sentido artístico e metapoético, e sua função criadora, apresentada metaforicamente como uma atividade escultórica, pode ser equiparada ao papel do próprio poeta, responsável por modelar palavras na criação de seu longo poema.

As demais ocorrências do adjetivo *rudis* em contextos artísticos nas *Metamorphoses* envolvem, por sua vez, a arte da tecelagem e da gravura. O termo é usado no episódio de Aracne, que contém uma detalhada descrição do trabalho da artista com a lã:

> *Nec factas solum uestes spectare iuuabat;*
> *tum quoque, cum fierent: tantus decor affuit arti.*
> *Siue **rudem** primos lanam glomerabat in orbes,*
> *seu digitis subigebat opus, repetitaque longo   20*
> *uellera mollibat nebulas aequantia tractu,*
> *siue leui teretem uersabat pollice fusum,*
> *seu pingebat acu: scires a Pallade doctam.*
> (*Met.* VI, 17-23, grifos nossos)

> Agradava contemplar não só as vestes tecidas,
> mas também enquanto as tecia: tamanho encanto houve na arte.
> Ou se enrolava a lã *grosseira* nos primeiros novelos,
> ou se com os dedos guiava a obra e amolecia repetidos   20
> velos, iguais a nuvenzinhas, em longo fio,
> ou se com o ágil polegar girava o fuso arredondado,
> ou se bordava com a agulha: via-se que Palas a ensinara.

Aracne aglomera a lã, ainda grosseira, em um globo, tal como o demiurgo, no episódio da criação do mundo, havia aglomerado a terra num grande globo (*magni speciem glomerauit in orbis, Met.* I, 35). Assim, o adjetivo novamente designa o estado bruto do material, antes de ele ser trabalhado pela arte. De modo semelhante, no episódio de Filêmon e Báucis, o humilde casal recebe em sua casa, sem o saber, os deuses Júpiter e Mercúrio disfarçados de forasteiros. Nessas circunstâncias, Báucis recobre com "tecido grosseiro" (*textum rude, Met.* VIII, 641) o banco, para que eles se assentem. Trata-se, no caso, de uma obra de tecelagem mal-acabada, imagem da pobreza do casal, que possui apenas um tecido simples e rude.

Finalmente, a última ocorrência do termo *rudis* em contexto artístico nas *Metamorphoses* diz respeito ao episódio da disputa entre Ájax e Ulisses pelas armas do morto Aquiles. O adjetivo é usado no discurso de Ulisses, que descreve Ájax como um "guerreiro sem intelecto e grosseiro" (*rudis et sine pectore miles, Met.* XIII, 290). O vocábulo é atribuído a Ájax em oposição à caracterização feita das armas de Aquiles como "obra de tamanha arte" (*opus artis tantae*, v. 290), de modo a destacar uma inadequação na atribuição da obra bem trabalhada a alguém rude. Os quatro versos seguintes oferecem uma breve descrição do escudo (*Met.* XIII, 291-294), informando as imagens nele cinzeladas, o que ressalta seu estatuto de obra artística em que constam diversas figuras gravadas. Nesse sentido, a "rudeza" imputada a Ájax corresponderia a uma obra sem acabamento, e não ao elaborado escudo que pertencera a Aquiles.[378]

Todos esses exemplos do emprego do adjetivo *rudis* em contextos artísticos das *Metamorphoses* adquirem um valor metapoético devido à sua ressignificação a partir da releitura realizada por Nasão dessa obra precedente nas elegias de exílio. Assim, ao caracterizar seu *carmen perpetuum* como *rudis*, o eu poético dos *Tristia* acaba por evocar os usos anteriores desse adjetivo nas próprias *Metamorphoses* e, por conseguinte, iguala seu poema a várias das obras inacabadas ou grosseiras nele descritas. Essa incompletude atribuída à obra por causa da ausência de revisão ou acabamento ancora-se na narrativa do exílio da personagem-poeta, além de colocar em destaque, metapoeticamente, a natureza metamórfica e instável do próprio poema, que permanece em aberto e em movimento, transformando-se a cada leitura.

Essa narrativa da obra incompleta devido à condenação do poeta ao exílio não se limita à falta de finalização das *Metamorphoses*, mas se aplica mais fortemente aos doze livrinhos dos *Fasti*, também referidos por Nasão na lista de suas obras mais elevadas presente no trecho aqui já citado.[379] Boa parte dos estudiosos data a escrita dos *Fasti* como concomitante à das *Metamorphoses*, na década que precedeu o exílio da personagem-poeta.[380] Muito embora o eu poético dos *Tristia* afirme ter escrito doze livrinhos dos *Fasti* – *Sex ego Fastorum scripsi totidemque libellos* (*Tr.* II, 549)[381] –, só nos chegaram os seis livros iniciais da obra, referentes à primeira metade do ano, dos meses de janeiro a junho, e não há nenhum registro externo que ateste a existência dos seis livros restantes. O próprio Nasão esclarece o motivo da incompletude do poema: seu desgraçado destino teria interrompido a obra. O trecho, todavia, determina um problema de interpretação: se o eu poético afirma que a obra foi interrompida, como poderia ele ter escrito os doze livrinhos dos *Fasti*?

A explicação dessa suposta inconsistência varia entre os estudiosos.[382] Wheeler (1996, p. 96) sugere que o poeta teria planejado e esboçado os doze livros, mas somente os seis primeiros teriam sido finalizados e estariam em estado adequado para difusão entre o público. Ingleheart (2010, p. 392) nega essa hipótese e defende que a afirmação de ter escrito doze livros constituiria uma promessa do poeta a Augusto: Ovídio entregaria o restante da obra escrita mediante a revogação do exílio e o retorno a Roma. Isso é reforçado pelo fato de a interrupção do poema preceder exatamente os meses do ano dedicados, respectivamente, a Júlio César (julho, *Fasti* VII) e a Augusto (agosto, *Fasti* VIII), de forma a adquirir uma conotação política. Holzberg (2002, p. 168) partilha da opinião de que haveria uma motivação política para a interrupção da obra, mas acredita que apenas os seis primeiros livros teriam sido escritos. A seu ver, o poeta teria deliberadamente encerrado os *Fasti* no mês de junho, recusando-se a abordar os dois meses seguintes, numa atitude de oposição ao poder imperial. A "incompletude deliberada" da obra, segundo o estudioso (2002, p. 174), pode ser comprovada pelo fato de o poema ser uma composição completa em termos estruturais, mesmo que não discorra sobre o ano inteiro.[383] Newlands (2006, p. 214-215) também argumenta nessa mesma linha e considera o caráter "fragmentário" da obra como um desígnio formal ovidiano, que "propositalmente" propõe a incompletude do poema como forma de resistência à dominação exercida pela ideologia augustana. Assim, os *Fasti*, enquanto narrativa incompleta do ano romano, seriam uma versão alternativa ao calendário augustano, fundada no pluralismo cultural.

A nosso ver, o ponto principal da questão não é se os seis últimos livros dos *Fasti* foram ou não escritos, terminados e divulgados pelo poeta, mas sim como a criação de uma narrativa de incompletude da obra serviu para corroborar e alimentar o mito do exílio ovidiano. Nesse sentido, a incompletude dos *Fasti* torna-se um dos elementos constitutivos do projeto literário segundo o qual Ovídio constrói a "vida" de uma personagem-poeta Nasão, na medida em que figura como uma das consequências da relegação do poeta. Assim, ao comentar sobre os *Fasti* na poesia de exílio, o eu poético dos *Tristia* realiza uma intervenção que servirá para orientar a recepção e a interpretação de sua obra anterior, fazendo com que ela seja identificada como um poema incompleto. Além disso, a obra supostamente inacabada também pode ser interpretada à luz da metamorfose, uma vez que sua incompletude é signo precisamente da transformação sofrida por Nasão com o exílio.

Nessas circunstâncias, a incompletude poética torna-se um *tópos* na perspectiva da poesia de exílio ovidiana. Nasão, em diversas elegias dos *Tristia*, atribui aos versos que escreve após ter sido expulso de Roma um caráter rude, inacabado e de má qualidade: eles não são revisados ou corrigidos, mas enviados para leitura tal como primeiramente escritos, e o eu poético frequentemente assinala sua má qualidade.[384] Trata-se, evidentemente, de avaliações irônicas, na medida em que as elegias dos *Tristia* evidenciam sutil sofisticação e arguto refinamento. Na verdade, essa valoração negativa faz parte da máscara de poeta fracassado por ele adotada e contribui para a construção de uma imagem da poesia de exílio baseada numa permanente incompletude.

Nasão estende essa apreciação também a seus poemas anteriores, ao discorrer sobre os *Fasti* e as *Metamorphoses* nas elegias dos *Tristia*, de forma a relê-los à luz da perspectiva do exílio. Com isso, ele configura uma poética da incompletude, segundo a qual a relegação da personagem-poeta teria afetado o acabamento não só dos versos escritos em Tomos, mas também de suas duas obras imediatamente anteriores à condenação. Ele as insere numa nova dimensão, a das obras sob a influência do exílio, e, assim, confere-lhes novos significados a partir de uma interpretação retrospectiva. Sob esse aspecto, a poesia dos *Tristia* interfere na interpretação e recepção das obras ovidianas precedentes, numa inversão do mecanismo intertextual, que transfere a rudeza (*rudis*) dos versos de exílio para os poemas anteriores. A poética da incompletude se transforma, portanto, em *tópos* poético ovidiano.

Nouae Mutatae Formae: o poeta como personagem da própria obra

As elegias dos *Tristia* referem-se às *Metamorphoses* não só em passagens estritamente metapoéticas, em que Nasão comenta e reavalia seus versos anteriores, inclusive propondo emendas ou novas versões, mas também em trechos concernentes à constituição e à automodelagem da personagem-poeta. A mudança e a mobilidade, características da grandiosa obra anterior, recaem sobre a figura do próprio Nasão, que, tendo a sina mudada com a condenação ao exílio, também se transforma: "Quando, *mudada* a sorte, recordo quem sou e quem fui" – *Cum uice* **mutata**, *qui sim fuerimque, recordor* (Ov. *Tr.* IV, 1, 99, grifos nossos).[385] O mesmo particípio amiúde usado para descrever as *Metamorphoses* (*mutatas formas, mutata corpora*) é aqui atribuído à sorte da personagem-poeta (*uice mutata*), de modo a lhe conferir precisamente o caráter metamórfico que perpassa seu *carmen perpetuum*. Essa aproximação é ressaltada na elegia I, 7 dos *Tristia*, quando o eu poético afirma que os versos de sua obra anterior teriam se tornado retrato e imagem de sua "vida":

> *Grata tua est pietas, sed **carmina maior imago**
>   **sunt mea** quae mando qualiacumque legas,
> carmina **mutatas** hominum dicentia **formas**,
>   infelix domini quod fuga rupit opus.*
>   (Ov. *Tr.* I, 7, 11-14, grifos nossos)

Agrada-me tua afeição, mas *melhor retrato*
    são meus poemas, que, mesmo ruins, recomendo leres,
poemas narrando as *formas mudadas* dos homens,
    desditosa obra que o desterro do amo interrompeu.

Nesse sentido, o poema ovidiano sobre as "transformações dos homens", obra incompleta e não revisada, pois interrompida pelo exílio, constituiria a mais precisa imagem do poeta: *carmina maior imago sunt mea*. A poética da incompletude imputada às *Metamorphoses* retrata exatamente a situação do eu poético dos *Tristia*: desterrado, ele descreve sua poesia como rude e grosseira; ele mesmo se constrói como um retrato de incompletudes, afastado de Roma e fadado às desgraças de uma região precária e hostil. Além disso, o poema anterior ilustra a instabilidade que incidiu sobre Nasão, na medida em que também ele se metamorfoseia e se torna, a partir de então, um eu poético exilado.

Mais do que uma imagem do poeta, o poema das *Metamorphoses* é evocado como metáfora para a sina de Nasão, posto que ele pode ser incluído entre as "formas mudadas" ou "corpos mudados". Assim como os seres cujas histórias de metamorfoses foram narradas ao longo dos quinze livros ovidianos, também a personagem-poeta sofreu uma transformação, a mudança na sua sorte, que de próspera tornou-se lamentável diante da condenação ao exílio:

> *Sunt quoque **mutatae** ter quinque uolumina **formae**,
>   nuper ab exequiis carmina rapta meis.
> His mando dicas inter **mutata** referri
>   fortunae uultum **corpora** posse meae.*   120
> *Namque ea dissimilis subito est effecta priori,
>   flendaque nunc aliquo tempore laeta fuit.*
>   (Ov. *Tr.* I, 1, 117-122, grifos nossos)

Há ainda os quinze rolos *das formas mudadas*,
    poemas há pouco arrancados de minhas exéquias.

III – *'Iste ego sum!'*: o mito do poeta e as *metamorphoses* do exílio no espelho de Narciso

Encarrego-te de lhes dizer que entre os *corpos mudados*
   pode-se contar o rosto de minha fortuna.   120
Pois ela de súbito se fez diversa da anterior,
   lastimável agora, outrora foi próspera.

    A reivindicação do eu poético de inserir sua história em meio às transformações das *Metamorphoses* é responsável por transportar Nasão para o âmbito literário, a ponto de lhe ser atribuído o mesmo estatuto de suas personagens mitológicas. Carvalho (2010, p. 32) identifica o fenômeno como um "processo de autoficcionalização" e assinala, a respeito do trecho, que Ovídio tensiona ao máximo o processo de ficcionalização e se torna "personagem de sua própria obra, as *Metamorfoses*, dilatando os seus limites e reafirmando o seu caráter aberto e inacabado" (Carvalho, 2010, p. 33).

    Ora, ao incluir sua sina entre os mitos de transformações da obra anterior, Nasão faz dos *Tristia* uma espécie de sequência ou continuação das *Metamorphoses*, que passam a enfocar as transformações na "vida" do poeta, tornando-o personagem de sua obra. Diante do inacabamento atribuído ao poema precedente, Nasão se propõe a completá-lo com a narrativa das metamorfoses da personagem-poeta e do mito de seu desterro, fazendo com que as elegias dos *Tristia* constituam uma nova versão das *mutatae formae*, com a particularidade de abordar a autobiografia da personagem-poeta.

    Além de as *Metamorphoses* serem referidas na poesia de exílio por meio de perífrases evocando o título do poema, também é mencionado nos versos dos *Tristia* o nome de várias das personagens mitológicas cujas histórias são narradas na obra anterior. Mais que isso, o processo de autoficcionalização da personagem-poeta se mistura a um fenômeno de automitologização, segundo o qual Nasão não só se torna personagem de sua própria obra, mas ainda se compara e se iguala a inúmeras figuras mitológicas. A "vida" do poeta se torna, então, mais um dos mitos de metamorfose a ser incluído entre as histórias de *mutatae formae*.

    A esse respeito, Ingleheart (2011, p. 18-19) afirma que "Ovídio apresenta a si mesmo e as circunstâncias do exílio em termos que relembram os destinos das personagens mitológicas e, em particular, aquelas de seu massivo compêndio de mitos greco-romanos, a épica das *Metamorphoses*".[386] Na mesma perspectiva, Claassen (2008, p. 265-282) elabora, ao final de seu estudo, quadros comparativos com o nome de todas as personagens mitológicas mencionadas na poesia de exílio ovidiana, a fim de evidenciar sua relação com as ocorrências dessas mesmas personagens em sua obra anterior, bem como demarcar as ocorrências que são exclusivas dos *Tristia* ou das *Epistulae ex Ponto*.³⁸⁷ A estudiosa (2008, p. 162) ainda defende que Ovídio cria para si um mito do exílio e que, por meio dele, insere-se no universo das obras ovidianas anteriores.

A poesia de exílio constitui a metamorfose final sofrida pela personagem-poeta Nasão e por sua própria poética, num processo de automitologização que culmina com a automodelagem da imagem do poeta e a constituição de um mito de exílio como parte de sua autobiografia literária. Sob esse aspecto, a automitologização de Nasão constitui uma forma de *self-fashioning* e faz parte, portanto, da "vida" que o poeta constrói para si mesmo. A menção de personagens das *Metamorphoses* nos *Tristia* é um dos recursos que contribui para transferir Nasão para o âmbito do mito. Em sua maioria, as personagens ocorrem em símiles e comparações, ou então são evocadas como *exempla*. Faetonte (Ov. *Tr.* I, 1, 79; III, 4, 30; IV, 3, 65) e Ícaro (Ov. *Tr.* I, 1, 90; III, 4, 22), cujas histórias são narradas nas *Metamorphoses* (respectivamente, em I, 750–II, 339 e VIII, 183-235), são citados nos *Tristia* como exemplo de figuras que, numa espécie de *hybris*, voaram demasiado alto e, por isso, sofreram uma queda que as arruinou. Elas desempenham um papel de representantes da personagem-poeta Nasão, visto que, por vezes, ele designa seu exílio como uma queda ou ruína. Outras personagens, como Cila, Ártemis e Medusa, são referidas nos *Tristia*, segundo Claassen (2008, p. 170), para retratar os horrores do local de exílio, de modo a amplificar as desgraças de Nasão.

Uma das mais significativas referências a figuras das *Metamorphoses* nos versos dos *Tristia* ocorre quando Nasão aspira a ser algumas personagens mitológicas, como se fosse capaz de se metamorfosear nelas. Por meio da comparação com personagens que, de algum modo, adquiriram asas e puderam voar, o eu poético enfatiza seu desejo de retorno à pátria, manifesto em combinação com um desejo de fuga do local de exílio:

> *Nunc ego **Triptolemi** cuperem consistere curru,*
>   *misit in ignotam qui rude semen humum;*
> *nunc ego **Medeae** uellem frenare dracones,*
>   *quos habuit fugiens arce, Corinthe, tua;*
> *nunc ego iactandas optarem sumere pennas,*   5
>   *siue tuas, **Perseu**, **Daedale**, siue tuas,*

III – *'Iste ego sum!'*: o mito do poeta e as *metamorphoses* do exílio no espelho de Narciso

ut tenera nostris cedente uolatibus aura
  aspicerem patriae dulce repente solum,
desertaeque domus uultus, memoresque sodales,
  caraque praecipue coniugis ora meae. 10
  (Ov. *Tr.* III, 8, 1-10, grifos nossos)

Agora eu queria estar no carro de *Triptólemo*,
  que lançou inculta semente em terra desconhecida;
agora eu queria guiar os dragões de *Medeia*,
  por ela tidos ao fugir, Corinto, de tua cidadela;
agora eu gostaria de ter asas para bater, 5
  seja as tuas, *Perseu*, seja, *Dédalo*, as tuas,
para que, a suave brisa cedendo ao meu voo,
  eu de súbito visse o doce solo da pátria,
o aspecto de minha casa vazia, os amigos lembrados
  e, sobretudo, a cara face de minha esposa. 10

Não por acaso, todas as personagens citadas no trecho têm seus mitos narrados nas *Metamorphoses* e, de algum modo, vinculam-se a Nasão e a seu exílio, para além do fato de terem obtido asas ou carros alados, elementos ambicionados pela personagem-poeta, a fim de fugir de Tomos. Triptólemo (Ov. *Met.* V, 642-661) foi confiado aos cuidados de Ceres, tornando-se o responsável por dirigir seu carro, puxado por dois dragões voadores, e lançar sobre as terras as sementes da deusa. Na versão do mito narrada nas *Metamorphoses*, o jovem percorre, voando no carro, as terras da Europa e da Ásia, até chegar à Cítia (Ov. *Met.* V, 648-649), que, nas elegias dos *Tristia*, é por vezes referida para designar o local de exílio (Ov. *Tr.* I, 3, 61; III, 2, 1; III, 4b, 3).

Medeia, anteriormente assunto da perdida tragédia ovidiana e da epístola XII das *Heroides*, comparece num longo episódio das *Metamorphoses* (*Met.* VII, 1-424), cujo final discorre sobre sua fuga de Corinto, após ter envenenado Creúsa, incendiado o palácio real e assassinado os dois filhos, num carro puxado pelos dragões de Titã. Os paralelos entre Nasão e Medeia são abundantes, a começar pelo fato de a região originária da princesa colca ser próxima do local de exílio ovidiano, situado nos confins do mundo. Não por acaso, Claassen (2008, p. 174) fala de uma "obsessão virtual de Ovídio com o mito de Medeia". Para ela, Tomos como local de exílio é quase *"too good to be true"*.³⁸⁸ Além disso, no episódio das *Metamorphoses*, Medeia emprega, em dois momentos, verbos derivados do termo *fuga* (*Met.* VII, 351, *fugit*; *Met.* VII, 397, *effugit*), que é precisamente um dos vocábulos que Nasão utiliza para designar seu exílio.³⁸⁹ Ora, na passagem acima citada, o particípio *fugiens* acompanha o nome de Medeia (v. 5), assim como na elegia seguinte, que estabelece a etiologia do nome de Tomos a partir do dilaceramento de Absirto, comparece a expressão *fugiens Medea* (Ov. *Tr.* III, 9, 9).

Perseu também ocupa um extenso episódio das *Metamorphoses* (*Met.* IV, 604–V, 249), no qual são narrados inúmeros feitos do herói, como a decapitação de Medusa, a transformação de Atlas em montanha, o resgate de Andrômeda e a petrificação de Fineu e seus aliados, a transformação de Preto e de Polidectes em pedras. Em vários momentos, são mencionadas as sandálias aladas do herói, por ele usadas para realizar seus feitos: "asas estridentes" (*stridentibus alis*, *Met.* IV, 616), "movendo os talares" (*motis talaribus*, *Met.* IV, 667), "asas velozes" (*uelocibus alis*, *Met.* IV, 724), "talares encharcados" (*bibulis talaribus*, *Met.* IV, 730), "batendo as asas" (*iactatis pennis*, *Met.* IV, 788).

Ao longo do episódio, merecem destaque, porém, as detalhadas descrições de metamorfoses dos seres em pedra, diante do olhar petrificador da Medusa. Elas registram exatamente o desenrolar da transformação, de modo a evidenciar a mobilidade e o movimento envolvidos no processo, características estruturais do poema ovidiano. Não por acaso, Calvino (2016, p. 37-38) atribui à obra um "princípio cinematográfico" devido à potência visual das metamorfoses, mas também assinala a existência de momentos de desaceleração, nos quais a narração fixa os mínimos detalhes. A disputa entre Perseu e Fineu, que tem como desenlace a transformação dos inimigos de Perseu em pedra, quando o herói ergue a cabeça da Medusa contra eles, serve como exemplo das minuciosas descrições:

> [...] *et Gorgonis extulit ora.*   180
> *'Quaere alium, tua quem moueant miracula' dixit*
> *Thescelus; utque manu iaculum fatale parabat*
> *mittere, in hoc haesit signum de marmore gestu.*
> *Proximus huic Ampyx animi plenissima magni*
> *pectora Lyncidae gladio petit; inque petendo*   185
> *dextera diriguit nec citra mota nec ultra.*
> [...] *pars ultima uocis*   192

III – 'Iste ego sum!': o mito do poeta e as *metamorphoses* do exílio no espelho de Narciso

*in medio suppressa sono est, adapertaque uelle
ora loqui credas, nec sunt ea peruia uerbis.*
[...]
Incursurus erat: tenuit uestigia tellus,   198
inmotusque silex armataque mansit imago.
(Ov. Met. V, 180-186; 192-194; 198-199)

[...] e ergueu a face da górgona.   180
'Busca outro a quem teus prodígios movam', disse
Téscelo; e preparando-se para lançar com a mão
o dardo fatal, em tal gesto fixou-se estátua de mármore.
Perto dele, Âmpix golpeia com a espada o peito muito
corajoso de Lincida; e, ao golpear, a destra   185
ficou imóvel, nem para trás nem para frente se moveu.
[...] o fim da palavra se extinguiu   192
em meio ao som, e acreditarias que a boca aberta
desejasse falar, mas não há abertura para as palavras.
[...]
Haveria de atacar: a terra reteve-lhe os pés   198
e, imóvel, permaneceu imagem de pedra, com armas.

Essas descrições de metamorfoses em pedra que resultam em estátuas (*signum, imago*) contribuem para evocar a arte escultórica e colocam em destaque o processo artístico, assinalando o desenrolar da transformação. Isso se alinha à coloração metapoética que pode ser atribuída ao episódio de Perseu. Utilizando-se da cabeça da górgona, o herói produz estátuas e se torna artífice de metamorfoses de figuras humanas em pedras, da mesma forma que o poeta, com sua arte, entretece os mitos de transformações no longo poema das *Metamorphoses*. Mais do que isso, do sangue da Medusa derramado por Perseu, nasce Pégaso, que, ao golpear o solo com seu casco, deu origem à fonte de Hipocrene, no Hélicon, de cuja água bebem as Musas (Ov. *Met.* V, 256-257). Sob esse aspecto, o episódio narra também uma versão para a origem da poesia e, em razão disso, Rimell (2006, p. 16) considera o trecho um *aition* da poesia. A nosso ver, a aproximação do fazer escultórico de Perseu a partir do olhar de Medusa com o fazer poético inspirado pelas Musas é responsável por ampliar as possibilidades interpretativas da passagem, conferindo-lhe fortes tons metapoéticos. Desse modo, reforça-se a identificação entre Perseu que voa em talares e a personagem-poeta Nasão para além do trecho dos *Tristia*, uma vez que o potencial metapoético do mito de Perseu e Medusa já fica insinuado nas *Metamorphoses*.[390]

Numa linha de pensamento similar, Calvino (2010, p. 16-17) sugere como uma das alternativas possíveis para a abordagem do mito de Perseu e Medusa (ainda que não seja a única, e o mito não se limite a ela) sua interpretação como uma "alegoria da relação do poeta com o mundo": Perseu, para não ser petrificado por Medusa, dirige seu olhar à imagem refletida em seu escudo de bronze, que funciona como um espelho,[391] e obtém, assim, apenas uma visão indireta da górgona. Imagens multiplicadas, reflexos criados, jogos de espelhos: tudo isso remete ao fazer artístico e às complexas relações entre criação ficcional e realidade, de forma a conferir matizes metapoéticos ao episódio e suscitar reflexões sobre a atividade do próprio poeta, que multiplica as formas em suas *Metamorphoses* e, depois, multiplica-se a si mesmo na poesia de exílio.

Dédalo, a última figura mencionada no trecho, teve sua história narrada por Ovídio na *Ars amatoria* (Ov. *Ars* II, 21-96) e nas *Metamorphoses* (Ov. *Met.* VIII, 152-262). Assim como Nasão, a personagem é descrita como exilada: Dédalo teria fugido de Atenas após assassinar seu sobrinho Perdiz, e acabou por se refugiar em Creta. Essa sua permanência na ilha é referida como um "exílio": "Dédalo, enquanto isso, abominando Creta e o extenso *exílio*/ e tomado de saudade da terra natal,/ era retido pelo mar. (...)" – *Daedalus interea Creten longumque perosus/ **exilium** tactusque loci natalis amore/ clausus erat pelago.* (...) (Ov. *Met.* VIII, 183-185, grifos nossos).

Se Nasão, desterrado, roga a Augusto pelo retorno, Dédalo, por sua vez, dirigira suas súplicas ao rei Minos: "'Haja termo para o *exílio*', disse, 'ó justíssimo Minos:/ receba a terra pátria as minhas cinzas.'" – '*Sit modus **exilio**,' dixit 'iustissime Minos:/ accipiat cineres terra paterna meos.*' (Ov. *Ars* II, 25-26, grifos nossos). Além da semelhança no fato de serem exilados, Nasão e Dédalo ainda se aproximam por serem artistas e tentarem obter o retorno à pátria por meio de sua arte: Dédalo constrói asas para si e para o filho Ícaro, com o objetivo de fugir de Creta voando; Nasão escreve poemas e os envia a Roma, buscando aplacar o ânimo de Augusto e conseguir a revogação do exílio, mas, principalmente, fazer-se sempre lembrado na Urbe.

Além de contemplar personagens das *Metamorphoses*, a passagem citada dos *Tristia*, sobre a ambicionada fuga de Nasão, também dialoga nitidamente com um trecho dos *Amores*, no qual o eu poético expressa a vontade

III – *'Iste ego sum!'*: o mito do poeta e as *metamorphoses* do exílio no espelho de Narciso

de possuir asas para ser capaz de atravessar o rio que o separa de sua amada *puella* e retarda o encontro entre os amantes:

> *Nunc ego, **quas habuit pinnas Danaeius heros**,*
> *terribili densum cum tulit angue caput,*
> *nunc opto **currum, de quo Cerealia** primum   15*
> ***semina** uenerunt in rude missa solum.*
> *Prodigiosa loquor ueterum mendacia uatum,*
> *nec tulit haec umquam nec feret ulla dies.*
> (Ov. *Am.* III, 6, 13-18, grifos nossos)

> Agora eu desejo as *asas que o herói filho de Dânae possuía*
>   ao arrancar a cabeça repleta de terríveis serpentes,
> agora desejo o *carro do qual*, lançadas, *as sementes*   15
>   *de Ceres* primeiro atingiram o solo inculto.
> Falo das mentiras fabulosas dos antigos poetas,
>   mas nenhum dia jamais as trouxe ou trará.

No trecho, figuram duas das personagens – Perseu e Triptólemo – que depois serão mencionadas na passagem anteriormente citada dos *Tristia*.[392] A isso se somam semelhanças formais e vocabulares, que funcionam como marcadores intertextuais. Ambos os trechos principiam com a fórmula *nunc ego*, seguida por um verbo que expressa desejo (*opto*, em *Am.* III, 6, 15; *cuperem*, em *Tr.* III, 8, 1). No caso da elegia dos *Tristia*, a fórmula se repete três vezes em anáfora (v. 1, 3 e 5), de forma a ilustrar a acentuação e a amplificação do desejo do eu poético, enfatizado para demarcar um contraste com as péssimas condições de seu exílio. Ambos os trechos designam as asas de Perseu e o carro de Ceres com os mesmos termos: nos *Amores*, *pinnas* e *currum* (*Am.* III, 6, 13 e 15); nos *Tristia*, *pennas* e *curru* (*Tr.* III, 8, 5 e 1). Além disso, são vários os vocábulos em comum na referência ao mito de Triptólemo: a menção das sementes (*semina*, *semen*), o emprego do verbo *mitto* para designar a ação executada pela personagem (*missa*, *misit*), a presença do adjetivo *rude* (*Am.* III, 6, 16; *Tr.* III, 8, 2).

Essa retomada dos versos dos *Amores* na elegia dos *Tristia* estabelece um nítido diálogo intertextual e se configura como uma repetição do mesmo na diferença. A repetição se verifica nos aspectos verbais e na expressão do desejo do eu poético de vencer a distância por meio do voo; a diferença se relaciona ao novo contexto, que deixa de ser amoroso e se torna o do exílio. Nos *Tristia*, Nasão busca obter asas para partir do local de desterro e voar de volta a Roma, superando aquilo que o afasta de sua cara pátria. Nos *Amores*, as asas são desejadas para superar o obstáculo que afasta o eu poético de sua amada. Com isso, o mesmo se repete em um novo contexto, o que instaura traços de diferença.

Mais do que isso, a diferença se insinua como um traço, um detalhe em meio à repetição. O adjetivo *rude*, empregado em ambas as passagens, constitui, a princípio, um elemento de iteração, uma marca de identidade, na medida em que seu uso se repete. Não obstante, essa repetição traz em seu bojo a diferença. Nos *Amores*, o adjetivo *rude* refere-se ao solo (*rude solum*, v. 16); ao passo que, nos *Tristia*, caracteriza a semente (*rude semen*, v. 2) – e o solo é designado como "terra desconhecida" (*ignotam humum*, v. 2). Com isso, a mudança no emprego de *rude* acaba por colocar em destaque a nova caracterização recebida pela terra, designada como "desconhecida" (*ignotam*). Ora, essa reconfiguração do verso nos *Tristia*, com o uso de um novo adjetivo, contribui para evocar a situação de exílio do próprio eu poético, frequentemente designada como um afastamento em relação à Urbe e um isolamento em terras desconhecidas.[393]

Além disso, o descrédito do eu poético dos *Amores* em relação às narrativas "fabulosas" (*prodigiosa*, v. 17) dos poetas, por ele consideradas mentiras (*mendacia*, v. 17) e, portanto, pertencentes ao âmbito da ficção,[394] manifesta-se também na elegia dos *Tristia*. Apesar da evocação de várias personagens mitológicas, entre as quais Nasão se inclui e deseja se transformar para efetuar sua fuga do exílio, ele declara pleno ceticismo em relação às possibilidades metamórficas, considerando-as "votos pueris" e se autonomeando "tolo". A essa correspondência temática entre as passagens, soma-se ainda o diálogo intertextual verbalmente marcado entre elas, com o mesmo uso do sintagma *ulla dies* junto do verbo *fero* em diferentes tempos verbais (*Am.* III, 6, 18; *Tr.* III, 8, 12):

> *Stulte, quid haec frustra uotis puerilibus optas,*
>   *quae non **ulla tulit** fertque **feret**que **dies**?*
> *Si semel optandum est, Augusti numen adora,*
>   *et, quem sensisti, rite precare deum.*
> *Ille tibi pennasque potest currusque uolucres*   15
>   *tradere: det reditum, protinus ales eris.*
> (Ov. *Tr.* III, 8, 11-16, grifos nossos)

III – *'Iste ego sum!'*: o mito do poeta e as *metamorphoses* do exílio no espelho de Narciso

Tolo, por que desejas, com votos pueris,
   aquilo que *nenhum dia trouxe, traz nem trará?*
Se se pode fazer só um voto, adora o nume de Augusto
   e, segundo os ritos, implora ao deus que experimentaste.
Ele pode te conceder asas e carros alados: 15
   que te dê o retorno, logo serás ave.

Em lugar de metamorfoses mitológicas, Nasão assinala que a única transformação que lhe é possível depende da vontade do imperador. Apenas Augusto detém o poder de revogar o exílio do poeta e, nesse sentido, apenas por sua ação a personagem-poeta poderia, metaforicamente, obter asas (ou carros alados) e se metamorfosear em ave. Todavia, enquanto não lhe é conferida essa graça, Nasão obtém a fuga do local de exílio por meio de sua mente, que o transporta virtualmente de volta a Roma, em imaginação:

Illa per inmensas spatiatur libera terras,
   in caelum celeri peruenit illa uia;   60
illa meos oculos mediam deducit in Vrbem,
   immunes tanti nec sinit esse boni.
   (Ov. *Tr.* IV, 2, 59-62)

Ela vagueia livre por imensas terras,
   ela alcança o céu em rápida via;   60
ela conduz meus olhos para o meio da Urbe,
   e não os deixa isentos de tamanha ventura.

A mente da personagem-poeta é "livre" (*libera*) e segue por "rápida via" (*celeri uia*); ela é capaz de delinear múltiplas e ilimitadas metamorfoses. Ela funda existências virtuais e transporta Nasão para os mundos que ele próprio criou. Assim, embora não creia nas possibilidades de transformações mitológicas, Nasão acredita no poder da imaginação e na permanência da poesia dela nascida. A esse respeito, Claassen (2008, p. 182) destaca que "o poeta e sua poesia se metamorfosearam em uma divindade maior do que qualquer um de seus protótipos. A apoteose eleva o sofredor sensível acima do âmbito de seu sofrimento mortal e em direção a um plano eterno".[395] Por meio dos versos dos *Tristia*, Nasão se fixa como personagem-poeta e funda para si, a partir dos paralelos e comparações com várias de suas personagens das *Metamorphoses*, um mito do exílio, no qual figura como protagonista e registra as transformações de sua autobiografia literária, de modo a se tornar, ele próprio, personagem mitológica.

Multidirecionalidade intertextual e o exílio antes do exílio

Assim como Nasão, nos *Tristia*, relê seus poemas dos *Fasti* e das *Metamorphoses* à luz de uma poética da incompletude, característica da poesia de exílio, essas duas obras anteriores, em contrapartida, evocam, em alguns de seus episódios, situações de exílio ou contêm alusões às elegias dos *Tristia*. Esse tipo de referência funciona como uma "prefiguração irônica" do banimento da personagem-poeta, numa espécie de prenúncio do exílio antes de sua ocorrência. Ao mesmo tempo, todavia, interpretações dessa natureza tornam-se possíveis quando se tem conhecimento da existência da poesia de exílio, pois exigem uma leitura retrospectiva capaz de ressignificar as obras anteriores e lhes conferir novos sentidos a partir de uma abordagem centrada no tema do desterro. Trata-se de uma perspectiva fundada nas possibilidades de inversão de direcionamento do fenômeno intertextual, que passa a operar em múltiplos sentidos, por meio de uma grande rede que interliga o conjunto das obras ovidianas.

Nesse tipo de abordagem, os *Fasti*, o poema-calendário que foi interrompido por causa da relegação da personagem-poeta e comporta apenas a primeira metade do ano, se enfocados por uma leitura que busque traços do desterro, fornecem vários elementos de aproximação com os *Tristia*. As alusões ao (ou antecipações do) exílio se manifestam de duas principais formas: nas passagens em primeira pessoa em que o eu poético Nasão se expressa diretamente, referindo-se à terra de exílio, à distância de Roma e aos gracejos de sua poesia amorosa causadora da condenação; e nos episódios que narram a história de personagens exiladas, relatos que dialogam com a experiência de exílio do próprio Nasão, tal como descrita nos *Tristia*.

No proêmio de *Fasti* IV, livro que discorre sobre o mês de abril, dedicado a Vênus, o eu poético fala em primeira pessoa, num contexto nitidamente metapoético. Nasão, enquanto poeta de elegia amorosa, dirige-se a Vênus pedindo que ela lhe seja favorável na composição do livro que se inicia. Muito embora se aventure por novos caminhos, de poesia mais

III – *'Iste ego sum!'*: o mito do poeta e as *metamorphoses* do exílio no espelho de Narciso

elevada, ele afirma jamais ter abandonado as insígnias da deusa em sua prática poética:

> *'saucius an sanus numquid tua **signa** reliqui?*
> *Tu mihi propositum, tu mihi semper opus.*
> *Quae decuit, primis **sine crimine lusimus** annis,*
> *nunc teritur nostris **area maior** equis:*   10
> *tempora cum causis annalibus eruta priscis*
> *lapsaque sub terras ortaque **signa** cano.'*
> (Ov. *Fast.* IV, 7-12, grifos nossos)

> 'Ferido ou são, acaso abandonei tuas *insígnias*?
> Tu és meu propósito, és sempre minha obra.
> O que convinha nos primeiros anos, *sem crime, gracejei*,
>   agora meus cavalos trilham *maior área*:   10
> os tempos, com suas causas, extraídos dos antigos anais
>   e o nascer e pôr dos *astros* sob as terras canto.'

Vênus, metonímia para a poesia amorosa, continua sendo o propósito e a obra de Nasão, ainda que agora ele se lance a temas mais elevados.[396] Ele emprega uma metáfora metapoética para se referir ao caráter mais grandioso da obra agora empreendida: o fazer poético é designado como uma corrida de cavalos, que se aventuram por "maior" área, numa imagem que busca pretensiosamente mostrar que sua elegia é capaz de ousar para além do âmbito elegíaco, ampliando as fronteiras do gênero rumo ao espaço da épica. Não obstante, abundam, nos *Fasti*, elementos elegíacos, que não se restringem ao livro dedicado a Vênus, mas perpassam todo o poema.

Nesse sentido, Holzberg (2002, p. 162-164) ressalta que, no livro III dos *Fasti*, dedicado a Marte, por exemplo, o deus da guerra é solicitado a depor as armas e apresentado com características de um *amator* elegíaco. A nosso ver, a discussão metapoética evocada no trecho acima (e suscitada pelo hibridismo de gêneros nos *Fasti*) contempla, lado a lado com a pretensão de distender os limites elegíacos, uma marcada carga irônica, na medida em que assuntos naturalmente épicos (como os feitos do imperador), uma vez inseridos no metro elegíaco, adquirem um caráter "menor". Sob esse aspecto, os comentários metaliterários do eu poético dos *Fasti* constituem breves relances de teorizações acerca dos gêneros experimentados pelo poeta, bem como das misturas de gêneros por ele empreendidas ao propor uma poética híbrida.

Além disso, a passagem se destaca pela riqueza de autoalusões, de modo a apontar para uma autoconsciência literária do fazer poético ovidiano. Os dois últimos versos citados, por exemplo, são uma retomada, quase que idêntica, dos versos de abertura da obra:

> **Tempora cum causis** *Latium digesta per annum*
> ***lapsaque sub terras ortaque signa*** *canam.*
> (Ov. *Fast.* I, 1-2, grifos nossos).
>
> *Os tempos, com suas causas, ordenados no ano do Lácio*
> *e o nascer e o pôr dos astros sob as terras cantarei.*

No livro IV, o trecho se distingue pela substituição de *Latium digesta per annum* (Ov. *Fast.* I, 1) por *annalibus eruta priscis* (Ov. *Fast.* IV, 11), que é também uma autoalusão, mas a outro verso do primeiro livro da obra: "reconhecerás os ritos extraídos dos antigos anais" – *sacra recognosces annalibus eruta priscis* (Ov. *Fast.* I, 7). A diferença ainda fica marcada na mudança no tempo do verbo *cano*, que passa do futuro *canam* (Ov. *Fast.* I, 2) para o presente *cano* (Ov. *Fast.* IV, 12), de forma a assinalar que a empresa que antes se iniciava, prenunciando aquilo que viria a abordar, já se encontra em pleno desenvolvimento no livro IV. Ademais, ambas as passagens contemplam um segundo nível autoalusivo, referente ao emprego do vocábulo *signa*. O termo, que, nos *Fasti*, tem geralmente o significado de "astros" ou "corpos celestes", dado o contexto astronômico envolvido na elaboração dos calendários, pode também ter o sentido de "insígnias", "estandartes", conforme evidencia o seu uso no início do trecho aqui citado (Ov. *Fast.* IV, 8).

Trata-se, nesse caso, de uma alusão à poesia amatória ovidiana anterior, que frequentemente menciona as insígnias de Vênus ou do Amor. A esse respeito, Bem (2011, p. 194) salienta que a abertura do quarto livro dos *Fasti* pode ser lida a partir de uma proveitosa relação intertextual com os *Amores*, em especial com sua elegia final (*Am.* III, 15), em que Nasão se despede das elegias e anuncia que se dedicará a um gênero maior.[397] São vários os paralelos entre os trechos: a referência às "insígnias" (*signa*) de Vênus (*Am.* I, 15, 16; *Fast.* IV, 12); a menção de uma "área maior" que deve ser percorrida pelos "cavalos" (*Am.* I, 15, 18; *Fast.* IV, 10); a menção de um ferimento (*saucius*,

III – *'Iste ego sum!'*: o mito do poeta e as *metamorphoses* do exílio no espelho de Narciso

Fast. IV, 7) faz lembrar as feridas de amor causadas por Cupido (*Am.* I, 1, 21-26; I, 2 29-30; II, 9, 4).

Além dessas alusões aos *Amores*, destaca-se no trecho o modo como as obras amorosas são diretamente identificadas pela voz em primeira pessoa de Nasão: "O que convinha nos primeiros anos, *sem crime, gracejei*" – *Quae decuit, primis **sine crimine lusimus** annis* (Ov. *Fast.* IV, 9, grifos nossos). Ora, o emprego do verbo *ludo* e da expressão *sine crimine* para fazer referência à sua produção elegíaca precedente ocorre igualmente num dos poemas dos *Tristia*, quando o eu poético reconhece que os gracejos com que brincara em sua poesia não lhe foram minimamente úteis, na medida em que lhe custaram o exílio: "Nem me foi útil *brincar sem um crime* verdadeiro,/ e minha Musa gracejar mais que minha vida" – *Nec mihi, quod **lusi** uero **sine crimine**, prodest,/ quodque magis uita Musa iocata mea est* (Ov. *Tr.* III, 2, 5-6, grifos nossos).

Ora, à luz dos *Tristia*, a passagem dos *Fasti* adquire um papel de prefiguração das defesas empreendidas por Nasão de sua poesia amorosa nas elegias do exílio. Com efeito, a atribuição de um caráter "sem crime" a seus versos de juventude, bem como a designação do fazer poético como um gracejo que não deveria ser levado a sério, com o uso do verbo *ludo*, só fazem sentido diante da condenação futura da personagem-poeta. Do contrário, qual seria seu objetivo ao afirmar nos *Fasti* que, nas elegias amorosas, teria gracejado "sem crime"? Nessa perspectiva, o verso dos *Fasti* pode ser entendido como uma antecipação da defesa da personagem-poeta exilada e, portanto, aludiria ao desterro antes de sua ocorrência na trajetória poética de Nasão. Com isso, o trecho acaba por constituir uma prefiguração do exílio, na medida em que inverte o direcionamento intertextual, fazendo com que os *Fasti* aludam aos *Tristia*. Desse modo, assim como evoca o passado poético de poesia amorosa ovidiana, a passagem dos *Fasti* também aponta para a futura poesia de exílio.

Esse mesmo procedimento de alusão ao exílio no poema-calendário dos *Fasti*, ao modo de prefiguração do desterro, faz-se presente também em outro trecho do livro IV, quando Nasão menciona a figura de Solimo, que deu nome à sua cidade natal, e, a partir disso, introduz lamentos por estar distante da pátria, exilado:

Huius erat Solymus Phrygia comes unus ab Ida,
    a quo Sulmonis moenia nomen habent,   80
Sulmonis gelidi, patriae, *Germanice, nostrae.*
    Me miserum, Scythico *quam* **procul** *illa solo est!*

> *Ergo ego tam **longe** – sed subprime, Musa, **querellas**!*
> *Non tibi sunt maesta sacra canenda lyra.*
> (Ov. Fast. IV, 79-84, grifos nossos)

> Seu único companheiro desde o Ida frígio foi Solimo,
>   que deu nome às muralhas de Sulmona,   80
> da *fresca Sulmona*, minha *pátria*, Germânico.
> *Ai de mim*, quão *distante* ela está da terra *cítia*!
> Eu estou tão *longe* – mas cala, Musa, as *queixas*!
> Não tens tristeza para cantar na lira sagrada.

O trecho em primeira pessoa (v. 81-83) constitui uma intervenção do eu poético sobre aquilo que vinha sendo narrado, de modo a pausar momentaneamente o relato para inserir comentários de natureza subjetiva, versando sobre elementos da autobiografia da personagem-poeta, como seu local de nascimento e seu exílio para os confins do mundo. A referência a Sulmona, identificada como pátria de Nasão (*patriae nostrae*, v. 81) e caracterizada pelo adjetivo *gelidi* ("fresca", v. 81), instaura claro diálogo com um verso da elegia dos *Tristia* usualmente denominada "autobiográfica": "*Sulmona é minha pátria, riquíssima em água fresca*" – ***Sulmo** mihi **patria** est, **gelidis** uberrimus undis* (Ov. Tr. IV, 10, 3, grifos nossos).

A coincidência vocabular não é desprezível, especialmente diante da continuação dos versos dos *Fasti*, que assinalam a longa distância que separa a pátria de Nasão da "terra cítia", o que ainda é complementado por sua afirmação de estar "tão longe". Ora, a designação do local de exílio como Cítia é frequente nas elegias dos *Tristia*.[398] Em algumas passagens, inclusive, essa identificação é acompanhada por outros termos do trecho citado dos *Fasti*, como *longe*, em referência à distância que o afasta de Roma, e mesmo pela presença de uma interjeição (ou expressão interjecional) expressando dor, como *heu* ou *ei mihi*,[399] similares ao *me miserum* dos *Fasti*:

> *Bosphoros et Tanais superant **Scythiae**que paludes*
>   *uix satis et noti nomina pauca loci.*
> *Vlterius nihil est nisi non habitabile frigus.*   5
>   ***Heu**, quam uicina est ultima terra mihi!*
> *At **longe** patria est, **longe** carissima coninux.*
> (Ov. Tr. III, 4b, 3-7, grifos nossos)

III – *'Iste ego sum!'*: o mito do poeta e as *metamorphoses* do exílio no espelho de Narciso

Além, restam o Bósforo, o Tânais, os pântanos da *Cítia*
  e poucos nomes de locais dificilmente conhecidos.
Mais além, nada há senão o frio inabitável.   5
  Ai, quão perto de mim está o extremo da terra!
Mas *longe* está a pátria, *longe* a caríssima esposa.

Além disso, a atribuição do nome "Cítia" ao local de exílio também ocorre nos *Tristia* associada ao termo *querela* (*Tr.* III, 11, 55-56) ou ao verbo *queror*, que possui mesma raiz:

*Quod **Scythicis** habitem **longe** summotus in oris,*
  siccaque sint oculis proxima signa meis,
nostra per inmensas ibunt praeconia gentes,
  *quodque **querar** notum qua patet orbis erit.*   20
(Ov. *Tr.* IV, 9, 17-20, grifos nossos)

Mesmo que eu, apartado para *longe*, habite as praias *cíticas*
  e veja de perto os astros não banhados,
apregoarei por povos infinitos, e minhas *queixas*
  serão conhecidas por toda a extensão do mundo.   20

Essas aproximações e diálogos com as elegias dos *Tristia* fazem com que o eu poético dos *Fasti*, ao se exprimir em primeira pessoa na passagem citada, acumule em si traços que virão a caracterizar a personagem-poeta nos versos de exílio. Embora, nos *Fasti*, Nasão não mencione explicitamente estar na Cítia – ele apenas diz estar "longe" (*longe*, v. 83) e lamenta a distância que separa sua pátria da Cítia –, à luz da poesia de exílio ovidiana, é possível inferir uma série de significações para o trecho, a começar pela identificação da Cítia com o local para qual a personagem-poeta viria a ser desterrada. Nesse sentido, a leitura dos *Fasti* em diálogo intertextual com os *Tristia*, a partir de uma inversão de direcionamento, oferece possibilidades interpretativas bem mais amplas, consonantes com a autobiografia literária de Nasão e com o conjunto de seu projeto poético. Assim, sob a perspectiva dos *Tristia*, os *Fasti* já comportariam em si referências ao exílio, numa espécie de prefiguração irônica da desgraça que acometeria a personagem-poeta.

Outra forma de evocação do exílio de Nasão nos *Fasti* vincula-se aos episódios que narram a história de personagens exiladas, cuja caracterização corresponde às descrições do eu poético exilado dos *Tristia*, ou então episódios que contêm construções frasais e vocábulos presentes na poesia de exílio ovidiana. No primeiro caso, destaca-se o episódio de Evandro (Ov. *Fast.* I, 471-542), que foi expulso com sua mãe, a profetisa Carmenta, da Arcádia. Exilados, dirigem-se à terra do Lácio, onde Evandro se fixa e se torna rei dos arcádios:

> *Nam iuuenis nimium uera cum matre **fugatus***
> *deserit Arcadiam Parrhasiumque larem.*
> *Cui genetrix flenti 'fortuna uiriliter' inquit*
> *'(siste, precor, lacrimas) ista ferenda tibi est.*   480
> ***Sic erat in fatis**; nec te tua **culpa fugauit**,*
> *sed **deus; offenso** pulsus es urbe **deo**.*
> *Non meriti poenam pateris, sed **numinis iram**:*
> *est aliquid magnis **crimen** abesse malis.*
> [...]
> *Passus idem est, Tyriis qui quondam pulsus ab oris*
> *Cadmus in Aonia constitit **exul** humo.'*   490
> (Ov. *Fast.* I, 477-484; 489-490, grifos nossos)

> Pois o jovem, *desterrado* com a mãe faladora de verdades,
>   deixou a Arcádia e o lar parrásio.
> A ele, que chorava, disse a mãe: 'Virilmente
>   (cessa, rogo, as lágrimas), tolera esse destino.   480
> *Estava assim nos fados*; não te *desterrou* tua *culpa*,
>   mas um *deus*; um *deus ofendido* te expulsou da cidade.
> Suportas não uma pena merecida, mas a *ira do deus*:
>   não haver *crime* nas grandes desgraças já é algo.
> [...]
> Cadmo suportou o mesmo, ele que, outrora expulso
>   das praias tírias, estabeleceu-se, *exilado*, na terra aônia.'   490

O desterro de Evandro[400] é designado pelo verbo *fugo* (*fugatus*, v. 477; *fugauit*, v. 481), cujo substantivo correspondente é *fuga*, vocábulo amplamente empregado nos *Tristia* para fazer referência ao exílio de Nasão, conforme discutimos na seção anterior. O mais notável no trecho, porém, é que a personagem é descrita como isenta de culpa, e a

III – *'Iste ego sum!'*: o mito do poeta e as *metamorphoses* do exílio no espelho de Narciso

causa de seu exílio é atribuída à ira de um deus ofendido (*offenso deo*, v. 482; *numinis iram*, v. 483). De modo semelhante, Nasão, que fora acusado por um *carmen et error* (Ov. *Tr.* II, 207), defende-se a todo o tempo nos *Tristia* esclarecendo que seu *error* não constituía um "crime" e carecia de "culpa". Mais do que isso, o imperador Augusto, que lhe ordenara o exílio, é assimilado à figura de Júpiter e designado como um "deus" (*deus*) ou um "nume" (*numen*) que foi lesado pela personagem-poeta, tendo, por isso, expulsado Nasão de Roma:

at mihi perpetuo patria tellure carendum est,
    *ni fuerit **laesi** mollior **ira dei**.*
(Ov. *Tr.* I, 5, 83-84, grifos nossos)

eu, todavia, para sempre estarei privado do solo pátrio,
    se não for mais branda a *ira do deus ofendido*.

***numinis** ut **laesi** fiat mansuetior **ira**,*
    mutatoque minor sit mea poena loco.
*Idque ita, si **nullum scelus** est in pectore nostro*   25
    principiumue mei criminis error habet.
(Ov. *Tr.* III, 6, 23-26, grifos nossos)

para que se amanse a *ira do deus ofendido*,
    e, mudado o local, seja menor a minha pena.
Ainda mais se *não há crime algum* em meu peito   25
    e um erro é a causa de meu delito.

A fala de Carmenta a Evandro nos *Fasti* evoca exatamente as caracterizações do *error* de Nasão e da ira de Augusto presentes na poesia de exílio ovidiana, seja pela proximidade semântica dos trechos, seja pela semelhança formal e uso de vocábulos em comum. A isso ainda se soma o papel desempenhado pelos fados em ambas as situações. Se Evandro estava destinado a ser expulso de sua cidade, Nasão afirma que estava em seus fados ver a Cítia: "Então estava em meu destino ver também a Cítia" – *Ergo erat in fatis Scythiam quoque uisere nostris* (Ov. *Tr.* III, 2, 1). No entanto, apesar de o estatuto de "exilado" ser partilhado pelas duas personagens, seus desterros são valorados de modo distinto.

O eu poético dos *Tristia* considera a expulsão e o banimento para Tomos uma enorme desgraça que recaiu sobre sua cabeça; trata-se de uma pena imposta pela ira de Augusto, que ele pretende abrandar e minimizar, a fim de obter um local de exílio menos hostil. Por outro lado, Nasão, enquanto narrador dos *Fasti*, descreve positivamente o exílio de Evandro, uma vez que este teve como local de exílio o Lácio: "Desembarcando, pisou, *exilado*, a relva do Lácio,/ *afortunado*, aquele local foi seu *exílio!*" – *Puppibus egressus Latia stetit* **exul** *in herba,/* ***felix****, exilium cui locus ille fuit!* (Ov. *Fast.* I, 539-540).

Em meio ao relato em terceira pessoa, Nasão manifesta sua subjetividade com emprego do adjetivo *felix* ("afortunado"), que expressa um juízo de valor na caracterização do exílio de Evandro como algo positivo. Esse tipo de procedimento, por meio do qual se estabelece uma aproximação entre as duas personagens, para depois ser assinalado um ponto de distanciamento que é desfavorável para Nasão, contribui para amplificar o caráter desgraçado e infeliz do exílio do poeta. Nesse sentido, a história do desterro de Evandro, se evoca e antecipa o banimento de Nasão, o faz apenas parcialmente, na medida em que seu exílio é marcado por um êxito final, ao passo que o da personagem-poeta apresenta-se como total ruína.

Por sua vez, em relação a passagens dos *Fasti* contendo vocabulário ou estruturas frasais similares aos da poesia de exílio ovidiana, a ponto de configurar alusões, um exemplo significativo encontra-se no episódio sobre o rei Numa e sua esposa Egéria. Diante das chuvas incessantes e da abundância de raios causados pelo rei dos deuses, Egéria, com seu poder oracular, aconselha o marido a buscar o auxílio de Fauno e Pico, deuses agrestes romanos capazes de fazer Júpiter descer dos céus. Para tal, o rei deveria aguilhoar as duas divindades do Lácio, até que elas lhe ensinassem o que fazer para aplacar os raios de Júpiter. A fala de Numa após prendê-los evidencia forte diálogo com as palavras de Nasão nos *Tristia*:

> *Tunc Numa: 'di nemorum, factis ignoscite nostris,*
>   *si **scelus ingenio** scitis abesse meo;*
> *quoque modo possit **fulmen**, monstrate, piari.'*
> (Ov. *Fast.* III, 309-311, grifos nossos)

> Então Numa: 'Deuses dos bosques, perdoai meus atos,
>   sabeis não haver *crime* em meu *engenho*;
> e mostrai de que modo se pode aplacar o *raio*'.

III – *'Iste ego sum!'*: o mito do poeta e as *metamorphoses* do exílio no espelho de Narciso

Numa buscou aplacar os raios de Júpiter; Nasão pretendeu mitigar a ira de Augusto, que (não nos esqueçamos) é frequentemente assimilado ao rei dos deuses na poesia de exílio ovidiana. Nítido exemplo dessa assimilação pode ser observado na *precatio* que compõe a elegia V, 2 (algumas edições a designam como V, 2b): nela, o imperador é referido por vários epítetos elogiosos, e Nasão lhe suplica para ser poupado do raio e obter um local de exílio mais seguro: "Poupa, imploro, e tira de teu *raio* uma parte/ mínima! A pena restante já bastará!" – *Parce, precor, minimamque tuo de fulmine partem/ deme! Satis poenae, quod superabit, erit* (Ov. *Tr.* V, 2, 53-54 [V, 2b, 9-10]). De fato, logo no início, Augusto, a quem se dirige o eu poético, já é identificado com Júpiter: "se a um mortal é lícito falar com Júpiter" – *si fas est homini cum Ioue posse loqui* (Ov. *Tr.* V, 2, 46 [V, 2b, 2]).

Essa identificação entre as duas figuras, aliada à menção dos raios ou fogos de Júpiter para fazer referência às punições efetuadas pelo imperador, perpassa as elegias dos *Tristia* como um todo. Com efeito, o eu poético afirma que, da morada de Augusto, caiu um raio (*fulmen*) sobre sua cabeça,[401] e que, ao ser exilado, experimentou as armas de Júpiter.[402] Nessas circunstâncias, ele frequentemente suplica ao imperador para ser poupado de seu raio: "assim imploro, poupa-me, oculta teu *raio*, arma feroz,/ ai! arma demasiado conhecida a este infeliz!" – *Parce, precor, **fulmen**que tuum, fera tela, reconde,/ heu! nimium misero cognita tela mihi* (Ov. *Tr.* II, 179-180, grifos nossos). Ainda que Numa não esteja em uma situação de exílio, a imagem do deus punitivo dotado de raios e as semelhanças formais com trechos dos *Tristia* sugerem o estabelecimento de diálogos entre as duas obras. Sob essa perspectiva, algumas passagens dos *Fasti* podem ser consideradas uma antecipação ou prefiguração das circunstâncias do desterro de Nasão e de seus traços enquanto personagem-poeta exilada.

Os paralelos entre Nasão e as personagens mitológicas não se limitam aos *Fasti*, mas encontram pleno desenvolvimento nas *Metamorphoses*. Nesse *carmen perpetuum* de grande fôlego, especialmente o livro III abre-se para inúmeras possibilidades de leitura com base em uma perspectiva exílica, apresentando fortes diálogos com a poesia dos *Tristia*. Nasão exilado encontra, nas personagens de seu poema anterior, uma série de figuras que lhe são equivalentes e, sob esse aspecto, pode ser identificado com elas, por meio de um jogo de espelhos que multiplica em várias a face da personagem-poeta, mas que a distorce em cada um dos reflexos, simultaneamente igual e diferente.

Uma das faces passível de ser atribuída a Nasão é a de Cadmo. Ou seria Cadmo que, sob um viés retrospectivo na abordagem das *Metamorphoses*, assumiria a máscara do Nasão exilado das elegias dos *Tristia*? Nossa posição de leitores atuais nos permite explorar exatamente as múltiplas possibilidades de direcionamento do diálogo intertextual, que se abre a bem mais que uma única alternativa de interpretação e se manifesta como uma rede de relações. Vale lembrar, a esse respeito, que Cadmo também é mencionado nos *Fasti*, no contexto do episódio do exílio de Evandro, como um exemplo de exilado (Ov. *Fast.* I, 490). Com isso, ao diálogo intertextual entre Nasão e Evandro nos *Fasti*, que discutimos anteriormente nesta seção, soma-se a parcela referente ao Cadmo das *Metamorphoses*. Assim como Evandro, também ele pode ser entrevisto a partir das circunstâncias do exílio e da imagem de Nasão exilado, de forma a se estabelecer como uma irônica prefiguração da personagem-poeta:

> *Iamque deus posita fallacis imagine tauri*
> *se confessus erat Dictaeaque rura tenebat:*
> *cum pater ignarus Cadmo perquirere raptam*
> *imperat et **poenam**, si non inuenerit, addit*
> ***exilium**, facto pius et sceleratus eodem.*   5
> (Ov. *Met.* III, 1-5, grifos nossos)

> O deus, deposta a aparência de falso touro,
> já tinha se revelado e tocava os campos dicteus,
> quando o pai, sem saber, ao mesmo tempo dedicado e criminoso,
> ordena a Cadmo procurar a raptada e lhe indica
> como *pena*, se não a encontrasse, o *exílio*.   5

Por ordens de Agenor, seu pai, Cadmo parte em busca da irmã Europa, que Júpiter, disfarçado sob a forma de touro, raptara e transportara até Creta. A condição para o jovem tornar à pátria era encontrar a irmã; estando ela desaparecida, a partida de Cadmo adquire o estatuto de exílio (*exilium*, v. 5), configurando-se como uma pena (*poena*, v. 4). Ambos os termos são frequentemente usados por Nasão, nas elegias dos *Tristia*, a fim de designar a punição que lhe foi imposta por Augusto. Embora esclareça, em mais de uma passagem, que sua pena foi não um *exilium*, mas uma *relegatio* (Ov. *Tr.* II, 137; V, 2, 57-58), em vários momentos o eu poético se autodenomina *exul*, com o objetivo de amplificar e realçar o infortúnio sofrido. Além disso,

III – *'Iste ego sum!'*: o mito do poeta e as *metamorphoses* do exílio no espelho de Narciso

ele também se caracteriza como *profugus*, principalmente nos trechos em que elementos do gênero épico ganham destaque.[403]

O exílio de Cadmo, porém, diferentemente do de Nasão, não se fundou inicialmente em desgraças, mas em êxitos. O herói, seguindo as orientações do oráculo de Delfos, se estabelece na Beócia, onde vence uma serpente de Marte e, ao semear os dentes dela na terra, gera exércitos inimigos. Os sobreviventes da luta entre esses exércitos se aliam a Cadmo e, juntos, fundam a cidade de Tebas, da qual ele se torna rei: "Tebas já estava erguida. Já podias, Cadmo, parecer afortunado no *exílio*" – *Iam stabant Thebae. Poteras iam, Cadme, uideri/* **exilio** *felix* (Ov. *Met.* III, 131-132, grifo nosso). O uso do adjetivo *felix* para caracterizar o desterro de Cadmo contrasta fortemente com a situação de Nasão, amiúde descrito como *infelix* ou *maestus*, mas se alinha à descrição de Evandro presente nos *Fasti* (I, 540), uma vez que este teve o Lácio como local de exílio.

Não obstante, ao fim da narrativa sobre Cadmo, a voz poética das *Metamorphoses* se intromete em meio ao relato e expressa uma reflexão de matiz filosófico: "(...) mas decerto o homem sempre/ há de esperar o dia derradeiro, e ninguém deve ser dito/ bem-aventurado antes da morte e das últimas exéquias" – (...) *sed scilicet ultima semper/ exspectanda dies homini, dicique beatus/ ante obitum nemo supremaque funera debet* (Ov. *Met.* III, 135-137). Por trás dessa afirmação, repousam as ideias de instabilidade da vida e incerteza da fortuna: ninguém deve se considerar feliz antes da morte, pois a mudança repentina dos fados pode transformar a bem-aventurança em desgraça. Ora, esse pensamento se ilustra na própria trajetória de Nasão, cujo exílio foi compreendido como uma mudança de sorte da personagem-poeta, antes célebre e próspero em Roma, depois, infeliz e desgraçado nos confins do Império (Ov. *Tr.* I, 1, 119-122). Nessas circunstâncias, sob um viés retrospectivo, a história de Cadmo evoca a sina de Nasão; constituindo, ao mesmo tempo, uma alusão e antecipação do exílio da personagem-poeta.

Já a desventura de Cadmo, segundo a voz poética das *Metamorphoses*, manifesta-se antes nas desgraças envolvendo a descendência do herói. Apenas após presenciar a série de males que afligiu sua linhagem e optar, enfim, por partir de Tebas com a esposa, Cadmo assume novamente a situação de exilado errante, até que ambos são metamorfoseados em serpentes (Ov. *Met.* IV, 563-602). O primeiro infortúnio a atingir a casa tebana diz respeito a Acteão, neto de Cadmo. Transformado em cervo depois de ter visto Diana banhando-se nua, o jovem foi vítima de seus próprios cães de caça, que o dilaceraram vivo. Embora Acteão tivesse visto a deusa por um simples acaso, desígnio dos fados, enquanto caminhava, errante, por um bosque desconhecido – *non certis passibus errans* (Ov. *Met.* III, 175) –, não é por acaso que Nasão menciona a personagem nos *Tristia*, aproximando-a de si mesmo e dos atos que lhe custaram o exílio:

> *Cur aliquid uidi? Cur noxia* **lumina** *feci?*
> *Cur* **imprudenti** *cognita culpa mihi?*
> *Inscius* **Actaeon** *uidit sine ueste Dianam:*
> *praeda fuit canibus non minus ille suis.*
> (Ov. *Tr.* II, 103-106, grifos nossos)

> Por que vi aquilo? Por que tornei culpados os *olhos*?
> Por que descobri, *desacautelado*, uma culpa?
> Acteão, *insciente*, viu Diana despida:
> ele foi não menos que a presa dos próprios cães.

Conforme discutimos no capítulo anterior, os paralelos com Acteão contribuem para transferir o eu poético dos *Tristia* para um universo mitológico (no caso, marcadamente trágico), por meio de um procedimento semelhante àquele das *Heroides*, em que Ovídio desloca heroínas da mitologia para o âmbito da elegia amorosa. Porém, mais do que isso, a menção do nome da personagem nos versos dos *Tristia* remete à versão de sua história anteriormente narrada por Ovídio nas *Metamorphoses* (III, 138-252). Assim, se, por um lado, os *Tristia* evocam o compêndio mitológico anterior, por outro, a narrativa do mito presente nas *Metamorphoses*, lida à luz dos *Tristia*, revela colorações exílicas, dadas as aproximações textuais com as elegias de exílio e os paralelos entre os atos de Nasão e Acteão. O diálogo intertextual fica estabelecido já no início do episódio das *Metamorphoses*, quando a voz narrativa, dirigindo-se a Cadmo (*Cadme*, v. 138), menciona a desventura do jovem Acteão e designa seu ato como um "erro" (*error*), e não um "crime" (*scelus*):

> *At bene si quaeras,* **Fortunae crimen** *in illo,*
> *non* **scelus** *inuenies. Quod enim* **scelus error** *habebat?*
> (Ov. *Met.* III, 141-142)

> Mas se procurares bem, nele encontrarás uma *resolução da Fortuna*,
> não um *crime*. Pois que *crime* podia haver num *erro*?

III – *'Iste ego sum!'*: o mito do poeta e as *metamorphoses* do exílio no espelho de Narciso

Os dois termos empregados pelo narrador das *Metamorphoses* comparecem de modo abundante nas elegias dos *Tristia*, como parte da argumentação do eu poético para se defender das acusações que motivaram sua punição. Nasão ressalta de forma recorrente que a causa de seu exílio foi um *error* ("erro"), termo que é contrastado com *scelus* ("crime"),[404] a fim de assinalar o caráter involuntário de seu ato, merecedor de uma pena mais leve:

scite, precor, causam – nec uos mihi fallere fas est –
***errorem** iussae, non **scelus**, esse fugae.*
(Ov. *Tr.* IV, 10, 89-90, grifos nossos)

sabei, imploro, – não é justo vos enganar –
ser um *erro*, não um *crime*, a causa do desterro.

*Hanc quoque, qua perii, **culpam scelus** esse negabis,*
si tanti series sit tibi nota mali.
*Aut timor aut **error** nobis, prius obfuit **error**.*
A! Sine me fati non meminisse mei.
(Ov. *Tr.* IV, 4, 37-40, grifos nossos)

E negarás ser *crime* a *culpa* pela qual pereci,
se conheceres a série de tamanhos males.
Ou um *erro* ou o temor – antes o *erro* me prejudicou.
Ah, deixa-me esquecer do meu destino!

Assim como a versão da história de Acteão nas *Metamorphoses*, o *error* de Nasão também resultou em morte – no seu caso, porém, uma morte metafórica, com a qual o exílio é frequentemente identificado (*perii*, v. 37). A natureza involuntária e insciente atribuída ao ato de ambas as personagens contribui para minimizar sua culpa e ressaltar a desproporção da pena que lhes foi infligida, considerada muito mais cruel e pesada do que o exigido pela ação culposa. É interessante assinalar que a "inocência" de Acteão é particularidade da personagem ovidiana. De acordo com Martindale (1993, p. 61-62), em algumas versões do mito, Acteão de fato era culpado de provocação sexual, como *voyeur* ou buscando unir-se fisicamente a Diana.[405] Ora, a comparação da personagem-poeta exilada com Acteão só faria sentido se a versão do mito evocada tivesse como protagonista uma figura isenta de culpa; do contrário, a argumentação de defesa de Nasão estaria comprometida. Sob esse aspecto, a elegia dos *Tristia*, ao estabelecer uma aproximação entre as duas personagens, ilumina e orienta o episódio das *Metamorphoses*, como se a versão do mito escolhida para ser narrada na obra já prefigurasse a defesa a ser feita por Nasão na poesia de exílio.

Outro ponto de proximidade entre Nasão e Acteão, bastante significativo e responsável por suscitar numerosos desenvolvimentos interpretativos e redes intertextuais, consiste na importância conferida ao sentido da visão nos dois relatos. Os olhos são a via pela qual se concretiza o suposto crime das personagens, culpadas por terem visto e testemunhado algo que não lhes convinha. Toda essa imagética visual é evocada por meio do emprego de diversos termos pertencentes ao campo semântico da visão, como o verbo *uideo* e suas formas derivadas, e os vocábulos *oculi* e *lumina*. Nas elegias dos *Tristia*, tais referências, em geral, acompanham a definição do ato da personagem-poeta como um *error*:

> **Inscia** *quod crimen* **uiderunt lumina**, *plector,*
> *peccatumque* **oculos** *est habuisse meum.*   50
> *Non equidem totam possum defendere culpam,*
> *sed partem nostri* **criminis error** *habet.*
> (Ov. *Tr.* III, 5, 49-52)

> Sou punido porque *olhos inscientes viram* um crime,
> e meu delito é ter possuído *olhos.*   50
> De fato não posso defender toda a culpa,
> mas parte de meu *crime* é um *erro.*

> *Idque ita, si* **nullum scelus est** *in pectore nostro*   25
> *principiumue mei criminis* **error** *habet.*
> *Nec breue nec tutum, quo sint mea, dicere, casu*
> **lumina** *funesti conscia facta mali;*
> *mensque reformidat, ueluti sua* **uulnera**, *tempus*
> *illud, et admonitu fit nouus ipse dolor.*   30
> (Ov. *Tr.* III, 6, 25-30, grifos nossos)

> Ainda mais se *não há crime algum* em meu peito   25
> e um *erro* é a causa de meu delito.

III – *'Iste ego sum!'*: o mito do poeta e as *metamorphoses* do exílio no espelho de Narciso

Nem breve nem seguro seria dizer por que acaso
    meus *olhos* testemunharam um mal funesto;
a mente teme este tempo como às suas *feridas*,
    com a lembrança, a própria dor se renova.   30

No entanto, não há qualquer esclarecimento nos poemas de exílio sobre a natureza do *error* frequentemente mencionado; o eu poético apenas insinua ter sido algo que seus olhos, involuntariamente, observaram. Na história de Acteão, por sua vez, é bem sabido que o equívoco da personagem foi ter visto Diana despida, conforme fica claramente exposto na fala da deusa logo após o ocorrido, por meio da qual ela lança uma maldição contra o jovem: "Agora poderás contar, se algo puderes contar,/ que me *viste* sem roupa!" (...) – *'Nunc tibi me posito **uisam** uelamine narres,/ si poteris narrare, licet!'* (...) (Ov. *Met.* III, 192-193, grifos nossos). Na fala da deusa, a presença do dativo agente *tibi* não deixa dúvidas de que o ato foi realizado por Acteão. Todavia, em nenhum outro momento do episódio o verbo *uideo* é aplicado de forma explícita para designar a ação da personagem observando a deusa. Na verdade, em sua outra única ocorrência no contexto, ele foi usado na voz passiva, referindo-se ao fato de Diana ter sido vista, mas sem identificar o agente da ação.[406] Isso evidencia que, embora a deusa acuse Acteão e lhe atribua um crime, a voz narrativa do poema não partilha dessa posição e, expressando-se de maneira ambígua e indefinida, centra-se em apresentar o ato em si. Ora, por não ser identificado nenhum agente, a voz poética parece assinalar a natureza involuntária da ação.

Aos olhos que viram mais do que deveriam, Diana impõe como pena o silenciamento. Transformado em cervo, Acteão é incapaz de falar, muito embora tenha mantido suas faculdades mentais e de pensamento. De acordo com Hardie (2002, p. 169), que cita Gildenhard & Zissos, "a preservação da consciência humana na forma metamorfoseada de Acteão o aproxima de um ator que coloca uma máscara, 'articulando e valorizando um ... contraste entre o interior autêntico e a aparência inautêntica, entre realidade e ilusão".[407] Esse contraste é explorado ao longo de todo o episódio, que propõe reflexões acerca dos conceitos de realidade e ficção, a partir da não identificação entre forma autêntica e forma metamorfoseada. Por sua vez, ao poeta que viu e gracejou mais do que deveria, misturando ficção e realidade a ponto de confundir os limites entre arte e vida,[408] Augusto impõe a relegação, que não deixa de ser, também, uma tentativa de calar o poeta e seus versos, seja pelo afastamento nos confins do Império, que dificulta a comunicação, seja pela condenação da *Ars amatoria* e sua retirada das bibliotecas públicas de Roma.[409] Não obstante, Nasão rebate sua pena compondo versos e, no exílio, ainda que ironicamente avalie seus escritos de modo negativo, a poesia se torna tanto um meio de alívio dos males quanto uma forma de fazer-se lembrado, garantindo sua permanência na posteridade.

Em relação ao episódio de Acteão, Martindale (1993, p. 62) afirma que "o pesadelo grotesco da mudança de categoria tem como foco o problema da comunicação, já que a mente do cervo permanece humana (...), embora ele não possa falar".[410] Na verdade, a perda da habilidade discursiva é um ponto recorrente nas narrativas das *Metamorphoses*, visto que, em geral, os seres submetidos a transformações mantêm a racionalidade humana, mas, devido à modificação de sua forma, perdem a capacidade da fala. Privado de palavras, Acteão ainda enxerga, e é sua visão que lhe informa sobre sua metamorfose:

> *Vt uero uultus et cornua* **uidit** *in unda,*   200
> *'me miserum!' dicturus erat, uox nulla secuta est:*
> *ingemuit, uox illa fuit; lacrimaeque per ora*
> *non sua fluxerunt. Mens tantum pristina mansit.*
> (Ov. *Met.* III, 200-203)

> Decerto, quando *viu* na água o rosto e os chifres,   200
> 'ai de mim!' queria ter dito, não saiu nenhuma voz:
> soou um gemido, aquela foi sua voz; e as lágrimas
> correram por faces não suas. Subsistiu apenas a antiga mente.

Os mesmos olhos que vislumbraram Diana nua e foram causadores de punição são também o meio pelo qual Acteão observa, refletida na água, a nova imagem que lhe fora atribuída – e reconhece ter sido metamorfoseado em cervo. Diferentemente de seus primeiros usos, *uideo* é aqui empregado na voz ativa, tendo como sujeito Acteão. Se, por um lado, a repetição do verbo remete à ação precedente, do *crimen* da personagem, por outro, a mudança da voz verbal instaura diferenças. Além de deslocar o foco para o agente, a atitude de observar o próprio reflexo na superfície da água funciona como uma alusão, que já antecipa outro episódio do livro III das *Metamorphoses*: a história de Narciso, que se apaixona pela própria imagem refletida na água

III – *'Iste ego sum!'*: o mito do poeta e as *metamorphoses* do exílio no espelho de Narciso

e que, ao descobri-lo, definha, diante da impossibilidade de possuir o ser amado, que nada é além de sombra e imagem de um "outro" imaginário.

No caso de Acteão, não só seu reflexo na água constitui a figura de um "outro", mas ele próprio se torna "outro" após a transformação em cervo. Diferentemente do que ocorre com Narciso, não há aqui uma identificação entre o "eu" e o "outro". Pelo contrário, a voz narrativa ressalta um distanciamento entre aquele que fora o jovem caçador e o animal em que ele se transformou, ao afirmar que as lágrimas de Acteão escorrem por uma face que não é sua. A semelhança com Nasão exilado ainda se estende à representação da personagem como lamentando sua sina. Mesmo que, sob a forma de cervo, o jovem possa apenas emitir gemidos ou sons indistinguíveis, se ainda fosse capaz de falar, diria "ai de mim!" (*me miserum!*, v. 201). A expressão, assim como as equivalentes *ei mihi!* ou *heu!*, é frequentemente usada na poesia elegíaca para manifestar as dores do eu poético diante da recusa da amada ou dos sofrimentos amorosos. De modo similar, ela também se faz presente na poesia de exílio ovidiana, quando Nasão lamenta estar afastado de Roma e chora as dores do banimento. Diante disso, ao figurar nas *Metamorphoses*, a expressão traz consigo toda uma carga semântica responsável por conferir ao episódio de Acteão coloração elegíaca e, assim, contribui para reforçar o diálogo intertextual estabelecido com as elegias ovidianas.

O destaque conferido à visão permanece até o fim da narrativa, quando Acteão, vítima de seus próprios cães, sente as ferozes mordidas que o dilaceram. Nesse contexto, a voz poética esclarece que a personagem preferiria apenas assistir (*uidere*) ao espetáculo, sem ser a presa da caça; evocando, assim, as implicações visuais envolvidas no episódio como um todo:

> *Vellet abesse quidem, sed adest: uelletque **uidere**,*
> *non etiam sentire canum fera facta suorum.*
> *Vndique circumstant, mersisque in corpore rostris*
> *dilacerant falsi dominum sub **imagine** cerui.*   250
> *[Nec nisi finita per plurima **uulnera** uita*
> *ira **pharetratae** fertur satiata **Dianae**.]*
> (Ov. Met. III, 247-251)

Decerto queria estar ausente, mas está presente: queria *ver*,
mas não sentir os ferozes feitos de seus cães.
Cercam-no por todos os lados e, afundando os focinhos na carne,

dilaceram o dono sob a *forma* de falso cervo.   250
[E, até que a vida findasse por infindas *feridas*,
não se saciou, dizem, a ira da *Diana de aljava*.]

O termo *imago*, correspondente ao grego εἰκών, também se relaciona ao campo semântico da visão. De acordo com Martin (2008, p. 110), o vocábulo pode significar "retrato", em oposição à pessoa propriamente dita, ou "aparência", em oposição à realidade. Em ambos os casos, fica marcado o aspecto vicário da "imagem", que não é a coisa em si, mas sua imitação. Não por acaso, os termos *imitor* e *imitatio* possuem a mesma raiz de *imago*, todos provenientes de um verbo com radical *im-* (Ernout & Meillet, 1951, p. 552). Dessa mesma raiz, ainda provém *imaginor* ("imaginar", "criar a partir de imagens"), verbo denominativo formado de *imago*.

Além de seu vínculo com a visão, esses vocábulos, em contexto artístico, podem adquirir valor metapoético. Os termos *imitor* e *imitatio*, por exemplo, designam o principal processo de composição vigente na Antiguidade, fundamentado na ideia da arte (a poesia aí incluída) como imitação da natureza ou de outras obras da tradição. Já o verbo *imaginor* coloca em destaque o aspecto criador e inventivo da imaginação, capaz de construir imagens na mente. Num contexto artístico, esse potencial imagético pode ser analisado tanto sob o viés da produção – no que diz respeito ao ato de criação executado pelo poeta ou artista por meio de sua imaginação – quanto sob a perspectiva da recepção da obra, quando as imagens são suscitadas na mente do leitor graças ao fenômeno da *enargeia*, que, por intermédio de vívidas descrições, transforma as palavras de um texto em imagens mentais.

A adoção de um vocábulo com tantas repercussões no âmbito artístico-literário para nomear a nova forma assumida por Acteão é responsável por estabelecer, de modo indireto, uma associação entre arte e metamorfose. No extremo, isso se estende à aproximação entre metamorfose e poesia: o fenômeno da transformação é abordado como um processo de fazer artístico,[411] cujo produto – a nova forma – tem o estatuto de uma imagem ou imitação (*cum uariatione*) da configuração inicial. Já a poesia, que garante leveza imorredoura por meio de um movimento constante que não se fixa no fechamento de nenhuma interpretação, mas se sustenta na continuada ressignificação, encontra na metamorfose uma imagem para sua própria definição como indefinível. Com isso, o *carmen perpetuum* ovidiano transforma as narrativas mitológicas da tradição em um modo de abordar arte e

III – *'Iste ego sum!'*: o mito do poeta e as *metamorphoses* do exílio no espelho de Narciso

poesia segundo um viés mais teórico, que propõe reflexões poéticas de alta sofisticação sob a "forma" ou "imagem" de admiráveis *fabulae*.

Ainda na passagem citada, destaca-se a presença do genitivo *falsi cerui* (Ov. *Met.* III, 250) referindo-se a *imago*: o adjetivo *falsus*, proveniente do verbo *fallo*, "enganar" (Martin, 2008, p. 73-74), reforça o caráter "irreal" (ou mesmo "ficcional") da imagem. Acteão era um ser humano, mas foi travestido sob a forma de cervo, uma forma enganosa, por não corresponder à natureza original da personagem. A ausência de uma identificação completa entre Acteão em sua forma humana e Acteão transformado em cervo fica marcada no episódio pela irônica passagem em que os amigos da personagem não a reconhecem e, chamando seu nome e lamentando sua ausência, não se dão conta de que a presa de caça a cujo espetáculo assistem é, ela própria, Acteão metamorfoseado (Ov. *Met.* III, 242-246). A respeito dessa passagem, Hardie (2002, p. 169) afirma que "Acteão metamorfoseado é e não é, ao mesmo tempo, a pessoa que ele foi antes" e que "o produto de toda metamorfose é uma presença ausente".[412]

A combinação entre o verbo *fallo* e o termo *imago* traz implicações intra e intertextuais. No primeiro caso, merece menção o fato de ele comparecer na célebre passagem do episódio de Narciso, narrado um pouco mais à frente, no próprio livro III das *Metamorphoses*. Trata-se do momento de reconhecimento, quando Narciso enfim percebe que o jovem por ele amado é, na verdade, seu próprio reflexo na superfície da água: "Esse sou eu mesmo! Percebi; e não *mente* minha *imagem*" – *iste ego sum! Sensi; nec me mea **fallit imago*** (Ov. *Met.* III, 463, grifos nossos). A autoconsciência da personagem instaura na narrativa uma tensão entre realidade e imagem, que aponta para questões literárias (e artísticas em geral), como o fenômeno da *imitatio*, o estatuto ficcional das obras artísticas e o papel criador do poeta, enquanto modelador de imagens e palavras.[413]

Em termos intertextuais, a mesma sequência *fallit imago* ocorre em uma das éclogas de Virgílio: "Nem sou tão feio assim: há pouco me vi n'água,/ quando o mar era calmo; até Dáfnis não temo,/ tendo-te por juiz, se não *mente a imagem*." (trad. R. Carvalho, 2005, p. 21) – *Nec sum adeo informis: nuper me in litore uidi,/ cum placidum uentis staret mare; non ego Daphnim,/ iudice te, metuam, si numquam **fallit imago*** (Virg. *Buc.* II, 25-27, grifos nossos). O trecho corresponde a uma fala de Córidon, que se queixa do desprezo e indiferença de seu amado Aléxis e, nesse contexto, argumenta que, ao ver sua própria imagem refletida na água, não se achou feio. Segundo Hardie

(2002, p. 164), o trecho virgiliano que inspirou Ovídio constitui uma imitação de um dos idílios de Teócrito (*Idyl.* VI, 35-38), quando o ciclope admira sua imagem no espelho do mar calmo. Para o estudioso (2002, p. 164), a passagem do poeta grego possivelmente aludiria a uma versão anterior perdida da história de Narciso.

O emprego de *imago* para designar a nova aparência assumida por Acteão também faz lembrar que o mesmo termo é usado na elegia dos *Tristia* sobre as *Metamorphoses*, quando Nasão afirma que os poemas narrando as transformações dos homens são seu melhor retrato: *carmina maior **imago**/ sunt mea (...)/ carmina mutatas hominum dicentia formas* (Ov. *Tr.* I, 7, 11-12; 13, grifo nosso). Desse modo, a poesia ovidiana que versa sobre metamorfoses é precisamente a nova forma adquirida pela personagem-poeta diante do exílio: Nasão se transforma em exilado, mas também em sua própria obra, metamorfoseado em livro e em discurso.[414]

Na verdade, o trecho suscita diversas redes de relações entre o episódio de Acteão e a poesia de exílio. A expressão *Diana pharetrata* (v. 252), que caracteriza a deusa em sua face mais cruel, também ocorre em uma das elegias dos *Tristia*, quando o eu poético narra a história de Ifigênia em Táuris: "E não longe de mim está o lugar onde o táurico altar/ da *deusa de aljava* se nutre de sinistra morte." – *Nec procul a nobis locus est, ubi Taurica dira/ caede **pharetratae** pascitur ara **deae*** (Ov. *Tr.* IV, 4, 63-64, grifos nossos). Táuris e o templo em que eram feitos sacrifícios de sangue a Diana são mencionados na elegia como locais marcados pela barbárie e selvageria, afastados do mundo civilizado, mas próximos do local de exílio de Nasão. A identificação entre eles é responsável por conferir a Tomos traços do âmbito mitológico e amplificar a ambiência bárbara do desterro. Assim como a Diana punitiva e cruel, que metamorfoseia Acteão e o deixa ser dilacerado por cães, em Táuris a deusa se compraz com sacrifícios humanos e é caracterizada como sinistra, sombria e severa, daí seu atributo de *pharetrata* ("munida de aljava").

Além dessas ocorrências vinculadas a Diana, o adjetivo *pharetratus* está presente também nas referências à elegia amorosa, quando é aplicado ao Amor. Ao lançar suas flechas, Cupido incendeia o eu poético elegíaco e o faz cantar gracejos e versos amorosos – daí o epíteto de Nasão como "versejador do Amor de aljava" – *pharetrati lusor Amoris* (Ov. *Tr.* V, 1, 22). Na poesia de exílio, por sua vez, o adjetivo passa a se referir aos getas, um dos povos bárbaros da região de Tomos que ameaçavam invadir a cidade e constantemente lançavam suas flechas: "os litorais sármatas, junto aos getas de aljava"

III – *'Iste ego sum!'*: o mito do poeta e as *metamorphoses* do exílio no espelho de Narciso

– *iuncta pharetratis Sarmatis ora Getis* (Ov. *Tr.* IV, 10, 110). A transferência do adjetivo de um contexto amoroso para o contexto bélico que perpassa as elegias dos *Tristia* assinala a mudança que o próprio eu poético reclama ter marcado seus versos, de poesia amorosa para poesia de exílio. Agora, não são mais as flechas de Amor que atormentam Nasão, mas o ataque iminente de povos bárbaros lançando flechas.

De modo similar, o termo *uulnera*, que, no trecho das *Metamorphoses*, faz referência às feridas que Acteão sofrera de seus cães, também comparece na poesia elegíaca ovidiana. Na elegia amorosa, o eu poético amiúde comenta sobre as feridas (*uulnera*) resultantes das flechas do Amor, causadoras de dor e sofrimento. Nos *Tristia*, o termo geralmente designa as "feridas" que Nasão causou ao ofender Augusto; ou então – possibilidade mais instigante – designa o próprio exílio, retratado metaforicamente como uma ferida que se precipitou sobre a personagem-poeta. Nessas circunstâncias, o paralelo com o Acteão das *Metamorphoses* se reforça pelo fato de que, além das feridas, Nasão desterrado se autorrepresenta dilacerado, dividido entre sua pátria e o local da relegação:

> *Diuidor haud aliter, quam si mea membra relinquam,*
>   *et pars abrumpi corpore uisa suo est.*
> *Sic doluit Mettus tum cum in contraria uersos*   75
>   *ultores habuit proditionis equos.*
> (Ov. *Tr.* I, 3, 73-76)

> Reparto-me como se deixasse meus membros,
>   e parte pareceu ser arrancada de seu corpo.
> Assim sofreu Mécio, quando teve os cavalos   75
>   vingadores da traição puxando-o em sentidos opostos.

Na elegia sobre sua última noite em Roma, o eu poético descreve a partida da Urbe como um desmembramento: parte de si permanece em Roma, parte é arrancada e enviada para o desterro. A imagem do corpo dividido remete, por um lado, ao esquartejamento de Absirto por Medeia, que teria ocorrido precisamente no local para onde Nasão está sendo enviado, dando origem ao nome de Tomos,[415] cuja etiologia mitológica é narrada em uma das elegias dos *Tristia*: "Daí o lugar chamou-se Tomos: nele – conta-se –/ a irmã lacerou os membros do irmão." – *Inde Tomis dictus locus hic, quia fertur in illo/ membra soror fratris consecuisse sui* (Ov. *Tr.* III, 9, 33-34). Por outro lado, a imagem evoca também a história de Acteão, punido com o dilaceramento de seus membros, assim como Nasão foi punido com o exílio. No entanto, inesperadamente, o dístico seguinte traz o símile com outra figura, uma personagem histórica, e não mitológica. Mécio Fufécio, comandante dos albanos, por ter traído a aliança com os romanos durante a guerra contra os fidenates, foi punido pelo rei Tulo com um castigo representativo de sua atitude hesitante:

> 'Vt igitur paulo ante animum inter Fidenatem Romanamque rem ancipitem gessisti, ita iam corpus passim distrahendum dabis.' Exinde duabus admotis quadrigis in currus earum distentum inligat Mettium, deinde in diuersum iter equi concitati lacerum in utroque curru corpus, qua inhaeserant uinculis membra, portantes. (Liv. I, 28, 9-10)

> 'Se antes mantinhas o espírito dividido entre Fidenas e Roma, agora darás o teu corpo para ser também dividido.' Foram trazidas duas quadrigas, e Mécio, distendido, foi a elas amarrado. Os cavalos, impelidos violentamente em direções diversas, arrastavam depois as partes do corpo dilacerado em ambos os carros. (trad. M. Costa Vitorino, 2008, p. 107)

Bonvicini (1999, p. 236) assinala que, segundo Lenz, o dístico composto pelos versos mencionando Mécio (v. 75-76) seria uma interpolação na elegia dos *Tristia*. Não pretendemos discutir aqui sua autenticidade, mas é interessante observar que o caráter espúrio apenas reforçaria a existência de outras possibilidades interpretativas dos versos imediatamente anteriores. Com isso, o desmembramento da personagem-poeta diante do desterro pode ser compreendido à luz de diferentes alternativas de diálogo intertextual, que não se limitam à figura de Mécio, mas incluem também a história de Absirto ou de Acteão.

Assim, a poesia dos *Tristia*, ao citar nominalmente personagens mitológicas, ou evocar suas histórias, acaba por aludir a episódios das obras ovidianas anteriores, especialmente dos *Fasti* e das *Metamorphoses*. Ao mesmo tempo, conforme discutimos, essas duas obras precedentes, lidas sob a perspectiva da poesia de exílio, agregam novos sentidos, na medida em que parecem prefigurar a ocorrência do banimento da personagem-poeta.

A existência de referências ao exílio em obras que supostamente precederam a relegação da personagem-poeta (caso se considere a organização cronológica usual da Obra ovidiana) motivou alguns estudiosos a defender

III – 'Iste ego sum!': o mito do poeta e as *metamorphoses* do exílio no espelho de Narciso

que Ovídio, em Tomos, teria feito revisões e emendas aos *Fasti* e às *Metamorphoses*. A esse respeito, Claassen (2008, p. 161) comenta que "estudos recentes, cada vez mais, destacam o estatuto 'exílico' tanto das *Metamorphoses* quanto dos *Fasti*, vinculando ambos a revisões autorais (ou continuação da composição) durante os primeiros anos do exílio".[416] Miller (2002, p. 168), por exemplo, apresenta uma lista de episódios dos *Fasti* que, a seu ver, teriam sofrido revisões posteriores atribuídas à época do exílio, justificadas com base na existência de vários diálogos com a poesia de exílio ovidiana.[417] No entanto, o simples diálogo intertextual ou menções a uma situação de desterro não configuram, por si só, um dado suficiente para comprovar a realização de mudanças *a posteriori* pelo poeta em episódios de obras precedentes. O único elemento possuído para aventar essa hipótese é o próprio texto ovidiano – e ele permite também outras múltiplas possibilidades interpretativas capazes de explicar a questão.

Entre elas, parece-nos uma alternativa bem mais instigante entender as antecipações do exílio como parte de um amplo projeto literário ovidiano, numa abordagem que considere a Obra do poeta como um todo. Essa perspectiva de análise tem a vantagem de não se limitar a um direcionamento linear e cronológico, mas buscar o estabelecimento de redes intertextuais e simultâneas, que relacionam as obras do poeta de forma múltipla e em diferentes direcionamentos de sentido. Uma primeira implicação disso é a suspensão de critérios preconcebidos na definição de conceitos vinculados ao tempo (incluída aí a noção de anacronismo num sentido pejorativo), uma vez que a postura de não se ater à cronologia histórica permite a ressignificação das relações entre passado e presente.

Uma segunda implicação diz respeito à imagem da personagem-poeta resultante desse tipo de proposta, que seria uma figura dotada de autoconsciência literária, responsável por organizar de modo ciente o conjunto de sua Obra, num projeto literário que inclui sua autobiografia e carreira poética. Ora, uma proposição como essa pode parecer resgatar a ideia de um autor controlador, único detentor autorizado dos sentidos do texto. Não obstante, essa figura da personagem-poeta autoconsciente constitui-se, na verdade, como uma "ficção heurística", construída por nós na presente análise, e não como uma categoria imanente ou de caráter metafísico. Trata-se de uma figura delineada pela presente leitora a fim de vincular o texto ovidiano à leitura e à interpretação que dele fazemos no momento presente de recepção, leitura esta que compreende a personagem-poeta antes como um mediador de sentidos, aberto para o exercício do diálogo.

O poeta diante do espelho: um novo Narciso

As relações intertextuais entre os *Tristia* e as *Metamorphoses*, conforme discutido nas seções precedentes, podem ocorrer de forma direta, quando são mencionadas nas elegias de exílio personagens mitológicas da obra anterior, ou quando a temática do desterro se insinua no *carmen perpetuum*, à guisa de antecipação. No entanto, o diálogo intertextual também se configura de modo mais indireto, manifestando-se não tanto na superfície textual, mas em um âmbito mais profundo e estrutural, vinculado a questões de natureza metapoética que aproximam Nasão de personagens das *Metamorphoses*. Um exemplo marcante a esse respeito consiste na figura de Narciso. Embora não seja citado em momento algum nas elegias dos *Tristia*, a sombra de sua história paira sobre a obra, a começar pelo fato de que, assim como Narciso se volta para seu próprio "eu" e nele se centra, os versos ovidianos de exílio inauguram um gênero de poesia subjetiva e autobiográfica, caracterizada por reunir elementos da trajetória da personagem-poeta, e que reclama para si o estatuto de "vida" do autor.

O episódio de Narciso ocupa o centro do livro III das *Metamorphoses* e integra a sequência dos chamados "livros tebanos" (*Met*. III e IV), que se iniciam com a narração da fundação de Tebas por Cadmo e cujos temas principais são, segundo Rimell (2006, p. 30), "os problemas de identidade própria e de autoconhecimento enfrentados por essa nova raça".[418] Nessas circunstâncias, não passa despercebida a estranha ausência de Édipo e sua história nesses livros, pois, além de Édipo ser um dos mais famosos heróis tebanos, seu mito aborda questões referentes à identidade e ao autoconhecimento. Trata-se, porém, de um silêncio eloquente, especialmente porque vários dos episódios desses livros evocam ou fazem alusões à história de Édipo. Hardie (2002, p. 165), inclusive, comenta que a figura do Édipo de Sófocles é "ausência flagrante na superfície narrativa", mas "presença fantasmagórica", sobretudo, no livro III, que narra dramas associados à visão, cegueira e percepção.[419]

Com efeito, ao longo desses livros das *Metamorphoses*, é notável o destaque recebido pelo sentido da visão, que desempenha papel importante em boa parte dos episódios. Nesse contexto, não é desprezível o fato de que visão e conhecimento estavam estreitamente vinculados na cultura antiga, em especial no âmbito grego. Basta lembrar que nosso termo "teoria" provém do grego θεωρία, que significa tanto "contemplação" ou "consideração"

III – *'Iste ego sum!'*: o mito do poeta e as *metamorphoses* do exílio no espelho de Narciso

quanto "teoria" ou "especulação". Igualmente, o verbo θεωρέω, no verbete de Lidell-Scott (1996, p. 796-797), tem os sentidos de "olhar para", "observar" (*look at, behold*); "contemplar", "considerar" (*contemplate, consider*); "perceber" (*perceive*); e, em sentido abstrato, "especular", "teorizar" (*speculate, theorize*).

O mito de Narciso combina essas duas ideias – visão e autoconhecimento – por meio de uma visada metapoética, que explora questões relacionadas ao estatuto da arte, à tensão entre realidade e ficção e aos aspectos de subjetividade no texto poético. O jovem, ao ver sua própria imagem refletida na água, apaixona-se por si mesmo, julgando se tratar de um outro. Essa visão inicial se funda na ilusão engendrada pelo reflexo da própria imagem, que, ao ser tomada por um ser autônomo, ilustra tanto a ausência de autoconhecimento quanto a falta de conhecimento do outro. A isso se segue, na versão ovidiana do mito, o reconhecimento, ao modo de uma *anagnórisis* trágica (Pavlock, 2009, p. 27), do caráter ilusório da imagem contemplada, que culmina com a percepção de Narciso de que ele é o amante, mas também o ser amado. Não obstante, essa existência única (o outro é ele mesmo) impossibilita a realização amorosa, fadando a personagem a um desejo eternamente irrealizável. O autoconhecimento adquirido com a visão da própria imagem, por meio dos olhos, conduz Narciso à sua ruína e faz com que se cumpra a predição feita por Tirésias à mãe do jovem, que indagara se seu filho viveria muito: "o vate fatídico diz: 'se não se conhecer'" – *fatidicus uates 'si se non nouerit' inquit* (Ov. *Met.* III, 348). A resposta do áugure configura uma inversão da máxima délfica do "conhece-te a ti mesmo" (γνῶθι σεαυτόν), ironicamente sugerindo que o autoconhecimento pode levar à destruição.[420] De fato, consciente de que a imagem vista é seu reflexo, Narciso insiste em contemplá-la, arde de amor e definha até a morte.

Ao lado da história de Édipo, a de Narciso é uma das narrativas da Antiguidade que mais se celebrizou na posteridade, a ponto de se obnubilar a proveniência ovidiana da versão que conhecemos.[421] Além da rica recepção na tradição literária e artística em geral (recorde-se, por exemplo, o famoso Caravaggio), a fortuna do mito de Narciso estende-se à psicanálise, com o narcisismo freudiano ou o estágio do espelho lacaniano, e se difunde mesmo no uso comum, quando se fala de uma pessoa narcisista, definição que costuma ser associada às características de "vaidoso" ou "egoísta". Essa rica repercussão foi responsável por constituir uma espécie de legado cultural posterior à versão de Ovídio, mas que necessariamente vai influenciar, direta ou indiretamente, consciente ou inconscientemente, nossas leituras atuais do mito. Como leitores situados mais de dois mil anos depois, não nos pode ser desprezível toda a tradição e o pensamento desenvolvidos nesse ínterim, o que não significa, é claro, igualar os antigos a nós, numa abordagem que narcisisticamente busque transformar o outro num mesmo. Tendo isso em mente, nesta última seção discutimos alguns tipos de interpretação realizada do mito, sobretudo sob o viés metapoético, para, em seguida, apresentar nossa análise intertextual, que vincula a figura de Narciso à de Nasão exilado. Por fim, estruturamos nossa proposta de leitura metateórica do mito.

A narrativa ovidiana do episódio foi, em geral, discutida pela crítica em termos de metapoesia, considerando-se Narciso como uma imagem para o poeta e sua atividade (ou para o leitor), ou então sob a perspectiva da elegia amorosa, que torna a personagem, simultaneamente, *amator* e objeto do amor. Hardie (2002, p. 28), por exemplo, ao comentar sobre a abordagem que Rosati faz das *Metamorphoses*, assinala que o estudioso realiza um movimento da metafísica para a estética: "para Rosati, essa figura romântica para a subjetividade do artista autorreflexivo se torna o tipo do supremo ilusionista: 'Ovídio é o poeta Narciso, o poeta curvado em admiração de seu próprio virtuosismo, triunfantemente espelhando a si mesmo diante do maravilhamento de seu público'".[422] O próprio Hardie (2002, p. 146-148) apresenta uma interessantíssima análise metapoética do episódio, de acordo com a qual Narciso poderia ser identificado com o próprio leitor, que se debruça sobre o texto – imagem fictícia da realidade – numa posição ambígua, dado que, ao mesmo tempo, acredita e não acredita na veracidade daquilo que vê (ou lê).

Segundo o estudioso (2002, p. 146), o desejo erótico de Narciso pela imagem contemplada corresponderia a um "'desejo naturalista' do espectador de uma obra de arte ilusionista em acreditar na realidade das imagens".[423] Ele argumenta que a superfície de água da piscina seria uma interface entre realidade e ilusão para o leitor situado fora do texto: "Narciso é uma imagem para o leitor repleto de desejo, capturado entre a compreensão intelectual de que textos são apenas textos, palavras sem realidade subjacente, e o desejo de acreditar na realidade textual."[424] Sob esse aspecto, o reconhecimento de Narciso sobre a impalpabilidade e irrealidade de seu reflexo corresponde à nossa consciência, enquanto leitores de poesia, de que o texto se funda em um estatuto ficcional moldado pelo poeta. Ao mesmo tempo, o desejo de Narciso em acreditar na realidade de sua imagem é precisamente aquilo que sustenta e constitui o pacto de leitura exigido por um texto ficcional, na medida em que ele se baseia na momentânea suspensão da descrença. Assim,

III – 'Iste ego sum!': o mito do poeta e as *metamorphoses* do exílio no espelho de Narciso

a tensão entre crença e descrença, existência e reflexo, realidade e ficção fundamenta o ato de leitura.

Rimell (2006, p. 1-40), por sua vez, expõe diversos pontos de contato aventados entre a história de Narciso e a poética ou o estilo ovidianos em termos mais gerais. A estudiosa (2006, p. 2) destaca que na poesia ovidiana muito frequentemente os "amados se tornam imagens espelhadas dos amantes"[425] e afirma terem sido empreendidas várias aproximações entre Narciso e a poética ovidiana, caracterizada como "obcecada por superfícies linguísticas e transposições intensas, com exibição visual, duplicidade e (obviamente) fingimento" (Rimell, 2006, p. 2).[426] No entanto, ela problematiza o tipo de abordagem que considera Narciso como representante do artista, pois, com isso, situam-se o ilusionismo e a ficção ovidianos no desejo mimético masculino. Sob uma perspectiva distinta, que enfoca as relações e diferenças entre desejo masculino e feminino, Rimell (2006, p. 3) propõe-se a abordar, ao lado da figura de Narciso, a de Medusa, e, com base nisso, busca discutir a construção da intersubjetividade na poesia ovidiana, pensando antes em relações mútuas do que em polos de oposição ou polaridades.

No que concerne às associações entre a história de Narciso e a elegia amorosa, Pavlock (2009, p. 9) assinala que são exploradas várias convenções elegíacas no episódio, na medida em que a personagem assume, simultânea e paradoxalmente, os papéis de objeto do desejo elegíaco e de *poeta amator*. O *tópos* do *paraklausithyron*, por exemplo, fica perceptível na separação entre o jovem e seu reflexo; no entanto, ele é rearticulado de forma a reduzir ao máximo a barreira de separação, que se torna apenas a superfície da água. Pavlock (2009, p. 35) também argumenta que Narciso corporifica a natureza "narcisística" do gênero elegíaco, voltado para as experiências do eu poético apaixonado e centrado na temática amorosa. Ademais, de acordo com ela (2009, p. 16-19; p. 35), Ovídio, ao empregar no episódio as convenções e *tópoi* característicos da elegia, molda a figura de Narciso a partir de uma imagem elegíaca baseada na Corina dos *Amores*.

Numa perspectiva semelhante, Hardie (2002, p. 160) já havia destacado diálogos entre a história de Narciso nas *Metamorphoses* e a elegia amorosa ovidiana, ao evidenciar que o jogo ovidiano no episódio se funda em uma literalização da linguagem convencional do amor. Assim, as metáforas elegíacas inicialmente usadas para fazer referência à paixão de Narciso acabam por adquirir, ao longo da narrativa, sentido literal. Hardie (2002, p. 160) sublinha que Narciso de fato perece de amor (*perit, Met.* III, 440), destrói o objeto de

Uma teoria ovidiana da literatura

amor (*perdes*, *Met.* III, 433) e se abrasa de paixão até se consumir pela chama amorosa, num belo símile com a cera que derrete ao sol (*Met.* III, 487-490).

A essas abordagens que os estudiosos empreenderam acerca do mito de Narciso nas *Metamorphoses*, voltadas para a metapoesia e a elegia amorosa, pretendemos acrescentar uma nova possibilidade de leitura, que as enriquece e as complementa ao levar em conta a poesia de exílio ovidiana. Partindo de traços visíveis na superfície do texto, marcas linguísticas intertextuais deixadas ao modo de rastros, estabelecemos uma aproximação entre o episódio das *Metamorphoses* e a poesia dos *Tristia*, por meio de uma discussão que busca explorar o sentido metapoético do exílio de Nasão em paralelo com o fechamento de Narciso em si mesmo. Diante disso, destacamos o produtivo potencial metateórico a que a metapoesia ovidiana nos conduz, na medida em que o fracasso narcisístico da identificação entre Eu e Outro, evidenciado tanto no âmbito amoroso quanto no âmbito poético, serve como metáfora para incitar reflexões acerca das possíveis formas de enfocar as obras da Antiguidade no contexto atual em que nos inserimos, sem que as particularidades de cada um desses contextos se apaguem mediante uma capciosa igualação de ambos.

Uma passagem de suma importância narrativa do mito de Narciso nas *Metamorphoses* consiste no momento em que a personagem vislumbra pela primeira vez sua imagem na superfície da água, muito embora desconheça tratar-se de si mesma. O desejo suscitado pela contemplação da bela forma refletida, a qual se torna objeto de seu amor, é descrito como uma sede metafórica, em contraste com a sede física que Narciso buscava saciar na fonte:

> *Dumque **sitim** sedare cupit, **sitis** altera creuit.*   415
> *Dumque bibit, uisae correptus **imagine formae***
> *spem **sine corpore** amat, corpus putat esse, quod **umbra**[427] est.*
> *Adstupet ipse sibi, uultuque inmotus eodem*
> ***haeret**, ut e Pario formatum marmore **signum**.*
> (Ov. *Met.* III, 415-419)

> Enquanto desejava saciar a *sede*, uma outra *sede* nasceu.   415
> Enquanto bebe, tomado pelo *reflexo da forma* vista,
> ama a esperança *sem corpo*, julga ser corpo o que é *sombra*.
> Maravilha-se consigo e *se detém*, imóvel, no mesmo rosto,
> como *estátua* esculpida do mármore de Paros.

III – *'Iste ego sum!'*: o mito do poeta e as *metamorphoses* do exílio no espelho de Narciso

A nova sede (*sitis*) que acomete Narciso ecoa a sede física mencionada no primeiro hemistíquio do verso (*sitim*), numa espécie de espelhamento de sua estrutura, que reflete e multiplica a sede/desejo da personagem. Com um enfoque nos trocadilhos e nos jogos de palavras característicos da poesia ovidiana, Ahl (1985, p. 237) atribui à passagem uma linguagem anagramática e argumenta que a repetição do vocábulo, mencionado na segunda vez sob a forma do nominativo – *sitis* –, é responsável por introduzir no texto um "palíndromo, uma figura de linguagem bastante apropriada no contexto de uma imagem refletida: sua sede é *SITIS* em qualquer modo que for observada" (Ahl, 1985, p. 237).[428] O estudioso ainda acrescenta a ambiguidade da forma *creuit*, que pode ser o pretérito do verbo *cresco*, "crescer", ou de *cerno*, "discernir"; e comenta que *sitim*, no acusativo, apesar de não constituir um palíndromo, forma o adjetivo *mitis* ("doce", "suave") ao ser lida ao contrário (Ahl, 1985, p. 237). Esse termo possui fortes implicações elegíacas, pois é um dos vocábulos programáticos frequentemente usados para definir o gênero, o que reforça a coloração elegíaco-amorosa do episódio, fazendo da leveza elegíaca uma das possíveis imagens que a história de Narciso é capaz de refletir. Por sua vez, a repetição do termo *sitim* como *sitis* constitui um eco ou reflexo imperfeito (no sentido etimológico, de "não completo"), de modo a assinalar que, na repetição, há sempre marcas de diferença.

Esse aspecto ganha relevância, sobretudo, quando se levam em conta as implicações metapoéticas e teóricas suscitadas pelas ideias de reflexo, eco e repetição, que podem ser consideradas metáforas para o conceito de *imitatio*. Nesse sentido, o mito de Narciso instaura uma reflexão acerca da natureza da imagem e, a partir dela, sobre a natureza da obra de arte. Isso fica evidenciado ao fim do trecho acima citado, quando se introduz um símile com uma "estátua esculpida do mármore de Paros" (*ut e Pario formatum marmore signum*, v. 419).[429] A respeito da passagem, Hardie (2002, p. 146) coloca em relevo o fato de o símile ser aplicado não exatamente ao reflexo, mas à pessoa de Narciso; "mas como o reflexo é dele mesmo, o símile se aplica igualmente ao objeto do olhar. Ele é seu próprio símile".[430] No entanto, parece-nos que a dupla aplicação do símile, na verdade, já fica marcada na matéria linguística do trecho, por meio do sofisticado jogo com os pronomes *ipse, sibi* e *eodem. Ipse* ("ele próprio") se refere a Narciso, ao passo que *sibi* diz respeito à sua imagem, que com ele é identificada. Esse jogo linguístico com os pronomes, aliado ao símile da estátua, ao atribuir tanto a Narciso quanto à sua imagem o estatuto de obra de arte, gera uma tensão que confunde os limites entre realidade e ficção.

Essas questões manifestam-se também nas elegias dos *Tristia*, quando Nasão se transforma em personagem da própria obra e passa a integrar o âmbito literário. Assim, a poesia de exílio se apresenta como uma imagem da "vida" da personagem-poeta, o que abre precedente para a usual confusão entre personagem e autor empírico. O obscurecimento das fronteiras e diferenciações entre essas duas instâncias fez com que a arte ilusionista ovidiana amiúde fosse tomada como realidade, de modo a tensionar os limites do ficcional. Por sua vez, num sentido contrário, o eu poético realiza, na poesia de exílio, a literalização de uma "vida", à qual se atribui o estatuto de obra artística (no caso, poética). Sob essa perspectiva, a "imagem da fortuna" de Nasão é passível de ser lida (*legenda*), como qualquer obra literária:

> **Haeret et ante oculos** *ueluti* **spectabile corpus**   35
> *astat fortunae* **forma legenda** *meae:*
> *cumque locum moresque hominum cultusque sonumque*
> *cernimus, et, qui sim qui fuerimque, subit,*
> (Ov. *Tr.* III, 8, 35-38, grifos nossos)

> *Fixa* diante dos *olhos*, como um *ser visível*,   35
> paira a *imagem* de minha fortuna, para *ser lida*:
> quando vejo o lugar, os costumes dos homens, os trajes
> e os idiomas, e vem-me à mente quem sou e quem fui,

Os paralelos com o trecho de Narciso manifestam-se em especial linguisticamente, dada a presença de diversos vocábulos em comum entre as duas passagens citadas: *haeret, forma* e *corpus* retomam *haeret, formae* e *corpore* do episódio das *Metamorphoses* (III, 416-419). Esses termos funcionam como marcas alusivas, assinalando a possibilidade de diálogo entre os trechos e, consequentemente, uma aproximação de Nasão a Narciso. Além da semelhança vocabular, as passagens ainda se vinculam pelo destaque conferido ao campo semântico da visão: o mito de Narciso se funda na observação da própria imagem refletida na água, a ponto de se considerar corpo o que é apenas reflexo; o trecho dos *Tristia* se funda na observação da imagem da fortuna da personagem-poeta, que lhe é posta diante dos olhos como um corpo passível de ser visto (*ante oculos, spectabile*).

Ao estatuto duplo de Narciso, pois é pessoa e reflexo, corresponde a duplicidade de Nasão, que estabelece uma distinção entre aquele que fora

III – *'Iste ego sum!'*: o mito do poeta e as *metamorphoses* do exílio no espelho de Narciso

antes e o exilado que agora é: "vem-me à mente quem sou e aquele que fui" (v. 38). Ele próprio descreve seu banimento como uma transformação, responsável por torná-lo outro, um duplo (mas não idêntico) daquele que fora. Nesse sentido, a poesia de exílio coloca em relevo o fato de que a repetição ou duplicação é perpassada pela alteridade. Essa é uma ideia recorrente ao longo das elegias dos *Tristia*, na medida em que o eu poético, na construção de sua autobiografia literária, busca representar o exílio como uma ruptura (muito embora a poesia de exílio, conforme vimos demonstrando, configure-se muito mais como uma continuidade). Outro exemplo dessa duplicação da personagem-poeta ocorre numa elegia em que Nasão se queixa contra alguém que o incrimina e acusa duramente:

*Non sum ego qui fueram. Quid inanem proteris **umbram**?*   25
[...]
Me quoque, quem noras olim, non esse memento:
    *ex illo superant haec **simulacra** uiro.*   30
*Quid **simulacra**, ferox, dictis incessis amaris?*
(Ov. *Tr.* III, 11, 25; 29-31, grifos nossos)

Não sou aquele que fui. Por que calcas uma *sombra* vã?   25
[...]
Eu também, lembra que não sou quem outrora conheceste:
    daquele homem resta este *fantasma*.   30
Por que, ó feroz, acusas com ditos amargos a um *fantasma*?

O trecho explora precisamente dois termos que, no episódio de Narciso, servem para designar sua imagem replicada na água, isto é, seu reflexo: *umbra* e *simulacra*. A aplicação dos exatos mesmos vocábulos para descrever Nasão exilado é algo merecedor de nota. Um dos significados de *umbra*, segundo Martin (2008, p. 279), é "aparência", em oposição à realidade; mas, no plural, *umbrae* designa as sombras dos mortos, em contraste com *mortui*, que diz respeito ao morto ele próprio. Ora, se o desterro, na perspectiva de Nasão, correspondeu a uma morte, então, depois de metaforicamente "perecer", ele deve ser considerado uma *umbra*, um "fantasma". Quanto ao termo *simulacra*, Hardie (2002, p. 151) indica tratar-se de uma palavra ambígua: por um lado, refere-se à semelhança (*similis, similitudo*) da imagem em relação a um modelo; por outro, pode fazer referência ao caráter falacioso (*simulo*, *simulatio*) das imagens, capazes de fazer com que ilusoriamente se acredite em algo cuja existência não é de fato substancial.⁴³¹

Os dois termos ocorrem concomitantemente em outra passagem do episódio das *Metamorphoses*, quando Narciso abrasa-se com a contemplação da própria imagem e é ironicamente interpelado pelo narrador. Por meio de verbos em segunda pessoa e do vocativo *credule*, ele se dirige à personagem, buscando alertá-la sobre a falácia do reflexo visto:

> *Quid **uideat**, nescit; sed quod **uidet**, uritur illo*   430
> *atque oculos idem, qui decipit, incitat **error**.*
> *Credule, quid frustra **simulacra** fugacia captas?*
> *Quod petis, est nusquam. Quod amas, auertere, perdes.*
> *Ista repercussae, quam cernis, **imaginis umbra** est:*
> *nil habet ista sui. Tecum uenitque manetque;*   435
> *tecum **discedet**, si tu **discedere** possis.*
> (Ov. *Met*. III, 430-436, grifos nossos)

> O que *vê*, desconhece; mas se abrasa com o que *vê*,
> e o mesmo *erro* engana e excita os olhos.
> Crédulo, por que em vão tentas agarrar *imagens* fugidias?
> O que buscas não existe. O que amas, se partires, perderás.
> Essa que vês é a *sombra* de um *reflexo*:
> nada tem de próprio. Contigo vem, contigo fica;   435
> contigo se *afastará*, se puderes te *afastar*.

A estrutura poética dos versos novamente explora a repetição de palavras como meio para expressar e ilustrar o caráter duplo de Narciso e seu reflexo, como se os próprios versos estivessem refletidos em si: *uideat/ uidet; discedet/ discedere*. Da mesma forma que a repetição de *sitim/ sitis* anteriormente discutida, também aqui as palavras não se repetem de maneira plena, mas introduzem uma diferença. O reflexo de Narciso repousa nesta ambiguidade: ele é, simultaneamente, o mesmo, mas também um outro; os termos que se repetem são os mesmos, mas eles ocorrem em formas verbais diferentes.

A ênfase do trecho recai nitidamente sobre o sentido da visão (*uideat, uidet, oculos, simulacra, cernis, imaginis, umbra*), porém ela é apresentada como ilusória e falaciosa: engana os olhos de Narciso e faz com que ele a julgue

III – *'Iste ego sum!'*: o mito do poeta e as *metamorphoses* do exílio no espelho de Narciso

real. O equívoco cometido pela personagem é identificado como um *error*, o mesmo termo que, nos *Tristia*, designa uma das causas do exílio de Nasão. E mais: assim como na poesia de exílio o *error* se vincula a algo que os olhos da personagem-poeta teriam equivocadamente visto, no mito de Narciso os olhos são, do mesmo modo, o instrumento que conduz ao erro e causa o "perecimento" da personagem: "e ele próprio perece por seus olhos" – *perque oculos perit ipse suos* (...) (Ov. *Met.* III, 440). Narciso morre de amores por sua imagem, para depois morrer literalmente, de sofrimento; Nasão diz perecer com o exílio, representado como sua morte.

O erro dos olhos referido na história de Narciso, que confronta imagem e realidade, tem seu sentido ampliado devido ao contexto amoroso do mito e à coloração elegíaca que Ovídio lhe atribui. Sob essa perspectiva, o equívoco de quem ama é criar, na mente e na imaginação, imagens do amado, que, por sua vez, não costumam corresponder àquilo que ele de fato é na realidade:

Et placet et uideo; sed quod uideoque placetque
*non tamen inuenio: tantus tenet **error** amantem.*
(Ov. *Met.* III, 446-447, grifos nossos)

Agrada-me e vejo; mas o que vejo e me agrada
todavia não encontro: tamanho *erro* retém quem ama.

A paixão de Narciso por seu próprio reflexo constitui, em termos mais gerais, uma metáfora para o comportamento do amante que, tomado por um impulso narcisístico, tende a identificar o objeto amado a si mesmo, tornando-o um espelho de seu próprio eu. A imagem construída, que faz do outro um reflexo de si, de modo a igualar e apagar as diferenças, não tem substância concreta em nenhum ser: é algo que jamais poderá ser encontrado, que habita a mente e a imaginação de quem ama. Numa linha semelhante, Hardie (2002, p. 151) define o "amor" como uma ilusão baseada em *simulacra*, pois promove uma falsa identificação do objeto de desejo, definindo-se por sua natureza marcadamente vaidosa. O amante imagina, idealiza e fantasia o outro com base em si mesmo, ele reconstrói o outro como reflexo e, com isso, o transforma em algo irreal, que, como a imagem de Narciso na água, nunca poderá ser alcançado. Assim, o viés narcisístico do amor acarreta necessariamente a irrealização amorosa, traço típico da elegia romana. Sob esse aspecto, o mito coloca em evidência a ideia de que o amor, narcisisticamente, se retroalimenta, posto que o objeto de desejo é a imagem de um outro inexistente, que, em última instância, consiste no próprio eu. Essa concepção do amor leva ao desenvolvimento de uma teoria amorosa baseada em *phantasmata*, a qual atinge seu ápice no período medieval, quando perpassa a poesia da época e serve de base para o ideal do amor cortês.[432]

No episódio das *Metamorphoses*, o complexo jogo de espelhos e reflexos, que, com base em uma leitura metapoética, tensiona imagem e realidade, poesia e verdade, elegia amorosa e tendência autobiográfica, se vê materializado com a poesia de exílio ovidiana. Já nas *Metamorphoses*, a repetição do eu instaurada pelo reflexo de Narciso sugere, ainda que de forma tênue, uma repetição na diferença (conforme evidenciamos pela repetição dos mesmos verbos, porém em formas verbais diferentes). Desse modo, a versão ovidiana do mito de Narciso, muito embora enfoque predominantemente uma ideia de identidade entre o eu e o suposto outro que é o amado (isto é, o reflexo do eu), já abre algum espaço para a diferença. Por sua vez, na poesia de exílio, esse caráter diferencial ganha realce: o duplo de Nasão não é um igual, mas o resultado de uma metamorfose. Assim, a personagem-poeta é ela própria, mas também um outro, em razão da mudança instaurada com seu banimento. O eu poético exilado se transforma em sombra e reflexo daquele que fora antes de sua "morte" metafórica.

Em relação à problemática autobiográfica da poesia de exílio, o jogo especular se transforma em uma sequência de multiplicações, que desdobra a personagem-poeta em várias *personae*. Ovídio é e não é Nasão. Nos *Tristia*, as relações entre texto e poeta (e entre as diversas facetas do próprio poeta) se fundamentam na constituição de uma cadeia de sinédoques, na qual a parte é tomada pelo todo: o nariz pelo poeta (no nome *Naso*), o nome pelo autor e, enfim, a obra pelo autor, quando Nasão se metamorfoseia em seu próprio livro de elegias enviado a Roma (dado que ao exilado não é permitido ir). Com efeito, convém recordar que toda personagem é e não é texto, é e não é poeta.

Sob esse aspecto, a história de Narciso deixa entrever uma dupla dinâmica, que será amplamente explorada na poesia de exílio. Ao mesmo tempo em que, diante do impulso narcisista, o "outro" é transformado em "eu", sob uma perspectiva diferente, pode-se afirmar que também o "eu" se transforma em "outro", na medida em que ele se desdobra em si mesmo, ou em parte de si (como seu nariz, seu nome, sua obra). Isso fica sugerido num trecho da elegia III, 3 dos *Tristia*, em que Nasão, estando doente, diz

III – 'Iste ego sum!': o mito do poeta e as metamorphoses do exílio no espelho de Narciso

que sua carta endereçada à esposa foi escrita por "mão alheia": "Se acaso te admiras que esta minha epístola/ por mão *alheia* tenha sido escrita (...)" – *Haec mea si casu miraris epistula quare/ **alterius** digitis scripta sit* (...) (Ov. *Tr.* III, 3, 1-2, grifos nossos).

Em latim, a designação do "outro" tem a particularidade de poder ser feita por dois pronomes diferentes: *alter* é o "outro" de um total de dois, ao passo que *alius* é o "outro" quando mais de três unidades estão envolvidas. É bastante significativo que o termo usado pelo eu poético dos *Tristia* seja *alterius* (genitivo de *alter*), uma vez que ele limita o todo à quantidade de apenas dois. Ora, esse outro de dois é o duplo do poeta, o reflexo de Nasão. A "mão alheia" (*alterius digitis*) revela que o eu é também um outro e, desse modo, evoca a ideia do reflexo e, evidentemente, a história de Narciso anteriormente narrada nas *Metamorphoses*.

Um dos trechos mais importantes do episódio diz respeito ao momento em que Narciso reconhece a irrealidade do jovem por ele amado e, como numa *anagnórisis* trágica, percebe que aquilo que vê não é nada além do reflexo dele próprio:

> *Iste ego sum! Sensi, nec me mea fallit imago.*
> *Vror amore mei, flammas moueoque feroque.*
> *Quid faciam? **Roger** anne **rogem**? Quid deinde rogabo?*   465
> *Quod cupio mecum est: inopem me copia fecit.*
> *O utinam a **nostro** secedere corpore possem!*
> *Votum in amante nouum, uellem quod **amamus** abesset!*
> (Ov. *Met.* III, 463-468, grifos nossos)

> Esse sou eu mesmo! Percebi, e não mente minha imagem.
> Abraso-me de amor por mim, suscito e sofro as chamas.
> Que farei? *Seria rogado* ou *rogaria*? Rogarei o quê, enfim?   465
> O que desejo está comigo: a abundância me empobrece.
> Oh, quem dera pudesse me afastar de *nosso* corpo!
> Vontade nova num amante, querer ausente o que *amamos*!

À duplicidade visual gerada pelo reflexo de Narciso na água, o trecho acrescenta ainda um desdobramento da personagem em dois, no âmbito da enunciação. O narrador das *Metamorphoses* transfere momentaneamente a voz poética para Narciso, que se expressa em primeira pessoa num diálogo consigo mesmo. Em sua fala, o caráter duplo fica assinalado pela presença de verbos e pronomes na primeira pessoa do plural: *nostro corpore, amamus*. Embora o uso do plural costume se referir a um enunciador único, como amiúde ocorre na poesia elegíaca, no trecho citado ele contribui para evidenciar o caráter cindido de Narciso, que se reconhece no reflexo e se torna, portanto, dois.

Isso é reforçado na passagem pela repetição do verbo *rogo* (v. 465), que funciona como um eco ou reflexo. Seu emprego, respectivamente, na voz passiva (*roger*) e na voz ativa (*rogem*) insinua um caráter mútuo, de dupla via, já que expressa a ação feita e a ação sofrida. Nos verbos transitivos, a possibilidade de "trânsito" entre voz ativa e passiva oferece a parte da ação e sua contraparte, o ato e seu reflexo. Ademais, no verso citado, merece destaque a forma *roger*, que, lida em sentido contrário, como se posta diante do espelho, torna-se *regor* ("sou regido"), termo que carrega consigo as ideias de base da elegia amorosa. Dizer-se regido por alguém remete ao *tópos* do *seruitium amoris*, em que o amante se submete às vontades e caprichos de quem ele ama, colocando-se em uma situação em que o objeto do amor tem domínio sobre aquele que o ama. Levando-se isso em conta, à pergunta (retórica) de Narciso – "Seria rogado ou rogaria?" –, já subjaz uma resposta: "sou regido". Ao optar pela posição de amante elegíaco, Narciso está fadado à eterna irrealização de seu desejo, pois o outro já está nele mesmo. Embora já o tenha em si, não é capaz de possuí-lo; por isso, a abundância o empobrece e ele deseja separar-se do objeto amado.

Nessa perspectiva, Rimell (2006, p. 31) esclarece que a cena de reconhecimento marca o drama da percepção de Narciso de que o outro está contido em si. Esse reconhecimento, segundo a estudiosa, assinala o "movimento de um narcisismo primário rumo à subjetividade autorreflexiva que se dá no encontro com um Outro" (Rimell, 2006, p. 13).[433] Desse modo, o narcisismo primário, que iguala "eu" e "outro", só se constitui como subjetividade diante de um processo de autoconsciência do "eu", que lhe permite estabelecer a si mesmo e conviver pacificamente com a diferença do outro, sem tentar igualá-lo a si. De fato, em termos lacanianos, é a superação do "estágio do espelho", mediante o reconhecimento de que a imagem refletida não é um outro, mas si mesmo, que permite a integração do "Eu" e, portanto, a formação de sua identidade.

Nos *Tristia*, as discussões de natureza (meta)literária, a problematização dos limites entre arte e vida ou entre ficção e realidade, a criação de

III – *'Iste ego sum!'*: o mito do poeta e as *metamorphoses* do exílio no espelho de Narciso

um novo tipo de poesia, que se define por constituir uma autobiografia literária e por explorar elementos de subjetividade da personagem-poeta, tudo isso aponta para traços de sofisticada autoconsciência poética. Ovídio contempla sua própria imagem como Nasão, reflexo ao mesmo tempo igual e diferente, imagem do poeta transformado em Narciso, a observar sua própria poesia.

Considerando-se Narciso como uma metáfora para o poeta em geral, observa-se que, na poesia ovidiana, essa metáfora se concretiza mais fortemente com o exílio. A literalização de metáforas,[434] tão ao gosto da poética ovidiana, acaba por materializar Narciso, cuja história foi anteriormente narrada nas *Metamorphoses*, na figura de Nasão exilado. A essa aproximação, no entanto, subjaz outra metáfora: a ideia do exílio do poeta como, na verdade, um fechamento em si, similar ao que caracteriza Narciso.

O isolamento de Narciso e o caráter retirado da fonte em que ele bebe água são assinalados bem ao início do episódio: a fonte de águas límpidas, identificada como "argêntea" (*argenteus*, v. 407),[435] é descrita como intocada[436] – não a turbaram nem pastores, nem animais, nem aves ou ramos de árvores (Ov. *Met.* III, 407-410). Além disso, segundo Hardie (2002, p. 157), essa fonte é caracterizada como um local que evoca a morte, e a piscina poderia ser entendida como uma ressurgência das águas do Hades, um segundo Averno. O estudioso ainda aponta a existência de associações, na cultura antiga, entre a flor *narkissus*, nascida da metamorfose da personagem após sua morte, e o Submundo (Hardie, 2002, p. 157). Tal alusão à morte, que depois é materializada com a morte literal da personagem, serve para, mais uma vez, aproximar Narciso de Nasão exilado. Além de o desterro de Nasão ser definido como uma morte, o local de exílio da personagem-poeta é descrito a partir de vários pontos em comum com o Mundo Inferior.[437]

A reinterpretação do retiro e do isolamento de Narciso como traços que caracterizam o poeta, enquanto condições necessárias para o fazer poético, fica sugerida numa passagem da elegia de abertura dos *Tristia*, quando Nasão estrutura uma pequena "arte poética", na qual assinala que sua situação de exílio, marcada por guerras e temporais, é inadequada à escrita de poesia: "Poemas exigem retiro e repouso ao escritor" – *Carmina secessum scribentis et otia quaerunt* (Ov. *Tr.* I, 1, 41). Sob esse aspecto, o isolamento exigido pela escrita poderia ser interpretado metaforicamente como um exílio. Ora, retiro, afastamento e isolamento são alguns dos elementos que definem, nos *Tristia*, a situação da personagem-poeta exilada:

Uma teoria ovidiana da literatura

> *Vrbis **abest** facies, **absunt**, mea cura, sodales,*   45
> *et, qua nulla mihi carior, uxor **abest**.*
> *Vulgus adest Scythicum bracataque turba Getarum:*
> *sic me **quae uideo non uideo**que mouent.*
> (Ov. *Tr.* IV, 6, 45-48, grifos nossos)

> *Ausenta-se* a face de Roma, *ausentam*-se os amigos,   45
>   meus afetos, *ausenta-se* a esposa, mais querida que tudo.
> O que há é o povo cítico e a turba de getas com bragas:
>   assim, agita-me *aquilo que vejo e o que não vejo*.

A distância que separa Nasão de tudo aquilo que lhe é querido – Roma, os amigos, a esposa – fica enfatizada por meio da tripla repetição do verbo *absum*, que denota ausência e afastamento. Essa situação aproxima o desterro da personagem-poeta ao isolamento de Narciso, que também é evocado pela referência ao sentido da visão. Tanto o que Nasão vê quanto o que não vê são responsáveis por afligi-lo e, sob esse aspecto, ele passa a sofrer os efeitos daquilo que é visto por seus olhos (ou imaginado por sua mente).

Esses paralelos com o mito de Narciso são reforçados diante da consideração dos versos imediatamente anteriores, nessa mesma elegia dos *Tristia*. O tema principal do poema é a passagem do tempo, que, embora costume amenizar as dores, no caso do exílio de Nasão, apenas as torna mais difíceis de suportar. Nessas circunstâncias, Nasão afirma que, devido ao prolongado período de sofrimentos no exílio, seu corpo já definha, perdendo a cor e as forças:

> *Credite, deficio; nostroque a **corpore** quantum*
>   *auguror, accedunt tempora parua malis.*   40
> *Nam neque sunt **uires**, nec qui **color** esse solebat:*
>   *uix habeo tenuem, quae tegat ossa, cutem.*
> ***Corpore** sed mens est aegro magis aegra, malique*
>   ***in circumspectu** stat sine fine sui.*
> (Ov. *Tr.* IV, 6, 39-44, grifos nossos)

> Acreditai, eu definho; o quanto posso pressagiar
>   de meu *corpo*, pouco tempo resta aos males.   40
> Pois não tenho as *forças* nem a *cor* que costumava ter:
>   a custo possuo fina pele cobrindo os ossos.

III – *'Iste ego sum!'*: o mito do poeta e as *metamorphoses* do exílio no espelho de Narciso

> Mas a mente está mais doente que o *corpo* doente
> e *contempla*, sem cessar, a sua desgraça.

Enfraquecido e fragilizado, Nasão está doente no corpo, mas também na mente, que não para de contemplar suas desgraças, assim como Narciso, sem cessar, contemplava o próprio reflexo na superfície da água. Mais do que isso, é possível dizer que, na elegia em questão, o eu poético se autorrepresenta como Narciso. No episódio das *Metamorphoses*, ele aos poucos definha em razão da paixão que o consome e da dor da irrealização amorosa:

> *Et neque iam **color** est mixto candore rubori,*
> *nec uigor et **uires** et quae modo **uisa** placebant,*
> *nec **corpus** remanet, quondam quod amauerat Echo.*
> (Ov. *Met.* III, 491-493, grifos nossos)

> E já não há *cor*, misturada a alvura ao rubor,
> nem vigor, *forças* e o que, *visto*, há pouco agradava,
> nem resta o *corpo* que outrora Eco amara.

É notável a semelhança temática entre os dois trechos, que descrevem as personagens num estado de gradual enfraquecimento e aproximação da morte, definido em contraste com a forma anterior possuída por elas. A isso ainda se acresce a similaridade formal, marcada pelo emprego de termos em comum em ambas as passagens: *color, uires, corpus*.

Assim, se as elegias dos *Tristia* colocam em paralelo o isolamento de Narciso e o afastamento/exílio de Nasão, elas também estabelecem uma aproximação entre exílio e atividade poética, ainda que às avessas:

> *Tempus erat nec me peregrinum ducere caelum*   25
> *   nec **siccam** Getico **fonte** leuare **sitim**,*
> *sed modo, quos habui, uacuos **secedere** in hortos,*
> *nunc hominum **uisu** rursus et Vrbe frui.*
> (Ov. *Tr.* IV, 8, 25-28, grifos nossos)

> Era tempo de eu não respirar ares estrangeiros   25
>   nem de matar a *seca sede* em *fonte* gética,

mas de ora *retirar-me* para os vazios jardins que possuí,
ora de novo fruir da Urbe e da *vista* dos homens.

O eu poético assinala a inadequação de ter sido condenado ao desterro já velho, quando era tempo de se dedicar ao ócio e à atividade poética, e não de habitar uma região hostil, de povos que ele descreve como bárbaros. O trecho identifica o fazer poético como um retirar-se para os jardins possuídos, num ato de isolamento e reclusão que favorece o fluir do pensamento e das reflexões. Num vivo contraste com esse desejo de solidão poética, a situação de Nasão na terra estrangeira do exílio é apresentada como infértil e infecunda em termos poéticos. A fonte em que Narciso saciou sua sede foi responsável por produzir o reflexo do jovem e, com isso, fez nascer desejo e amor pela imagem vista, que são elementos que compõem a elegia amorosa. Por outro lado, a fonte com que Nasão se depara em terra gética é, numa construção de hipálage, uma fonte seca, incapaz de saciar sua sede. No caso, trata-se de uma sede poética – recorde-se que uma das metáforas recorrentes na poesia latina para designar a inspiração poética é a da água corrente ou da fonte de águas –, visto que, no contexto de exílio, embora esteja numa situação de isolamento, Nasão reclama não encontrar paz ou tranquilidade para compor versos, além de se queixar por não ter acesso a livros ou a obras da tradição, que poderiam alimentar seu engenho.

O fechamento de Narciso, o isolamento do poeta e o exílio de Nasão constituem uma cadeia de metáforas relacionadas à atividade poética. De acordo com essas imagens exploradas por Ovídio, escrever seria como estar exilado ou como olhar para dentro de si mesmo num ato de solitária contemplação. Nesse sentido, a poesia ovidiana evidencia que a composição escrita e a elaboração poética exigem reclusão. Escrever é exilar-se em si mesmo, num mergulho interior que permitiu à personagem-poeta construir sua subjetividade.

Sob esse aspecto, a poesia de exílio ovidiana registra a ocorrência de uma mudança nas formas de composição, transmissão e recepção poética da Antiguidade, ao evidenciar que leitura e escrita transformam-se, gradualmente, em experiências individuais. Na Grécia arcaica, predominou a composição oral, com os aedos ou os poetas simposiastas. No período clássico, com o auge dos gêneros teatrais, também predominou a transmissão oral (e performática), posto que ainda não havia se estabelecido entre os gregos um desejo de permanência por meio da poesia. A experiência de

III – *'Iste ego sum!'*: o mito do poeta e as *metamorphoses* do exílio no espelho de Narciso

transmissão oral da poesia envolve um movimento constante, de modo que o texto não se fixa numa forma, mas é marcado pela mudança. Por sua vez, entre os latinos, há um processo gradual de estabelecimento de uma cultura centrada na escrita, mudança iniciada já no período helenístico grego e devedora da figura do poeta-crítico.

Dorandi (2000, p. 34-41) identifica a existência de diferentes etapas no processo de composição na Antiguidade, as quais refletem o caráter cada vez mais individual do ato de escrita, especialmente em âmbito latino: a leitura das fontes (*legere*, "ler"); a realização de anotações (*adnotationes*), isto é, a marcação nos livros das passagens a ser posteriormente usadas; a elaboração de comentários (*commentarii*) acerca dos trechos selecionados. Ainda que o processo pudesse às vezes ser mediado por um *notarius*, responsável por anotar aquilo que era ditado pelo escritor, de forma a não ser qualificado como completamente individual, nota-se que a composição, igualmente, não possui uma natureza oral ou pública. Na verdade, inúmeros exemplos comprovam uma transformação rumo à composição escrita e individual. Dorandi (2000, p. 60-63), inclusive, apresenta uma série de testemunhos do período romano que registram a prática da escrita autógrafa na produção de obras poéticas: Plaut. *Mil.* 200-207; 214-215; Hor. *Serm.* I, 10, 70-74; Ov. *Met.* IX, 521-529; Petr. *Satyr.* 115, 2; Suet. *Nero* 52. Embora o estudioso (2000, p. 65-67) também elenque testemunhos da prática do ditado na composição (Hor. *Serm.* I, 4, 9-10; Plin. *Ep.* III, 5, 14-15; IX, 36, 1-3; IX, 40, 2), ele assinala que o recurso a um ou outro procedimento dependia "das exigências, dos métodos ou das situações, pessoais e subjetivos, próprios de cada escritor" (Dorandi, 2000, p. 71).[438] A depender das circunstâncias, a forma de composição podia variar, mas a escrita se torna, cada vez mais, o modo predominante de composição poética:

> Em Roma, por volta do fim da República e início do Império, e particularmente nos círculos literários influenciados pelo 'neoterismo' e pelos poetas alexandrinos, observa-se cada vez mais um recurso à escrita autógrafa para os poemas, o que não impedia que o ditado fosse usado para a redação de obras de erudição ou técnicas. (Dorandi, 2000, p. 71)[439]

Esse momento de transição da composição oral rumo à composição escrita observado no contexto latino constitui o desenvolvimento e a consolidação de um processo que remonta ao período helenístico grego, iniciado sob os influxos da filologia alexandrina. Nesse período, mesmo que ainda existissem formas de transmissão oral, o livro adquiriu um papel fundamental, a ponto de sua existência e seu uso terem interferido não só no processo de composição literária, mas também nos de transmissão e de recepção. De acordo com Cavallo & Chartier (1998, p. 13), a literatura helenística passa a depender da escrita e dos livros, aos quais eram confiadas a composição, a circulação e a conservação das obras. Isso fica manifesto, inclusive, pelos exemplares da arte estatuária e tumular da época, que, conforme destacam os autores (1998, p. 15), registravam com frequência figuras de leitores representados em leituras solitárias, diferentemente do que ocorria no período clássico grego. Para eles, tais registros assinalam a transição da leitura como momento da vida associativa para a leitura como um voltar-se para si mesmo, numa espécie de procura interior. Essa transformação será aprofundada e consolidada na literatura latina. Não por acaso, Edmunds (2001, p. 108) compreende a leitura privada como um desenvolvimento romano do século I a.C., e Cavallo (1998, p. 91) considera o códice de conteúdo literário uma invenção romana, cujo uso se desenvolve a partir do século II d.C. e reflete um processo já longo de aproximação entre livro e leitor.

Essa questão dos modos de transmissão e leitura (silenciosa ou em voz alta; individual ou coletiva) de uma obra literária na Antiguidade não é algo consensual entre os estudiosos. Sem dúvida, há vários registros em âmbito latino de práticas como a *recitatio* ou as leituras públicas ou performáticas de textos literários (Hor. *Serm.* I, 4, 74-75; Tac. *Dial.* IX, 3), ou mesmo da leitura privada intermediada por um *lector*, escravo responsável por ler para seu senhor (Plin. *Ep.* III, 18, 4; V, 3, 10; IX, 34).[440] Esses tipos de testemunho levaram diversos estudiosos a considerar que a prática de leitura na Antiguidade ocorria sempre em voz alta, e que a leitura privada silenciosa era um fenômeno extremamente raro. Tal perspectiva foi impulsionada por um célebre artigo de Balough (1927), inaugural no sentido da defesa da leitura privada em voz alta e responsável por difundir tal ideia, que passou a ser tomada como premissa mesmo entre estudiosos mais recentes (cf. Salles, 2010; Starr, 1991). Não obstante, o estudo de Balough foi alvo de várias críticas de Knox (1968), que problematiza cada um dos exemplos apresentados pelo estudioso e, com isso, rebate a noção de inexistência ou raridade do fenômeno da leitura privada silenciosa na Antiguidade.

Edmunds (2001, p. 108-132) partilha da opinião de que a leitura silenciosa era prática cada vez mais comum na Roma do século I a.C. O estudioso

III – *'Iste ego sum!'*: o mito do poeta e as *metamorphoses* do exílio no espelho de Narciso

remete a Svenbro (1990 *apud* Edmunds, 2001, p. 116), que, a partir de evidências gregas, defende que sua existência remontaria ao século V a.C., ainda que se restringisse, naquele momento, a uma porcentagem bastante reduzida de leitores. Diante disso, Edmunds (2001, p. 109) se propõe a investigar a cultura de leitura na Roma antiga, diferenciando-a tanto da *recitatio* quanto da leitura performática. Para ele (2001, p. 110), uma das mais fortes evidências de sua prática em Roma pode ser encontrada nos prefácios e passagens programáticas de poemas latinos, nos quais se indica que o *libellus* seja segurado pelas mãos do leitor e recebido visualmente. Na medida em que a forma da escrita e a aparência da página podem transmitir sentidos, Edmunds (2001, p. 111-112) considera que a materialidade do texto é comunicativa. Essa comunicação, porém, só poderia se efetuar mediante uma recepção visual dos textos, e não auditiva, o que corroboraria sua posição em favor da leitura silenciosa.

Na verdade, a existência de testemunhos antigos evidenciando tanto a ocorrência da leitura em voz alta quanto da leitura silenciosa constitui uma evidência de que essas duas práticas coexistiam em âmbito romano, o que corrobora a compreensão do período como um momento de transição.[441] Dessa forma, é interessante notar que não só a composição escrita se fixa como um ato prevalentemente individual e privado, mas também a recepção de obras poéticas passa, gradativamente, de um âmbito coletivo para o individual. Esse processo fica sugerido nos *Tristia* pelas constantes referências ao ato de leitura mencionando aspectos materiais do livro, como suas cores, as partes que o compõem, a ausência de polimento com pedra-pomes, a grafia trêmula ou os borrões causados por lágrimas (Ov. *Tr.* I, 1, 3-14; III, 1, 9-20). O livrinho de Nasão exilado, cujo ingresso nas bibliotecas públicas de Roma foi supostamente proibido, conforme ele próprio assinala ao assumir a voz poética na elegia III, 1, busca refúgio em "local privado" (*priuato loco*, v. 80) e pede acolhimento às "mãos plebeias" (*plebeiae manus*, v. 82). Esse tipo de afirmação assinala que o acesso à poesia não se restringia, à época de Ovídio, à aristocracia e a situações específicas de leitura, como jantares, *recitationes* ou leituras performáticas. Pelo contrário, ela deixa entrever a existência de outros espaços de leitura, seja com a ampliação do público leitor para segmentos da plebe, seja em âmbitos cada vez mais individualizados. As novas circunstâncias da recepção e leitura de textos parece acompanhar, de certa forma, as mudanças que se manifestaram no processo de produção e composição dos textos, que, nos *Tristia*, fica ilustrado pela solidão e pelo retiro envolvidos no processo de escrita, por meio do qual a personagem-poeta reconstrói o mundo em sua mente e lhe confere realidade por meio da poesia.

Os espaços virtuais do poeta no exílio

No episódio das *Metamorphoses*, Narciso, a partir do instante em que vê a bela imagem refletida na superfície da água, isola-se em si mesmo e permanece junto à fonte, admirando seu próprio reflexo. A imagem que observa foi criada por ele mesmo, ao se posicionar diante da água para saciar a sede. Ela é objeto de amor, mas, enquanto reflexo, não tem consistência, é apenas uma sombra impalpável e irreal.

Nasão no exílio, igualmente, apresenta-se como isolado e distante de Roma. Por não poder estar presente na Urbe nem participar dos eventos que nela se sucedem, ele se informa das novidades por meio de terceiros e, com base no que lhe narram, imagina os acontecimentos e cria sua própria versão dos fatos, uma imagem do que de fato ocorreu. Esses fenômenos de *enargeia* e *euidentia*, conforme discutimos no capítulo anterior, são capazes de conferir presença àquilo que se encontra ausente. Assim, ainda que não tenha assistido pessoalmente ao triunfo celebrado por Tibério, na elegia IV, 2, o eu poético o descreve minuciosamente, com base no que imagina. Isso instaura um descompasso entre o acontecimento real visto pelos romanos e a imagem que Nasão cria dele:

> **Vera** tamen capiet populus **spectacula** felix   65
> laetaque erit praesens cum duce turba suo.
> At mihi **fingendo** tantum longeque remotis
> auribus hic fructus percipiendus erit,
> (Ov. *Tr.* IV, 2, 65-68, grifos nossos)

> O povo, porém, fruirá feliz o *espetáculo real*,   65
> e a turba presente se alegrará com seu chefe.
> Mas eu, apenas *com o imaginar* e os ouvidos
> distantes, poderei colher este fruto,

O termo *spectaculum*, usado para fazer referência ao triunfo, já traz em si uma significação visual, pois formado a partir do verbo frequentativo

III – 'Iste ego sum!': o mito do poeta e as *metamorphoses* do exílio no espelho de Narciso

specto ("olhar com frequência", "ter os olhos fixados em"), proveniente de *specio* ("ver", "observar"). Por sua vez, os termos *uera* e *fingendo* introduzem uma oposição entre o acontecimento de fato e sua recriação pelo eu poético dos *Tristia*. Estabelecem-se, assim, dois universos distintos: um que é real, fundado na própria experiência; o outro, virtual, visualizado por Nasão em sua mente. Todavia, ao imaginá-lo e narrá-lo em uma das elegias, o eu poético lhe confere existência, de modo a evidenciar que as palavras e o discurso têm poder de criação.[442] Isso é a tal ponto importante, que a versão a que temos acesso, enquanto leitores dois mil anos mais tardios, é precisamente a recriação executada pela poesia ovidiana.

Nessa perspectiva, pode-se dizer que o poeta exilado cria espaços virtuais, por meio dos quais é capaz de experienciar aquilo que está ausente. Nasão supera a distância por meio de sua imaginação e fantasia, e por isso não colapsa numa falta de distanciamento em relação àquilo que deseja, pois a imaginação se funda em um desvelamento que não se dá por completo, deixando sempre espaço para o mistério e, consequentemente, para a poesia. A criação desses espaços virtuais do poeta no exílio, que conferem existência a algo situado fora do alcance ou afastado, não é de todo alheia ao universo contemporâneo de hoje, em que o mundo digital oferece espaços virtuais por meio da internet, do computador ou do celular.

Apesar da distância temporal que nos separa da época de Ovídio, a virtualidade de espaços é algo que aproxima poesia de exílio e mundo digital. Não obstante, se o fenômeno de criação de espaços virtuais parece fundar-se nos mesmos princípios, antes e hoje, sua ideia de base e suas consequências são praticamente opostas nas duas situações. No universo dos meios digitais, os espaços criados virtualmente, ao invés de promover a redução de distâncias, acabam por aboli-las e, em seu lugar, instaurar um vazio. O excesso de informações presente nas redes digitais colapsa toda a curiosidade humana, sem deixar espaço para a fantasia. Essa e várias outras questões concernentes à sociedade contemporânea são ricamente aprofundadas, sob um viés filosófico, por Han (2017a; 2017b), que diferencia "proximidade" e "falta de distanciamento":

> Através dos meios digitais, hoje, tentamos aproximar o outro o máximo possível, buscamos eliminar a distância em relação a ele, produzindo proximidade. Mas, com isso, já não temos mais o outro; antes, fazemo-lo desaparecer. A proximidade é uma negatividade no sentido de que nela está inscrita uma distância.

Atualmente, ao contrário, deparamo-nos com a total eliminação da distância. Isso não gera proximidade, mas ao contrário afasta-a. Em lugar de proximidade, surge a falta de distanciamento. (Han, 2017a, p. 28, trad. E. P. Giachini)

Han (2017b), em sua abordagem filosófica da sociedade em que vivemos, a define como uma "sociedade da transparência", marcada pela positividade, uniformização, desconstrução da alteridade e da resistência do outro, o que resulta num "abismo do igual". Trata-se de uma "sociedade expositiva", que não tolera lapsos de transparência, mas em que cada sujeito se expõe como "objeto-propaganda", guiado pela lei do consumo (Han, 2017b, p. 31). Essa tendência a uma transparência completa, que expõe a intimidade e não deixa espaço para o mistério, torna os espaços virtuais do âmbito digital plenos de informação, mas vazios de sentido. O excesso de informações parece materializar sua virtualidade, de modo a torná-los "falsos" espaços virtuais.

Diferentemente, o espaço virtual construído pelo eu poético dos *Tristia* para se desvincular de Tomos e experienciar Roma, numa momentânea suspensão do exílio, tem como base e princípio a imaginação, que permite recriações por meio da poesia. Sob esse aspecto, o espaço virtual ovidiano se funda na potência de negatividade da arte, que não é guiada por uma postura totalizadora ou informativa, mas sim pela tensão irresolúvel, que concede a toda obra uma parcela de mistério e, consequentemente, uma abertura para múltiplos sentidos e ressignificações. Contrariamente, o mundo atual, nas palavras do próprio Han, define-se pela crise da arte, da literatura, da fantasia, enfim, de *eros*: "A crise atual da arte e também da literatura pode ser reduzida à crise da fantasia, ao *desaparecimento do outro*, ou seja, *à agonia do eros*." (Han, 2017a, p. 74, trad. E. P. Giachini).

Além das visões mentais de Roma, Nasão também busca preencher seu exílio com a imagem da esposa, que muito amiúde lhe chega à mente:

> *Omnia cum subeant, uincis tamen omnia, coniunx,*   15
> * et plus in nostro pectore parte tenes.*
> *Te loquor absentem, te uox mea nominat unam;*
> * nulla uenit sine te nox mihi, nulla dies.*
> *Quin etiam sic me dicunt aliena locutum,*
> * ut foret amenti nomen in ore tuum.*   20
> *Si iam deficiam, subpressaque lingua palato*
> * uix instillato restituenda mero,*

III – *'Iste ego sum!'*: o mito do poeta e as *metamorphoses* do exílio no espelho de Narciso

*nuntiet huc aliquis dominam uenisse, **resurgam**,*
spesque tui nobis causa uigoris erit.
(Ov. *Tr.* III, 3, 15-24, grifos nossos)

Tudo vem-me à mente, mas vences tudo, ó esposa,   15
   e tens mais da metade de meu peito.
Converso contigo ausente, somente a ti minha voz nomeia;
   nenhuma noite e nenhum dia me vem sem ti.
Ou melhor: dizem que tal como falei coisas estranhas,
   assim teu nome estava em meus lábios delirantes.   20
Se eu já estiver expirando, e a língua presa ao palato
   a custo houver de se erguer com gotas de vinho,
anuncie alguém que minha amada aqui chegou: *reviverei*,
   e a esperança em ti será a causa de meu vigor.

Nessa elegia ao modo de epístola, Nasão afirma que, apesar de fisicamente ausente, sua esposa não lhe sai dos pensamentos: amiúde ele a chama, a nomeia e conversa com ela. A personagem, porém, não é nomeada em momento algum da obra, e, na passagem citada, o eu poético se refere a ela por meio dos termos *coniux* (v. 15) e *domina* (v. 23). O segundo vocábulo é bastante frequente no gênero da elegia amorosa, marcando a submissão do eu poético à *domina* a que presta seu *seruitium amoris*. Ora, a atribuição de traços da amada elegíaca à esposa de Nasão é, no mínimo, motivo de estranhamento, uma vez que a elegia amorosa romana geralmente tinha como tema os amores ilícitos do eu poético (*poeta amator*) com cortesãs ou mulheres já comprometidas. Em suma, o amor elegíaco define-se, a princípio, como um amor extraconjugal, dado que os casamentos em contexto latino tinham motivos políticos, e não amorosos.[443] No entanto, a partir do momento em que Nasão se encontra afastado da esposa em razão do exílio, surge um elemento que impede a realização amorosa e, portanto, abre espaço para o lamento elegíaco. Ademais, merece destaque o papel desempenhado pela amada, que Nasão designa como esperança e motivo de recuperação das forças (*spem*; *causa uigoris*, v. 24), visto que na carta ele se diz doente e julga que apenas a esposa poderia curá-lo e aliviar suas dores.

Esse papel conferido à esposa do poeta a aproxima da descrição que ele faz das Musas habitantes do Hélicon, responsáveis por aliviar suas aflições e acompanharem-no no banimento. Graças à poesia, Nasão afirma que seu espírito é capaz de transcender todas as desgraças do exílio, a ponto de sequer sentir sua condenação:

> *Ille nec exilium, Scythici nec litora ponti,* 45
> *ille nec iratos sentit habere deos.*
> *Vtque soporiferae biberem si pocula Lethes,*
> *temporis aduersi sic mihi sensus abest.*
> *Iure deas igitur ueneror mala nostra* **leuantes**,
> *sollicitae comites ex Helicone fugae,* 50
> *et partim pelago partim uestigia terra*
> *uel rate dignatas uel* **pede** *nostra sequi.*
> (Ov. *Tr.* IV, 1, 45-52)

> Ele nem o exílio, nem as praias do mar Cítio, 45
> nem haver deuses irados sente.
> Como se eu bebesse um copo do Letes soporífero,
> assim me dista a sensação de tempo adverso.
> Com razão venero as deusas *que* me *aliviam* os males,
> companheiras no inquieto desterro do Hélicon, 50
> e ora no mar, ora na terra dignaram-se,
> em barco ou *a pé*, a seguir meus passos.

A Musa, metonímia para a poesia, é considerada, em diversos poemas dos *Tristia*, conforto e alívio para o eu poético,[444] mesmo que também tenha sido um dos motivos de sua relegação. Ela não abandona o exilado e o acompanha rumo ao desterro. Em relação a isso, na passagem citada, o eu poético emprega jocosamente o termo *pede* (v. 52), de modo a explorar seu caráter ambíguo, pois pode se referir à parte do corpo humano ou ao pé métrico de versos. No primeiro caso, significa que a poesia acompanhou o caminho trilhado pela personagem-poeta, ainda que seu destino tenha sido o banimento; no segundo, o termo faz referência ao fato de a poesia ovidiana de exílio continuar possuindo o mesmo pé métrico de suas produções anteriores, sendo composta em dísticos elegíacos. Pode-se dizer, portanto, que a Musa acompanhou Nasão em sua escolha pela elegia.

Nesse contexto, a mencionada aproximação entre a esposa de Nasão e a poesia aponta para uma possibilidade interpretativa de natureza metapoética. Na elegia amorosa, é lugar-comum a identificação entre *puella* e obra poética, como se aquilo que o *amator* ama fosse, em última instância, a própria poesia. Um claro exemplo disso é a elegia I, 5 dos *Amores*, em que Corina é descrita por meio de adjetivos programáticos do gênero elegíaco, de modo a se aproximar da poesia praticada por Nasão.[445] Sob esse aspecto, nas elegias de exílio, a esposa de Nasão, que – lembremo-nos – permanece inominada, se transforma na própria poesia.

Além disso, a escrita poética produz em Nasão os mesmos efeitos que o ato de imaginar. Assim, tanto a poesia quanto a imaginação são capazes de conferir existência àquilo que está ausente. A imaginação o faz por meio de visões mentais; a poesia, por meio de palavras. Com isso, o estatuto da esposa como representação da poesia ganha interessantes implicações, pois, enquanto produto poético, ela tem existência discursiva, fundada na linguagem. A esse respeito, recorde-se Cassin (2005), quando, ao discutir sobre a figura de Helena, comenta que, em Górgias, "Helena é um produto do discurso, é o próprio 'logos' encarnado". De modo semelhante, a figura feminina da esposa de Nasão, ao ser identificada à Musa do poeta, metonímia para sua poesia, também se torna discurso, podendo-se aplicar a ela a definição feita para Helena, considerada um "efeito de dizer, uma performance discursiva" (Cassin, 2005).

Mais do que isso, ao propor uma equivalência entre sua *domina* e a poesia, Nasão corrobora sua autorrepresentação narcisista na poesia de exílio. Nas *Metamorphoses*, Narciso contempla e ama sua própria imagem; torna-se amante e objeto amado; em suma, ama a si mesmo. Nas elegias dos *Tristia*, o amor que Nasão expressa pela esposa corresponde, no sentido metapoético aventado, a um amor pela poesia. Esta última, por sua vez, é obra dele próprio, tendo resultado de sua *ars* e de seu *ingenium* (ou da ausência deles, como ironicamente professa nos versos de exílio). Nesse sentido, amar sua própria poesia é amar a si mesmo, como um Narciso que se reflete nos próprios versos.

O exílio de Narciso e a modernidade de Ovídio

Ao permitir um diálogo entre o episódio de Narciso e o exílio de Nasão, a poesia ovidiana coloca em destaque as relações e associações possíveis entre amor, exílio e poesia. Esses, que talvez sejam os três principais temas da produção de Ovídio, carregam consigo, graças a uma extensa tradição filosófico-literária (inclusive posterior ao autor), múltiplas significações e ressignificações. Ao longo do tempo, várias linhas de pensamento foram desenvolvidas, direta ou indiretamente, a partir de questões abordadas na poesia ovidiana, as quais, além de serem concernentes à natureza humana, possibilitam uma abertura do texto em diferentes direções e vertentes do conhecimento. Os meios com que Ovídio interpela o mundo através da poesia (que, portanto, servem de base à sua poética) – a metamorfose, a diferença, a ironia, a metapoesia – são ideias caras à modernidade, de modo a tornar a poesia ovidiana às vezes tão próxima de nós, a despeito dos dois mil anos que dela nos separam. Nesta seção, discutimos, em paralelo com a poesia ovidiana, alguns desenvolvimentos teóricos modernos e contemporâneos relacionados aos temas do amor, do exílio e da poesia. Ao fim, partindo das considerações realizadas, vinculamos esses três temas sob um viés metateórico, de modo a edificar uma teoria ovidiana da literatura, a qual se configura em diálogo com nossa proposta de "filologia intertextual da recepção" literária apresentada no primeiro capítulo.

O amor de Narciso caracteriza-se por um duplo movimento, que transforma o "eu" num "outro", quando a imagem refletida na superfície da água é tomada como ser autônomo; para, a seguir, transformar esse "falso outro" em "eu", quando a personagem reconhece que o ser por ela amado não é nada além do reflexo de si mesma. Esse processo duplamente direcionado, que culmina com a completa identificação entre o "eu" e o outro, encontra uma correspondência no caráter duplo dos sentimentos e ações de Narciso, que oscila entre amante e objeto amado. Linguisticamente, essa oscilação é expressa de modo poético com a mudança dos verbos designando os atos da personagem, de voz ativa para voz passiva:

> *cunctaque miratur, quibus est mirabilis ipse.*
> *Se cupit imprudens et qui **probat**, ipse **probatur**,*   425
> *dumque **petit**, **petitur**, pariterque accendit et ardet.*
> (Ov. *Met.* III, 424-426)

> e se admira com tudo que o torna, a ele próprio, admirável.
> Sem saber, deseja a si, e o mesmo que *aprecia é apreciado*,   425
> enquanto *busca*, *é buscado*, e igualmente inflama e arde.

O exemplo de Narciso serviu para a definição de um impulso narcisista, que se caracteriza por tentar colapsar o outro no mesmo, isto é, no próprio

III – *'Iste ego sum!'*: o mito do poeta e as *metamorphoses* do exílio no espelho de Narciso

eu. Isolado em si, ele interpreta toda alteridade sob o signo do reflexo e, por isso, iguala tudo a si mesmo. As implicações filosóficas do fenômeno são que

> O sujeito narcísico [...] não consegue estabelecer claramente seus limites. Assim, desaparecem os limites entre ele e o outro. O mundo se lhe afigura como sombreamentos projetados de si mesmo. Ele não consegue perceber o outro em sua alteridade e reconhecer essa alteridade. Ele só encontra significação ali onde consegue reconhecer de algum modo a si mesmo. Vagueia aleatoriamente nas sombras de si mesmo até que se afoga em si mesmo. (Han, 2017a, p. 10, trad. E. P. Giachini)

A consequência desse amor, citando aqui o título do livro de Han, é uma "agonia do eros".[446] O desejo se funda e se sustenta na diferença, que garante a autonomia entre "eu" e "outro". No instante em que diferença se torna equivalência, em que o "outro" se iguala ao "eu" e nele passa a estar contido, o desejo é sufocado e finda, pois não se ambiciona aquilo que já se possui. Narciso, exilado em si mesmo e fechado para o mundo e sua alteridade, habita um universo unívoco e uniforme. Depois que a personagem reconhece que o objeto de seu amor é o próprio reflexo, o desejo inicial pelo amado se torna um desejo de morte, pois, na impossibilidade de concretizar seu amor, ele definha até morrer. Além disso, a tentativa de Narciso em identificar o outro consigo mesmo acaba por fazê-lo exilar-se também de si mesmo, na medida em que a consideração do outro como reflexo de si na verdade manifesta uma espécie de privação do autoconhecimento necessário para reconhecer a si e ao outro como sujeitos, o que demonstra, em suma, um vazio de si. Na impossibilidade de formar sua subjetividade, Narciso atribui ao outro aquilo que enganosamente julga ser o seu "eu".

A relação entre o "eu" e o "outro" no mito de Narciso também é discutida por Hardie, que oferece uma instigante interpretação, com base numa perspectiva psicanalítica:

> O desejo depende da existência postulada de um Outro e, portanto, se autodestrói quando o Outro se colapsa no sujeito. O reconhecimento, por parte de Narciso, da impossibilidade de seu desejo ocorre precisamente quando ele percebe que não pode estabelecer um diálogo com seu reflexo através de palavras, que são instrumentos imperfeitos, mas necessários, do Simbólico. (Hardie, 2002, p. 165)[447]

Narciso diante de seu reflexo é impedido de travar diálogo, pois sua imagem nada responde; com isso, as palavras proferidas pela personagem se tornam vãs e inócuas. O fechamento e o isolamento que Narciso escolhe para si culminam num solitário exílio, no qual não há espaço para o outro nem para a linguagem. De modo similar, Nasão também se vê privado, no local de exílio, da possibilidade de diálogo, mesmo que, em seu caso, o isolamento não tenha sido uma escolha, mas uma coerção de Augusto. O eu poético dos *Tristia*, em vários momentos, se queixa da ausência de falantes de latim em Tomos e reclama da falta de público para seus versos:

> *Nullus in hac terra, recitem si carmina, cuius*
> *intellecturis auribus utar, adest.*
> [...]
> *Saepe aliquod quaero uerbum nomenque locumque,*
> *nec quisquam est a quo certior esse queam.*
> (Ov. *Tr.* III, 14, 39-40; 43-44)

> Ninguém há nesta terra, se eu recitar poemas, de cujo
> ouvido apreciador eu possa me servir.
> [...]
> Amiúde busco um termo, ou nome ou lugar,
> e ninguém há que possa me informar.

Os habitantes da região são descritos pelo eu poético como bárbaros que falam em gético ou sarmático, definidos como "línguas selvagens" ou "ruídos getas" (*uocis ferinae*; *Getici soni*, *Tr.* V, 12, 55-56). Uma vez que desconhecem o latim, são incapazes de entender ou de apreciar os versos compostos por Nasão, cuja poesia passa a carecer de um retorno do público. Além disso, o fato de esses povos falarem outros idiomas dificulta o diálogo e a comunicação da personagem-poeta.[448] Assim, o desterro de Nasão se caracteriza pelo isolamento, retiro e solidão, de modo que, nessas circunstâncias, lhe resta apenas a alternativa de se transformar em Narciso:

> *Hic ego sollicitae **lateo** nouus incola sedis:* 85
> *heu nimium fati tempora longa mei!*
> [...]

III – *'Iste ego sum!'*: o mito do poeta e as *metamorphoses* do exílio no espelho de Narciso

Sed neque cui recitem quisquam est mea carmina, nec qui
 auribus accipiat uerba Latina suis.   90
Ipse mihi *– quid enim faciam? – scriboque legoque,*
 tutaque iudicio littera nostra suo est.
 (Ov. *Tr.* IV, 1, 85-86; 89-92)

Novo habitante de inquieta morada, aqui *vivo retirado*:   85
 ai de mim! Tempos tão lentos de meu fado!
[...]
Mas ninguém há para eu recitar meus poemas,
 nem para acolher nos ouvidos palavras latinas.   90
A mim mesmo – o que fazer? – escrevo e leio,
 e minha letra é absolvida por seu juízo.

Isolado e privado de público, Nasão exila-se em si mesmo e se duplica num outro, a fim de ser, ao mesmo tempo, autor e leitor dos próprios poemas, semelhante à figura de Narciso, que é, simultaneamente, amante e objeto amado. Ovídio escreve para si mesmo e é o destinatário de seus versos. Com isso, ele apaga a presença do outro, que ocuparia o lugar de leitor, e mergulha no solitário território do "eu", a ponto de conversar consigo mesmo:

Ne tamen Ausoniae perdam commercia linguae,
 et fiat patrio uox mea muta sono,
ipse loquor mecum *desuetaque uerba retracto,*
 et studii repeto signa sinistra mei.
Sic animum tempusque traho, sic meque **reduco**   65
 a contemplatu **summoueo***que mali.*
Carminibus quaero miserarum obliuia rerum:
 praemia si studio consequar ista, sat est.
 (Ov. *Tr.* V, 7, 61-68, grifos nossos)

Para não perder a relação com a língua ausônia,
 e minha voz não se emudecer no pátrio som,
eu próprio converso comigo e relembro palavras não usuais,
 retomo as sinistras insígnias de minha paixão.
Assim arrasto o tempo e o ânimo, assim *me retiro*   65
 e *me aparto* da contemplação dos males.

Uma teoria ovidiana da literatura

Com poemas busco olvidar as desventuras:
se este prêmio eu atingir com a poesia, já basta.

Todavia, diante dessa armadilha narcisista, que culminaria com a aniquilação do outro e do espaço da diferença, a personagem-poeta foi capaz de entrever uma solução por meio do diálogo – não mais oral, mas sim escrito – e da poesia. O diálogo epistolar transporta Nasão a Roma, através de seus livrinhos enviados desde Tomos, e instaura nos *Tristia* uma dinâmica de troca com o outro.[449] A poesia, por sua vez, permite que ele alivie suas dores e esqueça as desventuras, ao se afastar, momentaneamente e em imaginação, do local de exílio. Desse modo, Nasão rompe com o fechamento em si mesmo e, sob esse aspecto, se desvia de Narciso, pois conseguiu superar o silêncio que lhe foi imposto. A frustração da personagem das *Metamorphoses*, quando descobre que o objeto amado é seu próprio reflexo e toma consciência da impossibilidade não só do diálogo, mas também da realização do desejo amoroso, dá lugar, na poesia dos *Tristia*, a uma forma vicária de diálogo:

> *Vtque solebamus consumere longa loquendo*
>   *tempora, sermonem deficiente die,*
> *sic ferat ac referat tacitas nunc littera uoces,*
>   *et peragant linguae charta manusque uices.*   30
> (Ov. *Tr.* V, 13, 27-30)

> Assim como passávamos longo tempo conversando,
>   findando o dia antes da prosa,
> agora a carta leve e traga vozes silentes,
>   e o papiro e a mão falem no lugar da língua.   30

A carta de Nasão, destinada a um amigo que há muito já não lhe escreve, principia com uma queixa do eu poético por causa do silêncio de seu amigo, muito embora no passado este tivesse até mesmo defendido sua vida. Diante dessa interrupção do diálogo entre ambos, Nasão relembra as conversas frequentes do passado e propõe uma nova modalidade de comunicação, ao elaborar uma elegia em forma de carta. Assim, a poesia nasce do desejo de se vincular ao outro, seja por meio do amor, como na elegia amorosa ovidiana, seja por meio da amizade, como na poesia de exílio. Ora, os dois termos

III – *'Iste ego sum!'*: o mito do poeta e as *metamorphoses* do exílio no espelho de Narciso

– *amor* e *amicitia* – possuem a mesma raiz em latim, ambos formados a partir do verbo *amo* (Ernout & Meillet, 1951, p. 52). Nesse sentido, as reflexões de Rimell sobre o desejo e o diálogo na poesia amorosa ovidiana podem ser igualmente transferidas para a poesia de exílio, que enfoca tanto as relações de amor, no caso da esposa de Nasão, quanto de amizade:

> O desejo, em Ovídio, geralmente contribui para romper fronteiras e, portanto, para ameaçar autonomia, identidade e para colapsar a diferença em uma mesmice incestuosa, ainda que, ao mesmo tempo, ele frequentemente resista e se furte à sina de Narciso, ao reconhecer que estar conectado não é sinônimo de homogeneidade e que a dinâmica do relacionar-se é também a força do processo criativo, tanto da escrita quanto da leitura. A erótica ovidiana pode ser lida como uma batalha constante para transcender uma lógica compulsiva do mesmo, a fim de sustentar o desejo, ou a própria poesia. (Rimell, 2006, p. 5)[450]

Na passagem citada, a estudiosa compreende o encontro com o outro, que possibilita o estabelecimento de relações, como uma das forças do processo criativo. Com efeito, o desejo não se funda no mesmo, mas na energia gerada a partir da diferença e da alteridade. De modo similar, a poesia se configura como a forma de diálogo de Nasão exilado.[451] Nela, ele agrega seu impulso e energia criativos, que são outro tipo de manifestação do desejo, a fim de não sucumbir no exílio de si mesmo. Nesse sentido, a personagem-poeta exilada ressignifica, por meio de seu próprio exemplo, a história de Narciso. Ao substituir o enfoque que coloca "Eu" e "Outro" em oposição por uma abordagem que pretenda colocá-los em relação, Nasão faz do diálogo e da poesia formas de suspender o exílio.

De acordo com uma perspectiva metapoética, diálogo e vínculo com o outro correspondem, no âmbito textual, ao fenômeno da intertextualidade. Sob esse aspecto, subjaz nos versos de Ovídio uma reflexão de natureza teórica acerca da poesia, de modo a constituir o que denominamos de "teoria ovidiana da literatura". A intertextualidade, enquanto diálogo com o outro (no caso, outro texto), instaura, assim como o amor e a amizade, uma dinâmica de troca. Ela pressupõe a existência de pelo menos dois componentes ou unidades, do contrário, não é possível haver as ideias de "mediação" ou "ação entre" presentes na partícula *inter* formadora do termo (Romanelli, 1964, p. 73). Assim como a intertextualidade, também o amor, aspecto com que se define a personagem-poeta Nasão (*teneroris lusor amorum*, "versejador de tenros amores", *Tr.* III, 3, 73; IV, 10, 1), funda-se na troca e na alteridade. De fato, Han destaca que "o amor é um 'palco de dois'. Ele interrompe a perspectiva do um e faz surgir o mundo a partir do ponto de vista do *outro* ou do *diverso*. A negatividade de uma reviravolta caracteriza o amor como experiência e encontro" (Han, 2017a, p. 78, trad. E. P. Giachini, grifos do autor). O filósofo ainda vai mais além e aventa uma possibilidade de transformação da hermenêutica em erotismo, por meio da "negatividade da ocultação", responsável por fazer com que a descoberta e o decifrar se desvelem prazerosamente na lida com o texto (Han, 2017b, p. 49, trad. E. P. Giachini).

A "teoria ovidiana da literatura", portanto, define-se como um diálogo erótico e metamórfico, de modo a englobar, não por acaso, dois temas de relevo na obra do poeta. Ovídio relê a tradição literária de modo a erotizá-la – recorde-se nossa discussão sobre as *Heroides* e considere-se, ainda, a discussão do próximo capítulo, sobre a *Ars amatoria* –, o que resulta na transformação de todo tipo de poesia em elegia, ou seja, em poesia amorosa. Além disso, a dinâmica ovidiana de retomada de suas próprias obras anteriores na poesia de exílio sugere que texto e poesia estão em contínua mudança, reconfigurando-se, inserindo-se em novos contextos e ressignificando-se, de modo a suscitar reflexões sobre a natureza do passado e das produções precedentes.

A complexidade das questões envolvidas em diferentes tipos de concepção acerca do passado é discutida por Han, ao contrapor um viés de positividade, exemplificado pelo museu, à "negatividade do irrecuperável":

> A transformação de todo passado em museu aniquila o passado. Enquanto *atualidade repetível*, ele se desvencilha da negatividade do irrecuperável. A memória não é um mero órgão de mera recomposição, com o qual presentifica-se o que já passou. Na memória, o passado se modifica constantemente. É um processo progressivo, vivo, narrativo. (Han, 2017a, p. 32, trad. E. P. Giachini, grifo do autor)

O comentário de Han sugere que a relação com o passado se funda em um movimento constante, que o modifica e o torna vivo a cada reatualização. Não se trata, aqui, de uma repetição do mesmo no presente, que pretenda recuperar o que já findou, mas sim de uma retomada consciente de sua irrecuperabilidade. Nesse sentido, é possível pensar também a nossa relação com o passado e a Antiguidade segundo o motivo da metamorfose. Com efeito, num nível metateórico, surge a necessidade de se pensar em formas, também elas fundadas no diálogo, para se abordar não só essa "teoria ovidiana da literatura", mas também o próprio fenômeno, por princípio dialógico, de nossa abordagem da Antiguidade.

Foi nesse sentido que, no primeiro capítulo, apresentamos nossa proposta teórico-metodológica da "filologia intertextual da recepção" literária. Ela não é apenas "filologia", porque o isolamento na Antiguidade, assim como o fechamento de Narciso em si, impediria o diálogo. Por sua vez, ela também não é só "da recepção", pois a contemplação da Antiguidade segundo os princípios que regem nosso tempo acarretaria um apagamento de sua alteridade, igualando-a ao mundo contemporâneo e fazendo-a colapsar num falacioso império do mesmo, como o impulso narcisista que transforma tudo aquilo que observa em reflexo de si. Pelo contrário, a "filologia intertextual da recepção" busca abordar as obras clássicas a partir do encontro com o outro, estabelecido por meio do diálogo – "intertextual" – e fundado no reconhecimento de sua diferença.

CAPÍTULO IV

UMA *ARS* POÉTICA *AMATORIA*: *NASO MAGISTER* E UMA HISTORIOGRAFIA LITERÁRIA OVIDIANA NO EXÍLIO

Nos capítulos anteriores, abordamos os diálogos dos *Tristia* com as *Heroides*, os *Fasti* e as *Metamorphoses*, de modo a assinalar a multidirecionalidade intertextual que marca as relações entre a poesia ovidiana de exílio e cada uma dessas obras. Com isso, evidenciamos que, por um lado, os *Tristia* se configuram como uma reescrita dessas obras anteriores sob a perspectiva do exílio e que, por outro, essas próprias obras pregressas, relidas à luz do banimento da personagem-poeta, revelam em si antecipações e prefigurações do exílio.

Esse mútuo diálogo pode ser igualmente observado nas relações entre a *Ars amatoria* e os *Tristia*, talvez até de forma mais acentuada, na medida em que esse poema amoroso é usualmente identificado como o *carmen* que, junto com o desconhecido *error*, foi um dos *duo crimina* (Ov. *Tr.* II, 207) supostamente causadores da punição da personagem-poeta com a relegação. De fato, são abundantes nos *Tristia* as referências nominais à *Ars*,[452] principalmente na longa elegia que constitui o livro II da obra, na qual o eu poético elabora uma sofisticada defesa, tanto em termos retóricos como poéticos, de seu poema anterior. Ademais, conforme evidenciaremos ao longo do presente capítulo, os *Tristia* também retomam temas e *tópoi* da *Ars*, mas transferidos para o contexto do exílio, e, num âmbito mais estrutural, empregam procedimentos compositivos característicos dela, como o tom professoral e os elementos de didatismo que a vincularam à poesia didática.

Ainda que as poéticas da Antiguidade não distinguissem a poesia didática como um gênero específico,[453] a existência de diversos textos compartilhando uma série de características comuns (como *tópoi* e convenções) permite que os estudiosos hoje os reúnam em um mesmo grupo – o gênero poesia didática. Toohey (1996, p. 2-4), por exemplo, identifica a poesia didática como um subgênero da épica, definindo-a com base nos seguintes traços: o metro do hexâmetro; a presença de instrução sistemática sobre algum assunto concreto, de forma técnica e detalhada; a existência de uma voz autoral única (*magister*), direcionada a um destinatário (*discipulus*); a presença de painéis ilustrativos, geralmente de temática mitológica. Volk (2002, p. 35), por sua vez, considera a poesia didática como um gênero autônomo, distinto da épica[454] – enquanto esta é narrativa, a poesia didática é predominantemente descritiva. Para a estudiosa (Volk, 2002, p. 36-40), ela se define com base em quatro critérios: (1) intenção didática explícita (a obra busca ensinar sobre determinado assunto); (2) relação entre professor (enunciador do texto) e aluno (destinatário); (3) autoconsciência poética, isto é, o enunciador assume-se e fala como poeta, apresentando o que diz explicitamente como poesia; (4) simultaneidade poética, ou seja, presença de comentários sobre o próprio "cantar" poético, que é, ao mesmo tempo, o processo de ensinar.

Ambos os estudiosos, mesmo adotando critérios distintos para a definição do gênero, incluem a *Ars amatoria* de Ovídio na categoria de poesia didática. Em oposição àqueles relutantes em considerar a *Ars* como poema didático pelo fato de o assunto abordado não ser suficientemente sério, Volk (2002, p. 159) destaca que isso em nada interfere na presença de traços do gênero no poema. Toohey (1996, p. 163), de modo semelhante, pontua que a *Ars*, apesar do metro elegíaco e do tom jocoso, contém instruções e ensinamentos, mas sob uma forma lúdica, de modo a configurar uma espécie de paródia da poesia didática séria.

Na verdade, em conformidade com o gosto ovidiano de manejar e desafiar ludicamente os limites dos gêneros poéticos, a obra apresenta uma forma híbrida, que mescla elegia e poesia didática: ao metro e matéria da elegia amorosa, somam-se o tom e a estrutura de poesia didática.[455] Desse modo, o eu poético Nasão, que se identifica como poeta elegíaco, assume ainda uma *persona* de *magister* e ensina, à primeira vista, sobre a arte da sedução e da conquista amorosa. Não obstante, a *Ars* também retoma uma série de *tópoi* elegíacos já consagrados por Propércio, Tibulo e pelo próprio Ovídio (nos *Amores*), dando-lhes novos sentidos, invertendo-os e até mesmo ironizando-os. Diante disso, numa perspectiva metapoética, é possível pensar que a *Ars*, mais do que ensinar sobre a conquista amorosa, ensina sobre o próprio gênero elegíaco, na medida em que explora suas convenções e as maneja de forma autoconsciente e irônica, empreendendo

IV – Uma *ars* poética *amatoria*: *Naso magister* e uma historiografia literária ovidiana no exílio

verdadeiras reflexões sobre a escrita elegíaca.[456] Portanto, a obra instrui o leitor no assunto da poesia – não qualquer poesia, mas a elegia amorosa, uma vez que se trata de uma *ars amatoria*.

Ademais, a autoconsciência poética na *Ars* também se manifesta nas menções que o *magister* faz a outros de seus poemas, numa espécie de reivindicação de autoria que contribui para edificar sua carreira poética e reforçar sua imagem enquanto "autor" de elegia amorosa. Ao expor ensinamentos às mulheres a respeito do uso de cosméticos, ele remete ao seu livrinho dos *Medicamina Faciei Femineae*, que versa sobre o assunto:

> *Est mihi, quo dixi uestrae medicamina formae,*   205
>   *paruus, sed cura grande, libellus, opus.*
> *Hinc quoque praesidium laesae petitote figurae;*
>   *non est pro uestris ars mea rebus iners.*
> (Ov. *Ars* III, 205-208)

> Tenho um livrinho em que expus os cosméticos   205
>   para vossa beleza, obra pequena, mas de grande cuidado.
> Buscai lá também auxílio para a aparência estragada;
>   minha arte não é inábil no que vos concerne. (trad. nossa)

Ainda se dirigindo às mulheres, com conselhos sobre a importância de se possuir conhecimento sobre música e poesia para o ato da sedução, o eu poético inclui suas obras amorosas entre aquelas que merecem ser lidas e recitadas. Ele se refere à própria *Ars amatoria*, aos três livros dos *Amores* e às epístolas amorosas das *Heroides*,[457] de modo a novamente assinalar o papel que desempenha como autor. A presença desse tipo de menção na *Ars* é responsável por oferecer uma perspectiva mais ampla da produção ovidiana, numa insinuação de seu projeto literário, e demonstra que o próprio poeta coloca suas obras em diálogo, num jogo de espelhamentos e autoalusões que atinge seu ápice na poesia de exílio.

Diante disso, o presente capítulo enfoca as relações entre os *Tristia* e a *Ars amatoria* sob três vertentes principais: didatismo, retórica e erotismo. No que concerne ao didatismo, abordamos como Nasão, nos versos de exílio, retoma o tom didático de sua obra anterior, muito embora reiteradamente se esforce em distinguir os novos poemas daqueles que foram motivo de punição. Quanto ao aspecto retórico, analisamos a defesa que o eu poético empreende em *Tristia* II, de modo a discutir a apropriação poética que ele faz de elementos da retórica judiciária e epidítica. Por sua vez, em relação ao erotismo, destacamos a leitura erótica da tradição literária que Nasão realiza em *Tristia* II, de forma a ironicamente retomar nas elegias de exílio a poética didático-amorosa da *Ars*, marcada por passagens de conteúdo erótico que foram possivelmente as motivadoras da relegação da personagem-poeta.

O erotismo da *Ars* e a punição do poeta

A *Ars amatoria*, obra que Nasão identifica como um dos motivos de sua condenação, versa sobre a arte da conquista e os jogos da sedução, tendo sido ironicamente composta sob a forma de poema didático. Entre as lições apresentadas pelo *magister amoris*, incluem-se diversos exemplos de adultério e passagens de conteúdo sexual explícito. No segundo livro, por exemplo, Nasão *magister* aconselha aos homens a melhor forma de conduzir o ato amoroso, a fim de que homem e mulher possam usufruir igualmente do prazer, atingindo seu ápice ao mesmo tempo (Ov. *Ars* II, 716-728).[458] No terceiro livro, por sua vez, dirigindo-se às mulheres, ele lista uma série de posições sexuais e explica qual delas é mais adequada para ressaltar as qualidades físicas e ocultar eventuais defeitos de cada tipo de corpo feminino (Ov. *Ars* III, 771-788).[459] Imediatamente depois, Nasão ainda aconselha sobre alguns pormenores do ato sexual que precedem e conduzem ao clímax, como a fala doce, os gemidos e as palavras obscenas, além de ensinar às mulheres como simular o prazer (Ov. *Ars* III, 793-803).[460]

Ora, uma obra que discorre abertamente sobre o ato amoroso, sobre como se envolver em relações ilícitas e ainda se propõe a ensinar as particularidades para a obtenção do máximo prazer entra em conflito com a política augustana de valorização do *mos maiorum*, baseada no estímulo de casamentos e na coibição do adultério por meio de leis, como a *Lex Iulia de maritandis ordinibus* (18 a.C.) e *Lex Iulia de adulteriis coercendis* (17 a.C.).[461] O próprio Nasão comenta, nos versos de exílio em que se dirige a Augusto, que este considerara a *Ars* como incitadora de adultérios: "Esta lascívia fez-me odioso a ti pelas *Artes*,/ que julgaste aliciarem leitos proibidos." – *Haec tibi me inuisum lasciuia fecit ob Artes/ quas ratus es uetitos sollicitasse*

IV – Uma *ars* poética *amatoria*: *Naso magister* e uma historiografia literária ovidiana no exílio

toros (Ov. *Tr.* II, 345-346). Isso explica o fato de a obra ter desagradado o imperador, ter caído em desgraça e se tornado uma das punições da personagem-poeta.

Considerando-se a *Ars* como causa da punição, "teríamos em Ovídio o primeiro poeta condenado a desterro pela censura" (Queiroz, 1998, p. 65). De fato, a condenação do poeta devido ao caráter erótico do poema é diversas vezes referida ao longo dos *Tristia*. Nasão designa as Musas, metonímia para a poesia, como "meus crimes" (Ov. *Tr.* I, 7, 21; II, 3, *mea crimina*), e as caracteriza como "nocivas" e motivo de sua "perdição" (Ov. *Tr.* II, 496; III, 7, 9; IV, 1, 25-26; V, 1, 20-22). Além disso, ele confessa explicitamente que o desterro resultou de seu talento poético: "Agora, se não odeio os poemas e a paixão que me foi danosa,/ já é muito. O desterro assim nasceu do meu engenho." – *Carmina nunc si non studiumque, quod obfuit, odi,/ sit satis. Ingenio sic fuga parta meo* (Ov. *Tr.* I, 1, 55-56).

Igualmente, as nove Irmãs, epíteto para as Musas e designação para a poesia, são identificadas por Nasão como a "causa maior" do desterro:

> *Pace, nouem, uestra liceat dixisse, Sorores:*   45
>   *uos estis nostrae maxima causa fugae.*
> *Vtque dedit iustas tauri fabricator aeni,*
>   *sic ego do poenas artibus ipse meis.*
> (Ov. *Tr.* V, 12, 45-48)

> Com vossa permissão, nove Irmãs, eu diria: 45
>   sois a causa maior de meu desterro.
> Como o construtor do brônzeo touro sofreu justas penas,
>   assim eu próprio sofro as penas de minha arte.

A explicitação da poesia como causa de punição para a personagem-poeta é acompanhada por um sugestivo símile com Perilo, artífice que construíra um touro de bronze para Fálaris, tirano da Sicília, no qual o rei poderia inserir os prisioneiros que quisesse matar, assando-os vivos no interior do touro. Fálaris, a fim de testar a invenção, introduz o próprio inventor no interior de sua obra, fazendo-o perecer por meio de sua criação. Posto em paralelo com Perilo, Nasão se autorrepresenta como o artista punido pela própria arte, já que a *Ars* fora igualmente causadora da "morte" metafórica – o exílio – da personagem-poeta.

A história de Fálaris e Perilo é referida também em *Tr.* III, 11, numa versão mais longa e detalhada. A elegia se dirige a um detrator do eu poético, considerado mais cruel que os tiranos Busíris e Fálaris, uma vez que ataca Nasão impiedosamente e renova suas feridas:

> *Saeuior es tristi Busiride, saeuior illo*
>   *qui falsum lento torruit igne bouem,*   40
> *quique bouem Siculo fertur donasse tyranno*
>   *et dictis artes conciliasse suas.*
> [...]
> *Dixerat, at Phalaris 'Poenae mirande repertor,*
>   *ipse tuum praesens imbue', dixit, 'opus!'*
> *Nec mora, monstratis crudeliter ignibus ustus*
>   *exhibuit geminos ore gemente sonos.*
> (Ov. *Tr.* III, 11, 39-42; 51-54)

> És mais cruel que o sombrio Busíris, mais cruel
>   que aquele que fundiu em fogo lento o falso boi   40
> e, diz-se, deu o boi ao tirano da Sicília
>   e recomendou suas artes com tais ditos.
> [...]
> Dissera, mas disse Fálaris: 'Ó admirável inventor da pena,
>   tu próprio, em pessoa, inaugura tua obra!'
> Sem demora, queimado no fogo que cruelmente mostrara,
>   emitiu duplo gemido com boca gemente.

É digno de nota que as duas histórias referidas de modo combinado nessa elegia dos *Tristia* figuram igualmente juntas na *Ars amatoria*, como ilustração para o ensinamento de que as mulheres que enganam devem ser, da mesma forma, enganadas:

> *Fallite fallentes; ex magna parte profanum*
>   *sunt genus: in laqueos quos posuere, cadant.*
> *Dicitur Aegyptos caruisse iuuantibus arua*   645
>   *imbribus atque annos sicca fuisse nouem,*
> *cum Thrasius Busirin adit monstratque piari*
>   *hospitis affuso sanguine posse Iouem.*

IV – Uma *ars* poética *amatoria*: *Naso magister* e uma historiografia literária ovidiana no exílio

> *Illi Busiris 'fies Iouis hostia primus',*
> *inquit, 'et Aegypto tu dabis hospes aquam'.* 650
> *Et Phalaris tauro uiolenti membra Perilli*
> *torruit; infelix imbuit auctor opus.*
> *Iustus uterque fuit, neque enim lex aequior ulla est,*
> *quam necis artifices arte perire sua.*
> (Ov. *Ars* I, 643-654)

> Enganai as enganadoras: em sua maior parte, são de uma laia
> criminosa; caiam, pois, nos laços que armaram.
> Diz-se que o Egito foi privado de chuvas que lhe 645
> acudissem os campos, secos por nove anos.
> Quando Trásio vem a Busíris, dizendo que se pode aplacar
> Júpiter com o sangue derramado de um forasteiro,
> Busíris responde-lhe: 'Serás a primeira vítima de Júpiter;
> sendo meu hóspede, trarás água ao Egito'. 650
> Fálaris, também, calcinou os membros do cruel Perilo
> no touro: o infeliz criador regou com seu sangue a criatura.
> Ambos foram justos; com efeito, não há lei mais justa
> que fazer perecer por sua própria arte os artífices da morte.
> (trad. M. Trevizam, 2016, p. 91)

O *magister* busca exemplificar seu conselho amoroso de "enganar as que enganam" a partir do exemplo de artesãos que foram prejudicados por sua própria arte. Sob esse aspecto, as mulheres que usufruem das técnicas de conquista e traição – arte ensinada, a propósito, no poema ovidiano – são também elas próprias traídas e conquistadas pelas mesmas técnicas de que fizeram uso. Com efeito, o *magister* oferece lições tanto aos homens quanto às mulheres. Ao inserir na *Ars amatoria* exemplos de artesãos danados pela própria arte, o eu poético acaba por prefigurar a punição que ele mesmo sofrerá por causa de sua obra. Desse modo, sua *Arte* já guarda em si o castigo a seu criador.

Num contexto em que a *Ars* é considerada "culpada" e se torna um "estigma" na trajetória e na carreira poética ovidiana, por ter sido causa de punição e relegação do poeta, Nasão se esforça por demarcar um contraponto entre suas produções amorosas anteriores e a nova obra escrita no exílio. De acordo com ele, os versos dos *Tristia* não contêm nenhum "jogo" ou "gracejo" (Ov. *Tr.* V, 1, 43-44), muito embora os gracejos anteriores não devessem ser levados a sério. A negação da temática amorosa é assinalada já na primeira elegia da obra, endereçada ao próprio livro, que parte para Roma como substituto de seu autor, proibido de retornar à Urbe:

> *Siquis erit, qui te, quia sis meus, esse legendum*   65
> *non putet, e gremio reiciatque suo,*
> *'inspice' dic 'titulum.* **Non sum praeceptor amoris.**
> *Quas meruit, poenas iam dedit illud opus.'*
> (Ov. *Tr.* I, 1, 65-68, grifos nossos)

> Se houver alguém que não julgue digno te ler   65
> porque és meu e te aparte de seu seio,
> diz: 'Examina o título. *Não sou mestre de amor.*
> As punições merecidas já sofreu aquela obra'.

Nessa elegia programática, Nasão explica que este seu livrinho que chega desde as terras remotas do exílio é digno de leitura e não possui conteúdo passível de punição. Ele faz questão de assinalar "não sou mestre de Amor" (*non sum praeceptor amoris*, v. 67), de modo a instaurar um contraste com a *Ars* que fora condenada. Isso é reforçado pelo fato de, logo no início da *Ars*, o eu poético afirmar exatamente "eu sou mestre de Amor" – *ego sum praeceptor Amoris* (Ov. *Ars* I, 15). A citação explícita da obra anterior, mas acompanhada de negativa, busca diferenciar o projeto poético dos *Tristia* de qualquer vínculo com a *Ars* que pudesse incriminar a nova obra ou suscitar uma segunda punição.

Santos (2015, p. 80-89), ao analisar trechos dos *Tristia* em que o eu poético distingue seus versos de exílio da poesia amorosa anteriormente praticada, descreve o fenômeno como uma *recusatio* da elegia amorosa (numa analogia com o *tópos* da *recusatio* geralmente aplicado às obras épicas). Segundo a estudiosa, embora o poeta apresente uma recusa à *Ars*, ele ainda a traz em seu discurso e fala sobre ela na poesia de exílio; "ele versa sobre o assunto por meio de *recusationes* à obra amorosa" (2015, p. 87). Santos (2015, p. 89-99) também comenta sobre a presença da *Ars* sobretudo em *Tristia* II, mas compreende que a obra é retomada apenas para sustentar a defesa do poeta. Com isso, conclui que "Ovídio rompe, sim, com as obras precedentes ao exílio, para compor, durante esse período, elegias de caráter

IV – Uma *ars* poética *amatoria*: *Naso magister* e uma historiografia literária ovidiana no exílio

pessoal, centradas no lamento da *persona* do poeta plangente" (2015, p. 99). Assim, mesmo reconhecendo a não suspensão das convenções elegíacas nos versos de exílio, a estudiosa afirma que Ovídio abandona sua faceta amorosa (Santos, 2015, p. 99).

A nosso ver, nas elegias dos *Tristia*, o tema do lamento substitui a temática amorosa apenas em superfície. Embora o eu poético busque demarcar uma distinção entre seus novos poemas e a obra anterior motivadora da punição, como na passagem acima citada, as afirmações dessa natureza soam altamente irônicas se confrontadas com a interpretação erótica que ele realiza da tradição literária em *Tristia* II. Conforme discutiremos nas próximas seções deste capítulo, não só o amor perpassa as elegias dos *Tristia*, às vezes de modo subjacente, às vezes explícito, mas também o caráter didático da *Ars*. Diante disso, pode-se dizer que, num plano mais profundo e estrutural da obra, Nasão permanece aquele *tenerorum lusor amorum* (Ov. *Tr.* III, 3, 73; IV, 10, 1), em contraposição às afirmações por ele expressas no âmbito do enunciado dos poemas. Essas, na verdade, por uma motivação retórica – a constituição da defesa da personagem-poeta e da *Ars* –, negam a temática amorosa, com o objetivo de que a nova obra seja aceita na Urbe, diferentemente da que fora punida.

Nesse sentido, a primeira elegia de *Tristia* I contém uma série de recomendações do autor a seu livrinho, que, personificado, recebe orientações sobre como se portar na Urbe e como proceder para evitar reprimendas. A presença desses ensinamentos no poema confere ao livro personificado o típico papel do *discipulus*, orientado pelos conselhos de Nasão, que se coloca como *magister*. Além dessa dinâmica caracteristicamente didática, o uso abundante de imperativos para exprimir os conselhos ao livro também reforça a presença de traços de didatismo nesse poema (mesmo que não se trate de poesia didática *stricto sensu*).

Formando um par com essa elegia, o poema inicial de *Tristia* III constitui uma resposta do livro, que assume a voz poética e se dirige a seu autor, informando os locais vistos em Roma e a recepção que neles tivera. Segundo Bonvicini (1999, p. 306-307), essa elegia centra-se no tema do itinerário romano[462] e divide-se em três principais episódios: a chegada à Urbe, a visão do palácio imperial e o percurso pelas bibliotecas. Na última parte, merece destaque o fato de o livro dos *Tristia* não ter sido bem acolhido em nenhuma das bibliotecas de Roma, ainda que Nasão já tivesse diferenciado essa nova obra dos escritos amorosos anteriores. Segundo as afirmações do próprio eu poético livro, ao buscar seus "irmãos" nas bibliotecas, ele fora expulso pelo guarda do local, ou mesmo impedido de entrar:

> quaeque uiri docto ueteres cepere nouique
> pectore lecturis inspicienda patent.
> **Quaerebam fratres, exceptis scilicet illis,**   65
> **quos suus optaret non genuisse pater.**
> Quaerentem frustra custos e sedibus illis
> praepositus sancto iussit abire loco.
> Altera templa peto **uicino iuncta theatro:**
> **haec quoque erant pedibus non adeunda meis.**   70
> Nec me, quae doctis patuerunt prima libellis,
> atria **Libertas** tangere passa sua est.
> In genus auctoris miseri fortuna redundat,
> et patimur nati quam tulit ipse fugam.
> (Ov. *Tr.* III, 1, 63-74, grifos nossos)

> Tudo que os antigos e modernos no douto ânimo
> conceberam abre-se ao exame do leitor.
> *Buscava meus irmãos, exceto os que*   65
> *o pai desejaria não ter gerado.*
> O guarda encarregado do santo local
> ordenou que eu, em vão buscando, saísse de lá.
> Procuro outros templos *junto ao teatro vizinho:*
> *também eles meus pés não deviam percorrer.*   70
> Nem a *Liberdade* consentiu que eu tocasse seus átrios,
> que primeiro acolheram os doutos livrinhos.
> À prole se estende a fortuna do desventurado autor,
> e, filhos, sofremos o desterro que ele próprio sofreu.

Embora o livro de Nasão, diferentemente do poeta, pudesse pisar o solo romano, não foi permitido seu acesso a nenhuma das bibliotecas em que tentou ingressar. Ele menciona três bibliotecas públicas de Roma: aquela fundada por Augusto junto ao templo de Apolo Palatino, a que se refere como o "radiante templo do intonso deus" (*intonsi candida templa dei*, v. 60);[463] a biblioteca que ficava no Pórtico de Otávia, junto ao teatro de Marcelo e dos templos de Júpiter Estátor e Juno – "outros templos junto ao teatro vizinho"

IV – Uma *ars* poética *amatoria*: *Naso magister* e uma historiografia literária ovidiana no exílio

(*altera templa uicino iuncta theatro*, v. 69); e, por fim, a biblioteca localizada no átrio da Liberdade (v. 71), que foi a primeira biblioteca pública de Roma, construída após uma vitória de Asínio Polião em 39 a.C.

O livrinho dos *Tristia* dirige-se a essas bibliotecas em busca das produções anteriores do autor, a fim de juntar-se a elas. Na primeira biblioteca visitada, porém, é bastante significativa a ressalva que ele faz quanto aos livros motivadores da punição do poeta: "Buscava meus irmãos, *exceto os que/ o pai desejaria não ter gerado*" (*Quaerebam fratres,* **exceptis** *scilicet* **illis,/ quos suus optaret non genuisse pater**, v. 65-66, grifos nossos). Mais do que uma recusa do livrinho em relação aos "irmãos" causadores da ruína de seu "pai",[464] a passagem sugere que os livros da *Ars amatoria* foram retirados da biblioteca mencionada. O livro dos *Tristia* não buscava tais "irmãos" simplesmente porque eles já não estavam mais no local. Essa interpretação é reforçada pela sequência da elegia, em que o próprio eu poético é expulso da biblioteca pelo guarda responsável pelo lugar (v. 67-68).

Algo similar ocorre nas duas bibliotecas mencionadas a seguir, em que o livro dos *Tristia* foi igualmente proibido de entrar. A respeito da biblioteca no pórtico de Otávia e dos templos adjacentes, o eu poético afirma que "também eles meus **pés** não deviam percorrer" –*haec quoque erant* ***pedibus*** *non adeunda meis* (Ov. *Tr.* III, 1, 70, grifos nossos). O impedimento é expresso com base em um jogo semântico com o termo *pedibus*, que pode designar o pé de uma pessoa (no caso, do livro personificado), mas também o pé métrico do verso, sugerindo que os versos – elegíacos – ovidianos seriam inadequados ao local. Por sua vez, a menção, imediatamente depois, da biblioteca situada no *Atrium Libertatis* adquire um sentido fortemente irônico. O veto imposto ao livro demonstra o oposto a um ideal de liberdade, e, segundo Alberto (2010, p. 127), o leitor certamente "não podia deixar de se interrogar sobre o que significaria, na Roma de Augusto, 'liberdade'".

A ausência da *Ars amatoria* nas bibliotecas referidas e a proibição de o novo livro dos *Tristia* integrar o acervo público constituem exemplos de um fenômeno de "censura" na Roma augustana. Além da proibição de obras, o fenômeno da "censura" também se manifestou na Antiguidade latina por meio da queima de livros, o que, segundo Cramer (1945, p. 160), apenas no fim do longo governo de Augusto teria se estabelecido legalmente como uma forma de punição. Howley (2017, p. 5) acrescenta que, no início do período imperial, especialmente sob Augusto e Tibério, ela foi usada junto a uma gama mais ampla de punições, como exílio e execução. Em âmbito latino, o registro mais antigo que se tem de queima de livros condenados é o de *Titus Labienus* (apelidado *Rabienus*), que teria ocorrido entre 6 e 8 d.C. Suas obras foram queimadas por determinação do Senado:

> [...] *libertas tanta, ut libertatis nomen excederet, et, quia passim ordines hominesque laniabat, Rabie(nu)s uocaretur.* [...] *In hoc primum excogitata est noua poena;* **effectum est enim per inimicos, ut omnes eius libri comburerentur. Res noua et inusitata, supplicium de studiis sumi.**
> (Sen. *Contr.* X, 5, grifos nossos)

> [...] a liberdade era tamanha que excedia o próprio sentido de liberdade e, uma vez que retalhava igualmente todas as classes e todos os homens, foi apelidado Raiveno. [...] Contra ele, foi pela primeira vez inventada uma nova punição; pois seus inimigos conseguiram que *todos os livros dele fossem queimados. Coisa nova e inusitada, um castigo ser infligido por causa das obras.*

Apesar da novidade da ocorrência de queima de obras literárias, mais tarde juntam-se outros exemplos a Labieno. *Mamercus Scaurus*, referido por Sêneca, o Velho, como *ignauus* (*Contr.* X, 3, "indolente"), teria tido seus discursos queimados também por ordem do Senado, entre 20 e 30 d.C.: "Publicou sete discursos que, em seguida, foram queimados por decreto do Senado." – *Orationes septem edidit quae deinde ex senatusconsulto combustae sunt* (Sen. *Contr.* X, 3). Pouco depois, ele próprio ainda foi condenado à morte, em 34 d.C., por causa de sua tragédia *Atreus*. De modo semelhante, Tácito comenta sobre a queima dos livros de *Cremutius Cordus*, que faziam críticas ao poder. Diante da condenação, ele dá fim à sua vida, privando-se de alimento. Apesar da punição executada, os livros sobreviveram, conforme destaca Tácito por meio de uma reflexão bastante crítica e irônica em relação à fragilidade do poder censório diante da potência das palavras:

> **Libros** *per aedilis* **cremandos** *censuere patres: sed manserunt,* **occultati et editi.** *Quo magis socordiam eorum inridere libet qui praesenti potentia credunt extingui posse etiam sequentis aeui* **memoriam.** *Nam contra* **punitis ingeniis** *gliscit* **auctoritas**, *neque aliud externi reges aut qui eadem saeuitia usi sunt nisi dedecus sibi atque illis gloriam peperere.*
> (Tac. *Ann.* IV, 35, grifos nossos)

Os senadores decretaram que os edis deviam *queimar seus livros*: mas sobreviveram, *escondidos e depois publicados.* Quanto mais é lícito rir da estupidez

IV – Uma *ars* poética *amatoria*: *Naso magister* e uma historiografia literária ovidiana no exílio

daqueles que acreditam que, pelo presente poder, seja possível extinguir a *memória* no tempo vindouro. Pelo contrário, o *prestígio* aumenta para os *engenhos punidos*; e os reis estrangeiros ou aqueles que usaram da mesma violência não obtiveram nada senão desonra para si e glória para aqueles.

Diante desses testemunhos acerca da queima de livros como uma das formas de punição no período imperial, soa extremamente irônica a afirmação do eu poético dos *Tristia* expressando seu desejo de ter queimado a *Ars* causadora de sua ruína: "Ah, quisera eu ter feito pó daquela minha *Arte*,/ que arruinou seu mestre desprevenido!" – *Sic utinam, quae nil metuentem tale magistrum/ perdidit, in cineres Ars mea uersa foret!* (Ov. *Tr.* V, 12, 67-68). Para Nasão, queimar sua obra significaria impedir que ela se tornasse conhecida, de modo a evitar a punição futura com uma destruição anterior.

Não obstante, conforme Tácito mencionara e também Salles (2010, p. 74) esclarece, os livros condenados à destruição geralmente subsistiam clandestinamente, em razão da pouca eficácia das medidas imperiais e, sobretudo, dos modos de difusão do livro na Antiguidade. A circulação de obras muitas vezes apenas no meio restrito dos círculos privados, juntamente com a possibilidade de realização de cópias individuais, independentes de um detentor de direitos ou exclusividade (como, atualmente, a figura do editor), permitiam que se escapasse ao controle imperial.[465]

Essa sobrevivência clandestina de uma obra é referida de modo mais evidente nos versos finais da elegia III, 1 dos *Tristia*, em que o eu poético livro, após a recusa de acolhimento nos espaços públicos, apela para ser recebido em locais privados:

> *Interea, quoniam statio mihi publica clausa est,*
>   ***priuato** liceat **delituisse loco**.*   80
> *Vos quoque, si fas est, confusa pudore repulsae*
>   *sumite, **plebeiae**, carmina nostra, **manus**!*
> (Ov. *Tr.* III, 1, 79-82, grifos nossos)

> Enquanto me está fechada toda pousada pública,
>   seja permitido *esconder-me em local privado*.   80
> Vós também, *mãos plebeias*, se é justo,
>   adotai meus poemas, confusos com a vergonha da recusa!

No trecho, chama atenção o verbo empregado para designar a situação em que se encontra o livro: *delituisse* (v. 80). Formado a partir de *lateo* ("estar escondido"), *delitesco* ("permanecer escondido") tem o sentido reforçado pelo acréscimo de um sufixo e um prefixo. Assim, o ocultamento em local privado figura como uma alternativa diante das proibições impostas à nova obra ovidiana que chega desde Tomos. E mais: a referência às "mãos plebeias" (v. 81) sugere uma difusão dos poemas entre o povo, de modo que essa circulação mais informal garantiria ao poeta não ser esquecido em Roma.

A permanência de uma obra, de modo oculto, em bibliotecas particulares também é registrada na elegia de abertura dos *Tristia*. Após apresentar diversas recomendações ao livrinho que envia a Roma, Nasão lhe descreve a parte mais íntima de sua casa, que consiste em uma espécie de biblioteca, e o orienta a se acomodar entre suas obras anteriores:

> *Cum tamen in nostrum fueris penetrale receptus,*   105
>   *contigerisque tuam, scrinia curua, domum,*
> *aspicies illic positos ex ordine fratres,*
>   *quos studium cunctos euigilauit idem.*
> *Cetera turba* **palam titulos ostendet apertos***,*
>   *et sua* **detecta** *nomina* **fronte** *geret.*   110
> *Tres* **procul obscura latitantes parte** *uidebis –*
>   *sic quoque, quod nemo nescit, amare docent.*
> *Hos tu uel fugias, uel, si satis oris habebis,*
>   *Oedipodas facito Telegonosque uoces.*
> (Ov. *Tr.* I, 1, 105-114, grifos nossos)

> Quando, porém, fores acolhido em meu refúgio   105
>   e atingires tua casa, estojo cilíndrico,
> ali verás, postos em sequência, teus irmãos,
>   que o mesmo zelo, a todos, compôs em vigília.
> A turba restante *mostrará aberta e publicamente os títulos*
>   e trará seus nomes na *face descoberta.*   110
> Três verás, *ocultos ao longe, em canto escuro –*
>   assim também, ninguém desconhece, ensinam a amar.
> Deles, ou fujas ou, se tiveres audácia o bastante,
>   chama-os de Édipos e de Telégonos.

IV – Uma *ars* poética *amatoria*: *Naso magister* e uma historiografia literária ovidiana no exílio

Ao comentar sobre seus outros "filhos", o eu poético contrasta aqueles que estão à mostra, exibindo publicamente os títulos e, por outro lado, os três livros que ensinam a amar (a *Ars amatoria*), nomeados de Édipos e Telégonos por terem sido a causa da morte metafórica de seu "pai", isto é, do exílio do autor. É bastante significativo que os livrinhos causadores da punição, diferentemente da "turba restante", não se mostram abertamente, mas estão ocultos em um canto escuro. O particípio *latitantes*, assim como o verbo *delitesco* da passagem anteriormente citada, é formado a partir de *lateo*. Ora, essa descrição dos livros da *Ars*, ocultos ao fundo, evidencia que uma das formas de preservar obras retiradas das bibliotecas e condenadas pelo imperador era mantê-las escondidas e fora de vista. A passagem, portanto, deixa registrada não apenas a existência de "censura" na Antiguidade romana, mas também é um exemplo do caráter falho desse tipo de proibição, na medida em que a obra podia manter sua existência em âmbito particular.

Reescrita e defesa da *Ars amatoria* nos *Tristia*

As associações entre a *Ars amatoria* e os *Tristia* não se limitam à citação do nome da obra anterior nos versos de exílio ou à sua identificação como causa de punição. O diálogo entre ambos os poemas também se manifesta pela reutilização de temas e *tópoi* anteriormente empregados e pela retomada do tom didático característico do poema precedente. Assim, se, por um lado, a *Ars* se faz presente nas elegias de exílio, por outro, ela também é reinterpretada à luz das circunstâncias do desterro, o que lhe confere novas significações e acaba fazendo dos *Tristia* uma espécie de reescrita dessa obra anterior.

Além do diálogo indicado anteriormente, manifesto na retomada do *tópos* do itinerário em Roma, que oferece uma *ékphrasis* dos monumentos da Urbe (Ov. *Tr.* III, 1, 27-36), ainda se observam outros temas em comum entre os *Tristia* e a *Ars*. Em *Tristia* II, 279-296, por exemplo, Nasão argumenta que vários locais de Roma – teatros, circo, pórticos, templos – que oferecem ocasião para imoralidades, conforme ele próprio assinalara em sua *Ars*, não receberam qualquer repreensão de Augusto.

A esses temas, ainda se somam a figuração do triunfo (Ov. *Tr.* III, 12, 45-50; IV, 2; *Ars* I, 177-228) e a reflexão sobre os efeitos da passagem do tempo (Ov. *Tr.* IV, 6, 1-18; Ov. *Ars* I, 469-476). Nesse último exemplo, nota-se que, apesar das imagens semelhantes nas duas obras para designar os efeitos do tempo sobre a natureza,[466] o resultado de sua ação em cada uma delas é praticamente oposto. Na *Ars*, a insistência e o passar do tempo são elementos capazes de amolecer o coração da *dura puella* e, portanto, facilitar a conquista amorosa. Por sua vez, nos *Tristia*, a passagem do tempo em nada ameniza os sofrimentos do eu poético exilado; pelo contrário, parece acentuar suas aflições.

Um dos pontos de diálogo mais evidentes entre as duas obras diz respeito ao livro II dos *Tristia*, que constitui precisamente a defesa da *Ars amatoria*. Nesse poema, uma elegia única e longa, Nasão chega a citar *ipsis litteris* alguns versos de sua obra anterior, de modo a demonstrar que, muito embora ela tenha sido punida de imoralidade, seus próprios versos já alertavam qual deveria ser o público destinado a lê-la:

> *Neue quibus scribam possi dubitare libellos,*   245
> *quattuor hos uersus e tribus unus habet:*
> *"Este procul, uittae tenues, insigne pudoris,*
> *quaeque tegis medios instita longa pedes!*
> ***Nil nisi legitimum*** *concessaque furta canemus,*
> *inque meo nullum **carmine crimen** erit."*   250
> (Ov. *Tr.* II, 245-250, grifos nossos)

> Para não poderes duvidar a quem escrevo os livrinhos,   245
> um dos três tem estes quatro versos:
> 'Ficai longe, fitas tênues, sinal de pudor,
> e tu, vestido longo, que cobres metade do pé!
> *Nada cantarei senão o legítimo* e fraudes permitidas,
> e em meu *poema crime* algum haverá'.   250

O trecho dos *Tristia* retoma, com uma pequena modificação, a passagem da *Ars* imediatamente posterior à invocação de Vênus, representação do amor, por Nasão, que lhe solicita auxílio na empresa iniciada:

> *Vsus opus mouet hoc: uati parete perito;*
> *uera canam. Coeptis, mater Amoris, ades!*   30
> *Este procul, uittae tenues, insigne pudoris,*
> *quaeque tegis medios, instita longa, pedes.*
> ***Nos Venerem tutam*** *concessaque furta canemus,*
> *inque meo nullum **carmine crimen** erit.*
> (Ov. *Ars* I, 29-34, grifos nossos)

IV – Uma *ars* poética *amatoria*: *Naso magister* e uma historiografia literária ovidiana no exílio

> A prática move esta obra: ao vate perito obedecei;
>   cantarei verdades. Assiste, ó mãe do Amor, minha empresa!   30
> Ficai longe, fitas tênues, sinal de pudor,
>   e tu, vestido longo, que cobres metade do pé.
> *Cantarei uma Vênus segura* e fraudes permitidas,
>   e em meu *poema crime* algum haverá. (trad. nossa)

Esse trecho da *Ars*, lido retrospectivamente sob a perspectiva da poesia de exílio, adquire o valor de uma antecipação da defesa da personagem-poeta: antes mesmo da ocorrência da condenação ao desterro, Nasão já defende sua obra amorosa das acusações. Isso é bastante significativo, na medida em que constitui uma prefiguração e antecipação da pena futura, estranhamente já registrada nos próprios versos da obra que será alvo de acusação. A arguta ironia ovidiana, no último verso citado (v. 34), manifesta-se por meio de um refinado jogo de palavras entre os termos *crimen* e *carmine*. No plano semântico, referente ao conteúdo veiculado no verso, o eu poético nega a existência de qualquer "crime" em seu "poema". Não obstante, em âmbito formal, seu virtuosismo desmente o que é afirmado, pois o termo *carmine*, no ablativo, contém em seu interior o termo *crimen*: CaRMINE. A esse respeito, Williams (1994, p. 207) destaca que esse trocadilho só é possível na forma da palavra no ablativo, precisamente aquela usada por Ovídio. Barchiesi (1993, p. 166), por sua vez, comenta, a respeito do trecho, que, embora se afirme não haver nenhum crime no poema, verifica-se uma inquietante assonância entre as palavras CRiMEN e CaRMEN, as quais se ecoam. Ora, ainda que sejam diferentes, ambas as interpretações colocam em realce exatamente a existência de um vínculo entre o *carmen* ovidiano e o *crimen* que supostamente viria a causar o exílio da personagem-poeta.

Além disso, em *Tristia* II, Nasão estrutura seu discurso com base em duas defesas: uma voltada para o indivíduo e seus costumes, que busca a *captatio beneuolentiae* ao expor os sofrimentos do poeta no local de exílio (Ov. *Tr.* II, 1-210); e outra voltada para a própria poesia, causa da punição (Ov. *Tr.* II, 211-578). Essa distinção de duas partes se fundamenta no principal argumento de Nasão para defender-se: o de que poeta e obra são instâncias distintas e, portanto, versos não podem ser interpretados como expressão do espírito do autor:

> *Crede mihi, distant mores a carmine nostro –*
>   *uita uerecunda est Musa iocosa mea –*

> *magnaque pars mendax operum est et ficta meorum:* 355
> *plus sibi permisit compositore suo.*
> *Nec liber indicium est animi, sed honesta uoluptas*
> *plurima mulcendis auribus apta ferens.*
> (Ov. *Tr.* II, 353-358)

De meu poema, acredita, distam meus costumes –
 minha vida é moderada, a Musa, jocosa –
e boa parte de minhas obras é mentira e ficção: 355
 permitiu mais a si que a seu criador.
Não é o livro expressão do ânimo, mas honrado prazer
 que traz muitos ritmos aptos ao deleite dos ouvidos.

Para se defender contra a interpretação biografista que fora feita de seus versos da *Ars* e que lhe custara a expulsão de Roma, Nasão apresenta como argumento a separação entre vida e arte. Desse modo, ele teoriza sobre o estatuto ficcional do texto poético e o define como carecedor de crédito. Segundo essa concepção, seria inapropriado julgar a pessoa do poeta a partir de suas obras, uma vez que elas consistem em criações ficcionais, e não expressão do indivíduo. Esse argumento, porém, acaba por minar a própria defesa exposta nos *Tristia*: se a poesia é mentira e ficção, também os versos de exílio, que buscam demonstrar a idoneidade do autor e sua obra, não poderiam eles ser considerados um jogo ficcional, por mais que neste novo contexto Nasão reclame a veracidade de suas palavras?[467]

Além desse argumento da separação entre obra e autor, o eu poético ainda sugere que sua *Ars amatoria* foi considerada indecorosa por não a terem compreendido com *recta mens*. Com essa afirmação, a responsabilidade pelos aspectos lascivos presentes na obra é transferida da figura do autor para a do leitor: "Assim, pois, se *lido com reto propósito,*/ ficará claro que meu poema a ninguém pode prejudicar." – *Sic igitur carmen,* **recta si mente legatur***,/ constabit nulli posse nocere meum* (Ov. *Tr.* II, 275-276). Ora, nessa perspectiva, Nasão sugere que o estatuto ficcional ou verídico de um texto literário, seu caráter lascivo ou não, dependeriam do tipo de interpretação realizada pelos leitores.

Esse argumento já havia sido insinuado um pouco antes, quando o eu poético, após assinalar que sua *Ars* não tinha sido destinada às matronas, é

IV – Uma *ars* poética *amatoria*: *Naso magister* e uma historiografia literária ovidiana no exílio

confrontado com o contra-argumento de que elas poderiam fazer uso das artes ensinadas, mesmo que a obra não lhes fosse destinada. A isso, ele rebate dizendo que os vícios e más atitudes não estão propriamente em seus versos amorosos, mas no uso inadequado que deles poderia ser feito; em suma, que o crime não está no texto, mas no leitor que o vê e interpreta:

> *Ecquid ab hac omnes rigide summouimus Arte,*
>   *quas stola contingi uittaque sumpta uetat?*
> *'At matrona potest alienis **artibus uti**,*
>   *quodque trahat, quamuis non **doceatur**, habet.'*
> *Nil igitur matrona legat, quia carmine ab omni*   255
>   *ad delinquendum **doctior** esse potest.*
> *Quodcumque attigerit, siqua est studiosa sinistri,*
>   *ad uitium mores **instruet** inde suos.*
> (Ov. *Tr.* II, 251-258, grifos nossos)

> Acaso não apartei rigorosamente desta *Arte* todas
>   as que a estola e a fita assumida vetam ser tocadas?
> 'Mas a matrona pode *usar as artes* destinadas a outros,
>   e tem com o que seduzir, embora não *seja ensinada*'.
> Então, que a matrona nada leia, pois por qualquer poema   255
>   pode se tornar *mais douta* no delito.
> O que quer que tenha tocado, se ela é inclinada ao mal,
>   daí *instruirá* seus costumes no vício.

Ingleheart (2010, p. 235) assinala que a passagem se caracteriza pelo uso de vocabulário marcadamente didático, uma vez que versa sobre os ensinamentos da *Ars* e o uso que deles poderiam fazer as matronas, mesmo sem estar contempladas no público pretendido por Nasão: *artibus uti* ("fazer uso das artes", v. 253); *quamuis non doceatur* ("embora não seja ensinada", v. 254); *doctior esse potest* ("pode se tornar mais douta", v. 256); *ad uitium mores instruet* ("instruirá os costumes no vício", v. 258); *requiret* ("perguntará", v. 261). A estudiosa (2010, p. 235) ainda acrescenta que essa profusão de termos seria uma antecipação do fato de Ovídio, pouco depois, apresentar uma série de textos como didáticos. A nosso ver, mais do que isso, o uso de vocábulos com coloração didática nesse trecho dos *Tristia* demarca a retomada de um dos procedimentos compositivos da obra anterior, contribuindo para a reescrita da *Ars* que se realiza no exílio.

Ademais, essas considerações introduzem na elegia uma discussão sobre a recepção do texto literário e o poder do leitor em construir e mesmo manipular sentidos. Essa questão da recepção em *Tristia* II foi desenvolvida em interessante artigo de Gibson (1999), com o qual dialogamos em nossas análises. Ao argumentar que o crime não está no texto, mas no uso que dele pode ser feito, o eu poético rejeita a ideia de um sentido imanente e propõe que o sentido de uma obra depende de seus leitores; sendo, portanto, construído no ato de leitura. Essa ideia é claramente exemplificada no próprio poema, pela interpretação que Nasão efetua da tradição literária.[468] Por meio de uma *reductio ad absurdum*, ele demonstra que toda obra de arte ou evento público romano (monumentos, templos, pinturas, circo, apresentações de mimos), bem como toda a poesia greco-romana, seriam marcadamente eróticos, embora apenas ele próprio tivesse sido condenado por escrever "tenros amores": "E mais, não inventei sozinho tenros amores:/ mas sozinho sofri as penas do inventado amor." – *Denique composui teneros non solus amores:/ composito poenas solus amore dedi* (Ov. *Tr.* II, 361-362). Ao atribuir caráter didático-amoroso às mais variadas obras greco-romanas, Nasão discute aspectos concernentes à interpretação e recepção de textos e, nos moldes da poesia didática, ensina como se deve ler poesia.

Pelo fato de esses dois principais argumentos do eu poético em defesa de sua *Ars* serem de natureza literária, acaba-se instaurando, nos versos de exílio, uma verdadeira discussão metapoética. A partir da abordagem de sua poesia amorosa, Nasão amplia a discussão e propõe reflexões sobre o fenômeno literário em termos gerais, com considerações sobre as instâncias de produção, leitura e recepção de um texto. Além desse tipo de enfoque, os *Tristia* II também se voltam para aspectos literários mais específicos, como os gêneros retóricos e a poesia didática, de modo a promover ricas discussões literárias, sempre permeadas por uma fértil veia irônica.

Uma aula ovidiana de retórica em *Tristia* II

A presença da retórica no segundo livro dos *Tristia* deixa entrever, em maior ou menor escala, todos os três gêneros do discurso, muito embora a estrutura formal e os traços predominantes sejam os do gênero judiciário.

IV – Uma *ars* poética *amatoria*: *Naso magister* e uma historiografia literária ovidiana no exílio

Na primeira parte do poema, que é endereçado ao imperador Augusto, o eu poético solicita constantemente o perdão do imperador e tenta, a partir da descrição do ambiente hostil do local do exílio e dos sofrimentos ali enfrentados, comovê-lo e persuadi-lo a minimizar o castigo. Ao mesmo tempo, Augusto é apresentado como objeto de um aparente panegírico do eu poético, que não poupa os elogios ao "dulcíssimo César" (*mitissime Caesar, Tr.* II, 27).

Desse modo, o gênero epidítico ganha destaque no poema especialmente devido à abundância de louvores a Augusto e à família imperial, a ponto de fazer com que se atribuísse a Nasão um posicionamento bajulador e adulatório. Todavia, por trás da fachada elogiosa, é possível entrever um discurso crítico e irônico. Carrara (2005, p. 52) afirma que os panegíricos a Augusto podem ser interpretados como críticas veladas ao imperador, e Ingleheart (2010, p. 19) designa o procedimento empregado pelo eu poético como um "contra-ataque implícito" (*implicit counter-attack*). Ao se defender contra a punição que lhe fora imputada, Nasão, que aparentemente louva o imperador, na verdade, o ataca com o aguilhão da ironia.[469]

São várias as expressões usadas em *Tristia* II para dirigir-se a Augusto e ressaltar qualidades e títulos possuídos pelo imperador.[470] Com elas, o eu poético sublinha a *clementia* tão celebrada pelo imperador em seus feitos e em sua própria autobiografia.[471] Todavia, ao mesmo tempo, com suas frequentes queixas e lamentos quanto à situação de exilado, os elogios parecem desconstruir-se. Augusto não fora suficientemente clemente para poupar o exílio do poeta e, apesar de ter perdoado vários inimigos que se opuseram com armas, não perdoara Nasão, honrado cidadão romano:

> *Tu ueniam parti superatae saepe dedisti,*
>   *non concessurus quam tibi uictor erat.*
> *Diuitiis etiam multos et honoribus auctos*   45
>   *uidi qui tulerant in caput arma tuum.*
> [...]
> *Causa mea est melior, qui nec contraria dicor*
>   *arma, nec hostiles esse secutus opes.*
>   (Ov. *Tr.* II, 43-46; 51-52)

> Amiúde deste à parte vencida o perdão
>   que o vencedor não haveria de te conceder.

> Também vi muitos que tomaram armas contra tua vida   45
>   serem munidos de honras e riquezas.
> [...]
> Minha causa é melhor, pois não sou acusado de ter seguido
>   armas adversárias ou forças inimigas.

Além disso, o segundo livro dos *Tristia*, enquanto discurso em defesa do autor exilado e de sua *Ars amatoria*, incorpora vários elementos do gênero judiciário e da oratória forense. Conforme esclarece Owen (1924, p. 48 *apud* Ingleheart, 2010, p. 13), trata-se de "uma exposição argumentativa em verso que, se tivesse sido composta como um discurso em prosa, poderia ser proferida sem qualquer descrédito por um advogado no tribunal".[472] Ingleheart (2010, p. 13-15), por exemplo, assinala diversos paralelos entre *Tristia* II e o discurso *Pro Ligario*, de Cícero, a fim de ressaltar a natureza jurídica do poema. De fato, já em sua estrutura formal, ele aproxima-se das divisões do *genus iudiciale* segundo proposto pelos manuais de retórica.[473] Podem-se identificar o *exordium/proemium* ("exórdio/proêmio", v. 1-26); a *propositio* (síntese dos objetivos, v. 27-28); e a *tractatio forense* (manejo dos argumentos, v. 29-578), que ainda se subdivide em *probatio* (apresentação de provas legais, v. 29-154), *peroratio* (v. 155-206), *refutatio* (refutação das acusações, v. 207-572) e *peroratio* (v. 573-578), conforme a proposta de divisão apresentada por Ingleheart (2010, p. 15-21).[474]

A estrutura retórica do poema, porém, apresenta algumas singularidades, como a ausência de *narratio*, mencionada por Owen (1924, p. 51), e a maior flexibilidade do discurso, resultante do caráter epistolar dessa elegia, o que a aproxima das *Heroides* e da epístola II, 1 de Horácio.[475] Essa mescla de gêneros no texto ovidiano coloca em evidência seu estatuto poético, por mais que elementos do discurso judiciário sejam identificáveis. Inclusive, Ingleheart (2010, p. 15) assinala que Ovídio brinca com os preceitos e a prática retórica, que são manipulados de modo seletivo e nada ordenado pelo poeta. Assim, pode-se dizer que ele efetua uma apropriação "elegíaca" dos princípios retóricos, bem ao gosto de sua jocosa poética, que busca confundir os limites entre gêneros e ampliar o campo de alcance da elegia.

Uma vez que *Tristia* II estrutura-se como um discurso de autodefesa, o poeta e sua poesia assumem o papel de réus, ao passo que Augusto figura como o juiz do caso. Trata-se, todavia, de um julgamento posterior, quase ao modo de um recurso, pois, segundo Nasão, sua punição e condenação

IV – Uma *ars* poética *amatoria*: *Naso magister* e uma historiografia literária ovidiana no exílio

ao desterro resultaram de uma situação *sui generis*, em que lhe foi negado o julgamento usual, que contava com a participação do Senado e a escolha de um juiz. Nessas circunstâncias, trata-se de uma defesa tardia, posterior à condenação, por meio da qual o poeta visa à revogação ou mitigação da pena que lhe fora imputada:

> *Nec mea **decreto damnasti** facta **senatus**,*
> *nec mea **selecto iudice** iussa fuga est.*
> *Tristibus inuectus uerbis – ita principe dignum –*
> *ultus es offensas, ut decet, ipse tuas.*
> (Ov. *Tr.* II, 131-134, grifos nossos)

> Não *condenaste* meus feitos com *decreto do Senado*,
> nem meu desterro foi ordenado por um *juiz escolhido*.
> Investindo com tristes palavras – assim é digno de um príncipe –,
> tu próprio vingaste, como convém, tuas ofensas.

Dirigindo-se a Augusto, Nasão esclarece ter sido punido e condenado diretamente pelo imperador, numa espécie de retaliação de ofensas. Bonvicini (1999, p. 282) considera que "o *princeps* recorreu a uma condenação arbitrária e não regular, na medida em que subtraiu ao poeta a possibilidade de defender-se em um processo público".[476] A pretensa injustiça desse "julgamento" é apontada com amarga ironia pelo eu poético, que contrasta o processo de sua condenação com a imagem, construída ao longo da obra, de Augusto como clemente.

O caráter jurídico do poema verifica-se também no amplo emprego de terminologia legal. Na passagem citada, mencionam-se elementos usuais nos processos, como "decreto do Senado" (*decreto senatus*, v. 131) ou "juiz escolhido" (*selecto iudice*, v. 132), e há referência à condenação (*damnasti*, v. 131). Esse mesmo verbo é empregado, em sua forma participial, na abertura da elegia, quando as *Musas*, metonímia para a poesia, são denominadas *damnatas* ("condenadas", v. 3). Ademais, em diversos momentos de *Tristia* II, Nasão designa seus versos como *crimina* ("crimes", "motivos de acusação", v. 3; 9; 61; 207; 240; 250), e a *relegatio*, como sua respectiva *poena* ("punição", v. 12; 125; 136; 342; 494; 546; 578).

Esse destaque conferido aos gêneros retóricos em *Tristia* II é uma demonstração do domínio ovidiano das habilidades de persuasão e do conhecimento acerca das estruturas formais e construções retóricas. Ao elaborar uma sofisticada defesa de sua *Ars*, ele expressa a força de sua argumentação e mostra também o poder da retórica em construir interpretações e desviá-las para o sentido desejado. De fato, ao reler a tradição artística sob um viés erótico, Nasão relativiza as demais características das obras que menciona e coloca em relevo seus traços amorosos, por menores ou pouco relevantes que sejam. Com isso, ele produz, por meio da poesia investida de retórica, uma "arma" interpretativa de persuasão, a qual, enquanto poesia, não se compromete com a verdade ou com os fatos, mas sim com o discurso e as palavras – e com o perigo que elas podem oferecer.

Uma aula ovidiana de poesia em *Tristia* II

Além da marcada presença dos gêneros retóricos no poema-discurso de Nasão, o segundo livro dos *Tristia* também incorpora diversos elementos característicos da poesia didática.[477] Em vez de preceitos amorosos, ele agora dá uma verdadeira "aula" ao imperador Augusto, destinatário-aluno da elegia, mas também a nós, leitores de sua obra, a respeito da interpretação e recepção de textos literários. Assim, essa elegia dos *Tristia* configura-se como um poema com ensinamentos acerca da própria poesia. Ainda que os preceitos não sejam sistemáticos e não se trate estritamente de poesia didática, o poema deixa entrever diversos elementos de didatismo e instaura verdadeiras reflexões sobre o funcionamento de um texto literário, ao demonstrar como todo tipo de poesia pode ser lido como potencialmente amorosa. Diante disso, nossa análise se centrará em três instâncias, a fim de evidenciar alguns dos elementos didáticos presentes em *Tristia* II: (1) a figura do *discipulus* a que se dirige o texto, ocupada pelo imperador Augusto, mas também pelos próprios leitores; (2) a figura do *magister*, desempenhada pelo eu poético Nasão; (3) o próprio texto e os ensinamentos sobre poesia nele veiculados.

Na medida em que apresenta forma epistolar, a elegia *Tristia* II tem como destinatário o imperador Augusto, interpelado em diversos momentos por meio de vocativos.[478] Essas invocações, em geral laudatórias, destacam as atribuições políticas do imperador e contribuem para a construção de sua imagem no texto como um homem público, governante atarefado com os afazeres do império e sem tempo para o ócio poético:

IV – Uma *ars* poética *amatoria*: *Naso magister* e uma historiografia literária ovidiana no exílio

> *Vtque **deos caelumque** simul **sublime** tuenti   215*
> *non uacat **exiguis rebus** adesse Ioui,*
> *de te pendentem sic dum **circumspicis orbem**,*
> *effugiunt curas **inferiora** tuas?*
> *Scilicet **imperii princeps** statione relicta*
> ***imparibus** legeres carmina facta **modis**?   220*
> (Ov. *Tr.* II, 215-220, grifos nossos)

> E como Júpiter, que ao mesmo tempo guarda *deuses*   215
> e *céu sublime*, não tem tempo de observar *miudezas*,
> assim, enquanto *observas o mundo* que de ti depende,
> *coisas menores* fogem de teus cuidados?
> Decerto, ó *líder do império*, abandonado o posto,
> lerias poemas feitos em *versos desiguais*?   220

Comparado a Júpiter em suas grandiosas responsabilidades e amplo poder, Augusto possui atribuições públicas de extrema importância: enquanto líder do império (*imperii princeps*, v. 219), ele deve observar todo o mundo dominado (*circumspicis orbem*, v. 217). Tais ocupações lhe tomam o tempo e não lhe permitem dedicar-se a assuntos menores (*exiguis rebus*, v. 216; *inferiora*, v. 218), exatamente entre os quais se inclui a poesia elegíaca ovidiana, designada como "versos desiguais" (*imparibus uersis*, v. 220). A expressão contém um duplo sentido: por um lado, designa o esquema métrico do dístico elegíaco, composto por versos de extensão distinta (um hexâmetro e um pentâmetro); por outro, contempla um jogo de palavras, que, segundo Ingleheart (2010, p. 211), sugere que as elegias de Ovídio são desiguais à honra de ser lidas pelo poderoso *princeps*.

Além disso, a oposição entre os feitos do imperador e os versos ovidianos evoca, metapoeticamente, o contraste entre os gêneros épico e elegíaco. Conforme destaca Barchiesi (1993, p. 163), os termos *sublime*, *orbem* e *princeps*, localizados precisamente nos hexâmetros, têm sentido solene e elevado, ao passo que *exiguis*, *inferiora* e *imparibus modis*, situados nos pentâmetros, remetem à debilidade elegíaca. Desse modo, as relações de poder envolvendo Augusto adquirem sentido poético:[479] as atividades do imperador são aproximadas do âmbito épico, em oposição aos assuntos elegíacos ovidianos.

Esse contraste repercute nos versos dos *Tristia* no que diz respeito à relação de Augusto com a *Ars amatoria*, causa do suposto exílio do poeta. Nasão sutilmente sugere que ou o imperador não leu os versos da *Ars*, ou então os interpretou equivocadamente. A primeira possibilidade sustenta-se pela descrição do imperador como integrante de um universo solene e épico, de modo que não teria tido tempo para ler os versos ligeiros da *Ars*:

> *Mirer in hoc igitur **tantarum pondere rerum**,*
> *te nunquam nostros euoluisse **iocos**?*
> *At si, quod mallem, uacuum tibi forte fuisset,*
> *nullum legisses crimen in Arte mea.*
> (Ov. *Tr.* II, 237-240, grifos nossos)

> Me admirarei, então, se em meio a *tamanho peso*,
> nunca desenrolaste meus *gracejos*?
> Mas se – eu preferiria – acaso tivesses tido tempo vago,
> crime algum terias lido em minha *Arte*.

Pela insinuação do eu poético, embora sequer tenha lido a *Ars*, Augusto a condenou. Com efeito, segundo Nasão, são duas as evidências de que o imperador não teria lido o poema: primeiro, sua falta de tempo para assuntos menores; segundo, o fato de que, se tivesse lido a *Ars*, teria visto não haver crime algum no texto – ou seja, não haveria motivo para a condenação do poeta e de sua obra. Uma segunda possibilidade, porém, é a de que Augusto teria lido o poema (ou melhor, a *Ars* teria sido lida para ele por algum suposto inimigo do poeta):

> *A! ferus et nobis crudelior omnibus hostis,*
> *delicias legit qui tibi cumque meas,*
> *carmina ne nostris quae te uenerantia libris*
> *iudicio possent candidiore legi.*
> (Ov. *Tr.* II, 77-80)

> Ah! Feroz e mais cruel que todos os meus inimigos
> é quem quer que te tenha lido as minhas delícias,
> de tal modo que os poemas que em meus livros te veneram
> não pudessem ser lidos com juízo mais favorável.

IV – Uma *ars* poética *amatoria*: *Naso magister* e uma historiografia literária ovidiana no exílio

Nesse caso, Nasão insinua que o imperador teve contato com a obra, mas, sendo mau leitor, não a compreendeu devidamente e foi influenciado pela interpretação maldosa e desfavorável de algum inimigo do poeta. Nessas circunstâncias, Augusto é representado como desconhecedor e leigo no assunto de poesia, constituindo-se como um potencial aprendiz para ensinamentos nesse quesito. O eu poético, portanto, coloca-se como possível *magister*, dispondo-se a expor instruções, ainda que não sistemáticas, sobre o funcionamento dos textos poéticos. Com isso, a relação inicialmente epistolar entre ele e Augusto adquire colorações didáticas, uma vez que se instaura uma relação entre professor-aluno: Nasão é o *magister* que ensina sobre poesia, Augusto é o *discipulus* ao qual se direcionam os ensinamentos. Nesse sentido, Barchiesi (1993) ainda acrescenta que os versos dos *Tristia* constroem Augusto como um leitor de poesia que deve aprender a interpretação de um texto elegíaco cada vez mais autorreferencial.

Naso magister: uma retomada de elementos didáticos

Como contraparte ao papel de *discipulus* atribuído a Augusto, o eu poético assume uma posição de *magister* na parte de *Tristia* II que defende a *Ars amatoria* e se estrutura aos moldes de uma lição sobre história literária. Na verdade, os versos ovidianos fundamentam seus ensinamentos didáticos sobre poesia em uma função retórica: a defesa da *Ars* e a demonstração da inocuidade dessa obra. Para tal, o eu poético constrói uma argumentação baseada no fato de que todo poema tem potencial nocivo (embora apenas a *Ars* tenha sofrido uma punição) e, diante disso, propõe-se a ensinar interpretações amorosas da tradição literária. A expressão de intenção didática fica bastante marcada em uma das intervenções do eu poético:

> ***Persequar*** *inferius, modo si licet ordine ferri,*
>   *posse nocere animis carminis omne genus.*
> *Non tamen idcirco crimen liber omnis habebit.*
>   *Nil prodest, quod non laedere possit idem.*
> (Ov. *Tr.* II, 263-266, grifos nossos)

> ***Demonstrarei*** mais abaixo, se é lícito enumerar,
>   que todo tipo de poema pode prejudicar os ânimos.

Nem por isso, porém, todo livro será acusado.
Nada há útil que também não possa ser danoso.

O primeiro dístico do trecho evidencia o caráter didático da voz do enunciador, *magister*, que se dispõe a ensinar e comprovar o aspecto nocivo de todo tipo de poema. Ao igualar o potencial prejudicial da *Ars* ao de outras obras, que, no entanto, não foram condenadas, Nasão esclarece que o simples fato de algo ser nocivo não é motivo suficiente para que seja acusado. Assim, fica patente a pretensão do eu poético em instruir o leitor no que diz respeito às possibilidades interpretativas de textos poéticos.

De acordo com Ingleheart (2010, p. 241), o primeiro dístico citado (v. 263-264) caracteriza-se pela presença de intervenções autorais autoconscientes, traço que a estudiosa assinala como típico de cartas. Não obstante, a autoconsciência e a simultaneidade poéticas também podem ser consideradas critérios definidores da poesia didática, de acordo com Volk (2002), aqui já mencionada. A passagem acima constitui um exemplo claro de simultaneidade poética: o eu poético comenta sobre a escrita do poema enquanto ela está sendo realizada, de modo a informar aquilo que será objeto de discussão na sequência dos versos (*persequar inferius*, "demonstrarei mais abaixo", v. 263). Com isso, cria-se uma impressão de que o poema está em desenvolvimento, como se o processo de escrita coincidisse com os ensinamentos a serem apresentados.[480] A tonalidade didática ainda é reforçada pelo emprego da expressão *ordine ferri* ("colocar em ordem", "enumerar", v. 263). Segundo Ingleheart (2010, p. 241), a intenção de dispor o material "em ordem" (*ordine*) relembra manuais de regras didáticas (Virg. *Georg.* IV, 4, 537; *Aen.* VI, 723) e retóricas (Cic. *Inv.* I, 9).

Outro traço de poemas didáticos identificável em *Tristia* II diz respeito à autoconsciência poética. Esse elemento se deixa entrever no poema em dois planos distintos: em relação aos versos da *Ars amatoria* e em relação aos próprios versos de *Tristia* II. No primeiro caso, a autoconsciência poética vem estritamente ligada à expressão de uma escolha pelo gênero elegíaco no passado, a qual o eu poético faz questão de explicar por meio de uma *recusatio* dos assuntos mais elevados característicos do gênero épico. O curioso é que a recusa não diz respeito aos versos atuais de Nasão, mas sim à sua produção anterior:

Arguor inmerito. **Tenuis** *mihi campus aratur;*
 illud erat **magnae fertilitatis** *opus.*

IV – Uma *ars* poética *amatoria*: *Naso magister* e uma historiografia literária ovidiana no exílio

> *Non ideo debet **pelago** se credere, siqua*
> *audet in **exiguo** ludere cumba **lacu**. 330*
> *Forsan – et hoc dubitem – numeris **leuioribus** aptus*
> *sim satis, in **paruos** sufficiamque modos.*
> *At si me iubeas **domitos Iouis igne Gigantes***
> *dicere, conantem debilitabit onus.*
> *Diuitis ingenii est **immania Caesaris acta** 335*
> *condere, materia ne superetur opus.*
> (Ov. *Tr.* II, 327-336, grifos nossos)

Sou acusado injustamente. É *campo tênue* que aro;
    aquela obra era *de grande fertilidade*.
Se uma barca ousa brincar em *lago esguio*,
    nem por isso deve-se fiar ao *alto-mar*. 330
Talvez (até disto duvido) eu me adapte bem a ritmos
    mais leves e só tenha força para metros *menores*.
Mas se *Gigantes domados pelo raio de Júpiter* me ordenares
    narrar, o peso me extenuará ao tentar.
Escrever os *enormes feitos de César* exige rico engenho,   335
    para a matéria não superar a obra.

Ao justificar a escrita dos versos da *Ars*, Nasão se autoafirma como poeta elegíaco e se opõe a empresas épicas, iniciando sua argumentação com o emprego de metáforas tipicamente metapoéticas. As expressões *campus tenuis* ("campo tênue") e *exiguo lacu* ("lago esguio") põem em foco dois adjetivos frequentemente usados de forma programática para designar a poesia elegíaca, de modo que, ao se referir à realização de atividades agrícolas e náuticas, o eu poético, na verdade, discorre sobre a escrita poética e sua escolha pelo gênero elegíaco. Isso ainda é reforçado pelo uso do verbo *ludo* (v. 330), que pode ter o sentido de "gracejar" ou "divertir-se compondo versos" (Saraiva, 2006, p. 692), em referência geralmente aos gêneros poéticos leves e *humiles*. Em oposição, as expressões *opus magnae fertilitatis* ("obra de grande fertilidade") e *pelago* ("alto-mar") remetem ao aspecto grandioso, sublime e elevado da épica.

Esse contraste fica mais evidente nos três dísticos seguintes, em que os gêneros elegíaco e épico são mencionados de modo mais direto, pela referência ao metro e ao assunto de cada um. A poesia elegíaca distingue-se pelos *numeris leuioribus* ("ritmos mais leves") e pelos *paruos modos* ("metros menores"), expressões cujos adjetivos são termos-chave para a descrição do gênero, por seu valor programático. Por sua vez, a poesia épica é referida por meio da menção de assuntos considerados grandiosos, como a luta entre Júpiter e os Gigantes e os feitos do imperador Augusto. Ironicamente, embora destaque não possuir forças para cantar um assunto típico da poesia épica, como a luta entre Júpiter e os Gigantes, Nasão já o narrara em suas *Metamorphoses* (Ov. *Met.* I, 151-162), de modo a minar jocosamente seu próprio argumento. O mais marcante no trecho é que o eu poético, adotando aquilo que Williams (1994, p. 50) denominou uma "pose de declínio poético", não apenas admite sua incapacidade para ser poeta épico, mas ainda expressa dúvida quanto à habilidade também nos versos ligeiros da poesia elegíaca, num claro procedimento de modéstia afetada. De qualquer modo, a autoconsciência poética fica marcada no trecho, dado que Nasão apresenta-se como poeta (talvez fracassado) e comenta sobre o exercício dessa atividade – *dicere* ("narrar"), *ingenium* ("engenho"), *opus* ("obra").

Igualmente, a autoconsciência poética manifesta-se também em relação aos versos dos *Tristia*. Logo no princípio da elegia, Nasão comenta sobre o fato de ter retornado à escrita de poesia – especialmente à escrita de elegia – mesmo depois de sua *Ars amatoria* ter-lhe custado a expulsão de Roma e o exílio:

> *At nunc – tanta meo comes est insania **morbo** –* 15
> *saxa **malum** refero rursus ad icta **pedem**,*
> *scilicet ut uictus repetit gladiator harenam,*
> *et redit in tumidas naufraga puppis aquas.*
> *Forsitan, ut quondam Teuthrantia regna tenenti,*
> *sic mihi res eadem uulnus opemque feret,* 20
> *Musaque, quam mouit, motam quoque leniet iram.*
> (Ov. *Tr.* II, 15-21, grifos nossos)

> Mas agora – tamanha é a insânia companheira desta *doença* – 15
> de novo levo o *pé nefasto* a pedras já pisadas,
> como, é claro, o gladiador vencido retorna à arena,
> e a náufraga popa volta às ondas inchadas.
> Talvez, como outrora ao possuidor dos reinos de Teutrante,
> a mesma coisa me traga a ferida e a cura, 20
> e a Musa que moveu a ira também abrandará a ira movida.

IV – Uma *ars* poética *amatoria*: *Naso magister* e uma historiografia literária ovidiana no exílio

Ao dedicar-se à escrita das elegias dos *Tristia*, Nasão designa a atividade poética metaforicamente como uma doença (*morbo*, v. 15) e explora a potencialidade metapoética do termo *pedem* (v. 16): de sentido ambíguo, pode-se referir tanto à parte do corpo que pisa as pedras quanto ao pé métrico do verso, designado como *malum* por se tratar do mesmo pé empregado na poesia amorosa causadora do exílio. A identificação de Nasão como poeta e de seus escritos como poesia tem caráter fortemente negativo, posto que os versos elegíacos foram um dos motivos de sua ruína – daí os símiles com o "gladiador vencido" (*uictus gladiator*, v. 17) e com a "náufraga popa" (*naufraga puppis*, v. 18). Não obstante, ao mesmo tempo, a poesia é vista como uma possibilidade de redenção, um remédio para a situação de exilado, como se ela pudesse ser, também, instrumento para obtenção do perdão de Augusto e motivo de retorno a Roma. Ao representar-se como um poeta que retoma as atividades e caracterizar seus versos como poesia (*Musa*), Nasão demonstra-se poeticamente autoconsciente.

A presença desses traços didáticos em *Tristia* II – figura de um *discipulus*, eu poético que se coloca como *magister*, autoconsciência e simultaneidade poéticas – reforça a impressão de que a elegia busca ensinar sobre poesia. A matéria dos ensinamentos, porém, revela-se altamente irônica: Nasão propõe-se a ler a tradição poética greco-romana com base em uma abordagem nitidamente parcial, segundo a qual todo texto poético possuiria um valor didático-amoroso, assim como sua *Ars amatoria*.

O amor e a história literária ovidiana

Conforme esclarecemos, o objeto dos ensinamentos de Nasão em *Tristia* II é a própria poesia – mais especificamente, como ler e interpretar textos poéticos. Por trás da instrução que oferece nesses assuntos, há um interesse particular do eu poético: demonstrar a inocência de sua *Ars* em relação à tradição literária e, com isso, obter o fim do exílio. Desse modo, diante do claro papel argumentativo desempenhado na elegia, o comentário do eu poético sobre a história literária será altamente tendencioso.

Segundo Ingleheart (2010, p. 294), Nasão reelabora a literatura anterior a fim de enfatizar os elementos dela que pudessem antecipar a elegia amorosa latina. Na visão da estudiosa, ele procede à criação de uma nova versão da história literária, buscando privilegiar a elegia amorosa, da qual os textos e gêneros anteriores são considerados versões embrionárias: assim, a elegia, gênero em que Nasão situa sua própria obra, consistiria no clímax da história literária construída pelo poeta. Nesse sentido, o que Nasão faz no segundo livro dos *Tristia* é uma espécie de etiologia literária, por meio da qual ele busca explicitar a tradição que supostamente dera origem à sua poesia amorosa. No entanto, a etiologia apresentada consiste em uma recriação que ele realiza da tradição literária, que é reordenada, relida e reinterpretada sob um viés não apenas erótico, mas especialmente "ovidiocêntrico".

Sob esse aspecto, Nasão parece exemplificar a definição de "poeta forte" (*strong poet*) cunhada por Bloom (1997), de acordo com a qual o percurso para a afirmação de um poeta é a "tresleitura" de seus predecessores. Nesse processo, observa-se tanto uma "tresleitura" (*mis-reading*) quanto uma *mis-prision*, que se define como uma apropriação distorcedora de algo de outrem. Ora, a história literária ovidiana edificada em *Tristia* II fundamenta-se precisamente na distorção dos sentidos das obras anteriores, que formam a tradição, em prol de um novo sentido proposto por Nasão a partir de sua própria poética elegíaca.

No enfoque dessas questões, mostra-se bastante produtiva a noção, proposta por Harrison (2006), de um supergênero elegíaco caracterizando a totalidade da obra ovidiana. Na história literária delineada em *Tristia* II, o que se observa é precisamente uma manifestação dessa noção de supergênero, mas aplicada à recepção que o poeta realiza da tradição greco-romana, e não apenas à sua própria obra, uma vez que Nasão interpreta toda poesia greco-romana como didático-amorosa.

O catálogo de autores em *Tristia* II

Nasão compõe um longo catálogo de autores (Ov. *Tr.* II, 363-468), no qual reinterpreta, de modo extremamente parcial, as produções dos mais célebres autores greco-romanos – desde Homero, passando pelos dramaturgos gregos, pelos primeiros poetas latinos até chegar a Virgílio –, atribuindo-lhes um sentido marcadamente erótico. A lista termina com a menção da própria poesia erótica ovidiana, apresentada, segundo Ingleheart (2010, p. 20), como a culminação da história literária greco-romana. Desse modo, o eu poético não apenas oferece uma releitura "erotizada" da tradição literária, mas acaba por compor a sua própria versão da história literária, que tem como parâmetro a temática amorosa e o gênero elegíaco.

IV – Uma *ars* poética *amatoria*: *Naso magister* e uma historiografia literária ovidiana no exílio

A proposta de interpretação poética de Nasão é esclarecida logo no princípio do catálogo de autores, nos comentários sobre a poesia de Anacreonte de Teos e Safo de Lesbos:

> *Quid, nisi cum multo **Venerem** confundere uino*
> ***praecepit** lyrici Teia Musa senis?*
> *Lesbia quid **docuit** Sappho, nisi **amare**, puellas?*
> *Tuta tamen Sappho, tutus et ille fuit.*
> (Ov. *Tr.* II, 363-366, grifos nossos)

> O que, senão misturar *Vênus* e muito vinho,
>   a musa de Teos do velho lírico *prescreveu?*
> O que Safo de Lesbos *ensinou* às moças, senão *amar*?
>   Mas Safo ficou salva, também ele salvo.

A atribuição de um valor didático aos versos desses líricos gregos fica bem marcada pelos verbos *praecepit* ("prescreveu", v. 364) e *docuit* ("ensinou", v. 365), usados para descrever a atividade poética de ambos. Mais que ensinamentos, porém, trata-se de ensinamentos sobre o amor: Anacreonte faz prescrições sobre "Vênus" (*Venerem*, v. 363), que metonimicamente designa não só o amor, mas também o ato sexual; Safo ensina a amar (*amare*, v. 365). Apesar da natureza, segundo Nasão, didático-amorosa desses escritos, nenhum dos dois poetas foi punido – em oposição à condenação da *Ars* ovidiana.

Com efeito, no modo de leitura ovidiano, toda poesia, inclusive a épica, pode ser interpretada sob o viés amoroso. E nem mesmo Homero escapa às análises do eu poético. Nasão afirma que o assunto da *Ilíada* é uma "adúltera", em referência a Helena, responsável por ter gerado uma disputa entre amante e marido, como usualmente ocorre nas relações elegíacas baseadas em amores ilícitos: "O que é a própria *Ilíada*, senão uma adúltera,/ por quem houve luta entre o amante e marido?" – *Ilias ipsa quid est aliud nisi adultera, de qua/ inter amatorem pugna uirumque fuit?* (Ov. *Tr.* II, 371-372). Ademais, o dístico demarca uma substituição do tema bélico/épico pela temática amorosa, uma vez que a guerra narrada, supostamente a Guerra de Troia, é resumida na luta entre amante e marido (*amatorem pugna uirumque*, v. 372) por uma mulher. Ingleheart (2010, p. 302) destaca que essa expressão seria um eco do *arma uirumque* da *Eneida* virgiliana (I, 1), mas com a subversão dos valores tipicamente épicos. Ora, a substituição de *arma* por *amatorem* sinaliza, sobretudo, o modo de interpretação ovidiano, que transforma todo tipo de poesia em elegia amorosa.

A *Odisseia*, de modo semelhante, também é identificada como uma mulher, no caso, Penélope, que, na ausência do marido, parece se comportar como a *dura puella*, a que vários amantes assediam: "Ou o que é a *Odisseia*, senão uma mulher por amor/ assediada por muitos homens, enquanto se ausenta o marido?" – *Aut quid Odyssea est nisi femina propter amorem,/ dum uir abest, multis una petita uiris?* (Ov. *Tr.* II, 375-376). A respeito desse dístico, Gibson (1999, p. 29) assinala que Ovídio ironicamente substitui a palavra de abertura da *Odisseia* (*andra*, "homem") por *femina*, de modo a considerar uma figura feminina como o centro do poema. Com isso, o eu poético tira proveito desses episódios para amplificar seu caráter amoroso e, assim, oferecer uma interpretação irônica do texto homérico.[481]

Após esses exemplos, Nasão ainda propõe leituras didático-eróticas das tragédias gregas e de várias obras também de autores latinos, como os *poetae noui*, Catulo, Tibulo, Propércio e até mesmo Virgílio, a fim de comprovar que sua *Ars* não distava tanto dessas outras produções greco-romanas e, assim, poder obter o perdão de Augusto. No entanto, a própria exposição do eu poético, fundada na ironia, já mina sua argumentação. De fato, em *Tristia* II, Nasão não apenas retoma aspectos da forma didática usada na *Ars*, mas ainda volta a discorrer sobre assuntos amorosos. Pior: ele se dispõe a ensinar ao imperador que o exilara exatamente o conteúdo que fora motivo do desterro – a poesia amorosa.

Com isso, Nasão, na verdade, demonstra que a interpretação de um texto poético não depende apenas do texto em si, mas dos sentidos construídos e atribuídos a ele pelo leitor. Ao mostrar que qualquer obra da tradição greco-romana pode ser lida como didático-amorosa, Nasão desafia o poder do imperador que o exilara: ainda que Augusto tenha punido a *Ars*, ele não tem qualquer controle sobre as interpretações passíveis de ser feitas das obras literárias da tradição. Desse modo, o eu poético dos *Tristia* sutilmente reafirma o poder da leitura e da poesia, que não se submetem à punição de natureza política.

Uma teoria *amatoria* da literatura

Após o catálogo de autores, Nasão destaca, na sequência da elegia *Tristia* II, uma série de produções artísticas consideradas nocivas e até mesmo

IV – Uma *ars* poética *amatoria*: *Naso magister* e uma historiografia literária ovidiana no exílio

obscenas, mas que não receberam nenhuma represália: os escritos sobre jogos de azar e passatempos frívolos, as encenações de mimos, as representações pictóricas. Nesse último caso, o uso das pinturas como mais um exemplo para seu argumento repousa no pressuposto de que pintura e poesia são passíveis de comparação, o que sugere implicitamente um paralelo entre as duas artes, ou seja, *ut pictura poesis*, nos termos de Horácio (*Ep. Pis.* 361).[482]

Ao discorrer sobre as representações pictóricas, Nasão estabelece um forte diálogo com os ensinamentos da *Epistula ad Pisones*, mas retomando-os às avessas, pois objetiva mostrar sua inaplicabilidade na realidade romana. Ao evocar o *ut pictura poesis* em seus versos, ele reinterpreta as relações entre poesia e pintura segundo uma perspectiva erótica de leitura e, assim, propõe uma nova teorização das relações entre as duas artes, baseada num ponto de vista elegíaco. Com isso, a evocação à *Ars poetica* horaciana, conforme foi nomeada por Quintiliano, reforça o teor metapoético da elegia e contribui para estruturar uma teoria da literatura (e da imagem) de fundamento amoroso.

Além da evocação do *ut pictura poesis* como pressuposto da apresentação de exemplos pictóricos pelo eu poético, o diálogo com a passagem horaciana ainda é marcado formalmente nos versos. Isso já fica anunciado pelo fato de o trecho dos *Tristia* estruturar-se com base em dois símiles introduzidos precisamente pela conjunção *ut*:

> *Scilicet in domibus nostris **ut** prisca uirorum*
>   *artificis fulgent **corpora picta** manu,*
> *sic, quae concubitus uarios Venerisque figuras*
>   *exprimat, est aliquo parua tabella loco.*
> ***Vt**que sedet uultu fassus Telamonius iram,*   525
>   *inque oculis facinus barbara mater habet,*
> *sic madidos siccat digitis Venus uda capillos,*
>   *et modo maternis tecta uidetur aquis.*
> (Ov. *Tr.* II, 521-528, grifos nossos)

> *Tal como* em nossas casas, é claro, resplandecem antigos
>   *corpos* de homens *pintados* por mão de artífice,
> em qualquer lugar há um pequeno quadro
>   que retrata coitos variados e posições de Vênus.
> *Tal como* senta o Telamônio confessando no rosto a ira,   525
>   e a bárbara mãe tem o crime nos olhos,

Vênus, molhada, enxuga com os dedos os cabelos úmidos
e é vista coberta só pelas águas maternas.

Cada uma das comparações apresentadas por Nasão estabelece uma equivalência entre pinturas decorosas e pinturas obscenas. Por meio delas, ele busca evidenciar que, no contexto romano de sua época, ambos os tipos de pintura recebiam o mesmo tratamento, visto que eram igualmente exibidas. O primeiro elemento das comparações – "corpos pintados dos homens", o Telamônio e a "bárbara mãe" (Medeia) – faz referência a obras que estão de acordo com os preceitos retóricos de adequação, pois não exibem diretamente aos olhos eventos exagerados ou violentos, tidos por indecorosos. As pinturas de "antigos corpos de homens" (v. 521-522) dizem respeito, provavelmente, a obras de temática mitológica, com a representação de antigos heróis, conforme evidenciam os termos *prisca* e *uirorum* (v. 521). Já as pinturas de Ájax e Medeia referem-se à história trágica de ambas as personagens, mas não representam seus atos criminosos, apenas os sugerem.

De fato, uma das mais célebres passagens antigas com ensinamentos concernentes ao decoro poético encontra-se na *Epistula ad Pisones*. Ao discorrer sobre a poesia dramática, Horácio enumera os tipos de atos que não devem ser encenados ou expostos abertamente aos espectadores, mas apenas narrados ou insinuados. Entre os exemplos de inadequação, figura precisamente Medeia assassinando os filhos:

> *Segnius inritant animos demissa per aurem   180*
> *quam quae sunt oculis subiecta fidelibus et quae*
> *ipse sibi tradit spectator; non tamen intus*
> *digna geri promes in scaenam multaque tolles*
> *ex oculis, quae mox narret facundia praesens.*
> *Ne pueros coram populo* **Medea** *trucidet,   185*
> *aut humana palam coquat exta nefarius Atreus,*
> *aut in auem Procne uertatur,* **Cadmus in anguem**.
> (Hor. *Ep. Pis.* 180-188, grifos nossos)

Eventos lançados aos ouvidos incitam menos os ânimos   180
que aqueles expostos a olhos atentos e aprendidos
pelo próprio espectador; mas não encenarás eventos

IV – Uma *ars* poética *amatoria*: *Naso magister* e uma historiografia literária ovidiana no exílio

> dignos dos bastidores, e vedarás aos olhos muitos
> que a presente eloquência logo narre.
> Que *Medeia* não trucide os filhos diante do público,   185
> nem o nefasto Atreu cozinhe publicamente vísceras humanas,
> nem Procne metamorfoseie-se em ave, ou *Cadmo em cobra*.

Atos violentos ou metamorfoses são considerados por Horácio como impróprios à exibição. Os exemplos de pinturas decorosas citados por Nasão no trecho dos *Tristia* estão plenamente de acordo com esse ensinamento. Ájax, referido pelo patronímico Telamônio, não é representado no instante do ápice de sua loucura, quando confunde os animais do rebanho com os comandantes gregos e os mata, ou quando se suicida. Essas imagens de violência são evitadas na pintura, que representa a personagem no momento de cansaço e meditação entre os dois eventos. Assim, ela apenas sugere, pela expressão facial da personagem ("confessando no rosto a ira", *uultu fassus iram*, *Tr.* II, 525), os acontecimentos que seriam de conhecimento comum entre os antigos. De modo similar, Medeia, mencionada pelo epíteto "bárbara mãe" (*barbara mater*, *Tr.* II, 526), não foi pintada no instante em que assassina os filhos. Seu ato não é representado, mas está prestes a ser efetuado e se insinua no olhar da personagem, que "tem o crime nos olhos" (*inque oculis facinus habet*, v. 526).

Essas duas pinturas descritas por Nasão correspondem, segundo Ingleheart (2010, p. 380), a obras do pintor Timômaco de Bizâncio (séc. III a.C. ou contemporâneo de Júlio César), que teriam sido expostas publicamente em Roma por Júlio César e por Augusto. O decoro do pintor em não exibir os eventos em seu ponto culminante foi reinterpretado por Lessing, no século XVIII, como um expediente de estímulo à imaginação. Assim como Ovídio, ele menciona as duas obras lado a lado, mas explicita sua atribuição a Timômaco:

> Entre os pintores antigos, aparentemente Timomaco (*sic*) elegeu preferencialmente temas de extrema emoção. O seu Ájax furioso, a sua Medeia assassina de crianças, eram pinturas famosas. [...] Ele não tomou a Medeia no momento em que ela efetivamente assassina os filhos; mas antes, alguns momentos antes, quando o amor maternal ainda luta com o ciúmes. (Lessing, 2011, p. 102, trad. M. Seligmann-Silva)

Além disso, é interessante notar como os comentários de Lessing, ao mencionar as pinturas e especificar o contexto mitológico e o momento da história das personagens que elas ilustram, funcionam como uma correspondência das imagens descritas nos versos ovidianos, servindo até mesmo para esclarecê-las mais detalhadamente.[483]

Em oposição a essas representações decorosas, o segundo elemento dos símiles de Nasão corresponde a pinturas consideradas obscenas por seu conteúdo sexual explícito ou por sua nudez provocativa. Todavia, esses exemplos de inadequação e impropriedade, de natureza nitidamente erótica, eram igualmente expostos em Roma, conforme o eu poético assinala por meio das comparações de igualdade (*ut...sic*). Com isso, ele pretende demonstrar, implicitamente, que seus poemas amorosos não são em nada corruptíveis se comparados a essas exibições explícitas permitidas pelo imperador.

Na primeira comparação, em contraste com os corpos de heróis, são mencionados pequenos quadros contendo corpos de amantes em diferentes posições sexuais, referidas metonimicamente como "posições de Vênus" (*Veneris figuras*, v. 523). Segundo Ingleheart (2010, p. 378-379), a ubiquidade desse tipo de pintura, ressaltada pelo sintagma *aliquo loco* (v. 524), confirma-se pelas numerosas evidências em Pompeia, de modo a indicar o quão usual elas eram em âmbito latino. A estudiosa ainda destaca que as pinturas eróticas eram bastante comuns nas paredes tanto dos bordéis quanto das casas privadas (especialmente nos *cubicula*), fazendo-se muito presentes em Roma entre as classes mais elevadas. Diante disso, os conselhos do *magister amoris* na *Ars* ovidiana a respeito das posições adequadas a cada tipo de mulher durante o ato amoroso (Ov. *Ars* III, 769-788) não seriam impróprios nem passíveis de condenação, já que não são mais explícitos que as pinturas que figuravam em Roma. Ademais, após expor o catálogo de posições na *Ars*, o eu poético se recusa a descrever o clímax do ato sexual: "Ah, envergonho-me; aquela parte tem conhecidos segredos." – *A! pudet; arcanas pars habet ista notas* (Ov. *Ars* III, 804).

Igualmente obscena seria a pintura de Vênus descrita por Nasão no trecho citado dos *Tristia*, após a menção das representações de Ájax e Medeia. Segundo Ingleheart (2010, p. 380), essas três pinturas teriam sido vistas por Ovídio ao serem expostas publicamente em Roma, e a correlação *ut...sic* indicaria que a *domus Augusta* exibia tanto cenas picantes quanto pinturas mitológicas sobre temas mais sérios. A estudiosa (2010, p. 381) esclarece que o eu poético faz uma "descrição excitante e sexualmente provocativa da

IV – Uma *ars* poética *amatoria*: *Naso magister* e uma historiografia literária ovidiana no exílio

Venus Anadyomene de Apeles".[484] Os versos ovidianos oferecem uma visão da deusa no instante de seu nascimento no mar (v. 527-528): ela tem os cabelos úmidos e sua nudez é referida poeticamente, por meio da afirmação de que a cobrem apenas as águas marinhas.

Além da nudez da deusa, o erotismo da descrição ovidiana também fica marcado pela ambiguidade do adjetivo *uda* ("molhada", v. 527) usado para caracterizá-la. O primeiro sentido, mais imediato e literal, explica-se pelo fato de Vênus ter emergido das águas do mar e, portanto, estar molhada. Todavia, conforme assinala Ingleheart (2010, p. 382), na passagem o termo adquire conotações sexuais, e a deusa é descrita como "molhada" no sentido de estar "pronta" para o ato sexual.[485] Isso é reforçado pelo fato de Vênus, um pouco antes, ter sido referida como metonímia para "sexo" (*Veneris figuras*, v. 523).

Outro aspecto singular que chama a atenção na descrição da pintura pelo eu poético é o relevo conferido aos cabelos da deusa. Segundo Ingleheart (2010, p. 382), esse destaque vincula-se a uma espécie de obsessão da elegia amorosa com o cabelo de mulheres atraentes (Prop. *El.* II, 1, 7-8; Ov. *Am.* I, 1, 20; I, 5, 10; I, 14; *Ars* III, 141). Com efeito, a valorização dos cabelos da amada é tema bastante presente na poesia elegíaca; toda a elegia I, 14 dos *Amores*, por exemplo, é uma repreensão à *puella* por ter queimado os cabelos ao tentar frisá-los.[486] Na verdade, conforme destaca Oliensis (2014, p. 212-217) ao discutir os poemas dos *Amores* que mencionam os cabelos da *puella* (*Am.* I, 7; I, 8; I, 14), o cabelo pode ser compreendido, no gênero elegíaco, como uma metáfora metapoética.[487] Nesse contexto, os cabelos de Vênus na descrição dos *Tristia* representariam metaforicamente a poesia elegíaca, de modo a se estabelecer uma correspondência entre o tipo de pintura considerado "obsceno" e a poesia amorosa dos elegíacos.

Nessa perspectiva, a vênia concedida às pinturas eróticas em Roma seria uma espécie de aval à poesia elegíaca ovidiana, que fora condenada por seu conteúdo amoroso. O paralelo entre esses dois tipos de arte, até então implícito, é esclarecido imediatamente na sequência do poema, quando Nasão reafirma seu estatuto de poeta elegíaco:

> *Bella sonant alii telis instructa cruentis,*
> *parsque tui generis, pars tua facta canunt.* 530
> *Inuida me **spatio** natura coercuit **arto**,*
> *ingenio **uires exiguas**que dedit.*
> (Ov. *Tr.* II, 529-532, grifos nossos)

> Outros ressoem as guerras munidas de dardos sangrentos,
> uns cantam teus feitos, outros os de tua linhagem.   530
> A natureza, invejosa, encerrou-me em *espaço apertado*,
> deu *forças exíguas* a meu engenho.

Nasão retoma a discussão sobre poesia ao introduzir a oposição entre os gêneros elevados, exemplificados pela épica – *bella* ("guerras", v. 529), *telis cruentis* ("dardos sangrentos", v. 529), *facta* ("feitos", v. 530) – e o gênero "menor" da elegia. Por meio do *tópos* da *recusatio*, ele se apresenta como inábil à escrita de poemas louvando os feitos de César, dado que se diz limitado por um "espaço apertado" (*artum*, v. 531) e caracteriza seu próprio engenho como possuidor de "forças exíguas" (*uires exiguas*, v. 532). Note-se que a passagem mantém o diálogo com os ensinamentos da *Epistula ad Pisones*. Logo no início da epístola, Horácio recomenda que os poetas assumam assuntos adequados às suas capacidades: "Tomai, ó escritores, assunto *adequado a vossas forças*/ e avaliai longamente o que os ombros/ se recusam ou suportam carregar" – *Sumite materiam* **uestris***, qui scribitis,* **aequam***/* **uiribus** *et uersate diu quid ferre recusent,/ quid ualeant umeri* (Hor. *Ad Pis.* 38-40). Ora, Nasão atende perfeitamente o conselho horaciano, uma vez que o tipo de poesia que escreve, elegíaca, está de acordo com as "forças exíguas" (*uires exiguas*, v. 532) atribuídas a seu engenho. Isso é reforçado pelo fato de o termo *exiguus* ser um dos adjetivos programáticos usados para descrever a poesia elegíaca, em oposição à grandiosidade da épica.

O diálogo também se manifesta no emprego do vocábulo *arto* (v. 531), usado ironicamente para nomear o espaço em que a natureza "encerrou" Nasão. Precisamente o mesmo termo figura na *Epistula ad Pisones*, numa passagem criticando o escritor que efetua uma imitação servil de seus modelos, pois considerada limitadora da própria poesia, referida metonimicamente pelo termo *pedes* (em referência ao pé métrico): "(...) nem, imitador, caíres num *beco*/ de onde o pudor ou a lei da obra proíbem tirar o pé." – (...) *nec desilies imitator in* **artum***,/ unde pedem proferre pudor uetet aut operis lex* (Hor. *Ad Pis.* 134-135).

Ao se caracterizar como encerrado em um *artum*, o eu poético dos *Tristia* parece diminuir a si mesmo e à sua habilidade poética, por meio de um mecanismo de autoderrisão ou autodepreciação poética que é recorrente na obra e marcadamente irônico.[488] Sob o viés metapoético, esse "espaço apertado" pode ser compreendido não no sentido negativo

IV – Uma *ars* poética *amatoria*: *Naso magister* e uma historiografia literária ovidiana no exílio

horaciano, mas como um elemento da *recusatio* elegíaca: Nasão se encerra no gênero elegíaco, no "espaço apertado" da elegia, poesia "menor", leve e breve. Isso é corroborado pelo fato de ele se autorrepresentar nos poemas de exílio como um poeta elegíaco, *tenerorum lusor amorum* (Ov. *Tr.* III, 3, 73; IV, 10, 1). Mais do que isso, essa inserção deliberada do eu poético em um *artum* potencializa a ironia em relação à passagem horaciana, uma vez que, na verdade, Nasão alarga o espaço da elegia, ao fazê-la abarcar os mais variados gêneros.

Assim, enquanto poeta da elegia amorosa, Nasão propõe a reinterpretação de toda a poesia latina sob uma perspectiva erótica; "limitado" ao espaço da elegia, ele empreende uma "elegização" da tradição, que amplia as fronteiras do gênero elegíaco. Mesmo a *Eneida*, a épica representativa dos ideais augustanos, torna-se passível de ser lida eroticamente:

> *Et tamen ille tuae felix Aeneidos auctor*
> *contulit in Tyrios arma uirumque toros,*
> *nec legitur pars ulla magis de **corpore** toto*   535
> *quam non legitimo foedere iunctus amor.*
> (Ov. *Tr.* II, 533-536, grifos nossos)

> Todavia, aquele ditoso autor da tua *Eneida*
> levou as armas e o varão aos leitos tírios,
> e parte alguma de todo o *corpo* é mais lida   535
> que o amor unido por aliança ilegítima.

Os "corpos pintados dos antigos homens" (*prisca uirorum corpora picta*, v. 521-522), há pouco referidos como representações decorosas de heróis, cedem lugar aos corpos de Dido e Eneias sobre o leito, considerados o assunto principal da *Eneida* virgiliana segundo a interpretação erótica de Nasão.[489] O emprego da mesma expressão que dá início à *Eneida*, *arma uirumque* ("as armas e o varão"), evoca a épica virgiliana, mas, ao mesmo tempo, a ressignifica, já que a expressão é deslocada de um contexto bélico para o âmbito amoroso. Ao ser inserida em meio ao sintagma *in Tyrios toros* ("aos leitos tírios", v. 534), o termo *arma* se reveste de um sentido metafórico, erótico, passando a designar as "armas" usadas nos embates amorosos, isto é, o membro viril masculino – no caso, de Eneias, o "varão" (*uirum*) a que se faz referência. A respeito da disposição dos sintagmas no trecho, Vasconcellos (2006, p. 86) destaca, inclusive, o uso icônico da ordem das palavras, numa representação gráfica do herói e suas armas no centro do leito.

A erotização recai também nos comentários acerca da materialidade do "livro" da *Eneida*. Ele é referido pelo ambíguo termo *pars*, que pode designar o trecho de uma obra, mas também ter o sentido de "partes sexuais" (Ingleheart, 2010, p. 386). Igualmente, o vocábulo *corpus* pode se referir a um conjunto textual ou ao corpo humano. Nessa segunda acepção, o uso do termo para indicar as pinturas decorosas de corpos de heróis contrasta com seu emprego nessa passagem sobre a *Eneida*, na qual assume nítido caráter erótico.

Curiosamente, a interpretação ovidiana parte de um elemento textual presente na própria *Eneida*, no momento em que Dido ordena que sua irmã Ana construa uma pira onde serão queimados os objetos deixados por Eneias, como forma de apagar, por meio de artes mágicas, as memórias e as recordações dele. Nesse momento, aparece na *Eneida* a sequência *arma uiri thalamo*, que não deixa de evocar o *arma uirumque* da abertura do poema:

> *tu secreta pyram tecto interiore sub auras*
> *erige, et **arma uiri thalamo** quae fixa reliquit 495*
> *impius exuuiasque omnis lectumque iugalem,*
> *quo **perii**, super imponas: abolere nefandi*
> *cuncta uiri **monimenta** iuuat monstratque sacerdos.*
> (Virg. Aen. IV, 494-498)

> Tu, em segredo, no pátio interno, ao ar livre, uma pira
> ergue, e sobre ela põe as *armas do varão* que,
> ímpio, deixou-as no *tálamo* suspensas, todos os despojos,
> e o leito conjugal *em que pereci*: convém apagar
> todas as *lembranças* do detestável varão; indica-o a sacerdotisa.

Na *Eneida*, as "armas do varão" estavam, sim, textualmente, no leito púnico (*arma uiri thalamo*). Trata-se, porém, do leito em que se ergue a pira na qual Dido vai se suicidar. Nasão, partindo de um elemento textual da obra virgiliana, o relê e reinterpreta, conferindo-lhe um sentido erótico no novo contexto dos *Tristia*, em que o leito referido não é o tálamo fúnebre, mas sim o leito da união amorosa. Ao transferir "as armas e o varão" das batalhas épicas para as milícias de amor no leito de Dido, Nasão empreende uma nova leitura do poema de Virgílio, atribuindo-lhe como temática principal

IV – Uma *ars* poética *amatoria*: *Naso magister* e uma historiografia literária ovidiana no exílio

as relações amorosas. Com isso, ele exemplifica seu argumento de que a interpretação de um texto depende do leitor, e ainda evidencia o caráter parcial de qualquer sentido construído. A esse respeito, Gibson (1999, p. 36) afirma que Ovídio destaca o processo de recepção das obras e demonstra que a interpretação não depende apenas do texto em si, mas dos sentidos construídos e atribuídos a ele pelo leitor.

Ao abordar as representações pictóricas e, logo em seguida, retornar à discussão sobre poesia, Nasão demonstra, por meio de sua análise, a vigência da tradição do *ut pictura poesis* horaciano. Todavia, o eu poético dos *Tristia* remodela essa noção segundo uma perspectiva elegíaca e, assim, propõe uma nova teorização da questão, que poderia ser expressa como *ut amatoria pictura elegia*. Com base nessa nova poética de decoro artístico, que incorpora elementos eróticos, Nasão reinterpreta a tradição literária e oferece releituras amorosas de diversas obras, de modo a colocar em destaque o processo da recepção e a importância do leitor. Ele teoriza sobre o fenômeno poético por meio da própria poesia e constitui uma teoria *amatoria* da literatura.

CONSIDERAÇÕES FINAIS

Mais de dois mil anos se passaram, e a predição do poeta – "se alguma verdade têm os presságios dos vates" (Ov. *Met.* XV, 879; *Tr.* IV, 10, 129) – se cumpriu: Ovídio ainda é lido e apreciado. Tendo-se completado o bimilenário de sua morte em 2017/2018, o poeta permanece vivo não só nos versos que nos legou, mas em toda uma tradição artística a que deu origem, direta ou indiretamente. Os exemplos são abundantes na poesia e na literatura, na escultura e na pintura, mas também podem ser observados na música[490] e mesmo no cinema.[491] Para citar dois exemplos recentes da presença ovidiana no nosso século XXI, recorde-se, primeiramente, o longa-metragem francês *Métamorphoses* (2014), dirigido por Christophe Honoré, que transpõe mitos da obra ovidiana para o mundo contemporâneo, numa atualização que coloca em destaque questões e discussões bem características de nossa época. Como segundo exemplo, merece destaque a mostra *Ovidio. Amori, miti e altre storie*, que ocorreu em Roma, nas *Scuderie del Quirinale*, do fim de 2018 ao início de 2019. Ela reuniu cerca de 250 obras, dos mais variados museus italianos e internacionais, que se vinculavam às histórias narradas pelo poeta e à Roma de seu tempo, ou que então o representavam.

Com efeito, a partir do conjunto das obras ovidianas, depreende-se a construção de uma trajetória poética, que, por seu turno, acaba por constituir a autobiografia literária da personagem-poeta. Ovídio inscreve nas próprias obras comentários metapoéticos sobre sua produção literária e seu estatuto de poeta, os quais, como rastros deixados por sobre o papel, configuram o percurso do poeta e sua carreira. Trata-se, evidentemente, de uma trajetória de natureza literária, construída nos e pelos textos, e não necessariamente correspondente aos dados ou vivências do autor empírico.

Não obstante, combinada com a posterior recepção e tradição crítica da poesia ovidiana, essa autobiografia literária composta pelo autor foi responsável por criar uma "vida" em torno do nome do poeta, a qual se difundiu para além dos textos literários e passou a vigorar como realidade. Nasão criou os "mitos" de sua própria vida e de seu exílio, e contou com a recepção de suas produções poéticas para amplificá-los e garantir a permanência daquilo que ele inscrevera nos versos e ratificara com a assinatura de seu nome *Naso*.

Nesse contexto, enquanto primeira coletânea de elegias composta após a "morte" metafórica do poeta, representada pelo exílio, os *Tristia* reivindicam para si o estatuto de *sphragis* e epitáfio de Nasão. Eles constituem sua "autobiografia", a versão da história de sua "vida" que ele decide legar à posteridade como testamento. Assim, o título *Libri Tristium* pode ser entendido como "Livros de tristezas" (ou "de cantos tristes"), por conterem uma série de lamentos da personagem-poeta, mas também como "Livros de cantos fúnebres", ou mesmo "Livros de funerais", por serem selo e encerramento da produção poética ovidiana até o momento de sua "morte" materializada com o exílio.

Metamorfoseada em poesia, a fortuna de Nasão se oferece à leitura. Os versos de seu *carmen perpetuum* se tornam a maior (e melhor) imagem do poeta – *carmina maior imago sunt mea* (Ov. *Tr.* I, 7, 11-12) –, e as elegias de exílio dão testemunho da transformação e do movimento contínuo que caracterizam a poética ovidiana. Os *Tristia* retomam a produção anterior do poeta e se propõem a relê-la, discuti-la e reinterpretá-la, conferindo a Nasão uma posição de leitor das próprias obras, por meio da qual ele realiza uma "crítica literária" dos poemas anteriormente escritos. Ao lê-los retrospectivamente, sob a perspectiva do exílio, o eu poético lhes confere novos sentidos e, com isso, abre a possibilidade de nós, leitores, identificarmos nelas instigantes prefigurações e evocações do desterro da personagem-poeta.

Ao mesmo tempo, os *Tristia* combinam elementos e procedimentos compositivos presentes na produção ovidiana pregressa, de modo a se apresentarem como sua continuação, como uma reescrita das obras precedentes sob a perspectiva do exílio. Sob esse aspecto, a figura de "Nasão-leitor", que relê a produção anterior, coexiste com a de "Nasão-poeta", que a reescreve nos moldes das elegias de exílio. Esse processo de reescrita instaura na obra diversas reflexões de natureza metapoética e teórica, especialmente sobre os fatores envolvidos nos processos de produção, transmissão e recepção de um texto. Dos versos dos *Tristia*, pode-se depreender uma "teoria ovidiana da literatura", baseada nos princípios da metamorfose e do erotismo. De acordo com o ponto de vista ovidiano construído ao longo deste trabalho, qualquer texto consiste em matéria altamente metamórfica, seja em função das releituras e mudanças propostas pelo próprio autor, como faz Nasão em relação a suas obras anteriores; seja pelas interpretações do texto que são feitas pelos mais variados leitores, que detêm o poder de lhes atribuir novas significações, dado que não possuem sentido imanente.

Considerações finais

O poder que caracteriza a atividade do leitor é exemplificado em *Tristia* II, quando Nasão realiza uma recepção *amatoria* da tradição literária e fundamenta suas interpretações da tradição no erotismo. Assim, ele elabora em seus versos uma nova versão da história literária greco-romana, baseada no amor e à luz da elegia amorosa. Ao mesmo tempo, ele assume uma posição de *magister* disposto a ensinar sobre poesia e confere ao livro traços de didatismo. Na verdade, pela própria constituição dos *Tristia* como retomada das produções ovidianas anteriores, pode-se afirmar que Nasão, ao longo dessa obra específica, ensina que a poesia se funda no diálogo e obtém sentido na relação com o leitor.

Ora, com base nessas teorizações ovidianas sobre poesia e nas contribuições do atual campo de estudos da Teoria da Literatura, construímos uma proposta teórico-metodológica para a abordagem dos textos da Antiguidade: a "filologia intertextual da recepção". Ela surgiu a partir do nosso diálogo com os desenvolvimentos teóricos acerca da intertextualidade, numa tentativa de colocar em relação produtiva a filologia e a Teoria da Literatura, e ganhou forma nas análises empreendidas nos capítulos II, III e IV deste livro, sobre as relações intertextuais dos *Tristia* com as produções ovidianas anteriores (respectivamente, as *Heroides*, os *Fasti* e as *Metamorphoses*, e a *Ars amatoria*), tendo sido simultaneamente criada e usada como ferramenta metodológica no estudo aqui apresentado.

Fundada na noção de diálogo, a "filologia intertextual da recepção" busca colocar em evidência que nossa relação com os textos clássicos é necessariamente dialógica: a Antiguidade traz consigo um mundo cultural-histórico-literário de diferenças, com o qual somos confrontados ao estudá-la; por nosso lado, trazemos uma bagagem cultural-histórica-literária posterior, com a qual a Antiguidade igualmente se vê confrontada diante de nós. Postos diante desse "outro", a postura que se revelou produtiva em ambos os casos foi a abertura ao diálogo e à diferença, como um Narciso que toma consciência de si mesmo ao olhar para aquilo que julga ser o "outro"; sem, no entanto, submergir em si, como no mito, mas sim aceitar o convite à diferença – como faz Ovídio.

NOTAS

1   Apesar de utilizarmos, na maior parte das vezes, o termo "exílio" para designar a pena sofrida por Ovídio, dada sua amplitude semântica em português, convém destacar que havia diferenças jurídicas entre *exilium* e *relegatio* no contexto latino. A *relegatio*, geralmente identificada com a situação ovidiana, não implicava a perda de bens nem da condição de cidadão romano, ainda que o condenado fosse enviado para um local de onde não podia se afastar. O *exilium* era o agravamento da pena da *relegatio* e envolvia a perda dos bens e do título de cidadão (cf. André, 2008, p. XVI-XVII; Wheeler, 1996, p. XVIII). Para mais detalhes jurídicos sobre a história do exílio em contexto romano, cf. Kelly (2006). Para uma análise dos termos que o eu poético dos *Tristia* emprega para se referir à sua punição, cf. Avellar (2015a, p. 38-47).

2   As fontes antigas que expomos a seguir foram listadas por Williams (2002, p. 341).

3   Plin. *Nat.* 32, 54, 152: "A estes acrescentamos os animais citados por Ovídio, que não se encontram em nenhum outro [autor], mas que talvez existiram no Ponto, onde ele compôs aquela obra [*Halieutica*] em seus últimos anos." – *His adiciemus ab Ouidio posita animalia, quae apud neminem alium reperiuntur, sed fortassis in Ponto nascentia, ubi id uolumen supremis suis temporibus inchoauit.* Todas as traduções de textos em língua estrangeira são de nossa responsabilidade, salvo indicado o contrário.

4   Stat. *Sil.* I, 2, 253-255: "O velho Calímaco e Propércio do vale úmbrio/ teriam buscado louvar o dia, e também Nasão, não triste/ mesmo em Tomos, e Tibulo, rico em sua lareira acesa." – *Callimachusque senex Vmbroque Propertius antro/ ambissent laudare diem, nec tristis in ipsis/ Naso Tomis diuesque foco lucente Tibullus.*

5   Aur.-Vict. *Caes.* I, 24: "Pois [Augusto] condenou ao exílio o poeta Ovídio, ou Nasão, pelo motivo de ter composto os três livrinhos da *Ars amatoria*." – *Nam poetam Ouidium, qui et Naso, pro eo, quod tres libellos amatoriae artis conscripsit, exilio damnauit.*

6   Hier. *Chron.* 171 g: "O poeta Ovídio morreu no exílio e foi enterrado perto da cidade de Tomos." – *Ouidius poeta in exilio diem obiit et iuxta oppidum Tomos sepelitur.*

7   Sidon. *Carm.* 23, 158-161: "E tu, ó doce Nasão, conhecido pelos poemas lascivos e enviado para Tomos, outrora demasiadamente submisso à filha de César, de nome fictício Corina." – *Et te carmina per libidinosa/ notum, Naso tener, Tomosque missum,/ quondam Caesareae nimis puellae,/ ficto nomine subditum Corinnae.*

8   Para uma sistematização do conjunto de traços que caracteriza a literatura de exílio, cf. André (1992, p. 53-54). Para o caráter fundador da poesia ovidiana, ver ainda Williams (2006, p. 234) e Claassen (2009, p. 174).

9   A questão da recepção da poesia de exílio ovidiana em outros autores foi abordada de forma sucinta em minha dissertação de Mestrado (Avellar, 2015a, p. 24-26). Queiroz (1998) oferece um estudo de fôlego sobre a literatura de exílio em vários autores, e Ingleheart (2011) organiza um volume com ensaios sobre ecos do exílio de Ovídio em obras de escritores posteriores. Sobre a recepção de Ovídio na poesia medieval e sobre a chamada *aetas* Ovidiana, cf. Schmidt (2017). Sobre a presença de Ovídio na poesia do árcade Cláudio Manuel da Costa, cf. Alcides (2003). Sobre a presença de Ovídio nas elegias de Camões, cf. Avellar (2018a).

10   Um caso emblemático de leitura biografista no âmbito dos Estudos Clássicos é a *História da literatura latina* escrita por Paratore (1983). Para mais detalhes acerca das leituras biografistas feitas pela crítica literária na área de Estudos Clássicos, ver Martins (2008), que oferece um esclarecedor panorama histórico da crítica e suas diferentes abordagens das obras antigas ao longo do século XX.

11   Abordamos no Mestrado (Avellar, 2015a, p. 126-153) a coexistência desses dois tipos de leitura.

12   *Eadem igitur opera accusent C. Catullum, quod Lesbiam pro Clodia nominarit, et Ticidam similiter, quod quae Metella erat Perillam scripserit, et Propertium, qui Cynthiam dicat, Hostiam dissimulet, et Tibullum, quod ei sit Plania in animo, Delia in uersu.*

13   Allen (1950) e Achcar (2015, p. 18), por exemplo, sugerem que as obras da Antiguidade sejam lidas segundo um instrumental retórico, e não de acordo com as noções de *fides* ou "sinceridade", que são permeadas por ideias do Romantismo.

14   Clay (1998, p. 10); Vasconcellos (2011, p. 112-113)

15   Darcos (2009, p. 57), por exemplo, afirma que o banimento teria causado uma "neurastenia" no poeta, conduzindo-o a fixações mórbidas, daí a grande frequência de metáforas associadas à morte na poesia de exílio. Ademais, a relegação também teria sido causa de uma "depressão melancólica" (Darcos, 2009, p. 61).

16   Videau-Delibes (1991, p. 11-12) lista como exemplos disso os nomes de Teuffel (1880), R. Pichon (1897), J. Bayet (1934), Y. Bouynot (1957).

17   Em outro estudo, analisamos a questão das várias máscaras assumidas pelo eu poético dos *Tristia* e do jogo ficcional presente nessa obra (Avellar, 2015a).

18   Na consolação escrita para sua mãe, Hélvia, aconselhando-a a tolerar o afastamento do filho sem se perturbar, Sêneca reflete sobre o exílio e o estatuto de exilado, de modo a demonstrar serenidade diante dessa situação, que ele analisa racional e filosoficamente (Sen. *Helu.* VI-X; XIII). Na consolação destinada a Políbio, Sêneca faz uma invocação ao imperador, pedindo para retornar à pátria (Sen. *Polyb.* XIII), e finaliza com uma constatação de sua dificuldade em encontrar expressões latinas em meio às rudes línguas bárbaras que o cercam no exílio (Sen. *Polyb.* XVIII, 9). Por sua vez, os epigramas de Sêneca sobre o exílio, registrados na *Anthologia Latina* e reunidos em edição de Heredia Correa (2001), exploram vários dos *tópoi* característicos da lírica de exílio.

19   Tac. *Ann.* XII, 8: "[...] mas Agripina, que ela não se torne conhecida apenas por feitos perversos, obtém para Aneu Sêneca a absolvição do exílio, ao mesmo tempo que a pretura."
– *[...] at Agrippina ne malis tantum facinoribus notesceret ueniam exilii pro Annaeo Seneca, simul praeturam impetrat.* O exílio de Sêneca também é referido em Tac. *Ann.* XIII, 42, que localiza sua ocorrência durante o governo de Cláudio e insinua sua causa (a acusação de adultério com Júlia Livilla) por meio da exposição de uma fala de Suílio, inimigo de Sêneca.

20   Quando usamos os termos "poeta" ou "autor" para discutir as obras ovidianas, referimo-nos a uma personagem-poeta, construída no interior do texto, e não ao autor empírico.

21   Ideia semelhante é expressa por Brandão ao abordar a obra de Luciano. Como o acesso ao autor é por meio de textos, sua biografia é de natureza literária: "E bibliotecas não informam sobre pessoas, mas propriamente sobre personagens" (Brandão, 2015b, p. 14).

22   Discutiremos essa questão com mais profundidade ao longo de nosso "Capítulo I".

23   Cf. André (2008, p. XXVIII-XXIX); Wheeler (1996, p. XXXIII-XXXVII). Claassen (2008, p. 13), por sua vez, data a obra entre o fim de 9 d.C. e o início de 13 d.C.

24   Prata (2007) explora em sua tese as oposições entre Eneias e Nasão, definido pela estudiosa como um "herói às avessas", bem como os elementos antitéticos entre os gêneros épico e elegíaco.

25   Para uma síntese com várias dessas hipóteses, ver Claassen (2008, p. 3); André (2008, p. IX-XV); Avellar (2015a, p. 15-16).

26   Ingleheart (2011, p. 10): "a longa história da recepção da poesia de exílio ovidiana constitui uma parte importante do 'mito' do exílio de Ovídio" – [...] *the long history of the reception of Ovid's exile poetry itself forms an important part of the 'myth' of Ovid's exile*.

27   Conforme matéria de Vitale, no jornal *La Repubblica* de 14 de dezembro de 2017, a moção "pretende reparar o grave equívoco sofrido por Ovídio, procedendo à revogação do decreto com o qual o imperador Augusto o tinha enviado para exílio em Tomos". – [...] *intende riparare al grave torto subito da Ovidio, procedendo alla revoca del decreto con cui l'imperatore lo aveva mandato in esilio a Tomi*. Ver ainda a matéria de Henley no jornal *The Guardian*.

28   *I simboli sono fatti.[...] Io ho letto commenti stupidi sulle pagine dei quotidiani nei giorni scorsi su queste cose; [...] commenti di chi non capisce quanto i simboli siano elementi che trasformano il modo in cui noi guardiamo la realtà. La realtà non è fatta solo di oggetti fisici [...]. Questo è un simbolo importante oggi perché parla del diritto fondamentale degli artisti di esprimersi liberamente in una società mondiale in cui la libertà d'espressione artistica è sempre più compressa e parla del riconoscimento della funzione che l'espressione artistica e la cultura hanno nello sviluppo della convivenza umana.*

29   Brandão (2015b, p. 14-15) afirma que "a distinção autor/narrador, de fato, não se coloca para os antigos, porque não entendem eles que existia a cisão que modernamente se estabeleceu, a distribuição das funções discursivas estando antes no jogo poeta/personagem". Além disso, baseando-se nas categorias de "diegese simples" e "diegese mimética", definidas por Platão, e no testemunho de Pseudo-Justino, já na Antiguidade tardia, o estudioso acrescenta que "a perspectiva de que o poeta, falando como ele próprio ou como suas personagens, é responsável por tudo que diz atravessa por inteiro a experiência antiga" (Brandão, 2015b, p. 15). Embora Brandão (2015b, p. 15) esclareça que, ao poeta antigo, aplica-se antes uma "noção de responsabilidade", julgamos necessário relativizar a afirmação anteriormente citada, visto que vigorava na Antiguidade, paralelamente à perspectiva de Platão, que identifica a voz textual com o autor, uma concepção que assinalava a distinção entre obra e autor, especialmente cara entre poetas. Nesse sentido, ver Avellar (2015a, p. 126-153) e os testemunhos de Catul. 16, 5-6; Ov. *Tr.* II, 353-358; Mart. *Epigr.* I, 4, 8 e XI, 15, 13; Plin. *Ep.* IV, 14, 3; Apul. *Apol.* XI, 1 e 3; Aus. *Cent.* XVIII, 4-15 e 19.

30   No poema VIII de Catulo, por exemplo, o eu poético exorta a si mesmo utilizando a segunda pessoa: *Miser Catulle, desinas ineptire* – "Pobre Catulo, deixa de delirar" (Catul. *Carm.* VIII, 1). Em diversas elegias dos *Tristia*, por sua vez, o eu poético dirige-se a si mesmo em terceira pessoa, por meio do nome *Naso* (Ov. *Tr.* II, 119; III, 4, 45; III, 10, 1; III, 12, 51; IV, 4, 86; V, 3, 49; V, 13, 1).

31   Retomamos e desenvolvemos, neste e nos próximos dois parágrafos, considerações teóricas e comentários de estudiosos anteriormente discutidos em Avellar (2018a, p. 91-93).

32   *Career criticism takes as its starting point the totality of an author's textual output and asks how that oeuvre as a whole shapes itself, both in its intratextual relationships [...], and in the claims it makes to reflect or mould extratextual conditions of production [...].*

33   [...] *conjunction between Hellenistic genre theory and the social concerns of the Roman patron class.*

34   Para mais detalhes a esse respeito, ver Farrell (2002) e Paulino da Silva (2018).

35   No Brasil, estudos sobre intertextualidade na poesia de exílio ovidiana foram e vêm sendo feitos, por exemplo, por Prata (2002 e 2007), Grosso (2015), Santos (2015) e Avellar (2015a). Por sua vez, estudos sobre metapoesia nas obras ovidianas foram desenvolvidos por Bem (2011), Trevizam (2014, p. 102-129) e Faustino (2014).

36   A respeito da (auto)recepção e reescrita na poesia de exílio ovidiana, área de investigação ainda recente e pouco estudada, merecem destaque as contribuições de Gibson (1999), Tarrant (2006) e Myers (2014).

37   Preferimos a noção de "autorrecepção" à de "autocrítica" para designar o fenômeno, na medida em que ela coloca em destaque o papel de leitor assumido pela figura do poeta. Esse acúmulo de funções por Nasão nos *Tristia* é bastante significativo em razão do jogo de *personae* que se estabelece na obra e das reflexões teóricas que essa dinâmica suscita.

38   Discuti essas questões em detalhe num estudo anterior (Avellar, 2015a, p. 59-94).

39   *[...] come per altri aspetti della sua opera anche per la sua poetica si può individuare, al di là di apparenti fratture, una sostanziale continuità lungo tutto l'arco della sua produzione.*

40   *Ovid acts as the first 'receiver' of his own 'myth of exile'.*

41   *The history of Ovid's reception starts with Ovid himself [...].*

42   *But equally crucial to Ovid's self-presentation are allusions to his own previous masterpieces.*

43   Ao longo de todo o livro, utilizamos os termos "leitor" e "leitura" não em seu sentido estrito, mas no sentido amplo de "realizar uma interpretação", o que envolve a consideração do processo de recepção do texto.

44   Essa ficcionalização do leitor consiste na sua projeção, como personagem, nas elegias dos *Tristia*. O eu poético não apenas se dirige a essa figura, mas ainda simula diálogos com ela em algumas elegias.

45   A esse respeito, ver Avellar (2014b) e Avellar (2015a, p. 170-214).

46   Não é sem motivo que Hardie (2006, p. 5) afirma que "a linha de Cervantes, Sterne e Diderot pode ser traçada diretamente do antigo romance em prosa, mas também de Ovídio." – *The line of Cervantes, Sterne, and Diderot may be traced back directly to the ancient prose novel, but also to Ovid.* Para possíveis aproximações entre a poesia ovidiana e o romance de Petrônio, ver Avellar (2014a; 2015a, p. 32-35).

47   *[...] the elegiac meter of the Amores and the erotodidactic poetry, the epistolary form of the Heroides, the aetiological narratives of the Fasti, and the kaleidoscopic mythical sensibility of the Metamorphoses all combine to produce something that is generically new.*

48   Além dos elementos considerados em geral definidores de gênero (como os *tópoi*, a temática ou o metro), denominamos de "procedimentos compositivos" os aspectos particulares que se apresentam como estruturais em cada uma das obras ovidianas, conforme será exemplificado nos capítulos seguintes.

49   A obra é identificada em vários manuscritos como *Metamorphoseon libri*, com o título em genitivo, mas optamos aqui por fazer referência ao poema por meio do título no nominativo. A respeito da adoção de um título grego para o poema ovidiano, veja-se Wheeler (2009, p. 147).

50   Essa distinção está presente em vários manuais de literatura latina, como o de Zélia Cardoso (2011, p. 80-87) e o de Conte (1999, p. 340-341). Igualmente, a "Nota introdutória" de Domingos L. Dias (2017, p. 35), na tradução das *Metamorphoses* publicada pela Editora 34, divide a produção ovidiana nos usuais três períodos.

51   Era comum entre os poetas latinos finalizar suas obras com uma *sphragis*, uma espécie de "assinatura", breve comentário com informações "autobiográficas" e com a menção das

produções poéticas do autor (cf. Bonvicini, 1999, p. 390; Peirano, 2014, p. 224). Igualmente, os epitáfios continham a síntese da vida do morto, retomando seus feitos principais.

52   Ambos os trechos e seu diálogo com os *Tristia* serão discutidos com mais detalhe em nosso "Capítulo II".

53   Essas questões envolvendo a transição de uma cultura predominantemente oral para uma cultura escrita serão devidamente desenvolvidas, aprofundadas e discutidas em nosso "Capítulo III", na subseção intitulada "O poeta diante do espelho: um novo Narciso".

54   "[...] espaço biográfico que o texto constrói não a partir de si mesmo, mas remetendo-se a outros textos que também recebem o nome do autor e através dos quais o nome pode construir seu âmbito de realidade [...]" (Lima, 2016, p. 96).

55   Embora seja o mesmo nome do autor empírico (*Publius Ouidius Naso*, "Públio Ovídio Nasão"), trata-se de uma instância diferente, construída no interior dos textos (quando diz respeito à personagem do eu poético) ou a partir das obras (quando diz respeito à imagem de poeta). De qualquer modo, trata-se de uma instância literária engendrada nos textos e cristalizada na recepção das obras ovidianas.

56   *A common gesture for Vergil, Horace and other Augustan poets was to add their name to at least one of their works.*

57   A respeito da sinérese, veja-se De Climent (1983, p. 130-131). Agradeço à prof.ª Heloísa Penna por ter me indicado essa alternativa métrica e a ter sugerido para o nome *Ouidius*.

58   *Ovid tends to avoid it. (One rare instance occurs at Met. 15.718 where Antium is to be read as Antjum, i.e. di-syllabic).*

59   Mart. *Epigr.* VI, 36: "Teu pau, Papilo, é tão grande quanto o teu nariz,/ que, toda vez que te excitas, podes cheirá-lo." – *Mentula tam magna est, quantus tibi, Papyle, nasus,/ ut possis, quotiens arrigis, olfacere*; Phaedr. *Fab.* I, 29, 7: "Um asno, como tivesse se encontrado com um javali,/ diz: 'Olá, irmão'. Este, ofendido, recusa/ a cortesia e pergunta por que de tal modo ele mente./ O asno, baixando o pênis: 'Se negas ser parecido comigo,/ decerto isto é parecido com teu focinho'." – *Asellus apro cum fuisset obuius:/ 'Salue' inquit 'frater'. Ille indignans repudiat/ officium et quaerit, cur sic mentiri uelit./ Asinus demisso pene: 'Similem si negas/ tibi me esse, certe simile est hoc rostro tuo'.*

60   Littman (1977, p. 123): "Sugiro que *unguentum* se refere às secreções vaginais de Lésbia, que fluem por causa da excitação sexual." – *I suggest that* unguentum *refers to Lesbia's vaginal secretions which sexual excitement causes to flow.*

61   "Um bom unguento, confesso, deste/ ontem aos convivas, mas nada talhaste./ Coisa hilária é cheirar bem e passar fome./ Quem não janta e se unge, Fabulo,/ parece-me estar morto." – *Vnguentum, fateor, bonum dedisti/ conuiuis here, sed nihil scidisti./ Res salsa est bene olere et esurire./ Qui non cenat et unguitur, Fabulle,/ hic uere mihi mortuus uidetur.*

62   Segundo Green (2005, p. 217), "o gracejo fálico é inconfundível; tal é a natureza do perfume (convincentemente identificada por Littman 1977)." – *The phallic joke is unmistakable; so is the nature of the smell (convincingly identified by Littman 1977).*

63   [...] *un breve passo di norma introduttivo o conclusivo, nel quale il poeta si distacca dall'argomento che sta trattando per rivelare la propria identità al lettore.*

64   Veja-se, a esse respeito, Penna (2018).

65   Para as relações entre as carreiras virgiliana e ovidiana, e para o fato de o percurso virgiliano ter servido de modelo para a constituição da trajetória ovidiana, ver Hardie & Moore (2010, p. 5-7); Barchiesi & Hardie (2010, p. 59) e Farrell (2004).

66 [...] *autobiographical motifs such as the poet's name, his parentage and place of birth, and remarks on the immortality and future reception of both author and oeuvre.*

67 Ver Peirano (2014, p. 226) para as relações entre as *sphragides* romanas e os epigramas funerários helenísticos.

68 Para mais detalhes acerca das *sphragides* e suas relações com a escrita e as assinaturas literárias, cf. Cavallo & Chartier (1998, p. 10), Peirano (2014, p. 224-242); Thorsen (2014, p. 39-47).

69 [...] *in each of his amatory works Ovid adds a word to his cognomen that functions like an epithet that captures his particular posture in each poetic composition, very much like a signature.*

70 Santos (2015, p. 32-34) também identifica algumas passagens dos *Amores*, da *Ars* e dos *Remedia amoris* em que ocorre o nome Nasão.

71 Na sequência, listamos e comentamos brevemente todas as ocorrências do nome *Naso* nas obras ovidianas.

72 Utilizamos aqui o termo entre aspas com o objetivo de destacar as diferenças entre os processos de produção e difusão do livro na Antiguidade e aqueles iniciados com a tipografia/imprensa, que possibilitou a produção de cópias idênticas e em larga escala e que passou a envolver a figura do atual "editor". Para mais detalhes acerca do livro, sua estrutura e sua transmissão na Antiguidade, cf. Cavallo (1998), Dorandi (2000) e Salles (2010).

73 Se assim fosse, a estudiosa teria de considerar ficcionalizações todos aqueles textos que, no processo de transmissão, se perderam e não nos chegaram, como, por exemplo, os poemas de Calvo, Galo, Filodemo, Cássio Severo, Cássio Etrusco, Labieno.

74 A sequência *ille ego* é usada em contextos autobiográficos das elegias ovidianas, nos quais Nasão se apresenta como poeta (*Tr.* IV, 10, 1; *Tr.* V, 7, 55). A presença do pronome pessoal *ego* é enfática, e o demonstrativo de terceira pessoa (*ille*) agrega ainda as ideias de "famoso" e "distante".

75 O uso do genitivo *nequitiae* para definir a poesia de Nasão a alinha aos ideais da elegia amorosa. O termo pode significar "lascívia" ou "devassidão", em referência ao caráter erótico da elegia, mas também "indolência", "moleza" ou "frouxidão", sendo frequentemente empregado nesse sentido para designar o modo de vida elegíaco, avesso aos ideais pátrios e marcado pela recusa dos encargos e da vida pública. Segundo Fedeli (1991, p. 110), "o poeta não pode, senão negativamente, viver as experiências da vida de empenho civil; a tal ponto tem consciência dela, que os valores positivos sobre os quais os romanos fundaram a ordem constituída são por ele substituídos por uma série de termos negativos para exprimir as aspirações elegíacas (*desidia, ignauia, inertia, infamia, nequitia*)". Veja-se ainda Boucher (1965, p. 13-39), a respeito do modo de vida e dos ideais elegíacos.

76 No que diz respeito à materialidade do texto, pode-se pensar nas relações entre o gênero da elegia, o epigrama e o epitáfio. Essas questões são oportunamente discutidas e aprofundadas mais à frente, no capítulo sobre as *Heroides*, ao comentarmos sobre a definição de elegia como poesia de lamento e sobre as questões de autoria e autoridade nas *Heroides*.

77 De acordo com Volk (2002, p. 40), a "simultaneidade poética" – isto é, a presença de comentários sobre o processo de "cantar" enquanto o poema se desenrola – é um dos traços definidores do gênero poesia didática.

78 Conforme destaca Boyle (1993, p. 2-5), o gênero épico, voltado para feitos heroicos e de natureza pública, era referido pelos poetas como *carmen heroum* e caracterizado como *magnum* ou *grande* (de caráter grandioso, na extensão e no assunto), *graue* ("sério"), *altum* ("sublime", "elevado"), *durum* ("vigoroso"). Em oposição, o gênero elegíaco, voltado para o

Notas

otium e para a paz, era denominado *molle* ("macio"), *leue* ("leve"), *paruum, exiguum* ("pequeno"), *iocosum* ("jocoso") e, ocasionalmente, *lasciuum* ("lascivo"). Tais adjetivos têm frequentemente valor programático na poesia do período augustano, de modo a instaurar ricas discussões metapoéticas sobre as relações entre gêneros e sobre a própria escrita poética.

79 Ov. *Tr.* I, 7, 10; *Tr.* II, 119; *Tr.* III, 3, 74 e 76; III, 4, 45; III, 10, 1; III, 12, 51; *Tr.* IV, 4, 86; *Tr.* V, 1, 35; V, 3, 49 e 52; V, 4, 1; V, 13, 1.

80 Ov. *Tr.* I, 7, 9-10: "Toda vez que o observas, talvez te ocorra dizer:/ 'Quão longe me está o amigo Nasão!'" – *Quae quotiens spectas, subeat tibi dicere forsan:/ 'Quam procul a nobis* **Naso** *sodalis abest!'* (grifos nossos).

81 Ov. *Tr.* V, 1, 35-36: "'Quando, Nasão, cessarás os lacrimosos poemas?',/ perguntas. Quando cessar também minha sina" – *'Quis tibi,* **Naso***, modus lacrimosi carminis?' inquis./ Idem fortunae qui modus huius erit* (grifos nossos).

82 Assim como o termo *Naso*, o vocábulo *nomen* aparece amplamente nos *Tristia* em referência ao nome do poeta: Ov. *Tr.* I, 1, 54 e 110; *Tr.* II, 118; *Tr.* III, 3, 80; III, 10, 2; III, 14, 22; *Tr.* IV, 3, 18; IV, 10, 68 e 122; *Tr.* V, 3, 58; V, 7, 30 e 38; V, 12, 39; V, 14, 13.

83 Essa mesma ideia ocorre também em III, 10, 1-4: "Se alguém aí ainda se lembra de Nasão que partiu,/ e meu *nome*, sem mim, perdura em Roma,/ saiba que, sob estrelas que nunca tocam o mar,/ eu vivo em meio à barbárie" – *Siquis adhuc istic meminit* **Nasonis** *adempti,/ et superest sine me* **nomen** *in Vrbe meum,/ suppositum stellis numquam tangentibus aequor/ me sciat in media uiuere barbaria* (grifos nossos).

84 Essa ambiguidade que perpassa o eu poético – romano/estrangeiro entre os bárbaros, e bárbaro para os romanos – foi analisada e discutida com mais detalhes em minha dissertação (Avellar, 2015a, p. 59-73).

85 Retomaremos a passagem em análise mais detalhada no "Capítulo II", ao discutir a presença de epitáfios nas obras ovidianas.

86 Ov. *Pont.* I, 1, 1; I, 3, 1; I, 5, 2; I, 10, 1; *Pont.* II, 2, 2; II, 5, 1; II, 6, 2; II, 10, 2 e 15; II, 11, 2; *Pont.* III, 1, 3; III, 4, 2; III, 5, 4 e 44; III, 6, 1; III, 7, 13; *Pont.* IV, 3, 10; IV, 8, 34; IV, 9, 2; IV, 14, 14; IV, 15, 2.

87 Discutiremos essa questão mais detalhadamente em nosso "Capítulo II", sobre as *Heroides*.

88 A primeira pessoa usada pelo narrador ocorre, por exemplo, em *Met.* I, 3-4; 414-415; II, 330; 214; III, 568; XV, 871-879. A essas ocorrências, somam-se ainda as inúmeras ocasiões de emprego da segunda pessoa, o que pressupõe a fala de um narrador/personagem-poeta que se dirige às personagens mitológicas da obra.

89 As *Heroides* são mencionadas em Ov. *Am.* II, 18, 21-26; *Ars* III, 344-345. As *Metamorphoses* são referidas em *Tr.* I, 7, 13-14; II, 555-556.

90 Cada uma das mencionadas *personae* pode assumir, ainda, outras máscaras, sendo possível identificar jogos de *personae* nas obras ovidianas. Para uma análise dessas questões na poesia dos *Tristia*, veja-se Avellar (2015a).

91 "Tal interesse em revisão é adequado a um poeta que repetidas vezes dramatizou a transformação de sua *persona*: elegista em tragediógrafo, poeta-amante em *praeceptor amoris*, escritor de elegia leve em escritor de poesia épica e etiológica e, por fim, tudo isso em poeta exilado." – *Such an interest in revising suits a poet who repeatedly dramatized the transformation of his persona: elegist into tragedian, lover-poet into praeceptor amoris, writer of light elegy into writer of epic and aetiological poetry, and, finally, all of the above into the poet of exile.*

92   Nesse caso, recorde-se que Myers (2014, p. 8) utiliza o termo "ovidianismo" (*Ovidianism*) para designar a imagem que Ovídio constrói para si mesmo a partir de sua tentativa de controle, nos *Tristia* e nas *Epistulae ex Ponto*, da recepção de seus poemas. Nosso emprego do adjetivo "ovidiano" inclui essa definição de Myers, mas envolve também a recepção posterior da obra e sua interferência na constituição da imagem do poeta.

93   Para discussão mais delongada dessas questões e esclarecimentos sobre as noções de "enunciado" e "enunciação", veja-se Avellar (2015a, p. 21-22; 26; 30-37).

94   Os motivos de nossa não opção pela ideia de "autor implícito" serão comentados mais detalhadamente ao discutirmos a noção de "leitor implícito", introduzida na primeira seção do "Capítulo I".

95   *[...] the first reader of any instance of allusive incorporation, a reader by no means exempt from this inevitability of tendentiousness: the alluding poet himself.*

96   *Roman poets describe themselves as depending on reading both as an immediate stimulus to writing and also as a source of models for composition.*

97   *[...] interpretation is not something we can choose to do or not to do; to read is to interpret, and to read in one way is inevitably not to read in some other(s).*

98   Kristeva (2005, p. 68, trad. L. Ferraz): "[...] uma descoberta que Bakhtin foi o primeiro a introduzir na teoria literária: todo texto se constrói como mosaico de citações, todo texto é absorção e transformação de um outro texto. Em lugar da noção de intersubjetividade, instala-se a de intertextualidade, e a linguagem poética lê-se pelo menos como dupla."

99   Para mais detalhes sobre o procedimento da *imitatio* em contexto latino, cf. Pinowar (1942); Bompaire (2000, p. 5-97); Russell (2007); Glinatsis (2012); Avellar, Barbosa & Trevizam (2018, p. 31-58).

100 Quint. *Inst.* I, 2, 26; X, 1, 62 e 122. Um exemplo em que fica mais evidente o sentido do termo ocorre quando a *aemulatio* é aproximada de um *certamen*: "[...] mas uma disputa e emulação em torno dos mesmos sentidos" – *[...] sed circa eosdem sensus certamen atque aemulationem* (Quint. *Inst.* X, 5, 5).

101 Quint. *Inst.* X, 2, 24: "E assim, eu não aconselharia, de modo algum, a que alguém se entregasse a um único modelo, segundo o qual fizesse todas as coisas." (trad. A. Rezende) – *Itaque ne hoc quidem suaserim, uni se alicui proprie quem per omnia sequatur addicere.*

102 Sen. *Epist.* 84, 5: "Nós, igualmente, devemos imitar estas abelhas e discriminar todas as coisas que tivermos recolhido de diversas leituras – pois conservam-se melhor separadas –; depois, aplicada a atenção e a capacidade de nosso talento, misturar aquelas várias primícias em um único sabor individual, de modo que, mesmo estando claro de onde foi tirado, no entanto esteja claro que é outra coisa, diferente daquilo de onde foi tirado." – *[...] nos quoque has apes debemus imitari et quaecumque ex diuersa lectione congessimus, separare, melius enim distincta seruantur, deinde adhibita ingenii nostri cura et facultate in unum saporem uaria illa libamenta confundere, ut etiam si apparuerit, unde sumptum sit, aliud tamen esse quam unde sumptum est, appareat.*

103 Quint. *Inst.* Dedicatória 1, 2; *Inst.* VIII, 3, 60.

104 Hor. *Ep. Pis.* 128-135; 268-269. Hor. *Ep.* I, 19, 17-20. Quint. *Inst.* X, II, 4; 7; 9; 10; 16; 26. Esses e outros trechos sobre a *imitatio* são analisados detidamente em Avellar, Barbosa & Trevizam (2018, p. 37-53).

105 A difusão dessa ideia foi empreendida já entre os antigos romanos, como modo de estabelecer uma narrativa fundacional para sua literatura. Nesse sentido, vejam-se, por exemplo, Cic. *Brut.* 72, *Tusc.* I, 3; Liv. VII, 2, 3-13.

106 Segundo Goldberg (2005, p. 1), "essa versão foi repetida tão frequentemente, e o uso consciente dos modelos gregos é um traço tão característico da literatura latina subsequente, que mesmo agora a completa estranheza do relato raramente recebe a atenção merecida". – *This account has been so often repeated, and the conscious use of Greek models is so characteristic a feature of subsequent Latin literature, that even now the full oddity of the story rarely attracts the attention it deserves.* Para as manifestações teatrais romanas autóctones, ver Costa (1978, p. 13-43) e Pereira (2013, p. 72-74).

107 *L'imitation littéraire à Rome est inséparable de l'hellénisation. Elle constitue, du point de vue de l'histoire des idées et de l'art, la forme d'appropriation la plus importante par les Romains des biens culturels grecs; elle est d'abord une condition d'existence qui devient ensuite une tradition.*

108 Sem dúvida, a escolha de um posicionamento teórico traz consigo uma série de implicações. Ao usar a expressão "pura e simplesmente", não queremos dizer que se trata de uma escolha simplista, desprovida de complexidades, mas que não existem imperativos que nos obriguem a optar por um ou outro posicionamento teórico. A adoção de determinada perspectiva teórica, a nosso ver, não invalida os demais posicionamentos existentes, nem os desqualifica, "mas resulta, pura e simplesmente, de uma escolha" do leitor ou intérprete. Isso não significa, de modo algum, que o posicionamento escolhido seja melhor ou mais válido que os demais.

109 Suet. *Vit. Verg.* 44-45: "Herênio reuniu apenas os erros dele [de Virgílio], Perélio Fausto os plágios. Mas também os oito rolos das Semelhanças de Quinto Otávio Avito contêm os versos que teria traduzido e de onde." – *Herennius tantum uitia eius, Perellius Faustus furta contraxit. Sed et Q. Octaui Auiti Ὁμοιοτήτων octo uolumina quos et unde uersus transtulerit continent.*

110 Esse artigo é considerado um marco importante da história dos estudos intertextuais no âmbito da literatura latina por vários estudiosos; cf. Hinds (1998, p. 102); Vasconcellos (2001, p. 28-31); Prata (2007, p. 20-22; 2017, p. 128); Conte & Barchiesi (2010, p. 93); Achcar (2015, p. 14-16).

111 *[...] in poesia culta, dotta io ricerco quelle che da qualche anno in qua non chiamo più reminiscenze ma allusioni, e volentieri direi evocazioni e in certi casi citazioni. Le reminiscenze possono essere inconsapevoli; le imitazioni, il poeta può desiderare che sfuggano al pubblico; le allusioni non producono l'effeto voluto se non su un lettore che si ricordi chiaramente del testo cui si referiscono.* (Texto italiano *apud* Prata, 2007, p. 20).

112 Esse texto de Conte & Barchiesi foi originalmente publicado em 1989, e Barchiesi reavalia e reconsidera em publicações futuras (por exemplo, Barchiesi, 1997) algumas das posições aí adotadas. Comentaremos essas questões oportunamente, ao discutir mais à frente o texto de Conte & Barchiesi em detalhes.

113 Fowler (1997, p. 14): "Não lemos um texto em isolamento, mas dentro de uma matriz de possibilidades constituída por textos anteriores, que funciona como *langue* em relação à *parole* da produção de textos individuais." – *We do not read a text in isolation, but within a matrix of possibilities constituted by earlier texts, which functions as langue to the parole of individual textual production.* Fowler (1997, p. 15), referindo-se às definições de intertextualidade apresentadas na tabela: "Segundo essa visão estruturalista [...]" – *On this structuralist view [...]*. Fowler (1997, p. 24): "Minha formulação inicial da intertextualidade foi em termos estruturalistas: estamos interessados não no que os escritores pensam, mas no sistema literário, a matriz de possibilidades em relação à qual a literatura funciona." – *My initial formulation of intertextuality was in structuralist terms: we are concerned not with what writers think but with the system of literature, the matrix of possibilities against which literature functions.*

114	*Allusion*	*Intertextuality*
	In the author's mind	In the (system of) the text(s)
	Private	Public
	Single	Multiple
	Additional extra	Inescapable element
	Special feature of 'literature'	General feature of language and other semiotic systems
	Difference from model significant	Diference and similarity ('traces') significant
	Extratextual act	Intratextual act

115 [...] the reified text-in-itself, its meaning placed beyond contingency.

116 [...] the discourse of the 'natural'; a competent reader, it is implied, would, 'naturally' and without excessive difficulty, arrive at an original meaning corresponding with the 'true shape' of the poems, were it not for the barriers interposed between reader and text by history, tradition and critical misinterpretation.

117 We all approach the reading of texts with the baggage of our values and our experience, with certain categories, assumptions, prejudices and 'fore-understandings'. To have such a baggage is what it is to be a human being in history; without it we could not read at all.

118 [...] a 'metaphysics' of the text and a meaning immanent within the signs.

119 "[...] os modos de alusão podem ser sutis [...] e dependerá, então, da bagagem literária de leitor e de sua perspicácia interpretativa a detecção das referências intertextuais e sua compreensão [...]" (Vasconcellos, 2001, p. 35).

120 O próprio Vasconcellos (2007, p. 244), em artigo publicado posteriormente, problematiza esse tipo de posicionamento, ao destacar que ele apenas transfere o controle do autor para o sistema do texto, mas que este permanece em abstrações como a noção de "leitor implícito". Retomaremos essas colocações de Vasconcellos mais à frente, acompanhadas de sua devida discussão.

121 Usamos sempre a expressão "pós-estruturalista" com caráter adjetivo, para fazer referência aos desenvolvimentos teóricos e filosóficos que ocorreram após o "Estruturalismo", e não a um grupo ou vertente de pensamento específico.

122 Conte & Barchiesi (2010, p. 97-98, trad. D. Carrara e F. Moura) definem a intencionalidade "não como processo psicológico de um autor [...], e sim como 'coeficiente de torção' que um texto ou uma tradição recebida sofre de modo filologicamente comprovável: esse efeito de desvio é significativo porque pode ser mensurado no texto".

123 Não obstante, em outro extremo, o caráter individual do leitor empírico constitui um problema para a atividade dos críticos e dos teóricos, que muitas vezes se pauta na busca de generalizações.

124 Isso é uma ideia partilhada tanto pela vertente estruturalista quanto pela vertente pós-estruturalista, mas com implicações bastante diferentes. Para a perspectiva estruturalista, conforme esclarece Fowler (1997, p. 15), a intertextualidade é múltipla e pública, pois consiste em uma propriedade do sistema literário. Ou seja, a infinitude de alusões estaria situada nesse sistema (uma espécie de *langue*) até ser acionada pelos leitores no momento da interpretação. Por sua vez, sob um viés pós-estruturalista, o foco não está em propriedades prévias situadas no sistema, mas sim na atuação do leitor, responsável por construir os diálogos intertextuais. Essa perspectiva será por nós discutida em detalhes na sequência desta seção e na seção seguinte do capítulo.

125 [...] constructions like that of 'a competent reader' (who decides?) or 'an implied reader' (always already a matter of interpretation) seem to amount to little more than the critic himself in another guise.

126 *The ideal of a reader who sees exactly the same cues [...] as the author [...] will always in the final analysis be unattainable.*

127 Nesse sentido, recorde-se que mesmo um teórico da Estética da Recepção como Iser, ao propor uma noção como "leitor implícito", foi alvo de críticas dos partidários de uma maior liberdade do leitor, na medida em que, para eles, esse conceito apenas disfarça um retorno à instância do autor (cf. Compagnon, 2006, p. 155-156).

128 *[...] the possible directions that future work on intertextuality might take, and to how classical work might connect with the wider and wilder practices of other interpretative communities.*

129 Martindale (1993, p. 7), ao discutir as ideias de Gadamer: "Interpretação também envolve uma 'fusão de horizontes' em constante movimento entre passado e presente, texto e intérprete" – *Interpretation also involves a constantly moving 'fusion of horizons' between past and present, text and interpreter.* Para mais detalhes a esse respeito, cf. Martindale (1993, p. 6-10).

130 *Intertextuality, like all aspects of literary reception, is ultimately located in reading practice, not in a textual system: meaning is realised at the point of reception, and what counts as an intertext and what one does with it depends on the reader.*

131 *[...] the endlessness of the intertextual chains which makes any stopping-point an arbitrary one.*

132 *[...] our choice, and carries with it ideological implications. [...] is essentially ideological.*

133 Conforme informado anteriormente, empregamos a expressão "pós-estruturalista" com caráter adjetivo, para fazer referência aos desenvolvimentos teóricos e filosóficos que ocorreram após o "Estruturalismo".

134 A expressão "pan-textualismo" foi usada por Mitchell para designar o pensamento pós-estruturalista que confere primazia à linguagem. Ele é descrito por White (1986, p. 481), citando Mitchell (1982, p. 617), "como uma estratégia que 'lê todo o tecido da natureza e da cultura como uma rede de signos'" – *as a strategy that 'reads the entire fabric of nature and culture as a network of signs'.*

135 *[...] Derridan pan-textualism: if nothing is outside text in the sense that we can only speak and think of anything in language, then intertextuality is not simply about the relationship between this or that literary production but a central feature of human life.*

136 *The traces of modern theory have not been there all the while waiting for us, but appear only after we have formulated the theory.*

137 *Texts cannot relate to historical events or institutions but only to stories about those events and institutions, whether told by ancients or by moderns.*

138 *[...] if we look at contemporary historical theory and practice, we must admit that there are as many perspectives on history as there are modes of critical practice in literary studies. And this for a very good reason: the referent of the term 'history' is as indeterminable, is as much a matter of principled contestation, as the term 'literature' (or for that matter, 'philosophy' or 'science') itself.*

139 *for the pan-textualist, history appears either as a text subject to many different readings (like a novel, poem, or play) or as an absent presence the nature of which is perceivable only by way of prior textualizations (documents or historical accounts) that must be read and rewritten in response to present interests, concerns, desires, aspirations [...].*

140 *White replies that he has not deserted 'truth' and 'fact', but reconceptualized them: the point is not that all historical narratives are equally valid, but that they are all equally rhetorical.*

141 Hartog (2011): "Formado a partir do latim *classis*, *classicus* remete a princípio a uma classificação fiscal. É *classicus* por excelência aquele que pertence à primeira classe dos contribuintes. Um *classicus scriptor*, a expressão é empregada uma vez por Aulo Gélio, designa a

princípio um escritor que não é *proletarius*, bom para ser lido pelos *classici*, e não pelo povo. Um escritor de primeira ordem." – *Formé sur le latin classis, classicus renvoie d'abord à une classification fiscale. Est par excellence classicus celui qui appartient à la première classe des contribuables. Un classicus scriptor, l'expression est employée une fois par Aulu-Gelle, désigne d'abord un écrivain qui n'est pas proletarius, bon pour être lu par les classici, et non par le peuple. Un écrivain de premier ordre.*

142 Algumas dessas questões serão retomadas na última seção deste capítulo, quando apresentarmos nossa proposta teórico-metodológica para a abordagem da intertextualidade, uma possibilidade que busca ampliar o diálogo dos Estudos Clássicos com outras áreas.

143 *I could [...] argue that, for all the intense authorial control which it presupposes, allusive self--annotation, like any other aspect of poetic meaning, is always, in practice, something (re)constructed by the reader at the point of reception.*

144 Para a exemplificação desse tipo de abordagem, cf. Edmunds (2001, p. 43-59).

145 *No two readers will ever construct a set of cues in quite the same way; no one reader, even the author, will ever construct a set of cues in quite the same way twice.*

146 Isso faz lembrar uma história narrada por Barchiesi (1997, p. 211-212): um autor pouco conhecido e de poucas publicações literárias, graças à intervenção de um escritor já célebre – que Barchiesi identifica com Eugenio Montale –, conseguiu publicar alguns de seus poemas em uma revista literária. Alguns anos depois, ao ler uma nova coletânea de Montale, o autor pouco conhecido identifica um dístico que lhe parece de sua propriedade. Ao reler a coletânea montaliana, porém, o autor percebe que a semelhança poderia ser meramente casual, e não mais a reconhece como um plágio.

147 *[...] the partiality of any narrative told by any reader or writer about allusive or intertextual relations in literary history.*

148 *Meaning, could we say, is always realized at the point of reception; if so, we cannot assume that an 'intention' is effectively communicated within any text. And also, it appears, a writer can never control the reception of his or her work, with respect either to the character of the readership or to any use which is made of that work.*

149 *[...] a historicized version of reception theory, associated above all with Hans Robert Jauss; but it will be one of a less positivistic character, which will concede rather more than he does to the operations of différance, the key term of Derrida's, which combines the idea of difference (meaning is an effect of the contrast between signs) and deferral (meaning always resists closure, a final – or originary – meaning, because signs never stand still).*

150 *On Gadamer's view 'the truth of works of art is a contingent one: what they reveal is dependent on the lives, circumstances and views of the audience to whom they reveal it'. In Gadamer's words, 'It is part of the historical finiteness of our being that we are aware that after us others will understand in a different way'.*

151 *Whether you can observe a thing or not depends on the theory which you use. It is the theory which decides what can be observed.*

152 *[...] a view of text as inherently open-ended, multiple, and unstable in opposition to notions of univalent, selfcontained meaning.*

153 *impersonal theory of poetry.*

154 *novelty is better than repetition. [...] the historical sense involves a perception, not only of the pastness of the past, but of its presence.*

155 *Whoever has approved this idea of order [...] will not find it preposterous that the past should be altered by the present as much as the present is directed by the past.*

156 Virg. *Aen.* II, 557-558: "[...] jaz no litoral o imenso tronco, a cabeça separada dos ombros e o corpo sem nome." – *[...] iacet ingens litore truncus,/ auolsumque umeris caput et sine nomine corpus.* Luc. I, 685-686: "Este tronco que jaz, informe, na areia do rio, eu o reconheço [...]" – *Hunc ego, fluminea deformis truncus harena/ qui iacet, agnosco [...].*

157 We engage in a multi-directional elucidation of texts, in a relationship which may be termed one of 'intertextual mutuality'.

158 The signs – and even these change their shape – have to be read, and every reading, even that (or those) of the author, is, on this view, an act of translation. So we have no final 'text', but rather an ever-widening fan of 'translations', which can always be supplemented by another translation. If translation [...] can usefully be conceptualized, not as a uni-directional process but rather as a dialogic one of intertextual mutuality, we have a situation in which 'texts' which are always already translations speak to other texts, including readers as textually-constituted subjects.

159 Repetition, it is clear, always entails some alteration.

160 Translation, like interpretation, becomes rather a saying in other words, a constant renegotiation of sameness-within-difference and difference-within-sameness. Those seeking the 'correct' translation are thwarted by linguistic difference and history ever on the move.

161 Conforme esclarecemos na primeira seção deste capítulo, não é consensual a ideia de que a literatura latina teve sua origem com as traduções de Lívio Andronico. Todavia, independentemente de quais tenham sido suas manifestações originárias, a literatura latina tem como um marco importante as traduções de Andronico, pois representam o estabelecimento de um processo de transferência cultural que se manifesta, por exemplo, no fenômeno da *imitatio*.

162 O evento é mencionado por Hinds (1998, p. 62-63). Para mais informações sobre M. Fulvius Nobilior, cf. Hornblower, Spawforth, Eidinow (2012, p. 594). O triunfo e as estátuas das Musas são mencionados em fontes antigas identificadas por Pollitt (1983, p. 43-44) e por Hinds (1998, p. 62): Cic. *Arch.* 27; Plin. *Nat.* XXXV, 66; Plb. *Hist.* XXI, 30, 9; Liv. XXXIX, 5, 13-16; XXXIX, 22, 1-2.

163 Uma versão preliminar desta e da próxima subseção ("Querela entre clássicos e teóricos" e "O que a teoria tem a dizer aos clássicos?") foi apresentada, ainda em estado seminal, como palestra integrante da programação do VII SPLIT ("VII Seminário de Pesquisa Discente do Pós-Lit/UFMG"), em 2017.

164 Não obstante, conforme discutido na "Introdução", as interpretações biografistas remontam à própria Antiguidade.

165 Esse tipo de leitura pode ser exemplificado por Cairns (1972) e Achcar (2015).

166 Ver a *República*, de Platão, a *Poética*, de Aristóteles, e também Spina (1995) e Brandão (2005, p. 37-62).

167 Arist. *Poet.* 1452a 1-5: "É que, ao compor peças para concurso e ao desenvolver um enredo para além das suas capacidades, [os poetas] são muitas vezes forçados a modificar a ordem natural" (trad. A. M. Valente).

168 Arist. *Poet.* 1460b 6-12: "Uma vez que o poeta é um imitador, como um pintor ou qualquer outro criador de imagens, imita sempre necessariamente uma de três coisas possíveis: ou as coisas como eram ou são realmente, ou como dizem e parecem, ou como deviam ser" (trad. A. M. Valente).

169 Arist. *Poet.* 1460a 20: "Além do mais, Homero ensinou os outros poetas a dizer falsidades de maneira certa. É isto o paralogismo" (trad. A. M. Valente). Arist. *Poet.* 1458b 20: "Como quando Ésquilo e Eurípides compuseram o mesmo verso iâmbico, substituindo apenas uma palavra – uma palavra rara em vez de uma usada habitualmente –: um verso parece belo e

o outro banal. Na verdade, Ésquilo no *Filoctetes* escreveu: 'uma ferida que come as carnes do meu pé', e Eurípides, em vez de 'come', usou 'devora'" (trad. A. M. Valente).

170   Quint. *Inst.* Dedicatória, 1, 2; *Inst.* VIII, 3, 60.

171   O próprio Compagnon (2006, p. 38, trad. C. Mourão e C. Santiago) afirma que "da Antiguidade à metade do século XVIII a literatura [...] foi geralmente definida como imitação ou representação (mímesis) de ações humanas pela linguagem".

172   Fala-se frequentemente de filosofia ou retórica antigas indistintamente, sem precisar a qual filósofo ou a qual retórico se faz referência, como se não houvesse divergência de pensamento entre eles.

173   Para uma análise das relações entre história mítica e história contemporânea na *Eneida*, bem como para uma leitura cosmológica associada aos aspectos históricos, veja-se Hardie (2001).

174   Para a questão das vozes dos vencidos na *Eneida*, por exemplo, cf. Quint (1992).

175   Para o esclarecimento das diversas leituras políticas que a *Eneida* possibilita, veja-se D'Elia (1990).

176   A respeito do caráter "multifacetado" das *Metamorphoses* em razão da diversidade de gêneros, veja-se Alberto (2007, p. 22).

177   Para uma análise detalhada dessas questões e para um panorama dos diversos paradigmas da crítica literária, veja-se Souza (2006).

178   *Texts, we can say (following Derrida), have a capacity for reingrafting themselves in within new contexts, and thus remaining readable. As Derrida has it: 'Every sign, linguistic or non-linguistic, spoken or written (in the current sense of this opposition), in a small or large unit, can be cited, put between quotation marks; in so doing **it can break with every given context, engendering an infinity of new contexts in a manner which is absolutely illimitable**'. In this way, texts ensure their 'iterability' [...] in a process of 'dissemination'*. A citação de Derrida corresponde a artigo inicialmente publicado em 1977, na revista *Glyph*, e depois no livro *Limited Inc* (1988, p. 12).

179   *self-consciousness about one's place in a history of reception.*

180   As ideias presentes nos próximos três parágrafos retomam e aprofundam questões anteriormente desenvolvidas em outro estudo nosso (Avellar, 2015a, p. 165-166).

181   *[...] one's access to 'the original audience's horizon of expectation' is no more direct than to the text one is trying to interpret.*

182   *Although the reconstructed horizon may not be objective, it is, in the first place, inevitably different from my own horizon of expectation [...].*

183   *[...] negotiate the possible connections which can be constructed between texts, yet with an awareness that this involves a constantly moving 'fusion of horizons'.*

184   "Diante de uma imagem – por mais antiga que seja –, o presente nunca cessa de se reconfigurar, se a despossessão do olhar não tiver cedido completamente o lugar ao hábito pretensioso do 'especialista'. Diante de uma imagem – por mais recente e contemporânea que seja –, ao mesmo tempo o passado nunca cessa de se reconfigurar, visto que essa imagem só se torna pensável numa construção da memória, se não for da obsessão." (Didi-Huberman, 2019, p. 16, trad. V. Casa Nova e M. Arbex)

185   Farrell (2003, p. 393), ao opor a prática dos poetas e a teoria na Antiguidade, afirmara que, "em geral, a prática dos poetas gregos e latinos estava bem à frente daquilo que suas contrapartes teóricas eram capazes de articular" – *In general, the practice of Greek and Latin poets was far in advance of what their theoretical counterparts were able to articulate*. Parece-nos

que o suposto "avanço" atribuído à prática dos poetas pelo estudioso deve-se, especialmente, às novas possibilidades de leitura que temos hoje, não mais fundadas em meras leituras "ao pé da letra" (como era usual em alguns filósofos ou retóricos antigos), e não somente à prática estrita dos poetas.

186   *The meaning of a word or a text is never completed, but always contains a supplement. The signifier is so charged with an excess of energy that it generates further fictions, fictions which serve to answer unanswered questions, fill 'gaps', explain perceived 'contradictions', provide sequels and allow for appropriations in view of new circumstances.*

187   A motivação no nome de nossa proposta foi habilmente percebida pela prof.ª Sandra Bianchet na ocasião da defesa da tese que deu origem a este livro, ao comentar sobre a estrutura que escolhemos. Agradeço sua leitura perspicaz e a sugestão de explicarmos de forma explícita para os leitores a escolha do nome da proposta.

188   *The frames within reading occurs, and must occur, become, on this view, provisional, pragmatic, heuristic and contingent, means of controlling textual indeterminacies by establishing agreed procedures and goals. We cannot operate without them, but we can constantly (re)make and unmake them and thereby the possibilities they open up or close off.*

189   Martindale (1993, p. 73-74) explica e exemplifica esse aspecto ao fazer uma interpretação da poesia de Ovídio em relação à poesia de Marlowe.

190   A "autoimitação" ovidiana não se confunde com a noção de estilo do autor. Este diz respeito a traços mais gerais da produção ovidiana, passíveis de ser encontrados no conjunto de suas obras, como, por exemplo, a ironia, a metapoesia, o jogo com os limites entre os gêneros, o uso recorrente de determinadas construções ou vocábulos. São elementos que têm um papel unificador e permitem que as obras sejam atribuídas a um mesmo autor. Por sua vez, a "autoimitação" envolve aspectos mais concretos presentes nos textos, como alusões, *tópoi*, traços de gêneros e "procedimentos compositivos", que podem ser retomados de uma obra ovidiana em outra.

191   *[...] if literature is describable as a system of differences, the addition of an extra element always opens up fresh hermeneutical possibilities. Or, more pragmatically, we may say that the readings which result contain 'novelties', and we may find them [...] more adequate to our sense of the 'text'.*

192   Apesar do caráter filológico da área, nossa proposta aqui não se resume a leituras fechadas no texto, como era comum no *New Criticism*. Trata-se apenas de fazer lembrar a importância também da materialidade textual, numa época em que às vezes o texto literário tem ficado em segundo plano.

193   As informações apresentadas na sequência, a respeito da história da biblioteca, foram obtidas no livro de Casson (2018, 43-60), em capítulo que versa especificamente sobre a Biblioteca de Alexandria.

194   As informações presentes neste parágrafo foram incorporadas em razão de comentários feitos pela prof.ª Patricia Prata na ocasião da defesa da tese que originou este livro, a quem muito agradeço pelas informações partilhadas e pelas indicações bibliográficas sobre os posicionamentos mais recentes no âmbito dos estudos filológicos de crítica textual.

195   O Centro de Teoria da Filologia, criado em 2014, tem como coordenadora no Brasil a prof.ª Isabella Tardin Cardoso e como coordenador na Alemanha o prof. J. Paul Schwindt. Para mais detalhes sobre o projeto, ver https://www4.iel.unicamp.br/pesquisa/arquivos/CentroTeoriaFilologia.pdf.

196   Vejam-se, a título de exemplo, Isabella Cardoso (2009; 2011) e a bibliografia indicada em Cardoso & Vasconcellos (2014, p. 6-7).

197 As philologists, we need not cease to offer tidy and controlled descriptions of allusions which poets themselves will often have tried to make tidy and controlled, provided that we do not confuse this aspiration to tidiness with the absoluteness of philological rigour. We need not cease to reify topoi, provided that we understand the provisionality of any such reification, for author and reader alike. We may even continue to use deadpan 'cf.' when needed, provided that we treat it as an invitation to interpret rather than as the end of interpretation.

198 The self-fashioning, intention-bearing poet is a figure whom we ourselves read out from the text to test our readings in an interpretative move which is necessarily circular: yet the energy generated by this interpretative circulation is very real.

199 Dialogue, like love, requires at least two participants; total similitude might reduce two to one, and thereby collapse dialogue. We may think of dialogue, diagrammatically, as the partial overlap, sometimes more, sometimes less, between two or more semiotic fields, or two or more fields of consciousness. It involves a negotiation between differences, many of which may not be clear even to the communicators.

200 Something worth calling a 'meeting of minds' may in general be a rarer, and more precious, thing than we usually care to acknowledge, and could be seen, precisely, as a simultaneity of communion and difference. There are, perhaps, three discourses within which such matters have traditionally been discussed, the discourse of religion, the discourse of eros, and the discourse of art.

201 O título *Heroides*, que optamos por adotar ao longo do trabalho, é atestado, segundo Thorsen (2014, p. 9), por Prisciano (*Gramm. Lat.* II, 544, 4 Keil). A maioria dos manuscritos denomina a obra de *Epistulae Heroidum* ou *Liber Heroidum*.

202 Farrell (1998, p. 307 e 309), Kennedy (2006, p. 219) e Fulkerson (2005, p. 3) listam vários críticos que fizeram interpretações negativas das *Heroides*. Dentre eles, destaca-se Wilkinson (2005, p. 106-107), ao considerar a obra um "pudim de ameixa uniforme" (*uniform plum pudding*), que, após o primeiro pedaço, torna-se cada vez menos apetitoso. Mesmo alguns estudiosos que buscaram revalorizar a obra assinalam seu aspecto repetitivo, como Otis (1966, p. 17) e Jacobson (1974, p. 381-404).

203 *La réputation de l'oeuvre était en outre entachée par des condamnations soulignant sa monotonie, la similitude des plaintes des épistolières, la répétition des motifs, la lancinante uariatio sur un thème, une rhétorique considérée comme envahissante et stérile.*

204 *[...] undifferentiated mass of female misery, tiresome to read and partaking of Ovid's besetting sins.*

205 Videau-Delibes (1991, p. 11-12) lista diversos críticos que avaliaram negativamente ou desvalorizaram a poesia ovidiana de exílio.

206 *Because of the monotony of their content and tone and the almost constant obtrusion of mere rhetorical trickery they will never be popular.*

207 *Sa fixation sur l'échec et la mort l'a conduit à des redites, à un style litanique souvent fastidieux mais dont la sincérité ne peut pas nous échapper.*

208 *His monotonously plaintive tone, his seemingly tedious repetition of standard devices such as adunata and familiar mythical exempla, his constant appeals for help in verse which claimed no artistic merit or ambition – the evidence of Ovid's literary demise in exile spoke for itself.*

209 *[...] epistolarity as an analytical term can be applied not only to works that formally identify themselves as letters (such as the Heroides or the Epistulae ex Ponto) but also to those (such as the Tristia) which have some of the characteristics of letters.*

210 Embora nosso contato com o artigo de Rosenmeyer (1997) tenha sido posterior à escrita do presente capítulo, julgamos conveniente citar algumas colocações da estudiosa, sobretudo

Notas

devido à existência de importantes pontos de concordância entre nossas análises. Por vias e desenvolvimentos distintos, identificamos pontos de diálogo bem semelhantes entre os *Tristia* e as *Heroides*. Não obstante, enquanto Rosenmeyer (1997, p. 40) considera que, no exílio, Ovídio não é constrangido pelo passado (como ocorre com as heroínas das *Heroides*, cuja história foi registrada pela tradição mitológica), propomos que o exílio constituiria o ápice do projeto poético ovidiano, ao retomar e sintetizar elementos de sua trajetória poética.

211   *The Heroides may be read as letters from exile, [...] in which Ovid pursues his fascination with the genre of letters and the subject of abandonment through literary characters; the Tristia take that fascination one step further as the author himself, in letters to loved ones, writes from the position of an abandoned hero.*

212   Embora nossos exemplos e análises em geral se voltem para as cartas simples das *Heroides*, isso não impede que, quando necessário, sejam abordados trechos das cartas duplas.

213   Vejam-se, a esse respeito, as colocações de Jacobson (1974, p. 10); Knox (2002, p. 117); Harrison (2006, p. 82); Kennedy (2006, p. 217); Tarrant (2006, p. 20); Flores (2014, p. 421).

214   Nesse sentido, Holzberg (2002, p. 71) afirma que, nas *Heroides*, o eu poético não mais se expressa como *poeta/amator*, mas adota o papel de uma mulher apaixonada.

215   Ainda que Cunningham (1949) busque fundamentar sua hipótese em algumas passagens da poesia de exílio ovidiana (Ov. *Tr.* II, 512-520; *Tr.* V, 7, 25-30), sua argumentação não nos parece de todo convincente. O trecho do livro II dos *Tristia*, que o estudioso afirma referir-se às *Heroides*, mais possivelmente faria referência à *Ars amatoria*, posto que a passagem pertence ao contexto de defesa dos versos da obra que supostamente teria causado o exílio do autor. Ademais, o fato de Nasão afirmar que suas epístolas eram cantadas (Ov. *Ars*, III, 344) não necessariamente implica uma apresentação teatral, especialmente porque a afirmação ocorre entre os preceitos oferecidos às moças para a conquista e sedução.

216   Essa *recusatio* da tragédia em *Amores* II, 18 faz lembrar a *recusatio* da épica no início dessa mesma obra (Ov. *Am.* I, 1). Em ambos os casos, o Amor ri (*risisse Cupido*, I, 1, 3; *risit Amor*, II, 18, 15) da empresa grandiosa e elevada pretendida pelo poeta e interfere desviando-o para a escrita de elegia amorosa. Retomamos e desenvolvemos aqui algumas ideias anteriormente apontadas em Avellar (2018c).

217   De acordo Thorsen (2014, p. 23-24), a escrita da *Medea* seria referida em duas elegias dos *Amores*. Em *Am.* II, 18, Nasão afirma já ter escrito versos trágicos, e a estudiosa os identifica com a *Medea*, que teria sido composta, portanto, antes da elegia II, 18. Porém, na última elegia dos *Amores*, Nasão anuncia que em breve abandonará a elegia em favor da tragédia: "Com tirso mais pesado, exortou-me Lieu cornígero;/ maior área há de ser percutida por grandes cavalos." – *Corniger increpuit thyrso grauiore Lyaeus;/ pulsanda est magnis area maior equis* (Ov. *Am.* III, 15, 17-18). Nesse caso, a *Medea* teria sido escrita depois dos *Amores*, o que instaura um problema para o estabelecimento da cronologia das obras ovidianas e leva Thorsen (2014, p. 24) a concluir que "a real cronologia da carreira poética de Ovídio não constitui um princípio organizador para o arranjo dos *Amores*." – *the actual chronology of Ovid's poetic career does not constitute an organising principle for the arrangement of the Amores.*

218   Ingleheart (2010, p. 278) cita como exemplos a "primeira edição" dos *Amores*, atestada no epigrama inicial; a épica anunciada em *Am.* I, 1, 1-4, por ela considerada uma ficção programática; a segunda metade dos *Fasti*; os poemas sobre triunfo referidos na poesia de exílio; o poema escrito em gético sobre a apoteose de Augusto (*Pont.* IV, 13); o poema sobre os feitos e realizações de Augusto, aludido em *Tr.* II, 337-338.

219   Hor. *Carm.* IV, 9, 8-12: "se outrora Anacreonte algo versejou,/ o tempo não o destruiu; ainda suspira o amor,/ e vivem os fogos da moça eólia/ confiados à sua lira." – *nec siquid olim lusit Anacreon,/ deleuit aetas; spirat adhuc amor/ uiuuntque commissi calores/ Aeoliae fidibus puellae.*

220   Recorde-se, nesse sentido, o proêmio das *Metamorphoses*: "O ânimo impele a narrar as formas mudadas em novos/ corpos. Ó deuses – pois também vós as mudastes –,/ inspirai minha empresa e, desde a origem primeira/ do mundo até meus tempos, contínuo poema fiai!" – *In noua fert animus mutatas dicere formas/ corpora. Di, coeptis – nam uos mutastis et illas –,/ adspirate meis primaque ab origine mundi/ ad mea perpetuum **deducite** tempora carmen!* (Ov. *Met.* I, 1-4, grifos nossos).

221   Ao comentar sobre as abordagens intertextuais das *Heroides*, Kennedy (2006, p. 227) considera "Ovídio como um manipulador da tradição literária" – *Ovid as a manipulator of the literary tradition*. Knox (2002, p. 138) assinala como procedimentos típicos da obra a alusão, a subversão e a contradição do plano de fundo literário familiar aos leitores.

222   Na análise das cartas de Páris e Helena (Ov. *Her.* XVI e XVII), Bianchet (2016) evidencia que Ovídio reelabora as figuras das personagens, ao lhes atribuir traços de romanidade. Helena, por exemplo, transferida para o mundo romano, se metamorfoseia, segundo a estudiosa (2016, p. 140), "em uma autêntica matrona dos anos iniciais do séc. I de nossa era".

223   Esse procedimento ocorre também em *Tristia* II, quando Nasão relê a tradição literária sob uma perspectiva erótica e elegíaca. Isso será detidamente analisado no "Capítulo IV" deste livro.

224   Para mais detalhes e exemplos a esse respeito, vejam-se Kennedy (1984, p. 413-419) e Jolivet (2001, p. 234, 245-251, 270). A epístola de Medeia, por exemplo, teria sido ficcionalmente escrita depois que Jasão abandonou a heroína para se casar com Creúsa, princesa de Corinto. Mais precisamente, após esse casamento, cujo cortejo é mencionado na carta (Ov. *Her.* XII, 137-158), mas antes de Medeia efetuar sua vingança. Para uma análise detalhada da transferência dessa personagem trágica para o gênero elegíaco na carta XII das *Heroides*, veja-se Avellar (2018c, p. 180-184).

225   A identificação desse momento torna-se possível pela menção, na carta, da conversa de Penélope com Telêmaco, que acabara de retornar de suas viagens em busca de notícias sobre Ulisses (Ov. *Her.* I, 37-38). Uma análise detalhada dessas questões foi feita por Kennedy (1984), cujas ideias sintetizamos na sequência deste parágrafo.

226   Ov. *Her.* I, 59-62: "Quem quer que volte a popa estrangeira a estes litorais,/ parte por mim muito interrogado a teu respeito,/ e, para entregar a ti, se acaso te vir em alguma parte,/ confio-lhe um papiro por minhas mãos escrito." – *Quisquis ad haec uertit peregrinam litora puppim,/ ille mihi de te multa rogatus abit,/ quamque tibi reddat, si te modo uiderit usquam,/ traditur huic digitis charta notata meis.*

227   *Do we believe the story of Penelope, a woman writing as a witness and a participant about her own experiences in a personal, first-person narrative; or do we convict her of falsehood, finding in favor of the more authoritative, third-person, male-narrated account of Homer?*

228   Kennedy (1984, p. 418-119) aponta elementos de divergência entre as duas versões, dos quais citamos alguns a título de exemplo: na carta, Penélope afirma que ela enviou Telêmaco para Pilos e Esparta em busca de Ulisses (Ov. *Her.* I, 37; 63-65); na versão homérica, Telêmaco parte para Pilos sem informar sua mãe (Hom. *Od.* III, 373-376). Na carta, Penélope diz que os pretendentes planejavam uma emboscada contra Telêmaco quando ele partia para Pilos (Ov. *Her.* I, 99-100), ao passo que, no relato de Homero, a emboscada ocorreria no retorno de Telêmaco para casa (Hom. *Od.* IV, 701).

229 Para uma análise mais detalhada dessa epístola, ver Avellar (2018c, p. 180-184).

230 Ov. *Her.* XII, 113-117: "Mas não te abandonei, irmão, sem mim ao fugir:/ minha carta se cala nesta única parte./ O que ousou fazer, *minha destra não ousa escrever;/* assim eu, mas contigo, deveria ser dilacerada." – *At non te fugiens sine me, germane, reliqui:/ deficit hoc uno littera nostra loco./ Quod facere ausa mea est, **non audet scribere dextra**;/ sic ego, sed tecum, dilaceranda fui.* Ov. *Her.* XII, 207-212: "Os quais por certo logo!... Mas de que vale/ anunciar a pena? A ira engendra enormes ameaças./ Para onde a ira impelir, seguirei. Talvez me arrependerei do ato?/ Arrependo de ter-me ocupado de um marido infiel./ Isso perceberá o deus que agora revolve o meu peito;/ *decerto desconheço o que minha mente prepara de maior!"* – *Quos equidem actutum!... Sed quid praedicere poenam/ attinet? Ingentes parturit ira minas./ Quo feret ira, sequar! Facti fortasse pigebit?.../ Et piget infido consuluisse uiro./ Viderit ista deus, qui nunc mea pectora uersat:/* **nescio quid certe mens mea maius agit!** (grifos nossos).

231 Nesse sentido, convém lembrar as características convencionais que Horácio, na *Epistula ad Pisones* (119-120; 123) atribui a Medeia: "Ou segue a tradição ou inventa algo coerente com ela,/ ó escritor. [...] Seja Medeia *feroz e indomável*; Ino, chorosa." – *Aut famam sequere aut sibi conuenientia finge/ scriptor [...] Sit Medea* **ferox inuicta***que, flebilis Ino.* (grifos nossos)

232 De forma paralela, nos *Tristia*, Nasão, enquanto poeta exilado, tem somente nas palavras a possibilidade de resistência. Assim, suas elegias revelam-se verdadeiras "armas": por meio das constantes ironias, a autoderrisão do eu poético acaba por constituir uma espécie de autorreverência do poeta e seu poder.

233 O exemplo geralmente mencionado para ilustrar essa contradição é a carta de Ariadne a Teseu (Ov. *Her.* X). Os críticos questionam como Ariadne, abandonada em uma ilha, teria acesso a materiais de escrita e, mais do que isso, como ela poderia enviar sua carta a Teseu.

234 Uma análise detalhada desse processo é realizada por Fulkerson (2002), a partir do exemplo de Fílis, que, segundo a estudiosa, teria moldado sua história e sua *persona* com base nas cartas de Dido, Medeia e Ariadne.

235 Por exemplo, Ov. *Tr.* III, 11, 11-14 e *Tr.* V, 7, 45-50. Para uma análise das descrições de Nasão acerca dos povos bárbaros da região de exílio, veja-se Avellar (2015a, p. 60-65).

236 *Les Heroïdes sont non seulement oeuvres de fiction, mais révèlent, à travers leur facture même et le jeu des répétitions, une approche mythographique de la fabula et une analyse critique quasi formaliste de la mythologie.*

237 *[...] comment on the business of reading and writing, of editing and translating – in short, of interpreting in all its forms.*

238 Em tradução nossa para o português: "Eu não teria jazido, gélida, no leito vazio,/ nem me queixaria de passarem lentos os dias;/ nem, tentando *enganar* a longa *noite*,/ a teia pendente cansaria minhas mãos viúvas."

239 Ov. *Her.* I, 7-10: "Eu não teria jazido, gélida, no leito vazio,/ nem me queixaria de passarem lentos os dias;/ nem, tentando enganar a longa noite,/ a teia pendente cansaria minhas mãos viúvas." – *Non ego deserto iacuissem frigida lecto,/ nec quererer tardos ire relicta dies;/ nec mihi quaerenti spatiosam fallere noctem/ lassaret uiduas pendula tela manus.*

240 É digno de nota que todas essas heroínas, com exceção de Andrômaca, são mencionadas em uma mesma passagem da *Ars amatoria* (III, 15-22). Trata-se do início do livro III, dedicado exclusivamente às mulheres, e o eu poético cita essas heroínas como exemplos de esposas fiéis e virtuosas, em oposição, por exemplo, a Helena e Clitemnestra. Ora, características como a fidelidade e a sinceridade, atribuídas na *Ars* a essas personagens, estão em conformidade

com a imagem que as mulheres das *Heroides* constroem para si mesmas em suas epístolas, bem como com a representação que Nasão faz de sua própria esposa nas elegias de exílio.

241   *Even if Ovid's wife has not made it to first position amongst the women of Heroides, she certainly, in poems like this one, makes it to first position amongst the women of the Tristia. And what are the Tristia but a rewriting in exile of the Heroides?*

242   Ainda que Nasão seja homem e tenha deixado sua esposa em Roma ao partir, aspecto em que se aproxima dos heróis das *Heroides*, não é ele o destinatário de epístolas, mas sim seu remetente. Nesse sentido, Nasão agrega em si traços que pertenciam a figuras diferentes nas *Heroides*: por um lado, ele é o herói que parte; por outro, é como as heroínas que lamentam e escrevem cartas.

243   Basta pensar nas elegias gregas arcaicas de caráter exortativo e temática bélico-militar de Calino e Tirteu; nas elegias político-exortativas de Sólon; na produção elegíaca helenística, com temática mítica e etiológica, como os *Aetia*, de Calímaco; na elegia amorosa romana de Tibulo, Propércio e Ovídio; na elegia de exílio ovidiana.

244   A primeira ocorrência de ἔλεγος teria sido a dedicatória de Equêmbroto (citada por Pausânias e datável de 586 a.C), em que o termo designa cantos tristes acompanhados por *aulos*. Posteriormente, o sentido de "canto de lamento" ocorre em Eurípides (fim do século V a.C). Para ampla discussão dos termos gregos para "elegia" e suas ocorrências nas fontes, vejam-se West (1974, p. 2-10); Aloni (2009, p. 168-169); Brunhara (2014, p. 17-31).

245   Segundo Bowie (1986, p. 23), os fragmentos 11W e 13W de Arquíloco seriam os únicos candidatos para integrar um grupo de elegia de lamento, mas, ainda assim, partem do reconhecimento de uma possível causa de dor para uma rejeição da lamentação. Embora o fragmento 13W aborde a morte e mencione o luto (κήδεα, v. 1) e as dores (ὀδύνῃις, v. 4), o conjunto dos versos, especialmente a exortação final, não constitui propriamente um canto de lamento, mas se opõe ao sofrimento: "[...] Mas tão logo/ tolerai, afastando a aflição de mulher" – [...] ἀλλὰ τάχιστα/ τλῆτε, γυναικεῖον πένθος ἀπωσάμενοι (Archil. 13W, 9-10).

246   Aloni (2010, p. 168, grifo nosso), por exemplo, após citar a dedicatória de Equêmbroto, afirma que "a tradição antiga confirma essa *conexão original* entre lamento e elegia, que, se confiável, ajudará a explicar o uso do dístico como um metro típico de inscrições funerárias." – *The ancient tradition confirms this* **original connection** *between mourning and elegy which, if trustworthy, would help to explain the use of the couplet as a typical metre of funerary inscriptions.* Também quanto às inscrições funerárias, a questão é bastante discutível e levanta divergências entre os estudiosos, já que o dístico elegíaco não foi o único metro originalmente usado nessas inscrições, que também podiam ser em hexâmetros ou jambos (Rosenmeyer, 1968, p. 227).

247   Ov. *Her.* II, 1-2 e 7-8: "Anfitriã tua, Demofoonte, Fílis rodopeia/ *queixo-me* de te ausentares além do tempo prometido. [...] Se contares o tempo, amando o contamos bem,/ minha *queixa* não veio antes de seu dia." – *Hospita, Demophoon, tua te Rhodopeia Phyllis/ ultra promissum tempus abesse* **queror**. *[...] Tempora si numeres, bene quae numeramus amantes,/ non uenit ante suam nostra* **querela** *diem.* (grifos nossos)

248   Ov. *Her.* III, 5-6: "Se *queixar-me* um pouco de ti, senhor e esposo,/ é permitido, do senhor e esposo me *queixarei* um pouco." – *Si mihi pauca* **queri** *de te dominoque uiroque/ fas est, de domino pauca uiroque* **querar**. (grifos nossos)

249   Ov. *Her.* V, 3-4: "Enone de Pedaso, famosíssima nos bosques frígios,/ ofendida, *queixo-me* de ti, que és meu, se tu próprio permites." – *Pedasis Oenone, Phrygiis celeberrima siluis,/ laesa* **queror** *de te, si sinis ipse, meo.* (grifos nossos)

250 Ov. *Her.* VI, 17: "Por que me *queixo* de o dever do marido indolente ter esvanecido?" – *Quid **queror** officium lenti cessasse mariti?* (grifos nossos).

251 Ov. *Her.* IX, 1-2: "Alegro-me de a Ecália ajuntar-se à nossas posses,/ *queixo-me* de o vencedor ter sucumbido à vencida." – *Gratulor Oechaliam titulis accedere nostris,/ uictorem uictae succubuisse **queror**.* (grifos nossos)

252 Ov. *Tr.* V, 10, 47-48: "Careço do rosto da pátria e do vosso, ó amigos,/ e me *queixo* de estar aqui entre os povos cíticos." – *Quod patriae uultu uestroque caremus, amici,/ atque hic in Scythicis gentibus esse **queror**.* (grifos nossos)

253 Ov. *Tr.* III, 8, 39-40: "[...] tamanho é meu desejo de morte, que me *queixo* da ira de César,/ pois não vinga suas ofensas com espada." – *[...] tantus amor necis est, **querar** ut cum Caesaris ira/ quod non offensas uindicet ense suas.* (grifos nossos)

254 Ov. *Ars* II, 517-519: "Quantas lebres se nutrem no Atos, quantas abelhas no Hibla,/ quantas azeitonas possui a esverdeada árvore de Palas,/ quantas as conchas na praia, tantas são as dores no amor." – *Quot lepores in Atho, quot apes pascuntur in Hybla,/ caerula quot bacas Palladis arbor habet,/ litore quot conchae, tot sunt in amore dolores.*

255 Ov. *Ars* III, 149-152: "Mas não contarás as bolotas na azinheira frondosa,/ nem quantas abelhas há no Hibla ou quantas feras nos Alpes,/ também não me é possível abarcar em número quantos os penteados: cada dia aumenta um ornamento." – *Sed neque ramosa numerabis in ilice glandes,/ nec quot apes Hybla nec quot in Alpe ferae,/ nec mihi tot positus numero comprendere fas est:/ adicit ornatus proxima quaeque dies.*

256 [...] *an awareness of the stylistic conventions of 'real' epistolary exchange; an appreciation of the tension between the first private reading and a secondary wider audience; and a concern with sustaining epistolary verisimilitude in the context of the fictional narrative.*

257 Veja-se, por exemplo, Mariotti (2000, p. 151), que afirma que a diferença entre as duas obras estaria na identificação dos destinatários.

258 [...] *de réunir les possibilités du monologue et du dialogue, de concentrer à l'extrême la matière mythique, de jouer sur le mélange du passé, du présent et du futur et de ne pas tenir compte des frontières génériques, c'est-à-dire de pouvoir mêler les genres et les tons [...]*.

259 Harrison (2006) cunha a noção de "supergênero" para abordar a elegia ovidiana, pois Ovídio, partindo do discurso erótico, o amplia e diversifica no interior da forma elegíaca, que passa a incluir praticamente todo tipo de assunto poético.

260 Hinds (1985, p. 30) destaca que o termo *littera* pode ser interpretado como "letra"/ "caractere escrito" ou como "carta"/"epístola", e que ambos os usos são frequentes nas obras de Ovídio, que ainda joga com as duas possibilidades. Nas *Heroides*, o uso do termo *littera* com o sentido de "carta" para designar o poema ocorre em *Her.* III, 1; V, 2; IX, 0b; XII, 114; XV, 1; XVI, 340; XVII, 266; XVIII, 9, 15 e 202; XIX, 210; XX, 172; XXI, 0a, 26, 238 e 248. Nos *Tristia*, ele ocorre em *Tr.* III, 7, 2; IV, 4, 22; IV, 7, 23; V, 11, 2; V, 13, 16 e 29. O termo *epistula*, por sua vez, ocorre em *Her.* IV, 3; XIII, 165; XVI, 13; XVII, 1; XVIII, 217; XX, 241 e em *Tr.* III, 3, 1; V, 2, 1; V, 4, 1; V, 7, 1; V, 13, 33.

261 *A letter is a written message from one person (or set of people) to another, requiring to be set down in a tangible medium, which itself is to be physically conveyed from sender(s) to recipient(s). Formally, it is a piece of writing that is overtly addressed from sender(s) to recipient(s), by the use at beginning and end of one of a limited set of conventional formulae of salutation (or some allusive variation on them) which specify both parties to the transaction. [...] the need for a letter as a medium of communication normally arises because the two parties are physically distant (separated) from each*

other, and so unable to communicate by unmediated voice or gesture; and that a letter is normally expected to be of relatively limited length.

262   Para análises detalhadas do conceito de *enargeia* (e seus correspondentes latinos), vejam-se Zanker (1981) e Winkler (2017, p. 25-29). O artigo de Zanker explora as ocorrências do termo em vários autores antigos, como Dionísio de Halicarnasso, Pseudo-Demétrio, diversos retores (dentre os quais Téon e Hermógenes), Cícero, Quintiliano e a *Rhetorica ad Herennium*. Winkler, por sua vez, aborda questões teóricas referentes à imagem e à potência visual dos textos da Antiguidade, a fim de estabelecer instigantes relações com o cinema.

263   *[...] defined by Dionysius of Halicarnassus (On Lysias 7) as 'a power that brings what is said before the senses', so that the audience 'consort with the characters brought on by the orator as if they were present'.*

264   A título de exemplo: *rem dicendo subiciet oculis* (Cic. *Or.* XL, 139); *sub aspectum paene subiectio* (Cic. *De or.* III, 53, 202); *sub oculos subiectio* (Quint. *Inst.* IX, 2, 40).

265   *being 'wet' and hence ready for sex.*

266   Para mais detalhes sobre essa interpretação do fragmento 31 de Safo, ver Barbosa (2017; 2018).

267   Para uma análise detida das relações intertextuais entre *Tr.* I, 3 e *Aen.* II, ver Prata (2007, p. 61-72).

268   Ainda de acordo com Bonvicini (1999, p. 361), Ovídio teria composto a elegia ao saber que Tibério assumiu a liderança das operações militares na Germânia.

269   Para uma discussão detalhada da metamorfose do poeta em seu próprio livro e da identificação que se opera entre eles, veja-se Avellar (2015a, p. 170-214).

270   Os versos das *Heroides* apresentados entre colchetes e numerados como 0a, 0b etc. são em geral considerados espúrios. Segundo Rosati (1998, p. 50), um dos problemas da tradição textual das *Heroides* diz respeito exatamente a alguns dísticos introdutórios das epístolas simples, que, transmitidos apenas em uma parte da tradição, teriam sido interpolados com o objetivo de identificar explicitamente o remetente e o destinatário que já se faziam presentes na *praescriptio* de cada carta. Optamos por apresentar aqui os versos duvidosos para que seja possível comparar os inícios tidos por autênticos com os considerados espúrios. Pelos trechos apresentados, veremos que o acréscimo desses versos provavelmente resultou de analogias com outras epístolas da coletânea, a fim de inserir, por exemplo, o nome da epistológrafa e do destinatário.

271   Embora o eu poético, ao longo da elegia, não identifique o destinatário por meio de epítetos ou vocativos, percebe-se que se trata de um antigo amigo que aparentemente parou de escrever e de se comunicar com o exilado: "Antes se ausentem do gélido Ponto os brancos absintos/ e o Hibla trinácrio careça de doce timo/ do que alguém te convença a esquecer o amigo" – *Cana prius gelido desint absinthia Ponto/ et careat dulci Trinacris Hybla thymo,/ inmemorem quam te quisquam conuincat amici* (Ov. *Tr.* V, 13, 21-23).

272   A tópica da saúde nem sempre ocorre nos *Tristia* para descrever um estado de doença de Nasão; ela também pode assinalar a recuperação e a boa saúde do eu poético. Um exemplo disso, aliado à menção da forma epistolar, é Ov. *Tr.* V, 2, 1-6: "Quando chega do Ponto nova *carta*, acaso/ empalideces e a abres com mão inquieta?/ Deixa o medo: *passo bem*; e meu corpo, que antes/ foi-me infirme aos esforços e débil, resiste/ e endureceu atormentado pelo próprio hábito./ Ou acaso não me é mais permitido estar fraco?" – *Ecquid, ubi e Ponto noua uenit* **epistula**, *palles,/ et tibi sollicita soluitur illa manu?/ Pone metum:* **ualeo** *corpusque, quod*

ante laborum/ impatiens nobis inualidumque fuit,/ sufficit, atque ipso uexatum induruit usu./ An magis infirmo non uacat esse mihi? (grifos nossos).

273   Ov. *Tr.* V, 13, 27-30: "Assim como passávamos longo tempo conversando,/ findando o dia antes da prosa,/ agora a *carta* leve e traga *vozes silentes,*/ e o *papiro* e a *mão* falem no lugar da língua." – *Vtque solebamus consumere longa loquendo/ tempora, sermonem deficiente die,/ sic ferat ac referat* **tacitas** *nunc* **littera** *uoces,/ et peragant linguae* **charta manus***que uices.* (grifos nossos)

274   A esse respeito, Hinds (1985, p. 16) afirma que é apenas no livro V dos *Tristia* que encontramos poemas que são epistolares no sentido completo do termo, ou seja, que exigem ser lidos como epístolas devido a seu formato literário.

275   *Tr.* I, 5 é destinada a um amigo, designado como "primeiro amigo a ser por mim lembrado" (*mihi post ullos numquam memorande sodales,* v. 1) e "amigo" (*amice,* v. 8); *Tr.* I, 6 é dirigida à "esposa" (*uxor,* v. 3); *Tr.* I, 7 também a um amigo ("ótimo amigo", *optime,* v. 5); *Tr.* I, 8 a um amigo que o traiu ("traidor", *fallax,* v. 11; "insensível", *dure,* v. 14); *Tr.* I, 9 a um amigo fiel ao exilado ("caríssimo", *carissime,* v. 41; "amigo", *amice,* v. 48; "eloquente", *facunde,* v. 57).

276   A título de exemplo, veja-se a ocorrência desses termos no primeiro livro dos *Tristia*: *carmen* (*Tr.* I, 1, 28; *Tr.* I, 6, 29 e 36; *Tr.* I, 11, 44); *opus* (*Tr.* I, 9, 2); *libellus* (*Tr.* I, 11, 1); *liber* (*Tr.* I, 1, 1; 15; 35; 49; 58; 87; 125); *lector* (*Tr.* I, 1, 23; *Tr.* I, 7, 32; *Tr.* I, 11, 35).

277   Trata-se das elegias *Tr.* V, 2; V, 4; V, 7; V, 11; V, 12; V, 13.

278   A fim de manter minimamente esse jogo presente no texto latino, empregamos na tradução duas palavras sonoramente semelhantes – "escritura" e "rasura" – que podem tornar-se indistinguíveis se uma lágrima borrar suas sílabas iniciais.

279   Ov. *Tr.* V, 4, 5-6: "Chorando me escreveu, e a gema para selar-me/ não levou à boca antes, mas à face úmida." – *Flens quoque me scripsit, nec qua signabar, ad os est/ ante, sed ad madidas gemma relata genas.*

280   Ov. *Tr.* IV, 1, 95-98: "Amiúde, ao escrever, até derramei *lágrimas,*/ a *letra* fez-se úmida com meu choro,/ meu peito nota a antiga ferida como se nova,/ e por meu seio escorre chuva de triste água." – *Saepe etiam* **lacrimae** *me sunt scribente profusae,/ umidaque est fletu* **littera** *facta meo,/ corque uetusta meum, tamquam noua, uulnera, nouit,/ inque sinum maestae labitur imber aquae.* (grifos nossos)

281   Prop. *El.* IV, 3, 1-6: "Aretusa *envia* esta *missiva* a seu Licotas,/ se é que podes ser meu estando tão ausente./ Mas se a ti, que lês, alguma parte, manchada, faltar,/ esta *rasura* foi feita por minhas *lágrimas;*/ ou se, com traço incerto, a *escritura* te escapar,/ será sinal de minha mão desfalecente." – *Haec Arethusa suo* **mittit mandata** *Lycotae,/ cum totiens absis, si potes esse meus./ Si qua tamen tibi lecturo pars oblita derit,/ haec erit e* **lacrimis** *facta* **litura** *meis;/ aut si qua incerto fallet te* **littera** *tractu,/ signa meae dextrae iam morientis erunt.* (grifos nossos)

282   Afirmações do eu poético a respeito de sua perda de domínio da língua latina e da influência das línguas bárbaras sobre seus escritos podem ser observadas também em *Tr.* III, 14, 47-50; *Tr.* V, 7, 53-60. Para mais detalhes sobre a *persona* de bárbaro que Nasão constrói para si e o processo de barbarização do eu poético nos *Tristia,* veja-se Avellar (2015a, p. 59-73).

283   A distinção aqui proposta fica nítida se considerarmos os dois termos etimologicamente. *Scriptor* é aquele que realiza a ação de "escrever" (*scribo*). *Auctor,* por sua vez, envolve uma ideia de aumento (*augeo*) e tem como sentido inicial "aquele que faz crescer ou aumentar" – *celui qui fait croître, ou qui fait pousser* (Ernout & Meillet, 1951, p. 102). Desse modo, pode-se vincular a *auctor* uma noção de criação inventiva, aspecto que diferencia a escrita de obras literárias e ficcionais da escrita, por exemplo, de epístolas com função somente comunicativa ou informativa.

284   De acordo com Jolivet (2001, p. 1), "essas personagens mitológicas – essencialmente mulheres – analisam seus sentimentos, seus medos e trazem um olhar novo e pessoal sobre os eventos da mitologia." – *ces personnages analysent leurs sentiments, leurs craintes, portent un regard neuf et personnel sur les événements de la mythologie*. Para mais detalhes sobre as vozes femininas expressas nas *Heroides* como meio de resistência e sobre o poder obtido pelas heroínas com a possibilidade de veicular seus discursos pela escrita, vejam-se Spentzou (2003) e Fulkerson (2005). Para outra visão acerca do discurso feminino nas *Heroides*, ver Lindheim (2003), que considera que a voz das heroínas deixa entrever, ao longo da obra, uma imagem homogeneizante da mulher, pois representada segundo uma óptica masculina (de Ovídio).

285   Fulkerson (2002) analisa detalhadamente a constituição da personagem de Fílis a partir de traços de outras heroínas. Os elementos incorporados por Fílis com base na história de Dido são o naufrágio de Demofoonte; a caracterização de Fílis como rainha (e não princesa) e sua liberdade para escolher um marido; a menção do auxílio fornecido ao amado e a promessa de poder régio como forma de atraí-lo; a semelhança verbal dos epitáfios (em *Her.* II e *Her.* VII). Os traços incorporados da história de Medeia são a constante referência de Fílis à execução de um *crimen*, que depois é identificado como o fato de ter amado tolamente; a menção de promessas e juramentos feitos pelo amado, com destaque para as noções de *iura*, *fides* e *dextra*. Finalmente, os traços assimilados da história de Ariadne são o abandono da heroína; e os vários paralelos estabelecidos entre Demofoonte e Teseu, que era seu pai.

286   Discussões teóricas desses conceitos foram feitas por Pinowar (1942); Bompaire (2000, p. 5-97); Russell (2007); Glinatsis (2012). Para uma síntese dessas noções, com definições e trechos de retóricos e poetas greco-romanos que abordam o fenômeno, veja-se Avellar, Barbosa & Trevizam (2018, p. 31-58).

287   Dionísio de Halicarnasso (*Epítome do livro II* 1-2) recomenda o conhecimento dos escritos dos antigos, que podem oferecer matéria de assunto e particularidades de estilo para imitação. Quintiliano (*Inst.* X, II, 22) aconselha a imitação daquilo que é comum – *id imitemur quod commune est*; e Horácio (*Ep. Pis.* 119-120) assinala a importância de que o escritor siga a tradição ou então crie algo coerente com ela – *Aut famam sequere aut sibi conuenientia finge/ scriptor*.

288   Quintiliano (*Inst.* X, II, 24; X, II, 26) recomenda que não haja um modelo único, mas seja aproveitado para imitação o melhor de vários modelos distintos. Dionísio de Halicarnasso (*Epítome do livro II* 1, 4) expressa a mesma ideia em uma anedota sobre o pintor Zêuxis, que, para fazer uma pintura de Helena nua, observou várias jovens diferentes, escolheu a parte mais bela de cada uma e as reuniu para compor a figura.

289   Quintiliano assinala que imitar não se limita a reproduzir o modelo, mas exige o acréscimo de algo mais (*Inst.* X, II, 7), pois aquele que apenas segue as pegadas dos predecessores jamais poderá igualá-los (*Inst.* X, II, 10). Igualmente, Horácio (*Ep. Pis.* 131-135) defende que, ao abordar a matéria comum e tradicional, o escritor a torne própria: "A matéria pública será de direito privado, se/ não te demorares no círculo banal e vil,/ nem, tradutor servil, cuidares de verter palavra por palavra,/ nem, imitador, caíres em becos/ de onde o pudor ou a lei da obra proíbem tirar o pé." – *Publica materies priuati iuris erit, si/ non circa uilem patulumque moraberis orbem,/ nec uerbo uerbum curabis reddere fidus/ interpres, nec desilies imitator in artum,/ unde pedem proferre pudor uetet aut operis lex*.

290   Platão, na *República* (II, 377a), define *mýthos* como mentiras (*pseûdos*) que contêm algumas verdades (*lógos alethés*). Para discussões a respeito das relações entre *pseûdos* e literatura, veja-se Brandão (2015a). Sobre a noção de *pseûdos* em Platão, vejam-se Lage (2000, p. 26-29) e Santa Cruz (2014, p. 14-24).

Notas

291 Para exemplos do par *ars/ingenium* em âmbito latino, veja-se Avellar (2015a, p. 74-75). Segundo Laird (2007, p. 135), essas noções já estavam difundidas em contexto grego, no binômio *téchne* e *dýnamis*, como demonstra o tratado de Neoptólemo de Pário, datável do século III a.C. e cujos fragmentos foram transmitidos por Porfírio.

292 Por exemplo, *Tr.* I, 5, 79-80; III, 10, 35-36; III, 11, 73-4; V, 1, 3-6.

293 Interessante discussão das relações entre realidade e ficção no gênero elegíaco é feita por Veyne (1985).

294 *Ovid epitomises his own image in each of his amatory works by means of a particular signature that consists of his own cognomen (Naso) plus an 'epithet'.*

295 Ariadne é a única heroína que não se identifica na epístola. Não obstante, ela repetidamente se nomeia *sola* ("solitária", *Her.* X, 47 e 59), ou então *puella* (*Her.* X, 118), o que seria uma alusão à Ariadne do poema 64 de Catulo (Thorsen, 2014, p. 44).

296 Segundo Thorsen (2014, p. 40), alguns dos epítetos antecipam dramas que serão futuramente enfrentados pelas personagens e, na medida em que as heroínas os aplicam a si mesmas quando ainda desconhecem os fatos vindouros, deixam entrever nítidas ironias.

297 Arnott (1977, p. 153) apresenta várias passagens em que ocorre o lugar-comum: "Aelian, *N.A.* 2.32. 5.34, 10.36; [Aesop], *Fab.* 247; 277; Hausrath, Dionysius, *De Aucupio* 2.20; [Moschus], *Ep. Bion.* 14 ff.; Oppian, *Cyn.* 2.548; Plutarch, *Mor.* 161 c; Cicero, *De Oratore* 3.2.6, *Tusc. Disp.* 1.30.73; Martial, 13.77; Ovid, *Met.* 14. 429 f., *Her.* 7.1 f. Seneca, *Phaedra* 302; Statius, *Silv.* 2.4.10."

298 O som emitido por cisnes pode ser observado nos seguintes vídeos: "Whooper swans singing and dancing" (2015): https://www.youtube.com/watch?v=stlA9Tp92bA; "Whooper Swan/ Cygnus cygnus (2016): https://www.youtube.com/watch?v=GpZ777mSlmw.

299 Para mais detalhes acerca do *tópos* e da expressão proverbial dele derivada, ver Arnott (1977) e "Why is a Final Performance Called a Swan Song?" (2016): https://www.youtube.com/watch?v=vlAS-K4wKhI.

300 Não pretendemos fazer um estudo exaustivo dos elementos intertextuais entre a *Eneida* a carta VII das *Heroides*, mas apenas apontar alguns diálogos pontuais entre elas. Para uma visão mais pormenorizada do assunto, ver Vasconcellos (2001, p. 231-261); Teixeira (2010) e Rodrigues (2015).

301 Segundo Ernout & Meillet (1951, p. 167), trata-se de um dos compostos formados para traduzir termos gregos, no caso, o verbo συνᾴδω.

302 Hor. *Carm.* II, 20, 9-16: "Já se dobra sobre as pernas a pele/ rugosa, e me transformo em *branca ave*/ em cima, e nascem leves penas/ por meus dedos e ombros./ Já mais rápido que o dedáleo Ícaro,/ observarei os litorais do Bósforo gemente,/ as Sirtes africanas e os campos/ hiperbóreos, como *ave melodiosa*." – *Iam iam residunt cruribus asperae/ pelles et* **album** *mutor in* **alitem**/ *superne nascunturque leues/ per digitos umerosque plumae./ Iam Daedaleo ocior Icaro/ uisam gementis litora Bosphori/ Syrtisque Gaetulas* **canorus**/ **ales** *Hyperboreosque campos.* (grifos nossos)

303 Para mais detalhes a respeito da ode II, 20, com considerações metapoéticas sobre a transformação do poeta em cisne e observações sobre a relação entre poesia e morte nesse poema, vejam-se Sharrock (1994, p. 117-122) e Avellar (2015a, p. 205-208).

304 Tola (2003, p. 74-78) discute as relações entre exílio, morte e imortalidade conferida pela poesia a partir do trecho de *Tr.* V, 1 que menciona o canto do cisne.

305 A título de exemplo, Ov. *Tr.* III, 3, 53-54: "Quando perdi a pátria, aí sim deves julgar que pereci./ Aquela morte me foi primeira e mais penosa." – *Cum patriam amisi, tunc me pe-*

riisse putato./ Et prior et grauior mors fuit illa mihi. No trecho, a perda da pátria é identificada como uma morte. Para uma análise das metáforas usadas nos *Tristia* para designar o exílio, Avellar (2015a, p. 48-58).

306   Para mais detalhes a respeito, ver Cagnat (1898, p. 251-265) e Limentani (1991, p. 177-183), cujas ideias principais apresentamos neste parágrafo.

307   Embora a carta de Hipermnestra também contenha um epitáfio, ele não constitui os versos finais, mas sim o penúltimo dístico da epístola. O dístico final aborda a situação da heroína, presa por cadeias, e justifica a interrupção da escrita: "Apraz escrever mais, mas a mão está exausta com o peso/ das amarras, e o próprio temor subtrai as forças." – *Scribere plura libet, sed pondere lassa catenae/ est manus, et uires subtrahit ipse timor* (Ov. *Her.* XIV, 131-132).

308   *Phyllis, then, is not similar to Dido solely because Ovid sees her that way, but because Ovid has constructed a Phyllis who sees herself that way.*

309   *Phyllis and Dido are the only other heroines to assume to themselves the power of writing carmina.*

310   *Writing one's own epitaph is a logical extension of writing one's life story.*

311   Na *Eneida*, é mencionado mais de uma vez o juramento (e seu descumprimento) de Dido, que após a morte de Siqueu havia prometido não se entregar a nenhum outro homem: "Aquele que primeiro me uniu a si obteve meus amores;/ que ele os tenha consigo e os preserve no sepulcro" – *Ille meos, primus qui me sibi iunxit, amores/ abstulit; ille habeat secum seruetque sepulcro* (Virg. *Aen.* IV, 29-30); "a fidelidade prometida às cinzas de Siqueu não foi preservada" – *non seruata fides cineri promissa Sychaeo* (Virg. *Aen.* IV, 552).

312   Além dos epitáfios das personagens das *Heroides* e do epitáfio de Nasão nos *Tristia*, o outro exemplo de epitáfio que ocorre nas obras de Ovídio é aquele do papagaio de Corina (*Am.* II, 6, 59-62): "Um túmulo cobre os ossos, túmulo proporcional ao corpo,/ no qual a lápide ínfima contém um poema de igual medida:/ CONCLUI-SE PELO PRÓPRIO SEPULCRO QUE AGRADEI MINHA DONA;/ MINHA VOZ FOI MAIS DOUTA NO FALAR DO QUE A DAS AVES." – *Ossa tegit tumulus, tumulus pro corpore magnus,/ quo lapis exiguus par sibi carmen habet:/ COLLIGOR EX IPSO DOMINAE PLACVISSE SEPVLCRO;/ ORA FVERE MIHI PLVS AVE DOCTA LOQVI.*

313   A ideia da poesia como um tipo de *ludus* não se limita às obras ovidianas, mas perpassa as letras latinas. O verbo *ludo* é frequentemente empregado para designar a própria atividade poética, tendo o sentido de "gracejar" ou "divertir-se compondo versos" (Saraiva, 2006, p. 692), e os termos *ludus/lusus* designam versos leves, pertencentes aos gêneros mais *humiles* ou de inspiração calimaquiana, como nas *Bucólicas*, de Virgílio (*Buc.* VII, 17), ou nos poemas de Catulo.

314   *Monumentum (moni-) est tout ce qui rappelle le souvenir [...], et particulièrement ce qui rappelle le souvenir d'un mort: tombeau* (μνῆμα), *statue, inscription(s), etc.*

315   Para alguns exemplos do *tópos* da imortalidade conferida pela poesia e da fama entre os pósteros, vejam-se Nicastri (1995) e Avellar (2015a, p. 204-214).

316   Hor. *Carm.* III, 30, 1-5 (trad. H. Penna, J. Avellar *et alii*, 2014, p. 25): "Ergui um monumento mais perene que o bronze/ e mais alto que o régio edifício das pirâmides,/ que nem a chuva voraz, nem o Aquilão desenfreado/ possam destruir, tampouco as inumeráveis/ séries dos anos nem o decurso dos tempos." – *Exegi monumentum aere perennius/ regalique situ pyramidum altius,/ quod non imber edax, non Aquilo impotens/ possit diruere aut innumerabilis/ annorum series et fuga temporum.*

317   Muito embora Ovídio tenha escrito, após os *Tristia*, ainda outras obras (as *Epistulae ex Ponto* e o poema de invectiva *Ibis*), a primeira coletânea de exílio ganha significação especial,

pois foi composta como uma espécie de resposta imediata à relegação/morte do poeta. Além disso, diante do exílio, o futuro de Nasão era algo incerto, assim como a escrita de obras posteriores, de modo que, na leitura dos *Tristia*, muitas vezes tem-se a impressão de que aqueles seriam os derradeiros versos do autor.

318 Essas informações também estão presentes na *Eneida*, com que a carta de Dido dialoga, mas, no poema virgiliano, não se configuram como "autobiografia", pois nem sempre os fatos são apresentados pela heroína, e sim expressos pela voz do narrador ou de outras personagens. Mesmo quando, nas falas de Dido, os acontecimentos não são expostos para dar destaque a aspectos autobiográficos, mas constituem parte da dinâmica narrativa do poema. Algumas das ocorrências em Virgílio são: *Aen*. IV, 15-17; 28-30 (sobre a morte de Siqueu e o juramento de Dido); IV, 20-21; 43-44 (sobre o irmão de Dido); IV, 35-44 (sobre os pretendentes); IV, 160-172 (sobre a união de Dido e Eneias na gruta).

319 *The women of the Heroides are successful in the same way as other elegiac Augustan poets – they may never 'get their man' but they create intricate personae and lasting poetry.*

320 Conte (1999, p. 349): "Uma vez que [o autor] não pode participar em pessoa, ele faz uso da ironia para se inserir na voz da própria personagem. [...] Ao dividir a voz da personagem em dois sem violar as regras da forma epistolar, ele pode secretamente introduzir sua própria voz e, assim, ampliar a perspectiva limitada da heroína para uma visão sinóptica do mito, uma narrativa dela própria, que é sintética, mas completa." – *Because he [the author] cannot participate in his own person, he employs irony to insert himself into the voice of the person herself. [...] By dividing the person's voice in two, without violating the rules of epistolary form, he can secretly introduce his own voice and thus broaden the heroine's confined perspective into a synoptic view of the myth, into a narrative of her own that is synthetic yet complete.*

321 Thorsen (2014, p. 67): "[...] o plural no verbo *scribimus* parece, na estrutura ficcional das *Heroides*, apenas referir-se à primeira pessoa do singular, ao mesmo tempo que sutilmente implica a coautoria da heroína (ficcional) e do poeta real Ovídio." – *the plural of the verb scribimus seems within the fictional framework of the Heroides simply to refer to the first person singular, at the same time as the plural subtly implies the co-authorship of the (fictional) heroine and the real poet.*

322 Thorsen (2014, p. 47-68) e Juliani (2016, p. 41-72) apresentam análises voltadas para a construção de imagens de autoria na epístola de Safo e sua relação com a imagem de autor do próprio Ovídio. Ao longo de nossas análises, retomaremos e discutiremos algumas considerações dessas estudiosas.

323 O termo *lyra* ocorre em outras passagens da carta (v. 29, 198, 200), além de outros vocábulos relacionados à poesia lírica, como *fidem* ("corda da lira", v. 23), *chelyn* ("lira", v. 181), *plectrum* ("plectro", v. 198), *citharas* ("cítaras", v. 202).

324 *Ovid and Sappho emerge as two faces of the same being, namely that of the love poet, perfectly in accordance with the artistic design of Ovid's early poetry, whose tendency towards gender equality arguably extends beyond the first part of his career.*

325 Para uma análise detalhada e mais referências a respeito da questão, vejam-se Knox (1995, p. 12-14) e Fulkerson (2005, p. 152-158).

326 *[...] especially disturbing [...]: first, the heroine explicitly tells of her sexual satisfaction, and second, she obviously experiences this satisfaction on her own.*

327 Para análise e discussão da máscara de poeta fracassado assumida por Nasão nos *Tristia*, veja-se Avellar (2015a, p. 74-94).

328 Ov. *Her.* XV, 205-206: "Fazei que ele volte: voltará também vossa vate;/ ele dá ímpeto ao engenho, ele o arrebata." – *Efficite ut redeat: uates quoque uestra redibit;/ ingenio uires ille dat, ille rapit.*

329 Ov. *Tr.* V, 1, 39-42: "Mas se me devolvesses a pátria e a cara esposa,/ meu rosto seria alegre, e eu o mesmo de antes./ Se for mais branda a ira do invencível César,/ logo te darei poemas cheios de alegria." – *At mihi si cara patriam cum coniuge reddas,/ sint uultus hilares, simque quod ante fui./ Lenior inuicti si sit mihi Caesaris ira,/ carmina laetitiae iam tibi plena dabo.*

330 Trata-se, no caso, de uma construção de "subjuntivo irreal" (*congiuntivo irreale*), conforme nomenclatura de Conte, Berti & Mariotti (2006, p. 198): "O subjuntivo irreal serve para exprimir a irrealidade, uma ação ou fato que poderia ou teria podido existir, mas não ocorre ou não ocorreu; de fato, esse uso do subjuntivo corresponde à apódose de um período hipotético de irrealidade, cuja prótase se expressa de forma implícita ou paratática." – *Il congiuntivo irreale serve ad esprimere l'irrealtà, un'azione o fatto che potrebbe o avrebbe potuto essere, ma non ha o non ha avuto luogo; di fatto, quest'uso del congiuntivo corrisponde all'apodosi di un periodo ipotetico dell'irrealtà, la cui protasi è espressa in forma implicita o parattatica.*

331 Recorde-se a afirmação de Hinds (1985, p. 28) anteriormente citada: *And what are the Tristia but a rewriting in exile of the Heroides?*

332 Prata (2007, p. 87-99) define Nasão nos *Tristia* como um "herói às avessas". Em estudo nosso anterior (Avellar, 2015a, p. 95-107), abordamos a máscara de (anti)herói épico assumida por Nasão nos *Tristia*. Na sequência, retomaremos resumidamente alguns aspectos discutidos nesse trabalho anterior, apenas a título de contextualização, pois propomos agora não uma máscara de anti-herói, mas sim de semi-herói.

333 Prata (2007, p. 53-106) fundamenta sua análise na identificação de diversos marcadores alusivos nos *Tristia* que remetem à *Eneida*. Segundo ela, eles contribuem para a formação de um intertexto épico nos *Tristia*, mas Ovídio se configura antes como um herói às avessas, pois é personagem elegíaca.

334 Uma análise mais ampla do trecho de comparação entre Nasão e Ulisses presente na elegia *Tr.* I, 5 foi realizada num estudo nosso anterior (Avellar, 2015a, p. 42-44; p. 103-106).

335 Hom. *Il.* I, 1-5 (trad. C. A. Nunes, 2001, p. 57-58, grifos nossos): "Canta-me a *Cólera* – ó deusa! – *funesta de Aquiles Pelida,/* causa que foi de os Aquivos sofrerem trabalhos sem conta/ e de baixarem para o Hades as almas de heróis numerosos/ e esclarecidos, ficando eles próprios aos cães atirados/ e como pasto das aves. [...]."

336 Hom. *Od.* I, 1-5 (trad. F. Lourenço, 2011, p. 119, grifos nossos): "Fala-me, Musa, do *homem astuto que tanto vagueou,/* depois que de Troia destruiu a cidadela sagrada./ Muitos foram os povos cujas cidades observou,/ cujos espíritos conheceu; e foram muitos no mar/ os sofrimentos por que passou para salvar a vida,/ para conseguir o retorno dos companheiros a suas casas."

337 Serv. *Ad Aen.* VII, 1 (trad. P. S. Vasconcellos, 2001, p. 192): "Como dissemos no início, esta obra está dividida em duas partes: os seis primeiros livros foram compostos à imagem da Odisseia... mas os seis que seguem foram compostos à imagem da Ilíada..." – *Vt in principio diximus, in duas partes hoc opus diuisum est: nam primi sex libri ad imaginem Odyssiae dicti sunt... hi autem sex qui sequuntur ad imaginem Iliados dicti sunt...*

338 Macr. *Sat.* V, 2, 6 (trad. P. S. Vasconcellos, 2001, p. 191): "Pois a própria *Eneida* não tomou emprestado de Homero primeiramente os errores da *Odisseia*, depois, da *Ilíada*, os combates?" – *Iam uero Aeneis ipsa, nonne ab Homero sibi mutuata est errorem primum ex Odyssea, deinde ex Iliade pugnas?*

Notas

339 Cairns (1990, p. 177-214), por exemplo, defende que a *Eneida*, como um todo, corresponderia a uma *Odisseia* com alguns elementos iliádicos. Para ele, os seis primeiros livros, das viagens de Eneias, seriam equivalentes às viagens de Odisseu, ao passo que as guerras de Eneias no Lácio equivaleriam à batalha de Odisseu contra os pretendentes que invadiram seu palácio. Duckworth (1961), por sua vez, propõe uma divisão tripartite da obra, muito embora ele não descarte a existência de duas metades bem definidas.

340 Já o livro II dos *Tristia* introduz o tema das guerras que ameaçam o eu poético exilado (*Tr.* II, 187-206), mas, enquanto epístola destinada ao imperador com o objetivo de obter o retorno à pátria, seu foco é a defesa do eu poético e de seus versos amorosos. Assim, predominam no livro II as discussões de natureza literária e a abordagem de questões referentes à poesia.

341 A expressão, proveniente da *Epistula ad Pisones* horaciana, foi incorporada ao vocabulário da crítica literária para designar uma narrativa que principia já em meio aos acontecimentos, e não propriamente desde sua origem: "Nem inicia o retorno de Diomedes pela morte de Meleagro,/ nem a guerra de Troia pelo ovo gêmeo;/ sempre se apressa ao desfecho e, *para o meio das coisas,/* como se conhecidas, arrebata o ouvinte; e larga o que,/ tratado, não espera que possa brilhar." – *Nec reditum Diomedis ab interitu Meleagri,/ nec gemino bellum Troianum orditur ab ouo;/ semper ad euentum festinat et* **in medias res/** *non secus ac notas auditorem rapit, et quae/ desperat tractata nitescere posse relinquit* (Hor. *Ep. Pis.* 146-150, grifos nossos).

342 Na medida em que *Tr.* I, 1 tem caráter programático e constitui uma espécie de reflexão metapoética em que o autor se dirige à sua obra, pode-se considerar que a narrativa de fato principia na segunda elegia do livro.

343 A estudiosa identificou uma série de elementos linguísticos que são marcadores alusivos remetendo à *Eneida*. Para uma análise detalhada e exemplos, vejam-se Prata (2002, p. 49-81) e Prata (2007, p. 53-74). A aproximação entre *Tr.* I, 3 e o livro II da *Eneida* também foi amplamente abordada por Videau-Delibes (1991, p. 29-34).

344 Para a análise da intertextualidade entre a cena de tempestade nessas elegias e a *Eneida*, veja-se Prata (2007, p. 54-66). Abordagens detalhadas das cenas de tempestade nos *Tristia* e sua coloração épica são apresentadas ainda por Videau-Delibes (1991, p. 71-102) e, comparativamente com outras obras da tradição, por Avellar, Barbosa & Trevizam (2018, p. 185-204). Na sequência, apresentaremos, em linhas gerais, alguns traços do *tópos* incorporados nos *Tristia*, a título de breve ilustração. Para mais detalhes, especialmente sobre a relação dos *Tristia* com outras obras épicas, consultem-se as referências acima indicadas.

345 Segundo Avellar, Barbosa & Trevizam (2018, p. 26), podem ser identificadas cinco unidades constitutivas do *tópos* da tempestade, embora não estejam todas elas sempre presentes: "1. o motivo subjacente ao desencadeamento da tormenta, que pode ou não ter relações com a ira divina; 2. a manifestação em descontrole das forças da natureza – ventos, ondas, chuvas, raios etc. – nessa hora de intempérie; 3. a reação dos seres humanos que se veem surpreendidos pela fúria tempestuosa (podendo ou não envolver as súplicas aos deuses); 4. as avarias a artefatos humanos como, muitas vezes, embarcações, no caso de tempestades no mar; 5. a diminuição gradativa da força dos elementos, com a chegada de alguma calmaria."

346 Sobre a formação retórica de Ovídio e a presença da retórica em suas obras, ver Auhagen (2007, p. 413-424).

347 Ov. *Tr.* I, 2, 45-46: "Ai de mim! Com quão rápida *chama faiscaram* as nuvens!/ Quão grande *estrondo* ressoa do orbe celeste!" – *Ei mihi, quam celeri* **micuerunt** *nubila* ***flamma!/ Quantus ab aetherio personat axe* fragor!** (grifos nossos).

Uma teoria ovidiana da literatura

348   A descrição da natureza descontrolada também se observa nas outras duas elegias mencionadas, na referência à força das ondas e à violência dos ventos: Ov. *Tr.* I, 4, 7-8; 17-18; 23-24 e Ov. *Tr.* I, 11, 13-16; 19-20.

349   A esse respeito, veja-se Avellar, Barbosa & Trevizam (2018, p. 28).

350   A menção da perda das habilidades do piloto também ocorre em Ov. *Tr.* I, 2, 31-32 e *Tr.* I, 11, 21-22.

351   As preces de Odisseu e Eneias figuram em Hom. *Od.* V, 306-310 e Virg. *Aen.* I, 94-101. Para uma análise dessas passagens, veja-se Avellar, Barbosa & Trevizam (2018, p. 80-84; p. 130-134).

352   A possibilidade de organização estrutural dos *Tristia* com base em uma parte "odisseica" e uma parte "iliádica" – viagem no mar (livro I) e guerras em Tomos (livros III, IV e V) – também fica sugerida em uma passagem do último livro da obra (Ov. *Tr.* V, 2, 29-32): "Mesmo que eu silencie os infortúnios do percurso, os amargos/ perigos do mar, as mãos armadas contra meu fado,/ retém-me bárbara terra, no fim do grande mundo,/ local cercado por cruel inimigo." – *Vtque uiae casus, ut amara pericula ponti,/ ut taceam strictas in mea fata manus,/ barbara me tellus orbisque nouissima magni/ sustinet et saeuo cinctus ab hoste locus.*

353   Crowther (1979), analisando o significado do vinho e da água para representar a inspiração poética, oferece um panorama desses usos na poesia greco-romana e cita diversas fontes antigas. Segundo o estudioso (1979, p. 2), Píndaro foi o primeiro poeta a associar sua inspiração a fontes ou correntes de água sagrada. Essa relação perpassará, posteriormente, a poesia helenística e se tornará bastante comum na poesia romana, conforme evidenciam os vários exemplos mencionados por Crowther (1979, p. 6-10), em que beber essa água é considerado fonte de inspiração. A título de exemplo para a água como representação da inspiração poética, veja-se a ode IV, 2 de Horácio, em que Píndaro é comparado, por meio de um símile, a um rio caudaloso: "Tal como um rio correndo desde o monte, que as chuvas/ engrossam sobre as margens conhecidas,/ assim ferve e, imenso, precipita-se Píndaro/ de voz profunda" – *Monte decurrens uelut amnis, imbres/ quem super notas aluere ripas,/ feruet inmensusque ruit profundo/ Pindarus ore* (Hor. *Carm.* IV, 2, 5-8).

354   *This unexpected intrusion transforms Ovid's place of relegation into an authentically 'tragic' landscape, and makes his exile poetry, therefore, more authentically tragic than Euripides himself.*

355   Nesse sentido, convém diferenciar tragédia de tragicidade. Mafra (2010, p. 68) esclarece que a tragédia pode ser considerada "como uma estrutura dramática que representa ações importantes de personagens ilustres, mas também, e sobretudo, [...] como um fenômeno vital, isto é aquilo que interfere na própria vida do homem, quase como um conflito do 'ser ou não ser', que determina a própria tragicidade humana". Mafra (2010, p. 68) propõe, citando Wolfgang Kayser, "distinguir a tragédia da sua tragicidade, pois, como diz o crítico, do ponto de vista do teatro a tragédia é uma 'forma artística dramática que se apodera do trágico' (Kayser, 1958, p. 281)".

356   Wilkinson (2005, p. 440): "Sir Aston Cockain escreveu uma peça sobre ele, *A tragédia de Ovídio*, assim como Racine planejara fazer." – *Sir Aston Cockain wrote a play about him, The tragedy of Ovid, as Racine had planned to do.*

357   Ov. *Tr.* III, 11, 67-68: "e, lembrado da sorte humana, que aos mesmos ergue/ e rebaixa, também tu, receia as reviravoltas!" – *humanaeque memor sortis, quae tollit eosdem/ et premit, incertas ipse uerere uices!*

358   A esse respeito, recordem-se, por exemplo, dois dos célebres poemas dos *Carmina Burana: O Fortuna* (CB 17) e *Fortune plango uulnera* (CB 16).

359   Ov. *Tr.* III, 7, 41-42: "pois a Fortuna dá e toma como lhe apraz:/ súbito, faz-se Iro quem há pouco era Creso." – *nempe dat id quodcumque libet fortuna rapitque,/ Irus et est subito qui modo Croesus erat.*

360   Ov. *Tr.* I, 9, 17-20: "Enquanto estive erguido, a casa tinha turba bastante,/ era decerto conhecida, mas não ambiciosa./ Mas tão logo foi atingida, todos temeram a ruína/ e deram as costas, prudentes, em fuga comum." – *Dum stetimus, turbae quantum satis esset, habebat/ nota quidem, sed non ambitiosa domus./ At simul impulsa est, omnes timuere ruinam/ cautaque communi terga dedere fugae.*

361   Ov. *Tr.* IV, 8, 40-44: "A vida, porém, não me foi tirada por causa de meu *erro*,/ uma vida levada longe da pátria, sob o Polo Norte,/ onde jaz a margem sinistra do mar Euxino./ Se *Delfos* e mesmo *Dodona* me dissessem isso,/ ambos os locais pareceriam vãos." – *Nec tamen* **errori** *uita negata meo est,/ uita procul patria peragenda sub axe Boreo,/ qua maris Euxini terra sinistra iacet./ Hoc mihi si* **Delphi Dodona***que diceret ipsa,/ esse uideretur uanus uterque locus.* (grifos nossos)

362   A referência à Inveja (*Liuor*) por meio de um tom depreciativo, com o qual o poeta se autoafirma e despreza os efeitos que dela podem advir, também ocorre em *Am.* I, 15, 1-2 e em *Tr.* IV, 10, 123-124.

363   Essa primazia de Virgílio no âmbito da literatura épica é expressa, por exemplo, por Propércio, quando anuncia o surgimento de uma obra maior que a *Ilíada*: "Cedei, escritores romanos, cedei, gregos!/ Eis que nasce não sei o quê maior que a *Ilíada*." – *Cedite Romani scriptores, cedite Grai!/ Nescio quid maius nascitur Iliade* (Prop. *El.* II, 34, 65-66).

364   Para uma análise do *tópos* da imortalidade conferida pela poesia a seus autores, com comentários sobre esses trechos e exemplos de outras ocorrências do lugar-comum, veja-se Avellar (2015a, p. 204-214).

365   Ov. *Tr.* IV, 10, 121-128: "Tu me deste ainda vivo – algo raro – *nome ilustre*,/ que a fama costuma dar com as exéquias./ Nem a Inveja, que avilta o presente, mordeu/ com dente injusto alguma obra minha./ Pois, tendo esta época produzido grandes poetas,/ não foi a fama avara com meu engenho,/ e embora eu ponha muitos à minha frente, não me/ dizem menor que eles, e *em todo o mundo sou lido*." – *Tu mihi, quod rarum est, uiuo* **sublime** *dedisti/* **nomen**, *ab exequiis quod dare fama solet./ Nec, qui detrectat praesentia, Liuor iniquo/ ullum de nostris dente momordit opus./ Nam tulerint magnos cum saecula nostra poetas,/ non fuit ingenio fama maligna meo,/ cumque ego praeponam multos mihi, non minor illis/ dicor et* **in toto plurimus orbe legor**. (grifos nossos)

366   Enquanto imagem do poeta, a instância "Ovídio" constitui uma "ficção heurística" criada na nossa leitura das obras ovidianas, conforme esclarecido anteriormente no "Preâmbulo".

367   A título de exemplo, vejam-se as várias formas do verbo *mutare* presentes no primeiro livro das *Metamorphoses*: *mutatas* (I, 1), *mutastis* (I, 2), *mutatur* (I, 409), *mutando* (I, 547), *mutauerat* (I, 611), *mutati* (I, 650), *mutarent* (I, 704).

368   Naturalmente, a poesia épica tende a abarcar em si outros gêneros, conforme se observa na própria *Eneida* virgiliana, quando, no canto IV, são incorporados, por exemplo, elementos da elegia e da tragédia – aspectos estes que indicamos no capítulo anterior, ao discutir os diálogos entre a epístola de Dido (Ov. *Her.* VII) e o canto IV da *Eneida*. No entanto, Ovídio radicaliza essa mistura de gêneros anteriormente explorada por Virgílio e a conduz a tais extremos que se torna problemático atribuir uma identidade épica às *Metamorphoses*.

369   A esse respeito, recordem-se, por exemplo, as histórias de Aracne (Ov. *Met.* VI, 1-145) e de Dédalo (Ov. *Met.* VIII, 183-235). Johnson (2008, p. 117-124), sob uma perspectiva distinta

da nossa, também oferece interessantes análises sobre antecipações do exílio nas punições de artistas lesados por sua própria arte nas *Metamorphoses*.

370   Para mais detalhes acerca da máscara de poeta fracassado adotada por Nasão nos *Tristia*, ver Avellar (2015a, p. 85-90). A ideia de uma "pose de declínio poético" foi amplamente explorada por Williams (1994, p. 50-99).

371   Para mais detalhes sobre a "voz editorial" ovidiana e exemplos de intervenções "editoriais" do próprio poeta na sua produção, ver Avellar (2018b). Utilizamos aqui os termos "editorial" e "editor" entre aspas a fim de assinalar as diferenças existentes entre os meios de produção e difusão de livros na Antiguidade e as circunstâncias atuais de definição de editor. Para uma abordagem detalhada sobre o livro na Antiguidade, ver Kenney (1982), Cavallo (1998), Dorandi (2000) e Salles (2010).

372   Sen. *Suas.* III, 7: "Está, por sua vez, na tragédia dele [de Nasão]: 'sou arrastada aqui e ali, ah, tomada pelo deus'". – *Esse autem in tragoedia eius: 'feror huc illuc, uae, plena deo'*. O verso preservado da tragédia é uma fala de Medeia.

373   Tac. *Dial.* XII, 6: "Encontrarás hoje aqueles que depreciam a glória de Cícero em número maior do que os que desprezam a de Virgílio; e nenhum livro de Asínio ou de Messala é tão famoso quanto a *Medeia* de Ovídio ou o *Tiestes* de Vário." (trad. A. Rezende e J. Avellar, 2014, p. 47) – *Pluris hodie reperies, qui Ciceronis gloriam quam qui Virgilii detrectent: nec ullus Asinii aut Messallae liber tam inlustris est quam Medea Ouidii aut Varii Thyestes*.

374   Quint. *Inst.* VIII, 5, 6: "De fato, embora o correto seja 'É fácil ser nocivo, difícil é ser útil', em Ovídio, Medeia fala de modo mais intenso: 'Pude salvar: acaso perguntas se posso arruinar?'" – *Nam, cum sit rectum, 'Nocere facile est, prodesse difficile', uehementius apud Ouidium Medea dicit: 'Seruare potui: perdere an possim rogas'?* e Quint. *Inst.* X, 1, 98: "O *Thiestes* de Vário pode-se comparar a qualquer que seja das tragédias gregas. A *Medeia* de Ovídio parece-me mostrar o quanto aquele homem teria podido ser superior, se tivesse preferido ser imperador do próprio talento, ao invés de tratá-lo com indulgência." (trad. A. Rezende, 2010, p. 215) – *Iam Vari Thyestes cuilibet Graecarum comparari potest. Ouidi Medea uidetur mihi ostendere quantum ille uir praestare potuerit si ingenio suo imperare quam indulgere maluisset*.

375   Na sequência desse parágrafo, resumimos algumas ideias acerca da *Medea* ovidiana desenvolvidas em artigo nosso. Para mais detalhes, conferir Avellar (2018b, p. 168-176) e sua bibliografia.

376   A título de exemplo, ver Ov. *Tr.* III, 14, 43-50; IV, 4, 83-86; V, 10, 37-38; V, 12, 53-58.

377   A respeito do caráter metamórfico do mundo nas *Metamorphoses*, ver Wheeler (1995) e Holzberg (2002, p. 114-151). Para as relações entre o estado de incompletude nos *Tristia* e nas *Metamorphoses*, ver Avellar (2015a, p. 85-90).

378   Para a descrição detalhada do escudo de Aquiles, ver Hom. *Il.* 18.478-608.

379   Ov. *Tr.* II, 549-552: "Eu escrevi os doze livrinhos dos *Fastos*,/ e cada rolo finda com seu mês;/ essa obra, há pouco escrita sob teu nome, César,/ e a ti consagrada, minha sorte interrompeu." – *Sex ego Fastorum scripsi totidemque libellos,/ cumque suo finem mense uolumen habet,/ idque tuo nuper scriptum sub nomine, Caesar,/ et tibi sacratum sors mea rupit opus*.

380   Ingleheart (2010, p. 391), remetendo a Wilkinson (2005, p. 241) e Otis (1966, p. 21-22). A datação exata da obra, porém, não é consensual. Otis (1966, p. 21) a situa nos sete ou oito anos que antecederam o suposto exílio em 8 d.C. Miller (2002, p. 176), pautando-se em Degrassi (1963, p. 141-142), data a composição entre 6-9 d.C., com pequenos ajustes e alterações posteriores. Gouvêa Jr. (2015, p. 14-15), na mesma linha de Citroni (2006, p. 584), Herbert-Brown (2009, p. 126) e Pasco-Pranger (2006, p. 23), defende o início de escrita em 2 ou 3 d.C.

381 Sobre o emprego da expressão *sex totidemque* nas obras ovidianas com o sentido de "doze", ver Ingleheart (2010, p. 391).

382 Apresentamos, na sequência, uma síntese com a opinião de alguns estudiosos sobre essa passagem. Uma revisão crítica dos conteúdos foi anteriormente explorada em um artigo nosso (Avellar, 2018b, p. 163-168).

383 Holzberg (2002, p. 153) destaca a estrutura em tríptico da obra e os diversos paralelos entre seus livros sucessivos. Além disso, sublinha várias aproximações entre os livros I e VI, que constituiriam uma espécie de moldura para o poema (2002, p. 172). Nessa mesma esteira, Newlands (2006, p. 214-215) assinala que, precisamente na metade dos *Fasti* (IV, 195), a musa Érato é invocada, assim como ocorre em outros poemas em que ela ocupa um papel de divisora da obra (Apol. *Arg.* III, 2; Virg. *Aen.* VII, 37).

384 A título de exemplo, ver Ov. *Tr.* I, 1, 39-46; I, 11, 35-40; V, 1, 71-74.

385 A respeito de um motivo da "metamorfose" na poesia de exílio ovidiana, ver Salvatore (1991).

386 *Ovid again and again presents himself and his exilic circumstances in terms which recall the fates of characters from mythology, and in particular from his own massive compendium of Graeco-Roman myth, the epic Metamorphoses.*

387 Entre as ocorrências exclusivas dos *Tristia*, a estudiosa (2008, p. 164) menciona Absirto, Capaneu, Sêmele e Acteão.

388 *Ovid's virtual obsession with the Medea-myth [...]. The appropriateness of Tomis as a place of exile is almost 'too good to be true'.*

389 Em vários momentos, o eu poético dos *Tristia* identifica o exílio como uma *fuga* e a si mesmo como *profugus*, além de empregar o verbo *fugio*: Ov. *Tr.* I, 1, 56; I, 2, 84; I, 3, 10, 36, 50 e 84; I, 5, 42, 64 e 66; I, 7, 14; I, 10, 10; I, 11, 6; II, 132, 193 e 417; III, 1, 74; III, 3, 34; III, 8, 42; III, 11, 35 e 59; III, 14, 9 e 11; IV, 1, 20 e 50; IV, 4, 48; IV, 10, 63, 90 e 102; V, 2, 62; V, 4, 49; V, 7, 30; V, 12, 46.

390 Na concepção de Rimell (2006, p. 14), é Medusa que se torna uma talentosa escultora, capaz de transformar tudo o que vê em mármore. A nosso ver, a partir da decapitação da górgona, há uma transferência de seu potencial artístico e criador para outras figuras, seja Perseu, que detém sua cabeça, seja Pégaso, que dá origem à fonte das Musas. Rimell (2006, p. 18), com base em conteúdos psicanalíticos, sugere uma interessante interpretação para o episódio. Para ela, as identidades de Perseu e Medusa tanto se sobrepõem quanto colidem entre si: o herói usa a cabeça da górgona como uma arma à guisa de máscara, a ponto de se tornar o olhar letal dela. A estudiosa vincula o encontro das duas personagens com o "estágio do espelho" da teoria lacaniana, no qual observador e observado são vistos numa dialética de mútua reflexão.

391 Ov. *Met.* IV, 781-782: "viu, porém, a figura da horrível Medusa refletida no bronze/ do escudo, que ele trazia na mão esquerda." – *se tamen horrendae clipei, quod laeua gerebat,/ aere repercussae formam aspexisse Medusae.*

392 Ov. *Tr.* III, 8, 1-2; 5-6, grifos nossos: *Nunc ego* **Triptolemi** *cuperem consistere* **curru**,/ **misit** *in ignotam qui* **rude semen** *humum; [...] nunc ego iactandas optarem sumere* **pennas**,/ *siue tuas,* **Perseu**, *Daedale, siue tuas.*

393 A título de exemplo, vejam-se os usos do adjetivo *ignotus* na elegia III, 3 dos *Tristia*, referindo-se ao local de exílio: *ignoto orbis* (v. 3) e *ignotis oris* (v. 37).

394 Nessa mesma orientação, recorde-se a elegia III, 12 dos *Amores*, na qual Nasão atribui aos poetas uma "liberdade fecunda" (*fecunda licentia*, v. 41), uma vez que suas palavras não

se subordinam à "verdade histórica" (*historica fide*, v. 42). Essa afirmação do eu poético constitui o fechamento de um longo catálogo de mitos por ele mencionados (*Am.* III, 12, 21-40), mitos que ele destaca serem criações dos poetas, entre os quais se inclui a história das asas de Perseu: "nós demos penas aos pés, serpentes aos cabelos" – *nos pedibus pinnas dedimus, nos crinibus angues* (Ov. *Am.* III, 12, 23).

395   Both the poet and his poetry have been metamorphosed into a divinity greater than any of his mythic prototypes. Apotheosis lifts the sentient sufferer out of his suffering mortal frame and onto an eternal plain.

396   A confluência dos gêneros épico e elegíaco nos *Fasti*, sob uma perspectiva metapoética, foi abordada por Faustino (2014, p. 25-103). A estudiosa assinala o caráter dúbio do vate e de seu poema-calendário, que contempla elementos épicos e elegíacos sob a forma de poesia didática. Entretanto, a classificação dos *Fasti* como poema didático, feita na esteira de Miller (2002, p. 182), não é consensual entre os estudiosos: Volk (2002, p. 42), por exemplo, não considera os *Fasti* poesia didática, visto que "não há qualquer indicação de que o objetivo principal da *persona* seja ensinar alguém sobre o calendário romano, mais do que simplesmente cantar sobre ele" (*there is no indication that the persona's main intent is to teach anyone about the Roman calendar, rather than simply to sing about it*); Holzberg (2002, p. 154), por sua vez, sublinha que Nasão, enquanto comentador de calendários, é uma autoridade plenamente questionável. Não pretendemos discutir aqui o estatuto didático ou não do poema ovidiano, mas destacar alguns aspectos referentes ao hibridismo do poema no que diz respeito aos gêneros épica e elegia amorosa. Para uma análise do trecho acima citado (Ov. *Fast.* IV, 7-12) em relação aos elementos da elegia amorosa ovidiana, ver Faustino (2014, p. 64-79) e Bem (2011, p. 193-194).

397   O "gênero maior" referido na elegia final dos *Amores* consiste em uma tragédia, conforme sugere a disputa anterior entre Tragédia e Elegia, personificadas em *Am.* III, 1, e conforme se observa na referência a Baco: "Com tirso mais pesado, exortou-me Lieu cornígero;/ maior área há de ser percutida por grandes cavalos." – *Corniger increpuit thyrso grauiore Lyaeus;/ pulsanda est magnis area maior equis* (Ov. *Am.* III, 15, 17-18). Os estudiosos tendem a associar essa mencionada tragédia à tragédia perdida da *Medea* ovidiana.

398   Vejam-se, por exemplo, as seguintes ocorrências: Ov. *Tr.* I, 3, 61; III, 2, 1; III, 4, 46; III, 11, 55; III, 14, 47; IV, 6, 47; V, 1, 21; V, 2, 62; V, 6, 19; V, 10, 14 e 58.

399   Ov. *Tr.* III, 12, 51: "Ai de mim, acaso agora a casa de Nasão fica no mundo cítico?" – *Ei mihi, iamne domus Scythico Nasonis in orbe est?*

400   Embora a passagem tenha como foco a figura de Evandro, ao final ela menciona também Cadmo, outro exilado, cuja história é narrada em um dos episódios das *Metamorphoses*. Abordaremos as aproximações entre Cadmo e Nasão mais à frente, ainda nesta seção.

401   Ov. *Tr.* I, 1, 71-72, grifos nossos: "Perdoem-me os locais augustos e seus deuses!/ Daquele cume caiu um *raio* sobre minha cabeça." – *Ignoscant augusta mihi loca dique locorum!/ Venit in hoc illa* **fulmen** *ab arce caput.*

402   Ov. *Tr.* I, 1, 81-82, grifos nossos: "Também eu confesso temer as *armas de Júpiter* que experimentei:/ creio ser atacado, quando troveja, por *fogo* hostil." – *Me quoque, quae sensi, fateor* **Iouis arma** *timere:/ me reor infesto, cum tonat,* **igne** *peti.*

403   Uma análise mais detalhada dos termos usados para fazer referência ao exílio de Nasão, acompanhada de exemplos e considerações jurídicas sobre a pena, encontra-se num estudo nosso anterior (Avellar, 2015a, p. 40-44).

404   Além dos trechos citados na sequência, em inúmeros outros momentos dos *Tristia*, Nasão coloca em destaque a ausência de crime ou dolo em seus atos, como, por exemplo, em

Ov. *Tr.* I, 2, 97-100; III, 1, 51-52; IV, 1, 23-24. Para uma discussão sobre os vocábulos em latim empregados pelo eu poético nesses contextos – *error, scelus, culpa, crimen, facinus, peccatum* –, ver Avellar (2015a, p. 44-46).

405 Martindale (1993, p. 60-64) oferece uma enriquecedora análise da versão ovidiana do mito em comparação com pinturas de Ticiano por ele inspiradas.

406 Ov. *Met.* III, 185: "tal foi [a cor] no rosto de Diana vista sem veste" – *is fuit in uultu uisae sine ueste Dianae*.

407 [...] *Actaeon's preservation of his human consciousness in his metamorphosed form makes him like an actor who puts on a mask, thus 'articulating and valorizing a... contrast between authentic inside and inauthentic appearance, between reality and illusion.*

408 Ov. *Tr.* III, 2, 5-6: "Nem me foi útil brincar sem um crime verdadeiro,/ e minha Musa gracejar mais que minha vida" – *Nec mihi, quod lusi uero sine crimine, prodest,/ quodque magis uita Musa iocata mea est.*

409 Ov. *Tr.* III, 1, 65-72. Discutiremos essa questão mais detalhadamente no nosso próximo capítulo.

410 *In Ovid the grotesque nightmare of category displacement focuses on the problem of communication, since the stag's mind remains human [...], yet he/it cannot speak.*

411 No que concerne à relação entre metamorfose e criação artística, uma das passagens mais sugestivas da obra consiste no episódio da criação do mundo a partir do caos inicial e da separação dos quatro elementos pela ação de um "deus" ou "melhor natureza", que é representado como uma espécie de demiurgo que esculpe o mundo (Ov. *Met.* I, 5-75).

412 [...] *the metamorphosed Actaeon both is and is not the person that he was before. The product of every metamorphosis is an absent presence.*

413 Discutiremos o episódio de Narciso com mais detalhes na próxima seção deste capítulo.

414 A ideia de uma metamorfose de Nasão em livro foi desenvolvida em outro estudo nosso. Para mais detalhes, ver Avellar (2015a, p. 170-214).

415 O eu poético dos *Tristia* apresenta uma etimologia para o nome da cidade "Tomos", vinculando-o ao radical grego *tom-*, que deu origem ao verbo *temno* ("fatiar", "cortar") e ao substantivo *tome* ("corte", "talho"). De acordo com Videau-Delibes (1991, p. 172), essa etiologia mitológica, transmitida pela epopeia de Apolodoro, foi acrescentada à origem da cidade reconhecida pelos historiadores, segundo a qual sua colonização e fundação teriam sido feitas pelos gregos de Mileto (Ov. *Tr.* III, 9, 1-4).

416 *Recent scholarship increasingly stresses the 'exilic' status of both the Metamorphoses and the Fasti, tying both with authorial revision (or continued composition) during Ovid's earlier years of exile.*

417 Essa ideia de revisões e emendas após a relegação também é sugerida por Otis (1966, p. 22) e por Ingleheart (2010, p. 391).

418 [...] *problems of self-identity and self-knowledge faced by this new race.*

419 [...] *a glaring absence from the narrative surface [...], but a ghostly presence [...] particularly in the third book.*

420 Pavlock (2009, p. 23-24), por meio de uma instigante análise, evidencia que a profecia de Tirésias ecoa a fala de Apolo sobre autoconhecimento presente em *Ars* II, 497-508.

421 Hardie (2002, p. 152) afirma que Ovídio provavelmente teve a ideia de combinar as histórias sobre eco e reflexo com base na abordagem paralela que Lucrécio faz dos dois fenômenos no *De rerum natura*.

422 *[...] for Rosati this Romantic figure for the subjectivity of the self-reflexive artist becomes the type of the supreme illusionist: 'Ovid is the poet Narcissus, the poet bent over in admiration of his own virtuosity, triumphantly mirroring himself in the astonishment of his public'.*

423 *[...] the 'naturalist desire' of the beholder of an illusionist work of art to believe in the reality of the images.*

424 *Narcissus is a figure for the desiring reader, caught between the intellectual understanding that texts are just texts, words with no underlying reality, and the desire to believe in the reality of the textual world.*

425 *[...] beloveds become mirror images of lovers.*

426 *[...] obsessed with linguistic surfaces and passing intensities, with visual display, duplicity and (obvious) feigning.*

427 A edição de Rudolph Merkel (1886) traz a forma *umbra*, assim como a da Coleção Loeb (1951) e a da Einaudi (2011), mas algumas edições registram em seu lugar a forma *unda*. Optamos por manter o termo *umbra*.

428 *[...] palindrome, a very appropriate figure of speech in the context of a reflected image: his thirst is SITIS whichever way you look at it.*

429 Ahl (1985, p. 237) sublinha a adequação de se descrever a estátua como feita do mármore de PARos, uma vez que o termo conteria em si a forma *par*, colocando em destaque o fato de Narciso ter se apaixonado por sua imagem espelhada, seu "igual".

430 *[...] but since the reflection is of himself, the simile applies equally to the object of his gaze. He is his own simile.*

431 A esse respeito, vejam-se também Martin (2008, p. 235) e Ernout & Meillet (1951, p. 1105-1106). Esses últimos destacam que o verbo *dissimulo* – "'representar exatamente', 'copiar', 'imitar' (em oposição ao objeto real, ao modelo), daí 'tomar a aparência de', 'fingir', 'simular', 'parecer'" (*'représenter exactement', 'copier', 'imiter' (par oppos. à l'objet réel, au modèle, d'où 'prendre l'apparence de, feindre, simuler, faire semblant de'*) – é um denominativo, formado a partir de *similis*. Igualmente, são substantivos derivados desse mesmo termo os vocábulos *similitudo*, "semelhança"; "analogia, comparação" (*ressemblance; analogie, comparaison*), e *simultas*, "fato de estar junto" (*fait d'être ensemble*).

432 A esse respeito, veja-se Agamben (2007, p. 119-214).

433 *[...] move from a primal narcissism to self-reflective subjectivity that takes place in the encounter with an other.*

434 A esse respeito, ver Hardie (2002, p. 160) e suas indicações bibliográficas.

435 O termo *argenteus*, conforme comenta Pavlock (2009, p. 16), era usado em latim também para designar o "espelho".

436 A mesma ideia se aplica a Narciso, que recusa o amor das ninfas e de Eco, e também à sua imagem, impossível de ser tocada pelo fato de o reflexo na água se desmanchar; resultando, em ambos os casos, na não satisfação do desejo. Para uma análise dessas questões, em diálogo com um trecho do poema de Catulo sobre o himeneu (Catul. *Carm.* LXII, 42-45), ver Hardie (2002, p. 156) e Pavlock (2009, p. 16).

437 Ver Williams (1994, p. 8-16), que discute a incorporação de elementos da tradição literária na descrição do local de exílio ovidiano.

438 *[...] d'exigences, de méthodes et de situations, personnelles et subjectives, propres à chaque écrivain.*

439 *À Rome, vers la fin de la République et le début de l'Empire, et en particulier dans les cercles littéraires influencés par le "néotérisme" et les poètes alexandrins, on a de plus en plus eu recours à*

l'écriture autographe pour les poèmes, ce qui n'empêchait pas que la dictée fût utilisée pour la rédaction d'oeuvres d'érudition ou techniques.

440   Para outras fontes antigas a esse respeito, ver Starr (1991), Dorandi (2000, p. 116) e Salles (2010, p. 99-104).

441   Dorandi (2000, p. 73-75) comenta sobre diversos estudos abordando a questão dos modos de leitura na Antiguidade romana, e o que se observa é que a opinião sobre a prática da leitura silenciosa varia entre eles, levando a crer que os dois tipos de leitura coexistiam.

442   Nessa mesma linha, recorde-se de Helena, que, na versão de Eurípides, teria permanecido no Egito, enquanto aquela que foi para Troia teria sido sua "sombra" ou "simulacro". A esse respeito, Cassin (2005) afirma: "Portanto, há o nome ou a sombra, a sombra nomeada 'Helena', e a própria Helena; Helena de Troia e Helena do Egito." A estudiosa ainda acrescenta: "[...] a palavra é aí mais real que a coisa. O nome é mais real que o corpo, pois tem mais efeitos."

443   A esse respeito, veja-se, com as devidas ressalvas referentes ao tipo de leitura biografista e historicista, Grimal (1991), que oferece vários testemunhos antigos sobre o assunto.

444   A título de exemplo, ver Ov. *Tr.* IV, 1, 19-22 e IV, 10, 117-120; Ov. *Tr.* V, 7, 39-40.

445   A esse respeito, veja-se Holzberg (2002, p. 49).

446   "O eros é precisamente uma relação com o outro, que se radica para além do desempenho e do poder. [...] A negatividade da alteridade, a saber, a atopia do outro, que se subtrai de todo e qualquer poder, é constitutiva para a experiência erótica." (Han, 2017a, p. 25, trad. E. P. Giachini). Veja-se ainda Han (2017b, p. 40, trad. E. P. Giachini): "O jogo com ambiguidade e ambivalência, com mistério e enigma eleva a tensão erótica, e, assim, a transparência ou a univocidade levaria ao fim do eros".

447   *Desire depends on the posited existence of the Other, and therefore self-destructs once the Other is collapsed into the subject. Narcissus' recognition of the impossibility of his desire comes precisely at the moment when he realises that he cannot enter into a dialogue with his reflection through words, the imperfect but necessary instruments of the Symbolic.*

448   Acerca da dificuldade linguística no exílio, ver também Ov. *Tr.* V, 7, 53-58.

449   Ov. *Tr.* V, 1, 79-80: "Por que escrevo, já o disse. Indagais por que vos envio?/ Pois quero estar convosco, de qualquer modo." – *Cur scribam, docui. Cur mittam, quaeritis, isto?/ Vobiscum cupio quolibet esse modo.*

450   *Ovidian desire often works to break down boundaries, and thus to threaten autonomy, identity, and to collapse difference into incestuous sameness, yet at the same time it often resists and dodges Narcissus' fate, recognizing that connectedness is not synonymous with homogeneity, that the dynamic of relationality is also the vim of creative process, both of writing and reading. Ovidian erotics can be read as a constant battle to transcend a compulsive logic of the same in order to sustain desire, or poetry itself.*

451   Rimell (2006, p. 4), referindo-se à elegia amorosa ovidiana, expressa uma opinião semelhante ao que propusemos para a poesia de exílio: "Enquanto a elegia, tradicionalmente, tem espaço 'para apenas uma voz', tendendo a reduzir tudo à *persona* do poeta-amante, a poesia ovidiana consciente da imagem frequentemente foca mais no diálogo do que no monólogo, movendo as fronteiras dos mundos conhecidos, tanto reais quanto imaginários." – *While elegy, traditionally, has room 'for one voice only', tending to reduce everything to the persona of the poet–lover, Ovid's image-conscious poetry is often focused on dialogue over monologue, moving at the borders of known worlds, both real and imaginary.*

452   Ov. *Tr.* I, 9, 59 (*artibus*); II, 8 (*Arte*), 240 (*Arte*), 303 (*Arte*), 345 (*Artes*); III, 14, 6 (*Artibus*); V, 12, 48 (*artibus*); V, 12, 68 (*Ars*).

453   Conforme menciona Volk (2002, p. 28-32), Platão (*Rep.* III, 394c), por exemplo, distinguia três tipos de poesia: uma forma narrativa simples e não mimética, em que o próprio poeta fala (ditirambo); uma forma inteiramente mimética, em que as personagens falam (drama); e um tipo misto, em que se alterna a voz do poeta e das personagens (épica). Aristóteles (*Poet.* 1447b 15-20), por sua vez, ao tomar a *mímesis* como critério para definir poesia, considera os escritores didáticos (como Empédocles) antes fisiólogos do que poetas. Já Quintiliano (*Inst.* X, 1, 46-57), seguindo uma classificação baseada no metro, insere as obras hoje consideradas didáticas no mesmo grupo da poesia épica, junto com as demais produções hexamétricas. Segundo a estudiosa (2002, p. 30-32), a poesia didática só será reconhecida como um gênero distinto na Antiguidade tardia, no chamado *Tractatus Coislinianus* (manuscrito do século X d.C.), que considera uma categoria de poesia não-mimética, que incluiria a poesia histórica e a poesia didática; e na *Ars grammatica* de Diomedes (século IV-V d.C.), que divide os gêneros em dramático, misto e narrativo (este último englobando poesia histórica, epistolar e didática).

454   Volk (2002, p. 35) não considera a poesia didática como subgênero da épica porque ela não contém simplesmente uma especificação do conteúdo épico (traço que define um subgênero), mas aborda assuntos completamente distintos.

455   A respeito da *Ars amatoria* como uma obra híbrida em termos de gênero, vejam-se Sharrock (1994) e Trevizam (2003).

456   Para uma detalhada análise do caráter metapoético dos ensinamentos da *Ars*, ver Allen (1992, p. 15-37); Sharrock (1994, p. 87-91; 128-195); Avellar & Trevizam (2013).

457   Ov. *Ars* III, 339-346, trad. nossa: "e alguém dirá 'Lê os cultos poemas de nosso/ mestre, com os quais ele instruiu as duas partes,/ ou, dentre os três livros que intitulou *Amores*,/ escolhe o que ler brandamente, com fala suave,/ ou por ti, com voz ornada, seja cantada uma epístola;/ esta obra, de outros desconhecida, ele inventou'." – *atque aliquis dicet 'Nostri lege culta magistri/ carmina, quis partes instruit ille duas,/ deue tribus libris, titulo quos signat Amorum,/ elige, quod docili molliter ore legas,/ uel tibi conposita cantetur Epistula uoce;/ ignotum hoc aliis ille nouauit opus'.*

458   "Crede-me: as delícias de Vênus não devem ser precipitadas, mas gradualmente induzidas por uma lenta espera. Quando descobrires as partes cujo contato deleita a mulher, não te impeça o pudor de tocá-las <720>. Verás seus olhos acesos por um brilho trêmulo, como comumente o sol reluz na água fluida; vão seguir-se as queixas, seguir-se os agradáveis murmúrios, os doces gemidos e as palavras próprias ao jogo. Contudo, servindo-te de velas maiores, não abandones <725> a mulher, nem ela se adiante ao teu ritmo. Apressai-vos simultaneamente à meta. Só há o gozo completo quando a mulher e o homem jazem rendidos juntamente. " (trad. M. Trevizam, 2016, p. 141).

459   "Que cada mulher conheça a si própria. Adotai a maneira certa de acordo com os corpos: um só modo não convém a todas. Quem muito se distingue pela face, deitará sobre o próprio dorso, mas sejam observadas de costas as que têm as costas deleitosas. E tu, cujo ventre foi sulcado por Lucina, <775> faze como o Parto veloz, que vira seus cavalos. Milanião levava as pernas de Atalanta aos ombros: se são belas, devem ser vistas assim. Que a pequena monte a cavalo; por sua enorme estatura, nunca a esposa tebana cavalgou sobre Heitor, como em um cavalo <780>. Que a mulher admirável pelo flanco alongado comprima o leito com os joelhos e curve ligeiramente o colo para trás. A quem tem a coxa jovem e nenhum defeito nos seios deve deitar-se obliquamente na cama, enquanto o homem se põe de pé. Não julgues aviltante soltar os cabelos como a mãe fileia <785> e recurva o colo com a coma em desordem. Mil são os jogos de Vênus; simples e minimamente trabalhoso é reclinar-se meio de costas sobre o flanco direito." (trad. M. Trevizam, 2016, p. 187).

460   "Que a mulher, enlanguescida do fundo das medulas, sinta Vênus, e que o ato igualmente delicie a ambos. Não cessem as falas ternas e os doces murmúrios <795>, nem se calem em meio aos jogos as palavras obscenas. E tu, a quem a natureza negou o sentido de Vênus, finge as doçuras do prazer com sons enganosos (infeliz é a moça cujas partes destinadas ao igual desfrute dela e do parceiro se entorpecem insensíveis) <800>. Ao mentir, apenas te acautelarás para que ele não descubra. Consegue a confiança pelos movimentos e mesmo por teus olhos; o que também apraz, exprima a boca com a voz e arfando." (trad. M. Trevizam, 2016, p. 187; 189).

461   A *Lex Iulia de maritandis ordinibus* ("Lei Júlia sobre os casamentos entre as ordens"), buscando regulamentar as uniões dos cidadãos romanos, determinava várias proibições de casamento, como a união de senadores ou seus filhos a mulheres libertas, adúlteras ou de mau comportamento, além de estimular o casamento e a procriação por meio da concessão de benefícios (Berger, 1953, p. 553-554). A *Lex Iulia de adulteriis coercendis* ("Lei Júlia sobre a coerção dos adultérios") fixou os casos de adultério como crime passível de punição, de modo a estabelecer as penalidades e os termos de acusação. Com isso, o adultério deixa de ser uma questão a ser resolvida em contexto privado e se torna um crime passível de julgamento em tribunal. A lei estabelecia que o marido era forçado a se divorciar da esposa adúltera, que era punida com a relegação para uma ilha e o confisco de um terço de suas propriedades, junto com parte do dote. Caso o pai da mulher a surpreendesse com o amante na casa do marido, ele tinha o direito de matá-la (Berger, 1953, p. 552-553).

462   Já aqui se pode observar a ironia dessa elegia de exílio, uma vez que a *ékphrasis* de Roma nela presente faz alusão à passagem da *Ars* (I, 67-100) em que os edifícios e monumentos da Roma augustana são descritos como um catálogo de locais apropriados para os encontros amorosos furtivos, entre os quais se incluem os pórticos, os teatros, o circo, o fórum e até mesmo os templos.

463   Augusto construíra o templo de Apolo "na parte de sua casa do Palatino que fora atingida por um raio e que os adivinhos declararam ser escolhida pelo deus" (Suet. *Aug.* XXIX, trad. M. Trevizam e P. Vasconcellos, 2007, p. 71). Segundo Alberto (2010, p. 124), a biblioteca havia sido organizada pelo gramático Pompeio Macro e, na época do poema, era dirigida por Gaio Júlio Higino.

464   A metáfora do autor como *pater* de suas obras é amplamente explorada nos *Tristia*. Para mais detalhes a esse respeito, veja-se Avellar (2015a, p. 189-192).

465   Para mais detalhes sobre o livro na Antiguidade e sua difusão, vejam-se Kenney (1982); Cavallo (1998); Dorandi (2000, p. 103-154); Salles (2010, p. 97-115).

466   Ov. *Tr.* IV, 6, 1-4: "Com o tempo, o touro se acostuma ao arado agrícola/ e oferece o colo à pressão do jugo recurvo;/ com o tempo, o cavalo fogoso obedece à rédea tenaz/ e com mansa boca recebe os duros freios" – *Tempore ruricolae patiens fit taurus aratri,/ praebet et incuruo colla premenda iugo;/ tempore paret equus lentis animosus habenis,/ et placido duros accipit ore lupos.* Ov. *Ars* I, 469-460: "Com o tempo, os novilhos rebeldes sujeitam-se ao arado;/ com o tempo, ensinam-se os cavalos a suportar os duros freios" (trad. M. Trevizam, 2016, p. 83) – *Tempore difficiles ueniunt ad aratra iuuenci,/ tempore dura pati frena docentur equi.*

467   Discutimos esse aspecto de modo mais detalhado em Avellar (2015a, p. 116-169).

468   Discutiremos esse aspecto em mais detalhes na próxima seção deste capítulo.

469   Para uma análise detalhada das relações do eu poético com Augusto, vejam-se Prata (2009) e Avellar (2015b).

470   Entre elas, destacam-se "dulcíssimo César" (*mitissime Caesar*, v. 27); "senhor e pai da pátria" (*patriae rector paterque*, v. 39); "maior dos homens" (*uir maxime*, v. 55); "ó príncipe que comedido usaste tuas forças" (*o princeps parce uiribus use tuis*, v. 128); "dulcíssimo príncipe" (*mitissime princeps*, v. 147); "líder do império" (*imperii princeps*, v. 219); "ó pai, cuidado e salvação da tua pátria" (*o pater, o patriae cura salusque tuae*, v. 574).

471   Uma das principais virtudes que Augusto apresenta para si mesmo em suas *res gestae* consiste na *clementia*.

472   *[...] an argumentative address in verse which, if it had been composed as a speech in prose, might have been delivered by an advocate without discredit in a law-court.*

473   A título de exemplo, veja-se a sistematização de Quintiliano (*Inst.* III, 9, 1): "Agora sobre o gênero judiciário, que é sobretudo variado, mas consta de duas funções: de acusação e de defesa. Suas partes, conforme agradou à maioria dos autores, são cinco: proêmio, narração, prova, refutação, peroração. A essas, alguns acrescentaram a divisão, a proposição, a digressão; as duas primeiras delas pertencem à prova." – *Nunc de iudiciali genere, quod est praecipue multiplex, sed officiis constat duobus intentionis ac depulsionis. Cuius partes, ut plurimis auctoribus placuit, quinque sunt: prooemium, narratio, probatio, refutatio, peroratio. His adiecerunt quidam partitionem, propositionem, excessum; quarum priores duae probationi succedunt.*

474   Seguimos aqui a proposta de divisão apresentada por Ingleheart a partir de Owen (1924, p. 48-62). Carrara (2005, p. 28-52) também oferece uma análise detalhada da estrutura retórica do poema.

475   Vejam-se, a esse respeito, Barchiesi (1993) e Ingleheart (2010, 8-10; p. 21).

476   *Il princeps ha fatto ricorso a uma condanna arbitraria e non regolare, in quanto ha sosttratto al poeta la facoltà di difendersi in un pubblico processo.*

477   Nesse sentido, recorde-se o esclarecedor artigo de Barchiesi (1993). Nos parágrafos seguintes, retomamos ideias presentes em Barchiesi (1993) e Williams (1994, p. 179-193), combinando-as às nossas próprias análises de trechos de *Tristia* II.

478   A forma epistolar e o endereçamento a Augusto evocam, indubitavelmente, a epístola II, 1 de Horácio, que também versa sobre questões literárias. Para uma análise das relações entre os dois textos, ver Barchiesi (1993).

479   "Ovídio inventa uma retórica em que a hierarquia do principado vem integrada em nível formal: a forma do dístico torna-se a formalização de uma relação de poder, sério sobre frívolo, moral sobre imoral, controle sobre licença, público sobre privado, assim como, no código métrico que distingue esse gênero, hexâmetro sobre pentâmetro." (Barchiesi, 1993, p. 162) – *Ovidio inventa una retorica in cui la gerarchia del principato viene reintegrata a livello formale: la forma del distico diventa la formalizzazione di un rapporto di potere, serio su frivolo, morale su immorale, controllo su licenza, pubblico su privato, proprio come, nel codice metrico che distingue questo genere, esametro su pentametro.*

480   Segundo a definição de Volk (2002, p. 9), porém, esse trecho não revelaria autoconsciência poética, mas se enquadraria na categoria de metapoético. De acordo com a estudiosa, autoconsciência poética consiste no fato de um poema identificar-se explicitamente como poesia (e a seu enunciador como poeta). A metapoesia, por sua vez, diz respeito a qualquer expressão poética que faz uma referência, explícita ou implícita, à poesia. Ora, na passagem citada, Nasão comenta claramente sobre poesia, mas não descreve explicitamente os versos dos *Tristia* como poesia (nem a si mesmo como poeta), como ocorre, veremos, em outras passagens dos *Tristia*.

481   Exploramos com mais detalhes essa interpretação erótica que Ovídio faz de Homero em Avellar (2018c).

482   Hor. *Ep. Pis.* 361-365: "Como a pintura é a poesia: haverá a que, se estiveres próximo,/ mais te atrairá, e outra, se mais distares;/ uma ama o escuro, a outra, sem temer o agudo aguilhão/ do crítico, quer se mostrar à luz;/ aquela agradou uma única vez, esta, retomada dez vezes, agradará." – *Vt pictura poesis; erit quae, si propius stes,/ te capiat magis, et quaedam, si longius abstes;/ haec amat obscurum, uolet haec sub luce uideri,/ iudicis argutum quae non formidat acumen;/ haec placuit semel, haec deciens repetita placebit.*

483   Lessing (2011, p. 103, trad. M. Seligmann-Silva): "Essa sabedoria de Timomaco (sic) atraiu para ele elogios constantes e grandes, e o alçaram muito acima de um outro pintor desconhecido, que havia sido suficientemente incauto para mostrar a Medeia na sua suprema loucura, fornecendo assim uma duração a esse grau fugaz e superficial da extrema loucura que revolta toda a natureza. [...] O Ájax furioso de Timomaco (sic) pode ser julgado a partir do que afirma Filostrato. Ájax não aparece quando ele enfurece-se em meio ao rebanho e toma o gado e os carneiros por pessoas, os imobiliza e mata. Antes o mestre mostra como ele após esse ato heroico louco, senta-se cansado e trama o seu próprio suicídio."

484   *A teasing, sexually provocative description of Apelles' Venus Anadyomene [...]*.

485   Ingleheart (2010, p. 382) enumera diversas ocorrências dos adjetivos *uda* e *sicca* com conotações sexuais: *uda* (Mart. *Epigr.* XI, 16, 8; Juv. X, 321-322); *sicca* (Ov. *Ars* II, 686; *Heroides* XV, 134; Mart. *Epigr.* XI, 81, 2). No Capítulo II, comentamos e discutimos esse uso na epístola de Safo, em *Heroides* XV.

486   A tematização dos cabelos como um traço da poesia lírico-elegíaca é reforçada pelas apropriações que são feitas desse tema no *Satyricon*, de Petrônio. Na parte do romance entre Circe e Polieno, que se desenrola segundo os *tópoi* característicos do gênero elegíaco – veja-se, a esse respeito, Avellar (2014a) –, a descrição de Circe inicia-se exatamente pela menção de seus cabelos (Petr. *Satyr.* CXXVI, 15). Além disso, a temática também foi empregada, ainda que de forma paródica e ridícula, na elegia composta por Eumolpo, lamentando a "morte" dos cabelos de Gitão e de Encólpio (Petr. *Satyr.* CIX, 9).

487   Holzberg (2002, p. 52-53) ainda assinala que a menção a penteados elegantes nos versos ovidianos serve para simbolizar a poesia menor de tradição alexandrina.

488   Williams (1994, p. 50) fala de uma "pose de declínio poético" adotada por Nasão nos *Tristia*. Para mais detalhes sobre a máscara de "poeta fracassado" assumida pelo eu poético, veja-se Avellar (2015a, p. 74-94).

489   Na sequência deste parágrafo e no parágrafo seguinte, retomamos algumas considerações que fizemos em Avellar (2018c, p. 176-177).

490   Vejam-se, por exemplo, as *Six Metamorphoses after Ovid* (Op. 49) para solo de oboé, compostas em 1951 por Benjamin Britten: https://www.youtube.com/watch?v=hLxWE_7XiWk. Vejam-se ainda as seis *Symphonies after Ovid's Metamorphoses*, do compositor austríaco Karl Ditters von Dittersdorf (século XVIII).

491   A esse respeito, veja-se o riquíssimo volume elaborado por Winkler (2020), sugestivamente intitulado *Ovid on Screen*, versando sobre a recepção da poesia ovidiana no cinema.

REFERÊNCIAS

Fontes antigas

AELIUS THEON. *Progymnasmata*. Texte établi et traduit par M. Patillon. Paris: Les Belles Lettres, 1997.
ANACREON; WEST, M. L. (ed.). *Carmina Anacreontea*. Leipzig: Teubner, 1984.
APOLLONIUS RHODIUS. *The Argonautica*. Ed. T. E. Page; W. H. D. Rouse. With an English translation by R. C. Seaton. London: William Heinemann, 1912.
APULEIUS. *Apulei Platonici Madaurensis, Pro se de magia liber (Apologia)*. [online] Rudolf Helm. Leipzig: Teubner, 1912. Disponível em: http://www.perseus.tufts.edu/hopper/.
APULEIO. *O burro de ouro*. Tradução e introdução D. Leão. Lisboa: Cotovia, 2007.
APULEIO. *As metamorfoses de um burro de ouro*. Tradução de S. B. Bianchet. Curitiba: Appris, 2020.
ARCHILOCHUS. In: WEST, M. L. (ed.). *Delectus ex Iambis et Elegis Graecis*. Oxford: Oxford University Press, 1980. p. 27-78.
ARISTÓTELES. *Poética*. Tradução e notas de A. M. Valente. Prefácio de M. H. R. Pereira. Lisboa: Fundação Calouste Gulbenkian, 2008.
AURELIUS VICTOR. *Epitome de Caesaribus*. [online] Ed. Franz Pichlmayr. Leipzig: Teubner, 1911. Disponível em: http://www.forumromanum.org/literature/victor_ep.html.
AUSONE. *Œuvres en vers et en prose*. Tome premier. Trad. de Max Jasinsky. Paris: Garnier Frères, 1935.
CALLIMACHUS, MUSAEUS. *Aetia, Iambi, Hecale and Other Fragments. Hero and Leander*. Edited and translated by C. A. Trypanis, T. Gelzer, Cedric H. Whitman. Loeb Classical Library 421. Cambridge: Harvard University Press, 1973.
CALLINUS. In: WEST, M. L. (ed.). *Delectus ex Iambis et Elegis Graecis*. Oxford: Oxford University Press, 1980. p. 80-82.
CARMINA BURANA: Canções de Beuern. Edição bilíngue. Trad. e notas de M. van Woensel. João Pessoa: Editora Universitária, 2004.

CATULLE. *Poésies.* Texte établi et traduit par G. Lafaye. Paris: Les Belles Lettres, 1949.

CATULLO. *I canti.* Testo latino a fronte. Traduzione di E. Mandruzzato. Milano: Fabbri Editori, 2004.

CICERO. *Brutus. Orator.* Trans. by G. L. Hendrickson; H. M. Hubbell. Loeb Classical Library 342. Cambridge: Harvard University Press, 1939.

CICERÓN. *El orador (a M. Bruto).* Edición bilingüe. Introducción, anotación y revisión general de traducciones M. C. Salatino. Godoy Cruz: Jagüel Editores de Mendoza, 2013.

CICERO. *On the Orator:* Books 1-2. Translated by E. W. Sutton, H. Rackham. Loeb Classical Library 348. Cambridge: Harvard University Press, 1942.

CICERO. *On the Orator: Book 3. On Fate. Stoic Paradoxes. Divisions of Oratory.* Translated by H. Rackham. Loeb Classical Library 349. Cambridge: Harvard University Press, 1942.

CICERO. *Pro Archia. Post Reditum in Senatu. Post Reditum ad Quirites. De Domo Sua. De Haruspicum Responsis. Pro Plancio.* Translated by N. H. Watts. Loeb Classical Library 158. Cambridge: Harvard University Press, 1923.

CÍCERO. *Retórica a Herênio.* Trad. A. P. Faria e A. Seabra. São Paulo: Hedra, 2005.

CICERO. *Tusculanae Disputationes.* [online] M. Pohlenz. Leipzig: Teubner, 1918. Disponível em: http://www.perseus.tufts.edu/hopper/.

DENYS D'HALICARNASSE. *L'imitation. Première lettre à Ammée. Lettre à Pompée Géminos. Dinarque.* Texte établi et traduit par G. Aujac. Paris: Les Belles Lettres, 1992.

DIONISIO DE HALICARNASO. *Tratados de crítica literaria. Sobre los oradores antiguos. Sobre Lísias. Sobre Isócrates. Sobre Iseo. Sobre Demóstenes. Sobre Tucídides. Sobre la imitación.* Introducción, traducción y notas de J. P. Oliver Segura. Madrid: Gredos, 2005.

HERÁCLITO. *Fragmentos:* origem do pensamento. Edição bilíngue com trad., introd. e notas de E. C. Leão. Rio de Janeiro: Tempo Brasileiro, 1980.

HOMERO. *Ilíada.* Trad. C. A. Nunes. São Paulo: Ediouro, 2001.

HOMERO. *Odisseia.* Trad. F. Lourenço. São Paulo: Companhia das Letras, 2014.

HORACE. *Épitres.* Texte établi et traduit par F. Villeneuve. Paris: Les Belles Lettres, 1955.

HORACE. *Odes et épodes. Tome I.* Texte établi et traduit par F. Villeneuve. Paris: Les Belles Lettres, 1954.

HORACE. *Satires, Epistles, Ars poetica*. Ed. T. E. Page, E. Capps, W. H. D. Rouse, L. A. Post, E. H. Warmington. Translated by H. Rushton Fairclough. London: Loeb Classical Library 194. Cambridge: Harvard University Press, 1942.

LIVY. *Ab urbe condita*. [online] W. Weissenborn. Berlin: Weidmannsche Buchhandlung, 1875. Disponível em: http://www.perseus.tufts.edu/hopper/collection?collection=Perseus:collection:Greco-Roman.

LUCANI. *De bello ciuili libri decem*. Ed. A. E. Housman. Londres: Oxford University Press, 1970.

MACROBIUS. *Saturnalia, Volume II*: Books 3-5. Edited and translated by R. A. Kaster. Loeb Classical Library 511. Cambridge: Harvard University Press, 2011.

MARTIAL. *Epigrams, Volume I*: Books 1-7. Edited by E. Capps; T. E. Page; W. H. D. Rouse. Translated by W. C. A. Ker. Loeb Classical Library 94. London: William Heinemann, 1919.

MARTIAL. *Epigrams, Volume II*: Books 8-14. Edited by E. Capps; T. E. Page; W. H. D. Rouse. Translated by W. C. A. Ker. Loeb Classical Library 95. London: William Heinemann, 1920.

OVIDIUS. *Amores. Epistulae. Medicamina faciei femineae. Ars amatoria. Remedia amoris*. R. Ehwald edidit ex Rudolphi Merkelii recognitione. Leipzig: Teubner, 1907.

OVÍDIO. *Amores & Arte de amar*. Tradução, introdução e notas de Carlos A. André. São Paulo: Companhia das Letras, 2011.

OVÍDIO. *Arte de amar*. Edição bilíngue. Tradução, introdução e notas de Matheus Trevizam. Campinas: Mercado de Letras, 2016.

OVIDIO. *Arte de amar*. Edición bilingüe. Traducción, notas e introducción de A. Schniebs y G. Daujotas. Buenos Aires: Colihue, 2009.

OVID. *Fasti*. Ed. T. E. Page, E. Capps, W. H. D. Rouse, L. A. Post, E. H. Warmington. Translated by J. G. Frazer. London: Loeb Classical Library 253. Cambridge: Harvard University Press, 1959.

OVÍDIO. *Fastos*. Trad. M. M. Gouvêa Júnior. Belo Horizonte: Autêntica, 2015.

OVID. *Heroides*: selected epistles. Edited by P. E. Knox. Cambridge: Cambridge University Press, 1995.

OVIDE. *L'art d'aimer*. Texte établi et traduit par H. Bornecque. Paris: Les Belles Lettres, 1951.

OVIDE. *Les Amours*. Texte établi et traduit par H. Bornecque. Introduction et notes de J.-P. Néraudau. Paris: Les Belles Lettres, 2009.

OVIDE. *Les Fastes. Tome I. Livres I-III.* Texte établi, traduit et commenté par R. Schilling. Paris: Les Belles Lettres, 2003.

OVIDE. *Les Fastes. Tome II. Livres IV-VI.* Texte établi, traduit et commenté par R. Schilling. Paris: Les Belles Lettres, 1993.

OVIDIO. *Le Metamorfosi.* Cura e traduzione di M. Scaffidi Abbate. Edizione integrale com texto latino a fronte. Roma: Grandi Tascabili Economici Newton, 2011.

OVIDE. *Les Métamorphoses.* Texte établi par G. Lafaye. Émendé, présenté et traduit par O. Sers. Paris: Les Belles Lettres, 2011.

OVIDE. *Les remèdes à l'amour.* Texte établi et traduit par H. Bornecque. Paris: Les Belles Lettres, 1961.

OVIDIO. *Lettere di eroine.* A cura di G. Rosati. Milano: BUR, 2008.

OVIDIO. *Le tristezze.* A cura di F. Lechi. Milano: Rizzoli, 2012.

OVÍDIO. *Metamorfoses.* Edição bilíngue. Trad. D. L. Dias. São Paulo: Editora 34, 2017.

OVÍDIO. *Metamorfoses.* Trad. P. Farmhouse Alberto. Lisboa: Cotovia, 2007.

OVID. *Metamorphoses, Volume I*: Books 1-8. Ed. T. E. Page, E. Capps, W. H. D. Rouse, L. A. Post, E. H. Warmington. Translated by F. J. Miller. Loeb Classical Library 42. Cambridge: Harvard University Press, 1951.

OVIDIUS. *Metamorphoses.* Ex iterata Rudolphi Merkelii recognitione. Leipzig: Teubner, 1886.

OVÍDIO. *Poemas da carne e do exílio.* Seleção, tradução, introdução e notas de José Paulo Paes. São Paulo: Companhia das Letras, 1997.

OVIDIO. *Rimedi per il mal d'amore.* Prefazione e traduzione di V. G. Lanzara. Milano: Garzanti, 2017.

OVIDE. *Tristes.* Texte établi et traduit par J. André. Paris: Les Belles Lettres, 2008.

OVIDIO. *Tristia.* Trad. di R. Mazzanti. 2 ed. Milano: Garzanti, 1999.

OVIDIUS. *Tristia. Ibis. Ex Ponto libri. Fasti.* R. Ehwald edidit ex iterata recognitione Rudolphi Merkelii. Leipzig: Teubner, 1884. Disponível em: https://archive.org/details/ovidopera03oviduoft/page/n5/mode/2up.

OVID. *Tristia & Ex Ponto.* Translated by A. L. Wheeler. Revised by G. P. Goold. Loeb Classical Library 151. Cambridge: Harvard University Press, 1996.

OVID. *Tristia.* [online] Ed. T. E. Page; E. Capps; W. H. D. Rouse. With an English translation by A. L. Wheeler. Cambridge: Harvard University Press, 1939. Disponível em: http://www.perseus.tufts.edu/hopper/text?doc=Perseus:text:2008.01.0492.

OVÍDIO. *Tristium.* Trad. de Augusto Velloso. Belo Horizonte: Tipografia Castro, 1940.
PETRÔNIO. *Satyricon.* Trad. de Sandra Braga Bianchet. Belo Horizonte: Crisálida, 2004.
PÉTRONE. *Le Satiricon.* Texte établi et traduit par A. Ernout. Paris: Les Belles Lettres, 1950.
PHAEDRUS. *Fabulae Aesopiae.* Ed. L. Müller. Leipzig: Teubner, 1876.
PLATÃO. *A República.* Introdução, trad. e notas de M. H. da Rocha Pereira. Lisboa: Calouste Gulbenkian, 2010.
PLAUTUS. *Plauti Comoediae.* Ed. F. Leo. Berlin: Weidmann, 1895. Disponível em: http://www.perseus.tufts.edu/hopper/.
PLINY THE YOUNGER. *Letters, volume I*: Books 1-6. Ed. T. E. Page, E. Capps, W. H. D. Rouse. With an English translation by W. Melmoth. Loeb Classical Library 55. London: William Heinemann, 1915.
PLINY THE YOUNGER. *Letters, volume II*: Books 7-10. Ed. T. E. Page, E. Capps, W. H. D. Rouse. With an English translation by W. Melmoth. Loeb Classical Library 59. London: William Heinemann, 1915.
PLÍNIO, o Velho. *Historia Natural.* Ed. Josefa Cantó, Isabel Gómez Santamaría, Susana González Marín y Eusebia Tarriño. Madrid: Cátedra, Letras Universales, 2007.
PLINY. *Natural History, Volume III*: Books 8-11. Translated by H. Rackham. Loeb Classical Library 353. Cambridge: Harvard University Press, 1940.
PLINY. *Natural History. Volume VIII*: Books 28-32. Translated by W. H. S. Jones. Loeb Classical Library 418. Cambridge: Harvard University Press, 1963.
POLYBIUS. *Historiae.* [online] Theodorus Büttner-Wobst after L. Dindorf. Leipzig: Teubner, 1893. Disponível em: http://www.perseus.tufts.edu/hopper/collection?collection=Perseus:collection:Greco-Roman.
PROPERCE. *Élégies.* Traduction, introduction et notes par M. Rat. Paris: Garnier, 1931.
PROPÉRCIO. *Elegias de Sexto Propércio.* Organização e tradução G. G. Flores. Belo Horizonte/São Paulo: Autêntica, 2014.
QUINTILIANO. "Educação Oratória, livro décimo". Trad. A. M. Rezende. In: REZENDE, A. M. *Rompendo o silêncio*: a construção do discurso oratório em Quintiliano. Belo Horizonte: Crisálida, 2010. p. 161-319.
QUINTILIEN. *Institution oratoire. Tome IV. Livres VI et VII.* Texte établi et traduit par J. Cousin. Paris: Les Belles Lettres, 1977.

QUINTILIAN. *The Orator's Education, Volume I*: Books 1-2. With an English translation by D. A. Russell. Loeb Classical Library 124. Cambridge: Harvard University Press, 2002.

QUINTILIAN. *The Orator's Education, Volume III*: Books 6-8. With an English translation by D. A. Russell. Loeb Classical Library 126. Cambridge: Harvard University Press, 2002.

QUINTILIAN. *The Orator's Education, Volume IV*: Books 9-10. With an English translation by D. A. Russell. Loeb Classical Library 127. Cambridge: Harvard University Press, 2002.

QUINTILIAN. *The Institutio Oratoria, Volume IV*: Books 10-12. With an English translation by H. E. Butler. London: William Heinemann, 1922.

RIESE, A. (ed.). *Anthologia Latina siue Poesis Latinae Supplementum. Pars Prior*: Carmina in Codicibus Scripta. Leipzig: Teubner, 1869.

SÉNECA. *Epigramas. L. Annaei Senecae Epigrammata*. Introducción, traducción y notas de R. Heredia Correa. México: Universidad Nacional Autónoma de México, 2001.

SENECA. *Ad Lucilium Epistulae Morales, Volume I: Epistles 1-65*. Translated by Richard M. Gummere. Loeb Classical Library 75. Cambridge: Harvard University Press, 1917.

SENECA. *Ad Lucilium Epistulae Morales, Volume II: Epistles 66-92*. Translated by Richard M. Gummere. Loeb Classical Library 76. Cambridge: Harvard University Press, 1970.

SENECA. *Moral Essays*: volume 2. Ed. and trans. John W. Basore. London/ New York: Heinemann, 1932. Disponível em: http://www.perseus.tufts.edu/hopper/text?doc=Perseus%3atext%3a2007.01.0019.

SENECA. *Tutte le opere. Dialoghi, trattati, lettere e opere in poesia*. A cura de G. Reale. Milano: Bompiani, 2000.

SENECA THE ELDER. *Declamations, Volume I*: Controversiae, Books 1-6. Trans. M. Winterbottom. Loeb Classical Library 463. Cambridge: Harvard University Press, 1974.

SENECA THE ELDER. *Declamations, Volume II*: Controversiae, Books 7-10. Suasoriae. Fragments. Trans. M. Winterbottom. Loeb Classical Library 464. Cambridge: Harvard University Press, 1974.

SÉNÈQUE LE RHÉTEUR. *Controverses et suasoires*. Tome II. Nouvelle édition revue et corrigée avec introduction et notes par H. Bornecque. Paris: Librairie Garnier Frères, 1932.

SERVIUS HONORATUS. In: Vergilii carmina comentarii. *Servii Grammatici qui feruntur in Vergilii carmina commentarii*; recensuerunt G. Thilo et H. Hagen. Leipzig: Teubner, 1881.

SIDONIUS. *Poems and Letters 1-2, Volume I*. Translated by W. B. Anderson. Loeb Classical Library 296. Cambridge: Harvard University Press, 1936.

SOLON. In: WEST, M. L. (ed.). *Delectus ex Iambis et Elegis Graecis*. Oxford: Oxford University Press, 1980. p. 161-181.

STATIUS. *Siluae*. Edited and translated by D. R. Shackleton Bailey. Loeb Classical Library 206. Cambridge: Harvard University Press, 1928.

SUETÔNIO & AUGUSTO. *A vida e os feitos do Divino Augusto*. Trad. M. Trevizam, P. S. Vasconcellos, A. M. de Rezende. Belo Horizonte: Editora UFMG, 2007.

SUETONIUS. *Lives of the Caesars, Volume II: Claudius, Nero, Galba, Otho, and Vitellius. Vespasian, Titus, Domitian. Lives of Illustrious Men: Grammarians and Rhetoricians. Poets (Terence, Virgil, Horace, Tibullus, Persius, Lucan). Lives of Pliny the Elder and Passienus Crispus.* Edited by E. Capps; T. E. Page; W. H. D. Rouse. Translated by J. C. Rolfe. Loeb Classical Library 38. Cambridge: Harvard University Press, 1914.

TACITUS. *Annales ab excessu divi Augusti*. With an English translation by Charles D. Fisher. Oxford: Clarendon Press, 1906. Disponível em: http://www.perseus.tufts.edu/hopper/.

TÁCITO. *Diálogo dos oradores*. Trad. A. M. Rezende e J. B. C. Avellar. Belo Horizonte: Autêntica, 2014.

TERENCE. *The woman of Andros; The self-tormentor; The Eunuch*. Edited and trans. by J. Sargeaunt. Cambridge: Harvard University Press, 1918.

THEOCRITUS. *Idylls*. Ed. R. J. Cholmeley. London: George Bell & Sons, 1901. Disponível em: http://www.perseus.tufts.edu/hopper/text?doc=Perseus%3Atext%3A1999.01.0228%3Atext%3DId.%3Apoem%3D6.

TIBULLE. *Élégies*. Texte établi et traduit par M. Ponchont. Paris: Les Belles Lettres, 1955.

TITO LÍVIO. *História de Roma*: Livro I – A Monarquia. Trad. M. Costa Vitorino. Belo Horizonte: Crisálida, 2008.

TYRTAEUS. In: WEST, M. L. (ed.). *Delectus ex Iambis et Elegis Graecis*. Oxford: Oxford University Press, 1980. p. 259-271.

VIRGILE. *Bucoliques*. Texte établi et traduit par E. de Saint-Denis. Paris: Les Belles Lettres, 1960.

VIRGILE. *Énéide*. Livres I-VI. Texte établi par H. Goelzer et traduit par A. Bellessort. Paris: Les Belles Lettres, 1959.

VIRGILE. *Énéide*. Livres VII-XII. Texte établi par R. Durant et traduit par A. Bellessort. Paris: Les Belles Lettres, 1957.

VIRGÍLIO. *Eneida brasileira*. Trad. M. Odorico Mendes. Campinas: Unicamp, 2008.

VIRGÍLIO. *Bucólicas*. Edição bilíngue. Tradução e comentário R. Carvalho. Belo Horizonte: Tessitura/ Crisálida, 2005.

VIRGILIO. *Georgiche*. A cura di A. Barchiesi. Introduzione di G. B. Conte. Milano: Mondadori, 1980.

Obras de referência

CAMPANINI, G & CARBONI, G. *Nomen. Il nuovissimo Campanini Carboni. Latino-italiano, italiano-latino*. Con CD-ROM. Torino: Paravia, 2007.

CHANTRAINE, P. *Dictionnaire étymologique de la langue grecque. Histoire des mots*. Tome III. Paris: Klincksieck, 1974.

CHANTRAINE, P. *Dictionnaire étymologique de la langue grecque. Histoire des mots*. Tome IV-2. Paris: Klincksieck, 1980.

CONTE, G. B.; BERTI, E.; MARIOTTI, M. *La sintassi del latino*. Firenze: Le Monnier Università, 2006.

DE CLIMENT, M. B. *Fonetica Latina*. Madrid: C.S.I.C., 1983.

ERNOUT, A. & MEILLET, A. *Dictionnaire étymologique de la langue latine*: histoire des mots. Paris: Klincksieck, 1951.

GAFFIOT, F. *Le Grand Gaffiot*: Dictionnaire Latin-Français. Paris: Hachette, 2000.

GLARE, P. G. W.; PALMER, R. C. et al. (ed.). *Oxford Latin Dictionary*. Oxford: Clarendon Press, 1968.

HORNBLOWER, S.; SPAWFORTH, A.; EIDINOW, E. *The Oxford Classical Dictionary*. Fourth Edition. Oxford: Oxford University Press, 2012.

LEWIS, C. T & SHORT, C. *A Latin Dictionary*. Revised, enlarged, and in great part rewritten by C. T. Lewis. Oxford: Clarendon Press, 1987.

LIDDELL, H. G. & SCOTT, R. *A Greek-English Lexicon*. Revised and augmented throughout by Sir Henry S. Jones. Oxford: Clarendon Press, 1996.

MARTIN, F. *Les mots latins*. Paris: Hachette, 2008.

ROMANELLI, R. C. *Os prefixos latinos*: Da composição verbal e nominal, em seus aspectos fonético, morfológico e semântico. Belo Horizonte: Imprensa da Universidade de Minas Gerais, 1964.

SARAIVA, F. R. *Dicionário latino-português*. Rio de Janeiro: Garnier, 2006.

Estudos modernos

ACHCAR, F. *Lírica e lugar-comum*: alguns temas de Horácio e sua presença em português. São Paulo: Edusp, 2015. [1994]

ADAMS, J. N. *The Latin Sexual Vocabulary*. London: Duckworth, 1982.

AGAMBEN, G. *Estâncias*: a palavra e o fantasma na cultura ocidental. Trad. S. Assmann. Belo Horizonte: Editora UFMG, 2007.

AHL, F. *Metaformations*: Soundplay and Wordplay in Ovid and Other Classical Poets. Ithaca/London: Cornell University Press, 1985.

ALBERTO, P. F. "Espaço urbano e poesia: *Tristia* 3,1 na Roma de Augusto". In: PIMENTEL, M. C. S. & RODRIGUES, N. S. (coord.). *Sociedade, poder e cultura no tempo de Ovídio*. Coimbra: Centro de Estudos Clássicos e Humanísticos da Universidade de Coimbra, 2010. p. 117-131.

ALBERTO, P. F. "Introdução". In: OVÍDIO. *Metamorfoses*. Trad. P. Farmhouse Alberto. Lisboa: Cotovia, 2007. p. 11-32.

ALCIDES, S. *Estes penhascos*: Cláudio Manuel da Costa e a paisagem de Minas 1753-1773. São Paulo: Hucitec, 2003.

ALLEN, A. W. "Sincerity" and the Roman Elegists. *Classical Philology*, Chicago, v. 45, n. 3, p. 145-160, 1950.

ALLEN, P. L. *The Art of Love*: Amatory Fiction from Ovid to the 'Romance of the Rose'. Philadelphia: University of Pennsylvania Press, 1992.

ALMEIDA-GARRETT, V. *Flores sem fructo*. Lisboa: Imprensa Nacional, 1874.

ALONI, A. "Elegy: Forms, Functions and Communication". In: BUDELMANN, F. (ed.). *The Cambridge Companion to Greek Lyric*. Cambridge: Cambridge University Press, 2009. p. 168-188.

ANDRÉ, C. A. *Mal de ausência*: o canto do exílio na lírica do humanismo português. Coimbra: Minerva, 1992.

ANDRÉ, J. "Introduction". In: OVIDE. *Tristes*. Texte établi et traduit par J. André. Paris: Les Belles Lettres, 2008. p. VII-LII.

ARNOTT, W. G. Swan Songs. *Greece & Rome*, Cambridge, v. 24, n. 2, p. 149-153, 1977.

AUHAGEN, U. "Rhetoric and Ovid". In: DOMINIK, W. & HALL, J. *A Companion to Roman Rhetoric*. Malden: Blackwell, 2007. p. 413-424.

AVELLAR, J. B. C. de. A persona lírico-elegíaca de Encólpio no *Satyricon* de Petrônio. *Nuntius Antiquus*. Belo Horizonte, v. 10, n. 2, p. 161-183, 2014a. Disponível em: https://periodicos.ufmg.br/index.php/nuntius_antiquus/article/view/17180.

AVELLAR, J. B. C. de. *As Metamorfoses do Eu e do Texto*: o jogo ficcional nos *Tristia* de Ovídio. 2015. 320 f. Dissertação (Mestrado em Letras: Estudos Literários) – Faculdade de Letras, Universidade Federal de Minas Gerais, Belo Horizonte, 2015a. Disponível em: https://repositorio.ufmg.br/handle/1843/ECAP-A59FDP.

AVELLAR, J. B. C. de. Autobiografias literárias na poesia de exílio: a recepção de Ovídio em Camões. *Nuntius Antiquus*. Belo Horizonte, v. 14, n. 1, p. 87-109, 2018a. Disponível em: https://periodicos.ufmg.br/index.php/nuntius_antiquus/article/view/17093.

AVELLAR, J. B. C. de. Entre a ira e a clemência: ambiguidades de Augusto nos *Tristia* de Ovídio. *Rónai – Revista de Estudos Clássicos e Tradutórios*, Juiz de Fora, v. 3, n. 1, p. 14-30, 2015b. Disponível em: https://periodicos.ufjf.br/index.php/ronai/article/view/23127.

AVELLAR, J. B. C. de. Intervenções "autorais" e "editoriais" de Ovídio nos *Tristia*: ficcionalizações da escrita e poemas perdidos. *Nuntius Antiquus*, Belo Horizonte, v. 14, n. 2, p. 155-179, 2018b. Disponível em: https://periodicos.ufmg.br/index.php/nuntius_antiquus/article/view/17068.

AVELLAR, J. B. C. de. O livro-poeta e o poeta-livre: jogo de *personae* nos *Tristia*, de Ovídio. *Caletroscópio*, Mariana, v. 2, n. 3, p. 9-25, 2014b. Disponível em: https://periodicos.ufop.br/caletroscopio/article/view/3587.

AVELLAR, J. B. C. de. "'Tenerorum lusor amorum Naso poeta': Ovídio e a erotização da tradição literária nas 'Heroides' e nos 'Tristia'". In: BAPTISTA, N. H. T.; LEITE, L. R.; SILVA, C. F. P. (org.). *Ludus*: poesia, esporte, educação. Vitória: PPGL, 2018c. p. 171-186. Disponível em: http://www.proaera.ufes.br/produção-intelectual.

AVELLAR, J. B. C. de. *Uma teoria ovidiana da literatura*: os *Tristia* como epitáfio de um poeta-leitor. 2019. 611 f. Tese (Doutorado em Letras: Estudos Literários) – Faculdade de Letras, Universidade Federal de Minas Gerais, Belo Horizonte, 2019. Disponível em: http://hdl.handle.net/1843/30644.

AVELLAR, J. B. C. de; BARBOSA, T. V. R.; TREVIZAM, M. *Tempestades clássicas*: dos antigos à era dos descobrimentos. São Paulo/Coimbra:

Annablume, 2018. Disponível em: https://ucdigitalis.uc.pt/pombalina/item/55079.

AVELLAR, J. B. C. de; PENNA, H. M. M. M. (org.). *Odes e Canto Secular*. Belo Horizonte: Laboratório de Edição – FALE/UFMG, 2014. Disponível em: https://labed-letras-ufmg.com.br/publicacoes/viva-voz/odes-e-canto-secular-2/.

AVELLAR, J. B. C. de; TREVIZAM, M. Uma *ars poetica* ovidiana: metapoesia e ilusionismos na *Ars amatoria*. *Letras Clássicas*, São Paulo, v. 17, n. 2, p. 115-133, 2013. Disponível em: http://www.revistas.usp.br/letrasclassicas/article/view/118442.

BALOUGH, J. 'Voces paginarum': Beiträge zur Geschichte des lauten Lesens und Schreibens. *Philologus*, v. 82, n. 1-4, p. 84-109, 1927.

BAKHTIN, M. "Epos e romance (Sobre a metodologia do estudo do romance)". In: _____. *Questões de literatura e de estética*: a teoria do romance. Trad. Aurora. F. Bernardini et alii. São Paulo: Unesp/Ucitec, 1988. p. 397-428.

BARBOSA, T. V. R. Safo 31 Voigt – Mil traduções e mais uma. *Revista da Anpoll*, Florianópolis, v. 1, n. 44, p. 231-245, 2018. Disponível em: https://revistadaanpoll.emnuvens.com.br/revista/article/view/1142.

BARBOSA, T. V. R. Safo 31 Voigt: Uma tradução. *Contextura*, Belo Horizonte, v. 9, n. 10, p. 7-15, 2017. Disponível em: https://periodicos.ufmg.br/index.php/revistacontextura/article/view/3823.

BARCHIESI, A.; HARDIE, P. "The Ovidian Career Model: Ovid, Gallus, Apuleius, Boccaccio". In: HARDIE, P. & MOORE, H. (ed.). *Classical Literary Careers and their Reception*. Cambridge: Cambridge University Press, 2010. p. 59-88.

BARCHIESI, A. Insegnare ad Augusto: Orazio, Epistole 2,1 e Ovidio, Tristia II. *Materiali e discussioni per l'analisi dei testi classici*, Pisa/Roma, n. 31, p. 149-184, 1993.

BARCHIESI, A. Otto punti su una mappa dei naufragi. *Materiali e discussioni per l'analisi dei testi classici*, Pisa/Roma, n. 39, p. 209-226, 1997.

BARCHIESI, A. *The Poet and the Prince*: Ovid and Augustan Discourse. Trans. Regents of the University of California. Berkeley/Los Angeles/London: University of California Press, 1997.

BAYET, J. *Littérature latine*. Paris: Armand Colin, 1934.

BEARD, M.; HENDERSON, J. *Antiguidade clássica*: uma brevíssima introdução. Trad. M. Penchel. Rio de Janeiro: Jorge Zahar Editor, 1998.

BEM, L. A. *Metapoesia e confluência genérica nos "Amores" de Ovídio*. 2011. 391 f. Tese (Doutorado em Linguística) – Instituto de Estudos da

Linguagem, Unicamp, Campinas, 2011. Disponível em: https://hdl.handle.net/20.500.12733/1616639.

BERGER, A. *Encyclopedic Dictionary of Roman Law* (Transactions of the American Philosophical Society, Vol. 43, Part 2.). Philadelphia: American Philosophical Society, 1953.

BIANCHET, S. M. G. B. 'At peccant aliae matronaque rara pudica est': quão romana é a Helena das Heroides de Ovídio?. *Nuntius Antiquus*, Belo Horizonte, v. 12, n. 1, p. 131-140, 2016. Disponível em: http://www.periodicos.letras.ufmg.br/index.php/nuntius_antiquus/article/view/10798.

BIANCHET, S. M. G. B. Irregularidades métricas e rebaixamento do poético no *Satyricon*, de Petrônio. *Aletria*, Belo Horizonte, v. 22, n. 1, p. 111-118, 2012. Disponível em: https://periodicos.ufmg.br/index.php/aletria/article/view/18476.

BLOOM, H. *The Anxiety of Influence*: A Theory of Poetry. New York/Oxford: Oxford University Press, 1997.

BOMPAIRE, J. *Lucien écrivain*: imitation et création. Paris/Torino: Les Belles Lettres/Nino Aragno Editore, 2000.

BONVICINI, M. "Note e commenti ai Tristia". In: OVIDIO. *Tristia*. Trad. R. Mazzanti. 2 ed. Milano: Garzanti, 1999. p. 211-457.

BOOTH, W. *The Rhetoric of Fiction*. Chicago/London: The University of Chicago Press, 1983. [1961]

BORGES, J. L. "Kafka e seus precursores". In: _____. *Outras Inquisições*. Trad. D. Arrigucci Jr. São Paulo: Companhia das Letras, 2007. p. 127-130.

BORGES, J. L. "Pierre Menard, autor do *Quixote*". In: _____. *Ficções*. Trad. D. Arrigucci Jr. São Paulo: Companhia das Letras, 2008. p. 34-45.

BOUCHER, J.-P. *Études sur Properce*: problèmes d'inspiration et d'art. Paris: E. de Boccard, 1965.

BOUYNOT, Y. *La poésie d'Ovide dans les oeuvres de l'exil*. Thèse. Paris: Université de Paris IV-Sorbonne, 1957.

BOWIE, E. L. Early Greek Elegy, Symposium and Public Festival. *The Journal of Hellenic Studies*, Cambridge, v. 106, p. 13-35, 1986.

BOYD, B. W. (ed.). *Brill's Companion to Ovid*. Leiden/Boston/Köln: Brill, 2002.

BOYLE, A. J. "Introduction: The Roman Song". In: SULLIVAN, J. (ed.). *Roman Epic*. London: Routledge, 1993. p. 1-18.

BOYM, S. *Death in Quotation Marks*: Cultural Myths of the Modern Poet. Cambridge/London: Harvard University Press, 1991.

BRANDÃO, J. L. *A invenção do romance*. Brasília: Editora Universidade de Brasília, 2005.

BRANDÃO, J. L. *Antiga Musa*: arqueologia da ficção. Belo Horizonte: Relicário, 2015a.

BRANDÃO, J. L. "Introdução". In: _____. (org.). *Biografia literária*: Luciano de Samósata. Belo Horizonte: Editora UFMG, 2015b.

BRANDÃO, R. O. "Introdução: Três momentos da poética antiga". In: ARISTÓTELES; HORÁCIO; LONGINO. *A poética clássica*. Trad. J. Bruna. São Paulo: Cultrix, 2007. p. 1-16.

BRUNHARA, R. *As elegias de Tirteu*: Poesia e performance na Esparta Arcaica. São Paulo: Humanitas, 2014.

BUTLER, S. "Making Scents of Poetry". In: BRADLEY, M. (ed.). *Smell and the Ancient Senses*. London/New York: Routledge, 2015. p. 74-89.

CAGNAT, R. *Cours d'épigraphie latine*. Paris: Albert Fontemoing Editeur, 1898.

CAIRNS, F. *Generic Composition in Greek and Roman Poetry*. Edinburgh: Edinburgh University Press, 1972.

CAIRNS, F. *Virgil's Augustan Epic*. Cambridge: Cambridge University Press, 1990.

CALVINO, I. "Ovídio e a contiguidade universal". In: _____. *Por que ler os clássicos*. Trad. N. Moulin. São Paulo: Companhia das Letras, 2016. p. 31-42.

CALVINO, I. *Seis propostas para o próximo milênio*: Lições americanas. Trad. I. Barroso. São Paulo: Companhia das Letras, 2010.

CAMBRAIA, C. N. *Introdução à crítica textual*. São Paulo: Martins Fontes, 2005.

CARDOSO, I. T. "'Theatrum mundi': Philologie und Nachahmung". In: SCHWINDT, J. P. (ed.). *Was ist eine philologische Frage?* Beiträge zur Erkundung einer theoretischen Einstellung. Frankfurt: Suhrkamp, 2009. p. 82-111.

CARDOSO, I. T. *Trompe-l'œil*: Philologie und Illusion. Götingen/Wien: Vienna University Press, 2011.

CARDOSO, Z. A. *A literatura latina*. São Paulo: Martins Fontes, 2011. [1989]

CAREY, J. *Latin Prosody Made Easy*. London: Paternoster-Row, 1830.

CARRARA, D. P. *In non credendos modos*: recursos retóricos e dissimulação no Livro II dos *Tristia*. 2005. 93 f. Dissertação (Mestrado em Letras: Estudos Literários) – Faculdade de Letras, Universidade Federal de Minas Gerais, Belo Horizonte, 2005.

CARVALHAL, T. F. *Literatura comparada*. 4. ed. São Paulo: Ática, 2006.

CARVALHO, R. N. B. *Metamorfoses em tradução*. 2010. 158 f. Relatório de Pós-Doutoramento – Faculdade de Letras e Ciências Humanas, Universidade de São Paulo, São Paulo, 2010. Disponível em: http://www.usp.br/verve/coordenadores/raimundocarvalho/rascunhos/metamorfosesovidio-raimundocarvalho.pdf.

CASALI, S. "Ovidian Intertextuality". In: KNOX, P. (ed.). *A Companion to Ovid*. Malden/Oxford: Wiley-Blackwell, 2009. p. 341-354.

CASSON, L. *Bibliotecas no mundo antigo*. Trad. C. Antunes. São Paulo: Vestígio, 2018.

CAVALLO, G.; CHARTIER, R. (org). *História da leitura no mundo ocidental*. v. 1. Trad. F. M. L. Moretto; G. M. Machado; J. A. M. Soares. São Paulo: Editora Ática, 1998.

CAVALLO, G. "Entre *volumen* e *codex*: a leitura no mundo romano". In: CAVALLO, G.; CHARTIER, R. (org). *História da leitura no mundo ocidental*. v. 1. Trad. F. M. L. Moretto; G. M. Machado; J. A. M. Soares. São Paulo: Editora Ática, 1998, p. 71-102.

CITRONI, M. et al. *Literatura de Roma Antiga*. Lisboa: Calouste Gulbenkian, 2006.

CLAASSEN, J.-M. *Ovid Revisited*: The Poet in Exile. London: Duckworth, 2008.

CLAASSEN, J.-M. "Ovid's Poems from Exile: the Creation of a Myth and the Triumph of Poetry". In: DIHLE, A.; HARMS, W. *et al.* (ed.). *Antike und Abendland*: Beiträge zum Verständnis der Griechen und Römer und ihres Nachlebens. Berlin/New York: Walter de Gruyter, 1988, Band XXXIV. p. 158-169.

CLAASSEN, J.-M. *"Tristia"*. In: KNOX, P. (ed.). *A Companion to Ovid*. Malden/Oxford: Wiley-Blackwell, 2009. p. 170-183.

CLAY, D. The Theory of the Literary Persona in Antiquity. *Materiali e discussioni per l'analisi dei testi classici*, Pisa/Roma, v. 40, p. 9-40, 1998.

COMPAGNON, A. *O demônio da teoria*: literatura e senso comum. Trad. C. P. B. Mourão e C. F. Santiago. Belo Horizonte: Editora UFMG, 2006.

CONTE, G. B. *Latin Literature*: A History. Trans. Joseph Solodow. Baltimore/London: The Johns Hopkins University Press, 1999. [1994]

CONTE, G. B. & BARCHIESI, A. "Imitação e arte alusiva: modos e funções da intertextualidade". In: CAVALLO, G.; FEDELI, P; GIARDINA, A. (org.). *O espaço literário da Roma antiga – vol. I: a produção do texto*. Trad. D. Carrara e F. Moura. Belo Horizonte: Tessitura, 2010. p. 293-327.

CONTE, G. B. & BARCHIESI, A. "Imitazione e arte allusiva: Modi e funzioni dell'intertestualità". In: CAVALLO, G.; FEDELI, P; GIARDINA, A. (ed.). *Lo spazio letterario di Roma antica.* v. I. Roma: Salerno Editrice, 1989. p. 81-114.

COSTA, A. *Temas Clássicos.* São Paulo: Cultrix, 1978.

CRAMER, F. H. Bookburning and Censorship in Ancient Rome: A Chapter from the History of Freedom of Speech. *Journal of the History of Ideas,* Pennsylvania, v. 6, n. 2, p. 157-96, 1945.

CROWTHER, N. B. Water and Wine as Symbols of Inspiration. *Mnemosyne,* Leiden, v. 32, n. 1/2, p. 1-11, 1979.

CUNNINGHAM, M. P. The Novelty of Ovid's *Heroides. Classical Philology,* Chicago, v. 44, n. 2, p. 100-106, 1949.

DARCOS, X. *Ovide et la mort.* Paris: Presses Universitaires de France, 2009.

DEGRASSI, A. *Inscriptiones Italiae 13.2*: Fasti anni numani et iuliani. Roma: Istituto poligrafico dello Stato, 1963.

D'ELIA, S. Virgilio e Augusto (funzione e rilievo della figura del principe nell'*Eneide*). In: GIGANTE, M. (org.). *Virgilio e gli Augustei.* Napoli: Giannini Editore, 1990. p. 23-53.

DERRIDA, J. "Assinatura acontecimento contexto". Trad. J. T. Costa e A. M. Magalhães. In: _____. *Margens da filosofia.* Campinas: Papirus, 1991. p. 349-373.

DIAS, D. L. "Nota introdutória". In: OVÍDIO. *Metamorfoses.* Edição bilíngue. Trad. D. L. Dias. São Paulo: Editora 34, 2017. p. 33-39.

DIDI-HUBERMAN, G. *Diante do tempo*: História da arte e anacronismo das imagens. Trad. V. Casa Nova e M. Arbex. Belo Horizonte: Editora UFMG, 2019.

DORANDI, T. *Le stylet et la tablette*: Dans le secret des auteurs antiques. Paris: Les Belles Lettres, 2000.

DOUBROVSKY, S. L'initiative aux maux. *Cahiers Confrontation,* Paris, n. 1, p. 95-113, 1979.

DOUBROVSKY, S. "O último eu". In: NORONHA, J. M. G. (org.). *Ensaios sobre a autoficção.* Trad. J. M. G. Noronha; M. I. C. Guedes. Belo Horizonte: Editora UFMG, 2014. p. 111-125.

DUCKWORTH, G. Tripartite structure in the *Aeneid. Vergilius (1959-),* Beaver Dam, n. 7, p. 2-11, 1961.

EAGLETON, T. *Teoria da literatura*: uma introdução. Trad. W. Dutra. São Paulo: Martins Fontes, 2006.

EDMUNDS, L. *Intertextuality and the Reading of Roman Poetry*. Baltimore/London: The Johns Hopkins University Press, 2001.

ELIOT, T. S. "Tradition and the Individual Talent". In: _____. *Selected Essays*. London: Faber and Faber Limited, 1934. p. 13-22.

FARRELL, J. Classical Genre in Theory and Practice. *New Literary History*, Baltimore, v. 34, n. 3, p. 383-408, 2003.

FARRELL, J. "Greek Lives and Roman Careers in the Classical *Vita* Tradition". In: CHENEY, P. & ARNAS, P. (ed.). *The Author from Antiquity to the Renaissance*. Toronto: University of Toronto Press, 2002. p. 24-46.

FARRELL, J. "Ovid's Generic Transformations". In: KNOX, P. (ed.). *A Companion to Ovid*. Malden/Oxford: Wiley-Blackwell, 2009, p. 370-380.

FARRELL, J. Ovid's Virgilian Career. *Materiali e discussioni per l'analisi dei testi classici*, Pisa/Roma, n. 52, p. 41-55, 2004.

FARRELL, J. Reading and Writing the *Heroides*. *Harvard Studies in Classical Philology*. Harvard, v. 98, p. 307-338, 1998.

FAUSTINO, R. *"Fastos" II*: gênero e metapoesia. 2014. 258f. Dissertação (Mestrado em Linguística) – Instituto de Estudos da Linguagem, Unicamp, Campinas, 2014.

FEDELI, P. "Bucolica, lirica, elegia". In: CITRONI, M. et alii (org.). *La poesia latina*: forme, autori, problemi. Roma: La Nuova Italia Scientifica, 1991. p. 77-131.

FITTON BROWN, A. D. The Unreality of Ovid's Tomitan Exile. *Liverpool Classical Monthly*, Liverpool, vol. 10, n. 2, p. 18-22, 1985.

FLORES, G. G. "Introdução e notas". In: PROPÉRCIO. *Elegias de Sexto Propércio*. Organização e tradução de G. G. Flores. Belo Horizonte/São Paulo: Autêntica, 2014. p. 11-18; p. 323-516.

FOWLER, D. On the Shoulders of Giants: Intertextuality and Classical Studies. *Materiali e discussioni per l'analisi dei testi classici*, Pisa/Roma, n. 39, p. 13-34, 1997.

FOWLER, D. Roman Literature. *Greece & Rome*, Cambridge, v. 40, n. 1, p. 85-97, 1993.

FREUD, S. "Sobre o narcisismo: Uma introdução" (1914). In: _____. *Obras psicológicas completas de Sigmund Freud*: edição *standard* brasileira. v. XIV. Traduzido e organizado por J. Salomão. Rio de Janeiro: Imago, 2006. p. 81-108.

FRIAS, J. M. A retórica da visão na Poética Clássica. *Estudos em homenagem a Ana Paula Quintela*. Porto: Universidade do Porto, 2009. p. 25-42.

FULKERSON, L. *The Ovidian Heroine as Author*: Reading, Writing, and Community in the *Heroides*. Cambridge: Cambridge University Press, 2005.

FULKERSON, L. Writing Yourself to Death: Strategies of (Mis)reading in *Heroides* 2. *Materiali e discussioni per l'analisi dei testi classici*, Pisa/Roma, n. 48, p. 145-165, 2002.

GIANGRANDE, G. "Topoi ellenistici nell'Ars Amatoria". In: GALLO, I. & NICASTRI, L. (orgs.). *Cultura poesia ideologia nell'opera di Ovidio*. Napoli: Edizioni Scientifiche Italiane, 1991. p. 61-98.

GIBSON, B. Ovid on Reading: Reading Ovid: Reception in Ovid *Tristia* II. *Journal of Roman Studies*, Cambridge, v. 89, p. 19-37, 1999.

GLINATSIS, R. Horace et la question de l'imitation. *Dyctinna*, Lille, v. 9, p. 2-15, 2012.

GOLDBERG, S. *Constructing Literature in the Roman Republic*. Cambridge: Cambridge University Press, 2005.

GOUVÊA JR., M. M. "*Fastos* de Ovídio: uma introdução". In: OVÍDIO. *Fastos*. Trad. M. M. Gouvêa Júnior. Belo Horizonte: Autêntica, 2015. p. 11-29.

GREEN, P. "Explanatory Notes". In: CATULLUS. *The Poems of Catullus*. A bilingual edition. Translated, with commentary, by P. Green. Berkeley/London: University of California Press, 2005. p. 212-270.

GRIMAL, P. O amor em Roma. Trad. V. Silva. Lisboa: Edições 70, 2005.

GROSSO, N. C. *Livro I das "Pônticas" de Ovídio*: comentário e tradução. 2015. 150 f. Dissertação (Mestrado em Linguística) – Instituto de Estudos da Linguagem, Unicamp, Campinas, 2015. Disponível em: https://repositorio.unicamp.br/acervo/detalhe/960965.

GUÉRIN, C. *Persona: L'élaboration d'une notion rhétorique au Ier siècle av. J.C.* Vol. I: Antécédents grecs et première rhétorique latine. Paris: Vrin, 2009.

HAN, B.-C. *Agonia do Eros*. Trad. E. P. Giachini. Petrópolis: Vozes, 2017a.

HAN, B.-C. *Sociedade da transparência*. Trad. E. P. Giachini. Petrópolis: Vozes, 2017b.

HARDIE, P. & MOORE, H. (ed.). *Classical Literary Careers and their Reception*. Cambridge: Cambridge University Press, 2010.

HARDIE, P. & MOORE, H. "Introduction". In: HARDIE, P. & MOORE, H. (ed.). *Classical Literary Careers and their Reception*. Cambridge: Cambridge University Press, 2010. p. 1-16.

HARDIE, P. *Ovid's Poetics of Illusion*. Cambridge: Cambridge University Press, 2002.

HARDIE, P. "Introduction". In: _____. (ed.). *The Cambridge Companion to Ovid*. Cambridge: Cambridge University Press, 2006. p. 1-10.

HARDIE, P. 'Redeeming the Text', Reception Studies, and the Renaissance. *Classical Receptions Journal*, Oxford, v. 5, n. 2, p. 190-198, 2013.

HARDIE, P. *Virgil's 'Aeneid'*: Cosmos and Imperium. Oxford: Clarendon Press, 2001.

HARRISON, S. "Ovid and Genre: Evolutions of an Elegist". In: HARDIE, P. (ed.). *The Cambridge Companion to Ovid*. Cambridge: Cambridge University Press, 2006. p. 79-94.

HERBERT-BROWN, G. "*Fasti*: The Poet, the Prince and the Plebs". In: KNOX, P. (ed.). *A Companion to Ovid*. Oxford: Blackwell, 2009. p. 120-138.

HINDS, S. *Allusion and Intertext*: Dynamics of Appropriation in Roman Poetry. Cambridge: Cambridge University Press, 1998.

HINDS, S. Booking the Return Trip: Ovid and Tristia I. *Proceedings of the Cambridge Philological Society*, Cambridge, v. 31, p. 13-32, 1985.

HOLZBERG, N. *Ovid*: The Poet and his Work. Trad. G. M. Goshgarian. Ithaca/London: Cornell University Press, 2002.

HOWLEY, J. Book-burning and the Uses of Writing in Ancient Rome: Destructive Practice between Literature and Document. *The Journal of Roman studies*, London, v. 107, p. 1-24, 2017.

INGLEHEART, J. *A Commentary on Ovid, 'Tristia', Book 2*. Oxford: Oxford University Press, 2010.

INGLEHEART, J. Exegi monumentum: Exile, Death, Immortality and Monumentality in Ovid, Tristia 3.3. *The Classical Quarterly*, Cambridge, v. 65, n. 1, p. 286-300, 2015.

INGLEHEART, J. "Introduction: Two Thousand Years of Responses to Ovid's Exile". In: _____. (ed.). *Two Thousand Years of Solitude*: Exile After Ovid. New York: Oxford University Press, 2011. p. 1-19.

INGLEHEART, J. Ovid, Tristia 1.2: High Drama on the High Seas. *Greece & Rome*, Cambridge, v. 53, n. 1, p. 73-91, 2006.

JACOBSON, H. *Ovid's Heroides*. Princeton/New Jersey: Princeton University Press, 1974.

JANSEN, L. (ed.). *The Roman Paratext*: Frame, Texts, Readers. Cambridge: Cambridge University Press, 2014.

JARO, B. K. *Betray the Night*: A Novel about Ovid. Mundelein: Bolchazy--Carducci Publishers, 2009.

JENSSON, G. *The Recollections of Encolpius*: The Satyrica of Petronius as Milesian Fiction. Groningen: Barkhuis Publishing/Gronigen University Library, 2004.

JOHNSON, P. J. *Ovid before Exile*: Art and Punishment in the *Metamorphoses*. Madison: The University of Wisconsin Press, 2008.

JOLIVET, J.-C. *Allusion et fiction épistolaire dans les Heroïdes*: recherches sur l'intertextualité ovidienne. Rome: École Française de Rome, 2001.

JULIANI, T. J. *Vestígios de Ovídio em "Sobre as mulheres famosas" (De mulieribus claris, 1361-1362) de Giovanni Boccaccio*. 2016. 220 f. Tese (Doutorado em Linguística) – Instituto de Estudos da Linguagem, Universidade Estadual de Campinas, Campinas, 2016. Disponível em: https://hdl.handle.net/20.500.12733/1628552.

KELLY, G. P. *A History of Exile in the Roman Republic*. Cambridge: Cambridge University Press, 2006.

KENNEDY, D. F. "Epistolarity: The *Heroides*". In: HARDIE, P. (ed.). *The Cambridge Companion to Ovid*. Cambridge: Cambridge University Press, 2006. p. 217-232.

KENNEDY, D. F. The Epistolary Mode and the First of Ovid's *Heroides*. *The Classical Quarterly*, Cambridge, v. 34, n. 2, p. 413-422, 1984.

KENNEY, E. J. "Books and Readers in the Roman World". In: KENNEY, E. J.; CLAUSEN, W. V. (Ed.). *The Cambridge History of Classical Literature*. v. 2: Latin Literature. Cambridge: Cambridge University Press, 1982, p. 3-32.

KNOX, B. M. W. Silent Reading in Antiquity. *Greek, Roman, and Byzantine Studies*, Durham, v. 9, n. 4, p. 421-435, 1968.

KNOX, P. (ed.). *A Companion to Ovid*. Malden/Oxford: Wiley-Blackwell, 2009.

KNOX, P. "Introduction; Commentary". In: OVID. *Heroides*: Selected Epistles. Edited by P. E. Knox. Cambridge: Cambridge University Press, 1995. p. 1-37; 86-315.

KNOX, P. "The Heroides: Elegiac Voices". In: BOYD, B. W. (ed.). *Brill's Companion to Ovid*. Leiden/Boston/Köln: Brill, 2002. p. 117-139.

KRISTEVA, J. *Introdução à semanálise*. Trad. L. H. F. Ferraz. São Paulo: Perspectiva, 2005.

LABATE, M. Elegia triste ed elegia lieta: un caso de riconversione letteraria. *Materiali e discussioni per l'analisi dei testi classici*, Pisa/Roma, n. 19, p. 91-129, 1987.

LAGE, C. F. *Teoria e crítica literária na "República" de Platão.* 2000. 104 p. Dissertação (Mestrado em Letras: Estudos Literários) – Faculdade de Letras, Universidade Federal de Minas Gerais, Belo Horizonte, 2000. Disponível em: http://hdl.handle.net/1843/ECAP-8T8L4E.

LAIRD, A. "The *Ars Poetica*". In: HARRISON, S. (ed). *The Cambridge Companion to Horace.* New York: Cambridge University Press, 2007. p. 132-143.

LEJEUNE, P. "Autoficções & Cia". In: NORONHA, J. M. G. (org.). *Ensaios sobre a autoficção.* Trad. J. M. G. Noronha; M. I. C. Guedes. Belo Horizonte: Editora UFMG, 2014. p. 21-37.

LESSING, G. E. *Laocoonte ou sobre as fronteiras da pintura e da poesia*: com esclarecimentos ocasionais sobre diferentes pontos da história da arte antiga. Introdução, tradução e notas de M. Seligmann-Silva. São Paulo: Iluminuras, 2011.

LIMA, W. F. *Poética e teoria da literatura na Roma clássica.* 2016. 231 f. Tese (Doutorado em Letras: Estudos Literários) – Faculdade de Letras, Universidade Federal de Minas Gerais, Belo Horizonte, 2016. Disponível em: https://repositorio.ufmg.br/handle/1843/LETR-ABZSBM.

LIMENTANI, I. C. *Epigrafia latina.* Bologna: Cisalpino – Istituto Editoriale Universitario, 1991.

LINDHEIM, S. H. *Male and Female*: Epistolary Narrative and Desire in Ovid's *Heroides.* Madison: The University of Wisconsin Press, 2003.

LIPKING, L. *The Life of the Poet*: Beginning and Ending Poetic Careers. Chicago: University of Chicago Press, 1984.

LITTMAN, R. J. The Unguent of Venus: Catullus 13. *Latomus*, Leuven, v. 36, n. 1, p. 123-128, 1977.

MAFRA, J. J. *Cultura clássica grega e latina*: temas fundadores da literatura ocidental. Belo Horizonte: Editora PUC Minas, 2010.

MARIOTTI, S. "La carriera poetica di Ovidio". In: _____. *Scritti di Filologia Classica.* Roma: Salerno Editrice, 2000. p. 123-153.

MARTINDALE, C. Reception – A New Humanism? Receptivity, Pedagogy, the Transhistorical. *Classical Receptions Journal*, Oxford, v. 5, n. 2, p. 169-183, 2013.

MARTINDALE, C. *Redeeming the Text*: Latin Poetry and the Hermeneutics of Reception. Cambridge: Cambridge University Press, 1993.

MARTINS, P. Breve história da crítica da Literatura Latina. *Classica – Revista Brasileira de Estudos Clássicos*, São Paulo, v. 21, n. 2, p. 189-204, 2008. Disponível em: https://revista.classica.org.br/classica/article/view/190/179.

McGANN, J. *A Critique of Modern Textual Criticism*. Chicago: University of Chicago Press, 1983.

MILLER, J. F. "The *Fasti*: Style, Structure, and Time". In: BOYD, B. W. (ed). *Brill's Companion to Ovid*. Leiden/Boston/Köln: Brill, 2002. p. 167-196.

MITCHELL, W. J. T. 'Critical Inquiry' and the Ideology of Pluralism. *Critical Inquiry*, Chicago, v. 8, n. 4, p. 609-618, 1982.

MORELLO, R. & MORRISON, A. D. "Editor's Preface: Why Letters?" In: _____. *Ancient Letters*: Classical and Late Antique Epistolography. Oxford: Oxford University Press, 2007. p. V-XII.

MYERS, K. S. "Ovid's Self-Reception in his Exile Poetry". In: MILLER, J. F. & NEWLANDS, C. (ed.). *A Handbook to the Reception of Ovid*. West Sussex/Malden/Oxford: Wiley-Blackwell, 2014. p. 8-21.

NEWLANDS, C. "*Mandati memores*: Political and Poetic Authority in the *Fasti*". In: HARDIE, P. (ed.). *The Cambridge Companion to Ovid*. Cambridge: Cambridge University Press, 2006. p. 200-216.

NICASTRI, L. "Ovidio e i posteri". In: GALLO, I. & NICASTRI, L. (ed.). *Aetates Ovidianae*: Lettori di Ovidio dall'Antichità al Rinascimento. Napoli: Edizioni Scientifiche Italiane, 1995. p. 7-25.

OLIENSIS, E. "The Paratext of *Amores* 1: Gaming the System". In: JANSEN, L. (ed.). *The Roman paratext*: Frame, Texts, Readers. Cambridge: Cambridge University Press, 2014. p. 206-223.

OLIVA NETO, J. A. "Mínima gramática das *Metamorfoses* de Ovídio". In: OVÍDIO. *Metamorfoses*. Edição bilíngue. Trad. D. L. Dias. São Paulo: Editora 34, 2017. p. 7-31.

OLIVA NETO, J. A. "Notas". In: CATULO. *O livro de Catulo*. Tradução, Introdução e Notas de J. A. Oliva Neto. São Paulo: Edusp, 1996. p. 182-256.

OTIS, B. *Ovid as an Epic Poet*. Cambridge: Cambridge University Press, 1966.

OWEN, S. G. *Publius Ovidi Nasonis Tristium liber secundus*. Oxford: Clarendon Press, 1924.

PARATORE, E. *História da Literatura Latina*. Lisboa: Fundação Calouste Gulbenkian, 1983.

PASCO-PRANGER, M. *Founding the Year*: Ovid's *Fasti* and the Poetics of the Roman Calendar. London: Brill, 2006.

PASQUALI, G. Arte allusiva. *Pagine Stravaganti*, v. II, Firenze, p. 275-283, 1968. [1942]

PAULINO DA SILVA, C. F. *A representação do lugar social do poeta no Principado de Augusto a partir das "Epístolas" de Horácio*. 2018. 308 f. Tese (Doutorado em História) – Centro de Ciências Humanas e Naturais, Universidade Federal do Espírito Santo, Vitória, 2018. Disponível em: http://repositorio.ufes.br/handle/10/10469.

PAVLOCK, B. *The Image of the Poet in Ovid's 'Metamorphoses'*. Madison: The University of Wisconsin Press, 2009.

PEIRANO, I. "'Sealing' the Book: The *Sphragis* as Paratext". In: JANSEN, L. (ed.). *The Roman Paratext*: Frame, Texts, Readers. Cambridge: Cambridge University Press, 2014. p. 224-242.

PENNA, H. M. M. M. As catábases virgilianas (*Geórgicas* IV e *Eneida* VI): *omnia uincit amor*. Aletria, Belo Horizonte, v. 28, n. 3, p. 149-162, 2018. Disponível em: https://periodicos.ufmg.br/index.php/aletria/article/view/18817.

PEREIRA, M. H. da R. *Estudos de história da cultura clássica*. I Volume – Cultura grega. 11ª edição revista e atualizada. Lisboa: Fundação Calouste Gulbenkian, 2012.

PEREIRA, M. H. da R. *Estudos de história da cultura clássica*. II Volume – Cultura romana. 5ª edição. Lisboa: Fundação Calouste Gulbenkian, 2013.

PESSOA, F. *Obra poética*. Org. M. Aliete Galhoz. 3 ed. Rio de Janeiro: Nova Fronteira, 2007.

PICHON, R. *Histoire de la littérature latine*. Paris: Hachette, 1897.

PINOWAR, S. J. *The Classical Theory of Imitation in the Works of Horace*. Master's theses. Chicago, Loyola University, 1942.

POLLITT, J. J. *The Art of Rome c. 753 B.C. – A.D. 337*: Sources and Documents. Cambridge: Cambridge University Press, 1983. [1966]

PRATA, P. Intertextualidade e literatura latina: pressupostos teóricos e geração de sentidos. *Phaos: Revista de Estudos Clássicos*, Campinas, v. 17, n. 1, p. 125-154, 2017. Disponível em: https://econtents.bc.unicamp.br/inpec/index.php/phaos/article/view/9420.

PRATA, P. *O caráter alusivo dos Tristes de Ovídio*: uma leitura intertextual do livro I. 2002. 163 f. Dissertação (Mestrado em Linguística) – Instituto de Estudos da Linguagem, Unicamp, Campinas, 2002. Disponível em: http://acervus.unicamp.br/index.asp?codigo_sophia=232709.

PRATA, P. *O caráter intertextual dos Tristes*: uma leitura dos elementos épicos virgilianos. 2007. 421 f. Tese (Doutorado em Linguística) – Instituto de Estudos da Linguagem, Unicamp, Campinas, 2007. Disponível em: http://acervus.unicamp.br/index.asp?codigo_sophia=394807.

PRATA, P. *Tristes* II de Ovídio: um pedido a Augusto. *Aisthe*, Rio de Janeiro, n. 4, p. 38-53, 2009. Disponível em: https://revistas.ufrj.br/index.php/Aisthe/article/view/11518.

QUEIROZ, M. J. *Os males da ausência ou A literatura do exílio*. Rio de Janeiro: Topbooks, 1998.

QUINT, D. *Epic and Empire*: Politics and Generic Form from Virgil to Milton. Princeton: Princeton University Press, 1992.

REZENDE, A. M. *Rompendo o silêncio*: a construção do discurso oratório em Quintiliano. Belo Horizonte: Crisálida, 2010.

RICHARDSON, L. "Sphragis". In: *Enciclopedia Virgiliana*. Istituto della Enciclopedia Italiana: 1991.

RIMELL, V. *Ovid's Lovers*: Desire, Difference and the Poetic Imagination. Cambridge: Cambridge University Press, 2006.

RODRIGUES, N. V. *Dido e a viagem náutica na Eneida e na Epístola 7 das Heroides*. 2015. 95 f. Dissertação (Mestrado em Letras) – Centro de Humanidades, UFC, Fortaleza, 2015. Disponível em: http://www.repositorio.ufc.br/handle/riufc/16442.

ROSATI, G. "Epistola elegiaca e lamento femminile". In: OVIDIO. *Lettere di eroine*. A cura di G. Rosati. Milano: BUR, 1998. p. 5-63.

ROSATI, G. L'esistenza letteraria: Ovidio e l'autocoscienza della poesia. *Materiali e discussioni per l'analisi dei testi classici*, Pisa/Roma, v. 2, p. 101-136, 1979.

ROSENMEYER, P. A. *Ancient Epistolary Fictions*: The Letter in Greek Literature. Cambridge: Cambridge University Press, 2001.

ROSENMEYER, P. A. Ovid's *Heroides* and *Tristia*: Voices from Exile. *Ramus*, v. 26, n. 1 [Ovid and exile], p. 29-56, 1997.

ROSENMEYER, T. Elegiac and Elegos. *California Studies in Classical Antiquity*, Oakland, v. 1, p. 217-231, 1968.

RUSSELL, D. A. "'De imitatione'". In: WEST, D. & WOODMAN, T. (ed.). *Creative Imitation and Latin Literature*. Cambridge: Cambridge University Press, 2007. p. 1-16.

SALLES, C. *Lire à Rome*. Paris: Petite Bibliothèque Payot, 2010.

SALVATORE, A. "La 'Metamorfosi' di Ovidio". In: GALLO, I. & NICASTRI, L. (ed.). *Cultura poesia ideologia nell'opera di Ovidio*. Napoli: Edizioni Scientifiche Italiane, 1991. p. 7-25.

SANTA CRUZ, M. I. Usos éticos y usos políticos de la ficción en Platón. *Sapere aude*, Belo Horizonte, v. 5, n. 10, p. 12-29, 2014. Disponível em: http://periodicos.pucminas.br/index.php/SapereAude/article/view/8619.

SANTOS, L. S. *Autobiografia e a presença da "Ars amatoria" nos "Tristia" de Ovídio*. 2015. 111 f. Dissertação (Mestrado em Linguística) – Instituto de Estudos da Linguagem, Unicamp, Campinas, 2015. Disponível em: Disponível em: http://acervus.unicamp.br/index.asp?codigo_sophia=957385.

SCHMIDT, P. B. *Aetas Ovidiana: Ovídio como modelo e o problema de gênero na poesia latina medieval*. 2017. 288 f. Tese (Doutorado em Letras Clássicas) – Faculdade de Filosofia, Letras e Ciências Humanas, Universidade de São Paulo, São Paulo, 2017. Disponível em: https://www.teses.usp.br/teses/disponiveis/8/8143/tde-28052018-152919/pt-br.php.

SHARROCK, A. *Seduction and Repetition in Ovid's 'Ars Amatoria' 2*. Oxford: Clarendon Press, 1994.

SPINA, S. *Introdução à poética clássica*. São Paulo: Martins Fontes, 1995.

SOUZA, N. A. *Do conhecimento literário*: ensaio de epistemologia interna dos estudos literários (Crítica e Poética). 2006. 579 f. Dissertação (Mestrado em Letras: Estudos Literários) – Faculdade de Letras, Universidade Federal de Minas Gerais, Belo Horizonte, 2006. Disponível em: http://hdl.handle.net/1843/ALDR-6REJ7N.

SPENTZOU, E. *Readers and Writers in Ovid's Heroides*: Transgressions of Genre and Gender. Oxford: Oxford University Press, 2003.

STARR, R. J. Reading Aloud: *Lectores* and Roman Reading. *The Classical Journal*, Monmouth, v. 86, n. 4, p. 337-343, 1991.

SVENBRO, J. "The 'Interior Voice': On the Invention of Silent Reading". In: WINKLER, J. J.; ZEITLIN, F. (ed.). *Nothing to do with Dionysus? Athenian Drama in Its Social Context*. Princeton: Princeton University Press, 1990. p. 366-384.

TARRANT, R. "Ovid and Ancient Literary History". In: HARDIE, P. (ed.). *The Cambridge Companion to Ovid*. Cambridge: Cambridge University Press, 2006. p. 13-33.

TARRANT, R. The Authenticity of the Letter of Sappho to Phaon (Heroides XV). *Harvard Studies in Classical Philology*, Cambridge, v. 85, p. 133-153, 1981.

TEIXEIRA, C. A. "Dido em Virgílio e Ovídio: figurações do poder no feminino". In: PIMENTEL, M. C. S.; RODRIGUES, N. S. (coords.). *Sociedade, poder e cultura no tempo de Ovídio*. Coimbra: Centro de Estudos Clássicos e Humanísticos, 2010. p. 101-109.

TEUFFEL, W. S. *Histoire de la littérature romaine*. Traduit par J. Bonnard et P. Pierson. Paris: Vieweg, 1880.

THILL, A. *Alter ab illo*: recherches sur l'imitation dans la poésie personnelle à l'époque augustéenne. Paris: Les Belles Lettres, 1979.

THORSEN, T. S. *Ovid's Early Poetry*: From his Single *Heroides* to his *Remedia Amoris*. Cambridge: Cambridge University Press, 2014.

TOLA, E. "Sumque argumenti conditor ipse mei" (Tr. 5.1.10): la escritura como acto fundador de trascendencia en las *Tristia* de Ovidio. *Ágora. Estudos Clássicos em Debate*, Aveiro, v. 5, p. 73-82, 2003. Disponível em: https://proa.ua.pt/index.php/agora/article/view/11497.

TOOHEY, P. *Epic Lessons*: An Introduction to the Ancient Didactic Poetry. London/New York: Routledge, 1996.

TRAPP, M. "Introduction". In: _____. *Greek and Latin Letters*: An Anthology with Translation. Cambridge: Cambridge University Press, 2003. p. 1-47.

TREVIZAM, M. *A elegia erótica romana e a tradição didascálica como matrizes compositivas da Ars Amatoria de Ovídio*. 2003. 280 f. Dissertação (Mestrado em Linguística) – Instituto de Estudos da Linguagem, Unicamp, Campinas, 2003. Disponível em: https://hdl.handle.net/20.500.12733/1601726.

TREVIZAM, M. *Poesia didática*: Virgílio, Ovídio e Lucrécio. Campinas: UNICAMP, 2014.

VASCONCELLOS, P. S. *Efeitos intertextuais na "Eneida" de Virgílio*. São Paulo: Humanitas/FAPESP, 2001.

VASCONCELLOS, P. S. Esquecer Veyne?. *Nuntius Antiquus*, Belo Horizonte, v. 7, n. 1, p. 105-118, 2011. Disponível em: http://www.periodicos.letras.ufmg.br/index.php/nuntius_antiquus/article/view/2104.

VASCONCELLOS, P. S. Fingi(dores) de si mesmos: dores fingidas e reais na oratória romana. *Nuntius Antiquus*, Belo Horizonte, v. 10, n. 1, p. 135-160, 2014. Disponível em: http://www.periodicos.letras.ufmg.br/index.php/nuntius_antiquus/article/view/7483.

VASCONCELLOS, P. S. Intertextualidade e gênero: o caso da *Eneida*. In: SANTOS, M. M. (org.). *I Simpósio de Estudos Clássicos da USP*. São Paulo: Humanitas, 2006, p. 75-89.

VASCONCELLOS, P. S. Reflexões sobre a noção de "arte alusiva" e de intertextualidade no estudo da poesia latina. *Classica – Revista Brasileira de Estudos Clássicos*, Belo Horizonte, v. 20, n. 2, p. 239-260, 2007. Disponível em: https://revista.classica.org.br/classica/article/view/147/0.

VEYNE, P. *A elegia erótica romana*: o amor, a poesia e o Ocidente. Trad. M. Nascimento e M. G. Nascimento. São Paulo: Brasiliense, 1985.

VIDEAU-DELIBES, A. *Les Tristes d'Ovide et l'élégie romaine*: une poétique de la rupture. Paris: Klincksieck, 1991.

VIDEAU-DELIBES, A. "Sur la représentation des passions". In: CASANOVA-ROBIN, H. (dir.). *Amor scribendi*: Lectures des *Heroïdes* d'Ovide. Grenoble: Éditions Jérôme Millon, 2007. p. 155-194.

VOLK, K. *The Poetics of Latin Didactic*: Lucretius, Vergil and Manilius. Oxford: Oxford University Press, 2002.

WEST, M. L. *Studies in Greek Elegy and Iambus*. Berlin/New York: Walter de Gruyter, 1974.

WHEELER, A. L. "Introduction". In: OVID. *Tristia & Ex Ponto*. Translated by A. L. Wheeler. London and Cambridge: Loeb Classical Library, 1996. p. VII-XXXVIII. [1924]

WHEELER, S. M. 'Imago mundi': another view of the creation in Ovid's *Metamorphoses*. *American Journal of Philology*, Baltimore, v. 116, n. 1, p. 95-121, 1995.

WHEELER, S. M. Into New Bodies: The Incipit of Ovid's *Metamorphoses* as Intertext in Imperial Latin Literature. *Materiali e discussioni per l'analisi dei testi classici*, Pisa, n. 61, p. 147-160, 2009.

WHITE, H. Historical Pluralism. *Critical Inquiry*, Chicago, v. 12, n. 3, p. 480-49, 1986.

WILKINSON, L. P. *Ovid Recalled*. London: Bristol Classical Press, 2005. [1955]

WILLIAMS, G. *Banished Voices*: Readings in Ovid's Exile Poetry. Cambridge: University Press, 1994.

WILLIAMS, G. "Ovid's Exile Poetry: *Tristia, Epistulae ex Ponto* and *Ibis*". In: HARDIE, P. (ed.). *The Cambridge Companion to Ovid*. Cambridge: Cambridge University Press, 2006. p. 233-245.

WILLIAMS, G. "Ovid's Exilic Poetry: Worlds Apart". In: BOYD, B. W. (ed.). *Brill's Companion to Ovid*. Leiden/Boston/Köln: Brill, 2002. p. 337-381.

WINKLER, M. M. *Ovid on Screen*: A Montage of Attractions. Cambridge: Cambridge University Press, 2020.

WINKLER, M. M. *Classical Literature on Screen*: Affinities of Imagination. Cambridge: Cambridge University Press, 2017.

ZANKER, G. Enargeia in the Ancient Criticism of Poetry. *Rheinisches Museum für Philologie*, New Folge, v. 124, n. 3/4, p. 297-311, 1981.

Referências online

BERGAMO, L. *Bergamo: L'assemblea capitolina riabilita Ovidio e rende onore alla libertà di espressione artistica*. Discurso proferido na Assembleia Capitolina, em 14 dez. 2017. In: YOUTUBE.
Disponível em: https://www.youtube.com/watch?v=e1-tIxmd6UE.

BRITTEN, B.; KING, N. A. *"Six Metamorphoses after Ovid for Solo Oboe"*. In: YOUTUBE.
Disponível em: https://www.youtube.com/watch?v=hLxWE_7XiWk.

CARDOSO, I. T.; VASCONCELLOS, P. S. *Proposta de criação do centro de pesquisa "Teoria da Filologia – CTF"*. Parecer n. 085/2014.
Disponível em: http://www.idea.unicamp.br/grupos-tematicos/centro-de-teoria-da-filologia.

CASSIN, B. Ver Helena em toda mulher. *Folha de São Paulo*, São Paulo, 17 jul. 2005. Trad. F. Santoro.
Disponível em: https://www1.folha.uol.com.br/fsp/mais/fs1707200506.htm.

CORPUS Scriptorum Latinorum. A Digital Library of Latin Literature. Mantained by David Camden, 2009.
Disponível em: http://www.forumromanum.org/literature/index.html.

GUILDENHARD, I. & ZISSOS, A. Versification. In: _____. *Ovid, Metamorphoses, 3.511-733*. Latin text with Introduction, Study, Questions, Vocabulary Aid and Commentary. Cambridge: Open Books Publishers, 2016, p. 225-233.
Disponível em: https://www.openbookpublishers.com/product/293.

HARTOG, F. Plus et moins qu'une discipline: le cas des études classiques. [online] In: *DOSSIER LHT*, n. 8, 16 mai. 2011.
Disponível em: http://www.fabula.org/lht/8/hartog.html.

HENLEY, J. Ovid's Exile to the Remotest Margins of the Roman Empire Revoked. *The Guardian*, 16 dec. 2017.
Disponível em: https://www.theguardian.com/world/2017/dec/16/ovids-exile-to-the-remotest-margins-of-the-roman-empire-revoked.

KORHONEN, O. Whooper Swans Singing and Dancing. *Youtube*, 17 mai. 2015.
Disponível em: https://www.youtube.com/watch?v=stlA9Tp92bA.

PERSEUS Digital Library. Cood. Gregory R. Crane, Tufts University. Perseus Collection – Greek and Roman Materials.
Disponível em: http://www.perseus.tufts.edu/hopper/collection?collection=Perseus:collection:Greco-Roman.

TODAY I found out. Why is a Final Performance Called a Swan Song?. In: YOUTUBE.
Disponível em: https://www.youtube.com/watch?v=vlAS-K4wKhI.

VITALE, G. Campidoglio, approvata la mozione M5S: "No all'esilio, torni Ovidio". *La Repubblica*, Roma, 14 dic. 2017.
Disponível em: https://roma.repubblica.it/cronaca/2017/12/13/news/campidoglio_mozione_m5s_no_all_esilio_torni_ovidio_-183998538/.

WILDLIFE World. Whooper Swan/ Cygnus cygnus [Dmitryyakubovich.com]. In: YOUTUBE.
Disponível em: https://www.youtube.com/watch?v=GpZ777mSlmw.

ÍNDICE REMISSIVO

Acôncio 172-173
Acteão 237-238, 279-290, nota 387
aemulatio 66, 184, nota 100
Agamêmnon 148
Ájax 254-255, 362-364, nota 483
alteridade 61, 106, 112-113, 121, 299, 314, 319, 323-325, nota 446
Anacreonte 129-130, 359, nota 219
Andrômaca 141, 143, nota 240
Apeles 365
Apolônio nota 383
Apuleio 26, nota 29
Aquiles 148, 180-181, 221, 254-255, nota 378
Ariadne 58, 133, 159-160, 169, 184, 201, 213-217, notas 233, 234, 285, 295
Aristóteles 99-100, 103, 189, 233, 235 nota 166
  Poética 99, 233, 235, notas 167, 168, 169, 453
  Retórica 235
Arquíloco nota 245
Ártemis/Diana 237, 260, 279-281, 283-284, 286, 288, nota 406
assinatura 43, 46, 48-49, 56, 58-59, 61, 187-188, 192, 194, 197-198, 202, 371, nota 51
Augusto 25, 29-30, 102, 124, 146, 166, 173, 199, 202, 241, 249, 255-256, 264, 267, 275-278, 283, 289, 320, 330, 336-337, 341, 347-353, 356-357, 360, 363, notas 27, 218, 463, 469, 471, 478
Aurélio Vítor 25, nota 5
Ausônio nota 29
autobiografia 31-35, 37, 39-41, 49, 60, 62, 125, 139, 182, 192, 195, 199-202, 212, 219, 235, 247, 251, 259-260, 268, 272-273, 291, 299, 305, 347, 371-372, nota 318
autoconsciência 35, 104-105, 116, 119, 270, 287, 291, 304-305, 328-329, 354, 356-357, nota 480
automitologização 246, 259, 260
automodelagem 33-34, 257, 260
autorrecepção 35, 61, 63, 139, notas 36, 37
Briseida 133, 148, 180-181, 187
Cadmo 129, 274, 278-280, 292, 363, nota 400
Calino 146, nota 243
Cânace 133, 188, 201
Catulo 26, 46-47, 360, notas 29, 30, 295, 313, 436
Cícero 25, 97, 101, 153, 155, 348, 354, notas 105, 162, 262, 264, 297, 373

Cidipe   172-173
Cila   260
Cupido   47, 53, 212, 229, 271, 288,
    nota 216
Dédalo   261, 264, nota 369
Dejanira   133, 148, 169, 170, 187
Demofoonte   136, 148, 155-156,
    183-184, 193-194, 197,
    200-201, nota 285
desejo   293-297, 301-304, 308, 319,
    322-323, nota 436
Dido   102, 129, 131, 133, 136, 184,
    187-191, 193-197, 201, 203,
    367-368, notas 234, 285, 311,
    318
diferença   37, 42, 83, 88-89, 92, 95-96,
    106, 108, 110, 113, 115,
    120-121, 265-266, 284,
    297, 300-302, 304, 318-319,
    322-323, 325, 373
duritia   136-137
Élio Téon   223
enargeia   154-155, 160, 163, 286, 312,
    nota 262
Eneias   29, 49, 102, 136, 161, 186,
    193-197, 201, 220-223, 225,
    367-368, notas 24, 318, 339,
    351
Enone   133, 148, 169, 187, 201,
    nota 249
epigrama   27, 50-51, 146, notas 18, 67,
    76, 218
epitáfio   39-40, 49-50, 57, 62, 189,
    192-200, 372, notas 51, 76,
    85, 285, 307, 312
erotização   151, 202, 368
Estácio   25, nota 4

estruturalismo/estruturalista   70-73,
    75-76, 78-79, 98, notas
    113, 121, 124, 133
Evandro   274-276, 278-279, nota 400
Faetonte   260
Fáon   156-157, 210
Fedra   133, 170, 187, 201
Fedro   nota 59
Fílis   129, 133, 136, 148, 155-156,
    182-187, 193-195, 197, 200-201,
    203, notas 234, 247, 285
filologia/filológico   35, 68, 76, 80,
    84-85, 96, 109-110, 116-121,
    245, 310, 318, 325, 373, notas
    192, 194
Flora   53-55
Fulvius Nobilior   97, nota 162
Helena   148, 317, 359, notas 222, 240,
    288, 442
Heráclito   87, 235
Hércules   148
Hesíodo   104, 117
hibridismo   245, 269, nota 396
Homero   25, 104, 112, 116, 134,
    144-145, 211, 221, 239,
    358-359, notas 169, 228,
    338, 481
   Ilíada   221, 359, notas 335, 337,
       338, 363, 378
   Odisseia   66, 134, 221-222, 360,
       notas 228, 336, 337, 338,
       339, 351
Horácio   40, 43, 66-67, 130, 146, 185,
    191, 199, 245, 348, 361-363,
    366, notas 231, 353, 478
   Carmina   146, 191, notas 219, 302,
       316, 353

Epistula ad Pisones 66, 100, 146,
 185, 245,
 361-362, 366,
 notas 104, 231,
 287, 289, 341,
 482
Epistulae 67, nota 104
hybris 235-236, 239, 241-242, 260
Hipsípile 133, 148, 187
Ícaro 260, 264, nota 302
imitatio/mímesis 65-67, 83, 97, 99,
 184, 286-287, 297,
 notas 99, 104, 161,
 171, 453
incompletude 251, 255-258, 268,
 nota 377
indecidibilidade 89, 114
ironia 36, 46-47, 60, 132, 135, 150,
 202, 207, 210-211, 318, 343,
 347, 349, 360, 367, notas 190,
 232, 296, 320, 462
Jasão 129, 135, 148, 201, nota 224
Júpiter 201, 214, 229, 240, 254,
 275-278, 333, 336, 351,
 355-356, nota 402
Laodâmia 133, 143, 171-172, 188
Lucano 91, nota 156
 Farsália 91
Macróbio 222, nota 338
Marcial 47, notas 29, 59, 485
máscara 135, 207, 210, 248, 257, 278,
 notas 17, 90, 327, 332, 370,
 488
Mécio 289-290
Medeia 133, 135, 148, 184, 201, 250-251,
 261-262, 289, 362-364, notas
 224, 231, 234, 285, 372, 374, 483

Medusa/górgona 260, 262-264, 295,
 notas 390, 391
Narciso 246, 284-285, 287-288,
 292-308, 312, 317-323, 325,
 373, notas 429, 436
Orfeu 49
Ovídio*
 Amores 49-51, 59, 126, 128-131,
 146-147, 203, 207, 212,
 229-230, 250, 265-266,
 270-271, 317, 365, notas 89,
 216, 217, 218, 312, 362, 394,
 397
 Ars amatoria 49, 52, 125-126, 150,
 153-154, 264, 329-330,
 332-334, 341-343,
 364-365, notas 89, 215,
 240, 254, 255, 420,
 457, 462, 466, 485
 Epistulae ex Ponto 43-44, 233,
 notas 86, 218
 Fastos 53-54, 249, 256, 268-274,
 276-279, notas 383, 396
 Heroides 125, 131, 134, 136-137,
 140, 143, 146-147, 156-157,
 159, 166-167, 169-173, 180,
 183, 187-191, 193-195, 197,
 200-201, 203-206, 208-213,
 215-216, 250, 261, notas
 222, 224, 225, 226, 228, 230,
 233, 239, 247, 248, 249, 250,
 251, 260, 285, 295, 300, 307,
 328, 368, 485
 Ibis 58, nota 317
 Metamorphoses 40, 46, 95, 240,
....
* Apenas passagens citadas ou referidas,
excetuando-se os *Tristia*.

243, 246-250, 252-255, 260-264, 278-280, 283-287, 292-293, 295-296, 298, 300-301, 303, 305, 307, 309, 318, 356, 371, notas 88, 220, 367, 369, 391, 406, 411
  Medicamina faciei femineae 58, 329
  Remedia amoris 49, 53, 239
paraklausithyron 55, 147, 295
Páris 128-129, 148, 169, 201, nota 222
pathos 175
Penélope 128-129, 132-134, 141-144, 147, 158-159, 169, 187, 203, 360, notas 225, 228
peripécia 233-234
Perseu 260-265, notas 390, 394
persona 25, 33, 38, 59, 101, 125, 136, 181, 202, 207-208, 210, 215, 217, 219, 302, 328, 335, notas 37, 90, 91, 234, 282, 396, 451
Petrônio 39, 309, notas 46, 486
Platão 99-100, 103, 185, 189, notas 29, 166, 290, 453
Plínio, o Velho 25, 97, 189, notas 3, 162
Plínio, o Jovem 153, 309-310, nota 29
pós-estruturalismo/pós-estruturalista 70, 80-81, 83, 86, notas 121, 124, 133, 134
Prisciano nota 201
projeto literário/poético 40-41, 218, 256, 273, 291, 329, 334, nota 210
propemptikon 179
Propércio 26, 127, 178, 180, 328, 360, 365, notas 4, 243, 281, 363

Quintiliano 45, 66-67, 100-101, 155, 163-164, 238-239, 250, 361, notas 100, 101, 103, 104, 170, 262, 264, 287, 288, 289, 374, 453, 473
recusatio 128-130, 210, 232-233, 334, 354, 366-367, nota 216
releitura 29, 31, 35, 37-38, 60, 64, 108, 123, 125, 127-128, 136, 218, 248, 252, 255, 358, 369, 372
retórica/retórico 28-29, 65, 83, 100-102, 108, 123-124, 127, 154, 163, 175, 201, 223, 249, 329-330, 335, 346, 348, 350, 353-354, notas 172, 346, 474, 479
romanização 131
Safo 127, 130-131, 133, 146, 156-158, 188, 194, 202-213, 219, 359, notas 266, 322, 485
Sêneca 25, 27, 66, 153, 170, 172, notas 18, 19, 102
Sêneca, o Velho 223, 250, 338, nota 372
Sidônio Apolinário 25, nota 7
sphragis 40, 48-49, 51, 57, 197, 200, 219, 372, notas 51, 67, 68
Suetônio 117, 309, notas 109, 463
supergênero 152, 358, nota 259
Tácito 27, 250, 338-339
  Annales 339, nota 19
  Dialogus de oratoribus 310, nota 373
Teócrito 288
Terêncio 66
testamento 40, 189, 192, 372
Tibulo 26, 147, 328, 360, notas 4, 243
Tirteu 146, nota 243

Títiro 49
Tito Lívio 290, notas 105, 162
Timômaco de Bizâncio 363, nota 483
tradição 25, 34-35, 37-38, 40-43, 58,
60-61, 66-67, 73, 79, 86,
89-90, 92-94, 96, 98-100,
105, 109-110, 125-128, 131,
133, 139, 141, 144, 153,
184, 186, 188-189, 199, 202,
205-207, 219, 286, 293-294,
308, 317, 324, 330, 335, 346,
350, 353, 357-358, 360, 367,
369, 371, 373, notas 122,
210, 221, 223, 231, 246, 287,
344, 437, 487
Triptólemo 260-261, 265
Ulisses/Odisseu 25, 129, 132, 141,
147, 158, 169, 186, 203, 220-222,
225, 254, notas 225, 228, 334,
339, 351
Urbe 56, 97, 138, 161, 166,
168-169, 179, 214, 222, 237,
264, 266-267, 289, 308, 312,
334-335, 341
Vênus 47, 51, 268-270, 342-343, 359,
361-362, 364-365, notas 458,
459, 460
Virgílio 43, 48-49, 68, 74, 91, 112,
197, 222-223, 239-240, 287,
358, 360, 368, notas 363,
368, 373
  Bucólicas 48, 287, nota 313
  Geórgicas 48-49, 354
  Eneida 49, 68, 91, 95, 102-103,
131, 161, 190, 195-197,
220-223, 227, 229, 354,
359, 367-368, notas 156,
173, 174, 175, 267, 300,
311, 318, 333, 338, 339,
343, 344, 351, 368, 383

SOBRE A AUTORA

Júlia Batista Castilho de Avellar é professora de filologia, língua e literatura latinas no Instituto de Letras e Linguística da Universidade Federal de Uberlândia. É doutora e mestre pelo Programa de Pós-Graduação em Letras: Estudos Literários da Universidade Federal de Minas Gerais e licenciada em letras – latim/português – pela Faculdade de Letras da UFMG. É coautora da tradução para o português do *Diálogo dos oradores*, de Tácito (Autêntica, 2014). Escreveu, em coautoria, o livro *Tempestades Clássicas: dos antigos à era dos descobrimentos* (Imprensa da Universidade de Coimbra, 2018) e coorganizou o volume *Ser clássico no Brasil: apropriações literárias no modernismo e pós* (Imprensa da Universidade de Coimbra, 2022). É tradutora da obra *Tristia/Tristezas*, de Ovídio (Relicário Edições, 2023). Suas pesquisas envolvem latim, poesia latina, tradução, retórica, recepção clássica e literatura comparada.

Esta obra foi composta em Crimson Text e Le Monde Livre
e impressa sobre papel Pólen Soft 80 g/m² para a Relicário Edições.